La producción del espacio

Henri Lefebvre

La producción del espacio

Henri Lefebvre

Prólogo de
Ion Martínez Lorea

Introducción y traducción de
Emilio Martínez Gutiérrez

colección
Entrelíneas

Título original:
La production de l'espace (1974)

© Del libro:
Henri Lefebvre

© De la introducción y traducción:
Emilio Martínez Gutiérrez

© Del prólogo:
Ion Martínez Lorea

© De esta edición:
Capitán Swing Libros, S. L.
c/ Rafael Finat 58, 2º 4 - 28044 Madrid
Tlf: (+34) 630 022 531
contacto@capitanswinglibros.com
www.capitanswinglibros.com

© Diseño gráfico:
Filo Estudio
www.filoestudio.com

Corrección ortotipográfica:
Juan Marqués

Primera edición en Capitán Swing:
Noviembre 2013

Impreso en España / Printed in Spain
Gracel Asociados, Alcobendas (Madrid)

ISBN: 978-84-941690-5-2
Depósito Legal: M-29278-2013
Código BIC: FV

Queda prohibida, sin la autorización escrita de los titulares del copyright, bajo las sanciones establecidas en las leyes, la reproducción total o parcial de esta obra por cualquier medio o procedimiento.

Esta obra ha sido publicada con una subvención de la Dirección General del Libro, Archivos y Bibliotecas del Ministerio de Cultura para su préstamo público en Bibliotecas Públicas, de acuerdo con lo previsto en el artículo 37.2 de la Ley de Propiedad Intelectual.

Índice

Prólogo:
Henri Lefebvre y los espacios de lo posible 9
(Ion Martínez Lorea)

Introducción:
Ciudad, espacio y cotidianidad en el pensamiento
de Henri Lefebvre 31
(Emilio Martínez Gutiérrez)

La producción del espacio

Prefacio 53

01. Plan de la obra 63

02. El espacio social 125

03. Arquitectónica espacial 217

04. Del espacio absoluto al espacio abstracto 271

05. El espacio contradictorio 329

06. De la contradicción del espacio al espacio diferencial 385

07. Aperturas y conclusiones 431

PRÓLOGO

Henri Lefebvre y los espacios de lo posible

Ion Martínez Lorea
(UCM)

*«Il faut penser l'impossible
pour saisir tout le champ
du possible»*

Henri Lefebvre

Vivir y escribir, convencer y vencer

Cada día, a las siete de la mañana, en su apartamento del número 30 de la Rue Rambuteau de París, Henri Lefebvre se levantaba y preparaba una taza de café. A continuación comenzaba a escribir. Lo hacía durante cuatro o cinco horas seguidas. Hasta el mediodía. Después descansaba, comía, paseaba e impartía sus clases y conferencias. Sus cajones estaban repletos de borradores, esquemas, textos incompletos. Su obra publicada es inmensa: más de sesenta libros y decenas de artículos y entrevistas. Lefebvre confesaba, sin embargo, que lo mejor de su producción había sido dicho antes que escrito. Nunca consiguió, afirmaba, reproducir en el papel el fervor y el temblor, la oscuridad y la opacidad carnal de la vida. Vivir primero, luego escribir. Carismático orador, sus clases en el Anfiteatro B de la Universidad de Nanterre resultaban un acontecimiento frecuentado por centenares de estudiantes de sociología, filosofía y psicología.[1]

La escritura tenía para él un claro objetivo: convencer y vencer. Para ello, renunciaba, en apariencia, a dar relevancia a las palabras utilizadas. No quería hacer del lenguaje y del discurso —tan de moda en el periodo en que escribe Lefebvre el libro que prologamos— el centro de su trabajo. Ambos no eran para él sino el medio, el elemento transmisor de sus ideas. Tan es así que por momentos su obra da la sensación de contener un pensamiento producido mientras se plasma en el papel: cierta provisionalidad, que no improvisación, de algunos de sus planteamientos, reiteración de ideas y ejemplos, una escritura por momentos confusa y un desarrollo conceptual que en casos no cuenta con unos límites claramente establecidos.

---

[1] Así lo atestigua Remi Hess, antiguo alumno de Lefebvre. R. Hess, *Henri Lefebvre et l'aventure du siècle*, París, A.M. Métailié, 1988.

Su estilo muestra una evidente y enriquecedora tensión entre la filosofía, disciplina en la que se forma, y la sociología, disciplina a la que llega formalmente a finales de la década de 1940 de la mano de Georges Gurvitch. Partiendo de la primera, cuestiona la posición canónica del filósofo como hombre de conceptos, hombre teórico, y sólo teórico. La filosofía ni basta ni se basta. La crítica filosófica debe transformarse en crítica de la filosofía utilizando para ello lo más superficial, que a su vez resulta ser lo fundamental: la vida cotidiana. Hay que descender al terreno mismo, reclama. Se desplaza así desde el «lado del vacío», desde lo abstracto, desde lo concebido, hasta alcanzar e implicar a «lo vivido», hasta encontrar la multiforme relación entre las dos dimensiones. Si bien, nunca logra situarse por completo «en la plenitud carnal y fugitiva del que vive ávidamente». Ni en un lado ni en otro. «Frecuento la ambigüedad, la dualidad»,[2] afirma.

Debe anunciarse que la obra de Lefebvre, y particularmente *La producción del espacio*, no resulta de fácil lectura. Esta última se inscribe en una reflexión más amplia a la que el autor dedica aquellos que seguramente fueron sus años de mayor lucidez, mayor creatividad y mayor influencia sobre la vida política, social y académica, las décadas de 1960 y 1970. En este periodo deja la Universidad de Estrasburgo, donde cuenta entre sus alumnos con algunos miembros de la Internacional Situacionista (IS). Por entonces mantenía ya una intensa relación intelectual y de amistad con Guy Debord y Raoul Vaneigem —a quienes el propio Lefebvre había puesto en contacto—, lo cual se vería reflejado en los trabajos de la IS. Posteriormente esta relación se romperá por desavenencias entre Debord y Lefebvre. En 1965 llega a la Universidad de Nanterre. Allí apoya y anima las movilizaciones estudiantiles que tienen su punto álgido en Mayo del 68. Su crítica de la vida cotidiana sustenta buena parte del argumentario de los estudiantes. Da clases a Daniel Cohn-Bendit, uno de los líderes del movimiento de Mayo, y dirige, entre otras muchas, la tesis de Jean Baudrillard, quien se convierte en su asistente y colaborador, junto a René Lourau y Henri Raymond, en el Departamento de Sociología. La estrecha relación entre profesores, colaboradores y estudiantes ha sido reconocida por ellos mismos como una de las claves del papel fundamental que jugó Nanterre en el denominado Mayo francés. Apenas unos meses después de aquellos acontecimientos, Lefebvre publica *L'irruption. De Nanterre au sommet*.[3]

---

[2] H. Lefebvre, *Tiempos equívocos*, Kairos, Barcelona, 1976, p. 126 (a partir de ahora *TE*).
[3] H. Lefebvre, *L'Irruption de Nanterre au sommet*, París, Anthropos, 1968.

Es precisamente durante este periodo cuando centra sus esfuerzos en reflexionar sobre *la problemática del espacio* como eje a través del cual analizar la complejidad del mundo moderno. Para ello, su primera tarea es combatir los reduccionismos y las simplificaciones a las que se ha sometido a este concepto —convertido en espacio matemático, en espacio lógico—, rescatándolo así de abstracciones y devolviéndolo al estudio de la realidad social, de los modos de producción en el marco de la sociedad capitalista, una sociedad, señala Lefebvre, eminentemente urbana. El resultado de esta etapa es un conjunto de seis textos:[4] *El derecho a la ciudad* publicado en 1968, *De lo rural a lo urbano* en 1970, *La revolución urbana* en 1970, *El pensamiento marxista y la ciudad* en 1972, *Espacio y política* en 1972 y, finalmente, *La producción del espacio* en 1974.[5]

El «periodo urbano» en la unidad de la obra

Habiendo tomado aquí en consideración los trabajos referidos al espacio urbano, debemos señalar que Lefebvre siempre reclamó de quien se adentrara en su obra evitar el fraccionamiento y aislamiento de la misma en compartimentos estancos. Toda ella es atravesada por un hilo conductor que le otorga un carácter unitario. La vida cotidiana, el Estado o el espacio urbano, algunas de las temáticas de referencia del autor, no pueden comprenderse sin pasar por el pensamiento de Marx y por el marxismo, considerado como un punto de partida, como un momento de la teoría, no como un sistema cerrado dogmáticamente.

> No podemos entender el mundo actual sin partir del marxismo, de su historia, de sus dificultades y su problemática (…) Tomándolo como punto de referencia, el marxismo nos permite situarnos, es decir, que partamos de una lectura literal de Marx, en una tentativa que llamaremos canónica, para restituir sus conceptos, su concatenación y la teoría que constituyen. Es en relación con ese marxismo como (…) podremos situar lo que viene a continuación, lo que ha habido de nuevo en un siglo, con los nuevos conceptos que conviene introducir.[6]

---

[4] Perteneciente a este periodo está pendiente de publicación el texto que Mario Gaviria, primero alumno y luego buen amigo de Lefebvre, le encargó bajo el título *Vers une architecture de la jouissance* (Hacia una arquitectura del placer).

[5] H. Lefebvre, *El derecho a la ciudad*, Barcelona, Península, 1978 (a partir de ahora *DC*); *De lo rural a lo urbano*, Barcelona, Península, 1975 (*DRU*); *La revolución urbana*, Madrid, Alianza, 1976 (*RU*); *El pensamiento marxista y la ciudad*, México DF., Extemporáneos, 1973 (*PMC*); *Espacio y política*, Barcelona, Península, 1976 (*EP*); *La production de l'espace*, París, Anthropos, 1974 (*LPE*).

[6] *TE*, p. 184.

Es el propio Lefebvre quien introduce en Francia, durante la década de 1930, la obra de juventud de Marx, traducida junto a Norbert Guterman, con quien además publica *La conscience mystifiée* (1936).[7] Seguidamente escribe, esta vez en solitario, *El materialismo dialéctico* (1939),[8] considerada por Perry Anderson la primera contribución de relevancia que, a la luz de los *Manuscritos* de 1844, asume el pensamiento de Marx como un todo.[9] Tanto como reivindica a ese Marx tomado globalmente (en lo referido al *producto* pero también a la *obra*), denuncia el dogmatismo de un marxismo institucionalizado que deviene, en el marco del estalinismo, ideología oficial y que siembra la duda sobre cualquier atisbo de pensamiento crítico. Por eso, más adelante tampoco dejará de cuestionar el dogmatismo científico del estructuralismo de corte althusseriano.[10]

Mantiene asimismo la obra de Lefebvre un sentido de unidad y continuidad en su propia elaboración. Sustentada en una dinámica que podríamos definir como «en construcción». Sin obviar la existencia de planes concienzudos y proyectos bien delimitados, frustrados en unos casos —como *A la lumière du matérialisme dialectique*, reducido al «tomo 1»: *Lógica formal. Lógica dialéctica* de 1947—[11] o llevados a efecto en otros —como los cuatro volúmenes sobre el Estado: *De l'Etat*, publicados entre 1976 y 1978—,[12] podemos decir que sus trabajos van haciéndose y crecen poco a poco, unos a través de otros. Unos textos nos remiten a otros en una suerte de interpelación más o menos explícita. Conceptos en estado embrionario en un momento son plenamente desarrollados más adelante, reflexiones sólo insinuadas en unos trabajos aparecen como el núcleo de otros.

En cualquier caso, ante un imposible abordaje total y simultáneo de su obra, el lector no puede mantenerse cautivo de la inacción. Al fin y al cabo, por algún lado se ha de comenzar. En cuanto a la 'fase urbana' de Lefebvre, cabe señalar que empezar por el principio, esto es por el libro que inaugura el conjunto de publicaciones sobre el espacio urbano, convertido en un símbolo tanto por su propuesta como por su celebrado título, *El derecho a la ciudad*, no nos llevará a encontrar las primeras reflexiones sobre este tema. Por ejemplo, un texto previo como *La proclamation de la Commune*,[13] de 1965, ya apunta con claridad las inquietudes del autor respecto

---

[7] H. Lefebvre, *La conscience mystifiée*, París, Syllepse, 1999.
[8] H. Lefebvre, *Le matérialisme dialectique*, París, PUF, 1999.
[9] P. Anderson, *Consideraciones sobre el marxismo occidental*, Madrid, Siglo XXI, 2012.
[10] H. Lefebvre, *Más allá del estructuralismo*, Buenos Aires, La Pléyade, 1973.
[11] H. Lefebvre, *Lógica dialéctica. Lógica formal*, Madrid, Siglo XXI, 1975.
[12] H. Lefebvre, *De l'Etat*, Vols. I-IV, París, Union Générale d'Editions, 1976.
[13] H. Lefebvre, *La proclamation de la Commune*, París, Gallimard, 1965.

a la dimensión espacial: la apropiación festiva de la calle o la recuperación del espacio urbano central por parte del proletariado, cuestiones que inspirarían las marchas por el centro de París de los estudiantes durante Mayo del 68. Aunque si queremos hallar las referencias iniciales de este periodo, debemos remitirnos a dos artículos publicados en la *Revue Francaise de Sociologie*, titulados «Los nuevos conjuntos urbanos» (1960) y «Utopía experimental: por un nuevo urbanismo» (1961) y que Mario Gaviria rescataría junto a otros textos para editar en 1970 el segundo libro de esta etapa, *De lo rural a lo urbano*. En esos artículos Lefebvre plantea algunas de las preocupaciones que van a guiar sus trabajos posteriores: la relación entre el campo y la ciudad y entre la ciudad y lo urbano, la explosión de las nuevas periferias y la implosión de los centros como núcleos de control y decisión, la segregación residencial y la renuncia a la calle, la falta de elementos simbólicos en la ciudad y la centralidad de lo lúdico. Asimismo, propone la utilización del *método transductivo* y la *utopía experimental*:

> Podríamos denominar «transducción» al razonamiento irreductible a la deducción y a la inducción que construye un objeto virtual a partir de informaciones sobre la realidad y de una problemática determinada (…) Podríamos del mismo modo denominar 'utopía experimental' a la exploración de lo posible humano, con la ayuda de la imagen y lo imaginario, acompañada de una incesante crítica y una incesante referencia a la problemática dada en lo «real».[14]

Adentrándonos con la cautela exigida en esta «fase urbana», debe considerarse *La producción del espacio* su obra cumbre, culminación de su reflexión sobre el espacio y lo urbano, una forma de rendir cuentas ante todo el trabajo realizado en los años previos. Un texto en cierto modo abrumador, que refleja la gran erudición de Lefebvre, y donde buena parte de lo escrito hasta entonces es revisitado. Un texto en el que el autor parecía no querer dejarse nada sin decir, nada de lo pensado sin escribir. La complejidad de esta obra es también la reivindicación de la complejidad tanto del análisis de la realidad como de la propia realidad analizada.

Lefebvre sospecha de las reducciones y de las simplificaciones, ambas dominio de unas ciencias especializadas que él denuncia y combate, subrayando especialmente su carácter performativo. Estas ciencias rechazan y silencian —clausurando cada una su campo—, todo aquello que pueda cuestionar sus afirmaciones. La *reducción* como necesario procedimiento científico, empleado ante las observaciones inmediatas «en bruto», corre siempre el riesgo de convertirse

---

[14] *DRU*, p. 125.

en un *reduccionismo* que no deja de mostrar su apariencia de cientificidad y que no constituye sino una práctica política que vela u omite las contradicciones que a cada paso emergen en la sociedad. Frente a estas especializaciones científicas, la exigencia de recuperar un lenguaje común a la práctica y a la teoría, así como a los diferentes actores implicados (ciudadanos, políticos, arquitectos, urbanistas, científicos, etc.) se presenta en *La producción del espacio* como un paso necesario inmediato en la reivindicación de la construcción de lo que Lefebvre denomina una *teoría unitaria*.[15]

Y el espacio se hizo social

Durante largo tiempo, se ha tenido por costumbre presentar el espacio como un receptáculo vacío e inerte, como un espacio geométrico, euclidiano, que sólo posteriormente sería ocupado por cuerpos y objetos. Este espacio se ha hecho pasar por completamente inteligible, completamente transparente, objetivo, neutral y, con ello, inmutable, definitivo. Sin embargo, esto no debe entenderse sino como una ilusión que oculta —más como ideología que como error, dice Lefebvre— la imposición de una determinada visión de la realidad social y del propio espacio, la imposición de unas determinadas relaciones de poder. Una ilusión que rechaza ni más ni menos que el espacio sea un *producto social*. El mismo es el *resultado* de la acción social, de las prácticas, las relaciones, las experiencias sociales, pero a su vez es *parte de ellas*. Es soporte, pero también es campo de acción. No hay relaciones sociales sin espacio, de igual modo que no hay espacio sin relaciones sociales.[16]

El espacio debe considerarse, por tanto, un *producto* que se consume, que se utiliza, pero que no es como los demás objetos producidos, ya que él mismo *interviene en la producción*. Organiza la propiedad, el trabajo, las redes de cambio, los flujos de materias primas y energías que lo configuran y que a su vez quedan determinados por él. Recuerda el autor que *cada sociedad produce su espacio*. En este caso, en la sociedad capitalista, la ciudad, gran protagonista de los últimos siglos, estalla. Tiene lugar así un proceso que no ha culminado: la *urbanización de la sociedad*, su expansión en periferias desmesuradas y nuevas ciudades. Ello trae como consecuencia la afirmación de «la muerte de la ciudad». Lo cual no supone la desaparición de la misma del vocabulario lefebvriano (al fin y al

---

[15] *LPE*, p. 18.
[16] *LPE*, p. 221.

cabo, es él quien reivindica «el derecho a la ciudad»), si bien es desplazado en su teoría por *lo urbano*. Aunque «la ciudad tradicional» ha desaparecido como objeto y como concepto, afirma el autor, «la esencia» de la ciudad, esto es *lo urbano*, persiste, bien sea en modo disperso, alienado, como germen o como virtualidad. *Lo urbano* entendido pues como proceso, como horizonte y como práctica. No obstante, *lo urbano* se confunde con demasiada frecuencia con aquello que Lefebvre denomina el «tejido urbano», es decir, el escenario de la proyección y planificación.[17]

El mundo se urbaniza a la vez que las poblaciones y los territorios se segregan. El espacio es colonizado por formas parceladas, medibles, cuantificables y vendibles. Asistimos así a una de las grandes contradicciones producidas por el capitalismo: la coexistencia y combinación de la homogeneización y la fragmentación del espacio, su totalización y su atomización. El espacio dominante del capitalismo es el *espacio abstracto*, el *espacio instrumental*. El mismo transita entre un *espacio previo* (*histórico, religioso-político*) que actúa como sustrato y que no habría desaparecido, y un *espacio otro*, nuevo (*espacio diferencial*), que está engendrándose en su interior y que no termina de desplegarse. Este *espacio abstracto* se aleja de la complejidad de la realidad social y se presenta, bajo discursos pretendidamente clarificadores y coherentes, como producto acabado y aislado, lo que hace que se muestre desgajado de los procesos de producción y con ellos de las relaciones de producción, dominación y explotación.

Frente a estos discursos desplegados desde las ciencias fragmentarias, Lefebvre propone en *La producción del espacio* avanzar en su *teoría unitaria* para superar las relaciones analíticas dicotómicas que se presentan como «paso lógico» que lleva de la confusión a la clarificación, de la oscuridad a la transparencia, eludiendo cualquier tipo de contradicciones, resistencias y conflictos y culminando en una síntesis definida al estilo hegeliano. De este modo, elabora una «tríada conceptual» compuesta por las *prácticas espaciales*, las *representaciones del espacio* y los *espacios de representación*. A cada una de estas dimensiones le corresponde, respectivamente, un tipo de espacio: el *espacio percibido*, el *espacio concebido* y el *espacio vivido*. El primero debe entenderse como el espacio de la experiencia material, que vincula realidad cotidiana (uso del tiempo) y realidad urbana (redes y flujos de personas, mercancías o dinero que se asientan en —y transitan— el espacio), englobando tanto la producción como la reproducción social. El segundo es el espacio de los expertos, los científicos, los planificadores. El espacio

---

[17] Ver *DC*.

de los signos, de los códigos de ordenación, fragmentación y restricción. El tercero, finalmente, es el espacio de la imaginación y de lo simbólico dentro de una existencia material. Es el espacio de usuarios y habitantes, donde se profundiza en la búsqueda de nuevas posibilidades de la realidad espacial.[18]

La tensión permanente (pugnas, resistencias,) entre estos espacios parecería dirimirse en el contexto de la sociedad capitalista en favor del *espacio concebido*. Sin embargo, difícilmente, señala Lefebvre, el *espacio vivido*, aquel donde se encuentran los lugares de la pasión y la acción, se somete a las reglas de la coherencia que las *representaciones del espacio* pretenden imponer. El autor propone así captar la experiencia cambiante de lo espacial a través de esta tensión trialéctica, reivindicando la potencialidad de los espacios de representación para actuar sobre las representaciones y las prácticas espaciales. Este mecanismo permitirá a Lefebvre denunciar y superar un oscuro ejercicio de *heteronomización del espacio* (social). Es decir, la superación de un espacio que se sitúa fuera del alcance del usuario, del habitante, del ciudadano y que escamotea su carácter practicado y vivido, transformado en una especie de absoluto filosófico-matemático, en una abstracción fetichizada que lleva precisamente al usuario a hacer abstracción de sí mismo: reducido a quien asume (y sólo asume) los códigos, las señales, las prohibiciones y las imposiciones del espacio percibido.[19]

Espacio-mercancía, urbanismo y competitividad interurbana

Una de las facetas más reconocidas de Henri Lefebvre es su crítica del urbanismo funcionalista, y particularmente su crítica a una especialización espacial que, siguiendo el enunciado de Le Corbusier[20] de las cuatro funciones básicas de la ciudad (hábitat, trabajo, circulación y ocio), tiende a liquidar la complejidad y riqueza de la vida urbana. Junto a la labor realizada por Lefebvre en este ámbito, debemos destacar la de otros autores que en el mismo periodo —en algunos casos influidos por sus propuestas, en otros casos conocedores de las mismas— contribuyen a marcar un punto de inflexión en el análisis de las ciudades modernas desde una perspectiva netamente crítica con los modos de planificación y organización y con las

---

[18] *LPE*, p. 48.
[19] *LPE*, p. 112.
[20] Le Corbusier, *Principios de Urbanismo (La Carta de Atenas)*, Barcelona, Ariel, 1989.

consecuencias que tienen para sus usuarios y habitantes. Hablamos de Jane Jacobs, Richard Sennett, David Harvey y Manuel Castells.[21]

Por su parte, Lefebvre denuncia cómo la supuesta racionalidad científica del urbanismo impone la línea y el ángulo recto y cómo justifica la pulverización del espacio con ánimo clasificador y regulador. El espacio ordena, prescribe y proscribe. Interviniendo sobre lo concreto, el urbanismo actúa a su vez a nivel global, dentro de los parámetros de un mercado mundial, con un espacio que deviene instrumento del capitalismo. La racionalidad se despliega en el espacio a través de un aparente ejercicio de organización armónica, a través de planos, formas y composiciones. El resultado: el espacio abstracto-instrumental, una *representación del espacio* que se muestra pura, original, natural, punto cero de la realidad humana, espacio *en sí* que nos aleja del análisis de las relaciones sociales implicadas en la producción (y reproducción), velando tras el signo de la coherencia (espacial) la existencia de un determinado orden (social) con beneficiados y excluidos, ocultando por tanto las profundas contradicciones y desigualdades que genera. De este modo afirma Lefebvre: «El espacio de un orden se oculta en el orden del espacio».[22]

Este espacio se convierte en una entidad fundamentalmente visual: parcela, fachada, imagen concebida y construida para ser vista, para mostrarse seductora, fascinante. «Construimos sobre informes y planos; compramos a través de imágenes».[23] Los usuarios del espacio corren el riesgo de confundir *la realidad* con *lo visible*. El resto de sentidos quedan anulados. El espacio visual reduce y sintetiza a través del recorte y el montaje la realidad que representa y hace pasar por legible lo que ante todo es enmascaramiento.

> Se habla de arte cuando se trata en realidad de dinero, de mercancías, de intercambios, de poder. Se habla de comunicación y no hay otra cosa que soledades. Se habla de belleza cuando no se trata sino de imagen de marca. Se habla, en fin, de urbanismo cuando en realidad no hay nada que tratar.[24]

El espacio visual, el espacio urbanístico y arquitectónico no tienen nada de inocentes. Esta ausencia de inocencia está presente en

---

[21] J. Jacobs, *Muerte y vida de las grandes ciudades*, Madrid, Capitán Swing, 2011; R. Sennett, *Vida urbana e identidad personal*, Barcelona, Península, 2001; D. Harvey, *Urbanismo y desigualdad social*, Madrid, Siglo XXI, 2007; M. Castells, *La cuestión urbana*, Madrid, Alianza, 1974.
[22] *LPE*, p. 332.
[23] *LPE*, p. 92.
[24] *LPE*, p. 448.

quienes son ejecutores de la producción de un espacio que continua buscando la intercambiabilidad de todas y cada una de sus partes. Esto no supone que Lefebvre cuestione el conjunto de las prácticas urbanísticas y arquitectónicas. De hecho, se implica en distintos proyectos urbanísticos y alaba los trabajos emprendidos en el plano arquitectónico por Bofill (la *Ciudad en el Espacio*) o Constant (la *New Babylon*) o en el plano urbanístico por Mario Gaviria (el *espacio del placer*, el *espacio de la buena vida*). En todo caso, no hay que olvidar la relevancia de su crítica al papel que desempeñan de forma generalizada arquitectos y urbanistas en la sociedad capitalista.

Esta crítica cabe situarla en el marco de la denominada *cuestión inmobiliaria*. Hoy, resultan absolutamente vigentes las aportaciones de Lefebvre para comprender qué sucede cuando el capitalismo intensifica su apuesta por las *soluciones espaciales*. Tal como él afirma, el «circuito secundario»,[25] esto es, el sector inmobiliario —y en general el de la construcción—, deja de funcionar como tal, deja de tener un carácter accesorio del capitalismo industrial y financiero y se convierte en uno de los motores de la dinamización de la economía a nivel mundial. Cuando el circuito convencional entra en repliegue, este circuito secundario se expande. El capital «se precipita en la producción del espacio»[26] —tanto o más que en la clásica producción de maquinaria o bienes de consumo—, toma posesión del suelo y lo moviliza buscando aquellos escenarios con las menores trabas y saturaciones posibles para operar.

Lo inmobiliario se percibe, en un momento dado, como un sector de oportunidades al cual dirigir las inversiones. La movilización del capital y del espacio se tornan frenéticas y conducen a la destrucción de viejos (y nuevos) espacios, a la autodestrucción del espacio, a la *destrucción creativa*. Esta espiral de construcción y destrucción es la que permitirá mantener los niveles necesarios de *circulación del capital*, requerimiento imprescindible para que el capitalismo no colapse.[27] Por ello, el ámbito urbanístico-inmobiliario, acompañado de leyes propicias y/o falta de control político, cuando no de la connivencia de los legisladores, ha resultado ser un excelente sector para la acumulación de capital. La relevancia adquirida por el mismo en las últimas décadas refuerza la perversa consideración del espacio como mero *valor de cambio*, como porción de suelo intercambiable, tal como había apuntado Lefebvre. En definitiva, el espacio es reducido a simple mercancía, a sabiendas

---

[25] *LPE*, p. 386.
[26] *LPE*, p. 387.
[27] Cabe destacar el análisis realizado a este respecto por David Harvey, *Espacios del capital*, Madrid, Akal, 2007

de que hablamos de espacios habitados, espacios practicados, hablamos de barrios, ciudades o regiones metropolitanas que sufrirán las mismas consecuencias de las políticas especulativas, de la inversión y la desinversión que se experimenta en el circuito industrial y financiero.

Uno de los clásicos ejemplos que ilustran las consecuencias de la intervención económica en el espacio es el de las *ciudades antiguas*, esto es, el de los centros históricos. Hablar del centro histórico y de lo inmobiliario exige referirse, en palabras de nuestro autor, a la escasez del espacio. Una escasez «programada» que, una vez saturados otros ámbitos como las periferias de bloques de viviendas o de chalés adosados, emerge en el espacio central construido, buscando el encarecimiento de parcelas determinadas consideradas únicas, exclusivas. Pero, claro es, este alza de los precios vinculado a la escasez no se produce como un hecho aislado. Paralelamente se produce una estrategia de expulsión de individuos o grupos «incómodos» e «inquietantes» hacia las periferias. Clásica fórmula esta que, como ya afirmara Engels,[28] la burguesía utiliza en la ciudad para «solucionar sus problemas» (y particularmente los de la vivienda): los desplaza a otro lugar.

Tal como sucedió en los centros históricos donde la burguesía triunfante ganó el espacio a la aristocracia, produciéndose así un «aburguesamiento del espacio», a partir del último tercio del siglo xx, nos dice Lefebvre, se da un llamado «aburguesamiento en segundo grado»[29]. Es decir, un proceso de *elitización* o, recurriendo a la extendida adaptación del término anglosajón, un proceso de *gentrificación*. En el mismo, las capas altas de la sociedad intentan ganar el espacio central y encontrar asimismo aliados y, por ende, convecinos, en las capas medias altas y en las élites intelectuales y culturales. Este proceso, apunta el autor, no deja de generar contradicciones, como las que él mismo detectó en el París heredero de Mayo del 68: el denominado centro histórico era un escenario atractivo para la inversión y el consumo, pero a su vez resultaba difícil de gestionar para las autoridades. Una de las especificidades de ese centro histórico tenía que ver con la resistencia a la «devastación modernizadora» y con un dinamismo social, político y cultural que resultaba amenazante para dichas autoridades. Sin embargo, era esto mismo lo que le otorgaba su fama mundial. Esta tensión descrita por Lefebvre se ha hecho hoy consustancial a la vida de buena parte de los centros históricos urbanos y ha encontrado distintas modalidades de gestión que se han desplazado de la permisividad a la represión.[30]

---

[28] F. Engels, *La situación de la clase obrera en Inglaterra*, Madrid, Júcar, 1976.
[29] *LPE*, p. 70.
[30] *LPE*, p. 444.

El autor constata cómo tras un periodo de abandono y desatención institucional llega un momento en que parecen descubrirse las virtudes sociales, arquitectónicas y artísticas del *centro histórico*, dirigidas en este caso al consumo cultural en el marco de unas boyantes industrias de turismo y del ocio. «Los antiguos objetos de uso pasan entonces por excepcionales y preciosas obras de arte».[31] Se produce así lo que Lefebvre denomina, en una acertada expresión, un «festín de la autenticidad».[32] Bajo toda una parafernalia de símbolos que transmiten diversidad a la par que originalidad, no hay sino un enmascaramiento de la pura repetición (de edificaciones, monumentos o eventos) en todas las ciudades.

Es precisamente esto lo que sucede en las ciudades contemporáneas: cuando las urbes compiten entre sí y buscan diferenciarse unas de otras —a través de esas «autenticidades»— mayor parecido se encuentra entre ellas. Al margen de la escasa imaginación de los gestores y asesores urbanos, esta tendencia a la «imitación de lo excepcional» entre las ciudades encuentra explicación en buena medida en la necesaria intercambiabilidad del espacio como mercancía, esto es, en su necesaria conversión en valor cuantificable.[33] Y es que «el urbanismo no trata de modelar el espacio como una obra de arte»[34] sino que modela un espacio político y económico. En este sentido, y produciendo una nueva contradicción espacial, lo auténtico, lo único, lo excepcional, acaba convirtiéndose en su contrario.

El espacio público

El juego de «producción de autenticidades» encuentra uno de sus ejemplos más destacados en los espacios públicos de las ciudades contemporáneas. Probablemente Lefebvre debe ser reconocido, junto a Jane Jacobs, como el principal pensador del espacio público urbano. Ciertamente, apenas utilizó el término como tal.[35] Esto encuentra explicación en una tardía generalización del mismo en la literatura académica —a partir de la década de 1990—, la cual vincula el espacio público *físico* (soporte, suelo, de titularidad pública y accesible a todo el mundo) con un espacio público *político-filosófico y comunicacional* (espacio común, de visibilización, de asunción de las diferencias, de intercambio informativo y participación

---

[31] *LPE*, p. 416.
[32] *LPE*, p. 101.
[33] *LPE*, p. 388.
[34] *RU*, p. 185.
[35] En *LPE* sólo aparece citado en cinco ocasiones.

ciudadana). Asimismo, debemos tener en cuenta que esta generalización y puesta de moda del *espacio público* debe mucho —como ha señalado Manuel Delgado—[36] a los planificadores y gestores urbanos que lo incluyen en sus programas de reconversión urbana a modo de reclamo turístico y de instrumento de legitimación recurriendo a una retórica político-filosófica, la mayor parte de las veces hueca, que apela a símbolos como el «ágora griega» o el «foro romano».

Sin embargo, no podemos sino considerar las reflexiones de Lefebvre sobre *el espacio urbano* y *la calle* como aportaciones fundamentales a los estudios sobre espacio público, que siguen hoy manteniendo su vigencia. Tal como plantea en *El derecho a la ciudad*, el *espacio urbano* supone simultaneidad, encuentros, convergencia de comunicaciones e informaciones, conocimiento y reconocimiento así como confrontación de diferencias (también ideológicas y políticas). Es lugar de deseo, de desequilibrio permanente, momento de lo lúdico y de lo imprevisible.[37] Por su parte, en *La Revolución urbana*, Lefebvre capta de modo magistral la complejidad y riqueza de *la calle*, así como su carácter esencial para la vida urbana:

> Es el lugar (topo) del encuentro, sin el cual no caben otros posibles encuentros en lugares asignados a tal fin (cafés, teatros y salas diversas). Estos lugares privilegiados o bien animan la calle y utilizan asimismo la animación de ésta, o bien no existen.
> En la escena espontánea de la calle yo soy a la vez espectáculo y espectador, y a veces, también, actor. Es en la calle donde tiene lugar el movimiento, de catálisis, sin el que no se da vida humana sino separación y segregación (…) La calle cumple una serie de funciones que Le Corbusier desdeña: función informativa, función simbólica y función de esparcimiento. Se juega y se aprende. En la calle hay desorden, es cierto, pero todos los elementos de la vida humana, inmovilizados en otros lugares por una ordenación fija y redundante, se liberan y confluyen en las calles, y alcanzan el centro a través de ellos; todos se dan cita, alejados de sus habitáculos fijos. Es un desorden vivo, que informa y sorprende (…) La calle y su espacio es el lugar donde el grupo (la propia ciudad) se manifiesta, se muestra, se apodera de los lugares y realiza un adecuado tiempo-espacio.[38]

Lefebvre pone de manifiesto la amenaza que sufre el espacio público a manos de un urbanismo reinante que cuenta entre sus propósitos con hacerlo desaparecer. Reducirlo a mero tránsito, a lugar de paso, unión entre puntos más o menos distantes, donde el automóvil siempre ha tenido absoluta prioridad sobre el usuario a

---

[36] M. Delgado, *El espacio público como ideología*, Madrid, Catarata, 2011.
[37] Ver *DC*.
[38] *RU*, p. 25.

pie. Sin embargo, el propio Lefebvre detecta cómo en muchos casos esta amenaza está lejos de resultar explícita y se presenta bajo una retórica que ante todo reivindica el espacio (público) urbano supuestamente puesto al servicio del ciudadano. Tras ella, sin embargo, no se encuentra sino la imposición del *espacio concebido*, proyectado, espacio especializado (fundamentalmente por y para el consumo) que exigirá la adaptación de los usos a la *forma y a la norma* impuestas.

Como agudamente apunta en *La producción del espacio*, el *espacio concebido* pretende reducir lo vivido a lo visible, a lo legible. Se produce así lo que podríamos calificar como la falacia de la «transparencia espacial». El espacio público se mostraría como completamente transparente, inocente, sin secretos, sin sorpresas. Espacio pre-existente a los actores, que no tendrían más ocupación ni preocupación que situarse en «su lugar». Los usos posibles ya están definidos y los cuerpos sólo deberán adaptarse a las formas pre-establecidas. Por tanto, bajo esta aparente transparencia se oculta la existencia de un determinado orden del espacio que dista de ser tan simple y tan inocuo como quiere hacerse ver.

Este orden del espacio genera lo que Lefebvre denomina un supuesto *consensus*, que estaría tácitamente asumido por todos los usuarios, basado en las clásicas pautas de urbanidad, que contribuirían a generar una convivencia segura y apacible, evitando molestias y ofensas hacia los demás. Sin embargo, basándose en «una sobreabundancia de reglamentaciones draconianas»,[39] dicho *consensus* no hace sino limitar la presencia, la acción y el discurso de los actores. Esto es, bloquea la posibilidad de plantear cualquier orden espacial alternativo e incluso introducir modificaciones en el ya existente.

No muy lejos de lo descrito por Lefebvre se encuentra lo que hoy en día se ha dado en llamar *espacio público cívico*. Espacio igualmente de «consenso y respeto» que no hará sino reducir cuanto acontece a aquello que resulta previsible. Es decir, se convierte, apoyado en las denominadas *ordenanzas cívicas* —reguladoras del uso del espacio público—, en un escenario de lo tolerable, de las «diferencias toleradas». Esto restringe el uso del espacio generando necesariamente incompatibilidades, es decir, la conformación de figuras negativas (des)calificadas genéricamente como *incívicas*. Su presencia resultaría una amenaza, una distorsión en el orden espacial existente, un borrón en la legibilidad del mismo que provocaría su necesaria expulsión de la escena.

Este *espacio del civismo* niega precisamente aquello mismo que proclama y ensalza, ser un espacio de apropiaciones, diferencias y

---
[39] *LPE*, p. 70.

participación; alejando cualquier posibilidad de implicación de los usuarios en la propia conformación de la vida del espacio público y de la ciudad en general. En definitiva, niega cualquier carácter político al usuario del espacio. De hecho, como afirma Lefebvre, no será el discurso político el que prevalezca en la organización del espacio, sino que ante todo será un discurso técnico, es decir, urbanístico y arquitectónico, el que señalará aquello de lo que hay que hablar y aquello de lo que no se debe hablar, aquello que se considera serio y lo que no debe ser considerado como tal. Ese discurso técnico nos hablará de intervenciones urbanísticas mejor o peor resueltas, del deterioro y conservación del mobiliario urbano, de los flujos de peatones que circulan (y sólo circulan) por las calles. A partir de esta labor técnica se conforma pues un espacio que, como señala Lefebvre, «suprime, elude, evacua todo lo que se le opone mediante la violencia inherente, y si ésta no fuera suficiente, mediante la violencia expresa».[40] Esto y no otra cosa es, por ejemplo, lo que sucede a través del *consenso cívico* con la criminalización y castigo de la protesta y la pobreza en el espacio público urbano, fracturándose así «en lugares asignados (significados, especializados) y en lugares prohibidos (a tal o cual grupo de población)». Apunta Lefebvre que

> la mayor parte de las prohibiciones son invisibles. Las cancelas y rejas, las barreras materiales y los fosos no son sino casos extremos de la separación. Los espacios elitistas, los *beaux quartiers* y los sitios «selectos» están protegidos contra los intrusos por signos y significantes más abstractos. La prohibición es el reverso y la cobertura de la propiedad, de la apropiación negativa del espacio bajo el régimen de la propiedad privada.[41]

En cualquier caso, por mucho que las fracturas en el espacio se intensifiquen, por mucho que la vigilancia y la punición se incrementen sobre los usuarios, debemos recordar aquello que Lefebvre afirmaba con rotundidad: «es imposible inmovilizar lo urbano».[42] La apropiación negativa, esto es, la dominación del espacio, nunca termina de imponerse a las posibilidades de una *apropiación positiva*, de una *reapropiación del espacio* ligada a la *reapropiación* del *cuerpo*, instancia ésta fundamental en el ejercicio emancipatorio que vislumbra Lefebvre y que se encuentra permanentemente presente en *La producción del espacio*. La (re)apropiación que plantea el autor supone la asunción de la ciudad como *obra*, como *valor de uso*, como goce, como disfrute, como belleza y como creación colectiva de los ciudadanos, por tanto, sobre la que ellos deciden y en la que ellos

---

[40] *LPE*, p. 370.
[41] *LPE*, p. 368.
[42] *LPE*, p. 445.

intervienen. Esta reapropiación supone una repolitización del espacio, una reactualización de la condición política del espacio urbano y de la figura del ciudadano. Es así que Lefebvre reivindica el *derecho a la ciudad* como «derecho a la centralidad», como «derecho a la vida urbana, transformada, renovada». Sin embargo, a la vez que reclama esto, nos recuerda el error de simplificar el derecho a apropiársela y a transformarla, el error de reducirlo a «un simple derecho de visita o de retorno hacia las ciudades tradicionales».[43]

De este modo, el ciudadano quedaría limitado a simple espectador, a mero contemplador pasivo del espectáculo que le rodea. Ésta es una de las cuestiones que más inquietan a Lefebvre respecto a la actuación de los ciudadanos: su silencio y pasividad ante los problemas que se les presentan, asumiendo la función de *consumidores* (de la ciudad como *valor de cambio*) y *figurantes* de un espacio no pensado para ellos en tanto que *usuarios* (de la ciudad como *valor de uso*). No obstante, podemos decir que al problema de *la pasividad ante el espectáculo* se le añade hoy una nueva problemática: *la participación ciudadana*. O dicho de otro modo, *la participación ciudadana como espectáculo*. En tal situación, el ciudadano, más allá de su posición de mero observador, será permanentemente invitado, interpelado o convocado por las autoridades locales, regionales o estatales a «participar» a través de mecanismos que no hacen sino encauzar las posibilidades de intervención ciudadana hacia ejercicios de acompañamiento y aval a las políticas municipales, blindando de este modo el ámbito de la toma efectiva de decisiones.

Sin embargo, como afirma Lefebvre, nada más contradictorio que el espacio urbano, nada más contradictorio que un espacio de desactivación de las inquietudes ciudadanas que a su vez no deja de condensarlas, de concitarlas, en definitiva, de localizarlas, tal como sucede con las diversas luchas emprendidas por trabajadores, mujeres, inmigrantes, jóvenes precarizados y estudiantes que «toman cuerpo» en la ciudad. El espacio público (cívico) no puede borrar de un plumazo su carácter conflictivo y contradictorio. Los «múltiples, diversos y contradictorios intereses» de los ciudadanos no podrán resolverse sino con la confrontación. Una confrontación que exigiría «la intervención constante de los *interesados*»[44] conducente a una posesión y gestión colectiva del espacio. Como señala el autor, «¡Cambiar la vida! ¡Cambiar la sociedad! Nada significan estos anhelos sin la producción de un espacio apropiado».[45]

---

[43] *DC*, p. 138.
[44] *LPE*, p. 484.
[45] *LPE*, p. 72.

Lo urbano y lo posible

Durante los últimos años de su vida, en Lefebvre se instaló un creciente sentimiento de derrota. La derrota de un luchador dentro y fuera de la academia, en las aulas y en la calle, en el Partido Comunista Francés y fuera de él. París, la ciudad que había amado y que había odiado, con su vida excitante e insoportable, finalmente lo expulsó a la periferia, encontrando refugio en la Maison d'Arrac, su casa familiar en Navarrenx, al sur de Francia. Él nunca había abandonado la periferia ni física ni emocionalmente. Siempre se sintió periférico; en los márgenes, desde donde trabajó y combatió, desde donde intentó desestabilizar el centro, un centro que también frecuentó. En la periferia siguió cultivando, a pesar del desánimo, la *esperanza*, la *utopía*. Hoy retorna con fuerza a nosotros su reivindicación de la *utopía*, de *lo posible*, de los *espacios de lo posible*. Es decir, de aquello que está por hacer, pero que parte de *lo real*, del presente, de lo actual.

Tras un oscuro periodo de descrédito, la *utopía* toma nuevo impulso y encuentra en Lefebvre a un ferviente defensor. La década de 1990 sirvió para que los ideólogos del neoliberalismo proclamaran el fin de las *utopías*. Esto coincide con el desmembramiento del denominado «socialismo real» que, paradójicamente, se definía como enemigo de la *utopía* por su falta de cientificidad. La ortodoxia estalinista, de la cual Lefebvre fue víctima (silenciado, censurado y suspendido de militancia en el Partido Comunista), compartía con las posiciones neoliberales su cuestionamiento de la *utopía* entendida como mera ingenuidad, como ausencia de realismo. Esta postura también se había generalizado en la esfera académico-intelectual, restringiendo las propuestas *utópicas* al ámbito de la narrativa (des) calificada como ciencia-ficción.[46] Igualmente le sucedió, y quizá en mayor medida, al reverso de la *utopía*, la *distopía*, la cual empero ha jugado un papel muy destacado al subrayar la existencia de *límites* dentro de las propias *utopías* (no todo vale, no todo puede llevarse a la práctica) y de *limitaciones* en el llamado pensamiento utópico (restricciones autoimpuestas por su falta de imaginación).

Más allá del cuestionamiento a las posiciones antiutópicas, Lefebvre reclama una necesaria autocrítica a aquellos que reivindican la *utopía*. De hecho, como afirma en *La producción del espacio*, tanto han podido desacreditar a la *utopía* sus enemigos declarados como la existencia de lo que podríamos denominar como *utopías mentales* progresistas. La *utopía* no resulta peligrosa tanto por su

---

[46] Para abordar este extremo en particular y en general la historia de la idea de utopía resulta de gran valor el texto de Francisco Fernández Buey, *Utopías e ilusiones naturales*, Barcelona, El Viejo Topo, 2007.

«falta de realismo» cuanto por constituirse en mera ficción, es decir, en mero experimento mental sin pretensiones de encarnarse. Estas *utopías mentales* nos alejan, por tanto, de lo real y de *lo posible* y, precisamente, señalan «la vanidad de la teoría crítica»,[47] eficaz únicamente en el plano de las palabras y las representaciones. La *utopía mental*, indica el autor, confabulada con el mundo de las imágenes y el espectáculo, difumina las problemáticas presentes o, en algunos casos, ni siquiera se acerca a ellas. El experimento y la especulación mental hacen inoperante la *utopía*, manteniéndola en el rango de la abstracción. En ésta, el mundo futuro proyectado, ideal, se dibuja bien como un enclave cerrado, hermético, aislado, fuera del espacio (y del tiempo), o bien como un espacio permanentemente abierto, sin afrontar en ningún momento el cierre, los límites, ni la cuestión de la autoridad. Es cierto, como han planteado Harvey o Bettin,[48] que la apuesta de Lefebvre por una determinada organización del espacio, esto es, una organización socialista del espacio, adolece de cierta vaguedad en su definición, corriéndose el riesgo de no afrontar el problema del cierre y la autoridad. Sin embargo, esto no resta relevancia a la reivindicación de una *utopía concreta*,[49] entendida como proceso que arroja luz sobre lo real, como posibilidad que forma parte, da sentido y orienta el presente, anticipando lo que no es todavía, pero considerándolo experimentalmente, en el terreno, con sus implicaciones, con sus consecuencias. Es así como debe entenderse y abordarse la cuestión que se planteaba en *El derecho a la ciudad*:

> ¿Cuáles son, cuáles serán los lugares con éxito social; cómo detectarlos, con qué criterios; qué tiempos, qué ritmos de vida cotidiana se inscriben, escriben, prescriben en estos espacios «con éxito», es decir, favorables a la felicidad? Esto es lo que interesa.[50]

La *utopía concreta* no puede ser entendida como espontaneidad absoluta ya que ésta anula el pensamiento, la capacidad inventiva. La *utopía* es una condición para la existencia del pensamiento, dirá Lefebvre. Sin *utopía*, sin exploración de *lo posible*, no hay pensamiento. Este pensamiento debe conectar con las prácticas de los usuarios y de los habitantes, con la intervención de los ciudadanos en el *espacio (urbano)*. *Lo posible* se encuentra según Lefebvre en *lo*

---

[47] *LPE*, p. 73.
[48] D. Harvey, *Espacios de esperanza*, Madrid, Akal, 2003; G. Bettin, «Henri Lefebvre: del derecho a la ciudad a la producción del espacio urbano» en G. Bettin, *Los sociólogos de la ciudad*, Barcelona, Gustavo Gili, 1982.
[49] Concepto que toma prestado de Ernst Bloch, *El principio de esperanza*, Madrid, Trotta, 2007.
[50] *DC*, p. 129.

urbano. *Lo urbano* es *lo posible* en tanto que virtualidad, que anticipación, en tanto que realidad no consumada. Realidad haciéndose y por hacer e impugnación permanente de lo hecho.

Por tanto, *lo urbano* no puede entenderse como escenario armónico acabado sino como espacio de conflictos, de enfrentamientos, espacio de lo imprevisible, de desequilibrios, donde las «normalidades» se desarman y rearman a cada momento. Si bien es también espacio de encuentro, de lo lúdico y de la belleza. La *utopía concreta* en el *espacio urbano* es, por tanto, accidentada y contradictoria. Es allí donde se movilizan las *diferencias* y donde nada puede darse por sentado porque hablamos de actores y actos reales (y/o posibles) y no de estados mentales (aquellos del espacio abstracto). En su producción, nos dice Lefebvre,

> gracias a las energías potenciales de una variedad de grupos que utilizan el espacio homogéneo conforme a sus propósitos, el espacio se teatraliza y se dramatiza. Se erotiza, se entrega a la ambigüedad, al nacimiento común de necesidades y deseos.[51]

Por ello, resulta imprescindible pensar en un espacio de juegos, de ocio, espacio del placer, en *la obra* atravesando *el producto*, en el *valor de uso* sobre el *valor de cambio*, en la *apropiación* sobre la *dominación*, precisamente porque *lo imaginario*, *lo utópico*, *lo posible* (*imposible*) integran *lo real* yendo más allá de *lo real*.

Actualidad de Lefebvre

Se ha dicho con razón que resulta una impertinencia afirmar que los clásicos no envejecen. Claro que envejecen. La diferencia es que un clásico envejece de otro modo, envejece *bien*. Según esto, Henri Lefebvre debe ser considerado un clásico, un *clásico contemporáneo*. Entre las obras que lo hacen merecedor de tal calificativo está sin duda *La producción del espacio*. Es cierto que por momentos en ella se evidencia el paso del tiempo. En particular en ciertos debates políticos e intelectuales claramente inscritos en el periodo y el lugar en que Lefebvre escribió este texto: la Francia de los denominados «treinta años gloriosos». Igualmente este paso del tiempo es visible en apuntes, reflexiones o propuestas que hoy pueden resultar ingenuos u obvios, pero que no lo eran entonces, lo cual debería servir también para reconocer su carácter pionero.

---

[51] *LPE*, p. 450.

En cualquier caso, *La producción del espacio* y su autor han envejecido bien, como se deriva de la gran influencia ejercida sobre otros autores de la talla de David Harvey, Fredric Jameson, Doreen Massey o Edward Soja.[52] Autores que, como reclamaba Lefebvre de los teóricos sociales, no se han mantenido encorsetados en una única esfera especializada, sino que han transitado, a través de la influencia recibida y ejercida, entre disciplinas como la sociología, la geografía, la antropología o la filosofía. Es a ellos a quienes hoy debemos el énfasis realizado en la necesaria *espacialización de la teoría* —sin excluir la temporalidad—, tanto como la consideración del espacio como un *producto social (y político)* o *lo urbano* como un fenómeno global.

Algunas de las más destacadas ideas de Lefebvre, de las que hemos pretendido dar somera cuenta aquí, siguen siendo fuente de inspiración y debate, tal como sucede particularmente con la cuestión del *derecho a la ciudad* entre autores como Harvey, Garnier, Marcuse o Merrifield.[53] Otras ideas están aún a la espera de ser abordadas en mayor profundidad, como sucede con la cuestión del *cuerpo* o el *placer* (los *espacios corporales*, los *espacios del placer*). Todo ello hace más que pertinente la presencia de Lefebvre y especialmente *La producción del espacio* en la reflexión contemporánea sobre el espacio urbano. Sea pues bienvenida esta traducción y sea bienvenido el lector a este *clásico contemporáneo*.

---

[52] D. Harvey, *La condición de la posmodernidad*, Buenos Aires, Amorrortu, 1990; *Espacios de esperanza*, Madrid, Akal, 2003; F. Jameson, *Teoría de la postmodernidad*, Madrid, Trotta, 1996; *El giro cultural*, Buenos Aires, Manantial, 1999; D. Massey, *Space, place and gender*, Minneapolis, University of Minnesota Press, 1994; *For Space*, Londres, SAGE, 2005; E.W. Soja, *Thirdspace*, Oxford, Blackwell, 1996; *Postmetrópolis*, Madrid, Traficantes de Sueños, 2008.

[53] D. Harvey, «El derecho a la ciudad» en *New Left Review* (edición española), n°54, nov-dic. 2008, pp. 23-39; J.P. Garnier, «Del derecho a la vivienda al derecho a la ciudad: ¿De qué derechos hablamos… y con qué derecho?» en *Biblio3W*, Universidad de Barcelona, Vol. XVI, n° 909, 2010, disponible en <http://www.ub.es/geocrit/b3w-909.htm>; P. Marcuse, «Los derechos en las ciudades y el derecho a la ciudad» en A. Sugarnyves, y M. Charlotte (Eds.), *Ciudades para tod@s. Por el derecho a la ciudad, propuestas y experiencias*, Santiago de Chile, HIC, 2010, pp. 91-103; A. Merrifield, «The right to the city and beyond. Notes on a lefebvrian re-conceptualization» en *City*, Vol. 15, N° 3-4, 2011, pp. 468-476.

INTRODUCCIÓN

Ciudad, espacio y cotidianidad en el pensamiento de Henri Lefebvre

Emilio Martínez Gutiérrez
(UCM)

Preliminar

Testigo de las convulsiones del siglo, de sus muchos anhelos y contradicciones, Henri Lefebvre (1901-1991) pertenece a ese extraordinario tipo de intelectuales que, pensando el mundo, no olvidan vivir y actuar en él. Lo hizo cierta y radicalmente, con ese entusiasmo que caracterizó su empeño en saber y vivir. No es aventurado pensar que esa actitud, añadida al fondo de sus reflexiones y al reto de sus constantes sugerencias, explique el interés y actualización de la obra del sedicente «último marxista de Francia» (*L'Express*, 1968). No es tanto la orfandad de unas referencias precisas con que fijar el rumbo de la interpretación social y urbana lo que justifica su regreso como descubrir en él una lectura lúcida, no siempre cómoda, en que una sabia combinación de realismo y subversión, de imaginación y acción, confiere a su pensamiento tanta profundidad como proyección. Ha de reconocerse al respecto que muchas de las observaciones lefebvrianas trascienden en general su tiempo: se sitúan en el orden de una prospectiva de las tendencias de cambio social habilitada desde el método regresivo-progresivo, la dialéctica (construcción por negación) y una *transducción* consistente en *pensar lo posible*. Pero conviene tener presente que su perspectiva no habría logrado el alcance mostrado de no mediar su propio vitalismo y su apertura intelectual hacia el fluir de lo social y su discurso, ya fuera en las manifestaciones artísticas de vanguardia o en la aparente retaguardia de lo cotidiano, en las aulas universitarias o en los cafés y calles donde la vida se derrama sin cesar. Así se entendería mejor el calificativo de *marxismo alegre* que reservó Umbral para referir la contribución lefebvriana, y su proceder —podríamos añadir— un tanto heterodoxo. Es posible que esta forma de operar respondiera tanto a su notorio rechazo hacia todo tipo de convenciones disciplinares como a su mucha curiosidad, que se traducía en un inabarcable plan de vida y trabajo. Difícil imaginar que un mundo cerrado y definitivo hubiera de resultar satisfactorio para quien, como Lefebvre, cultivó en su juventud la amistad de Tzara y el Dadá, de Breton, Aragon y los surrealistas; ya maduro, las provocaciones intelectuales del grupo *Cobra* (Constant Nieuwenhuis, Asger Jorg y Christian Dotremont) y del situacionismo de Guy Debord; o que anduvo, desde la Universidad de Nanterre, en el corazón mismo del mayo del 68. Tal audacia, siempre comprometida, tiene su correlato en sus numerosos viajes por ciudades y países lo largo de su vida, conferenciando y trabajando en distintos proyectos; y en sus desplazamientos intelectuales por diferentes dominios: la filosofía, la historia, la sociología rural, la crítica de la vida cotidiana, el urbanismo, el arte y la música... materias sobre las cuales Lefebvre compuso una de las trayectorias más fecundas y consistentes del pensamiento francés contemporáneo.

Han transcurrido ya veintidós años desde su fallecimiento, pero la figura de Henri Lefebvre vuelve a ser una presencia evidente, envuelta ahora en una mirada serena que ya no participa de las modas y partidos intelectuales ni de las luchas políticas que agitaban el debate en su día. Apagado ya el fuego de las grandes polémicas en que se vio enredado o propició (con el existencialismo de Sartre, el estructuralismo de Althusser, Foucault, y un largo etcétera), desaparecidos como él muchos de sus adversarios intelectuales y políticos, y parcialmente superadas ciertas vulgarizaciones o la descontextualización de algunas de sus propuestas (los eslóganes vacíos de la «política de la ciudad» en Francia durante los ochenta), los años transcurridos han permitido restituir con más rigor el alcance de su trabajo. Lo testimonia, sin duda, el volumen de traducciones, foros internacionales consagrados a su figura y obra,[1] las reediciones de sus textos y los libros en que se acomete algunas de las muchas cuestiones donde dejó impresa la huella de su pensamiento: los análisis sobre el consumo, el ocio programado, la ecología política, la metafilosofía, el lenguaje, los movimientos sociales, la crítica de la modernidad, los estudios de la vida cotidiana y la dinámica urbana contemporánea. En Francia, por ejemplo, hay que señalar la muy solvente reedición de un buen número de sus escritos más notables (a cargo de Remi Hess, fundamentalmente, con la recuperación de algunos inéditos, y del grupo de Navarrenx). No es ya un esfuerzo solitario pues hoy aparece acompañado de diversas tentativas en la misma dirección (Garnier, Busquets, Lethierry, etc.). Capítulo especial merecen las procedentes del mundo anglosajón, donde al hilo de sus incursiones por la denominada *french*

---

[1] Entre otros: *Henri Lefebvre e o retorno à dialéctica*, Hucitec, Sao Paulo, 1996; *Rethinking Theory, Space and Production: Henri Lefebvre Today*, TU Delft (Holanda) 2008; *Urban Research and Architecture: Beyond Henri Lefebvre*, en la ETH de Zúrich, 2009; y el último realizado en septiembre de 2011 en la Universidad de Nanterre.

theory han reparado con cierto retraso en las investigaciones lefebvrianas sobre la cotidianidad, descubierto vertientes postmodernas (aun cuando su crítica a la modernidad fuera más bien desde dentro) o proseguido en una interpretación crítica de lo urbano, a la estela de la geografía radical de David Harvey, Edward Soja (*Thirdspace, Postmodern Geographies*), y más recientemente de Stuart Elden (*Henri Lefebvre: Key Writings*, 2003; *Understanding Henri Lefebvre: theory and the possible*, 2004). Dada la potencia de los medios culturales anglosajones, este hallazgo tardío ha sido fundamental en la revitalización presente de Lefebvre en otros países, de la que ha dado buena cuenta Łucasz Stanek en los coloquios de Delft. Sería igualmente el caso de la recepción brasileña (Paquot, 2009), que se apoya ahora no tanto en el sesgo lefebvriano de Milton Santos como en la traducción de las *geografías postmodernas* de Soja, en definitiva, en una crítica en segunda derivada. De otro lado, en el continente europeo, la recepción alemana de Lefebvre ha tendido a privilegiar en los últimos años la crítica de la modernidad y el ámbito de cotidianidad, en las que observan ciertas afinidades con las indagaciones de la Escuela de Frankfurt o a los trabajos de Agnes Heller. En España, la difusión de su obra fue en gran medida obra de Mario Gaviria, a quien debemos igualmente su acercamiento a la realidad urbana española de los años setenta (el Seminario de Sociología Urbana de Madrid) y a la producción neocolonial del espacio turístico en el arco mediterráneo, cuando éste no era todavía la ruina ambiental y paisajística que es hoy. Tras un largo silencio sólo interrumpido aquí y allá por alguna voz periférica, Lefebvre ha regresado —no sabemos por cuánto tiempo, pero sí desde dónde—: de la crítica urbanística más que de la sociológica. Hay que felicitar en este sentido la iniciativa de la revista *Urban*, del Departamento de Urbanística y Ordenación del Territorio de la Escuela Técnica Superior de Arquitectura de Madrid (UPM), con un volumen recientemente consagrado al autor.[2]

Tratándose de una producción tan abundante como variada, los tiempos y frentes de restitución o prolongación, y las interpretaciones, salvadas las distancias temporales y las coyunturas específicas, se manifiestan igualmente múltiples. Pero si «hay otros París», como decía el autor a propósito de la realidad social de la capital francesa, sería exagerado afirmar que existen «muchos Lefebvres». En esa variedad sólo hay distintos «momentos» de un mismo cauce reflexivo y crítico sobre las contradicciones del mundo moderno.

---

[2] «Espectros de Lefebvre», *Urban*, NS02, septiembre 2011-febrero 2101. En ese número presentamos una versión de la biografía, bibliografía y fuentes del y sobre el autor.

La cuestión urbana

Uno de esos momentos privilegiados en que brilló particularmente su genio fue el de los estudios sobre la ciudad y el proceso de urbanización, en los que es referencia inexcusable. En el conjunto de su obra dicha temática remite a una disposición tardía, específica y bien delimitada cuyo ciclo se inicia a mediados de los sesenta[3] y concluye en 1974. En sentido estricto ni antes ni después, por mucho que el autor manifestara que su interés por lo urbano provenía de aquellos tiempos en que trabajó como taxista en París. Incluso entonces es más verosímil pensar en la influencia que pudiera ejercer en él la obra de Aragon (*Le paysan de Paris*). Pero más allá de la anécdota existen más razones de peso para su incursión en la cuestión urbana. Pudo muy bien obedecer a la impresión que le produjo la degradación del mundo rural, especialmente en la zona de Las Landas, su región natal. En el CNRS había estado ocupado en investigaciones de sociología rural y había tenido oportunidades de comprobar la paulatina descomposición de la vida en el agro (véanse al respecto *La Vallée de Campan, étude de sociologie rurale*, 1963; y *Pyrénées*, 1965). Pero también su trato con los situacionistas pudo precipitar su inclinación hacia los problemas urbanos. No obstante, es el propio contexto de urbanización acelerada y masiva del territorio francés auspiciada por los «treinta gloriosos» lo que reclama su atención: las ciudades construidas en medio de la nada (la nueva ciudad de Lacq-Mourenx, cerca de Navarrenx, el llamado *Texas bearnés*) y la extensión de las mayores aglomeraciones, como París, con una periferia cargada de excrecencias patológicas de *bidonvilles*, colonias de *pavillons* (unifamiliares) y grandes polígonos de torres de viviendas sociales (HLM). En la *Introduction à la modernité* (1962) ya se anunciaba la crítica al pretendido demiurgo que presentía en la creación de los nuevos conjuntos urbanos la posibilidad de generar la vida. El resultado final era, sin embargo, una reducción del significado social de la ciudad y una desestructuración morfológica del espacio, dominado por el rigor técnico-funcional y la apetencia de beneficios del capitalismo. Fue en ese contexto cuando pondría en marcha el Instituto de Sociología Urbana, que realizaría numerosos trabajos para el

---

[3] Tomamos como referencia para delimitar el inicio del ciclo la publicación de «Los nuevos conjuntos urbanos. Un caso concreto: Lacq-Mourenx y los problemas urbanos de la clase obrera» (*Revue Francaise de Sociologie*, 1960, I, pp. 186-201); y «Utopía experimental: por un nuevo urbanismo» (*Revue Francaise de Sociologie*, 1961, II, pp. 191-198). Estos trabajos serán incluidos con posterioridad en el libro *Du rural à l'urbain* (Anthropos, 1970).

Ministère de l'Équipement, el Bureau d'urbanisme de la Ville de Strasbourg y para la ciudad de Nancy. De esos trabajos procede la excelente monografía sobre el hábitat residencial unifamiliar (*L'habitat pavillonaire*) de H. Raymond, N. Haumond *et alli.*, prologada (y más o menos conducida) por Lefebvre. Desde entonces lo urbano pasó a concentrar las tareas de investigación del autor, desde la convicción de que la realidad social contemporánea estaba profundamente marcada por ese movimiento de implosión-explosión característico de la urbanización en la fase del capitalismo avanzado. Comienzan a manifestarse con claridad una serie de ejes expositivos que vendrían a articular en adelante su discurso urbanístico: la ciudad como *topos* privilegiado de la cotidianidad, de su miseria y de su potencia creativa; la crítica de la racionalidad tecnocrática vehiculada por el funcionalismo de la Carta de Atenas; la significación social y política de la *heterotopía* y el habitar poético; la ciudad como escenario y objeto de la lucha de clases, objetivo del capital y del Estado, como se observaba en esa urbanización «masiva y salvaje» que conquistaba el territorio, sin otra estrategia que no fuera la maximización de los beneficios, con sus implicaciones nocivas sobre la vida y las relaciones sociales.

Las observaciones urbanas de Lefebvre están recogidas en una serie de libros de amplio recorrido y difusión: *El derecho a la ciudad* (1968), *De lo rural a lo urbano* (1970), *La revolución urbana* (1970), *El pensamiento marxista y la ciudad* (1972), *Espacio y política (El derecho a la ciudad II)* (1973) y, por último, *La producción del espacio* (1974). Por supuesto, la interpretación de su trabajo no podría eludir su trayectoria anterior, los escritos previos y otros paralelos sobre el marxismo, la cotidianidad, la tecnocracia, el diferencialismo, el Estado, las desigualdades sociales, las estrategias del neocapitalismo, el papel de la ciencia y de la técnica en el mundo contemporáneo, etc. Son éstas cuestiones bien presentes en su investigación sobre la dinámica urbana, de la misma manera que las referencias a la ciudad y lo urbano no faltan en otros trabajos. *La proclamation de la Commune* (1965) tiene resonancias en el planteamiento del *derecho a la ciudad*; y *L'irruption de Nanterre au sommet* (1968) discurre por similares cauces: el espacio es objeto y parte de la lucha política. Asimismo, sus investigaciones sobre la cotidianidad o el Estado no dejan de advertir su anclaje espacial (v. gr., el quinto capítulo de *Del Estado IV*. «Las contradicciones del Estado Moderno. El espacio y el Estado», 1978). Pero, como decimos, en sentido estricto las obras citadas arriba constituyen la serie que abre y cierra lo que Remi Hess ha dado en llamar el «momento» urbano del autor.

Dentro de esa fase, otra contribución —y no menor— sería la creación, junto a Anatole Kopp, de la revista *Espaces et Sociétés*.[4] Se trata de una publicación de referencia desde su fundación en 1970, nacida con vocación crítica, abierta e internacional tanto en sus contenidos como entre sus colaboradores. La revista se abría con un artículo de Lefebvre, «Réflexions sur la politique de l'espace» (incluido después en la obra *Espacio y Política*), que suele ser interpretado como el manifiesto de su programa de trabajo. Y de hecho avanza tesis («*hay política del espacio porque el espacio es político*») que después integran y dan sentido a otros escritos posteriores. En 1994, tres años después de la muerte de Lefebvre, la revista rendiría homenaje a su fundador con un número especial consagrado a la actualización y a las ramificaciones de su pensamiento.

De los libros mencionados más arriba a propósito del ciclo urbano del autor, todos salvo el último fueron enseguida traducidos al español. El último título, *La producción del espacio*, considerada la cima de su pensamiento sobre el espacio y la ciudad —y como tal vertida al inglés, al italiano, al japonés, al coreano…—, ha tenido que esperar casi cuarenta años desde su primera edición francesa para ver la luz en su versión española. Pese al tiempo transcurrido y los cambios habidos, es un volumen que resiste bien el paso de los años, en algunos momentos los esclarece y en otros, sencillamente, queda superado o lejos de lo sucedido. Lo uno y lo otro responden al carácter ensayístico y al método empleado en su discurrir, yendo desde el pasado al presente para proyectarlo al futuro. Naturalmente la coyuntura económica, política e ideológica no es la misma. Pero debe afirmarse su actualidad, especialmente en su arrojo crítico y no sólo en el contenido de lo que trata y vislumbra: el modo en que el capitalismo se ha extendido por y a través del espacio, afirmándose en él y a partir de él; la globalidad de las contradicciones sociales asociadas a este proceso, la degradación y desaparición de la naturaleza bajo la concepción mercantilista que rige los designios de la planificación espacial; las tensiones entre lo global y lo local, las tensiones políticas sobre el espacio y las tensiones espaciales de la política… En todo caso, pese a la complejidad, los errores, los años y la superación de ciertas cuestiones, siempre es un buen momento para volver a pensar los avatares de la ciudad y del espacio con Lefebvre.

---

[4] Es una de las muchas aventuras del autor en la editorial Anthropos, donde funda asimismo las revistas *Autogestion*, *L'Homme et la société*, *Epistemologie sociologique*.

El pensamiento marxista y la ciudad

Insistamos en que lo urbano constituye un momento preciso en la muy dilatada trayectoria de Lefebvre. La importancia atribuida al autor como pensador filourbano (por su tesis típicamente grecolatina de la Ciudad como cuna de la innovación y del pensamiento) y la que él mismo confiere al *derecho a la ciudad,* a la *revolución urbana* o a la *producción y apropiación del espacio* no han de confundirnos al respecto: la exploración urbana representa un eslabón más —aunque ciertamente crucial— en un pensamiento de largo alcance que aspira a caracterizar los rasgos y tendencias dominantes de la sociedad contemporánea. El espacio, sus representaciones, prácticas y transformaciones, constituyen vectores de dicha indagación. De ese modo, tal como sucedía con buena parte de la tradición clásica de la sociología, la contribución teórica de Lefebvre al estudio del fenómeno urbano —si bien más contorneada, puesto que para él la sociedad urbana representa la superación de la sociedad industrial, de sus problemas y de su racionalidad— ha de comprenderse a la luz de su teoría sobre lo social y sobre el cambio social, como parte de un estudio en el que mostrar la lógica (ampliada) de la dinámica neocapitalista desde una perspectiva marxista.

Se trata ésta de una referencia importante: la teoría urbana de Lefebvre está singularmente anclada a la reconstrucción del marxismo. Esto permite comprender mejor el alcance y la dirección de sus observaciones, también algunas contradicciones y las críticas recibidas,[5] las cuales sin embargo no restan valor a uno de sus méritos principales, el de hacer factible el análisis urbano desde la crítica marxiana.

He aquí un ejercicio pionero. Si Marx había captado el proceso de industrialización e incluso había indicado su parecer sobre el modo de dominar tal proceso, en cambio, el problema urbano había quedado fuera de su alcance. No la ciudad —en tanto que forma de organización social, como se advierte en *La ideología alemana* o en *El manifiesto comunista*— pero sí la urbanización, y eso por motivos de orden histórico: la urbanización era entonces un proceso en marcha y las urgencias se hallaban en la esfera central del conflicto trabajo/capital. En todo caso, la cuestión urbana venía a ser subsumida en la cuestión social —sin necesidad pues de recurrir al mito del desorden urbano como sugería el socialismo utópico— o bien era reducida a la cuestión del alojamiento

---

[5] Fundamentalmente la que le dirige en un primer momento Manuel Castells en *La cuestión urbana* (1976); asimismo su insistencia en que Lefebvre no practicaba sociología urbana sino filosofía de la ciudad.

(*El problema de la vivienda*, de Engels).⁶ «La enseñanza de Marx y del pensamiento marxista, incompleta, ha sido desconocida —dice Lefebvre—. Para el mismo Marx, la industrialización contenía en sí su finalidad, su sentido. Ello ha dado lugar, por ende, a la disociación del pensamiento marxista en economicismo y filosofismo. Marx no ha mostrado (en su época no podía hacerlo) que la urbanización y lo urbano contienen el sentido de la industrialización. No ha visto que la producción industrial implicaba la urbanización de la sociedad y que el dominio de las potencialidades de la industria exigía conocimientos específicos relativos a la urbanización. La producción industrial, después de un cierto crecimiento, produce la urbanización, permite las condiciones y abre las posibilidades de ésta. La problemática se desplaza y se convierte en problemática del desarrollo urbano».⁷ El largo abandono teórico de la ciudad desde la perspectiva marxista se debe más a esas razones —o a su interpretación mecanicista, que opera reduciendo lo urbano a una expresión material inmediata del orden capitalista— que al influjo que pudiera ejercer el antiurbanismo y la terapéutica espacial del socialismo utópico (evidente también en el desurbanismo soviético).

Lefebvre no se limitaría a interpretar el urbanismo a la luz del pensamiento marxista, sino que en 1972 ofrecería un valioso estudio de los escritos marx-engelsianos sobre la ciudad, *El pensamiento marxista y la ciudad*. Es una obra donde se persigue restituir el pensamiento de Marx y el de Engels sobre la ciudad en el movimiento de toda su reflexión (la teoría de la plusvalía, el papel económico de las ciudades, la lucha de clases, etc.), pues de otro modo, tomados los textos de forma aislada, se traicionaría su sentido y el movimiento que los empujaba. Se trata de preguntar a los textos en nombre del presente y orientar sus enseñanzas al futuro. Al respecto Bettin (1982: 135) señalaba que «la exégesis de estos textos y la consiguiente adopción de una perspectiva materialista y dialéctica permitirían una interpretación correcta de los problemas de la sociedad urbana contemporánea, aun cuando Marx y Engels no podían, obviamente, preverlos en toda su violenta complejidad». Violenta, en efecto, porque si la ciudad permitió un día la aparición del capitalismo, en el transcurso del tiempo, la ciudad capitalista industrial realizaría su negación —la

---

⁶ No obstante, Engels lleva a cabo uno de los estudios más logrados sobre la vida social de las grandes ciudades industriales en *La situación de la clase obrera en Inglaterra* (1845) y al respecto, Lefebvre le reconoce una profunda comprensión sobre el hecho urbano que rompe con la tradicional imagen de Engels como segundo violín. Vid. *El pensamiento marxista y la ciudad* (versión española de 1973).

⁷ H. Lefebvre, *El derecho a la ciudad*, pp. 101-102.

no ciudad, la anti-ciudad—, y la haría estallar, urbanizando el territorio y anulando —por absorción— la contradicción dialéctica campo-ciudad (a partir de entonces amplificada en el conflicto centro-periferia).

En esta línea de aplicación de la dialéctica marxista encuentra sentido la hipótesis guía que Lefebvre esboza acerca del advenimiento de la sociedad urbana: la historia de la sociedad se traduce en un movimiento hacia su urbanización progresiva, consecuencia del poder transformador de la era industrial.

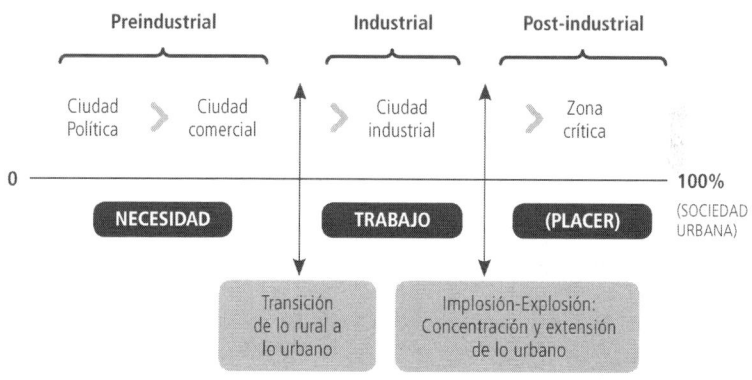

En una diacronía rápida, la historia podría verse como la sucesión dialéctica de tres grandes eras: la agrícola, la industrial y, por fin, la urbana, en proceso de constitución. A partir de ahí, la sociedad urbana («*llamaremos sociedad urbana a aquella que surge de la urbanización completa, hoy todavía virtual, pero pronto realidad*») representa una referencia empírica central para hacer inteligible la realidad social contemporánea. El proceso se entiende como un movimiento histórico que se inicia en un momento de total ausencia de urbanización, pasando por sucesivos *tipos ideales de ciudades* (la ciudad política, la ciudad comercial, etc.), hasta llegar a un punto donde la extensión del tejido urbano es completa. La tesis sostenida en *La revolución urbana*, según la cual cada tipo de sociedad conforma un espacio específico, será refinada y ampliada en *La producción del espacio* (1974).

Alienación y poética de la cotidianidad

La reconstrucción del marxismo, pues, constituye un programa de trabajo mucho más ambicioso de lo que pudiera presumirse: no pretende sólo desmarcarse de las consignas del *Diamat* estaliniano, sino desarrollar el marco teórico del materialismo dialéctico a la luz de las nuevas contradicciones y conflictos sociales (el neocapitalismo, el desarrollo del «socialismo real», las formas ideológicas y de conocimiento científico, la urbanización y las nuevas alienaciones). Todo ello desde la comprensión de un Marx no fragmentado[8] cuyo pensamiento estimaba necesario para la superación de la especulación filosófica y para la transformación del mundo. Con el tiempo el discurso se apartaría de la simple marxiología —con las lógicas repercusiones sobre la reconstrucción del materialismo dialéctico (Beloud, 1981)— para adentrarse en áreas apenas descifradas por el pensamiento marxista: la crítica de la cotidianidad y el proceso de urbanización. De hecho, asoma la posibilidad de emplear y afinar las categorías filosófico-políticas de su particular elaboración marxista, de giro subjetivista —al reivindicar el retorno del sujeto— y abierta tanto a las aportaciones de las ciencias sociales como a otras referencias intelectuales: Hegel (el problema de la alienación, la afirmación del Estado-nación sobre la sociedad civil), Heidegger (la poética del habitar, la crítica cultural de la técnica) y Nietzsche (la afirmación vitalista, la tensión entre las necesidades y los deseos, la concepción trágica y dionisíaca del mundo, el cuerpo, la sexualidad y la violencia), entre otras.

De la exploración crítica de la cotidianidad —una de sus grandes aportaciones— se desprende que lo cotidiano representa para Lefebvre un ámbito de aparatos e instrumentos ideológicos manipulados cuyo despliegue conduce a una alienación generalizada (inversiones ideológicas, incremento del consumo y de la esfera privada —del Otro—). Bajo la apariencia de racionalidad, la dominación se expresa en una *cotidianidad programada* donde se manipulan las necesidades y los deseos, en contradicción, siendo la publicidad, la planificación económica y el urbanismo sus herramientas más eficaces. El neocapitalismo vendría a imponerse como «sociedad burocrática de consumo dirigido» en la que todos los planos de existencia quedan atrapados en un espejismo de bienestar (Beloud, 1981).

No obstante esta estrategia, «la exploración de las situaciones cotidianas supone —según Lefebvre (1984: 227-228)— capacidad

---

[8] Lefebvre no compartía la falsa división y parcelación entre un Marx joven (al que se apegaban las lecturas *humanistas* de Sartre y Marleau-Ponty) y un Marx maduro (el que invocaba el *estructuralismo* de Althusser).

de intervención, de reorganización en lo cotidiano, que no tiene por qué implicar una institución racionalizadora ni planificadora (...) En tanto praxis a escala global de la sociedad, forma parte de la revolución cultural, fundada en el fin del terrorismo...». El vitalismo lefebvriano impide que su discurso se deslice por la pendiente del pesimismo social típico de las críticas de la cultura, de tal modo que sitúa en la propia cotidianidad la posibilidad misma de emancipación. Beloud (1981) sugiere cómo, a partir de dicha caracterización, el metamarxismo lefebvriano se erige como un momento de la revolución cultural permanente que ha de realizar la totalidad social y la apropiación del mundo. Eso no quita que su argumentación quede suspendida en cierto voluntarismo y comience a enredarse en un humanismo tan atractivo como indeterminado. La referencia al *homo quotidianus* —como sujeto de redención— y a la cotidianidad —que pasa de ser el lugar geométrico de todo lo insignificante a devenir instancia transcendente— ejemplifica el rumbo subjetivista de su interpretación: hace bascular su discurso y la propia praxis hacia el espontaneísmo y queda desarraigado, al fin, de una estrategia política precisa. Por lo demás, Lefebvre termina pasando por alto ciertas determinaciones sociales que, en términos de coacciones, instrumentos de dominación e ideologías disuasorias, construyen la cotidianidad (Bettin, 1986; Castells, 1976). Éste es el coste de una apuesta subjetivista que persigue restituir la problemática del sujeto, ahondando en la significación social de esos momentos privilegiados, de esas pequeñas rupturas locales, en los fragmentos de sentido del ser, en las transformaciones (*praxis* y *poïesis*) de una vida cotidiana entendida como posibilidad de la autogestión generalizada. De ese modo, reivindicada la acción social y rehabilitado el sujeto, el *dilema* lefebvriano (Rose, 1978) adopta la naturaleza del viejo conflicto entre el *Nomos* (aquellas fuerzas que reprimen al individuo) y el *Telos* (la potencia del hombre para liberarse).

Crítica social del urbanismo: lógica de dominación, lógica de apropiación

Lo urbano vendría a recuperar en su investigación el antagonismo entre *Nomos* y *Telos,* y toda una serie encadenada de contradicciones presentes en la cotidianidad: valor de uso/valor de cambio, obra/producto, producción/apropiación, hábitat/habitar.

Es en este conflicto y en las consecuencias que conlleva para la vida cotidiana donde podemos situar la crítica lefebvriana a la planificación espacial y al urbanismo[9] de su tiempo, a los que censura su participación en la degradación (cuando no de la destrucción) de la vida social en y de la ciudad. El eje de esta crítica discurre parcialmente por la evocación de un cierto sentimiento de pertenencia, de unas actividades e inversiones afectivas y prácticas desplegadas sobre el espacio social de la ciudad, lo que remite a las nociones de obra y valor de uso. Pero, de otro lado, el examen no puede descuidar que la explosión de la ciudad atestigua el dominio del universo de la mercancía, del espacio como producto y extensión de la estructura tecno-económica de la sociedad capitalista.

El discurso lefebvriano se enriquece con una visión fenomenológica que pretende dar cuenta de la suma de impresiones que provoca la vivencia cotidiana de la ciudad y en la ciudad. El vínculo del ciudadano con su espacio remitiría asimismo a una conciencia ingenua, práctica y prerreflexiva, anterior al juicio que tematiza la ciudad como objeto. Es decir, la experiencia habitante (el espacio vivido) desborda el saber (y por tanto, el poder) analítico.

> Tan sólo los poseedores de una ideología llamada economicismo pueden concebir esta vida urbana a partir de la producción industrial y de su organización. Tan sólo los partidarios del racionalismo burocratizado pueden concebir esta realidad nueva [la sociedad urbana] a partir de la composición del territorio y de la planificación (Lefebvre, 1984, 230).

Puede advertirse que esta crítica del urbanismo discurre en dos planos: uno articulado en torno a la problemática de la producción (mercantil y tecnocrática) del espacio; otro formalizado en su argumentación sobre la apropiación del espacio (o el habitar). Con ello Lefebvre pone al descubierto que la producción del espacio (manifiestamente en la cuestión del *hábitat*) viene regida aún por la razón industrial y la dominación; por su parte, la apropiación del espacio (el universo del *habitar*) por una racionalidad urbana embrionaria que pugna por recuperar el sentido pleno de la obra, del valor de uso.[10] La denuncia del urbanismo, por tanto, se articula en la contradicción entre la lógica de la producción (mercantil) del espacio,

---

[9] Que bien podría llamarse en sentido figurado *analítico*, por su tendencia a proceder por descomposición de la realidad urbana, y cuyo fundamento descansa en la aplicación indiscriminada de recortes parciales (objetos sin concepto) en el análisis y en su ejecución: descomposición de la totalidad social urbana en zonificaciones, jerarquizadas y segregadas. Los recortes analíticos no impiden, sin embargo, que este urbanismo, en especial el funcionalismo lecorbuseriano apoyado en las ciencias parcelarias de la realidad social, se insinúe como una síntesis (aunque ideológica).

[10] El término obra no designa en el pensamiento lefebvriano-marxista un objeto de arte sino que se concibe como la actividad de un grupo que se apodera y se hace cargo de su papel y destino social; una autogestión, en definitiva.

la lógica de la dominación (estatal) y la lógica de la apropiación (social) del espacio, teniendo como telón de fondo la crítica hacia determinados usos de la ciencia y la técnica en la modernidad.

En un primer momento, su tratamiento de la producción del espacio como vector de exploración le permite considerar: (a) la forma en que cada sociedad genera y modela el espacio que ocupa a lo largo de la historia; (b) la forma en que el neocapitalismo modifica las relaciones de producción para perpetuarse. En Lefebvre, esta línea examina el crecimiento urbano y las consecuencias sociales del urbanismo analítico (adaptado a los requerimientos de la sociedad industrial). Pero el espacio no es sólo un continente inerte sino que a través de él se realiza la reproducción de las relaciones de producción. El espacio urbano deviene no sólo espacio mercancía sino también espacio instrumental. El autor no se limita a un análisis de la producción del espacio en clave de economía política (donde lo inmobiliario y/o la producción del espacio amplían la lógica productivista *en* el espacio) sino que, además, llama la atención sobre la manipulación espacial que sirve a la reproducción de las relaciones sociales como *ideología*. Aquí se inserta la noción marxista de ideología y también la tarea asignada por Lefebvre a la filosofía de invalidar el discurso ideológico por la crítica. La ideología urbanística, que se proclama ciencia, no sólo sirve a la legitimación del orden social, procurando un envoltorio técnico aséptico, aparentemente neutral incluso en el tratamiento de las formas, sino que contribuye por ende a instaurar una *hegemonía*, una forma de vida, unos comportamientos sociales aceptables, unas prácticas concretas en el espacio.

La posición lefebvriana respecto al pretendido estatuto objetivista del urbanismo consiste en mostrar cómo responde a un marco de valores clasificados jerárquicamente, no siendo ajeno a las operaciones de legitimación del orden social en que opera. En un sentido amplio es concebido como una estrategia de dominación que fragmenta el espacio y lo hace equivalente de cara al mercado (*isotopías* geométricas); reúne en piezas homogéneas y funcionales la vida en el espacio y el espacio mismo. Su análisis es previo a un ejercicio de síntesis: reúne lo fragmentado en un orden renovado, el del neocapitalismo, el de la sociedad burocrática de consumo dirigido. En esta argumentación se advierte la profunda desconfianza de Lefebvre hacia el Estado, y en consecuencia su repulsa de la planificación tecnocrática: el urbanismo y la ordenación territorial no son un asunto técnico sino *político*; el espacio es político-instrumental.

Comoquiera que el urbanista-tecnócrata aspira a ver en el espacio el lugar de sus hazañas —un espacio vacío que cubrir de conceptos, lógicas y estrategias racionales—, descuida su realidad prosaica: no produce ni crea el espacio sino que ejecuta los mandatos de un orden que le supera. La construcción de nuevos conjuntos (las urbanizaciones periféricas, los nuevos barrios, las operaciones inmobiliarias, etc.), cuya pretensión es crear *a priori* el marco espacial para los comportamientos factibles (o deseables), no es sino una manifestación inquietante del demiurgo moderno. Es una crítica a la modernidad, a la razón instrumental, que discurre por parámetros humanistas y culturalistas. La técnica (un hacer del hombre en su sentido antropológico) debe servir a su desarrollo, en vez de dominarlo y reducirlo a objeto o apéndice.

Es en ese sentido que hemos hablado de la constitución y dominio de un *urbanismo normal* inspirado parcialmente en el código sabio de la Bauhaus y de Le Corbusier, revestimiento formal de los requerimientos del capital y del Estado. Con el tiempo, el modelo, que consagra la estandarización del orden socioespacial (la más eficaz de las ideologías reductoras), pone en evidencia la inadecuación de sus parámetros: módulos repetitivos, estricta jerarquización del espacio, descomposición de la vida social, expulsión de lo transfuncional en la ciudad, anomía y desorientación. El *urbanismo normal* opera como ideología manipuladora, disimulando bajo una disposición racional la alienante realidad de un espacio *homogéneo, fragmentado y jerarquizado*. Para ese urbanismo *normalizado y normativo*, la significación de la vida del hombre y de la ciudad, toda la existencia se reduce a mera *función*, al rigor inhabitable. Y, sin embargo, ¿dónde queda el deseo, lo transfuncional, lo lúdico y lo simbólico?

Frente a la producción (economicista y racionalizadora) del espacio, Lefebvre afirma la potencia creadora y subversiva del mismo desde la cotidianidad. Se trata de una cuestión que ha de leerse en el seno de las dicotomías señaladas (obra/producto; valor de uso/valor de cambio) y los niveles jerárquicos observados en su análisis sobre lo urbano: lo Global (G) —el del Estado y el Capital—, el nivel Mixto (M) —el de la Ciudad, como resto— y el nivel Privado (P), este último no considerado desde la ideología del *hábitat* sino desde la poética del *habitar* como hecho social. Lefebvre invierte pues el orden: la lógica estatal y capitalista de la producción del espacio (y el de la planificación como proceso especializado) va de arriba abajo, de lo Global a lo Privado, con sus graves consecuencias; la lógica de la apropiación (del derecho a la ciudad, del habitar) opera en sentido inverso.

Desde esta óptica, el «habitar» no podría identificarse con el mero hecho de estar en un espacio estandarizado y consumar un protocolo social heterodeterminado, más o menos hermético: programación y habitar se dan como conceptos antitéticos. El pensamiento lefebvriano otorga al «habitar» el carácter de una actividad creativa libre, expresión inequívoca de la potencialidad humana. Desde esta argumentación la ciudad aparece no sólo como el *topos* donde se condensan los procedimientos técnicos, económicos y políticos de dominación de la vida social: la crítica sociológica y el «habitar» portan de manera conjunta el interés por la emancipación colectiva. Lo urbano se perfila así como la ocasión para acceder al rango de ciudadanía y a la apropiación del espacio como etapa de superación de la alienación social. Alienación tecnológica, política y, ahora, alienación urbana, que sigue remitiendo a esa pérdida de lo posible y no a la de un pasado más o menos idealizado. ¿Cómo se manifiesta la alienación urbana? Como sabemos, la alienación se genera como consecuencia de una falta de control sobre los procesos y medios de producción y sobre el producto (o bien, sencillamente, por una participación mecánica y escasa). Esta condición resulta extensible a la producción autoritaria y capitalista del espacio: los ciudadanos no controlan los procesos ni los medios ni el producto final. La participación deviene simulacro y se mantiene por cauces inocuos. A menudo ni siquiera se comprenden los códigos simbólicos del entorno construido ni se participa de la centralidad urbana en tanto que condensación espacio-temporal de las relaciones sociales. Esta alienación puede vivirse, además de como objetivación clásica, como *segregación* (en relación al conjunto social de la ciudad), como *dominación* y *cosificación cultural* (en relación al medio institucional) y, finalmente, como *extrañamiento* (desorientación geográfica y extrañeza en relación al medio urbano).[11]

Habitar sería apropiarse del espacio; apropiarse del espacio consistiría, en consecuencia, en convertir el espacio (*vivido*) en lugar, adaptarlo, usarlo, transformarlo y verter sobre él la afectividad del usuario, la imaginación habitante; práctica creativa que afirma la ilimitada potencialidad humana al reconocerse en la obra creada, otorgando al espacio sus múltiples dimensiones perdidas: lo transfuncional, lo lúdico y lo simbólico. Por el habitar se accedería al ser, a la sociabilidad (el *derecho a la ciudad*, el derecho a la centralidad-simultaneidad) y el habitante rompería con el monólogo del urbanismo tecnocrático.

Bordeando la fundamentación ontológica de Heidegger («el hombre habita en poeta», de Hölderlin) y el onirismo topoanalítico de Bachelard, Lefebvre asienta el habitar en una cotidianidad ahora concebida como la auténtica y genuina práctica de creación del espacio y de la vida social. En este punto se hace pertinente

---

[11] Seguimos aquí el esquema propuesto por Carlos Sánchez Casas (1987).

una serie de observaciones: por una parte, la postura del autor pretende afirmar la riqueza semántica, imaginativa y poética del habitar frente a la linealidad y monotonía del hábitat programado y del orden social que lo conforma; por otra parte, la argumentación lefebvriana está dirigida a reintroducir al sujeto en la producción (social) del espacio y de la vida urbana. Si en el primer caso, el examen parece razonable, en lo que respecta al segundo punto, se ha señalado a menudo que su posición habría requerido una integración más precisa referente a los condicionantes sociales y económicos presentes en la esfera de la cotidianidad —con sus muchas miserias— y en la producción misma del espacio (proceso dominado por agentes privilegiados: Estado, propietarios, constructores, etc.).

La producción social del espacio

Las cuestiones anteriores regresarían en *La producción del espacio* (1974), escrito durante el año de prórroga que le concedió la Universidad de Nanterre antes del retiro definitivo, y que constituye la obra cumbre de ese ciclo sobre la problemática urbana que había comenzado en 1968. Sus páginas prolongan el contenido y el modo de tratar los problemas asociados a la dinámica urbanizadora del siglo, ahora de un modo más refinado; asimismo se advierte la continuidad en la aplicación del método regresivo-progresivo y en su afán por enfrentar la dialéctica marxista a los desafíos de la transformación social (cuestiones como las de la ecología política, por ejemplo, casi embrionaria entonces). Dicho esto, es una obra nueva, compleja, llena de debates cruzados (las polémicas con el estructuralismo de Althusser, con la perspectiva distanciada de Foucault sobre la cotidianidad, etc.), que transcurre en ocasiones por sendas muy alejadas en apariencia del objeto de investigación (*excursus* sobre la música, el arte, la historia…). Desde otra consideración, estas derivaciones ponen de manifiesto que Lefebvre posee una buena capacidad para movilizar diferentes aspectos y fuentes de la realidad (filosóficas, artísticas, científicas, etc.) así como una sutil habilidad para integrarlas en un discurso tan sugerente como provocativo.

De modo explícito, como expresa el título de la obra, el espacio pasa a un primer plano de la indagación lefebvriana. Lo espacial cobra más importancia que la ciudad (a fin de cuentas, en su formulación, un pseudoconcepto sociológico y una realidad histórica superada), si bien la espacialidad representa a este respecto una problemática donde recuperar sus hallazgos sobre lo urbano y la cotidianidad, depurar sus proposiciones y ampliar el alcance de sus tesis. Esta operación viene a confirmar al autor como uno de los analistas más firmes en la revalorización del espacio en la teoría social y en el seno mismo de la interpretación marxista (donde lo privilegiado era evidentemente el tiempo). No siendo la sociedad a-espacial no tiene sentido prescindir de esta dimensión en la interpretación de la génesis, modulación y desarrollo de lo social; llevado este planteamiento al marxismo, lo espacial se incorpora a la dinámica de las fuerzas productivas y a las relaciones de producción.

El momento en que acomete el estudio del espacio (social) parece oportuno dados los usos abundantes y confusos del término espacio en el ámbito del conocimiento y de la acción práctica. A las nociones propias de la geometría euclidiana o de la filosofía (las oposiciones lleno-vacío, el absoluto cartesiano, el *a priori* kantiano, etc.) venían a sumarse los recortes operados por las ciencias fragmentarias de la realidad, que daban como resultado una multitud de *espacios* de cuyo uso cabría sospechar a veces la pretensión de otorgar un rigor aparente al discurso de lo obvio o de confundirlo. El propósito lefebvriano sería concebir una teoría unitaria del espacio, dada esa diversidad y fragmentación, y en concreto, tras la constatación de una contradicción diabólica entre la percepción, concepción y vivencia del espacio; o de otra forma, entre la práctica del espacio, las representaciones del espacio y los espacios de representación, contradicción encubierta por esos saberes y por esa ideología de la espacialidad que mezcla rigor sin el pretendido saber racional, la planificación autoritaria y las imágenes más triviales.

La teoría unitaria del espacio (físico, mental y social) se construye desde la tesis, ya bien conocida, de que *el espacio es un producto social*. No se plantea pues como un mero hecho de la naturaleza modificada ni como resultado de una cultura, sino del *producto* de una segunda naturaleza (la sociedad urbana) que es ya la nuestra —y como producto no hace referencia a un simple objeto o cosa, sino a un conjunto de relaciones.

La cuestión central en este propósito consiste en dialectizar (más bien, *trialectizar*) el espacio: no se puede concebir como estático, pasivo o vacío, como si fuera sólo un objeto intercambiable o consumido (por mucho que lo sea en la economía capitalista). En calidad de producto, el espacio forma parte de la producción, y es productor y soporte de las relaciones económicas y sociales, de las fuerzas productivas, de la división del trabajo (planteamiento que deja atrás la interpretación marxista tradicional del espacio social como superestructura). Desde la perspectiva de la dialéctica espacio-sociedad, desde la consideración de la producción (y de los modos de producción), es posible reconstruir la historia del espacio. Ése es el objetivo de la exposición lefebvriana: especificar claramente la espacialidad (social) con la reconstitución de la génesis del espacio y de la sociedad actual (por y a través del espacio producido). El estudio combina el análisis local con el global, siempre mostrando las implicaciones e imbricaciones mutuas así como las contradicciones que se generan. Así, Lefebvre elabora una historia del espacio social estudiando sus momentos privilegiados (formación, establecimiento, declive y explosión), examen asociado a la periodización (relativa) de los modos de producción y al papel que desempeña en la constitución del Estado (la violencia y la guerra), en un intento de no perder la globalidad del fenómeno. Si bien es cierto que cada modo de producción produce su espacio, los caracteres espaciales no pueden someterse de manera mecánica y simple a los rasgos dominantes del modo de producción. Las tipologías de espacios (sociales) que construye sobre estos presupuestos, cuya exploración dejamos ya al lector, bastan para atestiguar lo que siempre defendió el autor al respecto: que su análisis no puede ser sospechoso ni de utópico ni de atópico.

Bibliografía

ANSAY, P. y SCHOONBRODT, R. (1986): *Penser la ville*, Bruselas: AAM.
BACHELARD, G. (1983): *La poética del espacio*, México: FCE.
BELOUD, Y. (dir.) (1981): «Las filosofías nacionales», en *Historia de la Filosofía*, Madrid: Siglo XXI.
BERNIE-BOISSARD, C. (1991): «Henri Lefebvre, sociologue du quotidien, philosophe de la modernité», en *Espaces et Sociétés*, 76, pp. 13-30.
BETTIN, G. (1986): *Los sociólogos de la ciudad*, Barcelona: Gustavo Gili.
BURKHARD, F. (1986): *Priest and Jester: H. Lefebvre, the Philosophies Gang and French Marxism between the War*, Univ. of Wisconisin-Madison, Press Univ.
CASTELLS, M. (1976): *La cuestión urbana* (2ª ed.), Madrid; Siglo XXI.
COORNAET, M. & GARNIER, J. P. (1994): «Présentation: Actualités de H. Lefebvre», *Espaces et Sociétés*, 76, pp. 5-12.
DAVIDSON, A. (1992): «Henri Lefebrve», *Thesis Eleven*, 33, pp. 152-155.
DEULCEUX, S. & HESS, R. (2009): *Henri Lefebvre. Vie, ouvres, concepts*, París: Ellipses
FERRATER MORA, J. (1986): «Henri Lefebvre», en *Diccionario de Filosofía* (4 vol.), Madrid: Alianza.
HARVEY, D. (1979): *Urbanismo y desigualdad social*, Madrid: Siglo XXI.
—(1998): *La condición de la posmodernidad*, Buenos Aires: Amorrortu.
HAUMONT, N., RAYMOND, H. *et all*. (1968): *L'habitat pavillonaire*, París: Centre de Recherches en Urbanisme.
HEIDDEGER, M. (1958): *Essais et Conférences*, París: Gallimard.
HESS, R. (1988): *Henri Lefebvre et l'aventure du siècle*, París: Anthropos.
—(2000): «Henri Lefebvre et la pensée de l'espace» (prefacio a la 5ª edición de *La producción del espacio*, Anthropos).
L'EXPRESS (1968): «Henri Lefebvre», 7 de julio 1968.
LEFEBVRE, Henri :
—(1962): *Introduction à la modernité*, París: Editions de Minuit.
—(1963): *La Vallée de Campan, étude de sociologie rurale*, París: PUF.

—(1967): *Position contre les technocrates*, París: Gonthier.
—(1969): *Sociología de Marx*, Barcelona: Península.
—(1971): *El materialismo dialéctico*, Buenos Aires: La pléyade.
—(1972): *La revolución urbana*, Madrid: Alianza.
—(1973): *El pensamiento marxista y la ciudad*, México: Extemporáneos.
—(1974): *La production de l'espace*, París: Anthropos.
—(1975a): *De lo rural a lo urbano*, Barcelona: Península
—(1975b): *El derecho a la ciudad*, Barcelona: Península.
—(1975c): *Nietzsche*, México: Fondo de Cultura Económica.
—(1976): *Espacio y política*, Barcelona: Península.
—(1984): *La vida cotidiana en el mundo moderno*, Madrid: Alianza.
LETHIERRY, H. (2009): *Penser avec Henri Lefebvre, sauver la vie et la ville?*, Lyon: La Chronique social.
PAQUOT, T. (2009): *Le territoire des philosophes*, París: L'Harmattan.
ROSE, Ed. (1978): «Generalized Self-Management: the position of H. Lefebvre», *Human Relations*, vol. 31, 7, pp. 617-630.
SÁNCHEZ CASAS, C. (1987): *La construcción social del espacio*, Madrid: EUSYA.

La producción del espacio

Henri Lefebvre

ENVOI

*Encerrado entre cuatro paredes
(al norte, el cristal del no saber,
paisaje a inventar,
al sur la memoria reflexiva,
al este el espejo,
al oeste la piedra y el canto del silencio),
escribo mensajes sin respuesta.*

Octavio Paz

Prefacio

*H*ace doce o quince años, cuando este libro fue escrito, las concepciones del espacio eran confusas, paradójicas e incompatibles. Desde las hazañas de los astronautas, tras los cohetes interplanetarios, el espacio se puso indiscutiblemente «de moda»: espacio de esto, espacio de aquello; espacio pictórico, escultórico e incluso musical. Pero la inmensa mayoría de la gente y del público no entendía por esta palabra —el Espacio (con mayúsculas) colmado de nuevas y singulares connotaciones— nada sino las distancias cósmicas. Tradicionalmente el término apenas evocaba nada más que las matemáticas, la geometría (euclidiana) y sus teoremas; en definitiva, una abstracción: un continente sin contenido. En filosofía, el espacio era a menudo desdeñado, tratado como una «categoría» entre otras muchas (un «a priori» decían los kantianos: una manera de ordenar los fenómenos sensibles). A veces se le revestía con todas las ilusiones o se le atribuían todos los errores: volviendo la interioridad del «sí», el deseo y la acción, hacia el exterior, es decir, la vida psicológica hacia el afuera y lo inerte, simultáneamente parcelado y disyuntivo (con y como el lenguaje, a propósito de Bergson). Por lo que respecta a las ciencias que se ocupaban de él, compartían y a la vez fragmentaban el espacio en virtud de postulados metodológicos simplificados: el geográfico, el sociológico, el histórico, etc. En el mejor de los casos, el espacio era contemplado como un medio vacío, un receptáculo indiferente al contenido, pero definido según ciertos criterios no expresados: absoluto, óptico-geométrico, euclidiano-cartesiano-newtoniano. Si se admitían varios «espacios», se les reunía en un concepto cuyo alcance quedaba mal determinado. La noción de relatividad, mal asimilada, se estableció al margen del concepto, de las representaciones y sobre todo de la vida cotidiana, todo muy tradicional (lo tridimensional, la separación del espacio y del tiempo, lo métrico y lo cronológico, etc.).

Paradójicamente, es decir, haciendo gala de una contradicción (diabólica) no expresada, inconfesada y no explicitada, la práctica —en la sociedad y en el modo de producción existentes— marchaba en sentido opuesto a las representaciones y saberes fragmentarios. Se inventaba la planificación espacial (siendo sus promotores no tanto los políticos como sus colaboradores y auxiliares tecnócratas). En Francia esto fue destacable. No se proponía nada menos que moldear y modelar racionalmente el espacio francés, del cual se estimaba (no sin argumentos) que, dejado a la inercia de las cosas, adquiría un aspecto negativo y disposiciones lamentables: por aquí, desertificación; por allá, aglomeración, etc. Particularmente, el eje «espontáneo» que iba desde el Mediterráneo hasta los mares del Norte pasando por los valles del Ródano, del Saona y del Sena suscitaba algunos problemas. Se proyectó la construcción de «metrópolis de equilibrio» en torno a París y algunas regiones. La delegación encargada de la ordenación del territorio y de las regiones, institución fuerte y centralizada, no carecía de medios ni de ambición: producir *un espacio nacional armónico y poner algo de orden en la urbanización «salvaje» que no obedecía sino a la búsqueda de beneficios económicos.*

Nadie ignora en la actualidad que esta tentativa original de planificación (que no coincidía ni con los planes de balance ni con el control estatal del empleo de capitales —es decir, la planificación por vía financiera—) fue zanjada y reducida prácticamente a nada por el neoliberalismo, y después apenas logró reponerse.

De ahí una contradicción notable aunque poco destacada entre las teorías del espacio y la práctica espacial. Contradicción encubierta —se podría decir sofocada— por las ideologías que enredaban las discusiones sobre el espacio, saltando de lo cosmológico a lo humano, de lo macro a lo micro y de las funciones a las estructuras, sin precauciones conceptuales ni metodológicas. La ideología de la espacialidad, muy confusa, ensamblaba el saber racional, la planificación efectiva pero autoritaria y las representaciones triviales y corrientes.

De ahí el esfuerzo para salir de la confusión sobre la base de considerar el espacio (social), así como el tiempo (social), no ya como «hechos» de la naturaleza más o menos modificada, ni tampoco como simples hechos de «cultura», sino como productos. *Esto exigía una modificación en el empleo y sentido dados al término. La producción del espacio (y del tiempo) no los consideraba como «objetos y cosas» cualesquiera, nacidos de las manos de los hombres o de sus máquinas, sino como aspectos principales de la segunda naturaleza, efecto de la acción de las sociedades sobre la «naturaleza primigenia», sobre los datos sensibles, la materia y las energías. ¿Productos? Sí, en un sentido específico, en particular por un carácter de globalidad (no de «totalidad») que no poseen los «productos» en la acepción ordinaria y trivial del término, objetos y cosas, mercancías (aunque es cierto que el espacio y el tiempo producidos, pero «segmentados», se intercambian, se venden, se compran como vulgares objetos y cosas).*

De paso, hay que subrayar que para entonces (hacia 1970) las cuestiones urbanas ya se revelaban con evidencia (deslumbrante para muchos, que en general preferían mirar a otro lado). Los textos oficiales no bastaban para regular ni para ocultar la nueva barbarie. Masiva y «salvaje», sin otra estrategia que la maximización de los beneficios, sin racionalidad ni originalidad creativa, la urbanización —como se decía— y el conjunto de las construcciones generaban efectos desastrosos, perfectamente observables y constatables por doquier. Y todo ello, ya entonces, bajo el manto de la «modernidad».

¿Cómo mantener sin nuevos argumentos la tesis (grecolatina, ¡la nuestra, la de nuestra civilización!) según la cual la Ciudad y lo Urbano constituyen los centros, los lugares privilegiados, las cunas del pensamiento y de la innovación? La relación «ciudad-campo» se modificaba a escala mundial, con interpretaciones «extremistas» (el campo mundial contra la ciudad mundial). ¿Cómo pensar la Ciudad (su explosión-implosión generalizada que caracteriza lo Urbano moderno) sin concebir claramente el espacio que ella ocupa, del que ella se apropia (o al que renuncia)? Resulta del todo punto imposible pensar la ciudad y lo urbano modernos en tanto que obras *(en el sentido amplio y fuerte de la obra de arte que transforma sus materiales) sin concebirlos previamente como productos. Y esto en un modo de producción concreto, que al mismo tiempo desfallece, muestra sus consecuencias extremas, deja asomar a veces «otra cosa», al menos como espera, exigencia o ruego. Ciertamente, los ecologistas ya habían llamado la atención y conmovido a la opinión pública sobre los desastres del territorio, del medio ambiente, de la contaminación del aire y de las aguas; en suma, acerca de cómo la naturaleza, esta «materia primigenia», material de la Ciudad, era devastada sin escrúpulos. Pero a esta orientación ecológica le faltaba una teoría general de la relación entre el espacio y la sociedad, entre lo territorial, lo urbanístico, lo arquitectónico...*

La concepción del espacio como producto social no carecía de dificultades; dicho de otro modo, se planteaba una problemática en parte nueva e imprevista.

No designando un «producto» cualquiera, cosa u objeto, sino un conjunto de relaciones, el concepto exigía una profundización de las nociones de producción, *de* producto *así como de sus relaciones. Como manifestaba Hegel, un concepto no aparece sino cuando lo que designa se ve amenazado y se aproxima a su fin y a su transformación. El espacio ya no puede concebirse como pasivo, vacío, como no teniendo* más sentido que —al igual que sucede con los otros «productos»— ser intercambiado, consumido o suprimido. En tanto que producto, mediante interacción o retroacción, el espacio interviene en la producción misma: organización del trabajo productivo, transportes, flujos de materias primas y de energías, redes de distribución de los productos, etc. A su manera productiva y productora, el espacio entra en las relaciones de producción y en las fuerzas productivas (mejor o peor organizadas). Su concepto no puede, pues, aislarse y quedar estático. Se dialectiza: producto-productor, soporte de relaciones económicas y sociales. ¿No entra también en la reproducción, la del aparato productivo, la de la reproducción ampliada, de las relaciones que ejecuta de forma práctica «sobre el terreno»?

Desde el momento en que se formula, esta noción se esclarece y esclarece a su vez numerosos hechos. ¿No es evidente la realización «sobre el terreno», esto es, en un espacio social producido, de las relaciones de producción y de reproducción? ¿Pueden acaso quedar suspendidas en y por las abstracciones del conocimiento? Además, esta teorización permite comprender la originalidad del proyecto, de la planificación espacial (permaneciendo en el marco delimitado del modo de producción existente). Comprenderlo, pero asimismo modificarlo, completarlo, en función de otras demandas y proyectos; pero teniendo en cuenta su cualidad y en particular el hecho de preocuparse de la urbanización.

Segunda y no menor dificultad: en la estricta tradición marxista, el espacio social podía considerarse como una superestructura, resultado de las fuerzas de producción y de las estructuras, de las relaciones de propiedad entre otras. Ahora el espacio entra en las fuerzas productivas, en la división del trabajo. Sus relaciones con la propiedad están claras; también con los intercambios, con las instituciones, con la cultura, con el saber. Se vende y compra: tiene valor de cambio y valor de uso. No se sitúa, pues, en tal o cual de los «niveles» o planos clásicamente jerarquizados y distinguidos. El concepto de espacio (social) y el espacio mismo escapan a la clasificación «base-estructura-superestructura». Quizás como el tiempo y el lenguaje. ¿Significa eso que hay que abandonar entonces la orientación y el análisis marxistas? Esta sugerencia viene por todos lados; se nos invita a ello, y no sólo a propósito del espacio. ¿Pero no sería mejor regresar a las fuentes y profundizar en el análisis aportando nuevos conceptos, afinando y tratando de renovar los enfoques? Es lo que pretende esta obra. Parte de la suposición de que el espacio aparece, se forma e interviene unas veces en un nivel y otras en otro; tan pronto lo hace en el trabajo y en las relaciones de dominación (de propiedad) como en el funcionamiento de las superestructuras (instituciones). Desigualmente pero por completo. La producción

del espacio no sería «dominante» en el modo de producción, pero enlazaría los aspectos de la práctica al coordinarlos —precisamente al reunirlos en una «práctica».
Siendo mucho, no es todo. Si el espacio (social) interviene en el modo de producción, a la vez efecto, causa y razón, cambia con dicho modo de producción. Es fácil de comprender: cambia con las «sociedades», si se prefiere expresarlo así. Así pues, hay una historia del espacio, como la hay del tiempo, del cuerpo, de la sexualidad. Es una historia aún por escribir.

El concepto de espacio liga lo mental y lo cultural, lo social y lo histórico. Reconstruye un proceso complejo: descubrimiento (de nuevos espacios, desconocidos, de continentes, del cosmos) —producción (de la organización espacial propia de cada sociedad) —creación (de obras: el paisaje, la ciudad con su monumentalidad y decorado). Se trata de una reconstrucción evolutiva, genética (con una génesis) pero de acuerdo a una lógica: la forma general de la simultaneidad. *Y esto porque todo dispositivo espacial reposa sobre la yuxtaposición en la inteligencia y sobre el montaje material de elementos a partir de los cuales* se produce *la simultaneidad...*

Sin embargo, el asunto se complica. No hay una relación directa, inmediata e inmediatamente aprehendida, así pues, transparente, entre el modo de producción (la sociedad considerada) y su espacio. Lo que hay son desfases: las ideologías se intercalan, las ilusiones se interponen. Es lo que este libro comienza a dilucidar. Así, consideremos la invención de la perspectiva en la Toscana en los siglos XIII *y* XIV. *No sólo aconteció en la pintura (la escuela de Siena) sino en primer lugar en la práctica, en la producción. El campo se transformó, pasando del dominio feudal a un régimen de aparcería; los paseos bordeados por cipreses ligaban los arriendos a la residencia del señor, donde se asentaba un regidor, pues el propietario habitaba en la ciudad, donde era banquero o gran comerciante. También cambió la ciudad, con implicaciones arquitectónicas importantes en la concepción de la fachada, el alineamiento de volúmenes, el horizonte. La producción de un nuevo espacio, el perspectivo, no puede separarse de una transformación económica: crecimiento de la producción y de los intercambios, pujanza de una nueva clase social, importancia de las ciudades, etc. Pero lo que sucedió efectivamente no posee la simplicidad de un encadenamiento causal. ¿Fue el nuevo espacio concebido, engendrado y producido por y para los príncipes? ¿Para los ricos comerciantes? ¿Mediante un compromiso? ¿O por la ciudad como tal? Más de un punto permanece oscuro. La historia del espacio (como la del tiempo) está lejos de ser agotada.*

Otro caso aún más sorprendente, igualmente evocado y mal dilucidado, es el de la Bauhaus y Le Corbusier. Los miembros de la

Bauhaus, Gropius y sus amigos, fueron tomados por revolucionarios, por bolcheviques, en la Alemania de 1920-1930. Perseguidos, partieron a los EE.UU., donde se revelaron definitivamente como prácticos (arquitectos y urbanistas) e incluso teóricos del denominado espacio moderno, el del capitalismo «avanzado». Contribuyeron a su construcción, a su realización «sobre el terreno», mediante sus obras y sus enseñanzas. Infortunio y destino trágico para Le Corbusier. Y después, de nuevo, para aquellos que han considerado los grandes polígonos urbanos y sus «bloques» como el hábitat específico de la clase obrera. Descuidaban el concepto de modo de producción, produciendo su espacio. Todo so pretexto de modernidad. El espacio de la «modernidad» posee caracteres precisos: homogeneidad-fragmentación-jerarquización. Tiende hacia lo homogéneo por diversas razones: la fabricación de elementos y materiales, análogas exigencias de los intervinientes, los métodos de gestión, de control, de vigilancia y de comunicación. Homogeneidad, pero no de plan ni de proyectos. Falsos «conjuntos», en realidad aislados. Pues paradójicamente (otra vez) este espacio homogéneo se fragmenta en lotes, en parcelas, se desmigaja. Lo cual termina produciendo guetos, clausuras, grupos unifamiliares y pseudo-conjuntos mal vinculados con los alrededores y centros urbanos. Con una jerarquización estricta: espacios residenciales, espacios comerciales, espacios de ocio, espacios para marginales, etc. Gobierna una curiosa lógica de este espacio que la anuda ilusoriamente a la informatización. Y que oculta bajo su homogeneidad las relaciones «reales» y los conflictos. Además, parece que esta ley o esquema del espacio con su lógica de homogeneidad-fragmentación-jerarquización haya logrado un alcance mayor y una especie de generalidad, con efectos análogos, en el saber y la cultura, en el funcionamiento de toda la sociedad.

Esta obra intenta, pues, no sólo caracterizar el espacio en que vivimos y su génesis, sino escrutar la génesis de la sociedad actual a través y por el espacio producido —una ambición no abiertamente anunciada en el título—. Resumamos el plan del libro, inherente al enfoque seguido: un estudio «retro» del espacio social en su historia y génesis, a partir del presente se remonta hacia esta génesis para después regresar sobre lo actual, lo que permite entrever, si no prever, lo posible y el futuro. Este procedimiento deja lugar a estudios locales, en diferentes escalas, insertándolos en un análisis general, en la teoría global. Las implicaciones e imbricaciones lógicas se entienden como tales pero sabiendo que dicha comprensión no excluye (al contrario) los conflictos, las luchas, las contradicciones. Ni inversamente los acuerdos, las ententes, las alianzas. Si lo local, lo regional, lo nacional y lo mundial se implican e imbrican, lo que se incorpora en el espacio, los conflictos actuales o virtuales no están ausentes ni son eliminados. Implicaciones y contradicciones, en el espacio y en otros dominios, que tienen más amplitud hoy que cuando el libro fue escrito. Las relaciones de implicación no prohíben las estrategias opuestas, ni sobre los mercados ni en los armamentos. Así pues, en el espacio.

Lo territorial, lo urbanístico y lo arquitectónico mantienen entre sí relaciones análogas: implicaciones y conflictos. Esto sólo puede aprehenderse si se comprende las relaciones «lógica-dialéctica» y «estructura-coyuntura» expuestas y supuestas según un enfoque determinado, y explicitadas en otro lugar (cf. Logique formelle, logique dialectique, *3ª ed. Messidor, 1981). Dichas relaciones, a la vez abstractas y concretas, sorprenden en una «cultura» filosófica y política que deja de lado esa «complejidad» para buscarla en otra parte.*

La investigación sobre el espacio social trata de una globalidad. No excluye, repitámoslo, estudios «sobre el terreno», precisos y determinados. Sin embargo, el peligro de caer en lo «puntual», valorizado en tanto que controlable, y a veces mensurable, es que separa lo que está involucrado, desune lo que está «articulado». Esto es, acepta o ratifica la fragmentación. Esto conduce a prácticas excesivas de desconcentración, de descentralización que dislocan las redes, los vínculos y relaciones en el espacio —en el espacio social mismo— haciendo desaparecer la producción. Por ende, se termina eludiendo muchas cuestiones pedagógicas, lógicas y políticas.

Tesis central sobre la cual debemos regresar antes de concluir. El modo de producción organiza —produce su espacio y su tiempo (a la vez que algunas relaciones sociales)—. Es así como se realiza. Dicho sea de paso, ¿el «socialismo» ha engendrado un espacio? Si no lo ha hecho puede ser debido a que el modo de producción socialista no ha tenido aún una existencia concreta. El modo de producción proyecta sobre el terreno esas relaciones, lo que actúa sobre ellas. Sin que haya una correspondencia exacta, asignada de antemano, entre las relaciones sociales y las relaciones espaciales (o espacio-temporales). No se puede decir que el modo de producción capitalista haya «ordenado» desde el principio, por «inspiración» o inteligencia, su despliegue espacial, que en nuestro tiempo alcanzaría al planeta entero. Inicialmente lo que hubo fue la utilización del espacio existente, por ejemplo de las vías fluviales, marítimas y terrestres; le siguió la construcción del ferrocarril, para continuar con carreteras y aeródromos. Ningún medio de transporte en el espacio ha desaparecido del todo, pues todavía se emplea la marcha pedestre, la bicicleta, el caballo, etc. Sin embargo, es un espacio nuevo el que se constituye en el siglo XX a escala mundial, cuya producción sigue en marcha. El nuevo modo de producción (la nueva sociedad) se apropia del espacio existente, modelado anteriormente; esto es, lo dispone según sus fines. Son lentas modificaciones que van penetrando en una espacialidad ya consolidada, y que en ocasiones la alteran con violencia (como es el caso del campo y los paisajes rurales a lo largo del siglo xx).

Es indiscutible que el ferrocarril desempeñó un papel primordial en el capitalismo industrial, en la organización de su espacio nacional e internacional. Pero también lo hizo en la escala urbana con los tranvías, metros y autobuses. A escala mundial, señalemos el transporte aéreo. La organización anterior se desintegra y el modo de producción integra los resultados. Es un doble proceso, visible en nuestros campos y ciudades desde hace algunas décadas, con la ayuda de técnicas recientes, y que se extiende desde los centros a las periferias lejanas.

La organización del espacio centralizado y concentrado sirve a la vez al poder político y a la producción material, optimizando los beneficios. Las clases sociales se invierten y mudan en la jerarquía de los espacios ocupados.

Ahora bien, un nuevo espacio tiende a formarse a escala mundial integrando y desintegrando la escala local y nacional. Se trata de un proceso lleno de contradicciones, ligado al conflicto entre la división mundial del trabajo —en el modo de producción capitalista— y el esfuerzo para lograr un orden mundial más racional. Esta penetración de y en el espacio ha tenido tanta importancia histórica como la conquista de la hegemonía mediante la penetración en lo institucional. Punto capital, si no final, de esta penetración: la militarización del espacio planetario, ausente (y con razón) de esta obra, aun cuando complete la demostración.

Esta tesis, como la de un espacio a la vez homogéneo y fragmentado (igual que el tiempo), levanta numerosas objeciones desde hace una decena de años. ¿Cómo podría el espacio obedecer a reglas de conjunto, constituir un «objeto» social, y a la vez desmigajarse?

No es cuestión de sostener que la reciente y ya célebre teoría del objeto fractal (Benoît Mandelbrot) tenga relación con la tesis del espacio fragmentado que mantenemos aquí. Sin embargo, se puede indicar la cuasi-simultaneidad de ambas teorías y el hecho de que la teoría físico-matemática haga más accesible y aceptable la teoría socio-económica. El espacio físico-matemático comporta vacíos y llenos, oquedades y relieves; guarda una coherencia, si bien «trabajada» por el fraccionamiento. Existe, pues, una analogía entre estas tentativas teóricas (cf. La Recherche, nov. 1985, p. 1313 y ss. También el libro de Paul Virilio, L'espace éclaté).

Queda por dilucidar la relación entre este espacio fragmentado y las múltiples redes que combaten la fragmentación y restablecen si no una unidad racional, al menos la homogeneidad. A través y contra la jerarquización, ¿no puede surgir algo diferente, en el ámbito arquitectónico y *urbanístico, del modo de producción existente, algo que nazca de sus propias contradicciones y las ponga de manifiesto en vez de cubrirlas bajo un velo?*

Indicación autocrítica: en este libro falta una descripción directa, incisiva, incluso panfletaria, de la producción de periferias, guetos, sectores aislados, falsos «conjuntos» urbanos. El proyecto de un nuevo espacio permanece en cierta vaguedad; más de un rasgo puede considerarse hoy mero esbozo. El rol de la arquitectura como uso del espacio no aparece siempre de forma clara.

Sin embargo, el libro conserva varios núcleos, y puede releerse *en la actualidad con un enfoque provechoso (para el conocimiento).*

Primer tiempo o *momento: los elementos y el análisis que los aísla, los «actores» de la producción, los beneficios obtenidos, etc.*

Segundo tiempo: *las oposiciones paradigmáticas esclarecidas: público-privado, cambio-uso, estatal-íntimo, frontal-espontáneo, espacio-tiempo…*

Tercer tiempo: *dialectización de esta tabla estática: relaciones de fuerza, de alianza, los conflictos, los ritmos sociales, los tiempos producidos en y por este espacio…*

Esta lectura debería evitar el doble reproche de utopía (construcción ficticia, en el vacío verbal) y de atopía (eliminación del espacio concreto para no dejar sino el vacío social).

HENRI LEFEBVRE
París, 4 de diciembre de 1985

01
Plan de la obra

I

¡El espacio! No hace muchos años este término tan sólo evocaba un concepto geométrico, el de un medio vacío. En los círculos instruidos se acompañaba en seguida de algún epíteto culto como «euclidiano», «isotrópico» o «infinito». En general se pensaba que el concepto de espacio incumbía a la matemática y sólo a ella. Hablar del espacio social habría causado no poca extrañeza.

Sabíamos que el concepto de espacio había experimentado una larga elaboración filosófica, pero la misma historia de la filosofía mostraba también la progresiva emancipación de las ciencias, y especialmente de las matemáticas, de lo que fuera su tronco común, la vieja metafísica. La etapa decisiva de la elaboración del concepto de espacio y de su independencia pasa por el pensamiento de Descartes. De acuerdo con la mayor parte de los historiadores del pensamiento occidental, Descartes puso fin a la tradición aristotélica según la cual el espacio y el tiempo formaban parte de las *categorías*, de tal suerte que permitían designar y clasificar los hechos sensibles. Pero su estatus permanecía impreciso y, en ese sentido, se las podía considerar bien como simples maneras empíricas de agrupar las evidencias de los sentidos, bien como generalidades eminentes, superiores a los datos suministrados por los órganos sensoriales. Con el advenimiento de la razón cartesiana, el espacio irrumpió en lo absoluto. Objeto ante Sujeto, «res extensa» ante «res cogitans», presente en ésta, el espacio dominaba, en la medida en que los contenía, sobre todos los sentidos y todos los cuerpos. ¿Acaso era un atributo divino? ¿Acaso un orden inmanente a la totalidad de lo existente? De ese modo quedó planteada la cuestión del espacio para los filósofos que sucedieron a Descartes: Spinoza, Leibniz y los newtonianos. Hasta que Kant retomó y modificó la antigua noción de *categoría*. El espacio kantiano, relativo, instrumento de conocimiento, medio de clasificación de los fenómenos, no estaba completamente separado, como el tiempo, de lo empírico: se vinculaba al *a priori* de la conciencia (del «sujeto»), participaba de su estructura interna e ideal —y por consiguiente transcendental e inaprensible en sí.

Esas prolongadas controversias marcaron el paso de la filosofía a la ciencia del espacio. No podemos afirmar que se encuentren superadas; no obstante, poseen una importancia distinta a la de aquellos momentos y etapas en el curso del Logos occidental. ¿Se verifican en la abstracción que su declive asigna a la denominada filosofía «pura»? No; se vinculan a cuestiones más precisas y concretas, entre otras a las cuestiones de las simetrías y asimetrías, de los objetos simétricos y de los efectos *objetivos* de la reflexión y de espejo. Cuestiones todas estas que se retomarán en el curso de la presente obra por sus implicaciones en el análisis del espacio social.

II

Entonces hicieron su aparición los matemáticos, en el sentido moderno del término, como poseedores de una ciencia (y de una cientificidad) claramente desprendida de la filosofía y considerada necesaria y suficiente. Esos matemáticos se adueñaron del espacio (y del tiempo), hicieron de él parte de su dominio pero de una forma paradójica: inventaron espacios, una «infinidad» de espacios: espacios no-euclidianos, espacios curvos, espacios x-dimensionales (e incluso una infinidad de dimensiones), espacios de configuración, espacios abstractos, espacios definidos por deformación o transformación, por topología, etc. El lenguaje matemático, muy general y especializado, discriminaba y clasificaba con precisión esos innumerables espacios (el conjunto o espacio de espacios no es concebible, al parecer, sin dificultades). Pero la relación entre la matemática y lo real (realidad física, realidad social) no era obvia, y entre ellos se abría un abismo. Los matemáticos que hicieron surgir esta «problemática» la abandonaron después a los filósofos, que encontraron así una manera de restablecer su comprometida situación. De ese modo el espacio devino o, más bien, volvió a ser lo que la tradición filosófica del platonismo había propuesto en oposición a la doctrina de las categorías: una «cosa mental» (como afirmaba Leonardo da Vinci). La proliferación de teorías matemáticas (topologías) agravó el viejo problema del «conocimiento». ¿Cómo pasar, en primer lugar, de los espacios matemáticos (es decir, de las capacidades mentales de la especie humana, de la lógica) a la naturaleza, después a la práctica, y de ahí a la teoría de la vida social que se despliega presumiblemente en el espacio?

III

De esta tradición de pensamiento (la filosofía del espacio revisada y corregida por las matemáticas), un moderno campo de investigación, la epistemología, ha heredado y aceptado un cierto estatus del espacio como «cosa mental» o «lugar mental». Al mismo tiempo, la teoría de conjuntos, presentada como lógica de dicho lugar, ha fascinado no sólo a los filósofos, sino también a los escritores y lingüistas. Han proliferado por doquier «conjuntos» (a veces prácticos[1] o históricos)[2] y «lógicas» adjuntas de acuerdo con un guión que tiende a repetirse. Ninguno de estos conjuntos y lógicas tiene nada en común con la teoría cartesiana.

Mal explicitado, mezclando según los autores la coherencia lógica, la cohesión práctica, la autorregulación y las relaciones de las partes con el todo, la generación del semejante por el semejante en un conjunto de lugares, la lógica del continente con la del contenido, el concepto de *espacio mental* se generaliza desde entonces sin que ningún pretil le fije límites. Se plantean sin cesar espacios de esto o de aquello: espacio literario,[3] espacios ideológicos, espacio onírico, topologías psicoanalíticas, etc. Ahora bien, lo llamativo de esas investigaciones que se postulan fundamentales o epistemológicas no es sólo la ausencia del «hombre», sino también del propio espacio, a pesar de que se le menciona página tras página.[4] «Un saber es también el espacio donde el sujeto puede tomar posición para hablar de los objetos que conforman su discurso», declara tranquilamente Michel Foucault en *Archéologie du Savoir*,[5] sin explicar de qué espacio habla y cómo salta de lo teórico (epistemológico) a lo práctico, de lo mental a lo social, del espacio de los filósofos al de la gente que trata con los objetos. La cientificidad (que se define por la reflexión «epistemológica» sobre el conocimiento adquirido) y la espacialidad se articulan «estructuralmente» según una conexión presuntamente evidente para el discurso científico, pero que nunca alcanza la conceptualización. Sin temor a caer en un pensamiento circular, el discurso científico confronta el estatus del espacio con el estatus del «sujeto», el «yo» pensante al objeto pensado, retomando de este

---

[1] J.P. Sartre, *Critique de la Raison dialectique I: Théorie des ensembles pratiques*, París, Gallimard, 1960.

[2] Michel Clouscard, *L'Être et le Code: Procès de production d'un ensemble précapitaliste*, The Hague, Mouton, 1972.

[3] Maurice Blanchot, *L'Espace littéraire*, París: Gallimard-Idées, 1968.

[4] Es el menor de los defectos de la antología titulada *Panorama des sciences humaines*, París: Gallimard, 1973.

[5] *Archéologie du Savoir*, París, Gallimard, 1969, p. 328; cf. también en p. 196, «Le parcours d'un sens» y en p. 200 «l'espace des dissensions», etc.

modo las posiciones del Logos cartesiano u occidental que ciertos pensadores[6] creían haber «cerrado». La reflexión epistemológica, conjugada con los esfuerzos teóricos de los lingüistas, llega a un curioso resultado. Ha suprimido el «sujeto colectivo», el pueblo como generador de una lengua particular, portador de secuencias etimológicas específicas; ha dejado a un lado al sujeto concreto, sustituto de un dios que nombra las cosas. Ha antepuesto la forma pronominal del impersonal (el «se») como forma generadora del lenguaje en general, creadora del sistema. Sin embargo, es preciso un sujeto; y entonces reaparece el sujeto abstracto, el *Cogito* filosófico. De ahí la actualización de la vieja filosofía conforme a las fórmulas del «neo»: neo-hegeliano, neo-kantiano, neo-cartesiano, gracias a Husserl, que sin excesivos escrúpulos postula la identidad (cuasitautológica) del Sujeto cognoscente y de la Esencia concebida —identidad inherente al «flujo» (de lo vivido)— y en consecuencia, identidad casi «pura» del saber formal y del saber práctico.[7] Así pues, no puede sorprender que el eminente lingüista Noam Chomsky restituya el *Cogito* (sujeto) cartesiano[8] cuando afirma la existencia de un nivel lingüístico en el que no es posible representar cada frase simplemente como la secuencia finita de elementos de cierto tipo, generada de «izquierda a derecha» por un mecanismo simple; sin embargo, sostiene Chomsky, es preciso descubrir un conjunto finito de niveles ordenados de arriba abajo».[9] Noam Chomsky postula sin más ni más un espacio mental dotado de propiedades específicas: orientaciones y simetrías. Generosamente ofrece el paso de este espacio mental del lenguaje al espacio social donde el lenguaje deviene práctica, sin medir el abismo que franquea. Del mismo modo, J.M. Rey[10] afirma que «el sentido se presenta como el poder legal de intercambiar los significados a lo largo de la misma cadena horizontal, en el seno de una coherencia regulada y calculada de antemano». Estos y otros autores, que se sitúan bajo el signo del rigor formal absoluto, cometen el perfecto error —el paralogismo— desde la perspectiva lógico-matemática: saltan por encima de una región entera, eludiendo la concatenación necesaria, y legitiman vagamente este proceder mediante el uso de las nociones de «corte» o de «ruptura» según las necesidades de la causa. Interrumpen la continuidad de su razonamiento en nombre de una discontinuidad que su propia

---

[6] Cf. J. Derrida, *Le Vivre et le phénomène*, París, P.U.F. 1967.

[7] Cf. las reflexiones críticas de Michel Clouscard en la introducción a *L'Être et le Code*. En *Matérialisme et Empiriocriticisme*, Lenin resuelve brutalmente este problema suprimiéndolo: el pensamiento del espacio refleja el espacio objetivo, como una copia o una fotografía.

[8] *La linguistique cartésienne*, París, Seuil, 1969.

[9] Cf. Noam Chomsky, *Structures syntactiques*, p. 27.

[10] J.M. Rey, *L'enjeu des signes*, París: Seuil, 1971, p. 13.

metodología debería proscribir. El vacío creado de este modo y el alcance de esta ausencia varían según los autores y sus especialidades. Esta crítica no dispensa a Julia Kristeva y su *semiotikè* (σημειωτική), ni a Jacques Derrida y su *gramatología,* ni a Roland Barthes y su semiología general.[11] En esta escuela cada vez más dogmática (el éxito ayuda), se comete corrientemente ese sofisma fundamental por el cual el espacio de origen filosófico-epistemológico se fetichiza y lo mental envuelve la esfera social con la física. Si algunos de esos autores sospechan la existencia o exigencia de una mediación,[12] la mayoría saltan decididamente de lo mental a lo social.

Una poderosa corriente ideológica (fuertemente apegada a su propia cientificidad) *expresa,* de forma admirablemente inconsciente, las representaciones dominantes, esto es, las de la clase dominante, quizá al rodearlas o desviarlas. Cierta «práctica teórica» engendra un *espacio mental,* ilusoriamente exterior a la ideología; por un inevitable circuito o círculo, este espacio mental deviene a su vez en el lugar de una «práctica teórica» distinta de la práctica social, que se presenta como eje, pivote de referencia o centro del Conocimiento.[13] Esta maniobra supone una doble ventaja para la «cultura» existente: así parece tolerar e incluso favorecer la verdad y, además, en este «espacio mental» tienen lugar una multitud de pequeños acontecimientos susceptibles de utilizarse con fines positivos o polémicamente. Más adelante regresaremos sobre este singular vínculo entre el espacio mental y el espacio en que operan los tecnócratas en el silencio de sus despachos.[14] En cuanto al *Conocimiento* así definido desde la epistemología, y más o menos finamente discernido de la ideología o de la ciencia en progresión, ¿no desciende en línea directa del enlace entre el Concepto hegeliano y la Subjetividad, heredera de la gran familia cartesiana?

---

[11] Y alcanza a otros autores, sea directamente o a través de los citados. R. Barthes habla de Jacques Lacan en estos términos: «Su topología no es ni la del *dentro* ni la del *afuera,* incluso concierne menos al *alto* y al *bajo*; más bien, se refiere a un verso y a un anverso en constante movimiento, cuyo lenguaje no deja de cambiar las situaciones y de dar vueltas alrededor de la superficie de algo que se transforma y que, para empezar, *no es*», *Critique et vérité,* París: Seuil, 1966, p. 27.

[12] No es ciertamente el caso de Claude Lévi-Strauss, que a lo largo de toda su obra identifica lo mental y lo social en virtud de la nomenclatura de las relaciones de intercambio, desde los albores de la sociedad. En cambio, cuando J. Derrida sitúa la «grafía» delante de la «fonía», la escritura antes de la voz, o cuando J. Kristeva apela al cuerpo, buscan una transición o articulación entre el espacio mental previamente planteado por ellos (esto es, presupuesto) y el espacio físico-social.

[13] Esta pretensión transpira en cada capítulo de la antología ya citada, *Panorama des sciences humaines.*

[14] Cf. *Vers le Cybernanthrope,* París, Denoel, 1972.

La identidad cuasi-lógica presupuesta entre el espacio mental (el de los matemáticos y filósofos de la epistemología) profundiza el foso existente entre esos tres términos: lo mental, lo físico y lo social. Si de vez en cuando algunos funámbulos franquean el precipicio, proporcionando un bello espectáculo y un delicioso escalofrío a los espectadores, en general la llamada reflexión filosófica —la de los filósofos especializados— ya ni siquiera intenta dar el *salto mortale*. La filosofía profesional abandona la problemática actual del saber y la «teoría del conocimiento» en beneficio de un repliegue reductor sobre el saber absoluto —o pretendidamente absoluto— de la historia de la filosofía y de las ciencias. Tal forma de saber sólo es concebible como separada de la ideología del no-saber, es decir, de lo «vivido». Si bien imposible de efectuar, esta separación tiene la ventaja de no incomodar un *consensus* trivial al que se aspira implícitamente. Después de todo, ¿quién rechaza la Verdad? Todos sabemos o creemos saber adónde conduce un discurso sobre la verdad, la ilusión, la mentira, la apariencia y la realidad.

IV

La reflexión epistemológico-filosófica no ha proporcionado las bases para una ciencia que trata de emerger desde hace bastante tiempo a través de una cantidad inmensa de publicaciones y trabajos, la *ciencia del espacio*. Las investigaciones acaban en meras descripciones, que en ningún momento llegan a alcanzar el estatus analítico «mucho menos el teórico», o terminan en fragmentos y secciones del espacio. Hay muchas razones que inducen a pensar que esas descripciones y esos recortes tan sólo aportan inventarios de lo que *existe en el espacio*, o en el mejor de los casos dan lugar a un *discurso sobre el espacio*, pero nunca a un *conocimiento del espacio*. A falta de dicho conocimiento, se transfiere al discurso, al lenguaje *per se* —es decir, al espacio mental—, una buena parte de los atributos y «propiedades» del espacio social.

La *semiología* suscita algunas cuestiones delicadas en la medida misma en que este conocimiento inconcluso se extiende sin conocer límites, de tal modo que es necesario asignárselos, no sin dificultad. No es embarazoso mostrar que si aplicamos a esos espacios (por ejemplo, a los espacios urbanos) los códigos elaborados a partir de los textos literarios, resulta que permanecemos en un nivel meramente descriptivo. Cualquier esfuerzo para construir un código o procedimiento cuyo objetivo sea descifrar el espacio social corre seguramente el riesgo de reducir éste a un mensaje y su tratamiento a una *lectura*. Esto elude la historia y la práctica. Sin embargo, ¿no existía antaño, entre el siglo XVI (el Renacimiento y la ciudad renacentista) y el siglo XIX, un código a la vez arquitectónico, urbanístico y político, un lenguaje común a los habitantes del campo y de la ciudad, que permitía no sólo «leer» el espacio sino producirlo? Si ese código ha existido, ¿cómo fue engendrado? ¿Dónde, cómo y por qué ha desaparecido? Todas estas cuestiones deberían encontrar más adelante una respuesta.

En cuanto a las fragmentaciones y secciones que hemos mencionado, llegan hasta lo indefinido y lo indefinible. En realidad, ese proceder en base a recortes espaciales se postula como una técnica científica (una «práctica teórica») que ha de permitir clarificar y discernir los «elementos» entre el flujo caótico de los fenómenos. Dejemos de lado por ahora la aplicación de las topologías matemáticas a otros ámbitos. Prestemos atención a cómo discurren los entendidos sobre el espacio pictórico de Picasso, el espacio de *Las Señoritas de Aviñón* o del *Guernica*. Otros entendidos hablan del espacio arquitectónico, del espacio plástico, del espacio literario del mismo modo como podrían hacerlo acerca del «mundo» de tal novelista o de tal creador. Los escritos especializados informan a sus lectores sobre toda clase de espacios precisamente especializados: espacios de ocio, trabajo, juego, transportes, equipamientos, etc. Algunos no vacilan al hablar del «espacio enfermo» o de la dolencia del espacio, del espacio delirante o de la locura del espacio. Unos por encima de los otros, o unos en el seno de los otros, el caso es que podría hablarse de una multitud indefinida de espacios: geográficos, económicos, demográficos, sociológicos, ecológicos, políticos, comerciales, continentales, mundiales, etc., sin olvidar el espacio de la naturaleza (físico) y el de los flujos (las energías).

Antes de refutar detallada y específicamente estos enfoques que se presentan bajo un aspecto de cientificidad, deberíamos advertir previamente que la multiplicidad indefinida de descripciones y el fraccionamiento referido los hace sospechosos. Estos esfuerzos muestran una tendencia muy acusada, quizá incluso dominante, en el seno de la sociedad existente (del modo de producción). En ese modo de producción, el trabajo intelectual, al igual que el trabajo manual, se divide sin cesar. Además, la *práctica espacial* consiste en una proyección «sobre el terreno» de todos los aspectos, elementos y momentos de la *práctica social*, separándolos y sin abandonar durante un solo instante el control global: es decir, realizando la sujeción del conjunto de la sociedad a la *práctica política*, al poder del Estado. Esta praxis implica y agrava —como podrá observarse— más de una contradicción, pero no es todavía el momento de enunciarlas. Si este análisis se confirma, la «ciencia del espacio» deseada:

(a) equivale al empleo político del *saber* («neocapitalista», al tratarse de Occidente), que sabemos se integra en las fuerzas productivas de un modo cada vez más «inmediato», y de forma «mediata» en las relaciones sociales de producción.

(b) implica una *ideología* que enmascara dicho uso, así como los conflictos inherentes al muy *interesado* empleo de un conocimiento en principio *desinteresado*, ideología que no lleva su nombre y que tiende a confundirse con el conocimiento para aquellos que aceptan esta práctica.

(c) contiene una *utopía tecnológica*, una especie de simulación o programación del futuro (de lo posible) en los marcos de lo real, esto es, dentro del modo de producción existente. Esta operación se realiza a partir de un conocimiento integrador del modo de producción, e integrado en él. Dicha utopía tecnológica, tan habitual en los relatos de ciencia ficción, está asimismo presente en todos los proyectos relativos al espacio, sean arquitectónicos, urbanísticos o de planificación.

Las proposiciones anteriores deben ser naturalmente expuestas, apuntaladas mediante argumentos lógicos, y demostradas. Si se verifican, será debido en primer lugar a que existe una *verdad del espacio* (verdad general suscitada mediante un análisis seguido de su correspondiente exposición) y no porque se constituya un *espacio verdadero*, sea general —como lo conciben los filósofos y los epistemólogos—, sea particular —como lo estiman los especialistas de una u otra disciplina científica concerniente al espacio—. En segundo lugar, la confirmación de estas tesis quiere decir que es necesario *invertir la tendencia dominante* que va hacia la fragmentación, la separación y la desintegración, tendencia subordinada a un centro o a un poder centralizado y formalizada por el saber que actúa en nombre del poder. Esta inversión no puede realizarse sin dificultades, para llevarla a cabo no basta con sustituir las preocupaciones «locales» por preocupaciones globales. Podemos suponer que movilizará grandes fuerzas y que en el curso de su ejecución sería conveniente motivarla y orientarla etapa por etapa.

V

Hoy en día pocos rehusarían admitir la «influencia» de los capitales y del capitalismo en las cuestiones prácticas relativas al espacio, desde la construcción de inmuebles a la distribución de inversiones y a la división mundial del trabajo. ¿Pero qué se entiende por «capitalismo» e «influencia»? Unos se imaginan el «dinero» y sus capacidades de intervención, o el intercambio comercial, la mercancía y su generalización, ya que «todo» puede comprarse y venderse. Otros se representan más bien a los actores de estos dramas: «corporaciones» nacionales y multinacionales, bancos, financieras, autoridades, etc. Cada «agente» susceptible de intervenir tendría su «influencia». Se pone así entre paréntesis tanto la unidad como la diversidad del capitalismo, y en consecuencia sus contradicciones. Unas veces es visto como un mero agregado de actividades separadas y otras veces como un sistema constituido y cerrado, coherente en la medida en que perdura y por el solo hecho de que perdura. No obstante, el capitalismo posee muchos componentes: el capital fundiario, el capital comercial y el capital financiero, todos los cuales intervienen en la práctica de acuerdo con sus posibilidades y oportunidades, no sin conflictos entre los capitales de la misma o diferente especie. Estas diversas razas de capital (y de capitalistas), junto con los diversos mercados que traman —el mercado de los productos, el mercado laboral, el mercado de los conocimientos, el mercado de los capitales y el mercado del suelo— constituyen el capitalismo.

Algunos olvidan fácilmente que el capitalismo posee otro aspecto ligado con seguridad al funcionamiento del dinero, al funcionamiento de los diferentes mercados y a las relaciones sociales de producción, pero aspecto distinto en la medida en que es dominante: la *hegemonía* de una clase. El concepto de hegemonía, introducido por Gramsci con el fin de anticipar el papel de la clase obrera en la construcción de una nueva sociedad, permite analizar la acción de la burguesía, en particular en todo lo relativo al espacio. El concepto de hegemonía viene a refinar el concepto un poco brutal y grosero de «dictadura» del proletariado tras la ejercida por la burguesía. Designa mucho más que una influencia e incluso mucho más que el uso perpetuo de la violencia represiva. La hegemonía se ejerce sobre toda la sociedad, cultura y conocimiento incluidos, generalmente por sujetos interpuestos: los políticos, las personalidades, los partidos, pero a menudo también por los intelectuales y los expertos. Por consiguiente, se ejerce también sobre las instituciones y las representaciones. Hoy en día la clase dominante mantiene su hegemonía por todos los medios, incluido el conocimiento. El vínculo entre *saber* y *poder* se vuelve manifiesto, lo que no impide en absoluto un conocimiento crítico y subversivo; al contrario, define la diferencia conflictiva entre el saber que está al servicio del poder y el conocimiento que rechaza reconocerse en éste.[15]

---

[15] Se trata de una diferencia conflictiva y, en consecuencia, de una distinción *diferenciadora* entre saber y conocer que disimula M. Foucault en su *Archéologie du Savoir* al no discernirlas sino en el contexto de un espacio de juego (p. 241) y sobre la base de una cronología o «distribución del tiempo», p. 244 y ss.

¿Es concebible que la hegemonía deje de lado el espacio? ¿Sería el espacio sólo el lugar pasivo de las relaciones sociales, el medio en que su reunificación adquiriese consistencia, o la suma de los procedimientos de su renovación? No, y más adelante se mostrará el lado activo (operacional, instrumental) del espacio, como saber y acción, en el modo de producción existente. Mostraremos cómo sirve el espacio y cómo la hegemonía lo emplea para la constitución, a partir de una lógica subyacente, y con la ayuda del saber y de las técnicas, de un «sistema». ¿Acaso el espacio del capitalismo (el mercado mundial) purga sus contradicciones dando lugar a un espacio definido? No, si fuera así el sistema podría pretender legítimamente la inmortalidad. Algunos espíritus sistemáticos oscilan entre las invectivas contra el capitalismo, la burguesía, sus instituciones represivas, de un lado, y la fascinación y la desmedida admiración, de otro. A esta totalidad no cerrada (hasta tal punto que requiere de la violencia) aportan la cohesión que le falta, haciendo de la sociedad el «objeto» de una sistematización que se obstinan en cerrar para ser completa. De ser cierto, esta verdad se desploma. ¿Provienen de ahí las palabras y los conceptos que permiten definir el sistema? Tan sólo serían los instrumentos.

VI

La teoría pretendida, la teoría que no cuaja porque el momento crítico necesario no tiene lugar y que, desde ese instante, cae de nuevo en el saber fragmentado, podría designarse por analogía como «teoría unitaria». El propósito es descubrir o confeccionar la unidad teórica entre «campos» considerados de forma separada, como las fuerzas moleculares, electromagnéticas o gravitatorias en la física. ¿De qué campos hablamos? En primer lugar, del *físico*, la naturaleza, el Cosmos; a continuación, del *mental* (incluida la abstracción formal y la lógica); y por último, del *social*. En otros términos, la investigación concierne al espacio lógico-epistemológico, al espacio de la práctica social, al espacio ocupado por los fenómenos sensibles, sin excluir lo imaginario, los proyectos y proyecciones, los símbolos y las utopías.

La exigencia de unidad puede formularse de otro modo, que acentuaría su importancia. El pensamiento reflexivo en ocasiones confunde y otras veces separa los «niveles» que la práctica social aprecia, suscitando de ese modo la cuestión de sus relaciones. El habitar y la vivienda —el «hábitat», como se dice— conciernen a la arquitectura. La ciudad y el espacio urbano son propios de un dominio especializado: el urbanismo. En cuanto al espacio más amplio, el territorio (regional, nacional, continental o mundial) es competencia de los planificadores y los economistas. Algunas veces, esas «especialidades» se insertan bajo el auspicio de un actor privilegiado, el político. Otras veces, sus respectivos dominios se sitúan al margen los unos de los otros, abandonando todo proyecto común y cualquier hermandad teórica.

Una teoría unitaria debería poner fin a esta situación, cuyo análisis crítico no agotan las consideraciones precedentes.

El conocimiento de la naturaleza material se basa en conceptos definidos al más elevado grado de generalidad y abstracción científica (dotada de contenido). Incluso si las conexiones entre tales conceptos y las correspondientes realidades físicas no están claramente determinadas todavía, se sabe que existen y que los conceptos y teorías que implican —la energía, el espacio y el tiempo— no pueden confundirse ni separarse. Lo que el lenguaje ordinario denomina «materia» o «naturaleza» o «realidad física» —los primeros análisis distinguen e incluso separan los momentos— ha encontrado una cierta unidad. La «sustancia» de este Cosmos (o de este «mundo») al que pertenecen la tierra y la especie humana junto con su conciencia, esta sustancia (por seguir empleando el viejo vocabulario de la filosofía), posee propiedades que se resumen en los tres términos mencionados anteriormente. Quien dice «energía» debe añadir al punto que la energía se despliega en un espacio. Quien dice «espacio» ha de manifestar inmediatamente qué y cómo lo ocupa: el despliegue de la energía alrededor de «puntos» y en un marco temporal. Quien habla, por fin, de tiempo, debe enseguida referir lo que se mueve o cambia en él. Tomado aisladamente, el espacio deviene una abstracción vacía; y lo mismo sucede con la energía y con el tiempo. Si resulta difícil concebir esta sustancia, y mucho más imaginarla en un plano cósmico, también puede afirmarse que su evidencia salta a la vista: nuestros sentidos y nuestro pensamiento no comprenden nada más.

¿Sería posible fundar el conocimiento de la práctica social y la ciencia global de la llamada realidad humana en un modelo extraído de la física? Más bien no; las tentativas en ese sentido siempre han concluido en un fracaso.[16] La teoría física impide a la teoría social el empleo de ciertos procedimientos, en particular la separación de niveles, dominios y sectores. La teoría física

---

[16] Incluido el modelo de Lévi-Strauss extraído de la clasificación de los elementos de Mendeleev y la combinatoria matemática general.

insta a procedimientos unitarios que congregan los elementos dispersos. No sirve de modelo, pero es válido como pretil.

La búsqueda de una teoría unitaria no impide en absoluto, al contrario, los conflictos, las controversias y las polémicas en el seno del conocimiento. Lo mismo sucede en la física y en las matemáticas; existen conflictos internos hasta en la ciencia que los filósofos creen «pura» porque ellos la purifican de sus momentos dialécticos.

Parece perfectamente sentado que el espacio físico no posee ninguna realidad sin la energía que se despliega dentro de él. Las modalidades de este ejercicio, las relaciones físicas entre los centros, los núcleos, las condensaciones de un lado, y de otro lado, las periferias, permanecen aún en estado de simples conjeturas. La teoría de la expansión universal supone un núcleo inicial y una explosión primordial. Esta unicidad original del Cosmos ha suscitado muchas objeciones debido a su carácter cuasi tautológico o teogónico. Fred Hoyle opone a esto una teoría mucho más compleja: la energía se despliega en todas las direcciones, sea infinitamente pequeña o infinitamente grande. Un centro universal único, sea original, sea final, es inconcebible. La energía-espacio-tiempo se condensa en un número indeterminado de puntos (espacios-tiempos locales).[17]

En la medida en que la teoría del llamado espacio humano puede ser vinculada a una teoría física, ¿no reuniría la teoría de Hoyle esas condiciones? Hoyle considera el espacio como un producto de la energía. Esta última no puede compararse con un contenido que ocupa un continente vacío. Esto recusa un cierto causalismo así como un finalismo impregnados de la abstracción metafísica. El Cosmos ofrece ya una multitud de espacios cualificados cuya diversidad da cuenta sin embargo de una teoría unitaria, la cosmología.

No obstante, esta analogía tiene sus límites. No existe ninguna razón para postular un isomorfismo entre las energías sociales y las físicas, entre los campos de fuerzas «humanas» y físicas. Este reduccionismo y otros más serán explícitamente refutados más adelante. Sin embargo, las sociedades humanas, como los organismos vivos, humanos o no, no pueden concebirse independientemente del cosmos (o, si se prefiere, del «mundo»); sin absorber el conocimiento acerca de dichas sociedades, la cosmología no puede dejarlas a un lado, como un Estado dentro del Estado.

---

[17] F. Hoyle, *Aux frontières de l'astronomie*, París, Buchot-Chastel, 1956.

VII

¿Cómo designar la división que mantiene a distancia, unos respecto a otros, a los diferentes espacios (físico, mental y social)? ¿Acaso podemos usar el término de distorsión? ¿O bien los de desfase, ruptura, corte? Poco importa el nombre que empleemos, lo que cuenta es la distancia que separa el espacio «ideal», que responde a categorías mentales (lógico-matemáticas), del espacio real, esto es, el de la práctica social. Cada uno de esos espacios implica, sostiene y presupone al otro.

¿Qué punto de salida hemos de elegir para la indagación teórica que habría de permitir elucidar esta situación y trascenderla? ¿Acaso la filosofía? Ciertamente no, puesto que la filosofía es parte activa e interesada en la cuestión. Los filósofos han contribuido a profundizar el abismo, elaborando representaciones abstractas (metafísicas) del espacio, entre otras, la noción cartesiana del espacio, la *res extensa* absoluta, infinita, atributo divino captado mediante una simple intuición debido a su carácter homogéneo (isotrópico). Es ciertamente lamentable porque en sus orígenes la filosofía mantuvo estrechos lazos con el espacio «real» de la ciudad griega. Pero el vínculo se rompió después. Esta observación no impide el recurso a la filosofía, a los conceptos y concepciones que brinda, pero sí tomarla como punto de partida en nuestra búsqueda. ¿Por qué no la literatura? Los novelistas han descrito a menudo y bien los lugares y los emplazamientos. ¿Pero qué *textos*? ¿Qué criterios empleamos para descartar unos y tomar otros? Céline utiliza el lenguaje cotidiano para evocar el espacio parisino, las periferias, África. En el *Critias* y en otros textos, Platón ha descrito maravillosamente el espacio cósmico y el espacio de la ciudad, imagen del Cosmos. El inspirado Thomas de Quincey perseguía por las calles de Londres la sombra de la mujer de sus sueños, y Baudelaire en sus *Tableux parisien*s nos proporcionó una versión del espacio urbano tan rica como la de Victor Hugo o Lautréamont. El problema es que cualquier análisis que lleve a cabo la búsqueda del espacio en los textos literarios lo encontrará por doquier y de toda guisa: clausurado, descrito, proyectado, soñado o conjeturado. ¿Qué textos pueden ser considerados privilegiados para legitimar un análisis «textual»? Puesto que se trata del espacio socialmente «real», la arquitectura y los textos consagrados a ella serían en principio más indicados que la literatura. ¿Pero qué hay que entender por arquitectura? Desgraciadamente, para definirla es preciso analizar y exponer previamente el concepto de espacio.

Otra opción sería partir de nociones científicas *generales*, tan generales como las del texto, por ejemplo las de información, comunicación, mensaje, código, grupo de signos, nociones todas ellas en curso de elaboración. Pero el análisis del espacio corre aquí el riesgo de recluirse en un ámbito especializado que lejos de dar cuenta de las disociaciones mencionadas las agravaría. No queda sino apelar a nociones *universales*, que aparentemente pertenecen a la filosofía y quedan fuera de toda especialidad. ¿Existen tales nociones? ¿Posee algún sentido todavía lo que Hegel denominaba *universal concreto*? Habrá que demostrarlo. Por ahora, es posible indicar que los conceptos de *producción* y de *producir* presentan la universalidad concreta reclamada. Elaborados por los filósofos, estos conceptos han desbordado la Filosofía. Si una ciencia especializada como la economía política los acaparó en el pasado, lo cierto es que hoy escapan a esta usurpación. Al retomar el sentido amplio que poseían en algunos textos de Marx, las nociones de *producción* y de *producir* han perdido algo de la precisión ilusoria aportada por los economistas. Su recuperación, su activación, no podrá realizarse sin dificultades. Suena extraño hablar de «producir el espacio». El esquema según el cual el espacio vacío preexiste a aquello que lo ocupa sigue conservando aún mucho vigor. Surgen preguntas enseguida: ¿qué espacios?, ¿qué significa eso de producir el espacio? Será preciso pasar de los conceptos elaborados, esto es, formalizados, al contenido, sin caer en lo ilustrativo, en el ejemplo —ocasiones excelentes para el sofismo—. Será necesario proporcionar una exposición completa de esos conceptos y de sus relaciones, de un lado con la abstracción formal extrema (el espacio lógico-matemático) y, de otro, con lo práctico-sensible y el espacio social. Tratado de otro modo, el universal concreto se disociará y caerá nuevamente en los momentos originales de Hegel: lo *particular* (en este caso, los espacios sociales descritos o recortados); lo *general* (la lógica y la matemática); y lo *singular* (los «lugares» considerados como naturales, dotados sólo de una realidad física y sensible).

VIII

Todos sabemos de qué se trata cuando hablamos del «cuarto» de un apartamento, de la «esquina» de la calle, de la «plaza», del mercado, del «centro» comercial o cultural, de un «lugar» público y cosas por el estilo. Esos términos del lenguaje cotidiano diferencian los espacios particulares sin aislarlos y sirven para describir un espacio social. Se corresponden con un uso específico de ese espacio y, así pues, con una práctica espacial que enuncian y componen. Estos términos se disponen en una secuencia ordenada. ¿No sería deseable inventariarlos[18] primero y después determinar qué paradigma les otorga una significación y bajo qué sintaxis se organizan?

Caben dos posibilidades: o bien dan lugar a un código desconocido que el pensamiento podría reconstruir y revelar, o bien la reflexión es capaz de construir, partiendo de esos útiles (las palabras) y de ese material (las operaciones sobre los términos), un *código espacial*. En los dos casos la reflexión confeccionaría un «sistema del espacio». Ahora bien, somos conscientes por experiencias científicas precisas de que un sistema de este tipo es sólo indirectamente aplicable sobre el «objeto» y que en realidad sólo contiene un discurso *sobre* el objeto, relativo a él. El proyecto que se esboza aquí no tiene por objetivo producir un (el) discurso sobre el espacio, sino mostrar la producción del espacio mediante la reunión en una teoría de los diversos tipos de espacios y las modalidades de su génesis.

Estas breves observaciones esbozan a lo sumo una respuesta a un problema que habrá de ser examinado más tarde con mucho cuidado para saber si resulta admisible o si representa sólo una oscura pregunta sobre sus orígenes. ¿El lenguaje (lógica, epistemológica, genéticamente hablando) precede, acompaña o sigue al espacio social? ¿Se trata de una condición del espacio social o es su formulación? La tesis de la prioridad del lenguaje no termina de imponerse. Las actividades que marcan el suelo, que dejan su impronta en él, que organizan los gestos y trabajos en común, ¿no tendrían acaso prioridad (lógica, epistemológica) sobre los lenguajes muy regulados y articulados? Quizá sea preciso descubrir relaciones aún veladas entre el lenguaje y el espacio, la *lógica* inherente a la articulación que opera desde el principio como espacialidad capaz de reducir el orden cualitativo que se da de un modo caótico a la percepción de las cosas (lo práctico-sensorial).

¿En qué medida se lee y codifica *un* espacio? No hay una respuesta inmediata satisfactoria para esta cuestión. En efecto, aunque las nociones de mensaje, código, información, etc. no permitan seguir la génesis de un espacio (proposición enunciada más arriba, que está a la espera de pruebas y argumentos), un espacio producido se descifra y se lee. Conlleva un proceso de significación. E incluso si no existe un código general del espacio, inherente a los lenguajes y a las lenguas, quizás hayan existido códigos particulares establecidos en el curso de la historia, con diversos efectos; de ser

---

[18] Cf. Georges Matoré, *L'espace humain*, París: La Colombe, 1962, incluyendo el índice lexicográfico al final.

así, los «sujetos» interesados, miembros de tal o cual sociedad, habrían accedido a la vez a su espacio y a su calidad de «sujetos» actuando en dicho espacio, un espacio que comprenden (en el sentido fuerte del término).

Si a partir del siglo XVI hasta el XIX hubo un lenguaje codificado sobre la base práctica de cierta relación entre la ciudad, el campo y el territorio político, fundado sobre la perspectiva clásica y sobre el espacio euclidiano, ¿por qué y cómo esa codificación se ha desmoronado? ¿Deberíamos tratar de reconstruir un lenguaje común a los diversos miembros de la sociedad: usuarios, habitantes, autoridades, técnicos (arquitectos, urbanistas, planificadores)?

La teoría sólo puede formarse y formularse a nivel de un supercódigo. El conocimiento no se asimila sino mediante un lenguaje «bien diseñado», que opera en el plano conceptual. Así pues, no consiste ni en un lenguaje privilegiado ni en un metalenguaje, aunque sus conceptos convengan a la *ciencia del lenguaje* como tal. El conocimiento del espacio no puede confinarse de entrada en dichas categorías. ¿Código de códigos? Quizás es lo deseado, pero esta meta-función de la teoría no revela gran cosa. Si ha habido códigos del espacio característicos de cada práctica espacial (social), si esas codificaciones fueron *producidas* con su espacio correspondiente, la teoría debería exponer su génesis, su intervención y su decadencia. El desplazamiento del análisis, en relación con los trabajos de los especialistas en ese ámbito, es notorio: en vez de insistir en el rigor formal de los códigos, se *dialectizará* la noción. De ese modo se situará en una relación práctica y en una interacción de los «sujetos» con su espacio, con sus entornos. Se intentará mostrar la génesis y desaparición de la codificación/descodificación. Asimismo, se esclarecerán los contenidos: las prácticas sociales (espaciales) inherentes a las formas.

IX

El surrealismo en la actualidad aparece completamente distinto a como se presentó hace medio siglo. Algunas de sus pretensiones han desaparecido, como la sustitución de la poesía por la política y la politización de la poesía, la idea de una revelación trascendente. Al mismo tiempo, esta escuela literaria no se reduce sin embargo a la literatura (que inicialmente desprecia) y en consecuencia no puede ser reducida a una simple manifestación literaria ligada a la exploración del inconsciente (la escritura automática), que tenía en principio un aspecto subversivo y que después ha sido recuperado por todos los medios a su alcance: las glosas, las exégesis y los comentarios, la gloria y la publicidad, etc.

Los principales surrealistas procuraron descifrar el espacio interior, se esforzaron en elucidar asimismo el tránsito de este espacio subjetivo tanto a la materialidad, al ámbito del cuerpo y del mundo exterior, como a la vida social. Todo esto confería al surrealismo un alcance teórico que en principio pasó desapercibido. Esta tentativa de unidad, que anunciaba una búsqueda que termina extraviándose, se descubre en *L'Amour fou* de André Breton.

> En ocasiones, esperando ver aparecer a una mujer, me veía a mí mismo abriendo, cerrando y reabriendo una puerta. Cuando había constatado que era insuficiente, dejaba resbalar una hoja por un libro elegido al azar tras haber decidido que tal línea de la página izquierda o de la derecha debía ofrecerme alguna información más o menos aproximada sobre sus disposiciones, confirmarme su inmediato advenimiento o su no-venida. Entonces volvía a desplazar los objetos, examinando unos por los otros, haciéndoles ocupar posiciones insólitas.[19]

La mediación de lo imaginario y de la magia, aunque posiblemente extraños, no resta ningún mérito al valor anunciador que posee la obra.[20] No obstante, pueden mostrarse los límites del fracaso de este proyecto poético. No porque la poesía surrealista carezca de una elaboración conceptual para expresar esta orientación; en realidad, los textos teóricos, los manifiestos y otras expresiones del surrealismo son tan abundantes que uno podría preguntarse qué queda del surrealismo si se omite este exceso. Los defectos inherentes a esta poesía son más profundos. La poesía surrealista privilegia lo *visual* sobre el *ver,* raramente se dispone a *escuchar* y curiosamente descuida el aspecto musical en el *decir,* más aún, en la *visión* central. «Es como si de repente —escribe Breton— la profunda noche de la existencia humana hubiera sido perforada, como si la necesidad natural accediera junto a la necesidad lógica a sumergirse en la transparencia total...».[21]

Según el propio Breton,[22] el proyecto hegeliano original sólo podía continuarse en el curso de una sobrecarga afectiva, por tanto subjetiva, del «objeto» (amado) mediante una sobre-exaltación simbólica. Postulando sin grandes alardes ni pruebas el fin hegeliano de la historia en y para la poesía, los surrealistas sólo aportaron un metalenguaje lírico de la historia, una ilusoria fusión del

---

[19] André Breton, *L'Amour fou*, París, Gallimard, 1973, p. 23.
[20] La misma apreciación puede ser dicha, a pesar de los años transcurridos, de muchas de las poesías de Paul Éluard.
[21] A. Breton, *op. cit.* p. 6.
[22] *Ibid.*, p. 61.

sujeto con el objeto en un metabolismo trascendental. Metamorfosis verbal, anamórfica, simple anaforización de la relación entre los «sujetos» (la gente) y las cosas (la cotidianidad). Los surrealistas, por tanto, sobrecargaban el sentido y no cambiaban nada, porque no podían pasar del intercambio (de los bienes) al uso únicamente en virtud del lenguaje.

Como la de los surrealistas, la obra de Georges Bataille se presenta actualmente bajo una luz distinta a la de sus días. Bataille también habría deseado (entre otros propósitos) la confluencia del espacio de la experiencia íntima con el espacio de la naturaleza física (por debajo de la conciencia: el árbol, el sexo, lo acéfalo) y con el espacio social (el de la comunicación, el de la palabra). Como los surrealistas, si bien al margen de la vía de la síntesis imaginada por ellos, Bataille jalona el trayecto entre lo real, lo infra-real y lo supra-real, en la estela nietzscheana de lo eruptivo y lo disruptivo. Bataille acentúa las divisiones, ahonda los abismos en vez de colmarlos hasta que tiene lugar un relámpago de intuición e intención que salta de un lado al otro, de la tierra al sol, de la noche al día, de la vida a la muerte. Pero asimismo de la lógica a la heterológica, de lo normal a lo heteronómico (al mismo tiempo más allá y más acá de lo anómico). El espacio en su totalidad —mental, físico y social— se aprehende trágicamente. Si hay centro y periferia, el centro posee su propia realidad trágica, la del sacrificio, la violencia y la explosión; también la periferia, a su manera.

Diametralmente opuesta a la de los surrealistas y a la deBataille, en la misma época, un teórico de la técnica vislumbró una teoría unitaria del espacio. Hablamos de Jacques Lafitte, a menudo olvidado, que propuso una «mecanología» o ciencia general de los dispositivos técnicos para explorar la realidad material, el conocimiento y el espacio social.[23] Jacques Lafitte seguía algunos escritos de Marx que Kostas Axelos había resumido.[24] No disponía de todos los elementos y conceptos indispensables, ignoraba entonces la informática y la cibernética, y en consecuencia la diferencia entre máquinas de información y máquinas de energías masivas. Sin embargo dio forma efectiva a la hipótesis unitaria con un rigor característico de la ideología tecnocrático-funcional-estructuralista, rigor que desembocaba en las proposiciones más temerarias, encadenamientos conceptuales dignos de la ciencia-ficción. Lafitte, en suma, creó una utopía tecnocrática. De este modo, pretendía introducir como explicativas de la historia las analogías entre «máquinas pasivas» —es decir, estáticas— y la arquitectura y el reino vegetal, mientras que las

---

[23] Cf. Jacques Lafitte, *Réflexiones sur la science des machines*, aparecido en 1932, reeditado en 1972, París, Vrin, con un prefacio de J. Guillerme.

[24] Kostas Axelos, *Marx, penseur de la technique*, París, Éditions de Minuit, 1961.

«máquinas activas», más dinámicas, más cercanas a la esfera del «reflejo», corresponderían al reino animal. A partir de esos conceptos Lafitte construyó series evolutivas que ocupaban el espacio y reprodujo audazmente la génesis de la naturaleza, del conocimiento y de la sociedad «a través del desarrollo armónico de esos tres grandes segmentos, series simultáneamente convergentes y complementarias».[25]

La hipótesis de Lafitte anunciaba muchas otras del mismo estilo. Este pensamiento reflexivo de la tecnicidad enfatiza lo explícito, lo confesado, no sólo lo *racional*, sino lo *intelectual*, evitando de entrada lo lateral, lo heterológico, lo que queda disimulado en la *praxis*; al mismo tiempo, rechaza el pensamiento que descubre lo que se disimula. En definitiva, como si todo en el espacio social y en el espacio del pensamiento quedase reducido a la frontalidad, al «cara a cara».

X

Si la búsqueda de una teoría unitaria del espacio físico, mental y social se perfila desde hace algunas decenas de años, ¿por qué motivo y cómo se ha procedido a abandonarla? ¿Acaso porque cubría una extensión demasiado amplia, un auténtico caos de representaciones, algunas de ellas poéticas, subjetivas o especulativas, y otras marcadas por el sello de la positividad técnica? ¿O simplemente porque esta línea de investigación era del todo punto estéril?

Para comprender lo sucedido es necesario remontarse hasta Hegel, esa especie de *Place de l'Etoile* dominada por el Monumento filosófico-político. Según el hegelianismo, el Tiempo histórico engendra el Espacio en que se extiende y sobre el que reina el Estado. La historia no realiza el arquetipo del ser razonable en el individuo, sino en un conjunto coherente de instituciones, grupos y sistemas parciales (el derecho, la moral, la familia, la ciudad, el oficio, etc.) que ocupa un territorio nacional dominado por un Estado. El Tiempo, pues, se solidifica y se fija en la racionalidad inmanente al espacio. El fin hegeliano de la historia no conlleva la desaparición del fruto de la historicidad. Al contrario, este producto de un proceso de producción animado por el conocimiento (el concepto) y orientado por la conciencia (el lenguaje, el Logos), este producto necesario, afirma su autosuficiencia. Persiste en el *ser* por su propia potencia. Es la historia lo que desaparece, tornando la acción en memoria, la producción

---

[25] J. Lafitte, *op. cit.*, p. 92 y ss.

en contemplación. En cuanto al tiempo, pierde todo sentido, dominado por la repetición, la circularidad, la instauración de un tiempo inmóvil, lugar y medio de la Razón cumplida.

Tras esta fetichización del espacio al servicio del Estado, la filosofía y la actividad práctica sólo podían intentar la restauración del tiempo.[26] De ahí la vigorosa restitución del tiempo histórico como tiempo de la revolución en Marx. De ahí, también, la matizada evocación de Bergson —si bien más abstracta e incierta— de la duración psíquica y la inmediatez de la conciencia; o la fenomenología husserliana, con su flujo «heraclítico» de los fenómenos, la subjetividad del Ego, y en toda una tradición de filósofos.[27]

En el hegelianismo anti-hegeliano de G. Lukács, el espacio define la reificación así como la falsa conciencia. El tiempo recobrado, dominado por una conciencia de clase que se alza hasta el punto sublime desde el que aprehende de un vistazo los meandros de la historia, quiebra la primacía espacial.[28]

Sólo Nietzsche, desde Hegel, ha mantenido la primacía del espacio y la problemática de la espacialidad: la repetición, la circularidad, la simultaneidad de lo que parece diverso en el tiempo y nace de tiempos diversos. En el devenir, pero contra el flujo del tiempo, toda forma definida, ya sea física, mental o social, lucha para establecerse, para mantenerse. Nada tiene en común el espacio nietzscheano con el espacio hegeliano, producto y residuo del tiempo histórico: «Creo en el espacio absoluto —afirmaba Nietzsche— como substrato de la fuerza, que delimita y modela». El espacio cósmico contiene energía, fuerzas, y de ellas procede. Del mismo modo para el espacio terrestre y social. «Donde está el espacio está el ser.»[29] Las relaciones entre la fuerza (energía), el tiempo y el espacio son problemáticas. Por ejemplo, no es posible concebir un comienzo (un origen) ni tampoco abstenerse de pensarlo. «Lo interrumpido y lo sucesivo concuerdan» desde el mismo momento en que se aleja la actividad, indispensable por lo demás, que difiere y marca las diferencias. Una energía o una fuerza no son constatables sino por los efectos a que dan lugar en el espacio, aunque «en sí mismas» las fuerzas difieran de sus efectos (¿pero cómo aprehender «en sí» una realidad cualquiera, la energía, el tiempo, el espacio, por medio del análisis intelectual?). Del mismo modo que el espacio

---

[26] Cf. H. Lefebvre, *La fin de l'histoire*, París, Éditions de Minuit, 1970, y también los estudios de Alexandre Kojève sobre Hegel y el hegelianismo.

[27] A la que se vinculan Maurice Merleau-Ponty y Gilles Deleuze (*L'AntiŒdipe*, p. 114).

[28] Cf. J. Gabel, *La fausse conscience*, París, Éditions de Minuit, 1962, p. 193 y ss. Y, por supuesto, G. Lukács, *Histoire et conscience de classes*.

[29] Véase la colección titulada (erróneamente) *Volonté de puissance*, tr. G. Bianquis, París, Gallimard, 1935, fragmentos 315, 316 y ss.

nietzscheano no tiene nada en común con el espacio hegeliano, el tiempo nietzscheano, teatro de la tragedia universal, espacio-tiempo de la muerte y de la vida, cíclico, repetitivo, tampoco comparte nada con el tiempo marxista, historicidad impulsada hacia delante por las fuerzas productivas, orientadas satisfactoriamente (siendo optimista) por la racionalidad industrial, proletaria y revolucionaria.

Ahora bien, quizás sería oportuno considerar lo que ha ocurrido en la segunda mitad del siglo XX, periodo al que «nosotros» asistimos:

(a) El Estado se consolida a escala mundial. Recae plenamente sobre la sociedad (sobre todas las sociedades): la planifica, la organiza «racionalmente» con la contribución de conocimientos y técnicas, imponiendo medidas análogas si no homogéneas, cualquiera que sean las ideologías políticas, el pasado histórico o el origen social de los individuos en el poder. El Estado aplasta el tiempo reduciendo las diferencias a repeticiones o circularidades (bautizadas como «equilibrio», *feed-back*, «regulaciones», etc.). El esquema hegeliano del espacio prevalece. Ese Estado moderno se asienta y se impone como centro estable, definitivamente, de las sociedades y de los espacios nacionales. Fin y sentido de la historia, como lo había entrevisto Hegel, el Estado allana lo social y lo cultural. Impone una lógica que pone fin a los conflictos y a las contradicciones, y neutraliza todo aquello que le resiste mediante la castración o el aplastamiento. ¿Es esto entropía social? ¿O quizás una excrecencia monstruosa que deviene normalidad? Cualquiera que sea la respuesta, el resultado está ahí.

(b) Sin embargo, en este espacio hay otras fuerzas en ebullición. La racionalidad del Estado, de las técnicas, de los planes y programas, suscita la contestación. La violencia subversiva responde a la violencia del poder. Guerras y revoluciones, fracasos y victorias, enfrentamientos y agitaciones, todo en el mundo moderno parece corresponder fielmente con la visión trágica de Nietzsche. La normalidad estatal implica asimismo la transgresión permanente. Tanto el tiempo como lo negativo surgen explosivamente. Se trata de una nueva negatividad, de una negatividad trágica que se manifiesta como violencia incesante. Las fuerzas se hallan en ebullición levantan la tapa de la marmita: el Estado y su espacio. Las diferencias no pueden nunca dejar de decir su última palabra. Aunque vencidas, sobreviven, y se baten de tiempo en tiempo ferozmente para afirmarse y transformarse en la adversidad.

(c) La clase obrera tampoco ha dicho su última palabra; prosigue su camino, a veces subterráneo, y otras veces a cielo abierto. No es fácil desembarazarse de la lucha de clases, que adopta múltiples formas, diferentes del empobrecido esquema que porta tal designación y que no puede hallarse en el pensamiento de Marx aunque sus partidarios reclamen su marxismo. Puede que, en un equilibrio mortal de poder, la oposición de la clase obrera a la burguesía no alcance el antagonismo, de suerte que la sociedad se tambalee mientras el Estado se descompone en el sitio o se reafirma convulsivamente. Puede que la revolución mundial estalle tras un periodo de latencia, o la guerra mundial a escala del mercado también mundial. Pueden ocurrir muchas cosas…. y todo sugiere actualmente que trabajadores de los países industrializados no optan ni por la vía de la acumulación y el crecimiento indefinidos ni por la vía de la revolución violenta que conduce a la desaparición del Estado, sino que más bien toman la senda del deterioro del trabajo mismo. La simple consideración de las posibilidades muestra que el pensamiento marxista no ha desaparecido ni puede hacerlo.

Comienza ahora, y no sin dificultades, la confrontación entre las tesis e hipótesis de Hegel, Marx y Nietzsche. En cuanto al pensamiento filosófico y a la reflexión sobre el espacio y el tiempo, observamos una escisión. De un lado, tenemos la filosofía del tiempo, de la duración, dispersa en reflexiones y valorizaciones parciales: el tiempo histórico, el tiempo social, el tiempo psíquico, etc. De otro lado, tenemos la reflexión epistemológica que construye su espacio abstracto y medita sobre los espacios abstractos (lógico-matemáticos). La mayor parte de los autores, si no todos, se instala muy confortablemente en el espacio mental (por consiguiente, en el espacio neokantiano o neocartesiano), demostrando de ese modo que la «práctica teórica» no es más que la reflexión egocéntrica del intelectual occidental especializado —y que muy pronto puede no ser nada más que una conciencia esquizoide, enteramente disociada.

El objetivo de esta obra consiste en hacer estallar dicha situación. En concreto, a propósito del espacio, promover la confrontación entre las ideas y proposiciones que esclarecen el mundo moderno, incluso aunque no gobiernen su orientación; tomar esas proposiciones no como tesis o hipótesis aisladas, como «pensamientos» que después son escudriñados, sino como prefiguraciones situadas en el umbral de la modernidad.[30]

---

[30] Sin más preámbulos y sin demasiada ironía, he aquí algunas fuentes: las obras de Charles Dodgson (más conocido por el seudónimo que empleó, Lewis Carroll), pero en especial *Symbolic Logic*, *The Game of Logic* y *Logique sans peine* más que los escritos sobre Alicia, *Through the looking glass* (*A través del espejo*) y *Alice in Wonderland* (*Alicia en el país de las maravillas*); *Le jeu des perles de verre* (*El juego de los abalorios*) de Hermann Hesse, sobre todo la página 126 y siguientes de la traducción [francesa] sobre la teoría del juego y su doble relación con el lenguaje y el espacio, espacio de juego y espacio donde se despliega el juego, Castalia; Hermann Weyl con su *Symetrie et mathématique moderne*, 1952 (tr. fr. Flamarion, 1946); de Nietzsche, *Das Philosopher*, en especial los fragmentos sobre el lenguaje y la «introducción teórica sobre la verdad y las mentiras» (p. 185 de la traducción francesa). Debe hacerse notar una observación importante y es que los textos citados aquí, tanto ahora como más arriba, sólo adquieren sentido en el contexto de nuestra discusión sobre la práctica espacial y sus niveles (planificación, «urbanismo» y arquitectura).

XI

El propósito no consiste en elaborar una *teoría crítica* del espacio existente que reemplace las descripciones y recortes que aceptan este espacio, ni sustituirlo por otras teorías críticas de la sociedad en general, de la economía política, de la cultura, etc. No basta con sustituir la utopía tecnológica dominante por una utopía negativa y crítica a propósito del espacio y del «hombre» o la «sociedad». La teoría crítica, tras haber sido activada hasta la oposición práctica e incluso hasta la contestación radical (sea «puntual», enfrentando determinados «puntos» vulnerables, sea «global»), ha acabado sus días.

Podría pensarse que una de las primeras tareas sería la destrucción metódica de los *códigos* relativos al espacio. En realidad el problema es el contrario. Esos códigos, inherentes al saber y a la práctica social, vienen disolviéndose desde hace mucho tiempo. Sólo persisten algunos restos de ellos: palabras, imágenes, metáforas. Es el resultado de un acontecimiento capital tan generalmente desapercibido que su evocación se impone a cada instante. Y es que hacia 1910 cierto tipo de espacio salta por los aires hecho añicos: el espacio común, el espacio del saber, el de la práctica social, el del poder político, un espacio contenido en el lenguaje cotidiano y en el pensamiento abstracto, medio y canal de los mensajes; el espacio de la perspectiva clásica y de la geometría, elaborado desde el Renacimiento a partir de la tradición griega (Euclides y la lógica) a través del arte y de la filosofía occidentales, e incorporado después a la ciudad. Este espacio recibe tantos impactos y sufre tantas agresiones que sólo con grandes dificultades es capaz de conservar una débil realidad pedagógica en un sistema de enseñanza conservador. El espacio euclidiano y el espacio perspectivo desaparecen como sistemas referenciales junto con los otros lugares comunes básicos (la ciudad, la historia, la paternidad, el sistema tonal en música, la oral tradicional, etc.). Sin duda fue un momento crucial. Por lo demás, es fácil comprender que el espacio del «buen sentido», el espacio euclidiano y el perspectivo, como el álgebra y la aritmética elementales, o la gramática y la física newtoniana, no pueden desaparecer en un relámpago sin más, sin dejar huella en nuestras conciencias, en el saber y en la pedagogía. No se trata ya de destruir los códigos con el fin de construir una teoría crítica sino de explicar su destrucción, constatar sus efectos y quizá confeccionar un nuevo código a través de una supernotación teórica.

Como inversión de la tendencia dominante y no como simple sustitución, esta operación anteriormente indicada se hace cada vez más necesaria. Trataré de mostrar que, como en los tiempos de

Marx, esta inversión consiste en pasar de los *productos* (estudiados de forma general, descritos, enumerados) a la *producción*. Esta inversión de tendencia y de sentido nada tiene que ver con la conversión de los significados en elementos significantes tal como ha sido practicada en nombre de una inquietud intelectualista por la teoría «pura». La suspensión del significado, la puesta entre paréntesis de lo «expresivo», la apelación a los significantes formales, son operaciones que preceden a la inversión de la tendencia que va de los productos a la actividad productora. Esas operaciones la simulan y reducen a una serie de intervenciones abstractas sobre el lenguaje (y en definitiva sobre la literatura).

XII

El espacio (social) es un producto (social). Esta proposición parece cercana a la tautología y, de ahí, a lo evidente. Sin embargo, hay razones para examinar y considerar con más detalle sus implicaciones y consecuencias antes de aceptarla. Mucha gente no aprobará que el espacio haya adquirido en el modo de producción actual y en la sociedad tal cual es una especie de realidad propia, de similar alcance y en el mismo proceso global que la mercancía, el dinero y el capital, aunque sea una realidad claramente distintiva. Otros, ante esta paradoja, exigirán pruebas. De que el espacio así producido sirve tanto de instrumento del pensamiento como de la acción; al mismo tiempo, que constituye un medio de producción, un medio de control y, en consecuencia, de dominación y de poder, pero que escapa parcialmente, en tanto que tal, a los que se sirven de él. Las fuerzas sociales y políticas (estatales) engendraron este espacio al intentar adueñarse de él completamente, sin llegar no obstante a conseguirlo; las mismas fuerzas que impulsan la realidad espacial hacia una especie de autonomía imposible de dominar pugnan por agotarla, fijarla con el propósito de sojuzgarla. ¿Sería éste un espacio abstracto? Sí, pero también un espacio «real», como la mercancía y el dinero, abstracciones concretas. ¿Sería un espacio concreto? Sí, sin duda, pero no del mismo modo que un objeto, que un producto cualquiera. ¿Se trata de un espacio instrumental? Con toda seguridad, pero al igual que el conocimiento, desborda la instrumentalidad. ¿Se reduce a una proyección, a una «objetivación» de un saber? Sí y no: el saber objetivado en un producto ya no coincide con el conocimiento teórico. El espacio contiene relaciones sociales y es preciso saber cuáles, cómo y por qué.

De ahí deriva la exigencia de un minucioso análisis y de una exposición de conjunto, lo que a su vez implica la introducción de nuevas ideas (en primer lugar la de una diversidad, una multitud de espacios completamente distinta de la multitud que resulta de la fragmentación y el recorte del espacio *ad infinitum*). La introducción de dichas ideas debe realizarse en el curso de lo que conocemos generalmente como «historia», que recibirá en consecuencia un nuevo enfoque.

Cuando el espacio social deje de ser confundido, de un lado, con el espacio mental (definido por los filósofos y los matemáticos), y de otro lado, con el espacio físico (definido por lo práctico-sensible y la percepción de la naturaleza), entonces se pondrá de manifiesto toda su especificidad. Será necesario mostrar más adelante que este espacio social no consiste en una colección de cosas, en una suma de datos (sensibles), ni tampoco en un vacío colmado (algo así como un envase) de materias diversas; habrá que mostrar que no se reduce a una «forma» impuesta a los fenómenos, a las cosas, a la materialidad física. El carácter social del espacio —que ahora se afirma como hipótesis previa— se confirmará a lo largo de la exposición.

XIII

¿Qué es lo que disimula esta verdad del espacio, a saber, que es un producto (social)? Una doble ilusión, donde cada uno de los lados remite y refuerza al otro, cubriéndose mutuamente: la *ilusión de la transparencia* y la *ilusión de la opacidad* (o ilusión realista).

> (a) *La ilusión de la transparencia*. En este caso el espacio aparece como luminoso e inteligible, ofreciendo campo libre a la acción. Lo que se realiza en el espacio maravilla al pensamiento: su propia encarnación en un *designio* (o diseño, la proximidad de esas palabras tiene un sentido). El designio sirve de mediador, por sí mismo fiel, entre la actividad mental que inventa y la actividad social que realiza; y el designio se despliega en el espacio. La ilusión de la transparencia se confunde con la de una inocencia del espacio, libre de trampas y escondrijos secretos. Lo disimulado, lo oculto y, en consecuencia, lo peligroso, se oponen a la transparencia, bajo la cual todo puede ser captado por una simple mirada del espíritu que esclarece todo aquello que contempla. La comprensión lograría hacer pasar sin obstáculos infranqueables lo que percibe —esto es, su objeto— de las regiones más turbias a las más claras; desplazaría el objeto bien atravesándolo por un rayo, bien metamorfoseándolo con

algunas precauciones de sombra en luz. Así coincidirían aproximadamente el espacio social y el mental, el de los lugares pensados y hablados (tópicos). ¿Por qué senda? ¿Haciendo uso de qué suerte de magia? Lo críptico se descifra fácilmente tras la intervención de la palabra, en primer lugar, y después de la escritura. Se descifra, se dice y se cree por simple transposición y mediante una simple iluminación, cambiando de lugar, sin otra modificación que no sea topológica.

¿Qué razón hay para reivindicar la equivalencia en la espacialidad entre lo conocido y lo transparente? Éste es el postulado de una ideología difusa desde la filosofía clásica. Esta ideología, enredada en la cultura occidental, enfatiza la palabra y realza lo escrito, a despecho de la práctica social que ella oculta. El fetichismo del hablar, o la ideología de la palabra, viene a reforzarse por el fetichismo y la ideología de la escritura. Para unos, de forma explícita o implícita, el discurso se despliega con toda claridad de comunicación, desaloja todo lo que pretende ocultarse, obligándolo a mostrarse o colmándolo de anatemas. Otros estiman que la palabra no es suficiente y que son necesarias la prueba y la operación suplementaria de la escritura, generadora de maldiciones y santificaciones. Más allá de sus efectos inmediatos, el acto de escribir implicaría una disciplina capaz de aferrar el «objeto» por y para el «sujeto» que escribe y habla. En ambos casos, la palabra y la escritura se toman para la práctica (social); se asume que lo absurdo y la oscuridad, tratados como aspectos de una misma cosa, se disipan sin que el «objeto» llegue a desvanecerse. La comunicación lleva el objeto de lo *incomunicado* (no teniendo lo *incomunicable* otra existencia que la de un residuo continuamente reivindicado). Tales son los postulados de esta ideología que, planteando la transparencia del espacio, identifica el conocimiento, la información y la comunicación. De ese modo, se ha creído durante bastante tiempo que una transformación social revolucionaria se lograría mediante la comunicación. «¡Todo debe ser dicho!», «¡Nada puede limitar la palabra!», «¡Todo ha de ser escrito!», «¡La escritura transforma el lenguaje y en consecuencia la sociedad.... La escritura como práctica significante!» Desde entonces, la revolución y la transparencia tendieron a confundirse.

La ilusión de la transparencia se antoja ilusión transcendental, recobrando momentáneamente el antiguo lenguaje de los filósofos: como un señuelo, operando por su propia potencia cuasimágica, pero por lo mismo, remitiendo inmediatamente a otras trampas, que son sus coartadas y sus máscaras.

(b) *La ilusión realista*. Ésta es la ilusión de la ingenuidad y de los ingenuos, desde hace tiempo denunciada por los filósofos y los teóricos del lenguaje bajo diversos pretextos y vocablos, pero básicamente a consecuencia de su recurso a la naturalidad, a la sustancialidad. Según los filósofos de la buena escuela idealista antigua, la credulidad particular del sentido común arrastra una convicción engañosa en que las «cosas» tienen más existencia que el «sujeto», su pensamiento y sus deseos. El rechazo de esta ilusión implica la adhesión al pensamiento «puro», al Espíritu, al Deseo lo que supone abandonar la ilusión realista para abrazar la ilusión de la transparencia.

Para los lingüistas, semánticos y semiólogos es fácil topar con una ingenuidad primaria (y también final) que admite la «realidad sustancial» del lenguaje, aun cuando se defina por su forma. La lengua se asemeja a un «saco de palabras» del cual la perspectiva *naïve* cree posible extraer la que conviene a cada cosa, a cada «objeto», de acuerdo con una correspondencia elemental. En el curso de toda lectura, lo imaginario y lo simbólico, el paisaje, el horizonte que bordea el trayecto del lector, se toman ilusoriamente por lo «real», en la medida en que los caracteres *verdaderos* del texto, su forma significante y su contenido simbólico escapan al inconsciente *naïve* (es preciso observar que esas ilusiones aportan a los «naifs» placeres cuyo conocimiento se disipa junto con las ilusiones. La ciencia reemplaza los goces inocentes de la naturalidad, real o ficticia, por placeres refinados, sofisticados, sin garantía alguna de que estos sean más deliciosos).

La ilusión de la sustancialidad, de la naturalidad, de la opacidad espacial, conserva su mitología. El artista del espacio opera en una realidad dura o espesa en directa procedencia de la Madre Naturaleza. El escultor más que el pintor, el arquitecto más que el músico o el poeta, trabajan sobre una materia que les resiste o les esquiva. Cuando el espacio no queda bajo la supervisión del geómetra, posee las propiedades y cualidades físicas de la tierra.

La primera ilusión, la de la transparencia, tiene cierta proximidad con el idealismo filosófico, mientras que la segunda, la ilusión realista, linda con el materialismo (naturalista o mecánico). No obstante, esas ilusiones no se combaten a la manera de los sistemas filosóficos, que se blindan como corazas y pretenden destruirse. Al contrario, cada ilusión contiene y nutre a la otra. El paso de una a otra, el efecto oscilante o de parpadeo a que da lugar, tiene tanta importancia como las ilusiones consideradas aisladamente. Los simbolismos que proceden de la naturaleza pueden oscurecer la lucidez racional que en Occidente proviene de su historia y de la dominación positiva sobre la naturaleza. La aparente translucidez tomada por oscuras fuerzas políticas e históricas en declive (el Estado, el nacionalismo) reencuentra imágenes que tienen su fuente en la tierra o en la naturaleza, en la paternidad o en la maternidad. Lo racional se naturaliza mientras la naturaleza se cubre de nostalgias que suplantan a la razón.

XIV

Como anticipo programático de lo que veremos más tarde, es posible de momento enumerar algunas implicaciones y consecuencias de nuestra proposición inicial, a saber, que *el espacio (social) es un producto (social)*.

La primera de ellas es que el espacio-naturaleza desaparece irreversiblemente. Ciertamente el espacio natural fue y sigue siendo en parte el punto común de partida, el origen y el modelo original del proceso social, quizá la base de toda «originalidad». Por supuesto que no desaparece pura y simplemente de la escena. Es aún el fondo del cuadro; como decorado, y más que como ambientación, persiste por doquier y cada detalle, cada objeto natural se valora convirtiéndose en símbolo (el animal más insignificante, los árboles, la hierba, etc.). Fuente y recurso, la naturaleza nos obsesiona, como la infancia y la espontaneidad, a través del filtro de la memoria. ¿Quién no desea protegerla, salvarla? ¿Quién no anhela reencontrar la autenticidad del mundo? ¿Quién pretende destruirla? Nadie, y sin embargo todo parece conspirar en su perjuicio. El espacio de la naturaleza se aleja, un horizonte que queda detrás para los que vuelven su mirada. Incluso esquiva el pensamiento. ¿Qué es la Naturaleza? ¿Cómo captarla antes de la intervención, antes de la presencia humana con sus útiles devastadores? Mito poderoso, la naturaleza torna en mera ficción, en utopía negativa: es considerada meramente como la *materia prima* sobre la que operan las fuerzas productivas de las diferentes sociedades para forjar su espacio. Resistente, sin duda, e infinita en su profundidad, la naturaleza ha sido sin embargo vencida y ahora espera su evacuación y destrucción...

XV

Segunda implicación: cada sociedad (en consecuencia, cada modo de producción con las diversidades que engloba, las sociedades particulares donde se reconoce el concepto general) produce un espacio, su espacio. La Ciudad antigua no puede comprenderse como una constelación de gentes y cosas *en el espacio*; tampoco puede concebirse a partir de un cierto número de textos y discursos sobre el espacio, aun cuando algunos de ellos, como el *Critias* y el *Timeo* de Platón o el libro A de la *Metafísica* aristotélica, aporten conocimientos irremplazables. La Ciudad antigua poseía su propia práctica espacial, forjó su espacio propio, es decir, su espacio *apropiado*. De ahí nuevamente la exigencia de un estudio de dicho espacio que lo aprehenda como tal, en su génesis y en su forma, con su tiempo y sus tiempos específicos (los ritmos de la vida cotidiana), con sus centros y su policentrismo (el ágora, el templo, el estadio, etc.).

La ciudad griega se cita aquí sólo a título de ejemplo, un paso en el camino. Esquemáticamente hablando, cada sociedad ofrece su espacio propio como «objeto» al análisis y a la explicación teórica general. ¿Cada sociedad? Sí, cada modo de producción con algunas de sus relaciones de producción específicas, con sus variantes apreciables. Esto no sucede sin dificultades teóricas, obstáculos, inconsistencias y claroscuros que mostraremos después. ¿Qué es lo que sabemos en Europa, con nuestros instrumentos conceptuales, acerca del modo de producción asiático, de su espacio, de sus ciudades, de la relación entre el campo y la ciudad? ¿Conocemos los caracteres que, al parecer, representan figurativa o ideográficamente esa relación?

De un modo general, la noción de espacio social resiste al análisis por su novedad y por la complejidad de lo real y de lo formal que designa. El espacio social contiene y más o menos asigna los lugares apropiados a: (1) *las relaciones sociales de reproducción* —a saber, las relaciones biofisiológicas entre los sexos, las edades, con la específica organización familiar; (2) *las relaciones de producción*, i.e. a la división del trabajo y su organización, y por tanto a las funciones sociales jerarquizadas. Estos dos conjuntos de relaciones, producción y reproducción, no pueden separarse: la división del trabajo repercute en la familia y la sostiene; inversamente, la organización familiar interfiere en la división del trabajo. No obstante, el espacio social ha de diferenciar estas actividades —no sin dificultades— con objeto de proceder a su «localización».

De forma más precisa, hay que observar que hasta el advenimiento del capitalismo, estos niveles (la reproducción biológica y la producción socioeconómica) estaban imbricados, dando lugar a la reproducción social —es decir, la reproducción de la sociedad que se perpetuaba en las sucesivas generaciones a pesar de los conflictos, enfrentamientos, luchas y guerras—. Que el espacio desempeña un decisivo papel en esta continuidad es algo que habrá que demostrar.

Con el advenimiento del capitalismo y sobre todo con el neocapitalismo «moderno» la situación empieza a complicarse. Tres niveles son los que se imbrican: (1) el de *la reproducción biológica* (la familia); (2) el de *la reproducción de la fuerza de trabajo* (la clase obrera como tal); y (3) el de *la reproducción de las relaciones sociales de producción*, es decir, las relaciones constitutivas de la sociedad capitalista que cada vez más y mejor se imponen y se reclaman como tales. El rol del espacio en este triple ordenamiento debe estudiarse de acuerdo a su especificidad.

Para hacer más complejas estas situaciones, el espacio social también contiene ciertas representaciones de esta doble o triple interferencia de las relaciones sociales (de producción y de reproducción). Las representaciones simbólicas sirven para mantener estas relaciones sociales en estado de coexistencia y de cohesión. Las exhibe y desplaza —y en consecuencia las disimula de un modo simbólico— con la ayuda y sobre el fondo de la Naturaleza. Las representaciones de las relaciones de reproducción consisten en símbolos sexuales, de lo femenino y de lo masculino, acompañados o no de los símbolos de la edad, juventud o senectud. Se trata de una simbolización que disimula más que muestra, más desde el momento en que esas relaciones de reproducción se dividen, de un lado, en relaciones frontales, públicas, declaradas —y así pues en codificadas— y en relaciones ocultas, clandestinas, reprimidas, y que en la medida en que son reprimidas, definen las transgresiones, en particular en lo concerniente no tanto al sexo *per se* como al placer sexual, con sus condiciones y consecuencias.

Así pues, puede decirse que el espacio contiene esos múltiples entrecruzamientos en lugares asignados. En cuanto a las representaciones de las relaciones de producción, que engloban las relaciones de poder, también se efectúan en el espacio, y el espacio contiene las representaciones en los edificios, los monumentos, las obras de arte, etc. Las expresiones frontales, a menudo brutales, de estas relaciones no impiden completamente los aspectos clandestinos y subterráneos; no hay poder sin cómplices y sin policía.

Así va tomando forma una tríada conceptual sobre la que volveremos repetidas veces:

> *(a) La práctica espacial,* que engloba producción y reproducción, lugares específicos y conjuntos espaciales propios de cada formación social; práctica que asegura la continuidad en el seno de una relativa cohesión. Por lo que concierne al espacio social y a la relación con el espacio de cada miembro de una sociedad determinada, esta cohesión implica a la vez un nivel de *competencia* y un grado específico de *performance*.[31]
>
> *(b) Las representaciones del espacio,* que se vinculan a las relaciones de producción, al «orden» que imponen y, de ese modo, a los conocimientos, signos, códigos y relaciones «frontales».
>
> *(c) Los espacios de representación,* que expresan (con o sin codificación) simbolismos complejos ligados al lado clandestino y subterráneo de la vida social, pero también al arte (que eventualmente podría definirse no como código del espacio, sino como código de los espacios de representación).

---

[31] Términos tomados de la lingüística de Noam Chomsky, lo que en absoluto significa la subordinación de la teoría del espacio a la lingüística.

XVI

En realidad, el espacio social «incorpora» los actos sociales, las acciones de los sujetos tanto colectivos como individuales que nacen y mueren, que padecen y actúan. Para ellos, su espacio se comporta a la vez vital y mortalmente: se despliegan sobre él, se expresan y encuentran en él las prohibiciones; después mueren, y ese mismo espacio contiene su tumba. Desde la perspectiva del conocimiento, el espacio social funciona —junto a su concepto— como instrumento de análisis de la sociedad. Hay que descartar un esquema simplista inmediatamente, el de una correspondencia término a término (o puntual) entre las acciones y los lugares sociales, entre las funciones y las formas espaciales. Tal esquema «estructural», precisamente debido a su tosquedad, no deja de rondar a las conciencias y al saber.

No es posible que en un momento la sociedad pueda generar (producir) un espacio social apropiado donde adquiera forma presentándose y representándose, aunque no coincida con él, incluso siendo ese espacio tanto su tumba como su cuna. Estamos hablando de *un proceso*. Para que esto ocurra es preciso (y estas palabras declaran una necesidad que precisamente debe ser explicada) que la capacidad práctica de esta sociedad y sus poderes soberanos dispongan de sitios privilegiados: lugares religiosos y políticos. En el caso de que se trate de sociedades precapitalistas (más fácilmente comprensibles desde la antropología, la etnología y la sociología que desde la esfera de la economía política), se precisan lugares donde se cumplan las uniones sexuales y los sacrificios simbólicos, donde el principio de fecundidad (la Madre) se renueve, donde se dé muerte a padres, jefes, reyes, sacerdotes y, a veces, a los mismos dioses. De este modo, el espacio se halla a la vez consagrado y salvaguardado con respecto a las potencias benéficas y maléficas: retiene de ellas los aspectos que puedan favorecer la continuidad social, y extirpa todo lo que pueda ser demasiado peligroso.

También se precisa que el espacio, natural y social, práctico y simbólico, aparezca poblado (significante y significado) por una «realidad» superior, por ejemplo la Luz (la del sol, la de la luna o la luz de los astros), opuesta a las tinieblas, a la noche y, por tanto, a la muerte; luz que se identifica con Verdad, con vida y así pues con reflexión y saber, pero también, en virtud de unas mediaciones no inmediatamente aparentes, con el poder existente. Lo que no deja de translucirse en lo relatos míticos de Occidente y de Oriente, pero que sólo puede actualizarse en y por el espacio (religiosopolítico). Como toda práctica social, la práctica espacial es vivida antes que conceptualizada; pero la primacía especulativa de lo concebido sobre lo vivido hace desaparecer, con la vida, la misma práctica, y eso hace poca justicia al «inconsciente» de la experiencia vivida *per se*.

Más requerimientos: es preciso que la *familia* (durante mucho tiempo muy amplia aunque limitada) sea desautorizada como único centro o foco de la práctica social, pues implicaría la disolución de la sociedad; pero al mismo tiempo, como base de las relaciones personales y directas, ligadas a la naturaleza, a la tierra, a la procreación —y por tanto a la reproducción— hay que conservarla y sostenerla.

Por último, resulta necesario que la muerte sea representada y desestimada: «localizada» por encima y por debajo del espacio apropiado, relegada al infinito para purificar y liberar la finitud en que desarrolla la práctica social, donde reina la Ley que ha establecido este espacio. El espacio social es el espacio de la sociedad, de la vida social. El hombre no vive únicamente por la palabra; cada «sujeto» se sitúa en un espacio donde se reconoce o se pierde, un espacio para disfrutar o modificar. Resulta paradójico que para acceder a este espacio, los individuos que ya están de hecho en él (niños, adolescentes) deban someterse a pruebas, y en consecuencia tenga lugar la instalación en el seno del espacio social de ámbitos reservados, lugares de iniciación. Así, sin duda, todos los lugares sagrados y malditos, lugares asociados a la presencia y ausencia de los dioses, a su muerte y a las potencias ocultas o exorcizadas, son lugares reservados. De suerte que en el espacio absoluto lo absoluto no tiene lugar (estaríamos ante un no-lugar); lo que evoca una extraña composición del espacio religioso-político, conjunto de lugares apartados y vedados y, por tanto, misteriosos.

En cuanto a la magia y a la hechicería, éstas poseen también su espacio propio que se opone (a la vez que presupone) al espacio religioso-político; también son espacios apartados y reservados, más malditos que benéficos o bendecidos. En cambio, ciertos espacios lúdicos, también consagrados (a las danzas sagradas, a la música sacra, etc.) se presentan siempre como benéficos más que malditos o siniestros.

Algunos argumentarían, sin duda, que el fundamento último del espacio social consistiría en *la prohibición*: lo no-dicho en la comunicación entre los miembros de una sociedad; la distancia entre ellos, entre sus cuerpos y sus conciencias, y las dificultades para los intercambios; la dislocación de sus relaciones más inmediatas (la del niño con su madre) e incluso la dislocación de su misma corporeidad; y finalmente, la nunca plenamente lograda restitución de esas relaciones en un «medio», hecho de una serie de zonas definidas por las interdicciones y las proscripciones.

En esta misma orientación, se podría ir más lejos hasta explicar el espacio social por una doble *prohibición*: la prohibición que separa al niño (varón) de su madre, en la medida en que el incesto es *tabú*, y la prohibición que lo aparta de su propio cuerpo, pues al componer la conciencia, el lenguaje descompone la unidad inmediata de su cuerpo; en otros términos, porque el niño (varón) sufre simbólicamente la castración y su propio falo se objetiva para él como realidad externa. De ahí que la Madre, su sexo y su sangre, son relegados a la esfera de lo maldito y lo sagrado —junto con el placer sexual, resultando fascinante e inaccesible.

Esta tesis[32] presupone la anterioridad lógica, epistemológica y antropológica del lenguaje en relación al espacio. Al mismo tiempo, sitúa las prohibiciones (la prohibición del incesto, entre otras) en el origen de la sociedad y no la actividad productora. La preexistencia de un espacio objetivo, neutro y vacío se asume sin otra consideración y sólo el espacio de la palabra (y de la escritura) es considerado como algo que debe ser generado. Se observará que tales presunciones no pueden convertirse en la base de una explicación correcta de la práctica socio-espacial; más bien, corresponden a una sociedad imaginaria, a un modelo o tipo ideal que esta ideología anhela y que arbitrariamente identifica con todas las sociedades «reales». No obstante, la existencia en el espacio de la *verticalidad fálica* (que tiene una larga historia pero que tiende a acentuarse hoy día) exige una interpretación. Lo mismo puede decirse a propósito del hecho general de que muros, recintos y fachadas definen simultáneamente una *escena* (donde cualquier acontecimiento tiene lugar) y una área *obscena* donde transcurre todo aquello que no puede ni debe hacerse en la escena: lo inadmisible, lo maléfico o lo prohibido tiene su espacio oculto a un lado u otro de una frontera. Toda explicación en términos psicoanalíticos, remitiéndose al inconsciente, acaba en un reduccionismo y en un dogmatismo del todo punto insoportables. Lo mismo puede decirse de la acusada valoración de lo «estructural». Claro que hay «estructuras» y que hay «inconsciente». Los aspectos desconocidos de la conciencia proporcionarían una legitimación suficiente a este tipo de investigaciones. Si, por ejemplo, se verifica que toda sociedad y particularmente la ciudad poseen una vida subterránea y reprimida, y en consecuencia un «inconsciente», se reanudaría el interés por el psicoanálisis, que en la actualidad está en declive.

---

[32] Inherente a los escritos de Lacan y a su escuela.

XVII

El desarrollo de otra de las implicaciones de la hipótesis propuesta inicialmente exigirá un mayor esfuerzo. Si el espacio es un producto, nuestro conocimiento sobre él reproducirá y explicará ese proceso de producción. El interés y el «objeto» se desplazan desde las cosas en el espacio a la producción del espacio, admitiendo que esta fórmula reclama todavía numerosas explicaciones. Tanto los productos parciales localizados *en el espacio* —las cosas— como los discursos *sobre el espacio* sirven únicamente de indicadores y de testimonios sobre ese proceso productivo (que comprende los procesos significantes, sin que se reduzca a ellos). Así, ya no es el espacio de esto o el espacio de aquello lo que importa, sino el espacio como totalidad o globalidad lo que debe ser no sólo analíticamente estudiado (procedimiento que corre el riesgo de ocasionar fragmentaciones y recortes hasta el infinito, subordinados a la intención analítica) sino engendrado por y en el conocimiento teórico. La teoría *reproduce*, mediante una concatenación de conceptos, el proceso generador, en un sentido muy acusado del término: desde dentro —no sólo desde afuera (descriptivamente)— y globalmente, es decir, yendo sin cesar desde el pasado al presente y viceversa. En efecto, lo histórico y sus consecuencias, «lo diacrónico», la etimología de los lugares, es decir, lo que sucede en un determinado lugar y de ese modo lo modifica, todo eso viene a inscribirse en el espacio. El pasado ha dejado sus huellas, sus inscripciones; la escritura del tiempo. Pero el espacio siempre es, hoy como ayer, un espacio presente, dado como un todo inmediato, con sus vínculos y conexiones en actualidad. De tal suerte que la producción y el producto se presentan como dos aspectos inseparables y no como dos representaciones disociables.

Podría objetarse que en una u otra época, en tal o cual sociedad (antigua-esclavista, medieval-feudal, etc.), los grupos activos no han «producido» su espacio al modo en que se «produce» un jarrón, un mueble, una casa, un árbol frutal. Entonces, ¿cómo logran producirlo? La cuestión, sin duda alguna muy pertinente, cubre todos los «campos» considerados. Efectivamente, incluso el neocapitalismo o capitalismo de organizaciones, y hasta los planificadores y programadores tecnocráticos, no producen un espacio con plena y clara comprensión de las causas, efectos, motivos e implicaciones.

Los especialistas de varias «disciplinas» pueden responder a esta cuestión o intentarlo al menos. Así, el ecologista partirá de los ecosistemas naturales; mostrará de qué modo la acción de los grupos humanos perturba los equilibrios de dichos ecosistemas y cómo esos equilibrios, cuando se trata de sociedades «pretecnológicas» o «arqueotécnicas», se restauran en la mayoría de los casos. El ecologista examinará a continuación las relaciones entre la ciudad y el campo, la posibilidad o imposibilidad de un nuevo equilibrio. Entonces, desde su perspectiva, habría esclarecido y explicado la génesis del espacio social moderno. Por su parte, los historiadores procederían de un modo diferente, según su método y orientación. Aquellos que estudian los acontecimientos podrían sentirse inclinados a establecer el marco cronológico de las decisiones relativas a la relación de las ciudades con sus territorios, o al estudio de la construcción de monumentos; otros podrían tratar de reconstruir el apogeo y declive de las instituciones que sostienen dichos monumentos. Y otros, por fin, podrían tender a estudiar económicamente los intercambios entre ciudades y territorios, entre unas y otras ciudades, entre Estados y ciudades, etc.

Para desarrollar esto recobremos los tres conceptos ya indicados anteriormente.

(a) *La práctica espacial* de una sociedad secreta su espacio; lo postula y lo supone en una interacción dialéctica; lo produce lenta y serenamente dominándolo y apropiándose de él. Desde el punto de vista analítico, la práctica espacial de una sociedad se descubre al descifrar su espacio.

¿En qué consiste la práctica espacial bajo el neocapitalismo? Expresa una estrecha asociación en el espacio percibido entre la realidad cotidiana (el uso del tiempo) y la realidad urbana (las rutas y redes que se ligan a los lugares de trabajo, de vida «privada», de ocio). Sin duda, esta asociación es sorprendente pues incluye la separación más extrema entre los lugares que vincula. La competencia y la *performance* espaciales propias de cada miembro de la sociedad sólo son apreciables empíricamente. La práctica espacial «moderna» se define así por la vida cotidiana de un habitante de vivienda social en la periferia —caso límite, pero sin duda significativo—, sin que esto nos autorice a dejar de lado las autopistas o la política de transporte aéreo. Una práctica espacial debe poseer cierta cohesión, sin que esto sea equivalente a coherencia (en el sentido de intelectualmente elaborada, concebida lógicamente).

(b) *Las representaciones del espacio*, es decir, el espacio concebido, el espacio de los científicos, planificadores, urbanistas, tecnócratas fragmentadores, ingenieros sociales y hasta el de cierto tipo de artistas próximos a la cientificidad, todos los cuales identifican lo vivido y lo percibido con lo concebido (lo que perpetúan las Arcanas especulaciones sobre los Números: el número áureo, los módulos, los cánones, etc.). Es el espacio dominante en cualquier sociedad (o modo de producción). Las concepciones del espacio tenderían (con algunas excepciones sobre las que habrá que regresar) hacia un sistema de signos verbales —intelectualmente elaborados.

(c) *Los espacios de representación*, es decir, el espacio *vivido* a través de las imágenes y los símbolos que lo acompañan, y de ahí, pues, el espacio de los «habitantes», de los «usuarios», pero también el de ciertos artistas y quizá de aquellos novelistas y filósofos que *describen* y sólo aspiran a describir. Se trata del espacio dominado, esto es, pasivamente experimentado, que la imaginación desea modificar y tomar. Recubre el espacio físico utilizando simbólicamente sus objetos. Por consiguiente, esos espacios de representación mostrarían una tendencia (de nuevo con las excepciones precedentes) hacia sistemas más o menos coherentes de símbolos y signos no verbales.

La autonomía (relativa) del espacio como «realidad», resultante de un largo proceso —sobre todo bajo el capitalismo y el neocapitalismo—, introduce nuevas contradicciones. Tales contradicciones del espacio se descubrirán más adelante; aquí, por el momento, sólo deseamos indicar la relación dialéctica que existe en el seno de esta tríada: lo percibido, lo concebido y lo vivido.

Tríada: tres términos y no dos. Una relación de dos términos se reduce a una oposición, a un contraste, a una contrariedad. Se define por efectos significativos: efecto de eco, de repercusión y de reflejo. La filosofía ha superado difícilmente los dualismos: el sujeto y el objeto, la *res cogitans* y la *res extensa* de Descartes, el Ego y el No-Ego de los kantianos, postkantianos y neokantianos. Este uso «binario» nada tiene que ver con las concepciones maniqueas de la lucha encarnizada entre dos principios cósmicos: su dualismo es de tipo mental, vaciado de la vida, del pensamiento, de la sociedad (de lo físico, de lo mental, de lo social; de lo vivido, de lo percibido y de lo concebido) todo aquello que forma la actividad viva. Tras el esfuerzo titánico de Hegel y de Marx, la filosofía vuelve a caer en las llamadas oposiciones «pertinentes», arrastrando con ello —o quizá siendo arrastradas por ello— a diversas ciencias especializadas, y so pretexto de la *transparencia*, determinando lo inteligible en términos de oposiciones y sistemas de oposiciones. Un sistema de este tipo no tiene materialidad ni residuo; se antoja un sistema perfecto que se ofrece como una evidencia racional al examen mental. Este paradigma posee aparentemente el poder mágico de metamorfosear la oscuridad en transparencia, desplazar el «objeto» desde las sombras hacia la luz sin deformarlo en el tránsito, por el mero acto de su formulación. En definitiva, tiene el poder de descifrar. El saber se pone al servicio del poder con una admirable inconsciencia, suprimiendo todas las resistencias, las sombras y sus «entidades».

Para comprender los tres momentos del espacio social, podemos remitirnos al *cuerpo*. Aún más dado que la relación con el espacio de un «sujeto» miembro de un grupo o de una sociedad implica su relación con su propio cuerpo y viceversa. Considerada globalmente, la práctica social supone un uso del cuerpo: el empleo de las manos, de los miembros, de los órganos sensoriales y de los gestos del trabajo y de las actividades ajenas a éste. Se trata de la esfera de lo *percibido* (base práctica de la percepción del mundo exterior, en el sentido psicológico). En cuanto a las representaciones del cuerpo, éstas provienen de una experiencia científica difundida y mezclada de ideologías: conocimientos anatómicos, psicológicos, relativos a las enfermedades y remedios, a la relación del cuerpo humano con la naturaleza y con sus entornos o con el «medio». Lo vivido, la experiencia corporal vivida, por su parte, alcanza un alto grado de complejidad y peculiaridad, porque la cultura interviene aquí bajo la ilusión de la inmediatez, en los simbolismos y en la vieja tradición judeocristiana, algunos de cuyos aspectos han sido revelados por el discurso psicoanalítico. El «corazón» vivido (hasta el malestar y la dolencia) difiere extrañamente del corazón pensado y percibido. Más aún en lo que a los órganos sexuales se refiere. Las localizaciones no son fáciles y el cuerpo *vivido* alcanza bajo la presión de la moral la turbación de un cuerpo sin órganos, castigado, castrado.

La tríada *percibido-concebido-vivido* (que en términos espaciales puede expresarse como *práctica del espacio-representaciones del espacio-espacios de representación*) pierde su alcance si se le atribuye el estatuto de un «modelo» abstracto. O bien capta lo concreto (como algo distinto de lo «inmediato») o entonces sólo tiene una importancia limitada, la de una mediación ideológica entre muchas otras.

Que lo vivido, lo concebido y lo percibido se reúnen, de suerte que el «sujeto», el miembro de un grupo social determinado puede pasar de uno a otro sin confusión, es algo que tiende a imponerse. ¿Constituyen acaso un conjunto coherente? Quizás en circunstancias favorables puedan serlo, una vez establecidos un lenguaje común, un consenso y un código. Puede suponerse razonablemente que la ciudad occidental, desde la ciudad renacentista italiana hasta la ciudad del siglo XIX, disfrutó de suficientes oportunidades. Durante ese periodo, la representación del espacio dominó y subordinó al espacio de representación (de origen religioso) que era reducido a figuras simbólicas, el Cielo y el Infierno, el demonio y los ángeles. Pintores, arquitectos y teóricos toscanos elaboraron así una representación del espacio —la perspectiva— a partir de una práctica social, en sí misma resultado, como se verá, de una transformación histórica que alteró las relaciones entre el campo y la ciudad. Entretanto, el sentido común, un poco reducido al silencio, conservaba con ciertas dificultades un espacio de representación heredado de los etruscos, que había sobrevivido durante siglos a la romanización y a la cristiandad. La línea del horizonte, el punto de fuga y el encuentro de las paralelas en el infinito determinarían una representación a la vez intelectual y visual, que alentó la primacía de la mirada en una especie de «lógica de la visualización». Esta representación, en curso de elaboración durante siglos, quedó investida en la práctica arquitectónica y urbanística como el *código* de la perspectiva lineal.

Con objeto de llevar esta investigación a buen término y para probar en la medida de lo posible la teoría construida, sería preciso generalizar las distinciones que han sido propuestas hasta cubrir todas las sociedades, todas las épocas y todos los modos de producción. Sin embargo es tal la tarea que nos contentaremos con perfilar ahora algunos argumentos. Las *representaciones del espacio* estarían penetradas de un *saber* (una mezcla de conocimiento e ideología) siempre relativo y en curso de transformación. Serían, pues, objetivas aunque susceptibles de ser revisadas. ¿Son ciertas o son falsas? La cuestión no parece tener siempre un sentido definido. ¿La perspectiva es verdadera o falsa? Seguramente abstractas, las representaciones del espacio integran sin embargo la práctica social y política: las relaciones establecidas entre los objetos y los individuos en el espacio representado están subordinadas a una lógica que tarde o temprano les hace estallar debido a su incoherencia. Los espacios de representación, vividos más que concebidos, no se someten jamás a las reglas de la coherencia, ni tampoco a las de la cohesión. Penetrados por el imaginario y el simbolismo, la historia constituye su fuente, la historia de cada pueblo y la de cada individuo perteneciente a éste. Los etnólogos, antropólogos y psicoanalistas, lo sepan o no, estudian esos espacios de representación, pero olvidan muy a menudo confrontarlos con las representaciones del espacio con que coexisten, concuerdan o interfieren; aún más, desatienden la práctica social. Esos expertos reconocen con facilidad todos aquellos aspectos que les interesan: recuerdos de infancia, sueños, imágenes y símbolos uterinos (agujeros, pasillos, laberintos). El espacio de representación se vive, se habla; tiene un núcleo o centro afectivo: el Ego, el lecho, el dormitorio, la vivienda o la casa; o la plaza, la iglesia, el cementerio. Contiene los lugares de la pasión y de la acción, los de las situaciones vividas y, por consiguiente, implica inmediatamente al tiempo. De ese modo es posible asignarle diferentes calificaciones: puede ser direccional, situacional o relacional en la medida en que es esencialmente cualitativo, fluido y dinámico.

Si la distinción se generalizase, exigiría una reconsideración de la historia. Convendría no solamente estudiar la historia del espacio, sino también la historia de las representaciones así como la de sus vínculos mutuos, con la práctica y con la ideología. Una historia semejante comportaría pues la génesis de esos espacios, pero en particular la de sus conexiones, distorsiones, desplazamientos, interferencias y sus relaciones con la práctica espacial de las sociedades (o modos de producción).

Podemos dar por descontado que las representaciones del espacio poseen un alcance práctico, que se engastan y modifican las *texturas* espaciales, impregnadas de conocimientos e ideologías eficaces. Las representaciones del espacio tendrían de ese modo un impacto considerable y una influencia específica en la producción del espacio. ¿Pero cómo? Mediante la construcción, es decir, por la arquitectura, concebida no como la edificación de un «inmueble» aislado (palacio o monumento) sino en calidad de un proyecto insertado en un contexto espacial y en una textura, lo que exige «representaciones» que no se pierdan en el simbolismo o en el imaginario.

En cambio, los espacios de representación no serían productivos, sino tan sólo obras simbólicas. Éstas son a menudo únicas; en ocasiones determinan una dirección estética y, después de cierto tiempo, se consumen tras haber suscitado una serie de expresiones e incursiones en el imaginario.

No obstante, esta distinción debe manejarse con mucha precaución. Introduce rápidamente disociaciones cuando, por el contrario, lo que se pretende es restituir la unidad productiva. Además no es cierto a priori que pueda ser generalizada. ¿Acaso ha conocido el Oriente (en concreto China) la diferencia entre las representaciones del espacio y el espacio de representación? Nada es menos cierto. En cambio es muy posible que sus ideogramas combinen dos funciones inextricables, una representación del orden del mundo (espacio-tiempo) de un lado y, de otro, una captación del espacio-tiempo concreto (práctico y social) en que se despliegan los simbolismos, se componen las obras de arte y se construyen los edificios, templos y palacios. Más tarde regresaremos sobre estas cuestiones, no obstante sin pretender ofrecer una respuesta definitiva dada la falta de un conocimiento adecuado sobre Oriente. En cambio, en Occidente y por lo que se refiere a la práctica occidental, a partir de la antigua Grecia y de Roma, se intentará mostrar la génesis de esta distinción, su alcance y su sentido. No es cierto además que la distinción se mantenga sin cambios hasta la época moderna ni que no haya experimentado inversiones de situación (la productividad de los espacios de representación, por ejemplo).

Algunos pueblos (digamos a modo de ejemplo los andinos del Perú, época Chavín) poseían una representación del espacio de la que dan fe los planos de sus templos y palacios,[33] y un espacio de representación que figura en las obras de arte, grafías, telas, etc. ¿Cuál es la relación entre tales aspectos de una época particular? El problema con que nos topamos es que el conocimiento se obstina en la actualidad en reconstruir por la vía conceptual una conexión que originalmente no parece aplicable a la «realidad» de un saber preexistente. De ahí la extrema dificultad para operar dicha reconstrucción: los símbolos, que podemos concebir y apreciar, escapan como tales a nuestro saber abstracto, un saber sin cuerpo, sin temporalidad, sofisticado, eficiente pero «irreal» con respecto a determinadas «realidades». ¿Qué hay en medio? ¿Qué ocupa el intersticio entre las representaciones del espacio y el espacio de representación? ¿Quizá una cultura? Ciertamente, pero la palabra posee una plenitud engañosa. ¿Entonces el trabajo artístico creativo? Sin duda, pero quién y cómo. ¿La imaginación? Quizás, pero por qué y para quién.

La distinción propuesta tendría aún más alcance si los teóricos y prácticos de hoy en día trabajaran cada uno por su lado elaborando unos espacios de representación, y otros, las representaciones espaciales. Por citar algunos nombres, podemos imaginar que Frank Lloyd Wright aceptaría un espacio de representación comunitario, derivado de una tradición bíblica y protestante, en tanto que Le Corbusier elaboraría una representación del espacio tecnicista, cientificista e intelectualizada.

Quizás sea preciso ir más allá y admitir que los productores del espacio han actuado siempre de acuerdo a una representación, mientras que los «usuarios» han experimentado pasivamente lo que les ha sido impuesto, más o menos insertado o justificado en su espacio de representación. ¿Cómo se efectúan esas manipulaciones? El análisis debe ofrecer una respuesta. Si los arquitectos (y los urbanistas) poseen una representación del espacio, ¿de dónde deriva? ¿En provecho de qué y de quiénes resulta «operacional»? Si los «habitantes» tienen un espacio de representación, comienza a elucidarse un curioso malentendido, lo que no quiere decir que desaparezca en la práctica social y política.

La noción de *ideología*, afectada ya de cierta obsolescencia, decae incluso si la teoría crítica admite todavía su necesidad. Nunca ha sido claro ese concepto; se ha abusado de él: ideología marxista, ideología burguesa, ideología proletaria, revolucionaria, socialistas etc., con distinciones incongruentes entre la ideología en general y

---

[33] Cf. F. Hebert-Stevens, *L'Art de l'Amérique du Sud*, París, Arthaud, 1973, p. 5 y ss. En lo referente al espacio medieval (representación del espacio y espacio de representación) léase el libro *Le Grand et le Petit Albert* y sobre todo *Le Traité des influences astrales*, París, Albin Michel, 1971.

las ideologías particulares, entre «aparatos ideológicos» e instituciones de conocimiento, etc.

¿Qué es una ideología sin un espacio al cual se refiere, un espacio que describe, cuyo vocabulario y relaciones emplea y cuyo código contiene? ¿Qué sería la ideología religiosa judeocristiana si ella no se basara sobre los lugares y sus nombres: iglesia, confesionario, altar, santuario, púlpito, tabernáculo, etc.? ¿Qué sería la Iglesia sin las iglesias? La ideología cristiana, portadora de un judaísmo reconocible e ignorado (Dios Padre, etc.) ha creado espacios que afianzan su duración. De un modo más general, lo que se llama «ideología» sólo adquiere consistencia por la intervención en el espacio social y en su producción, tomando cuerpo allí. ¿No consistiría la ideología sobre todo en un discurso sobre ese espacio social?

Si el conocimiento, según la célebre fórmula que procede de Marx, se convierte inmediatamente —y ya no por mediación— en una fuerza productiva, y eso desde el momento en que ve la luz el modo de producción capitalista,[34] la relación ideología-conocimiento cambia necesariamente. El saber adquiere el papel de la ideología. La ideología, en tanto que distinta del saber, se caracteriza por la retórica, el metalenguaje, la verborrea y la elucubración (no más por la sistematización filosófica-metafísica, por las «culturas» y los «valores»). Más aún: lo ideológico y lo lógico pueden confundirse en la medida en que la investigación obstinada en una coherencia y en una cohesión extirpa las contradicciones por arriba (información y saber) y por abajo (el espacio de la vida cotidiana).

Una *representación del espacio* ha podido mezclar la ideología y el conocimiento en el seno de una práctica (socio-espacial). Así, de forma típica, sería el caso de la perspectiva clásica. Asimismo, en la actualidad, sería el caso del espacio de los planificadores, el de la localización que atribuye a cada actividad un lugar concreto.

La ideología y el saber mal discernibles entran en el concepto más amplio de *representación*, que suplanta desde ese momento al de ideología. Dicho concepto puede servir de instrumento (operativo) para el análisis de los espacios, e igualmente para el análisis de las sociedades que los han generado y que se reconocen en ellos.

En la Edad Media, la práctica espacial comprendía no sólo la red de caminos en la vecindad de las comunidades campesinas, los monasterios y los castillos, sino también las rutas que enlazaban las ciudades, las grandes vías de peregrinaje y las cruzadas. En lo relativo a las representaciones del espacio, éstas se transponían de las concepciones de Aristóteles y Ptolomeo, modificadas

---

[34] Cf. *Grundisse*.

por el cristianismo: la tierra, el «mundo» subterráneo, el Cosmos luminoso, el cielo de los justos y los ángeles, donde habitan Dios Padre, su Hijo y el Espíritu Santo. La concepción del espacio en Santo Tomás y en *La Divina Comedia* de Dante era una esfera fija, en un espacio finito, cortado diametralmente por la superficie terrestre, por debajo de la cual se situaban los infiernos, y por encima de ella, en la parte superior de la esfera, el Firmamento, la cúpula que sustentaba las estrellas, los círculos de los planetas, espacio atravesado por mensajes y mensajeros divinos, colmado de la Gloria luminosa de la Santísima Trinidad. En cuanto a los espacios de representación, colocaban en el centro de la vecindad la iglesia, el cementerio, el ayuntamiento y los campos comunes, o la plaza y el campanario de la ciudad. Esos espacios de representación interpretaban a veces maravillosamente bien las representaciones cosmológicas; así, el Camino de Santiago duplica sobre la superficie terrestre la Vía que va de Cáncer a Capricornio en la cúpula celeste, es decir, la Vía Láctea, estela del esperma divino donde nacen las Almas antes de seguir la trayectoria declinante y caer sobre la tierra para encontrar el camino de la redención: el peregrinaje que los lleva a Compostela (*campo de estrellas*) [*Campus stellae*]. Por supuesto, el cuerpo entra en el juego de las representaciones relativas al espacio: «*Tauro* domina sobre el cuello; *Géminis* sobre las espaldas; *Cáncer* sobre brazos y manos; *Leo* sobre el pecho, el corazón y el diafragma; *Virgo* sobre el estómago; *Libra* mira en la segunda parte de los riñones; *Escorpio* los lugares propios de la concupiscencia...», declaraba Alberto Magno.

Es posible suponer que la práctica espacial, las representaciones del espacio y los espacios de representación intervengan de forma diferente en la producción del espacio: según sus cualidades y propiedades, según las sociedades (modo de producción), según las épocas. Las relaciones entre esos tres momentos —lo percibido, lo concebido y lo vivido— no son nunca simples ni estables, ni «positivos» en el sentido en que el término se opone a lo «negativo», a lo indescifrable, a lo no-dicho, a lo prohibido y al inconsciente. ¿Son acaso conscientes esos momentos y sus conexiones mudables? Sí, y sin embargo, desconocidos. ¿Podemos declararlos «conscientes»? Sí, dado que en general son ignorados y que el análisis los saca de las sombras, no sin riesgo de errores. Siempre ha habido que *hablar* de esas conexiones, lo que no equivale en modo alguno a *saberlas*, ni siquiera «inconscientemente».

XVIII

Si hay producción y proceso productivo del espacio, hay en consecuencia historia; así es como puede ser formulada la cuarta implicación de nuestra hipótesis inicial. La historia del espacio, de su producción en tanto que «realidad», de sus formas y representaciones, no se confunde ni con el encadenamiento causal de los llamados acontecimientos históricos (datados) ni con la sucesión, con o sin finalidad, de costumbres y leyes, ideales e ideologías, estructuras socioeconómicas o instituciones (superestructuras). Las fuerzas productivas (naturaleza, trabajo y organización del trabajo) y por supuesto las relaciones de producción desempeñan un rol —que debe ser definido— en la producción del espacio.

Sin duda, la transición de un modo de producción a otro presenta el mayor interés teórico, en tanto que efecto de las contradicciones en las relaciones sociales de producción, que no pueden dejar de inscribirse en el espacio trastornándolo por completo. Cada modo de producción posee *ex hypothesi* su propio espacio, su espacio apropiado, pues inevitablemente un nuevo espacio se produce durante la transición de un modo de producción a otro. El modo de producción es considerado por algunos como una forma acabada o un sistema cerrado, siéndole asignado así un estatuto privilegiado; el pensamiento ávido de transparencia o de sustancialidad, o de ambas, siente predilección por un «objeto» semejante. En cambio, las transiciones entre los diferentes modos revelarán la producción de un espacio nuevo que después es acondicionado. Tomemos como ejemplo la ciudad del Renacimiento, la disolución de los vínculos feudales y el avance del capitalismo comercial. Es la época en que se constituye el código al que hemos hecho alusión más arriba, cuyo análisis (acentuando los aspectos paradigmáticos) ocupará sin duda un buen número de páginas posteriores. En vías de formación desde la Antigüedad (la ciudad griega y romana, y también las obras de Vitrubio y de los filósofos), ese código terminará proporcionando un lenguaje a los escritores. Corresponde a la práctica espacial y, sin duda alguna, a la representación del espacio más que a los espacios de representación, aún impregnados de magia y religión. El establecimiento del código viene a significar que la «gente» —habitantes, políticos, constructores— deja de ir de los mensajes urbanos al código con objeto de descifrar la realidad, para descodificar la ciudad y el campo, y comienza a ir del código a los mensajes, dando lugar a un discurso y una realidad adecuados al código. Así pues, ese código posee una historia, que resulta en Occidente de la historia entera de la ciudad. Eventualmente debió de permitir a la organización urbana, en varias ocasiones completamente trastornada, volverse conocimiento y poder, esto es, devenir en institución. No obstante, este desarrollo anuncia el declive, el fin de la autonomía de las ciudades y del sistema urbano como realidad histórica. El Estado se erige sobre las ciudades históricas y hará estallar su estructura y código. Este código es una superestructura, no la ciudad en sí misma, su espacio y la relación «ciudad-campo» en el seno de este espacio. Con ese código se fijan el alfabeto y el lenguaje de la ciudad, los signos elementales, su paradigma y sus relaciones sintagmáticas. En términos menos abstractos, las fachadas concuerdan para definir las perspectivas; las entradas y las salidas, las puertas y las ventanas se subordinan a las fachadas, esto es, a las perspectivas; calles y plazas se ordenan alrededor de los edificios y palacios de los mandatarios políticos y de las instituciones (las autoridades municipales tenían aún cierto predominio). En todos los niveles, desde la morada familiar al monumento, del espacio «privado» al territorio como conjunto, los elementos de estos espacios se disponen y se componen de una manera a la vez familiar y sorprendente que no ha perdido su encanto hasta finales del siglo XX. El código espacial permite al mismo tiempo vivirlo, comprenderlo y producirlo; no constituye un simple procedimiento de lectura. Reúne signos verbales (palabras y frases con sus sentidos resultantes de un proceso significante) y signos no verbales (músicas, sonidos, evocaciones, construcción arquitectónica).

La historia del espacio no puede contentarse con estudiar esos momentos privilegiados: la formación, establecimiento, declive y disolución de semejante código. Tampoco puede dejar de lado lo global: los modos de producción como generalidades, las sociedades particulares que engloban con sus singularidades, eventos e instituciones. La historia del espacio ha de periodizar además el proceso productivo de un modo no exactamente coincidente con las periodizaciones admitidas hasta aquí.

El *espacio absoluto* consistía en fragmentos de la naturaleza, en lugares elegidos por sus cualidades intrínsecas (caverna, cima, manantial o río) pero cuya consagración desembocaba en el vaciamiento de sus caracteres y particularidades naturales. El espacio natural fue muy pronto poblado por fuerzas políticas. La arquitectura sustrajo a la naturaleza un lugar para afectarlo al ámbito de lo político a través de una mediación simbólica (así, por ejemplo, la estatua del dios o de la diosa local en el templo griego, el santuario vacío o conteniendo un simple espejo en el templo sintoísta, etc.). Una interioridad sagrada se oponía a la exterioridad natural y sin embargo la restauraba y reunía al mismo tiempo. El espacio absoluto en el que se desplegaban ritos y ceremonias retenía algunos rasgos de la naturaleza, si bien modificados para incorporarse al ceremonial: las edades, los sexos y la genitalidad (fecundidad). Cívico y religioso a la vez, el espacio absoluto conservaba e incorporaba linajes, familias y relaciones inmediatas, pero las transfería a la ciudad, al Estado político fundado sobre la ciudad. Las fuerzas sociopolíticas que ocupaban este espacio tenían también sus prolongaciones administrativas y militares: ni los escribas ni la milicia permanecía aparte. Aquellos que hacían el espacio (campesinos y artesanos) no eran los mismos que lo gestionaban, sirviéndose de él para organizar la producción y reproducción sociales, a saber, los sacerdotes, los guerreros, los escribas y los príncipes; eran éstos los que poseían el espacio que otros producían, apropiándose de él y de su usufructo.

Del espacio absoluto, de carácter religioso y político, producido por comunidades de sangre, de terruño y de lengua, procedía el espacio relativizado, *histórico*. El espacio absoluto no llegó a desaparecer, no obstante; persistió como capa o sedimento del espacio histórico, como soporte de espacios de representación (simbolismos religiosos, mágicos y políticos). Un movimiento dialéctico interno lo animaba, lo empujaba hacia su fin y sin embargo perpetuaba su existencia: lo vacío y lo lleno se combatían en él. La plenitud invisible del espacio político (el del núcleo de la ciudad-estado) se instauró en el vacío de un espacio natural sustraído a la naturaleza, a semejanza de la «nao» o «nave» de una catedral. Entonces la historicidad rompió definitivamente la naturalidad, instaurando sobre sus ruinas el espacio de la acumulación (de todas las riquezas y recursos: conocimientos, técnicas, dinero, objetos preciosos, obras de arte y símbolos). Para una teoría de esta acumulación, sobre todo durante su periodo primitivo, donde se distinguen aún la naturalidad y la historicidad, estamos en deuda con el pensamiento de Marx, sobre cuya teoría tendremos que regresar de nuevo en la medida en que queda incompleta. Un «tema» dominaba este periodo: la ciudad histórica occidental junto con el territorio bajo su dominio. En el transcurso de este periodo la actividad productiva (el trabajo) dejó de confundirse con la reproducción que perpetuaba la vida social; se independizó, pero para terminar convirtiéndose en presa de la abstracción: trabajo social abstracto, espacio abstracto.

Este *espacio abstracto* asumió la continuación del espacio histórico, que persistía también como sedimento y soporte de los espacios de representación, si bien gradualmente fue perdiendo su vigor. El espacio abstracto funciona «objetualmente» como conjunto de cosas-signos, con sus relaciones formales: el cristal y la piedra, el hormigón y el acero, los ángulos y las curvas, los vacíos y los llenos. Este espacio formal y cuantitativo niega las diferencias, tanto las que proceden de la naturaleza y del tiempo (histórico) como las que vienen del cuerpo, la edad, el género y la etnia. La significación de un conjunto semejante remite a una sobre-significación que escapa al sentido: el funcionamiento del capitalismo, a la vez patente y disimulado. El espacio dominante, el de los centros de riqueza y de poder, se esfuerza en moldear los espacios dominados —de las periferias— y mediante el uso de acciones a menudo violentas reduce los obstáculos y todas las resistencias que encuentra. En cuanto a las diferencias, éstas se remiten a símbolos que asumen obligatoriamente la forma de un arte en sí mismo abstracto. En realidad, lo simbólico derivado del desconocimiento de lo sensible, de lo sensual, de lo sexual, confusión inherente a las cosas-signos del espacio abstracto, encuentra una expresión objetiva de forma derivada: el aspecto fálico de monumentos y edificios, la arrogancia de las torres, el autoritarismo (burocrático-político) inmanente al espacio represivo. Naturalmente, todo esto exige un examen en profundidad. Una de las contradicciones inherentes al espacio abstracto consiste en que niega lo sensual y lo sexual, y sin embargo sólo tiene como referencia presente la genitalidad: la célula familiar y su morada (apartamento, chalet, villa, etc.), la paternidad y la maternidad, y la suposición de una identidad entre la fecundidad y la satisfacción. La reproducción de las relaciones sociales se confunde brutalmente con la reproducción biológica, concebida en sí de un modo tan simple como grosero. En la *práctica espacial*, la reproducción de las relaciones sociales predomina. La *representación del espacio*, ligada al saber como al poder, sólo deja un hueco a los *espacios de representación*, los cuales son reducidos a obras, imágenes y recuerdos cuyo contenido (sensorial, sensual, sexual) resulta tan desplazado que apenas roza el simbolismo. Si la infancia puede vivir en un espacio de esta índole, un espacio indiferente a la edad y al sexo (y al tiempo en sí mismo), la adolescencia en cambio lo padece pues no descubre en él su propia realidad ni como imagen viril o femenina ni como imagen de satisfacción posible. El adolescente que no puede afrontar ni la arrogancia de esta edificación ni la exhibición de los signos tampoco puede reencontrar las diferencias —lo natural, lo sensorial-sensual, lo sexual y el placer— sino a través de la revuelta.

El espacio abstracto no se define tan sólo por la desaparición de los árboles o el alejamiento de la naturaleza; ni tampoco por la existencia de grandes espacios vacíos estatales o militares (las plazas que acogen sus manifestaciones), o por centros comerciales donde confluyen las mercancías, el dinero, los automóviles, etc. De ningún modo se define a partir de lo percibido. Su abstracción no es en absoluto algo simple: no es transparente, no se reduce a una lógica ni a una estrategia. No coincidiendo su abstracción ni con la del signo ni con la del concepto, podemos afirmar que opera *negativamente*. Este espacio abstracto porta la negatividad en relación a lo que le precede y lo sustenta: esto es, las esferas de lo histórico y de lo religioso-político. Asimismo funciona negativamente en relación a lo que emerge y penetra en él, un espacio-tiempo diferencial. No teniendo nada de «sujeto», actúa sin embargo en calidad de tal desde el momento en que conduce y mantiene relaciones sociales específicas, disuelve algunas y aun se opone a otras. Por otro lado, este espacio abstracto opera *positivamente* en relación a sus implicaciones: técnicas, ciencias aplicadas, saber ligado al poder. Este espacio es al mismo tiempo lugar, medio e instrumento de esta «positividad». ¿Cómo es posible? ¿Significa esto que el espacio abstracto se define por la alienación cosificante, que el medio de la mercancía deviene a su vez en mercancía vendida al detalle o al por mayor? Quizás, pero su «negatividad» no es por eso desdeñable y su abstracción no puede reducirse a la «cosa absoluta». Desde ese momento, el estatus de este espacio abstracto ha de ser considerado como altamente complejo. Si es cierto que disuelve y engloba a la aldea y a la ciudad, también lo es que las reemplaza. Se constituye en espacio del poder, lo que eventualmente conlleva su propia disolución a causa de los conflictos (contradicciones) que surgen en él. Así, habría un pseudo-sujeto aparente, impersonal, el *Se* abstracto del espacio social moderno —y oculto en él, velado por su transparencia ilusoria, el auténtico «sujeto», el poder estatal (político)—. En este espacio y sobre él, todo se declara abiertamente: todo es dicho o escrito. Salvo que hay poco que decir y menos aún que vivir. Lo vivido se aplasta y cae derrotado por lo concebido. La historia se vive como nostalgia y la naturaleza como pesar, como un horizonte que queda detrás. Esto explicaría por qué lo afectivo, que junto con lo sensorial-sensual no puede acceder al espacio abstracto e impregnar ningún simbolismo, vendría referido a ese término que designa un sujeto y su refutación por la absurda racionalidad del espacio: el inconsciente.

En relación con este espacio abstracto, instrumental (en consecuencia, manipulado por todo tipo de «autoridades» de las cuales es lugar y medio) va tomando forma una cuestión cuyo alcance no aparecerá sino más tarde. Concierne al silencio de los usuarios. ¿Por qué razón sufren sin rebelarse las manipulaciones que terminan dañando a sus espacios y a sus vidas cotidianas? ¿Por qué las protestas se limitan a las realizadas por «grupos instruidos», élites que en gran medida están a salvo de esas manipulaciones? Esos círculos elitistas, al margen de los medios políticos, hacen mucho ruido, mera palabrería, pero logran pocos resultados. ¿Por qué las protestas no ganan el favor de los supuestos partidos de izquierda? ¿Por qué los políticos más honestos pagan un alto precio por su lucidez?[35] ¿Ha logrado ya la burocracia tales cotas de poder que ninguna fuerza política puede resistirla? Tal fenómeno, asaz sorprendente, de extensión mundial, ha de responder a causas y razones múltiples. Es difícil que una indiferencia tan extraña pudiera mantenerse si no fuera porque la atención y el interés de los usuarios se desviase hacia otras cosas, si no se esquivasen con coartadas sus reivindicaciones y propuestas, si no se sustituyeran los objetivos vitales por objetos. Quizá podría decirse que el lugar del espacio social como conjunto ha sido usurpado por una parte ilusoriamente privilegiada de dicho espacio, la parte relativa a la escritura y a la imagen, sostenida por los escritos de todo tipo (periodismo, literatura), acentuada por los media; en suma, la abstracción dotada de un terrible poder de reducción de lo «vivido».

Respaldado por el saber acrítico (positivo), sostenido por una terrorífica capacidad de violencia, mantenido por una burocracia que se adueña de los logros del capitalismo ascendente y los desvía en su propio beneficio, ¿perdurará siempre este espacio abstracto? De ser así habría que mirarlo como el lugar y el medio de la última abyección, de la estabilidad final prevista por Hegel, el resultado último de la entropía social. Contra esta abyección ya no habría otro recurso que los espasmos de eso que Bataille llamaba lo Acéfalo. El último refugio de la vitalidad irreductible sería un triste páramo.

En una perspectiva menos pesimista se puede mostrar que el espacio abstracto alberga contradicciones específicas. Esas *contradicciones del espacio* proceden en parte de otras antiguas oposiciones nacidas del tiempo histórico. No obstante las han modificado, unas veces agravándolas y otras debilitándolas. Entre esas antiguas contradicciones nacen otras nuevas que eventualmente llevan al espacio abstracto hacia su fin. La reproducción de las relaciones sociales de producción en el seno de este espacio no acontece sino por una doble tendencia: disolución de viejas relaciones y generación de otras nuevas. De tal modo que el espacio abstracto, a pesar de su negatividad (o más bien precisamente en razón de esa negatividad) engendra un nuevo espacio que portará el nombre de «espacio diferencial». La razón por la cual podemos llamarlo así estriba en que el espacio abstracto tiende hacia la homogeneidad, reduce las diferencias o particularidades existentes mientras que el nuevo espacio no puede surgir (o producirse) sino acentuando las diferencias. Lo

---

[35] Pienso, entre otros, en el *Parti Socialiste Unifié* (PSU) y en su líder Michel Rocard, derrotado en las elecciones francesas de 1973; pero igualmente, en los Estados Unidos, en George McGovern, derrotado en las presidenciales de 1971.

que ese espacio abstracto separa resulta unido en virtud del nuevo espacio diferencial: las funciones, los elementos y momentos de la práctica social. Acabará con las localizaciones que quiebran la unidad del cuerpo (individual y social), del cuerpo de necesidades, del cuerpo del conocimiento. En cambio, distinguirá lo que el espacio abstracto tiende a confundir, entre otras cosas la *reproducción* social con la genitalidad, el placer con la fecundidad biológica, las relaciones sociales con las relaciones familiares (cuando una diferenciación cada vez más indispensable los discierne; por ejemplo, el espacio de la gratificación, si se produce, no tendrá nada en común con los espacios funcionales, en particular con el espacio de la genitalidad: las células familiares y su inserción en los cubos superpuestos de los «modernos» edificios, las torres residenciales, los polígonos «urbanos», etc.).

XIX

Si cada sociedad produce un espacio, su espacio, de ello se derivan ciertas consecuencias. Una «existencia social» que se postula y se dice «real», aunque no produzca su espacio, sería una entidad extraña, una especie de abstracción muy peculiar incapaz de evadirse de lo ideológico o incluso de lo «cultural». Caería en el folclore y tarde o temprano se marchitaría, perdiendo a la vez su identidad, su denominación, su escasa realidad. Esto deja entrever un posible criterio de diferenciación entre ideología y práctica, así como entre ideología y saber (o distinguir lo *vivido* de lo *percibido* y de lo *concebido*, con sus relaciones, con sus oposiciones y disposiciones, con lo que desvelan y ocultan).

Sin ningún género de dudas, la sociedad medieval (el modo de producción feudal, sus variantes y particularidades locales) creó su propio espacio. Se estableció sobre el espacio anteriormente constituido, conservándolo como sustrato y soporte de sus símbolos; ese espacio persiste hoy en día de forma análoga. Castillos, monasterios y catedrales fueron los puntos fuertes que anudaban la red de caminos y rutas al paisaje transformado por las comunidades campesinas. Éste fue el espacio del *take off* occidental, esto es, el punto de despegue del proceso de acumulación de capital en Europa Occidental, del cual las ciudades constituyen la fuente original, la cuna de esa acumulación.

El capitalismo y el neocapitalismo han producido el espacio abstracto que contiene el «mundo de la mercancía», su «lógica» y sus estrategias a escala mundial, al mismo tiempo que el poder del dinero y el del Estado político. Este espacio abstracto se apoya sobre las vastas redes bancarias, comerciales e industriales (las grandes unidades de producción). Pero asimismo sobre el espacio de las autopistas, aeropuertos, redes de información, etc. En este espacio, la ciudad —en su día cuna de la acumulación, lugar de la riqueza, sujeto histórico y centro del espacio histórico— se ha desintegrado.

¿Qué ocurre en el caso del socialismo o en lo que hoy se llama así de un modo confuso? (En efecto, no hay «sociedad comunista» y su concepto se ha oscurecido dado que la noción de «comunismo» sirve sobre todo para mantener dos mitos solidarios aunque opuestos, el del anticomunismo y el de la revolución comunista realizada en diferentes lugares) ¿*El socialismo de Estado* ha producido un espacio?

La cuestión tiene su importancia. Una revolución que no da lugar a un nuevo espacio no llega a realizar todo su potencial; embarranca y no genera cambios de vida, tan sólo modifica las superestructuras ideológicas, las instituciones, los aparatos políticos. Una transformación revolucionaria se verifica por su capacidad creativa, generadora de efectos en la vida cotidiana, en el lenguaje y en el espacio, aunque su impacto no tenga por qué suceder necesariamente al mismo ritmo y con similar intensidad.

No obstante, la cuestión no requiere una respuesta precipitada. Más bien merece una larga reflexión y mucha paciencia. No es imposible que el período revolucionario, período de cambio intenso, establezca simplemente las condiciones de un nuevo espacio y que su realización exija un tiempo dilatado, un tiempo de calma. La prodigiosa fermentación creativa de la Rusia soviética entre 1920 y 1930 encalló en los ámbitos arquitectónico y urbanístico incluso más dramáticamente que en otros dominios. Años de esterilidad sucedieron a los años de fertilidad. ¿Qué significa este fracaso, esta esterilización? ¿Dónde se encuentra hoy en día la producción arquitectónica que podría describirse como «socialista» o simplemente «nueva» con respecto a los productos del urbanismo capitalista? ¿En la Stalinallée original —ahora rebautizada como Karl Marxallée— de Berlín Este? ¿En Cuba? ¿En Moscú? ¿En Pekín? ¿Dónde reside la confrontación entre la sociedad «real» llamada socialista con razón o sin ella, y el proyecto de sociedad nueva según Marx y Engels? ¿Cómo concebir y apropiarse del espacio global de una sociedad «socialista»? En suma, ¿qué encontramos al aplicar la prueba del espacio, es decir de la práctica espacial, a las sociedades que se sitúan en un modo de producción «socialista»? Con mayor precisión aún, ¿qué relación existe entre, de un lado, el espacio entero definido por las relaciones de producción «socialistas» y, de otro, el mercado mundial nacido del modo de producción capitalista, que abruma a todo el planeta e impone una división mundial del trabajo y, en consecuencia, una repartición del espacio, de las fuerzas productivas en ese espacio, de las fuentes de riqueza y de los flujos económicos?

Es difícil responder hoy a estas cuestiones múltiples ante la escasez de información y la falta de conocimiento. Y sin embargo, si no hay invención arquitectónica y creación de un espacio específico, ¿puede hablarse en rigor de un socialismo? ¿No sería más apropiado en tal caso hablar de una transición fallida?

Por el momento podemos enunciar la existencia de dos direcciones, dos vías que se abren al «socialismo». En una primera orientación se enfatiza el crecimiento acelerado, cueste lo que cueste, por distintos motivos (competencia, prestigio, poder). El socialismo de Estado se contenta con una versión perfeccionada de las estrategias capitalistas de crecimiento, basándose enteramente en la fortaleza comprobada de las grandes empresas y las grandes aglomeraciones urbanas (que son a la vez enormes unidades de producción y centros de poder político). Las consecuencias de esos procesos de crecimiento —a saber, el desarrollo desigual agravado, el abandono de regiones y capas enteras de la población— se consideran desde esta perspectiva como efectos de importancia despreciable. En la segunda perspectiva, la estrategia se ciñe en primer lugar sobre las pequeñas y medianas empresas, sobre las ciudades de tamaño medio. Aquí se advierte un esfuerzo para implicar en el desarrollo al conjunto del territorio y del pueblo, sin separar crecimiento de desarrollo. La urbanización inevitable de la sociedad no se realizaría en detrimento de sectores enteros de la sociedad ni acentuaría las desigualdades de crecimiento y desarrollo; procedería superando la oposición «campo-ciudad» en vez de degradar ambas en un magma indiscernible.

Por lo que concierne a la lucha de clases, su papel en la producción del espacio es fundamental, pues clases, fracciones y grupos de clases conforman los agentes de la producción espacial. La lucha de clases puede leerse en el espacio actualmente más que nunca. A decir verdad, sólo ella impide la extensión planetaria del espacio abstracto disimulando todas las diferencias. Sólo la lucha de clases tiene capacidad diferencial, capacidad para establecer y generar diferencias no intrínsecas al crecimiento económico considerado como estrategia, «lógica» o «sistema» (es decir, diferencias inducidas o toleradas). Las formas de esta lucha son mucho más variadas que antiguamente. Desde luego, las acciones políticas de las minorías forman parte de esta lucha.

Durante la primera mitad del siglo XX las reformas agrarias y las revoluciones campesinas remodelaron la superficie del planeta. Una buena parte de estos cambios benefició al espacio abstracto pues limó (y robotizó) el espacio anterior, el espacio de los pueblos y las ciudades históricas. Más recientemente, las guerrillas urbanas y la intervención de las «masas» incluso en las áreas urbanas han prolongado esta acción, especialmente en América Latina. El mayo francés, cuando los estudiantes ocuparon y se hicieron cargo de su propio espacio, seguidos inmediatamente después de los obreros, anunciaba un nuevo rumbo en este movimiento. La interrupción (sin duda alguna momentánea) de esta reapropiación del espacio ha suscitado algunas desesperanzas. Parece como si únicamente los *bulldozer* y los cócteles Molotov pudieran modificar la organización dominante del espacio. ¿Destruir para reconstruir? Ciertamente, ¿pero qué? ¿Rehacer los mismos productos con idénticos medios de producción? ¿Destruir acaso los medios existentes? Esta actitud minimiza las contradicciones de la sociedad y del espacio existente; asimismo, admite sin ninguna prueba la clausura del «sistema»; cubre este sistema de injurias pero se deja fascinar y termina exaltando su poder más allá de lo razonable. Tal «izquierdismo» esquizofrénico porta en sí mismo sus propias contradicciones, «inconscientes». Su llamamiento a la espontaneidad absoluta en la destrucción y construcción implica asimismo la destrucción del pensamiento, del saber, de las capacidades inventivas, so pretexto de que éstas no permiten inmediatamente una revolución total y absoluta —que no se alcanza a definir por lo demás.

Hay que reconocer, sin embargo, que la burguesía lleva la iniciativa en esta lucha por el espacio y en el espacio. Esto nos proporciona la respuesta a la cuestión planteada antes: la pasividad y el silencio de los «usuarios».

El espacio abstracto opera de un modo altamente complejo. Como el diálogo, este espacio implica un acuerdo tácito, un pacto de no-agresión, un *cuasi* contrato de *no-violencia*. Impone reciprocidad, un uso compartido. En la calle se supone que cada transeúnte no va a atacar a los que se encuentra; quien transgrede esta ley comete un acto criminal. Un espacio de este tipo supone la existencia de una «economía espacial» solidaria de la economía verbal aunque distinta de ella, que valoriza para los individuos ciertas relaciones en determinados lugares (las tiendas y almacenes, los cafés, los cines, etc.) y en consecuencia suscita discursos connotativos a propósito de esos lugares; a su vez, esto genera un *consensus* y una convención: en esos lugares se evitan las molestias, se propone como un área tranquila y apacible, etc. Como discurso denotativo, esto es, descriptivo, poseen un aspecto cuasi jurídico que también conlleva un consenso: no se combate por la ocupación de un mismo emplazamiento; se dejan espacios disponibles, y donde es posible se ordenan las «proxemias», las distancias respetuosas. Todo esto implica a su vez una lógica y una estrategia de la propiedad en el espacio: «los lugares y cosas que te pertenecen no me pertenecen a mí». Y sin embargo, existen lugares comunes, lugares compartidos cuya posesión y consumo no pueden ser enteramente *privados*, como los cafés, las plazas, los monumentos. El *consensus* espacial aquí rápidamente descrito forma parte de la civilización, como la prohibición de ciertos actos groseros u ofensivos (hacia los niños, las mujeres, los ancianos e incluso hacia el público en general). Este *consensus* opone a la lucha de clases, como a otras formas de violencia, un rechazo formal y categórico.

Cualquier espacio es siempre anterior a la aparición del actor, sujeto principal y colectivo, miembro de un grupo o de una clase que intenta apropiarse de ese espacio. Esta pre-existencia espacial condiciona la presencia del actor, la acción y el discurso, la competencia y el comportamiento. Y sin embargo, su presencia, su acción y su discurso niegan al mismo tiempo que suponen dicha pre-existencia espacial: la experiencia del espacio es la experiencia de un obstáculo, la de una objetividad resistente, a veces implacablemente dura —como en el caso de los muros de hormigón— de tal manera que a la dificultad para transformarla de algún modo, por escaso que sea, se añade una sobreabundancia de reglamentaciones draconianas que impiden plantearse siquiera su modificación. En consecuencia, una *textura* del espacio no da lugar sólo a actos sociales sin lugar y sin vínculo con ella, sino a una práctica espacial determinada por ella: a un uso colectivo e individual. Esto es, a una secuencia de actos que no se reducen a una práctica significante aunque la encarnen. En el curso de esos actos la vida y la muerte no se piensan, no se simulan o no se dicen únicamente: se hacen. En el seno del espacio, el tiempo consume y devora al ser viviente: sacrificio, placer o sufrimiento. No obstante, el espacio abstracto, el de la burguesía y el del capitalismo, en tanto que ligado al intercambio (de bienes y mercancías, palabras, escritos, etc.), implica consenso más que cualquier otro. ¿Es preciso añadir que en este espacio la violencia no permanece siempre latente y oculta? Se trata de una de sus contradicciones: entre la aparente seguridad y la violencia que sin cesar amenaza con desencadenarse, y que ocasionalmente estalla.

La antigua lucha de clases entre la burguesía y la aristocracia ha producido un espacio donde las señales de esta lucha son manifiestas. Muchas ciudades históricas han sido modeladas por ese conflicto que ha dejado su impronta y resultados evidentes. La burguesía políticamente victoriosa rompió el espacio aristocrático del Marais, en el centro del París histórico, lo integró en la producción material, instalando en las suntuosas mansiones de esa zona estudios, tiendas y apartamentos, desfigurando y animando a su modo ese espacio, es decir, «popularizándolo». En la actualidad se persigue su elitización, un segundo grado de aburguesamiento del sector: la burguesía sigue conservando la iniciativa en una gran ciudad.

También la conserva cuando operamos en escalas más amplias. Por ejemplo, cuando consideramos el modo en que se realiza el proceso de trasladar o exportar industrias contaminantes a los países poco desarrollados (Brasil en América, o España en Europa) dando lugar a diferencias internas en el modo de producción.

Los bordes del Mediterráneo se han ido convirtiendo en el espacio de ocio de la Europa industrial. Es sin duda un caso notable de un proceso de producción del espacio sobre la base de una diferenciación interna en el modo de producción. Espacio de placer, espacio de no-trabajo (vacaciones, pero también convalecencias, reposo, retiro, etc.), los contornos del Mediterráneo se integran así en la división social del trabajo. Se instala sobre ellos un neocolonialismo que se manifiesta en lo social y en lo económico, pero igualmente en el plano arquitectónico y urbanístico. En ocasiones este espacio tiende a desbordar las coacciones impuestas por el neocapitalismo, su uso exige cualidades ecológicas: la inmediatez del sol y del mar, la proximidad de centros urbanos y viviendas temporales (hoteles, villas, etc.). En consecuencia, hay una cierta especificidad cualitativa en relación a los grandes centros industriales donde impera el mundo de lo cuantitativo. Si aceptamos sin crítica esta «especificidad», surge ante nosotros el espacio de un gasto improductivo, de un gran derroche, de un sacrificio intenso y gigantesco de cosas, símbolos y energías en exceso: el deporte, el amor, la renovación más que el reposo. Este cuasi culto a la centralidad de las ciudades de ocio se opone enérgicamente a la centralidad productiva de las ciudades del Norte de Europa. El despilfarro y el gasto aparecerían como el extremo de una cadena temporal que se inicia en los lugares de trabajo, en los espacios productivos, y concluye en el consumo del espacio, del sol y del mar, en el erotismo espontáneo o inducido, en la fiesta, en las vacaciones. El gasto y el derroche no se situarían pues al principio de esta secuencia como suceso original, sino al final de todo este proceso, dándole sentido. ¡Qué ilusión! ¡Qué falsa transparencia y qué naturalidad engañosa! Los gastos improductivos se organizan con esmero; centralizados, ordenados, jerarquizados, simbolizados, programados, dispuestos por los *tour-operadores*, los banqueros y los promotores de Londres, Hamburgo, etc., que son sus primeros beneficiarios. En términos más precisos, y con objeto de retomar conceptos ya antes empleados: en la *práctica espacial* del neocapitalismo, con los transportes aéreos, las *representaciones del espacio* permiten manipular los *espacios de representación* (sol y mar, fiesta, gasto y derroche).

Hay dos razones para tener presentes estas consideraciones de aquí en adelante: hacer más concreta la noción de *producción del espacio* y mostrar cómo se libra la lucha de clases bajo la hegemonía burguesa.

XX

¡Cambiar la vida! ¡Cambiar la sociedad! Nada significan estos anhelos sin la producción de un espacio apropiado. De la acción de los constructivistas soviéticos, entre 1920 y 1930, y de su fracaso, nos queda una enseñanza: a nuevas relaciones sociales, un nuevo espacio, y viceversa. Esta proposición, corolario de la propuesta fundamental, merecería un largo desarrollo. ¡Cambiar la vida! Esta idea, procedente de poetas y filósofos, formulada como utopía negativa, cae desde hace poco en el dominio público, es decir, en el dominio político. En el proceso ha ido degenerando en eslóganes políticos: *Vivir mejor..., Vivir de otro modo..., La calidad de vida..., El estilo de vida...* De ahí se pasa naturalmente a mentar la polución, el respeto a la naturaleza y al «medio-ambiente», etc., una y otra vez. La presión del mercado mundial, la transformación del mundo, la producción de un nuevo espacio, todo esto es escamoteado. La idea recae en la idealidad, cuando se trata de elucidar, gradual o súbitamente, una práctica espacial diferente. Mientras persista la cotidianidad en el espacio abstracto, con sus muy concretas coacciones; mientras sólo tengan lugar mejoras técnicas de detalle (frecuencia y rapidez de los medios de transporte, comodidad relativa); mientras la conexión entre los espacios —de trabajo, ocio, residencia— dependa de la instancia política y su control, el proyecto de «cambiar la vida» tan sólo quedará como un eslogan político, tan pronto abandonado como recobrado.

En estas circunstancias se debate el pensamiento teórico, buscando no sin esfuerzo contornear los obstáculos que encuentra. De un lado, este pensamiento advierte el abismo de las utopías negativas, la vanidad de la teoría crítica solamente eficaz sobre el plano de las palabras y de las representaciones (esto es, de las ideologías); de otro lado, se enfrenta a las utopías tecnológicas, extremadamente positivas: prospectiva y programación. Aquí sólo puede constatar la aplicación al espacio (y por tanto, a las relaciones sociales existentes) de la cibernética, de la electrónica y de la informática para intentar extraer algunas enseñanzas de este desarrollo.

La vía indicada aquí se vincula pues a una hipótesis estratégica, es decir, a un proyecto teórico y práctico a largo plazo. ¿Se trata quizá de un proyecto político? Sí y no. Sin duda, desarrolla una política del espacio, pero va más lejos que la política y supone un análisis crítico de toda política espacial así como de toda política general. Al indicar la senda a seguir para producir otro espacio, correspondiente a una vida (social) diferente y a un modo de producción distinto, el proyecto franquea el intervalo entre ciencia y utopía, entre realidad e idealidad, entre lo concebido y lo vivido. Aspira, pues, a superar esta oposición mientras explora la relación dialéctica entre «posible» e «imposible», objetiva y subjetivamente.

Ya no es preciso demostrar el papel de la hipótesis estratégica en el conocimiento. Una hipótesis de este tipo centra el conocimiento alrededor de un punto determinado, un núcleo, un concepto o un grupo de conceptos tomados focalmente. La estrategia lo logra o no, puede tener éxito o fracasar; en cualquier caso, durará más o menos un largo tiempo antes de disolverse o escindirse. Relativamente durable en relación a las operaciones tácticas del conocimiento y la acción, resulta esencialmente provisional y, por tanto, revisable. Aunque compromete, no aspira a ninguna verdad eterna. El juego estratégico, tarde o temprano, termina desbaratándose. Entonces, el descentramiento concomitante hace vacilar todo lo que ha sido construido alrededor de un centro.

Recientemente se han emprendido varias operaciones tácticas y estratégicas que aspiran al establecimiento (al *stablishment,* podríamos decir irónicamente) de una especie de fortaleza inexpugnable del saber. Ingenuos a la vez que ingeniosos, algunos sabios manifiestan su fe en su cientificidad, dejando al mismo tiempo en suspenso las cuestiones que plantea la misma cientificidad, y muy especialmente la primacía atribuida a lo *sabido* y a lo *visto* sobre lo *vivido*. La más reciente de estas operaciones estratégicas pretende orientar el saber hacia la lingüística y sus disciplinas derivadas: la semántica, la semiología, la semiótica. En esto sucede a otros esfuerzos anteriores que trataron de centrar el conocimiento en la economía política, la historia, la sociología, etc.

Esta recentísima hipótesis ha suscitado abundantes investigaciones, trabajos y obras. Algunos de estos trabajos pueden considerarse de gran importancia y otros sin duda han sido bien sobrestimados, bien infravalorados. No teniendo nada de eterno, la jerarquía siempre está expuesta a ser revisada. Pero en la medida en que esta hipótesis se basa en la asunción de que puede establecer un centro definido y definitivo, termina desmoronándose. La amenaza de destrucción es continua desde fuera y desde dentro. Internamente, suscita preguntas a las que es incapaz de responder (por ejemplo, la cuestión del *sujeto*). El estudio sistemático del lenguaje y/o el estudio del lenguaje como sistema, han destruido el «sujeto» en todas las acepciones del término. Ésta es la situación en que el pensamiento reflexivo ha de proceder a recoger los pedazos de su espejo roto. Siendo necesario un «sujeto» se termina recurriendo a los viejos «sujetos» de los filósofos: el Cogito cartesiano (retomado por Chomsky, con sus singulares propiedades; la unicidad de las estructuras profundas del discurso, la generalidad de su campo de conciencia) o el Ego husserliano, visión modernizada del Cogito de Descartes. Sin embargo, ese Cogito no puede mantener su sustancialidad filosófica (metafísica), sobre todo si se le intenta confrontar con el inconsciente inventado por él como vía de escape.

Ahora adquiere su alcance una indicación anterior. En esta hipótesis se toma alegremente el espacio social y físico y se los reduce al espacio epistemológico (mental), el del discurso o el del Cogito cartesiano. Se olvida convenientemente que el «yo» práctico, inseparablemente individual y social, está en un espacio donde o se reconoce o se pierde. Al saltar sin consideración del plano mental al social y viceversa se transfiere al discurso (y en particular al discurso sobre el espacio) las propiedades del espacio como tal. Es cierto que esta orientación busca una mediación entre lo mental y lo social en el *cuerpo*: la voz, los gestos. Pero ese cuerpo abstracto, entendido exclusivamente como mediación entre el «sujeto» y el «objeto», ¿se corresponde con el cuerpo práctico y carnal, concebido como totalidad con sus cualidades espaciales (simetrías, asimetrías), con sus propiedades energéticas (gastos, ahorros y derroches)? Más adelante mostraremos que basta considerar el cuerpo como totalidad práctico-sensible para centrar de otro modo el conocimiento o para que tenga lugar un desplazamiento de dicho centro.

La estrategia de un conocimiento centrado alrededor del discurso elude un tema sin duda escabroso: la relación entre saber y poder. Además, para el pensamiento reflexivo, es incapaz de responder satisfactoriamente al problema teórico que plantea: «¿caen en la misma categoría los conjuntos, codificados o no, sistematizados o no, de signos y símbolos *no verbales* y los conjuntos *verbales,* o son más bien irreductibles?». Entre los conjuntos significantes no verbales es preciso incluir la música, la pintura y la escultura, la arquitectura, por supuesto el teatro, ya que comporta, junto a un texto o pretexto, gestos, máscaras, disfraces, un escenario y una escenificación —en suma, un *espacio*—. Así pues, los conjuntos no verbales se caracterizan por una espacialidad irreductible a la «mentalidad». En cierto sentido, los paisajes, rurales o urbanos, forman parte de él. Subestimar, ignorar o reducir este espacio equivale a sobrestimar los textos, los escritos y las escrituras, lo legible y lo visible, hasta el punto de asignarles a éstos la inteligibilidad.

La hipótesis estratégica aquí propuesta se presenta como sigue: «*las cuestiones teóricas y prácticas relativas al espacio adquieren una importancia cada vez mayor. Estas cuestiones no suprimen sino que desplazan los conceptos y problemas relativos a la reproducción biológica, la producción de los medios de producción y de los bienes de consumo*». Un modo de producción no desaparece antes de haber liberado las fuerzas productivas ni antes de haber realizado todas las virtualidades que contiene, escribió Marx. Esta afirmación puede verse en ocasiones como una evidencia y otras veces como una paradoja sorprendente. Cuando las fuerzas productivas dan un salto hacia delante —realizado sin que las relaciones capitalistas de producción hayan desaparecido—, la producción del espacio sustituye o más bien se superpone a la producción de cosas en el espacio. Esto viene acompañado, al menos en ciertos casos observables y analizables, por la presión del mercado mundial y la reproducción de las relaciones de producción capitalistas. El despotismo ilustrado de la burguesía y el capitalismo han dominado parcialmente el mercado de los artículos sirviéndose de la instrumentación del espacio abstracto. El control del mercado de capitales se presenta como algo más arduo (las llamadas «dificultades monetarias»). El resultado combinado de una dominación política muy potente, de un impulso de las fuerzas productivas y de un control insuficiente de los mercados no es otro que un caos espacial en todas las escalas, desde el ámbito local al planetario. De aquí en adelante la burguesía y el capitalismo tienen numerosas dificultades para dominar su producto y su medio de dominación: el espacio. No pueden reducir la práctica (lo práctico-sensible, el cuerpo y la práctica socioespacial) a su espacio abstracto. En consecuencia, surgen y se manifiestan nuevas contradicciones, las del espacio. ¿No se convierte el caos espacial engendrado por el capitalismo, a pesar del poder y la racionalidad del Estado, en su punto débil, vulnerable, en su talón de Aquiles?

Esta hipótesis estratégica puede influir en y suplantar las estrategias políticas generalmente admitidas, como la de la revolución mundial realizada políticamente por un único partido, por un país y sólo uno, por una sola doctrina, por una única clase; en una palabra, desde un único *centro*. El fracaso de la hipótesis monocéntrica hace surgir, como puede recordarse, otra hipótesis estratégica diferente, a saber: la de una transformación social llevada a cabo por el Tercer Mundo.

A decir verdad, no puede tratarse meramente de una sustitución dogmática de una de estas hipótesis por la otra, ni pura y simplemente de superar la oposición entre «monocentrismo y policentrismo». La transformación mundial, santificada en el lenguaje común como «revolución», se revela realmente mundial (es decir, planetaria),[36] múltiple y multiforme. Esta transformación se realiza tanto en el plano teórico como en el plano político: lo teórico

---

[36] Lo que no la reduce al «juego del mundo» concebido en el curso de la meditación filosófica de Kostas Axelos en línea heracliteana.

atraviesa lo político. Progresa junto a la técnica como en el conocimiento y la práctica. En ciertas situaciones los campesinos seguirán siendo, como lo fueron antes, el elemento principal, activo o pasivo. En otras ocasiones serán reemplazados por los elementos sociales marginales o por la clase obrera avanzada que ahora se presenta con opciones inauditas. En ciertos lugares la transformación del mundo adquiere un aspecto precipitado, violento, y en otros sitios progresa con profundidad, de un modo aparentemente sosegado o pacífico. En unos sitios la clase dominante toma las decisiones y en otros salta en pedazos.

La hipótesis estratégica relativa al espacio no excluye el rol de los países llamados «subdesarrollados» ni el de los países industriales y su clase obrera. Todo lo contrario, su principio básico y su objetivo consisten en la asociación de los aspectos disociados, la unidad de las tendencias y elementos separados. Ya que trata de concebir la experiencia mundial como tal —esto es, como conjunto de pruebas diferentes del espacio mundial—, la hipótesis se pronuncia contra los esfuerzos de homogeneización operados por el Estado, el poder político, el mercado mundial y el mundo de la mercancía, una homogeneización que se traduce prácticamente por y en el espacio abstracto. La hipótesis implica la movilización de las diferencias, incluidas las procedentes de la naturaleza que la ecología acentúa aisladamente (diferencias de regímenes, países, emplazamientos, grupos étnicos, recursos, etc.).

Podría pensarse que se requieren pocos argumentos para mostrar que el «derecho a la diferencia» sólo puede tener sentido a partir de luchas reales por diferir, que las diferencias producidas en el curso de esos enfrentamientos teóricos y prácticos difieren tanto de las particularidades naturales como de las distinciones inducidas en el seno del espacio abstracto existente. Las diferencias que merecen ser retenidas, esas diferencias sobre cuya fortaleza la teoría y la práctica pueden contar, sólo pueden ser efectivamente mostradas a condición de un análisis laborioso.

La restitución de un «código» del espacio, es decir, un lenguaje común a la práctica y a la teoría, a los habitantes, a los arquitectos y a los científicos, puede considerarse tácticamente como una tarea inmediata. Dicho código, en primer lugar, permitiría recobrar la unidad de los elementos disociados, rompiendo la barrera entre lo privado y lo público, e identificando las confluencias y las diferencias en el espacio que son hasta ahora indiscernibles. Podría reunir los términos dispersos por la práctica espacial existente y por las ideologías que la justifican: lo *micro* (escala o nivel arquitectónico) y lo *macro* (dominio atribuido a los urbanistas, a los políticos, a los planificadores), lo cotidiano y lo urbano, el dentro y el afuera, el trabajo y el no-trabajo (la fiesta), lo perdurable y lo efímero, etc. El código vendría compuesto por oposiciones pertinentes (elementos paradigmáticos) retomadas de los términos disociados, y de vínculos (elementos sintagmáticos) recuperados de los términos confundidos en la homogeneización del espacio políticamente controlado. En este sentido, el código contribuiría a invertir la tendencia dominante, insertándose en el proyecto. ¡Es crucial no tomar el código por una práctica! En consecuencia, es preciso que bajo ninguna circunstancia la búsqueda del lenguaje sea separada de la práctica y de los cambios operados en la práctica (del proceso mundial de transformación).

Esta elaboración implica un esfuerzo para trabajar en el ámbito de lo paradigmático, es decir, en las oposiciones esenciales, ocultas, implícitas, no nombradas, que pueden orientar una práctica social más que en la esfera de las relaciones explícitas, el encadenamiento operatorio de términos; en pocas palabras, sobre los sintagmas (el lenguaje, el discurso habitual, la escritura, la lectura, la literatura, etc.)

Un código semejante debe relacionarse con un sistema de conocimiento. Agrupa un alfabeto, un léxico y una gramática en un marco (si se pude decir así) global; se sitúa (sin excluirlo) en relación a un no-saber (ignorancia o desconocimiento), es decir, en relación a lo *vivido* y a lo *percibido*. Tal conocimiento se sabe aproximativo, a la vez cierto e incierto. Anuncia su propia relatividad a cada paso, procediendo (o intentando proceder) a su autocrítica sin disolverse en la apología del no-saber, de la espontaneidad absoluta o de la violencia pura. Este conocimiento ha de buscar un paso intermedio entre el dogmatismo, de un lado, y el desconocimiento, de otro.

XXI

La aproximación que se persigue aquí puede ser denominada «regresiva-progresiva». Su punto de partida viene dado por la realidad actual: el salto adelante de las fuerzas productivas, la capacidad técnica y científica de transformar tan radicalmente el espacio natural, llegando a ser una amenaza para la misma naturaleza. Los efectos de esta potencia a la vez destructiva y constructiva se manifiestan por doquier. A menudo se conjugan de un modo inquietante con las presiones del mercado mundial. Por supuesto, en ese marco global, el principio leninista del desarrollo desigual actúa plenamente: algunos países se hallan en los primeros estadios de la producción de cosas (bienes) en el espacio y sólo los países más industrializados y urbanizados hacen uso de las nuevas posibilidades abiertas por el conocimiento y la técnica. La producción del espacio, elevada al concepto y al lenguaje, reacciona sobre el pasado, descubre los aspectos y momentos desconocidos hasta la fecha. El pasado se alumbra de un modo distinto y, en consecuencia, el proceso que va desde ese pasado a la actualidad se expone diferentemente.

Este procedimiento es el que Marx propuso en su principal texto «metodológico». Las categorías (conceptos) que expresan las relaciones sociales en la sociedad más desarrollada, la sociedad burguesa, «permiten al mismo tiempo aprehender la estructura y las relaciones de producción de todas las formaciones sociales pasadas, no sólo porque ciertos vestigios subsisten sino porque ciertas virtualidades (o posibilidades) adquieren todo su sentido al desarrollarse».[37]

Paradójico a primera vista, este procedimiento pronto se muestra en un examen más cuidadoso claramente sensato: ¿cómo comprender la génesis del presente, sus condiciones, su proceso sin partir de este presente, sin ir de lo actual al pasado y viceversa? Seguramente ése es el paso inevitable adoptado por el historiador, el economista y el sociólogo, asumiendo por supuesto que dichos especialistas aspiren a una metodología.

Claro y preciso tanto en su formulación como en su aplicación, el método de Marx no evita, sin embargo, todos los obstáculos. Estos problemas se perciben desde la aplicación que Marx realiza de su método al concepto y a la realidad de *trabajo*. La principal dificultad procede del hecho de que los movimientos —el regresivo y el progresivo— se entrelazan en la exposición y en el proceso de investigación. Desde ese momento, la parte «regresiva» corre el riesgo de reducir la parte progresiva, de interrumpirla y oscurecerla. El comienzo se encontraría en el final y el final podría presentarse en el origen. Lo que añade una complicación suplementaria en la actualización de las contradicciones que hacen avanzar todo el proceso histórico, y en consecuencia, según Marx, lo llevan hacia su fin.

---

[37] Cf. *Grundisse*, «Introduction», trad. Dangeville, Ed. Anthropos, p. 35 y ss. Ésta es la ocasión para poner de manifiesto ciertos errores de *Panorama des sciences sociales*. Ahí se atribuye este método a J.P. Sartre. Sin embargo, en el texto en que este último expone su metodología cita expresamente cuál es su fuente, H. Lefebvre, *Perspectives, Cahiers Internationaux de Sociologie*, 1953. Este artículo se reproduce en *Du Rural a l'Urbain*, Anthropos, 1970. Cf. J.P. Sartre, *Critique de la raison dialectique*, p. 41 y 42, y *Panorama*, p. 89 y ss. La referencia de esta última obra es, pues, doblemente insuficiente, ya que la trayectoria implicada no es otra que la del pensamiento marxista.

Tal es la dificultad que afrontamos aquí. Un nuevo concepto, *la producción del espacio*, aparece al principio; debe «operar» o, como se dice a veces, «funcionar» de tal modo que ilumine los procesos de los que no puede separarse en tanto que surge de ellos. Es necesario, pues, servirse de este concepto dejándole desplegarse sin admitir pese a todo, a la manera de los hegelianos, la vida y la fuerza propias del concepto; o dicho de otro modo, sin acordar una realidad autónoma al saber. En última instancia, tras haber ilustrado y de ese modo verificado su propia formación, la producción del espacio (concepto teórico y realidad práctica indisolublemente ligados) se hará explícita, y en eso consistirá nuestra demostración: una verdad «en sí y para sí», completa y, sin embargo, aún relativa.

El propio método puede hacerse progresivamente más dialéctico sin que la lógica y la coherencia tengan que padecer por ello. No obstante, existen riesgos de oscuridad y sobre todo de repeticiones. Marx no siempre pudo evitarlos aunque fue consciente de ellos. Hasta tal punto que en la exposición del *Capital* no sigue exactamente el método promulgado en los *Grundisse*. La gran disertación doctrinal de Marx parte de una *forma*, la del valor de cambio, y no de conceptos que en la obra anterior estaban en un primer plano: la producción y el trabajo. El procedimiento anunciado en los *Grundisse* se retoma a propósito de la acumulación del capital: Marx mantiene firmemente sus preceptos metodológicos cuando estudia en Inglaterra el capitalismo más avanzado, para comprender el sistema en los otros países y el mismo proceso de formación del capitalismo.

02
El espacio social

I

El proyecto requiere un examen muy cuidadoso de los términos y nociones empleados: la *producción del espacio*. Este análisis en profundidad es tanto más necesario por cuanto que ninguno de los términos está debidamente clarificado.

En el hegelianismo, la *producción* tiene una importancia determinante. La Idea (absoluta) produce el mundo; después, la naturaleza produce el ser humano, el cual, a su vez, produce mediante sus luchas y su trabajo, simultáneamente, la historia, el conocimiento y la conciencia de sí, esto es, el Espíritu que reproduce la Idea inicial y final.

En el pensamiento de Marx y Engels, el concepto de «producción» no abandona esa ambigüedad que conforma de hecho su riqueza. Posee dos acepciones, una amplia y otra restringida y precisa. En la acepción amplia, los hombres, en tanto que seres sociales, *producen* su vida, su historia, su conciencia, su mundo. Nada hay en la historia y en la sociedad que no sea adquirido y producido. La misma «naturaleza», tal como es aprehendida en la vida social por los órganos sensoriales, ha sido modificada, esto es, producida. Los seres humanos han producido formas políticas, jurídicas, religiosas, artísticas, filosóficas e ideológicas. La producción, en sentido lato, comprende pues una multiplicidad de obras y formas diversas, incluso si esas formas no portan la marca de los productores y del proceso de producción (como en el caso de la forma lógica, la de la abstracción que pasa fácilmente por atemporal y no-producida, es decir, metafísica).

Ni Marx ni Engels dejan indeterminado el concepto de *producción*. Lo circunscriben, pero con el resultado de que ya no se trata de obras en sentido amplio, sino sólo de cosas, de *productos*. Al precisarlo más el concepto se aproxima a la acepción corriente —por tanto, trivial— típica de los economistas. ¿Quién produce? ¿Cómo se produce? Cuanto más se desea concretar la acepción, menos se reconoce la capacidad creativa que connota, la invención, la imaginación; más bien, se tiende a referir únicamente el trabajo. «Un inmenso progreso tuvo lugar cuando Adam Smith rechazó toda forma particular de la actividad creadora de riqueza para considerar exclusivamente al trabajo en general... A esta universalidad abstracta de la actividad creadora de riqueza corresponde la universalidad del objeto, el producto como tal, y también el trabajo en general...»[1] La producción, el producto, el trabajo, conceptos que emergen simultáneamente y permiten la fundación de la economía política, constituyen abstracciones privilegiadas, abstracciones concretas que hacen posible el análisis de las *relaciones de producción*. En lo que al concepto de producción se refiere no llega a ser plenamente concreto ni adquiere un contenido cierto sino por las respuestas a las cuestiones que plantea: «¿Quién produce?», «¿Qué?», «¿Cómo?», «¿Por qué y para quién?». Al margen de esas cuestiones y de su respuesta, el concepto de producción permanece como una abstracción. En Marx, como en Engels, el concepto nunca alcanza una concreción. Sólo mucho más tarde el economismo tratará de ceñir el concepto a la acepción más estrecha: «el factor que *en última instancia* determina la historia es la producción y la reproducción de la vida real», escribe Engels a Bloch el 20 de septiembre de 1890. Frase dogmática y vaga, sin duda: la producción engloba la reproducción biológica, económica y social sin mayor precisión.

¿Qué constituyen, a juicio de Marx y de Engels, las *fuerzas productivas*? En primer lugar, la naturaleza; después, el trabajo y en consecuencia la organización (la división) del trabajo así como los instrumentos empleados, las técnicas y, por tanto, el conocimiento.

La muy notable amplitud del concepto ha permitido desde entonces interpretaciones de tal laxitud que sus contornos han terminado por difuminarse. Hablamos de producción de conocimientos, ideologías, escritura y significados, imágenes, discursos, lenguaje, signos y símbolos; y del mismo modo, del trabajo del sueño, trabajos de conceptos operativos, etc. Esos conceptos han adquirido tal extensión que su comprensión se diluye. Lo que resulta más comprometido es que aquellos que promueven tales extensiones del concepto utilizan de un modo abusivo el procedimiento que Marx y Engels emplearon ingenuamente: dotar a la acepción extensa, esto es filosófica, de la positividad de una acepción estrecha, científica (económica).

Una recuperación de esos conceptos parece, pues, del todo punto indicada para restaurar su valor y su dialéctica, determinando con cierto rigor la relación entre «producción» y «producto» así

---

[1] K. Marx, *Grundisse*, Introducción, p. 32.

como las existentes entre «obra» y «producto», y entre «naturaleza» y «producción». Con objeto de adelantar en forma resumida lo que después vendrá, digamos que la *obra* posee algo de irreemplazable y único mientras que el *producto* puede repetirse y de hecho resulta de gestos y actos repetitivos. La naturaleza crea y no produce; provee recursos para una actividad creativa y productiva del hombre social; pero proporciona sólo *valores de uso,* y todo valor de uso (todo producto en tanto que no es intercambiable) retorna hacia la naturaleza o sirve como bien natural. Evidentemente, la tierra y la naturaleza no pueden separarse.

¿*Produce* la naturaleza? El sentido original del término parece sugerirlo: conducir y llevar hacia delante, hacer surgir de las profundidades. Sin embargo, la naturaleza no trabaja; incluso se trata de un rasgo que la caracteriza: la naturaleza *crea*. Lo que crea —a saber, «seres particulares— simplemente surge y aparece. Por lo demás, ignora tales creaciones (si no suponemos la existencia en su seno de un dios calculador, de la providencia). Un árbol, una flor, un fruto no son en modo alguno «productos», ni siquiera en un jardín. La rosa no tiene por qué, florece porque florece. *«No le preocupa ser vista»*, en palabras de Angelus Silesius. Ignora que es bella y agradable, que presenta una simetría de orden *n*, etc. ¿Cómo no seguir o retomar estas cuestiones? La «naturaleza» no puede operar conforme a la misma finalidad que el ser humano. Esos «seres» que crea son obras: tienen algo de único a pesar de su pertenencia a un género y a una especie: el árbol, la rosa, el caballo. La naturaleza se presenta como el gran territorio de los nacimientos. Las «cosas» nacen, crecen y maduran, se ajan y mueren. Tras estos términos se oculta una realidad infinita. Violenta, generosa, avara, abundante, siempre abierta, la naturaleza despliega sus fuerzas. El espacio-naturaleza no corresponde al de una representación. No tiene sentido preguntar la razón porque no la hay: la flor no sabe que es flor, ni la muerte sabe a quién visita. Al creer en el término naturaleza, con su antiguo prestigio metafísico y teológico, lo esencial tiene lugar en la profundidad. Quien dice «naturaleza» está afirmando la espontaneidad. Pero en la actualidad la naturaleza se aleja; es lo menos que podemos decir. Sin duda, se hace imposible escapar a la idea de una muerte de la naturaleza a manos de la anti-naturaleza: la abstracción, los signos y las imágenes, los discursos, así como el trabajo y sus productos. Junto con Dios, la naturaleza muere: el «hombre» los mata y quizás se suicide en la misma operación.

El «hombre», esto es, la práctica social, crea obras y produce cosas. En ambos casos se precisa trabajo, pero en lo concerniente a la obra, el rol del trabajo (y el del creador en tanto que trabajador) se antoja secundario, mientras que domina en el plano de la fabricación de los productos.

Al precisar el concepto filosófico (hegeliano) de *producción*, al reclamar a los economistas y a la economía política, Marx quiso extraer una racionalidad inmanente al concepto y a su contenido: la actividad. Esta racionalidad le exime de apelar a una razón preexistente, divina o «ideal», y en consecuencia teológica-metafísica. También eliminaría cualquier finalidad ulterior y posterior a la acción productora, que orientaría esta acción. La *producción* en sentido marxista trasciende la oposición filosófica del «sujeto» y del «objeto» así como las relaciones construidas por los filósofos a partir de esta separación. La racionalidad inmanente a la producción consiste en disponer una serie de actos sucesivos en vistas a un cierto «objetivo» (el objeto a producir). Temporal y espacialmente compone un orden de operaciones encadenadas cuyos resultados coexisten. Desde el principio de la actividad orientada hacia tal objetivo, los elementos espaciales (los cuerpos, los miembros, los ojos) se ponen en movimiento, incluyendo materias (piedras, madera, huesos, cuero, etc.) e instrumentales (útiles, armas, lenguas, requerimientos y prioridades). Mediante la actividad intelectual se establecen las relaciones de orden —esto es, de simultaneidad y de sincronía— entre los elementos de la acción materialmente emprendida. Toda actividad productora se define menos por factores invariantes o constantes que por el incesante paso de la temporalidad (sucesión, encadenamiento) a la espacialidad (simultaneidad, sincronización). Esta forma resulta inseparable de la finalidad, es decir, de la funcionalidad (objeto y sentido de la acción, energía desplegada con el fin de satisfacer una «necesidad») y de la estructura puesta en movimiento (saber-hacer, habilidad, gestos y cooperación en el trabajo, etc.). Las relaciones formales que permiten la cohesión de los actos en su conjunto no se separan de las condiciones materiales de la actividad individual y colectiva, ya se trate de desplazar un peñasco, de hostigar la caza, o de realizar un objeto simple o complicado. La racionalidad del espacio no resulta, tras este análisis, de una cualidad o propiedad de la acción humana en general, del trabajo humano como tal, del «hombre» o de la organización social. Al contrario: ella es el origen y la fuente (no lejana sino inmediata o más bien inherente) de la racionalidad de la actividad, origen oculto y sin embargo implicado por el inevitable empirismo de los que se sirven de sus manos y de sus útiles, que componen o combinan sus gestos al emplear sus energías en tareas específicas.

Con estas precisiones, el concepto de «producción» queda como un universal concreto descrito por Marx a partir de Hegel, aunque oscurecido aún y diluido más tarde. Esto ha justificado ciertas críticas, en las que se descubre fácilmente su fin táctico: la liquidación de este concepto, de los conceptos marxistas en general y, en consecuencia, del *universal concreto* como tal en provecho de la abstracción y de lo irreal generalizado en un vértigo nihilista.[2]

Desde la derecha, por decirlo así, el concepto de producción apenas puede ser separado de la ideología productivista, del economismo grosero y brutal que ha intentado adueñarse de él para sus propósitos. Desde la izquierda (el «izquierdismo»), si las palabras, los sueños, los textos y los conceptos operan y producen por su propia cuenta, se llega a una curiosa imagen de trabajo sin operarios, productos sin producción o de producción sin productos, de obras sin creadores (¡sin «sujeto» y sin «objeto»!). Los términos «producción de conocimientos» tienen cierto sentido, relativo a la génesis de los conceptos: todo concepto nace y crece, pero sin los hechos y sin los discursos de los seres o sujetos sociales, ¿quién engendraría los conceptos? Sobrepasando ciertos límites, el empleo de fórmulas tales como «producción de conocimientos» comporta graves riesgos: tan pronto el término conocimiento se adapta acríticamente al modelo de la producción industrial, aceptando la división del trabajo existente y el empleo de dispositivos mecánicos (especialmente en lo relativo a los dispositivos cibernéticos), como se priva a ambos conceptos —producción y conocimiento— de todo contenido específico, bien desde el punto de vista del «objeto», bien desde el punto de vista del «sujeto» —lo que abre la puerta a las elucubraciones y a los desvaríos de lo irracional.

El espacio (social) no es una cosa entre las cosas, un producto cualquiera entre los productos: más bien envuelve a las cosas producidas y comprende sus relaciones en su coexistencia y simultaneidad: en su orden y/o desorden (relativos). En tanto que resultado de una secuencia y de un conjunto de operaciones, no puede reducirse a la condición de simple objeto. Ahora bien, nada hay imaginado, irreal o «ideal» comparable a la de un signo, a una representación, a una idea, a un sueño. Efecto de acciones pasadas, el espacio social permite que tengan lugar determinadas acciones, sugiere unas y prohíbe otras. Entre esas acciones, unas remiten al universo de la producción, otras al del consumo (es decir, al disfrute de los productos). El espacio social implica múltiples conocimientos. ¿Cuál es, pues, su estatus preciso? ¿Qué relación guarda con la producción?

Producir el espacio. Esta combinación de palabras no tenía ningún sentido cuando los filósofos dominaban el mundo de los

---

[2] Cf. J. Baudrillard, *Le miroir de la production* (París: Casterman, 1973).

conceptos. El espacio de los filósofos sólo pudo ser creado por Dios, como su primera obra, el dios de los cartesianos (Descartes, Malebranche, Spinoza, Leibniz) o el Absoluto de los post-kantianos (Schelling, Fichte, Hegel). Aunque más tarde el espacio aparente una degradación del «ser» que se despliega en el tiempo, esta apreciación peyorativa no introduce ninguna diferencia: relativizado y desvalorizado, el espacio sigue dependiendo de lo absoluto, incluso en la duración bergsoniana.

Consideremos una ciudad, esto es, un espacio creado, modelado y ocupado por actividades sociales en el curso de un tiempo histórico. ¿Es la ciudad una *obra* o un *producto*? Pensemos en Venecia, por ejemplo. Si definimos la obra como única, original y primigenia —si la obra ocupa un espacio pero se ata a un tiempo particular, tiempo de maduración entre el nacimiento y el declive— Venecia no puede no decirse obra. Es un espacio tan fuertemente expresivo y significativo, tan único y unitario como una pintura o una escultura. Pero ¿qué y a quién expresa y significa? Estas cuestiones pueden llevar a una discusión interminable dado que el contenido y el sentido son fuentes inagotables. Por ventura, no es necesario conocer la respuesta, ser un «entendido» para vivir ese espacio como una fiesta. ¿Quién concibió la unidad arquitectónica y monumental de Venecia que se extiende desde los palacios hasta el conjunto de la ciudad? Nadie en realidad, si bien Venecia, más que ninguna otra ciudad, testimonia la existencia desde el siglo XVI de un código unitario, de un lenguaje común relativo a la ciudad. Esta unidad va más lejos en profundidad y en altura que el simple espectáculo ofrecido al turista. Combina la realidad de la ciudad con su idealidad, la práctica, lo simbólico y lo imaginario. En Venecia, la representación del espacio (el mar a la vez dominado y evocado) y el espacio de representación (los trazados exquisitos, el gusto refinado, la disipación suntuosa y cruel de la riqueza acumulada por todos los medios) se refuerzan mutuamente. Algo parecido puede ser dicho a propósito del espacio de los canales y el de las calles, donde el agua y las piedras dan lugar a un juego de dobles texturas basado en su reflejo recíproco. Una teatralización tan sutil como poco intencional, una escenografía involuntaria reúne la vida cotidiana con sus funciones y la modifica. Y todo aderezado con la dosis pertinente de locura.

Pero el momento de la creación ha desaparecido y el eclipse de la ciudad es inminente. Precisamente porque todavía está animada, aunque amenazada con la extinción, esta obra afecta profundamente a quien la usa como fuente de placer y contribuye mediante tal uso, por escaso que sea, a guiarla hacia su final. Lo mismo puede decirse de una aldea o de un bello jarrón. Esos «objetos» ocupan un espacio que ya no está producido como tal. Reparemos un instante en esta flor. «La rosa ignora que es rosa.»[3] Ciertamente, una ciudad no se presenta del mismo modo que una flor ignorante de su propia belleza. Está compuesta por gentes y grupos bien definidos. Además, ella no posee nada del carácter intencional del «objeto artístico». ¡Obra de arte!, una calificación que se antoja para muchos el elogio supremo. Y sin embargo, existe un abismo entre la obra de la naturaleza y el carácter intencional del arte. ¿En qué consisten exactamente las catedrales? En actos políticos; ésa es la respuesta. Las estatuas inmortalizan a quienes han desaparecido y no pueden lesionar a los vivos. Telas y jarrones sirven a este propósito. Uno se ve tentado a pensar que cuando el arte aparece, precediendo en poco tiempo a su concepto, la obra se degrada. Quizá ninguna obra ha sido creada con el fin de ser obra artística, de tal suerte que el arte, y muy especialmente el arte de la escritura —la literatura— anuncia el declive de las obras. Quizá el arte, en tanto que actividad especializada, ha destruido la *obra* para sustituirla lenta e implacablemente por el *producto*, destinado como tal al intercambio, al comercio, a la reproducción *ad infinitum*. ¿Quizás el espacio de las más bellas ciudades brota al modo de las plantas y de las flores en un jardín, es decir, como obras de la naturaleza, obras únicas, si bien labradas por gentes muy civilizadas?

La cuestión merece todo nuestro interés. ¿Acaso existe un vínculo de trascendencia entre la obra y el producto? ¿Los espacios históricos de las aldeas y ciudades responden únicamente a la noción de obra, la obra de una colectividad aún cercana a la naturaleza, de tal modo que poco o nada tendrían que ver con los conceptos de producción y producto y, en consecuencia, con la noción de «producción del espacio»? ¿No estaremos cerca de fetichizar la *obra* al introducir separaciones injustificables entre la creación y la producción, la naturaleza y el trabajo, la fiesta y la labor, lo único y lo reproducible, lo diferente y lo repetitivo, y finalmente entre la vida y la muerte?

Al mismo tiempo tendría lugar una separación radical entre la realidad histórica y la esfera económica. No es preciso examinar durante mucho tiempo las ciudades modernas, su alfoz, las nuevas construcciones, para constatar el hecho de su parecido. La disociación más o menos acentuada entre lo que se llama «arquitectura» y «urbanismo», es decir, entre lo «micro» y lo «macro», entre esas preocupaciones y esas profesiones, no ha tenido como resultado un impulso de la diversidad. Todo lo contrario. La triste evidencia es

---

[3] Cf. el comentario de Heidegger sobre el díptico de Angelus Silesius en *Der Staz vom Grund* (*Principe de Raison*).

que lo repetitivo predomina sobre la unicidad, lo fáctico y artificioso sobre la espontaneidad y lo natural; es decir, el producto sobre la obra. Esos espacios repetitivos proceden de gestos repetitivos (los de los operarios) y de instrumentos repetidos destinados asimismo a la duplicación: máquinas, *bulldozers*, hormigoneras, grúas, martillos neumáticos, etc. ¿Son esos espacios intercambiables en la medida en que son homólogos? ¿O son homólogos para poder ser intercambiados, comprados y vendidos, no existiendo entre ellos más diferencias que las meramente estimables en dinero o en términos cuantificables (volumen, distancia)? La repetición impera por doquier. ¿Puede entonces un espacio tal ser descrito como una «obra»? Inapelablemente se trata de un producto en el sentido más estricto: reproducible, resultado de actos repetitivos. Con toda seguridad es un espacio producido incluso cuando esta producción no posea la amplitud de las grandes autopistas, aeropuertos u obras públicas. Tengamos muy presente que esos espacios poseen un carácter *visual* cada vez más pronunciado. Se los fabrica para ser concebidos en el plano de lo visible: visibilidad de gentes y cosas, de espacios y de todo aquello que éstos contengan. En tanto que rasgo dominante, la visualización (más notable que la espectacularización que por otro lado incluye) sirve para enmascarar la repetición. Los individuos miran y confunden la vida con la vista y la visión. Construimos sobre informes y planos; compramos a partir de imágenes. La vista y la visión, figuras clásicas que en la tradición occidental personificaban lo inteligible, se vuelven tramposas: permiten en el espacio social la simulación de la diversidad, el simulacro de la explicación inteligible, esto es, la transparencia.

Regresemos al ejemplo de Venecia. Sin duda, un espacio único, una auténtica maravilla. ¿Pero es una obra de arte? No, dado que no responde a un plan preconcebido. Venecia surge de las aguas, pero con parsimonia, no como Afrodita, que lo hizo en un instante. En un principio, era un desafío (a la naturaleza, a los enemigos) y tenía un propósito (el comercio). El espacio ocupado sobre la laguna, utilizando las marismas, los bajos fondos y desembocaduras hacia el mar abierto, no podía ser separado de un espacio mucho más vasto, el espacio de los intercambios comerciales que por entonces no poseían un carácter mundial sino fundamentalmente mediterráneo y oriental. Fue preciso para el desarrollo de Venecia la continuidad de un gran diseño, de un proyecto práctico y la dominación de una casta política —la talasocracia de una oligarquía mercantil—. Tras la fijación de los primeros pilares en el cieno de la laguna, cada *lugar* fue proyectado y realizado por el pueblo, desde los «jefes» políticos y el grupo que los apoyaba hasta los que trabajaban en su ejecución. Después de las exigencias prácticas que el desafío al mar implicaba —el puerto, las rutas marítimas— vinieron las concentraciones, las fiestas, las grandiosas ceremonias (el matrimonio del Dogo y el mar) y la inventiva arquitectónica. Aquí es posible percibir el vínculo entre un lugar elaborado por una voluntad y por un pensamiento colectivos, de un lado, y por las fuerzas productivas de la época, de otro. Por tal motivo ese lugar ha sido elaborado. Plantar los pilotes, construir los muelles e instalaciones portuarias, edificar los palacios, todo eso constituyó igualmente un trabajo social, un trabajo realizado en condiciones difíciles y bajo las apremiantes decisiones de una casta que obtenía un abundante provecho de todo ello. ¿A través de la obra no hay producción? ¿El plusproducto social, anterior a la plusvalía capitalista, no lo anunciaba? Quizás con una diferencia y es que, en Venecia, el plustrabajo y el plusproducto social se realizaban y desplegaban sobre el lugar, en la ciudad. El uso estético de tal plusproducto, de acuerdo con el gusto de individuos prodigiosamente dotados y, para decirlo todo, altamente civilizados a pesar de su crueldad, no puede ocultar su origen. Este esplendor que hoy declina reposa a su manera sobre los actos repetitivos de carpinteros, albañiles, marineros y estibadores. Y también, por supuesto, de aquellos patricios que administraban día a día sus asuntos. No obstante, cada retal de Venecia forma parte de un himno a la diversidad de los placeres, a la inventiva en las fiestas y celebraciones, a la suntuosidad de los rituales. Si en realidad se trata de mantener la distinción entre obra y producto, hay que advertir que esta distinción sólo tiene un alcance relativo. Quizás se descubriría entre esos dos términos una relación más sutil que la consistente en una identidad o en una oposición. Toda obra ocupa un espacio, lo engendra, lo elabora. Todo producto ocupa asimismo un espacio y circula por él. ¿Cuál es la relación entre estas dos modalidades de ocupación del espacio?

Incluso en Venecia, el espacio social se produce y reproduce en contacto con las fuerzas productivas (y las relaciones de producción). Las fuerzas productivas, en el curso de su desarrollo, no se despliegan sobre un espacio preexistente, vacío, neutro o sólo determinado por la geografía, el clima, la antropología, etc. No hay, pues, ninguna razón para establecer una distinción radical entre la obra de arte y el producto hasta plantear la trascendencia de la obra. Procediendo así dejamos intacta toda esperanza de reencontrar una relación dialéctica a partir de la cual la obra resulta ser en cierto sentido inherente al producto mientras que lo producido no devora la creación en la acumulación repetitiva.

Ni la naturaleza —el clima, el lugar— ni la historia previa pueden explicar suficientemente un espacio social. Ni siquiera la «cultura». Es más, el crecimiento de las fuerzas productivas no conlleva la constitución de un espacio o de un tiempo particular de acuerdo con un esquema causal. Las mediaciones y los mediadores se interponen: la acción de los grupos, las razones relativas al conocimiento, la ideología o las representaciones. El espacio social contiene objetos muy diversos, tanto naturales como sociales, incluyendo redes y ramificaciones que facilitan el intercambio de artículos e informaciones. No se reduce ni a los objetos que contiene ni a su mera agregación. Esos «objetos» no son únicamente cosas sino también relaciones. En calidad de objetos, poseen particularidades discernibles, formas y contornos. El trabajo social los transforma y los sitúa en otra configuración espacio-temporal, incluso cuando no afecta a su materialidad ni a su estado natural (como en el caso de una isla, un golfo, un río o una montaña, etc.).

Veamos otro ejemplo extraído igualmente de Italia, y esto debido a que en ese país la historia precapitalista es particularmente fecunda y la preparación de la era industrial particularmente significativa, incluso a pesar de que este avance se salda a lo largo del siglo XVIII y del siglo XIX con una pérdida de velocidad y un retraso relativo.

La Toscana. A partir del siglo XIII la oligarquía urbana toscana (los comerciantes, los burgueses) comenzó a transformar los dominios señoriales (los latifundios) que poseían por herencia o por adquisición propia en un sistema de colonias aparceras (*colonat partiaire*): en vez de siervos, aparceros. El colono o aparcero recibía su parte de lo producido de tal modo que en él, más que en el siervo o en el esclavo, anidaba un interés en producir. El movimiento que se desencadenó entonces y que dio lugar a una nueva realidad social no se basaba ni en la ciudad (lo urbano) tomada a parte ni en el campo por sí mismo, sino en su relación (dialéctica) en el espacio, un espacio cuyos fundamentos descansaban en su historia. El deseo de la burguesía urbana consistía en proveer a los habitantes de la ciudad, invertir en la agricultura, apoyarse sobre el conjunto del territorio, suministrar al mercado cereales, lanas, pieles y todo lo que quedase bajo su control. La burguesía transformó, pues, el país y el paisaje de acuerdo a un plan preconcebido, siguiendo un modelo. Las casas de los aparceros, las denominadas *poderi*, se agrupaban alrededor del palacio donde residía ocasionalmente el propietario, donde habitaba su regidor. Entre los *poderi* y el palacio, filas de cipreses se alineaban a ambos lados del camino. ¿Qué simboliza el ciprés? La propiedad, la inmortalidad, la perpetuidad. Y esos cipreses se inscribían en el paisaje dotándolo al mismo tiempo de sentido y profundidad. Los árboles y las sendas se recortaban, dividían las tierras y las organizaban. En el paisaje, esta disposición evocaba las leyes de la perspectiva, cuya realización más lograda se plasma en la plaza urbana, entre las arquitecturas que la ciñen. La ciudad y el campo —su relación— vinieron así a engendrar un espacio que los pintores de la escuela de Siena, la primera de las italianas, iban a identificar, formular y desarrollar.

En la Toscana y en otros lugares durante esa misma época (en Francia, sobre la que tendremos ocasión de debatir a propósito de «la historia del espacio») no hubo solamente producción material y, en consecuencia, aparición de formas sociales o incluso producción social de realidades materiales. Las nuevas formas sociales no son «inscritas» en el espacio preexistente. El espacio producido no fue ni rural ni urbano, sino resultado de su novedosa relación espacial.

La causa y razón de esta transformación residía en el crecimiento de las fuerzas productivas del artesanado, de la industria emergente y de la agricultura. Pero el crecimiento sólo actuaba a través de la relación social «ciudad-campo» y, en consecuencia, a través de los grupos motrices del desarrollo: la oligarquía urbana y una fracción del campesinado. El resultado fue un incremento de la riqueza, un mayor plusproducto, y esto tenía un efecto retroactivo sobre las condiciones iniciales. El lujo, la construcción de palacios y monumentos permitieron a los artistas y, en primer lugar, a los pintores, expresar a su manera lo que sucedía, hacer ver lo que ellos discernían. Estos artistas descubrieron y teorizaron la perspectiva en la medida en que un espacio en perspectiva yacía ante ellos; es decir, en la medida en que ese espacio había sido ya producido. La obra y el producto no se distinguen aquí sino en función del análisis retrospectivo. Una separación absoluta, una ruptura, equivaldría a destruir el movimiento generador o más bien lo que nos queda: su concepto. El crecimiento descrito y el desarrollo solidario no tuvo lugar sin múltiples conflictos, sin luchas de clase (entre aristócratas y burgueses en ascenso, entre el «populo minuto» y el «populo grosso», en las ciudades, entre las gentes de la ciudad y los campesinos, etc.). Esta secuencia de acontecimientos corresponde hasta cierto punto a la «revolución comunal» en una parte de Francia y Europa; pero los vínculos entre esos diversos aspectos del proceso global son mejor conocidos en el caso toscano que en otras regiones, y en realidad se presentan allí como más marcados y con efectos más llamativos.

Al final de este proceso emerge una nueva representación del espacio: la perspectiva visual que aparece en la obra de los pintores y a la que dan forma los arquitectos y más tarde los geómetras. El saber surge de una práctica y es elaborado mediante la formalización, la aplicación de un orden lógico.

Mientras tanto, a lo largo del periodo considerado, en Italia, en la Toscana y en torno a Florencia y Siena, los habitantes de las ciudades y las aldeas continuaron viviendo su espacio de un modo particular, emocional y religiosamente. Representaban un juego de fuerzas sacras y malditas que se combatían en el mundo, en vecindad de los lugares privilegiados que eran para cada uno su cuerpo, su casa, su tierra y también su iglesia junto con el cementerio que acogía a sus muertos. Ese *espacio de representación* figuraba en abundantes obras (en la pintura, en la arquitectura, etc.). A pesar de ello, algunos artistas y sabios supieron llegar a una *representación del espacio* por completo diferente: el espacio homogéneo, bien delimitado por la línea del horizonte, el punto de fuga de las paralelas.

II

Hacia mediados del siglo XIX, en algunos países «avanzados», una nueva realidad comenzó a agitar a la población y a estimular los espíritus dado que planteaba numerosos problemas cuya solución no se avistaba aún. Esa «realidad», por emplear un término convencional y un poco burdo, no se presentaba al análisis y a la acción de un modo claro y distintivo. En la práctica se denominaba *industria*; para el pensamiento teórico se denominaba *economía política*; y ambas iban de la mano. La práctica industrial indujo una serie de nuevos conceptos y de nuevas cuestiones: la reflexión sobre esa práctica, una vez vinculada a la reflexión sobre el pasado (la historia) y a la evaluación crítica de las innovaciones (la sociología), hizo nacer esa ciencia que muy pronto sería hegemónica: la economía política.

¿De qué modo procedían los individuos de esa época, aquellos que se atribuían responsabilidades en el plano del conocimiento (filósofos, científicos, sobre todo los «economistas») o en el plano de la acción (políticos y «empresarios» capitalistas)? En realidad procedieron de un modo que les parecía sólido, irrefutable y «positivo» (en conexión con el *positivismo* que ya por entonces apuntaba).

Unos contaban las cosas, los objetos; algunos describían máquinas (como el genial Charles Babbage); otros, los productos de esos dispositivos, insistiendo en las necesidades que resultarían satisfechas con ellos, los mercados que se abrirían a tales productos. Salvo ciertas excepciones, esos individuos se perdían en los detalles, se enredaban en los hechos; aunque el terreno parecía sólido en principio (de hecho, lo era), ellos terminaban extraviándose. Eso no impidió que, en casos límite, las descripciones de no importa qué dispositivo mecánico o de cualquier procedimiento de venta pasaran por conocimiento. (¿Es necesario añadir lo poco que han cambiado las cosas en ese dominio después de transcurrido un siglo?)

Las cosas y los productos que son medidos, esto es, reducidos al patrón común del dinero, no comunican su verdad; al contrario, la ocultan en tanto que cosas y productos. Desde luego, hablan a su manera, en su lenguaje de cosas y de productos, para promocionar la satisfacción que aportan o las necesidades que satisfacen: mienten y disimulan el tiempo de trabajo social que contienen, el trabajo productivo que encarnan y también las relaciones de explotación-dominación en que se basan. Como todos los lenguajes, su lenguaje de cosas sirve para mentir tanto como para decir la verdad. La cosa miente. Y alcanzando el estatuto de mercancía, al mentir respecto a su origen —el trabajo social—, al disimularlo, la cosa tiende a erigirse como un absoluto. Los productos y los circuitos a que dan lugar (en el espacio) se fetichizan, devienen más «reales» que la realidad misma, es decir, que la actividad productiva, apoderándose de ella. Esta tendencia alcanza su expresión última, como sabemos, en el mercado mundial. El objeto oculta algo de gran importancia, y lo hace con mayor efectividad en tanto que no podemos (el «sujeto») pasar sin él; no podemos prescindir de lo que nos aporta, un placer ilusorio o real (¿pero cómo distinguir ilusión y realidad en el goce?). La apariencia y la ilusión de realidad no se hallan en el uso de las cosas ni en el placer derivado del uso, sino en la cosa misma en calidad de soporte de signos y significados falaces. Arrancar la máscara de las cosas con el fin de desvelar las relaciones (sociales), tal fue el gran logro de Marx, la misión del pensamiento marxista, cualesquiera sean las tendencias políticas que reclamen su tradición. Por supuesto, ni esa roca sobre la montaña ni esa nube ni el cielo azul, ni ese pájaro o aquel árbol mienten. La naturaleza se muestra tal cual es: cruel y generosa a un mismo tiempo. La naturaleza no pretende engañar, y puede reservarnos las más tristes venturas sin mentirnos jamás. La llamada realidad social es dual, múltiple, plural. ¿En qué medida es capaz de garantizar una *realidad*? Si la realidad es entendida como materialidad, la realidad social no tiene ni es realidad. Por otro lado, contiene e implica abstracciones terriblemente concretas (ahora y siempre, el dinero, las mercancías y el intercambio de bienes materiales) así como formas «puras» tales como el intercambio, el lenguaje, los signos, las equivalencias, las reciprocidades, los contratos, etc.

Según Marx —y nadie que haya considerado el asunto ha podido cuestionar este fundamento analítico salvo ignorándolo—, la mera constatación de la existencia de las cosas (ya se trate de objetos específicos, ya del «objeto» en general) equivale a ignorar lo que las cosas contienen y disimulan: las *relaciones* sociales y las *formas* de esas relaciones. Desde el momento en que no se toman en consideración esas relaciones inherentes a las cosas sociales, el conocimiento se extravía, mostrándose incapaz de constatar la indefinida e indefinible variedad de cosas. El conocimiento se pierde en las clasificaciones, en las descripciones y en definitiva en las fragmentaciones.

Con el fin de alcanzar la inversión y la revolución del sentido que podría descubrir un significado verídico, Marx tuvo que socavar las certidumbres de una época: la plena confianza en las cosas y en la «realidad». Lo «positivo» y lo «real» no han carecido jamás de poderosas razones y de buenos argumentos para el sentido común y la vida cotidiana. Por eso Marx tuvo que disolverlos literalmente. Admitamos que los filósofos ya habían cumplido con buena parte de la faena, ya habían corroído las tranquilas seguridades del sentido común. Pero Marx tampoco dudó en hacer añicos las abstracciones filosóficas, como esos recursos a la trascendencia, la conciencia, el Espíritu o el Hombre: él deseaba superar la filosofía y salvaguardar la verdad al mismo tiempo.

Para el lector actual, el trayecto de Marx aparece salpicado de polémicas demasiado conocidas y de las que se ha abusado desde entonces. A veces superfluas, tampoco han perdido su sentido a pesar de los comentarios aún más superfluos de los ortodoxos. Ya en tiempos de Marx muchos se felicitaban del progreso alcanzado por la racionalidad (económica, social, política) y vislumbraban fácilmente el paso a una «realidad» mejor. Marx respondía mostrando que lo que ellos tomaban por progreso no era sino el mero crecimiento de las fuerzas productivas, que en vez de solucionar los denominados problemas «sociales» y «políticos» los agravaba. Por otro lado, a aquellos que se dolían de la pérdida de ese tiempo pasado, Marx les mostraba las nuevas oportunidades que se abrían en razón del crecimiento de las fuerzas productivas. A los revolucionarios ávidos de acción total e inmediata, Marx les respondía mediante *conceptos*; a los coleccionistas de hechos, Marx les ofrecía *teorías* cuyo alcance «operativo» sólo aparecería más tarde: teorías de la organización de la producción como tal, teorías de planificación.

De un lado, Marx debía recuperar los contenidos que la tendencia dominante, la de la clase dominante (no percibida como tal), trataba de desviar por todos los medios. Estos contenidos no eran otros que el trabajo productivo, las fuerzas productivas, las relaciones y el modo de producción. Al mismo tiempo, contra la fragmentación y el recorte de la realidad en «hechos» y recuentos estadísticos, Marx identificó la *forma* más general de las relaciones sociales, a saber, la forma del intercambio (el valor de cambio). Insistamos en ello: no sólo la forma única, sino la generalidad formal.

Ahora consideremos un espacio cualquiera, un «intervalo», a condición de que no sea un espacio vacío. Este espacio contiene cosas y sin embargo no es una cosa, un «objeto» material. ¿Se tratará de un «medio» flotante, de una abstracción simple o de una forma «pura»? No, precisamente porque tiene un contenido.

Debemos concluir que este espacio implica, contiene y disimula las *relaciones sociales*, a pesar de que, como hemos dicho, este espacio no es una cosa, sino un conjunto de relaciones entre las cosas (objetos y productos). ¿Podemos afirmar que es o tiende a convertirse en la Cosa absoluta? Sin duda, puesto que toda cosa que alcanza la autonomía en el proceso de intercambio (desde el momento en que deviene mercancía) tiende a hacerse absoluta, tendencia que define el concepto marxista del fetichismo (la alienación práctica en el capitalismo). No obstante, la Cosa no alcanza completamente lo absoluto, no logra emanciparse de la actividad, del uso, de la necesidad, del «ser social». ¿Cuáles son las implicaciones de todo esto para el espacio? Bien, ésa es la cuestión central.

Si contemplamos un trigal o un maizal, somos conscientes de que los surcos, las sementeras, las barreras de los campos, de seto o de alambrada, indican relaciones de producción y de propiedad. Comprendemos que esto es mucho menos cierto en el caso de las tierras incultas, los montes o el bosque. Así, la pertenencia de un espacio a la naturaleza le dispensa de entrar en el universo de las relaciones sociales de producción. Esto no debería sorprendernos; lo mismo podría decirse a propósito de un peñasco o de un árbol. Pero el carácter de estos espacios en los que predominan las peculiaridades naturales o que contienen objetos dotados de dichas particularidades declina progresivamente. Y con él, se aleja la Naturaleza. Tomemos un «parque natural», nacional o regional; no podemos afirmar con rotundidad si pertenece a la naturaleza o a lo fáctico. Antaño predominante, el rasgo «naturaleza» se difumina y se subordina progresivamente. Inversamente, el carácter social del espacio (las relaciones sociales que implica, contiene y disimula) comienzan a prevalecer *visiblemente*. Esta característica típica, la visibilidad, no conlleva necesariamente la *legibilidad* de las relaciones sociales inherentes. El análisis de esas relaciones, por el contrario, se hace complicado hasta el punto de lindar con lo paradójico.

Detengámonos en una morada campesina. Ella expresa e implica relaciones sociales. La morada acoge a una familia, la familia de tal país, de tal región o de tal terruño; además, forma parte de un sitio y de un paisaje. No importa cuán próspera o pobre pueda ser, es tanto una obra como un producto, incluso a pesar de que representa invariablemente un tipo. En mayor o menor grado forma parte de la naturaleza. Es un objeto intermediario entre la obra y el producto, entre la naturaleza y el trabajo, entre lo simbólico y lo significativo. ¿Da lugar a un espacio? Y siendo la respuesta, como es, afirmativa, ¿es dicho espacio natural o cultural, inmediato o mediatizado (por quién, para qué), dado o fáctico? Lo uno y lo otro, ésa es la respuesta. Sin duda, una respuesta ambigua a una pregunta demasiado clara: entre «naturaleza» y «cultura», como entre la obra y el producto, existen relaciones y mediaciones complejas, del mismo modo que existen entre el tiempo y el «objeto» en el espacio.

Al proceder a comparar diferentes mapas de una región o de un país (Francia, por ejemplo), inmediatamente nos sorprende su diversidad. Algunos han tenido un propósito mistificador, como los mapas de las «maravillas naturales», de lugares y monumentos históricos, que vienen acompañados de la retórica apropiada. Este tipo de mapas designa los lugares donde el consumo voraz termina masticando los restos de la naturaleza y del pasado; es decir, donde se alimenta de los signos históricos u originales. Creyendo los mapas y las guías, el turista se da el festín de la autenticidad. Las «leyendas», esto es, los códigos que permiten la lectura de esos documentos, engañan mejor que las cosas mismas, si bien en un segundo grado. Consideremos un simple mapa de carreteras y vías de comunicación francesas. El sentido del mapa, lo que el mapa revela —no a la mirada ingenua, sino al analista, por poco avezado que sea— es a la vez claro y no fácilmente descifrable. Una banda diagonal atraviesa la República una e indivisible, como en bandolera. De Berre-l'Étang hasta Le Hâvre, pasando por los valles del Ródano (el gran Delta), del Saône y del Sena, esta raya confina una zona superindustrializada y superurbanizada que deja al resto de nuestra querida vieja Francia en el subdesarrollo y en la «vocación turística». Hasta ayer era secreto de Estado, proyecto sólo conocido por unos cuantos tecnócratas; hoy (verano de 1973), verdad sabida, trivial. Pero menos banal si completamos los mapas turísticos con los mapas de las instalaciones militares establecidas o proyectadas en el sur de Francia. Fácilmente se constata que esta inmensa región, condenada salvo ciertos sectores bien definidos al turismo y a los parques naturales —es decir, al declive económico y social— está también destinada a un potente uso militar ya que el Ejército encuentra en esas regiones periféricas un marco adecuado a sus diferentes actividades.

Esos espacios están *producidos*. La «materia prima» a partir de la cual se han producido no es otra que la naturaleza. Son productos de una actividad donde la economía y la técnica están involucradas, pero van mucho más lejos: son productos políticos, espacios estratégicos. El término «estrategia» comprende proyectos y acciones muy diferentes, combina la paz con la guerra; el comercio de armas con la disuasión en caso de crisis; el empleo de recursos propios de los espacios *periféricos* con el uso de las riquezas procedentes de los centros industriales, urbanizados y estatalizados.

El espacio no es nunca producido al modo en que se produce un kilo de azúcar o un metro de tela. No es un mero agregado de los lugares y sitios de esos productos: el azúcar, el trigo, la tela, el hierro. ¿Acaso se produce como una *superestructura*? No, sería más exacto decir que es la condición o el resultado de superestructuras sociáles: el Estado y cada una de las instituciones que lo componen exigen sus espacios —espacios ordenados de acuerdo con sus requerimientos específicos—. El espacio no tiene nada de «condición» a priori de las instituciones y del Estado que las corona. Podemos afirmar que el espacio es una relación social, pero inherente a las *relaciones de propiedad* (la propiedad del suelo, de la tierra en particular), y que por otro lado está ligado a las *fuerzas productivas* (que conforman esa tierra, ese suelo); vemos, pues, que el espacio social manifiesta su polivalencia, su «realidad» a la vez formal y material. *Producto* que se utiliza, que se consume, es también *medio de producción*: redes de cambio, flujos de materias primas y de energías que configuran el espacio y que son determinados por él. En consecuencia, ese medio de producción, producido como tal, no puede ser separado de las fuerzas productivas, incluyendo la técnica y el conocimiento, ni separado de la división social del trabajo, que lo modela, ni de la naturaleza, ni del Estado y las superestructuras de la sociedad.

III

El concepto de espacio social se desarrolla mediante su ampliación. Se introduce en el seno del concepto de producción, lo invade incluso, llegando a hacerse parte (quizá una parte esencial) de su contenido. De ahí engendra un movimiento dialéctico muy específico que no abole ciertamente la relación «producción-consumo» aplicada a las cosas (bienes, mercancías, objetos de cambio), pero que modifica mediante su ampliación. Entre los niveles a menudo separados del análisis se atisba una unidad: las fuerzas productivas y sus componentes (naturaleza, trabajo, técnica, conocimiento), las estructuras (relaciones de propiedad), las superestructuras (las instituciones y el mismo Estado).

¿Cuántos mapas, en sentido descriptivo o geográfico, serían precisos para agotar un espacio social, para codificar y descodificar todos sus sentidos y contenidos? No estoy seguro de que podamos numerarlos. Al contrario, lo innumerable se introduce aquí, una especie de infinito inmediato como en un cuadro de Mondrian. No sólo cambian los códigos (leyendas, convenciones de escritura y lectura), sino los objetos representados y los objetivos con que se enfocan, las mismas escalas utilizadas. La idea de un pequeño número de mapas o incluso de un mapa exclusivo y privilegiado sólo puede proceder de una especialidad que se afirma aislándose de su contexto.

Sería difícil o imposible hoy en día cartografiar datos muy importantes. ¿Dónde, cómo, quién y por qué se concentran y se procesan las informaciones? ¿Cómo funciona y para quién la tecnología informática? Sabemos lo suficiente de este asunto como para sospechar la existencia de un espacio informacional, pero no lo bastante para describirlo y menos aún para afirmar conocerlo.

No hay *un* espacio social, sino varios espacios sociales e incluso podríamos decir que una multiplicidad ilimitada; el término «espacio social» denota un conjunto innumerable. En el curso del crecimiento y desarrollo ningún espacio llega a desaparecer: *lo mundial no abole lo local*. No se trata de una consecuencia de la ley del desarrollo desigual, sino de una ley propia. El entrecruzamiento de los espacios sociales es una ley. Tomado aisladamente, cualquier espacio sólo es una abstracción. Abstracciones concretas que existen «realmente» por redes y ramificaciones, en virtud de haces o racimos de relaciones. Por ejemplo, las redes de comunicación a escala mundial, las redes de información. Hay que hacer notar que el desarrollo de estas redes muy recientes no erradica de su contexto social aquellas otras más antiguas, yuxtapuestas en el curso de los siglos, y que constituyen los *mercado*s locales, regionales, nacionales o internacionales; el mercado de las mercancías, el mercado de dinero y capitales; el mercado de trabajo; el mercado de las obras, símbolos y signos; y el último en aparecer, el de los espacios mismos. Cada mercado en el curso de los tiempos se ha consolidado y ha asumido una forma concreta en una red: los puntos de compra-venta para los intercambios mercantiles, en las rutas comerciales; los bancos y bolsas de valores financieros para la red bancaria y la circulación de capitales; las bolsas de trabajo, etc. Todo ello encuentra su materialización en las ciudades mediante la construcción de edificios apropiados. Así pues, el espacio social y, sobre todo, el espacio urbano emergen en toda su diversidad, comparable a la de una estructura laminada (como la de las milhojas) mucho más que a la homogeneidad isotrópica del espacio matemático clásico (euclidiano-cartesiano).

Los espacios sociales se interpenetran y/o se yuxtaponen. No son *cosas* que limitan entre sí, colindantes, o que colisionan como resultado de la inercia. Algunos términos, como «capa» o «estrato», no están desprovistos de inconvenientes. Siendo artificios metafóricos más que conceptos, estos términos asimilan el espacio a las cosas y relegan en consecuencia su concepto a la esfera de la abstracción. Las fronteras visibles (por ejemplo, los muros, las cercas en general) hacen surgir la apariencia de una separación entre esos espacios tanto en ambigüedad como en continuidad. El espacio de una «pieza», de una habitación, de una casa, de un jardín, separado del espacio social por barreras y muros, por todos los signos de la propiedad privada, no es menos espacio social. Esos espacios no son tampoco «medios» vacíos en el sentido de continentes separables de su contenido. Producidos en el curso del tiempo, distintos pero indisociables, no podemos compararlos ni a los espacios locales de ciertos astrónomos como Hoyle ni a los sedimentos, aunque esta metáfora sea más justa que una comparación matemática. ¿No habría que recurrir a la dinámica de fluidos? El principio de la superposición de pequeños movimientos nos enseña que la escala, la dimensión y el ritmo desempeñan un papel importante. Los grandes movimientos, los ritmos y las grandes olas se compenetran: cada *lugar social* no puede comprenderse sino de acuerdo a una doble determinación: de un lado, el lugar sería movilizado, violentado, a veces hecho añicos por las grandes tendencias —los movimientos que producen interferencias—; por otro lado, el lugar sería atravesado, penetrado por pequeños movimientos característicos de las redes y las ramificaciones.

Todo esto no explica qué produce los diversos movimientos, ritmos y frecuencias, ni qué sostiene y preserva la precaria jerarquía entre grandes y pequeñas tendencias, entre estrategias y tácticas, entre redes y lugares. Además, la dinámica de fluidos sugiere una metáfora que parece contener un análisis y una explicación; sobrepasando cierto límite, el análisis se transforma en error. Si hay una comparación posible entre los movimientos físicos (ondas, tipos de ondas, *quanta* asociados, es decir, la clasificación de las radiaciones por la longitud de su onda), la analogía que orienta el análisis no debe gobernar el conjunto de la teoría. Una consecuencia paradójica de este paradigma es que cuanto más corta es la longitud de la onda, más considerable es el *quantum* relativo de energía atado al elemento discreto. ¿Hay en el espacio social algo análogo a esta ley del espacio físico? Tal vez, si es cierto que la «base» práctica y social guarda una existencia concreta, si es cierto que la contraviolencia que se alza para combatir el gran movimiento estratégico tiene siempre un origen particular y local, la energía de un «elemento» en la base, la de un «movimiento» elemental.

Sea lo que fuere, los *lugares* no se yuxtaponen solamente en el espacio social en contraste con lo que sucede en el espacio-naturaleza. Se intercalan, se combinan, se superponen y a veces colisionan. De ahí resulta que lo local (lo «puntual» determinado por un punto u otro) no desaparece, absorbido por lo regional, lo nacional, lo mundial. Lo nacional y lo regional envuelven muchos «lugares»; el espacio nacional engloba regiones; el espacio mundial no sólo engloba espacios nacionales sino que llega a provocar (hasta nueva orden) la formación de nuevos espacios nacionales mediante un proceso notable de fragmentación. Múltiples flujos atraviesan esos espacios. El espacio social comienza a aparecer en su hipercomplejidad: unidades individuales y particularidades, puntos fijos relativos, movimientos, flujos y ondas, los unos se compenetran, los otros se enfrentan, etc.

El principio de interpenetración y de superposición de los espacios sociales comporta una útil indicación: cada fragmento de espacio deducido por el análisis oculta no una relación social sino una multiplicidad que el análisis puede potencialmente revelar. Lo mismo puede decirse con respecto a los objetos: correspondientes a las necesidades, los objetos resultan de una división del trabajo, entran en circuitos de intercambio, etc.

La hipótesis inicial se amplía, se expande y podría formularse así:

> (a) Hay una cierta analogía entre la situación actual (práctica y teórica) y la que tendía a establecerse a mediados del siglo XIX. Un conjunto de cuestiones nuevas (una «problemática», como se dice en el vocabulario filosófico) desplaza los antiguos problemas, sustituyéndolos y superponiéndose sin que pueda decirse que lleguen a abolirlos completamente.
>
> Los más ortodoxos entre los marxistas niegan esta situación. Están firme y exclusivamente comprometidos con el examen de la producción en el sentido clásico: producción de cosas, de «bienes», de mercancías. Les cuesta incluso admitir que ya que la ciudad es un *medio de producción* (algo más que la suma de los «factores productivos» que reúne), hay un conflicto entre el carácter social de esta producción y la propiedad privada de los lugares. Lo que trivializa el pensamiento en general como la crítica en particular. Incluso algunos quieren decir al parecer que las cuestiones relativas al espacio, a la ciudad, a la tierra y a lo urbano oscurecen la «conciencia de clase» y perjudican a la lucha de clases. No deberíamos perder el tiempo en afirmaciones tan necias pero tendremos que volver sobre esta cuestión más tarde.

(b) Nuestra principal preocupación es el espacio. La problemática del espacio envuelve las problemáticas de la realidad urbana (la ciudad, su extensión) y de la cotidianidad (el consumo programado), desplazando la problemática de la industrialización. Esto no representa, sin embargo, la abolición de un conjunto de problemas ya que las relaciones sociales preexistentes subsisten; el nuevo problema es precisamente el de su *reproducción*.

(c) En tiempos de Marx la ciencia económica (o más bien, las tentativas por elevar la economía política al rango de ciencia) se perdía en la enumeración y descripción de los productos (cosas, objetos), en la aplicación de los procedimientos contables. Ya entonces los especialistas dividían las tareas y se servían de conceptos o pseudo-conceptos que todavía no eran denominados «operacionales» pero que les permitían clasificar y contar las cosas, ordenarlas sobre estanterías mentales. Marx sustituyó este tipo de estudios sobre las cosas «en sí mismas», aisladas unas de otras, por un análisis crítico de la actividad productiva (el trabajo social, las relaciones y el modo de producción). Retomando y renovando la iniciativa de los fundadores de la denominada ciencia económica (Smith, Ricardo), Marx combinó sus aportaciones con un análisis crítico del capitalismo, alcanzando un conocimiento mucho más profundo.

(d) ¿No es posible reclamar hoy una aproximación similar? Quizá el espacio haya de ser analizado ahora como antes lo fueron las cosas en el espacio, con el fin de descubrir sus relaciones sociales. La tendencia dominante fragmenta y recorta el espacio. Enumera los contenidos del espacio, las cosas, los diversos objetos. Los especialistas se reparten el espacio y actúan sobre sus partes, estableciendo barreras mentales y práctico-sociales. Así, el arquitecto tendría por propiedad (privada) el espacio arquitectónico del mismo modo que al economista correspondería el espacio económico, al geógrafo su «lugar bajo el sol» como bien propio, etc. La tendencia *ideológicamente* dominante divide el espacio en partes y parcelas de acuerdo con la división social del trabajo. Se representa las fuerzas que ocupan el espacio considerándolo como un receptáculo pasivo. En vez de descubrir las relaciones sociales (incluidas las relaciones de clase) implicadas en los espacios, en vez de concentrar la atención en la producción del espacio y en las relaciones sociales inherentes a esta producción (relaciones que introducen contradicciones específicas en la misma producción, retomando la contradicción entre la propiedad privada de los medios de producción y el carácter social de las fuerzas productivas), caemos en la trampa de tratar el espacio como espacio «en sí» y como tal. Comenzamos a pensar en términos de espacialidad, deslizándonos hacia la fetichización del espacio, del mismo modo que antes se cayó en la trampa del intercambio, en la fetichización de la mercancía y de la «cosa» considerada y aprehendida aisladamente, es decir, como cosa «en sí».

(e) Sin duda alguna, la problemática del espacio nace de un crecimiento de las fuerzas productivas (término más exacto que «crecimiento» en general, abstracción empleada de un modo ideológico). Las fuerzas productivas y técnicas permiten intervenir en todos los niveles del espacio: local, regional, nacional y mundial. El espacio entero (geográfico, histórico) es modificado, pero sin llegar a abolir sus implicaciones, los «puntos» iniciales, los primeros centros y nodos, los *lugares* (localidades, regiones, países) situados en distintos niveles de un espacio social en el cual el espacio-naturaleza es reemplazado por un espacio-producto. Del espacio producido, del espacio de la producción (de cosas en el espacio), el pensamiento reflexivo pasa, pues, a la producción del espacio como tal, debido al crecimiento continuo (relativamente) de las fuerzas productivas pero en los marcos discontinuos (relativamente también) de las relaciones y de los modos de producción. De ahí resulta que, para aprehender el concepto propuesto —a saber, la producción del espacio—, sea preciso disipar desde el principio las ideologías que enmascaran el uso de las fuerzas productivas en el seno de los modos de producción en general, y en particular, en el modo de producción existente. Es necesario asimismo destruir las ideologías de la espacialidad (abstracta) y las representaciones segmentadas del espacio. Por supuesto estas ideologías no se presentan tal como son sino que se ofrecen explícitamente como conocimiento y saber establecido. La dificultad y complejidad de esta crítica deriva del hecho de que se aplica tanto sobre las formas (mentales) como sobre los contenidos prácticos (sociales) del espacio.

(f) *La ciencia del espacio* es buscada de unos años a esta parte por diferentes vías: la filosofía, la epistemología, la ecología, la geopolítica, el análisis sistémico (análisis de los sistemas decisionales y de los sistemas cognitivos), la antropología, la etnología, etc. Esta ciencia virtual, tan próxima, no consigue ser alcanzada. Para los investigadores resulta algo parecido al suplicio de Tántalo y comenzamos a entrever el porqué. El conocimiento del espacio oscila entre la descripción y la fragmentación. Se describen las cosas en el espacio, o los fragmentos del espacio. Se recortan los espacios parciales en el espacio social. Se presenta así un espacio geográfico o etnológico, un espacio demográfico, un espacio informático, etcétera, etcétera. Y también podría presentarse un espacio musical, pictórico y plástico. Olvidamos que éste es el camino por el cual nos adentramos en una fragmentación deseada no sólo por el lenguaje y por los especialistas, sino por la sociedad existente que se divide a sí misma en espacios heteróclitos en el seno de una totalidad severamente controlada y en ese mismo sentido homogénea: los espacios del hábitat, del trabajo, del ocio, los espacios deportivos, los espacios turísticos, los espacios de la astronáutica, etc. En consecuencia, la atención se dispersa y se pierde en consideraciones tan pronto sobre lo que hay en el espacio (las cosas, tomadas aisladamente, remitidas a sí mismas, a su pasado, a sus nombres), tan pronto sobre el espacio vacío (separado de lo que contiene); es decir, unas veces a los objetos en el espacio y otras al espacio sin objetos, espacio neutro. Estas representaciones parciales y segmentadas terminan por extraviar al conocimiento, integrado inintencionalmente en la sociedad existente, operando en sus marcos. A menudo se abandona la esfera global, aceptando la fragmentación y recogiendo los retales sueltos de conocimiento. En ocasiones se «totaliza» arbitrariamente a partir de esto o de aquello, a partir de una u otra especialidad. Sería preciso mostrar la diferencia entre la «ciencia del espacio» soñada o buscada, de un lado, y el conocimiento de su producción, de otro. Éste, a diferencia de las fragmentaciones, interpretaciones y representaciones de una supuesta ciencia del espacio, reencontrará el *tiempo* (y en primer lugar el tiempo de la producción) en y a través del espacio.

(g) Este conocimiento tendría un alcance tanto retrospectivo como prospectivo. Si la hipótesis se confirma, las implicaciones sobre la historia y sobre nuestra comprensión del tiempo vendrían a mostrarse enseguida. Permitiría conocer mejor cómo las sociedades generan sus espacios y sus tiempos (sociales), es decir, sus espacios de representación y sus representaciones del espacio. También debería permitirnos no tanto prever el futuro como aportar elementos relevantes que faciliten su perspectiva, la del *proyecto*; en otros términos, de otro espacio y de otro tiempo en otra sociedad, posible o imposible.

IV

¡Crítica del espacio! Proponer inesperadamente este proyecto crítico puede suponer riesgos de hacerlo pasar por una paradoja intelectual escandalosa. ¿Acaso tiene sentido una crítica del espacio? Se critica algo o se critica a alguien; ahora bien, el espacio no es lo uno ni lo otro —como diría un filósofo, no es sujeto ni objeto—. ¿Cómo lograremos aprehenderlo? Resulta inaccesible para el llamado espíritu crítico, ese espíritu que parece haber alcanzado sus límites con la «teoría crítica», versión debilitada del marxismo. Posiblemente sea ésta la razón por la cual no existe todavía junto a la crítica del arte, literaria, teatral, musical, etc., una crítica arquitectónica o urbanística. Aparentemente su existencia se impone dado que su «objeto» tiene al menos tanto interés e importancia como los objetos estéticos de consumo corriente. Se trata, después de todo, del «marco de la vida». Pero la crítica literaria, pictórica o teatral apunta a individuos e instituciones: pintores, marchantes, galerías, exposiciones, museos, o bien a editores, escritores y el mercado del consumo cultural. El espacio arquitectónico y urbanístico parece fuera de alcance. En el plano mental evoca términos extraordinarios: legibilidad, visibilidad, inteligibilidad; en el plano social se antoja como el resultado intangible de la historia, de la sociedad, de la cultura, de todo lo que puede reunir. ¿Acaso la ausencia de una crítica del espacio sería simplemente el resultado de la falta de un lenguaje apropiado? Es posible, pero incluso así, las razones de esta ausencia necesitan ser descubiertas.

No obstante, la crítica del espacio tiene sentido dado que los espacios no pueden ser adecuadamente explicados sobre la base de la imagen mítica de la transparencia pura ni a partir del mito inverso, la opacidad natural; también porque disimulan lo que contienen bajo sus significaciones, sus insignificancias o sus sobresentidos; finalmente, porque a veces mienten como cosas aunque ellos no lo sean.

Esta crítica podría eventualmente desgarrar las apariencias que nada tuvieren de engañosas. Consideremos una casa, una calle. Esta casa de seis pisos posee un aspecto estable; incluso podríamos ver en ella el arquetipo de la firmeza: hormigón, líneas severas, frías y rígidas. Construida hacia 1950. ¡Sin metal ni cristal! Ahora bien, esta solidez no resiste el análisis crítico: cuando el pensamiento desnude este inmueble de sus placas de hormigón, de sus delgados muros (casi como pantallas), ¿cómo aparecerá a la luz de este análisis imaginario? La casa emergerá recorrida por doquier por flujos de energía que la atraviesan de parte a parte: agua, gas, electricidad, teléfonos, ondas de radio y televisión. La imagen de solidez podría sustituirse por la imagen de un nodo de flujos, movilidades, conductos que llevan y evacuan. Una imagen del inmueble más exacta que un dibujo o que una foto mostraría la convergencia de esas ondas y flujos, mostrando al mismo tiempo en este «inmueble», cosa aparentemente inmóvil, una doble máquina análoga a un cuerpo activo: máquina de energías masivas y máquina de información. Los individuos que contiene la casa perciben, reciben, manipulan las energías que la propia casa consume masivamente (para el ascensor, para la cocina y los baños, etc.). Lo mismo podríamos decir a propósito de la calle en su conjunto, red de canalizaciones que constituyen una estructura, tienen una forma global y cumplen con sus funciones. Y también podríamos decirlo de la ciudad, que consuma y consume energías colosales, tanto físicas como humanas, una ciudad que es efectivamente un brasero resplandeciente en llamas. De tal modo, una representación tan exacta como fuera posible de este espacio diferiría mucho del espacio de representación que los habitantes tienen en su mente y que constituye pese a todo una parte integrante de la práctica social.

El error —o la ilusión— que se genera aquí consiste en el hecho de situar fuera de nuestro alcance el espacio social, escamoteando su carácter práctico y transformándolo en una especie de absoluto a la manera de los filósofos. Ante esta abstracción fetichizada, el «usuario» lleva a cabo espontáneamente una abstracción de sí, de su presencia, de su «experiencia vivida» y de su cuerpo. El espacio abstracto fetichizado engendra tanto esta abstracción práctica del «usuario» que no se percibe en él, como la abstracción de la reflexión incapaz de concebir la crítica. Sería necesario, por contra, invertir la tendencia, mostrar que el análisis crítico del espacio «vivido» plantea cuestiones más graves que las asociadas a la presencia de unas u otras actividades importantes pero parciales (la literatura, la música, la pintura, la lectura o la escritura). ¿El espacio? Para la «experiencia vivida» el espacio no es un simple «marco», comparable al marco de una pintura, ni una forma o continente neutrales, cuyo destino no fuera otro sino recibir simplemente todo aquello que pudiera verterse sobre él. El espacio es la morfología social; en ese sentido, el espacio es a lo «vivido» lo que al organismo vivo es su propia forma, íntimamente ligada a las funciones y estructuras. Pensar el espacio a la manera de un «marco» o de una caja, en cuyo interior sólo puede ser introducido cualquier objeto siempre que sea más pequeño que el recipiente, imaginar que el contenedor sólo tiene como propósito preservar el contenido, todo eso constituye probablemente el error inicial. Pero ¿es error o ideología? Más bien lo último que lo primero. Pero entonces, ¿de quién se desprende esta ilusión ideológica? ¿A quién sirve? ¿Y por qué y cómo?

El error *teórico* consiste en contentarse con *ver* un espacio sin *concebirlo*, sin concentrar en un acto mental las percepciones dispersas, sin reunir los detalles en el conjunto de la «realidad», sin aprehender los contenidos en términos de sus relaciones en el seno del continente formal. La denuncia de este error podría ser eventualmente útil para guiarnos hacia el descubrimiento de importantes ilusiones ideológicas. No otro ha sido el propósito de las anteriores consideraciones. Con ellas se ha intentado mostrar que el espacio «neutro» u «objetivo», fijo, transparente, inocente, indiferente en apariencia, no sólo representa la instalación cómoda de un saber inoperante, no es sólo un error que se elude hablando de «entorno medioambiental» de la ecología, de la naturaleza y de la antinaturaleza, de la cultura, y así sucesivamente. Es un conjunto de errores, un complejo de ilusiones, capaz de hacernos olvidar totalmente que existe un sujeto total que actúa para mantener y reproducir sus propias condiciones, a saber, el Estado (apoyado sobre clases sociales y fracciones de clase). Se puede olvidar también que existe un objeto total, el espacio político absoluto, el espacio estratégico que buscar imponerse como realidad cuando no es más que una abstracción —si bien una abstracción dotada de enormes potencialidades en la medida en que es lugar y medio del Poder. De ahí la abstracción del «usuario» y del llamado pensamiento crítico, que pierde sus capacidades de juicio cuando se sitúa ante los grandes Fetiches.

Es posible acceder a esta verdad por diferentes vías. Lo importante es comprometerse a seguir una de ellas, y para eso es imprescindible repudiar las coartadas, rehusar las fugas (incluso las huidas hacia delante). De ordinario, se remite a los especialistas y a las especialidades el estudio del espacio «real», es decir, del espacio social: a los geógrafos, a los urbanistas, a los sociólogos, etc. Mientras, el conocimiento del espacio «verdadero», esto es, del espacio mental, es referido al universo de los matemáticos y de los filósofos. Doble o múltiple error. En primer lugar, la escisión entre lo «real» y lo «verdadero» evita de raíz la confrontación entre la práctica y la teoría, entre lo vivido y el concepto, lo que provoca necesariamente la distorsión de cada cara de las dualidades consideradas. Después, hay algo de mendaz en el recurso a las especialidades que son anteriores a la modernidad, es decir, anteriores a la época en que el capitalismo absorbió el espacio entero para utilizarlo y antes de la actual posibilidad de producir el espacio por medio de las ciencias y técnicas. Con toda seguridad la suprema ilusión es considerar a los arquitectos, a los urbanistas o planificadores como expertos en el espacio, jueces supremos de la espacialidad. Los «interesados» no parecen advertir que en realidad modifican lo demandado ante lo comandado, y que este abandono espontáneo responde a los deseos de quienes manipulan las conciencias. Así pues, sería preciso revelar y estimular la esfera demandante, incluso si vacila o si la esfera comandante se impone opresiva y represivamente. Quizá el error ideológico no consista sino en remitirse a los especialistas de la «experiencia vivida» o de la morfología de la vida cotidiana.

Que cualquiera mire el espacio que le circunda. ¿Qué ven? ¿Ven el *tiempo*? Más bien, viven el tiempo; *están dentro* del tiempo. Sólo se ven movimientos. En la naturaleza, el tiempo se aprehende dentro del espacio, en el corazón, en el seno del espacio: la hora del día, la estación, la elevación del sol por encima del horizonte, la posición de la luna y de las estrellas en el cielo, el frío y el calor, la edad de cada ser natural. Antes de que la naturaleza fuera *localizada* en el subdesarrollo, cada lugar mostraba su edad y, como el tronco de un árbol, la huella del tiempo que lo engendró. El tiempo se inscribía, pues, en el espacio y el espacio-naturaleza no era sino la escritura lírica y trágica del tiempo-naturaleza. No hablamos como ciertos filósofos de degradación de la duración o simple resultado de la «evolución». Pero el tiempo desaparece en el espacio social de la modernidad. Ya no se escribe sino mediante instrumentos de medida, aislados y especializados como todo. He ahí los relojes. El tiempo vivido pierde forma e interés social salvo por lo que respecta al tiempo de trabajo. El espacio económico subordina al tiempo; en cuanto al espacio político, lo expele como amenaza y peligro (para el poder). La primacía de la esfera económica y más aún de la política implica la supremacía del espacio sobre el tiempo. Se podría decir, pues, que el error relativo al espacio que hemos discutido concierne en realidad y más íntimamente al tiempo, más próximo aún, más fundamental que el espacio. El tiempo, ese «vivir» esencial, ese bien entre los bienes, no es visible para nosotros, no se deja leer. Tampoco puede ser construido. Pero se consume, se agota y eso es todo. El tiempo apenas deja huellas tras sí; se disimula en el espacio, bajo ruinas que lo ocultan, para ser lo más pronto posible deshecho; después de todo, los desechos contaminan.

Esta evacuación aparente del tiempo, ¿no sería uno de los rasgos característicos de la modernidad? Posiblemente tendría un alcance mucho mayor que la simple desaparición de los rasgos, la borradura sobre una hoja de papel. Si es cierto que el tiempo se aprecia en términos monetarios, que se compra y vende como un objeto cualquiera (¡el tiempo es oro!), esto significa que en realidad desaparece como tal; ni siquiera resulta una dimensión del espacio, sino un ilegible galimatías o garabato que un dibujo bien trazado va a borrar. ¿Esta supresión o evacuación del tiempo puede alcanzar al llamado tiempo histórico? Sí, pero a título de símbolo. Es el tiempo de vivir, el tiempo como bien irreductible el que elude la lógica de la visualización y de la espacialización (si uno puede hablar de lógica en este contexto). Promovido a la dignidad ontológica por los filósofos, el tiempo es suprimido por la sociedad.

¿Cómo una operación tan inquietante, tan monstruosa, puede llevarse a cabo sin escándalo? ¿Cómo puede antojarse «normal»? La respuesta es que esta operación se inscribe precisamente en las *normas* sociales, en las actividades *normativas*. Deberíamos preguntarnos si la fuente de tantos errores o, peor aún, la fuente de tantos embustes, tiene sus raíces en esa trinidad modernista de «legibilidad-visibilidad-inteligibilidad».

Parece que volvemos a estar lejos de la esfera práctico-social, en las viejas querellas entre lo aparente y lo real, la verdad y la mentira, la ilusión y la revelación. En una palabra, parece que volvemos a la filosofía. No hay ninguna duda que este análisis crítico prolonga el proyecto de la filosofía; eso ya se apuntó anteriormente. Sin embargo, el «objeto» de la crítica se desplaza. Se trata de actividades prácticas y sociales que pasan por contener y «mostrar» la verdad, y que en realidad *recortan* el espacio y «muestran» los resultados engañosos de esos fragmentos. Se pretende *mostrar* el espacio por medio del espacio mismo. Esta operación, que se denomina «tautología», se limita a usar y abusar de una técnica familiar que se presta fácilmente a dicho juego: el paso de la parte al todo, esto es, la metonimia. Tomemos unas imágenes: fotos, publicidad, películas. ¿Puede la imagen descubrir realmente un error relativo al espacio? Es difícil. En caso de que haya un error o una ilusión, la imagen tiende a ocultarlo, y entonces a reforzarlo. Por «bella» que sea, la imagen se sitúa en el «medio» incriminado. Si el error consiste en una fragmentación del espacio —y si la ilusión consiste en el desconocimiento de esta dislocación— ninguna imagen denunciará el error. Al contrario, la imagen fragmenta; ella misma es un fragmento del espacio. Recorte y montaje, el alfa y omega del arte de las imágenes. El error o la ilusión residen también en el ojo de los artistas, en su mirada, en el «objetivo» del fotógrafo, en el lápiz del diseñador y en su folio en blanco. El error se insinúa en los objetos que el artista distingue y en las constelaciones de objetos seleccionados. Si hay ilusión, el mundo óptico y visual forma parte activa y pasiva, integrada e integrante de él. Fetichiza la abstracción y la impone como norma; separa la forma pura de su impuro contenido (el tiempo vivido, el tiempo de la cotidianidad, de los cuerpos, de su opacidad y solidez, de su calor, de su vida y de su muerte). A su manera, la imagen mata. Y en esto es como todos los signos. En ocasiones, sin embargo, la ternura y la crueldad de un artista transgreden los límites de la imagen: algo aflora, otra verdad y otra realidad diferentes de la exactitud, de la claridad, de la legibilidad y de la plasticidad. Y esto que es cierto para las imágenes también lo es para los sonidos, para las palabras, para el ladrillo y el mortero, para todos los signos.[4]

Nuestro espacio tiene extraños efectos. Desencadena los deseos. En su transparencia, el deseo se impulsa, se apodera de ese campo libre (en apariencia). Pero esta incursión se malogra, pues no hay objeto deseable esperando, ni se advierten obras de sus actos. Buscando en vano la plenitud, el deseo se deleita con las palabras, con la retórica de sí. Tras esta decepción, el espacio parece vacío. Las palabras hablan de ese vacío. Espacios desolados, espacios desoladores, incomprensiblemente (lo que exigiría una reflexión). «*Nada está permitido. Nada está vedado*», escribió un habitante.

---

[4] Cf. *Politique-Hebdo*, 29 de junio de 1972, presentación de un reportaje fotográfico de Henri Cartier-Bresson.

Espacios extraños: homogéneos, racionales, coactivos, y sin embargo espacios dislocados. Las fronteras han desaparecido entre la ciudad y el campo, entre la periferia y el centro, entre los arrabales y los núcleos urbanos, entre el dominio de los automóviles y el de las personas. Podríamos decir que la frontera entre la felicidad y la desgracia también ha sido suprimida. Y no obstante, todo está separado, proyectado aisladamente sobre «lotes» e «islotes» disociados: los «equipamientos», los edificios, el hábitat... Todos los espacios, como los trabajos en el proceso de división social y técnica del trabajo, están especializados.

Podemos decir que este espacio supone y propone una lógica de la visualización. Cuando una «lógica» dirige una serie operativa es que se trata de una estrategia consciente o inconsciente. Si hay una «lógica de la visualización», convendría mostrar su formación y empleo. La orgullosa verticalidad de las casas-torre, de los edificios públicos y, sobre todo, de las construcciones estatales, incluye en lo visual una arrogancia fálica o más bien falocrática. El propósito de este despliegue es exhibirse, dejarse ver, pero con la intención de que cada espectador perciba ante todo la autoridad. Lo vertical y la altura representan siempre la expresión espacial de un poder capaz de emplear la violencia. En relación al espectador, esta espacialización resulta muy singular, aunque a muchos les parezca «normal» e incluso «natural», pues implica una doble «lógica», esto es, una estrategia doble. La lógica metonímica consiste en un incesante ir y venir, suscitado e impuesto, de la parte al todo (en un inmueble compuesto de volúmenes apilados, de «cajas para habitar», el espectador y el habitante, figuras que tienden a coincidir, aprehenden inmediatamente la relación de la parte con el todo y se reconocen en ella). Ese movimiento continuo compensa, por una expansión constante de la escala, lo que la pequeñez de los volúmenes tiene de irrisorio; enuncia, supone e impone una homogeneidad en la separación de los lugares. Por último, adquiere un aspecto de pura lógica y, de ahí, tautológico: el espacio contiene al espacio, lo visible contiene lo visible y la «*caja encaja en la caja*».

La segunda «lógica» implicada en esta espacialización es una lógica (y una estrategia) de la metáfora, o más bien de la incesante metaforización. Los cuerpos vivos, los de los «usuarios», no sólo están atrapados en el engranaje de las partes del espacio, sino también en las redes de las analogías (en términos filosóficos): imágenes, signos y símbolos. Transportados fuera de sí, transferidos, los cuerpos vivos se vacían como por los ojos: reclamos, insinuaciones y seducciones múltiples se movilizan para proponer a los cuerpos vivos los dobles de sí mismos, engalanados, risueños y felices. Y los evacuan en la medida exacta en que las imágenes propuestas se correspondan con «necesidades» que dichas imágenes han contribuido a formar. La masiva entrada de informaciones, el flujo incesante de mensajes, se topan con el movimiento inverso: la evacuación, en el seno mismo de los cuerpos, de toda vida y deseo. Incluso los coches pueden funcionar como análogos. A la vez extensión del cuerpo y casa ambulante que acoge a esos cuerpos a la deriva. Las palabras, la dispersión de los fragmentos de discurso no son suficientes para llevar a cabo la «transferencia» de los cuerpos, sin los ojos y el espacio existente.

Metáfora y metonimia, conceptos bien conocidos tomados en préstamo de la lingüística. Ahora bien, no se trata de palabras, sino del espacio y de la práctica espacial. Tal préstamo exige un examen profundo de las relaciones entre el espacio y el lenguaje.

Un espacio determinado —y de ahí compartimentado— necesariamente acepta algunas cosas y rechaza otras (relegándolas a la nostalgia o sencillamente prohibiéndolas). Tal espacio afirma, niega y deniega. Posee ciertas características del «sujeto» y algunas otras del «objeto». Así, una *fachada* dispone de una gran potencia: admite en lo visible ciertos actos, bien sobre la fachada misma (balcones, alféizares, etc.), bien a partir de ella (desfiles en las calles, etc.). Otros actos, en cambio, son relegados a la obscenidad, pasando a realizarse *tras* la fachada. Todo lo cual sugiere la posibilidad de un psicoanálisis del espacio.

A propósito de la ciudad y de sus extensiones (extrarradio, periferia) a veces se han empleado expresiones como «patología del espacio», «espacios enfermos», etc., artificios todos ellos que permiten a los arquitectos, urbanistas y planificadores presentarse como «médicos del espacio» o al menos sugerir la idea. Esto promueve una generalización de representaciones particularmente mistificadoras, especialmente la idea de que la ciudad moderna no deriva de la sociedad capitalista (o neocapitalista), sino de una enfermedad de la sociedad.

Esas fórmulas desvían la crítica del espacio y sirven para reemplazar el análisis crítico por esquemas muy poco racionales y demasiado reaccionarios. Llevando esta lógica a sus extremos, podría decirse que el conjunto de la sociedad y el «hombre» no son sino enfermedades de la Naturaleza. Claro que se trata de una tesis susceptible de defensa: nada impide pensar que el «hombre» no sea un monstruo, un error, un fracaso en un planeta fallido. ¿Pero después, qué? Esta perspectiva filosófica, como otras muchas, sólo nos conduce al nihilismo del que procede.

V

Quizá podamos tomar, *hic et nunc*, una decisión consistente en inspirarse en *El capital* de Marx, no con el propósito de fragmentarlo en citas, o librarse a una última exégesis, sino para tratar el espacio de acuerdo con el plan de dicha obra. Hay varias buenas razones y motivos suficientes para operar en este sentido, incluyendo los paralelismos entre la problemática antes mencionada y la del siglo XIX. Hay numerosos «marxistas» en la actualidad que piensan que las cuestiones planteadas por el espacio (los problemas urbanos, la gestión del territorio) oscurecen los auténticos problemas políticos. Posiblemente la vinculación de la obra de Marx al estudio del espacio sirva para disipar ciertos malentendidos groseros.

No es sólo el plan de *El capital* el que parece imponer este argumento. Las numerosas lecturas y relecturas de la obra (y las más literales parecen ser las mejores) refuerzan esta forma de operar. En los trabajos preparatorios al libro, Marx puso al día conceptos esenciales, por ejemplo el del trabajo (social). En todas las sociedades ha existido el trabajo y las representaciones del trabajo (pena, castigo, etc.), pero el concepto sólo emerge en el siglo XVIII, y Marx muestra cómo y por qué. Una vez establecida esta cuestión, Marx pasa a lo esencial, que no es una sustancia o una «realidad», sino una *forma*. Inicialmente, y en el núcleo del asunto, Marx descubre una *forma* (casi) pura, la de la circulación de los bienes materiales, la forma del *intercambio*. Forma cuasi-lógica, próxima y vinculada a otras formas «puras»: la identidad y la diferencia, la equivalencia, la coherencia, la reciprocidad, la recurrencia, la repetición. La circulación y el intercambio de bienes materiales se distinguen de la circulación e intercambio de signos (lenguaje, discurso), pero no se separan. La forma «pura» posee una estructura bipolar (valor de uso-valor de cambio) y una serie de funciones que son expuestas en la obra de Marx. Como *abstracción concreta* es desarrollada en el pensamiento —del mismo modo que se desarrolla en el tiempo y en el espacio— hasta alcanzar la esfera de la práctica social: la moneda, el dinero, el trabajo y sus determinaciones (su movimiento dialéctico, individual y social, fragmentado y global, particular y medio, cualitativo y cuantitativo). Ese desarrollo, conceptualmente mucho más fructífero que la deducción clásica, y más ágil que la inducción o la construcción, culmina en la noción de *plusvalía*. El eje no cambia: por una paradoja dialéctica, este eje es un *cuasi*-vacío, casi una ausencia: la forma del intercambio que rige la práctica social.

Ya conocemos la forma del espacio social; ya ha sido identificada. Como abstracción concreta, ha emergido en varias fases (en ciertas perspectivas filosóficas, en grandes teorías científicas) de representaciones del espacio y de espacios de representación. Ha venido a manifestarse muy recientemente. Como la del intercambio, la forma del espacio social se halla muy próxima a las formas lógicas; apela a un contenido y no puede concebirse sin él. No obstante, al mediar la abstracción, esta forma es concebida precisamente al margen de cualquier contenido específico. Del mismo modo, la forma del intercambio material no dice nada de lo que se cambia; tan sólo estipula que *algo*, que posee un uso, es también objeto de intercambio. Tampoco la forma de la comunicación no-material determina qué signo se comunica, sino que se limita a plantear un repertorio de signos distintos, un mensaje, un canal y un código. Por último, la forma lógica no decide tampoco lo que es coherente, lo que es pensado, sino que es necesaria una coherencia formal para que exista el pensamiento.

La forma del espacio social es el encuentro, la concentración y la simultaneidad. ¿Pero qué reunión? ¿Qué es lo que se concentra? Todo lo que hay *en el espacio*, todo lo que está producido, bien por la naturaleza, bien por la sociedad —ya sea a través de su cooperación o mediante su conflicto—. Todo: seres vivos, cosas, objetos, obras, signos y símbolos. El espacio-naturaleza yuxtapone y en consecuencia, dispersa: sitúa al lado los lugares y lo que los ocupa. También particulariza. En cambio, el espacio social conlleva la agrupación actual o potencial en un punto, o alrededor de ese punto. Además, implica la acumulación potencial (virtualidad que se realiza en determinadas condiciones). Esta afirmación se verifica en el espacio de la aldea, en el espacio de la morada; se confirma en el espacio urbano, que desvela los secretos aún inseguros del espacio social de la aldea. El espacio urbano reúne las masas, los productos en los mercados, los actos y los símbolos. Los concentra y los acumula. Quien dice «espacialidad urbana» dice asimismo centro y centralidad, actual o posible, saturada, quebrada, acosada, poco importa cómo, lo importante es que se trata de una centralidad *dialéctica*.

Así, sería posible elaborar esta forma, mostrar su estructura (centro-periferia), las funciones sociales, las relaciones con el trabajo (los diversos mercados), y en consecuencia, con la producción y reproducción, con las relaciones de producción precapitalistas y capitalistas, el papel de las ciudades históricas y del tejido urbano moderno, etc. Podría incluso llegarse hasta los procesos dialécticos ligados a esa relación entre la forma y los contenidos: los estallidos, las saturaciones, las contradicciones, los asaltos librados por los contenidos expulsados hacia la periferia, etc. En sí y para sí, el espacio social no posee todos los caracteres de la «cosa», como opuesta a la acción creadora. En tanto que espacio social, es obra y producto: esto es, realización del «ser social». Pero en determinadas coyunturas puede asumir los rasgos fetichizados, autonomizados, de la cosa (de la mercancía y del dinero).

El ambicioso proyecto no carece de argumentos. No obstante, al margen incluso de su amplitud, suscita algunas objeciones razonables.

En primer lugar, el plan de *El capital* no es el único formulado por su autor. Su propósito corresponde a un objetivo en la exposición más que en el contenido: apunta a una forma rigurosa pero empobrecedora en tanto que implica *reducción*. En los *Grundisse* existe otro proyecto, otro plan de mayor riqueza. Los *Grundisse* insisten en todos los niveles sobre las *diferencias,* mientras que *El capital* enfatiza la racionalidad homogeneizante basada en la forma cuasi «pura» del valor (de intercambio). Los *Grundisse* no abandonan a un lado la cuestión de la forma, sino que van de contenido en contenido, engendrando las formas a partir precisamente de dichos contenidos. Un menor rigor, una coherencia formal menos potente y, en consecuencia, una formulación o axiomatización menos elaboradas —que tienen como contrapartida tematizaciones más concretas, particularmente en lo relativo a las relaciones dialécticas entre la ciudad y el campo, entre la realidad natural y la realidad social—. Marx, en los *Grundisse*, toma en consideración todas las mediaciones históricas, incluyendo la comunidad aldeana, la familia, etc.[5] El «mundo de la mercancía» está más cercano a su contexto histórico y a sus condiciones prácticas, algo que en *El capital* sólo tiene cierta presencia al final (inacabado).

En segundo lugar, a pesar de todo suceden cambios y novedades después de un siglo transcurrido. Incluso si hoy deseamos mantener en el centro de la teoría los conceptos y categorías marxistas (la producción, por ejemplo), es menester introducir categorías que Marx no consideró sino al final de su vida. Así sucede con la reproducción de las relaciones de producción, que se superpone a la reproducción de los medios productivos y a la reproducción ampliada (cuantitativamente) de los productos, siendo distinta de éstas. Es evidente que, considerada como concepto, la reproducción implica otros conceptos: lo repetitivo, lo reproducible, etc., ideas que no tuvieron cabida en la obra de Marx, del mismo modo que están ausentes en su trabajo los conceptos de «urbano», «cotidiano» y «espacio».

---

[5] Cf. H. Lefebvre, *La pensée marxiste et la ville*, París, Casterman, 1972.

Si es cierto que la *producción del espacio* se corresponde con un progreso de las fuerzas productivas (técnicas, conocimiento, dominación de la naturaleza), si por consiguiente, esta tendencia, llevada a su extremo (o dicho de otro modo, una vez franqueados ciertos límites), da lugar eventualmente a un nuevo modo de producción —que ya no sería el capitalismo de Estado, ni el socialismo de Estado, sino la gestión colectiva del espacio, la gestión social de la naturaleza, la superación de la contradicción naturaleza/antinaturaleza—, es obvio que ya no será posible hacer uso únicamente de las categorías «clásicas» del pensamiento marxista.

En tercer lugar (lo que permite retomar y desarrollar lo expuesto hasta ahora), después de un siglo transcurrido, lo nuevo no es sino la aparición de múltiples ciencias, «ciencias sociales» o «ciencias humanas». Sus vicisitudes —porque cada una de ellas tiene su propio ciclo— suscitan algunas preguntas inquietantes relativas a las disparidades de crecimiento, las crisis, las alzas súbitas seguidas de declives igualmente bruscos, etc. Los especialistas y las instituciones especializadas tienen por cometido negar, combatir y silenciar todo lo que pueda perjudicar su reputación, pero sus esfuerzos en este sentido han sido en vano: su trayectoria está salpicada de fracasos rotundos y de colapsos catastróficos. Los primeros economistas, por ejemplo, se engañaron al creer que podrían ignorar las prescripciones marxistas otorgando prioridad a la crítica sobre la «modelización» —considerando la economía política como ciencia de la penuria—. El derrumbamiento de su ciencia ha sido sonado a pesar de sus precauciones. ¿Y qué decir de la lingüística? Las ilusiones y el fracaso saltan a la vista, en la medida en que la lingüística, tras el ejemplo de la historia y la economía política, se proclamó a sí misma como ciencia suprema, ciencia de las ciencias. En realidad, su cometido sólo alcanza al desciframiento de textos y mensajes, a la codificación y descodificación. Pero el hombre no vive únicamente de palabras. En las últimas décadas, la lingüística ha venido a centrarse en el metalenguaje, en el análisis de los metalenguajes, y en consecuencia de las reiteraciones de lo social, lo cual, ni más ni menos, permite comprender la enorme redundancia de los escritos y discursos pasados.

A pesar del carácter desigual y de las vicisitudes de sus trayectorias, la existencia de estas ciencias no puede negarse. Ahora bien, estas ciencias no existían en tiempos de Marx, o sólo en germen, en calidad de esbozo, mera existencia virtual. Su especialización era insignificante y sus tentativas expansionistas resultaban inconcebibles.

Estas áreas de conocimiento especializado, a la vez aislado e imperialista (¿no irá lo uno con lo otro?), guardan una relación específica con el espacio mental y social. Algunos estudiosos han recortado su parte, han fragmentado y clausurado su «campo». Otros, a semejanza de los matemáticos, han construido un espacio mental con objeto de interpretar, siempre en función de sus principios, los acontecimientos de la historia teórica y práctica (sociales); obrando así, podemos decir que han obtenido representaciones del espacio. La arquitectura proporciona varios ejemplos de estos procedimientos, que son esencialmente circulares. El arquitecto tiene un oficio. Se pregunta sobre la «especificidad» de la arquitectura, es decir, trata de legitimar su ámbito. Algunos de entre ellos concluyen que existe un «espacio arquitectónico» y una «producción arquitectónica» (específica, por supuesto). Dicho esto, ya tienen su tema. Esta relación entre la fragmentación y la representación, en lo que concierne al espacio, ya ha encontrado su lugar en el orden-desorden de las razones examinadas.

Esas fragmentaciones e interpretaciones pueden ser comprendidas y retomadas no en virtud de una «ciencia del espacio» o de un concepto totalizante de la espacialidad, sino partiendo de la actividad *productiva*. Los especialistas han contado los objetos en el espacio; unos han catalogado los objetos procedentes de la naturaleza y otros los objetos producidos. En el momento en que se sustituye el conocimiento de las cosas *en* el espacio por el conocimiento *del* espacio (en tanto que producto y no en calidad de suma de objetos producidos), esas enumeraciones y descripciones adquieren un sentido distinto. Se puede concebir una *economía política del espacio* que reconsidere la economía política, que la salve de la quiebra mediante la proposición de un nuevo objeto: la producción del espacio. Si el conocimiento retoma la crítica de la economía política (que para Marx coincide con el conocimiento de lo económico) será capaz de mostrar cómo esta economía política del espacio corre el riesgo de coincidir con las apariencias del espacio, como medio mundial de una instalación definitiva del capitalismo. Se podría proceder de forma análoga con la historia, la psicología, la antropología y así sucesivamente —quizá incluso con el psicoanálisis.

Esta perspectiva implica una distinción nítida entre el pensamiento y el discurso *en* el espacio (*en* un espacio particular, dado y localizado); el pensamiento y los discursos *sobre* el espacio, que no son sino palabras, signos, imágenes y símbolos; y, por último, el pensamiento *del* espacio, que parte de conceptos elaborados. Esta distinción supone un examen crítico atento a los materiales empleados, las palabras, las imágenes, los símbolos y conceptos, así como del instrumental: los procedimientos de conjunto, el utillaje empleado para recortar y montar, todo dentro de los marcos de la división del trabajo científico.

Se puede, en efecto, distinguir (transfiriendo aquí las elaboraciones conceptuales llevadas a cabo en otros dominios) lo material de lo instrumental. Los materiales son indispensables y duraderos (piedras, ladrillos, cemento, hormigón; o en música, los sonidos, las escalas, los modos y tonos). En cuanto al instrumental, éste se usa rápidamente y cambia a menudo. Se compone de útiles, reglas de uso; su capacidad de adaptación es limitada, y desde el momento en que se hacen sentir nuevas necesidades, resulta preciso un nuevo instrumental. En el mundo de la música podríamos hablar del laúd, del piano y del saxofón. O de los métodos y procedimientos nuevos en la construcción de casas. Esta distinción puede alcanzar un cierto nivel de «operatividad» y permitir discernir lo efímero de lo durable: lo que debe ser conservado o abandonado en una disciplina científica cualquiera, lo que puede servir a nuevos usos, lo que no merece sino ser relegado y denegado. Entendemos pues que el instrumental obsoleto ya no se emplea sino marginalmente. Lo anticuado cae a menudo en lo pedagógico.

La reconsideración de los fragmentos y representaciones de los materiales e instrumentales no se puede limitar a las ciencias especializadas. No respeta tampoco a la filosofía pues los filósofos han propuesto representaciones del espacio y del tiempo. La crítica de las ideologías filosóficas no ha de dispensar del examen de las ideologías políticas en tanto que ellas conciernen al espacio. Pero el interés primario de dichas ideologías discurre por un camino muy especial: intervienen en el espacio en calidad de *estrategias*. La eficacia de las estrategias *en* el espacio y, sobre todo, el hecho novedoso de que las estrategias mundiales pretenden engendrar un *espacio global*, el *suyo propio*, y erigirlo en absoluto, aporta otra razón, y no la menor, para el desarrollo de un nuevo concepto de espacio.

VI

La reducción es un procedimiento científico empleado ante la complejidad y el caos de las observaciones inmediatas. En primer lugar es preciso simplificar y después, lo más pronto posible, *restituir* progresivamente lo que el análisis ha ido aislando. Además, es necesario que la exigencia metodológica no se transforme en servidumbre ni que de la reducción legítima se pase al mero reduccionismo. Ese peligro acecha sin tregua al saber científico. Ningún método permite evitarlo pues se oculta en el método mismo. Siendo indispensables, todos los esquemas reductores pueden trocar en emboscadas.

El reduccionismo se introduce bajo la apariencia de cientificidad. Se construyen modelos reducidos (de la sociedad, de la ciudad, de las instituciones, de la familia, etc.) y nos atenemos a ellos. De ese modo, el espacio social se reduce a espacio mental por una operación «científica» cuya cientificidad disimula la ideología. Los reduccionistas elogian incondicionalmente el procedimiento inherente a la ciencia, pues la transforman primero en simple actitud y, después, bajo el aspecto de ciencia de la ciencia (epistemología), en saber absoluto. Cuando la reducción metodológica reclama dialécticamente la reintroducción de un contenido, se exalta la forma reducida, la lógica interna de la gestión, su coherencia. Eventualmente, el pensamiento crítico (siempre proscrito por el dogmatismo) advierte que la reducción sistematizada y el reduccionismo corresponden a una práctica política. El Estado y el poder político desean convertirse, y de hecho lo hacen, en los reductores de las contradicciones. La reducción y el reduccionismo se antojan pues instrumentos al servicio del Estado y del poder, no en tanto que ideologías, sino como saber; no al servicio de uno u otro Estado, de uno u otro Gobierno, sino al servicio del Estado y del poder en general. ¿Cómo el Estado y el poder político iban a reducir las contradicciones (los conflictos que surgen una y otra vez en la sociedad) si no fuera por la mediación de un saber, utilizando estratégicamente una mixtura de ciencia e ideología?

En la actualidad es algo por completo admitido que ha existido un funcionalismo reductor de la realidad y del conocimiento sobre las sociedades. Tal funcionalismo reductor se somete de buen grado a la crítica desde todos los puntos de vista. No ocurre lo mismo, y se silencia, con el estructuralismo y el formalismo, que igualmente proponen esquemas reductores. Al privilegiar un concepto y extrapolarlo, operan una reducción; inversamente, la reducción implica la extrapolación. Y cuando es preciso corregir el error, compensarlo, la ideología viene en su auxilio, con su verborrea (el «discurso ideológico», por emplear esa jerga) y el abuso de los signos, sean verbales o no.

La reducción puede ir muy lejos. Puede «descender» en la práctica, por ejemplo. La gente, los diversos grupos y clases, sufren desigualmente los efectos de las múltiples reducciones sobre sus capacidades, ideas y «valores», y a fin de cuentas, sobre sus posibilidades, sus espacios y su cuerpo. Los *modelos reducidos*, construidos por tal o cual especialista, no son siempre abstraídos desde una abstracción vana. Construidos en virtud de una *práctica reductora*, con un poco de suerte llegan a imponer un orden y a componer los elementos de dicho orden. El urbanismo y la arquitectura proporcionan buenos ejemplos de esto. En particular, la clase obrera sufre los efectos de los «modelos reducidos» de espacio, de consumo y de la llamada «cultura».

El reduccionismo impulsa un saber analítico y no un conocimiento crítico con los fragmentos e interpretaciones que atiende, al servicio del poder. Ideología que no dice su nombre, el reduccionismo se confunde con la «cientificidad», aunque supera el saber establecido, de un lado, y de otro deniega la posibilidad de *conocer*. Constituye la ideología científica por excelencia, ya que para afirmar la actitud reduccionista basta con pasar del método al dogma y, de ahí, a una práctica *homogeneizante* bajo la cobertura de ciencia.

Al principio, metodológicamente, toda empresa científica procede reductivamente. Una de las desgracias del especialista es el hecho de instalarse en la reducción; y no sólo eso, la profundiza hasta encontrar en ella la felicidad y la certeza. El especialista que ha delimitado su «campo» está seguro de que, si se toma un poco de trabajo, podrá obtener algo. Lo que encuentra, lo que cultiva, se define por las coordenadas locales de su especialidad y por su posición en el mercado del conocimiento. Pero eso es precisamente el tipo de cosas que el especialista no desea saber. En relación a la reducción constitutiva de su dominio, él adopta una actitud que le justifica en todo momento, la denegación.

Ahora, ¿qué ciencia especializada no está implicada mediata o inmediatamente con el espacio?

(a) Como sabemos, cada especialidad se atribuye *su espacio* mental y social, definiéndolo con cierta arbitrariedad, recortándolo del conjunto «naturaleza-sociedad» y enmascarando al mismo tiempo una parte de la operación de segmentación y recomposición (fragmentación de un «campo», montaje de enunciados y modelos reducidos relativos a dicho campo, y el pase de lo mental a lo social). Todo lo cual hace necesario añadir proposiciones justificativas —es decir, *interpretativas*— de la fragmentación y el montaje.

(b) Todos los especialistas se circunscriben a la nomenclatura y clasificación de lo encontrado *en* el espacio. Verificar, describir, clasificar los objetos que ocupan el espacio puede considerarse como una actitud «positiva» de una u otra especialidad (la geografía, la antropología, la sociología, etc.). Mejor o peor, una especialidad determinada se ocupará de los enunciados *sobre el espacio*, por ejemplo la teoría política o el «análisis sistémico», etc.

(c) Los especialistas pueden oponer un modelo reducido de conocimiento (tan pronto se limitan a levantar acta de los objetos en el espacio como se ciñen a proposiciones relativas y segmentadas sobre el espacio) a una teoría global *del espacio (social)*. Para ellos esta orientación tiene la ventaja adicional de liquidar el tiempo y reducirlo a una simple «variable».

Por consiguiente, existen muchas oportunidades para que los especialistas que se aproximan al espacio social con sus metodologías y sus esquemas reductores se opongan al concepto de producción del espacio así como a la teoría asociada. Y esto debido a que el concepto y la teoría de la producción del espacio amenazan los campos de los especialistas, y pueden hacer estremecer e incluso derribar los muros de esos cotos erigidos en torno al conocimiento.

Procedamos en esta exposición a introducir sin temor el diálogo con un interlocutor a la vez ficticio (imaginario) y real (por sus objeciones):

— *Sus argumentos no me han convencido en absoluto. ¡Producir el espacio! Cuánta oscuridad reina en ese enunciado, por no llamarlo concepto, pues eso sería concederle demasiado. Sólo existen dos posibilidades. O bien el espacio forma parte de la naturaleza, y entonces las actividades humanas (o sociales, como se las denomina) se inscriben en él, lo ocupan y modifican los datos geográficos y los rasgos ecológicos. O bien el espacio es un concepto, y en calidad de tal forma parte del conocimiento, de la actividad mental (por ejemplo, en las matemáticas). Entonces la actividad científica lo explora, lo elabora y lo desarrolla. Ni en un caso ni en otro hay algo parecido a la producción del espacio.*

— *Perdón, esas disociaciones naturaleza-conocimiento y naturaleza-cultura, ese dualismo materia-espíritu, por otra parte muy frecuentes, son del todo punto inadmisibles. Lo mismo que su contrario, la confusión. La actividad tecnológica y la actividad científica no se limitan a modificar la naturaleza: pretenden dominarla, y con esa finalidad tienden a destruirla; pero antes de esta destrucción, la ignoran. Este proceso comenzó con la invención de la primera herramienta.*

— *Se remonta a la Edad de Piedra. Un poco pronto...*

— *Ni más ni menos data del primer acto premeditado de asesinato; la primera herramienta, la primera arma, que irían de la mano con el lenguaje.*

— *Para usted, el hombre emerge de la naturaleza. Sólo puede conocerla desde afuera y sólo alcanza su comprensión mediante la destrucción.*

— *¿El hombre? Admitamos esta generalidad. Sí, en efecto, el hombre nace de la naturaleza, sale de ella y retorna contra ella, hasta llegar al penoso resultado al que asistimos.*

— *Según usted, esa ruina de la naturaleza proviene del capitalismo.*

— *Sí, en gran medida. Pero el capitalismo y la burguesía tienen —perdón por la expresión— buenas espaldas. Es fácil atribuirles a ellos todos los daños sin referirse a cómo surgieron y dónde.*

— *¡El hombre! ¡La naturaleza humana!*

— *No. El hombre occidental.*

— *Así terminará por incriminar toda la historia de Occidente, la razón, el Logos, el lenguaje mismo.*

— *Occidente es responsable de la transgresión de la naturaleza. Cómo y por qué, sería interesante conocerlo, pero es secundario. El hecho es que Occidente ha sobrepasado los límites.* ¡O Felix culpa!, *diría la teología. Sí, es responsable de lo que Hegel llamó la potencia negativa, la violencia, el terror, la agresión permanente contra la vida. Ha generalizado, ha mundializado la violencia, y por la violencia ha engendrado lo mundial. El espacio como lugar de producción, como producto y producción, es al mismo tiempo arma y signo de esta lucha. Si esto es llevado hasta el final —pero cómo retroceder— esta labor titánica obligaría hoy a producir, a crear algo diferente a la naturaleza; una segunda naturaleza, diferente y nueva. En definitiva, a producir el espacio, el de lo urbano, a la vez como producto y como obra —en el sentido en que el arte crea obras—. Si ese proyecto encalla, significará un fracaso total, de consecuencias incalculables...*

VII

Todo espacio social resulta de un proceso de múltiples aspectos y movimientos: lo significante y lo no-significante, lo percibido y lo vivido, la práctica y la teórica. En suma, todo espacio social tiene una historia a partir de esta base inicial: la naturaleza, original y única, en el sentido en que está dotada siempre y por doquier de características específicas (sitios, climas, etc.).

Cuando se expone abiertamente la historia de un espacio como tal, la relación de ese espacio con el tiempo que lo ha engendrado difiere notablemente de las representaciones admitidas por los historiadores. Para la historiografía, el pensamiento opera fraccionando la temporalidad; sin muchos inconvenientes, inmoviliza la sucesión del tiempo; su análisis fragmenta y recorta la temporalidad. En la historia del espacio como tal, lo histórico, lo diacrónico, el pasado generador dejan su inscripción incesantemente sobre el espacio, como sobre un cuadro. Los trazos inciertos dejados por los acontecimientos no son lo único que hay sobre y en el espacio; también existe la inscripción de la sociedad en acto, el resultado y el producto de las actividades sociales. Hay más que una escritura del tiempo. El espacio generado por el tiempo es siempre actual, sincrónico y dado como un todo; lazos internos, conexiones que ligan sus elementos, también producidos por el tiempo.

Consideremos un primer aspecto, el más simple, de esta historia del espacio que va desde la naturaleza a la abstracción. Nos imaginamos el tiempo en que cada pueblo logró medir el espacio de acuerdo con sus propias unidades de medida, prestadas de las partes del cuerpo: pulgar, codo, pie, palmo, etc. Los espacios de un grupo, como las medidas de la duración, debían de antojarse incomprensibles para los demás. Una mutua interferencia tenía lugar entre las particularidades naturales del espacio y las naturalezas particulares de los grupos. ¡Pero qué extraordinario imaginar que el cuerpo se insertara en la medición del espacio! La relación del cuerpo con el espacio, relación social de importancia desconocida más tarde, conservaba una inmediatez que después fue degenerando hasta perderse: el espacio, la manera de medirlo y hablar de él, representaba para los miembros de la sociedad una imagen y un espejo viviente de sus cuerpos.

La adopción de dioses ajenos implicó la aceptación de otros espacios y de otras formas de medirlo. La erección del Panteón en Roma no sólo supuso la comprensión de los dioses vencidos, sino también la de los espacios subordinados a un espacio dominante, el del Imperio y el del mundo.

El estatus del espacio y el de su medida sólo se han modificado con extremada lentitud y el cambio está lejos de ser dado por concluido. Incluso en Francia, cuna del «sistema métrico», se aplican aún curiosas medidas a los trajes y al calzado. Como sabemos desde la escuela tuvo lugar una revolución cuando se impuso la generalidad abstracta del sistema decimal, que no conllevó, pese a todo, la desaparición del sistema duodecimal para el tiempo, los ciclos, las curvas de función, las circunferencias y las esferas. Las fluctuaciones de la medición y, por consiguiente, de las representaciones del espacio, acompañan a la historia general confiriéndole cierto sentido: la tendencia a la cuantificación, a la homogeneidad, a la desaparición del cuerpo que busca refugio en el arte.

VIII

Para abordar de un modo más concreto la historia del espacio, podemos examinar las ideas de nación y de nacionalismo. ¿Cómo podemos definir la nación? Unos, la mayoría, la definen como una especie de sustancia nacida de la naturaleza (o más específicamente, de un territorio con fronteras «naturales») y formada a lo largo del tiempo histórico. Así se le atribuye una «realidad» consistente, quizá tan definitiva como definida. Es una tesis que conviene a la burguesía —que justifica su idea del estado nacional y su actitud general— cuando adopta como verdades eternas (en tanto que «naturales») el patriotismo e incluso el nacionalismo absoluto. Bajo la influencia estalinista, el pensamiento marxista llegó poco más o menos a adoptar una posición similar (con un historicismo añadido). En cambio, para otros teóricos, la nación, al igual que el nacionalismo, se reducen a meras construcciones ideológicas. Más que una «realidad sustancial» o que una persona moral, la nación no sería sino una ficción proyectada por la burguesía sobre sus propias condiciones históricas y sobre su origen: primero, con objeto de magnificarlos en su imaginario y, después, para ocultar las contradicciones de clase e implicar a la clase obrera en una solidaridad ficticia con ella. A partir de esta hipótesis, es fácil reducir las cuestiones nacionales y regionales a cuestiones lingüísticas y culturales, de importancia secundaria. Esto conduce a cierto internacionalismo abstracto.

Pero el problema de la nación, así planteado, desde la naturalidad o desde la ideología, hace abstracción del espacio. Los conceptos se despliegan en un espacio mental, que el pensamiento acaba eventualmente por identificar como espacio real, con el espacio de la práctica social y política, cuando sólo ofrece una representación del primero, sometida a la específica representación del tiempo histórico.

Considerado en relación al espacio, la nación comprende dos momentos, dos condiciones:

> (a) *Un mercado*, lentamente construido a lo largo de un tiempo histórico más o menos lejano, es decir, un conjunto complejo de relaciones comerciales y de redes de comunicación. Ese mercado subordina al mercado nacional los distintos mercados locales y regionales: existen, pues, niveles jerarquizados. La formación (social, económica y política) del mercado nacional no difiere mucho en los lugares donde las ciudades han dominado pronto al campo de aquellos otros lugares donde las ciudades se han desarrollado sobre un fondo campesino, rural y feudal preexistente. El resultado es aproximadamente el mismo: un espacio centrado, con una jerarquía de centros (esencialmente comerciales, pero también religiosos, «culturales», etc.), con la capital como centro principal.
>
> (b) *Una violencia*, la del Estado militar (feudal, burgués, imperialista, etc.). En otros términos, la nación supone un poder político que utiliza todos los recursos del mercado o el crecimiento de las fuerzas productivas, adueñándose de ellos con el fin de mantener y reforzar su poder.

Queda por determinar la relación exacta entre el crecimiento económico «espontáneo», la intervención de la violencia y sus respectivos efectos. En esta hipótesis, los dos «momentos» han aunado sus efectos para *producir un espacio*: el espacio del Estado-Nación. Éste no puede definirse ni por una sustancialidad personalista ni por una ficción pura ideológica (un «centro especulativo»). Posee otro modo de existencia, definido por su relación con un espacio. Por último, queda por estudiar la conexión actual de esos espacios nacionales con el mercado mundial, el imperialismo y sus estrategias, las firmas multinacionales y sus esferas operativas.

Retomemos ahora la cuestión desde una perspectiva más general. Producir un objeto es siempre modificar una materia prima mediante la aplicación de un conocimiento, de un procedimiento técnico, de un esfuerzo y de un gesto repetitivo (de un trabajo). La materia prima proviene directamente o no de la naturaleza material: madera, lana, algodón, seda, piedra, metal... En el curso del tiempo, se han ido sustituyendo los materiales que procedían directamente de la naturaleza por otros más elaborados, esto es, cada vez menos «naturales». La importancia de las mediaciones técnicas y científicas no ha dejado de acrecentarse. Sólo hay que pensar en el aglomerado, en las fibras artificiales, en los plásticos. No obstante, no han desaparecido los primeros materiales (la lana, el algodón, el ladrillo y la piedra, etc.).

El objeto producido porta a menudo los trazos del material y del tiempo empleados, las operaciones que han modificado la materia prima. Es posible entonces reconstruir las intervenciones. No obstante, las operaciones productivas tienden a borrar sus huellas; algunas tienen ese cometido: pulir, barnizar, revestir, enlucir, etc. Una vez que la construcción ha finalizado, se desmontan los andamios; asimismo, los borradores de un pintor son rasgados y él sabe cuándo ha de pasar del esbozo al cuadro. Ésa es la razón por la que los productos e incluso las obras tienen también ese rasgo característico: se desprenden del trabajo productivo. En realidad, el trabajo productivo se olvida, y ese olvido —que un filósofo diría ocultación— hace posible el fetichismo de la mercancía: el hecho de que la mercancía implica relaciones sociales y que conlleva su desconocimiento.

Nunca es fácil remontarse desde el objeto (producto u obra) hasta la actividad (productora o creativa). Sin embargo, éste es el único modo de proceder que permite esclarecer la naturaleza del objeto o, si se prefiere, la relación del objeto con la naturaleza, reconstruyendo el proceso de su génesis y de su sentido. Todas las otras formas de proceder pueden construir un objeto abstracto (un modelo). En cualquier caso, no se trata de captar la simple estructura de un objeto y engendrarla, sino de generar (reproducir por y en el pensamiento) el objeto en su totalidad, formas, estructuras y funciones.

¿Cómo puede uno (y este «uno» designa un sujeto cualquiera) percibir un cuadro, un paisaje, un monumento? La percepción depende evidentemente del «sujeto»: un campesino no percibe «su» paisaje como lo haría un urbanita que pasea por él. Imaginemos a un amante del arte que mira un cuadro. Su mirada no es ni la del profesional ni la del inculto. Va de un objeto a otro de los que contiene el cuadro; comienza por captar las relaciones entre esos objetos; se deja arrastrar por el efecto o los efectos buscados por el pintor. De esto recibe cierto placer —asumiendo que el cuadro sea del tipo de obras que brindan un placer a la vista o a la comprensión—. Pero el aficionado es consciente de que el cuadro ya está enmarcado, que las relaciones internas entre los colores y formas están regidas por el conjunto. Pasa así de la consideración de los objetos en el cuadro a la consideración del cuadro como objeto, y asimismo pasa de lo que ha percibido *en* el espacio pictórico a lo que él sabe *de* dicho espacio. De ese modo presiente o comprende los diversos «efectos» del cuadro, incluidos aquellos que no han sido deseados expresamente por el pintor. El aficionado, pues, descifra el cuadro, y descubre lo imprevisto, pero dentro de un marco formal, dentro de las relaciones y proporciones impuestas por ese marco. Los hallazgos de nuestro distinguido amante del arte se sitúan en el plano *del espacio (pictórico)*. En ese grado de investigación estética, el «sujeto» se plantea algunas cuestiones; trata de resolver un problema: la relación entre los efectos de sentido técnicamente preparados por el artista y los efectos de sentido involuntarios (de los que algunos dependen de él, del «observador»). Comienza de ese modo a trazar el camino entre los efectos experimentados y la actividad productora de sentido, para encontrarla e intentar (quizás mera ilusión) coincidir con ella. Como era de suponer, su percepción «estética» se sitúa entonces en varios niveles.

No es difícil reconocer, a propósito de un caso paradigmático como el anterior, la analogía con una tendencia filosófica retomada por Marx y el pensamiento marxista. Los filósofos griegos postsocráticos analizaron la práctica social del conocimiento, reflexionaron sobre el saber mismo, catalogaron los modos en que los *objetos* conocidos eran aprehendidos. En la cima de esta elaboración teórica se encontraba la doctrina aristotélica del *discurso* (Logos) y de las *categorías*, a la vez elementos del discurso y de la percepción (*clasificación*) de los objetos. Mucho más tarde, en Europa, la filosofía cartesiana afinó y modificó la definición del Logos. La filosofía interpelaba al Logos y lo puso en cuestión: demandaba sus credenciales, sus títulos, su abolengo, su certificado de origen, su estado civil. Así, con Descartes, la filosofía *desplazó* cuestiones y respuestas. Cambió de centro, por así decirlo: pasó del «pensamiento-pensado» al «pensamiento-pensante», de los objetos al acto, del discurso sobre lo conocido al procedimiento de conocer. Todo lo cual dio como resultado la introducción de una nueva «problemática» y nuevas dificultades.

Este desplazamiento cartesiano fue recomenzado por Marx, que lo perfeccionó y amplió. Para Marx ya no se trataba sólo de las obras generadas por el conocimiento, sino de las *cosas* en la práctica industrial. Siguiendo a Hegel y a los economistas británicos, se remontó desde los resultados a la actividad productiva como tal. Toda realidad dada en el espacio —concluía Marx— puede ser expuesta y explicada en términos de una *génesis* en el tiempo. Pero una actividad desarrollada en el tiempo (histórico), engendra (produce) un espacio y sólo en un espacio adquiere una «realidad» práctica, una existencia concreta. Este esquema se desprende del pensamiento marxista, pero en realidad venía dado así desde Hegel.

Lo mismo sucede cuando hablamos de un paisaje, de un monumento, de un conjunto espacial (desde el momento en que no está dado en la naturaleza), como de un cuadro, de un conjunto de obras y productos. Una vez descifrados, un paisaje o un monumento remiten a una capacidad creativa y a un proceso significante. Esta capacidad puede ser aproximadamente datada: es un hecho histórico. No se dataría al modo de un acontecimiento, como cuando se pone fecha exacta a la inauguración de un monumento o al día en que se ordenó erigir por tal o cual notable. No se dataría tampoco al modo institucional, refiriendo el momento exacto en que una petición imperiosa exige que tal organización social se incorpore a un edificio —la justicia en un palacio, la iglesia en una catedral—. Ni en un sentido ni en otro. La capacidad creativa es siempre la de una comunidad o colectividad, la capacidad de un grupo, de una fracción de clase activa, de un «agente» o «actuante». Aunque el mandato y la demanda puedan ser funciones de distintos grupos, la atribución de la responsabilidad sobre la producción de un espacio no puede hacerse a un individuo o a una entidad, sino a una realidad social susceptible de investir el espacio, de producirlo con los medios y recursos a su alcance (fuerzas productivas, técnicas, conocimientos, medios de trabajo, etc.). Si hay una campiña, son los campesinos los que la han modelado, esto es, las comunidades (aldeas), sean autónomas o dependientes de un poder (político). Del mismo modo, si hay un monumento, es porque un grupo urbano lo ha construido, sea libre o dependiente de un poder (político). Aunque necesaria, la descripción no basta: sería completamente insuficiente para conocer el espacio, para describir los paisajes rurales, los paisajes industriales y por último la espacialidad urbana. Pasar de una a otra es esencial. La búsqueda de la capacidad productiva y del proceso creativo nos lleva en muchos casos hasta un *poder* (político). ¿Cómo se ejerce tal poder? ¿Se contenta con mandar? ¿Acaso no es también un «demandante»? ¿Cuál es la naturaleza de su relación con los grupos subordinados, también «demandantes» y a veces «ordenantes», y siempre «participantes»? Es un problema histórico —el problema de todas las ciudades, de todos los monumentos, de todos los paisajes—. El análisis de un espacio conduce hacia esa relación dialéctica «mandar-demandar», con sus consiguientes preguntas: ¿quién?, ¿para quién?, ¿por quién?, ¿por qué y cómo? Cuando cesa la relación dialéctica (es decir, conflictiva), cuando no hay sino demanda sin orden, u orden sin demanda, *entonces cesa la historia del espacio*. Sin duda alguna, lo mismo sucede con la capacidad creativa. Si a pesar de ello continúa la producción del espacio será de acuerdo al dictado del Poder: se produce sin crear, se reproduce. ¿Pero es realmente posible que acabe la demanda? El silencio no es el fin.

Así se evoca una larga *historia del espacio*, aunque este espacio no sea ni «sujeto» ni «objeto», sino una realidad social, es decir, un conjunto de relaciones y de formas. Esta historia del espacio no coincide ni con el inventario de los objetos *en el espacio* (lo que se ha denominado desde hace poco la cultura o civilización material), ni con las representaciones y discursos *sobre* el espacio. Debe rendir cuenta tanto de los espacios de representación como de las representaciones del espacio, pero sobre todo de sus vínculos mutuos y de los lazos con la práctica social. Encuentra así su lugar entre la antropología y la economía política. La nomenclatura (descripción, clasificación) de los objetos aporta algo a la historia clásica, si el historiador se preocupa de modestos objetos cotidianos, como los alimentos, los utensilios de la cocina, las fuentes y los platos —o incluso los trajes— o la construcción de las casas y los materiales e instrumentos de fabricación, etc. Pero esta vida cotidiana figura también en los espacios de representación, o incluso podría decirse que los forma. En cuanto a las representaciones del espacio (y del tiempo), puede decirse que forman parte de la historia de las ideologías, siempre que el concepto de ideología no quede restringido, como a menudo sucede en las ideologías de los filósofos y de las clases dirigentes —o, dicho de otro modo, a las nobles ideas de la filosofía, la religión y la moral—. La historia del espacio mostraría la génesis (y, por consiguiente, las condiciones en el tiempo) de esas realidades que algunos geógrafos designan como redes y que están subordinadas al armazón de la política.

La historia del espacio no tiene que elegir entre «procesos» y «estructuras», entre cambio y permanencia, entre acontecimientos e instituciones, etc. Asimismo, la periodización ha de diferir de las periodizaciones generalmente admitidas. Esta historia no puede disociarse evidentemente de una *historia del tiempo* (en sí misma diferente de toda teoría filosófica sobre el tiempo en general). El punto de partida para tal pesquisa no se sitúa en las descripciones geográficas del espacio-naturaleza, sino antes bien en el estudio de los ritmos naturales, de las modificaciones aportadas por esos ciclos y su inscripción en el espacio mediante acciones humanas, en particular por la del trabajo. El principio, pues, son los ritmos espacio-temporales de la naturaleza transformados por una práctica social.

Las determinaciones antropológicas serán las que encontraremos desde el inicio y eso implica la existencia de conexiones con las formas elementales de la apropiación de la naturaleza: números, oposiciones y simetrías, imágenes del mundo y mitos.[6] En estas elaboraciones no es siempre fácil discernir entre el conocimiento y el símbolo, la práctica y la teoría, la denotación y la connotación (en el sentido retórico), e incluso entre los recortes (espaciales) y las interpretaciones (representaciones del espacio), entre las actividades de los grupos (familias, tribus, etc.) y las actividades de la sociedad global. Tras estas elaboraciones y bajo ellas, ¿qué es lo que hay inicialmente? Las primeras *señales*, las primeras *orientaciones* de los cazadores, de los pastores, de los nómadas, que después son memorizadas, marcadas e interpretadas simbólicamente.

La actividad mental y social impone sus redes sobre el espacio natural, sobre el flujo heraclítico de los fenómenos espontáneos, sobre ese caos que precede el advenimiento del cuerpo. Esa actividad establece un orden que, como veremos, coincide *hasta cierto punto* con el orden de las palabras.

Atravesado por caminos y redes, el espacio natural se modifica. Puede decirse que la actividad práctica se inscribe en él, que el espacio social se escribe sobre la naturaleza (quizá en garabatos), lo que implica una representación del espacio. Los lugares son marcados, numerados y nombrados. Entre los lugares, como entre las redes, hay espacios en blanco, espacios al margen. No se trata únicamente de los *Holzwege*, los caminos forestales, sino también de los prados y campos. Importa mucho más el camino que los caminantes, puesto que el primero perdura: las redes de las bestias (salvajes o domesticadas), de la gente (en las casas, alrededor de ellas en las aldeas y pueblos, en los contornos). Los indicios por todas partes distintos y bien advertidos encarnan «valores» que se fijan a los trayectos recorridos: peligro, seguridad, espera, promesa. El

---

[6] Sobre esta cuestión existen múltiples publicaciones, por ejemplo: Viviana Pâques, *L'arbre cosmique dans la pensée populaire et dans la vie quotidienne du Nord-Ouest africain*, París, Institut d'Éthnologie du Muséum National d'Histoire Naturelle, 1964; Leo Frobenius, *Mythologie de l'Atlantide*, tr. fr. París, Payot, 1964; G. Balandier, *La vie quotidienne au royaume de Kongo du XVI au XVIII siècle*, París, Hachette, 1965; Luc de Heusch, «Structure et praxis chez les Lele de Kasaï», *L'Homme: Revue Française d'Anthropologie*, 4, n° 3 (Sept-Dic., 1964), pp. 87-109; Véase también A. P. Logopoulos, «Semiological Analysis of the traditional Africa settlement», *Ekistics*, freb., 1972.

grafismo (que no es aparente a los «actores», pero que se revela mediante la abstracción de la moderna cartografía) se asemeja más a una tela de araña que a un dibujo.

¿Se puede decir que se trata de un texto? ¿O quizás de un mensaje? La analogía no esclarece gran cosa y parece más bien que debemos referirnos a *texturas* antes que a textos. Las arquitecturas podrían decirse *arqui-texturas*, al tomar cada monumento o cada edificación junto con sus entornos, en su contexto, con el espacio poblado y sus redes, como producción de ese espacio. Puede que tal analogía clarifique la práctica espacial.

El tiempo y el espacio no se disocian en las contexturas: el espacio implica un tiempo y viceversa. En ninguna parte esas redes se muestran cerradas. Por todos lados encuentran al extraño y al extranjero, la amenaza y el favor, al enemigo o al amigo. La distinción abstracta entre lo abierto y lo cerrado no les es propia.

¿Qué modos de existencia asumen esos trayectos en los momentos en que la práctica no los actualiza, cuando entran en los espacios de representación? ¿Son percibidos en la naturaleza o bien fuera de ella? Ni lo uno ni lo otro. Los individuos animan esos trayectos y recorridos, esas redes e itinerarios, a través de los relatos, de las «presencias» míticas, genios, espíritus benefactores o diabólicos, que son percibidos como existencias concretas. Es dudoso que puedan existir mitos y símbolos fuera de un espacio mítico y simbólico, determinado también por la práctica.

No debe excluirse que tales determinaciones antropológicas, arrastradas a lo largo de los siglos por un grupo particular, retomadas, desplazadas y transferidas, puedan haber sobrevivido hasta el presente. Sin embargo, un examen atento es indispensable para no precipitar conclusiones que puedan hacernos desembocar en invarianzas estructurales. Regresemos al caso de Florencia.[7] En 1172 la comuna de Florencia reorganizó su espacio urbano para responder a la extensión de la ciudad, de su tráfico y de su jurisdicción. Fue un proyecto global y su repercusión no se ceñía solamente a la ciudad mediante la realización de arquitecturas parciales: una plaza, unos muelles, puentes y rutas. El historiador puede seguir con fidelidad los juegos del mandato y la demanda. Los demandantes eran gentes que deseaban beneficiarse de la protección y de las ventajas que les concedía la ciudad, esto es, el recinto. La orden provenía de una autoridad ambiciosa que poseía los medios adecuados para satisfacer su anhelo. Las murallas romanas fueron abandonadas. En vez de cuatro puertas principales habría en adelante seis puertas, más cuatro secundarias sobre la orilla derecha del Arno y tres puertas

---

[7] Cf. J. Trenouard, *Les villes d'Italie* (notas de curso), fascículo 8, pp. 20 y ss.

en el Oltrarno, en ese momento incorporado a la ciudad. El espacio urbano así producido remedaba una flor simbólica: la Rosa de los vientos. Se configuró de este modo de acuerdo a una «imago mundi». Pero el historiador del espacio no puede atribuir a este espacio de representación, originado en otro tiempo y en otra parte, la misma importancia que a las alteraciones que transformaron el «*contado*» (o territorio toscano) y sus relaciones con el centro (Florencia, principalmente), y que dieron lugar a una representación del espacio. Lo que en tiempos más antiguos fue antropológicamente esencial puede devenir mero accidente en el curso de la historia. Lo antropológico penetra en lo histórico como materia, tratada diferentemente según las circunstancias, las coyunturas, los recursos y el instrumental empleado.[8] El devenir histórico entraña todo tipo de desplazamientos, sustituciones, transferencias, y subordina tanto los materiales como el instrumental. En Toscana asistimos a un periodo de transición desde un espacio de representación (una imagen del mundo) a una representación del espacio, la perspectiva. Eso permite datar históricamente un acontecimiento importante de la historia considerada.

La historia del espacio nos llevaría al tiempo en que el predominio de los factores antropológicos cesa y dan paso al tiempo en que comienza expresamente la producción del espacio como hecho industrial: un espacio donde lo reproducible, la repetición y la reproducción de las relaciones sociales asumen deliberadamente más peso que las obras, la reproducción natural, la naturaleza misma y el tiempo natural. Esta consideración no coincide con ninguna otra. Esta historia posee un principio, una pre-historia: la naturaleza domina el espacio social; y un final, una post-historia: la naturaleza localizada retrocede. Así delimitada, la historia del espacio es indispensable. Ni su comienzo ni su final pueden ser datados en el sentido en que la historiografía tradicional fecha los acontecimientos. El comienzo sólo ha completado un periodo en que queda como indicio (en las casas, los pueblos y las ciudades). En el curso de dicho proceso, que bien podríamos denominar histórico, se constituyen algunas *relaciones abstractas*: el valor de cambio que se generaliza, primero mediante el dinero y el oro (sus funciones) y después a través del capital. Esas abstracciones, relaciones sociales que implican formas, adquieren

---

[8] Véase más arriba las consideraciones que elaboramos sobre el espacio en la Toscana y sus repercusiones, durante el Quattrocento, en el arte y en la ciencia. Volveremos sobre estas cuestiones más adelante, a propósito de las obras de E. Panovsky, *Architecture gothique et pensée scolastique*, y de P. Francastel, *Art et Technique*. Si el acento se pone sobre la arquitectura, la obra de referencia ha de ser la de Viollet-le-Duc, *Entretiens sur l'architecture*.

una doble existencia tangible. Primero, el instrumento y el equivalente general del valor de cambio, la moneda, toman una forma concreta de existencia en la «pieza» de moneda. En segundo lugar, las relaciones comerciales que el empleo de la moneda presupone e induce no existen socialmente sino una vez que son proyectadas sobre el territorio: las redes de relaciones (rutas, mercados) y los centros jerarquizados, las ciudades. Debemos suponer en cada época la existencia de cierto equilibrio entre los centros (el funcionamiento de cada uno de ellos) y el conjunto. Podríamos hablar, pues, de «sistemas» (urbano, comercial, etc.), pero eso es sólo un aspecto menor, una implicación o consecuencia de la actividad fundamental: la producción del espacio.

Con el siglo XX se entra en la modernidad. Dado que esos términos (el «siglo», lo moderno, la modernidad) disimulan bajo su familiaridad más de un enigma y dada también su escasa finura, se hace necesario un análisis más refinado. En lo que se refiere al espacio, se han operado cambios decisivos que son disimulados por las invarianzas, las prolongaciones y los estancamientos, especialmente en el plano de los espacios de representación. Consideremos la Casa, la Morada. En las grandes ciudades y, más aún, en el «tejido urbano» que prolifera alrededor de esas urbes —un tejido que se antoja el estallido de esas ciudades— la Casa sólo posee una realidad histórico-poética enraizada en el folclore, o si se prefiere en la etnología. Es un recuerdo que obsesiona, que persiste en el arte, en la poesía, en el teatro y en la filosofía. Es más, atraviesa la terrible realidad urbana que se instaura en el siglo XX, pues embellecida por un aura nostálgica, anima la crítica. Tanto Heidegger como Bachelard hablan de ella en sus escritos con emoción, escritos conmovedores cuya importancia e influencia no pueden discutirse. La Casa evoca la impresión de un espacio privilegiado, casi sagrado, casi religioso, próximo al absoluto. La «Poética del espacio» de Bachelard, y su «topofilia», ligan los *espacios de representación*, que recorre en sueños (y que distingue de las representaciones del espacio elaboradas por el discurso científico), a ese espacio íntimo y absoluto.[9] El contenido de la Casa alcanza una dignidad casi ontológica: los cajones, los arcones y los armarios se parecen a sus análogos naturales, percibidos por el filósofo-poeta, especialmente a las figuras naturales del Nido, el Caparazón, el Rincón, el Círculo. En el fondo, podríamos decirlo así, la Naturaleza se perfila de un modo maternal e incluso uterino. La Casa es tan cósmica como humana. Del sótano al desván, de los cimientos al tejado, la Casa posee una

---

[9] Gaston Bachelard, *La poétique de l'espace*, París, Presses Universitaires de France, 1957, p. 19.

densidad a la vez soñadora y racional, terrestre y celeste. La relación entre la Morada y el Ego es tan cercana que casi podríamos hablar de coincidencia. El caparazón, el espacio secreto y vivido, representa para Bachelard el prototipo del «espacio» humano y de sus atributos.

En cuanto a la ontología de Heidegger —su noción de Construir, próxima a la del Pensar, su esquema según el cual la Morada contrasta con la existencia errabunda, aliándose quizá un día con ella para acoger al Ser—, esta ontología se refiere a cosas y a no-cosas un poco lejanas para nosotros en la medida en que son próximas a la Naturaleza: el Cántaro,[10] la casa campesina en la Selva Negra,[11] el Templo.[12] No obstante, el espacio, el bosque, el camino no son nada más ni otra cosa que «estar-ahí», que «seres», o *Dasein*. Si el filósofo se interroga sobre su procedencia, si plantea una cuestión «histórica», no hay duda de cuáles son la dirección y el sentido de su pensamiento: el tiempo para Heidegger cuenta más que el espacio; el Ser posee una historia y la historia no es sino la Historia del Ser. Esto conduce a una concepción estrecha y restrictiva del Producir: un hacer-aparecer, un surgimiento que lleva a la cosa, como cosa presente entre las cosas ya presentes. Esas proposiciones cuasitautológicas añaden muy poco a la admirable pero enigmática fórmula: «Habitar es el rasgo fundamental en virtud del cual los mortales son». Y el lenguaje no es otra cosa sino la Morada del Ser.

Esta obsesión con el espacio absoluto atraviesa lo histórico (la historia del espacio, el espacio de la historia; las representaciones del espacio, los espacios de representación). Nos remite a un saber descriptivo que retrocede ante el conocimiento analítico y aún más ante la exposición global del proceso generador en que estamos interesados. Más de una ciencia particular y parcial ha pretendido asumir ese papel, entre otras la antropología (a cuyo nombre de pila han añadido gustosamente un predicado indicativo de sus ambiciones: cultural, estructural, etc.). Desde estas motivaciones, la antropología desea aplicar al mundo moderno —por transposición o extrapolación— las nociones relativas al estudio de las aldeas (preferentemente Bororo o Dogon, a veces provenzales o alsacianas) o las consideraciones de las casas tradicionales.

¿Cómo pueden ser transferidas estas nociones y seguir conservando un sentido? Por muchas razones, y en primer lugar por la nostalgia. Cuánta gente, sobre todo los jóvenes, huye de la modernidad, de las ciudades, de la vida complicada, buscando refugio en el campo, en el folclore, en el artesanado (su vida, su oficio). Cuántos

---

[10] M. Heidegger, *Essais et conférences*, p. 198.
[11] *Ibídem*, p. 191.
[12] Vid. *Holzwege*, tr. fr. p. 31 y ss.

turistas desean vivir una vida propia de las élites, o que pasan por tales, en países subdesarrollados como los que bordean el Mediterráneo entre otros. El movimiento masivo de estas hordas turísticas huyendo hacia los espacios urbanos (Venecia, Florencia) o rústicos, a los que su llegada equivale a su destrucción, es una de las mayores contradicciones del espacio en la modernidad: el espacio es consumido tanto en sentido económico como en sentido literal.

La brutal liquidación de la historia y del pasado por parte de la modernidad se persigue de un modo desigual. Países enteros frenan la industrialización (por ejemplo en los países del área islámica) con el fin de preservar sus residencias, sus costumbres, sus espacios de representación del embate del espacio industrial y de sus representaciones. En Japón, superurbanizado y superindustrializado, la casa, la vida, los espacios tradicionales de representación subsisten y no en una modalidad folclórica (reliquia, escenificación turística, consumo del patrimonio cultural) sino como «realidad» actual y práctica. Todo ello intriga a los visitantes, irrita a los modernistas y a los tecnócratas de ese país, al mismo tiempo que encanta a los humanistas. Hay un eco lejano del capricho occidental por las aldeas y las moradas campesinas.

Esta persistencia sorprendente es lo que llama la atención del libro de Amos Rappoport sobre la antropología de la vivienda.[13] En efecto, la casa tradicional del Périgord merece el mismo análisis que el practicado sobre el iglú esquimal o la choza de Kenia, feudos clásicos de la antropología. Los límites de la antropología resultan más evidentes cuando el autor trata de generalizar los esquemas reductores (en la medida en que se basan en una oposición binaria: la intimidad valorizada y/o desvalorizada por la vivienda, etc.) y no duda en afirmar que en la Francia tradicional la gente (¿quién?) alterna en los cafés o en el *bistro* y nunca recibe en la casa.[14]

La antropología no puede disimular lo esencial, por mucho que lo pretenda. Ni en Kenia ni entre los campesinos franceses u otros podrá descubrirse el espacio y las tendencias de la modernidad (del capitalismo moderno). Situar en un primer plano este tipo de estudios no es otra cosa que eludir la realidad, desviar el conocimiento, volver la espalda a la «problemática» actual del espacio. Si deseamos captar esta realidad no debemos dirigirnos hacia la etnología, la etnografía o la antropología. Primero hay que reconsiderar el mundo «moderno» en sí, con ese doble aspecto que lo distingue: capitalismo, modernidad.

---

[13] Amos Rappoport, *Pour une anthropologie de la Maison*, París, Dunod, 1971, cf. p. 101, p. 113 sobre Japón, etc.
[14] *Ibídem*, p. 96 y ss.

La *materia prima* de la producción del espacio no es, como ocurre en el caso de los objetos particulares, un material particular; es la *misma naturaleza*, transformada en producto, rudamente tratada, hoy amenazada, probablemente arruinada y, con toda seguridad y paradójicamente, *localizada*.

Todavía es necesario poder datar eso que se ha dado en llamar el momento de la emergencia de una conciencia espacial y de la producción del espacio: cuándo, dónde, cómo y por qué un conocimiento desatendido, una realidad ignorada (la del espacio y su producción) comienza a ser reconocida. Es cierto que dicha emergencia puede datarse con precisión. En eso consistió el papel «histórico» de la *Bauhaus*, sobre la que repetidas veces se detendrá nuestro análisis crítico. La Bauhaus no sólo aportó una «posición del objeto» en el espacio, una contextualización o una nueva perspectiva sobre el espacio; también desarrolló una concepción, un concepto global del espacio. En ese momento (hacia 1920, tras la Primera Guerra Mundial) en los países avanzados —Francia, Alemania, Rusia, Estados Unidos— se descubrió una conexión que, aunque en el plano práctico ya había sido apuntada, no estaba desarrollada todavía: el vínculo entre la industrialización y la urbanización, entre los lugares de trabajo y los lugares de habitación. Tan pronto como se incorporó al pensamiento teórico, este vínculo se convirtió en proyecto e incluso en programa. Lo paradójico es que esta «programática» vino a pasar por racional y al mismo tiempo por revolucionaria, cuando en realidad se avenía perfectamente al Estado, al capitalismo de Estado y al socialismo de Estado. Más tarde esto sería algo evidente y trivial. Tanto para Gropius como para Le Corbusier el programa consistía en la *producción del espacio*. Paul Klee llegó a declarar que el artista —el pintor, el escultor, el arquitecto— no se limita a mostrar un espacio, sino que lo crea. La gente de la Bauhaus comprendió que las cosas no podían *producirse* independientemente las unas de las otras en el espacio, fueran muebles o inmuebles: era preciso tener en consideración sus relaciones mutuas y su relación con el conjunto. Era imposible acumular unas cosas sobre otras, como una pila, suma o colección de objetos. En el contexto de las fuerzas productivas, de los medios técnicos y de los problemas específicos de la modernidad, las cosas y los objetos podían producirse en sus relaciones y con sus relaciones. Anteriormente los conjuntos creados por los artistas —monumentos, ciudades, mobiliarios— ponían de manifiesto la diversidad de criterios subjetivos: el gusto de los príncipes, la inteligencia de los mecenas y el genio de los artistas. Para acoger los diferentes objetos «muebles» ligados a un modo aristocrático de vida, los arquitectos construían palacios y, junto a ellos, plazas para el pueblo y monumentos para las instituciones. El conjunto componía un espacio dotado de estilo, a menudo deslumbrante, pero jamás definido por su racionalidad, un espacio que nacía y desaparecía sin razón aparente. Considerando el pasado a la luz del tiempo presente, Gropius entendió que la práctica social había de cambiar en adelante. La producción de los conjuntos espaciales como tales correspondía a la capacidad de las fuerzas productivas, y de ahí a una racionalidad. No era cuestión, pues, de introducir aisladamente formas, funciones y estructuras, sino que se trataba de dominar el espacio global considerando las formas, las funciones y las estructuras en una *concepción unitaria*. Esto venía a verificar una idea apuntada antes por Marx: la industria abre ante los ojos el libro en que se inscriben las capacidades creativas del «hombre» (del ser social).

Los miembros de la Bauhaus, como artistas asociados con objeto de elaborar un proyecto total (el arte total), descubrieron junto con Klee[15] que, en el espacio social, el observador podía girar en torno al objeto —incluyendo las casas, los edificios, los palacios— y no solamente enfocarlo y considerarlo desde un ángulo privilegiado. El espacio se abría a la percepción, a la concepción y también a la acción práctica. El artista pasaba de los objetos en el espacio al concepto de espacio. En la misma época, los pintores vanguardistas llegaron a proposiciones muy similares: todos los aspectos de un objeto podían ser considerados simultáneamente y esta simultaneidad preservaba y resumía una sucesión temporal. A partir de ahí se desprendían varias consecuencias:

> (a) *Una nueva conciencia del espacio* emergió, por medio de la cual era explorado el espacio (un objeto y sus contornos), a veces reduciéndolo intencionalmente al dibujo, al plan, a la superficie del lienzo, y otras veces, por el contrario, tratándolo por rupturas y fracturas de planos para restituir sobre la tela la profundidad espacial. Esto daba lugar a una dialéctica específica.
>
> (b) *La desaparición de la fachada*. Esa faz vuelta hacia el observador, aspecto o lado privilegiado de los cuadros y de los monumentos, desapareció. (El fascismo, en cambio, acrecentó la importancia de las fachadas y promovió en el periodo 1920-1930 su completa «espectacularización».)
>
> (c) *El espacio global* se estableció en la abstracción en tanto que vacío a llenar y medio a poblar. ¿De qué? La respuesta la encontraría más tarde la práctica social del capitalismo: el espacio se poblaría de imágenes, de signos, de objetos comerciales. Y esto daría como resultado la emergencia posterior de ese pseudo-concepto que nombramos por el término medio-ambiente (¿de qué y de quién?)

---

[15] En 1920 P. Klee afirmó: «El arte no refleja lo visible; hace lo visible».

El historiador del espacio, al abordar la modernidad, puede afirmar sin temor a equivocarse el rol histórico desempeñado por la Bauhaus. En el periodo 1920-1930, más allá de los grandes sistemas filosóficos, al margen de las investigaciones matemáticas y físicas, la reflexión sobre el espacio y el tiempo se ligó a la práctica social, y más precisamente a la práctica industrial así como a las investigaciones arquitectónicas y urbanísticas. La transición desde la abstracción filosófica hasta el análisis de la práctica social merece ser señalada. En el curso de dicha transición, que el grupo de la Bauhaus y otros estimulaban, todos éstos se creían algo más que innovadores: se pensaban revolucionarios. Medio siglo más tarde, esta cualidad sólo puede ser atribuida con rigor a los dadaístas (y con ciertas precauciones y reservas a algunos surrealistas).

Es fácil establecer el papel histórico de la Bauhaus, pero es difícil mostrar sus límites y amplitud. ¿Causa y razón de un cambio de las perspectivas estéticas, o síntoma de un cambio en la práctica social? Más bien esto último, contrariamente a lo que piensa la mayoría de los historiadores del arte, de la arquitectura y de la pintura. ¿Qué ha generado la audacia de la Bauhaus? La arquitectura mundial, homogénea y monótona, la arquitectura de Estado, capitalista o socialista. Pero ¿cómo y por qué?

Si hay tanto una historia del espacio como una especificidad del espacio según los periodos históricos, las sociedades, los modos de producción y las relaciones de producción, entonces hay un espacio del capitalismo, es decir, de la sociedad generada y dominada por la burguesía. ¿Han esbozado, formulado y realizado este espacio los escritos y las obras de la Bauhaus, de Mies Van der Rohe entre otros (los que se pretendían y decían revolucionarios)? Tendremos ocasión de regresar sobre esta ironía de la «Historia».[16]

La iniciativa de una reflexión sobre la historia del espacio correspondió a Siegfried Gideon.[17] Distanciándose de la práctica pero elaborando el objeto teórico, Gideon situó el espacio, y no el genio creador ni el espíritu del tiempo ni el del progreso tecnológico, etc., en el centro de la historia tal como él la concibió. Según él, se sucedieron tres periodos. Durante el primer periodo (el antiguo Egipto y Grecia), los volúmenes arquitectónicos fueron concebidos y realizados de acuerdo con sus relaciones sociales, esto es, desde *fuera*. El Panteón de Roma indicaba una concepción diferente: el espacio interno del monumento devino primordial. Nuestra época, en cambio, trataría de superar la oposición espacio-externo *versus* espacio-

---

[16] Michel Ragon, *Histoire mondiale de l'architecture et de l'urbanisme modernes*, 3 vol., Tournai: Casterman, 1971-1978, esp. vol II, p. 147 y ss.

[17] Siegfried Gideon, *Space, Time and Architecture,* Cambridge, Massachussets, Harvard University Press, 1941.

interno mediante el reconocimiento de la interacción y unidad de todos los espacios. Pero Gideon *invierte* la realidad del espacio social. El Panteón, figura del Mundo (*mundus*), se abre hacia la luz; la *imago mundi*, el hemisferio o cúpula interna, simboliza el exterior. En cuanto al templo griego, éste cierra un espacio sagrado y consagrado, el espacio del dios localizado y del lugar divinizado, el centro político de la Ciudad.[18] ¿De dónde procede esta confusión? De un error inicial que está un poco por todas partes. Gideon postula un espacio preexistente, el espacio euclidiano, en el cual se vierten y se hacen tangibles todas las emociones y esperanzas humanas. El espiritualismo inherente a este filósofo del espacio se translucía en *The eternal Present*,[19] obra que Gideon publicó en 1964. Aquí tampoco renunció a esa oscilación ingenua entre lo geométrico y lo espiritual. Además, no separaba la historia que había elaborado de la historia del arte y de la arquitectura, aunque fueran completamente diferentes.

La imagen de un espacio esencialmente vacío, poblado de mensajes visuales, limita asimismo el pensamiento de Bruno Zévi.[20] Para él, el espacio geométrico se anima en virtud de los actos y gestos de quienes lo habitan. Muy oportunamente, Zévi nos recuerda una verdad: todo edificio, todo inmueble tiene un *dentro* y no sólo un *fuera*. Se trataría, pues, de un espacio arquitectónico definido por la relación dentro/fuera, instrumento de la arquitectura en su acción social. Lo que llama la atención es que haya recordado esta dualidad varias décadas después de la Bauhaus, y en Italia, el país clásico de la arquitectura. Eso quiere decir que el análisis crítico de la fachada mencionado antes no ha obrado como se esperaba. *El espacio ha permanecido estrictamente visual*, subordinado a una «lógica de la visualización». Bruno Zévi considera que la concepción visual del espacio descansa sobre un elemento corporal (gestual), por lo que la educación del ojo ha de tenerse en cuenta. El componente «vivido» de la experiencia espacial, que por su naturaleza corporal puede «encarnarse», es incorporado al conocimiento, y por tanto a la «conciencia»; y sin embargo, Zévi, en su libro, no contempla que ese contenido del espacio óptico (geométrico-visual) pueda comprometer la prioridad de la conciencia. El autor no aprecia la importancia de sus conclusiones más allá del plano pedagógico, en el aprendizaje de la arquitectura y en la educación de los entendidos; no prosigue la cuestión en el plano teórico. Según él, en ausencia de una mirada que domine

---

[18] Heidegger, *Holzwege*, p. 31 y ss. (fragmento de la discusión sobre el Templo).
[19] S. Gideon, *The eternal Present*, 2 vol., Nueva York: Bollingen Foundation/Pantheon, 1962-1964.
[20] B. Zévi, *Apprendre à voir l'architecture*, París: Ed. De Minuits.

el espacio, ¿de qué modo se podría juzgar la «belleza» o la «fealdad» de un espacio, y otorgar a ese criterio un valor primordial? ¿Cómo un espacio construido podría subyugar o repeler de otro modo sino por el uso?[21]

Las obras mencionadas de Gideon y Zévi han dejado huella, sin duda, en la historia del espacio. Pero aunque la anuncian apenas aportan nada a su desarrollo. Señalan sus problemas, jalonan el camino. Así, la historia del espacio deberá mostrar la dominación creciente de la abstracción y de lo visual, así como su conexión interna; y exponer la génesis y el sentido de la «lógica de lo visual» —es decir, expresar la estrategia implicada en dicha «lógica» en vista del hecho de que una «lógica» particular siempre es la denominación engañosa de una estrategia.

IX

De la historia así concebida, el materialismo histórico toma una extensión y una verificación que terminan por transformarlo. Su objetividad se profundiza ya que no sólo se ciñe a plantear la producción de las cosas y de las obras, a la historia (dual) de esta producción. Ahora se extiende al espacio y al tiempo, y al tomar la naturaleza como «materia prima», amplía el concepto de producción del espacio, entendido como un proceso cuyo producto (el espacio) abarca tanto a las cosas (bienes, objetos) como a las obras.

El resumen de la historia, su «compendium» e «index», no se encuentran exclusivamente en las filosofías, sino más allá de la filosofía, en esta producción que abarca lo concreto y lo abstracto, historiándolos en vez de abandonarlos en el reino del absoluto filosófico. Recíprocamente se termina relativizando la historia en vez de hacerla un sustituto de la metafísica (ontología del devenir). Así adquiere sentido la distinción entre la prehistoria, la historia y la post-historia. El periodo propiamente histórico de la historia del espacio coincide con la acumulación del capital, comenzando con su fase primitiva y finalizando con el mercado mundial bajo el reino de la abstracción.

En cuanto al materialismo dialéctico puede decirse que también experimenta una ampliación, una verificación y una transformación. Aparecen nuevos movimientos dialécticos: obra *versus* producto,

---

[21] *Ibídem*, pp. 15-16, y los comentarios de Ph. Boudon en *L'espace architectural*, París, Dunod, 1971, pp. 27 y ss.

repetición *versus* diferencia, etc. El movimiento dialéctico inmanente a la división del trabajo se vuelve más complejo cuando se ve a la luz de la exposición de la relación entre la actividad productiva (el trabajo global —como trabajo social— y el trabajo parcial o dividido) y ese producto privilegiado, en la medida en que es también instrumento: el espacio. La «realidad» del espacio como sustancia natural y su «irrealidad» como transparencia se disuelven simultáneamente. El espacio aparece como «realidad» en tanto que medio de la acumulación, del crecimiento, de la mercancía, del dinero, del capital; pero esta «realidad» pierde su apariencia sustancial y su autonomía cuando se perfila su génesis (su producción).

Queda una vieja cuestión abierta nunca respondida. ¿Cuál es exactamente el modo de existencia de las relaciones sociales? ¿La sustancialidad? ¿La naturalidad? ¿La abstracción formal? El estudio del espacio permite responder que las relaciones sociales poseen una existencia social en tanto que tienen existencia espacial; se proyectan sobre el espacio, se inscriben en él, y en ese curso lo producen. De no ser así, las relaciones sociales permanecerían en la «pura» abstracción, es decir, en las representaciones y, en consecuencia, en la ideología —dicho de otro modo, en el verbalismo, la verborrea y la palabrería.

El espacio mismo, simultáneamente *producto* del modo de producción capitalista, e *instrumento* económico-político de la burguesía, revela sus propias contradicciones. La dialéctica surge del tiempo y se realiza; obra de un modo imprevisto en el espacio. Las contradicciones del espacio, sin abolir las que provienen del tiempo histórico, emergen de la historia y transportan las viejas contradicciones, en una simultaneidad mundial, a otro nivel; algunas se atemperan, otras se agravan, y el conjunto contradictorio adquiere un nuevo sentido y viene a designar «otra cosa», otro modo de producción.

X

No todo ha sido dicho en lo que concierne a la inscripción del tiempo en el espacio, es decir, respecto al proceso temporal que engendra (produce) la espacialidad, ya se trate de los cuerpos, de la sociedad, del cosmos o del mundo.

La filosofía no ha dejado sino esquemas muy pobres. El mundo es descrito como una serie de acontecimientos indeterminados teniendo lugar en las tinieblas. El cosmos apunta a una simultaneidad luminosa. La concepción heraclítica propone un flujo universal, siempre renovado, que arrastra a los «seres» y en el que toda estabilidad sólo es apariencia. La doctrina de los eleatas, por otro lado, afirma que sólo la estabilidad constituye lo «real» y lo hace inteligible, de suerte que el devenir sólo es apariencia. De ahí la primacía absoluta de la diferencia (siempre y sin cesar —trágicamente— por lo nuevo) o de la repetición (siempre y por doquier —cómicamente— lo mismo una y otra vez). Para los unos, pues, el espacio representa la decadencia, el abandono, la caída fuera del tiempo que sale fuera del Ser (eterno). El espacio, colección de cosas, separa, dispersa, desune, envuelve lo finito y enmascara la finitud. Para los otros, en cambio, el espacio es la cuna, el lugar de nacimiento, el medio de las comunicaciones naturales y el intercambio de la sociedad. Siempre fecundo, el espacio está recorrido de tensiones y/o de acuerdos.

Seguramente es un esquema poco explorado del tiempo y del espacio el que propone que la realización del tiempo en el espacio se desarrolla desde un germen (un origen relativo, en consecuencia); que esta realización encuentra dificultades que le llevan a detenerse, a descansar, a hacer pausas; que durante esos momentos el proceso se vuelve hacia el original que porta en sí, recurso y fuente, antes de recomenzar y continuar hasta agotarse. El «feed-back» no pone en acción un sistema actual, sino más bien una sincronización con la unidad diacrónica, que no desaparece en ningún «ser» vivo. El recurso del tiempo, la disponibilidad, remiten al origen.

XI

Ya se han aventurado algunas propuestas concernientes a las relaciones entre el lenguaje y el espacio. No es cierto que los sistemas de signos no-verbales respondan a los mismos conceptos y categorías que los sistemas verbales; quizá incluso no son propiamente sistemas, puesto que sus elementos y sus momentos están en relación de contigüidad o semejanza más que articulados por una sistematización coherente. La cuestión, sin embargo, no está todavía resuelta. Como en el discurso, las partes de un espacio se articulan en términos de inclusión y exclusión. Tanto en el lenguaje como en el espacio hay un antes y un después, pero lo actual domina sobre el pasado y el futuro.

Así pues, es posible plantear las siguientes cuestiones, perfectamente legítimas:

(a) ¿Tienen significado los espacios formados por la actividad práctico-social, los paisajes, los monumentos o las construcciones?
(b) ¿Puede considerarse mensaje el espacio ocupado por uno o varios grupos sociales?
(c) ¿Debe concebirse la obra (arquitectónica o urbana) como un caso notable aunque inusual de *mass-media*?
(d) ¿Puede un espacio social ser concebido como lenguaje, como discurso, dependiente de una práctica definida (la lectura-escritura)?

A la primera cuestión debemos responder que sí. Está claro. La segunda pregunta suscita una respuesta ambigua: «sí y no». Un espacio contiene un mensaje, ¿pero se reduce a él? ¿No conllevará más que eso: otras formas, funciones y estructuras sin conexión con el discurso? Conviene examinar esto con cautela. En cuanto a la tercera y a la cuarta preguntas, la respuesta ha de implicar enormes reservas, y volveremos sobre ellas más adelante.

El conocimiento del lenguaje y de los sistemas de signos (verbales y no-verbales) no es de ningún modo inútil en lo concerniente a la comprensión del espacio. Antes se manifestó una tendencia a examinar cada fragmento o elemento del espacio *aisladamente*, asociándolo a su pasado —es decir, a su etimología—. En la actualidad, se estudian los conjuntos, las configuraciones y texturas, pero al precio de un formalismo extremo, de un fetichismo de la coherencia en el saber y de la cohesión en la práctica: en suma, al precio de una «logología».

Se ha llegado a pretender que el discurso y el pensamiento no expresan nada sino a sí mismos. Esto nos dejaría situados no ante una verdad, sino ante un «sentido», ante el trabajo «textual» y solamente «textual». Pero aquí interviene la teoría del espacio. Todo lenguaje se sitúa en un espacio; todo discurso dice algo sobre un espacio (lugares o conjuntos de lugares); todo discurso habla desde un espacio. Es preciso distinguir entre el discurso *en* el espacio, el discurso *sobre* el espacio y el discurso *del* espacio. Entre el lenguaje y el espacio existen, pues, relaciones más o menos desconocidas. Sin duda, no existe un *espacio verídico* (como una vez postuló la filosofía clásica, y que todavía defienden su prolongación, la epistemología y la «cientificidad» que promueve). Pero no hay duda alguna de que existe una *verdad del espacio*, que incluye el movimiento de la teoría crítica sin reducirse a ella. En el espacio y del espacio son los seres humanos (¿por qué decir el «hombre»?), así que no pueden inhibirse ni dejarse excluir.

Salvo esta observación relativa al espacio, el discurso sólo es un vacío mortal, palabrería. La analogía entre la teoría del espacio (y de su producción) y la del lenguaje (y de su producción) no puede concebirse sino dentro de ciertos límites. La teoría del espacio describe y analiza las *texturas*. Como veremos, lo recto (la línea recta), la curva (la línea curva), la cuadrícula (el damero) y lo radioconcéntrico (centralidad-periferia) constituyen formas y estructuras más que texturas. La producción del espacio se adhiere a esas estructuras y las integra en conjuntos (texturas) muy diferentes. Quien dice *texturas* dice también sentidos, ¿pero para quién? ¿Para un «lector» cualquiera? No, más bien para alguien que vive y actúa en el espacio considerado, un «sujeto» dotado de cuerpo o a veces un «sujeto colectivo». Para tal «sujeto», la disposición de las formas y de las estructuras corresponde a funciones de conjunto. Espacios blancos (el contraste entre la ausencia y la presencia), márgenes y, de ahí, redes y tramas, tienen un sentido *vivido* que debe ser alzado —sin alterarlo— hasta un nivel *conceptual*.

Tratemos de llevar esta discusión hasta el final. Actualmente, en Francia y en otros lugares, hay dos filosofías o dos teorías del lenguaje que, a través de las querellas escolásticas, se mezclan y se oponen:

(a) Para la primera tendencia, ningún signo puede aislarse. En consecuencia, el encadenamiento y la articulación de signos poseen una importancia capital. Sólo por y en la concatenación el signo alcanza un significado. El signo se erige en centro de un conocimiento, e incluso de un conocimiento teórico en general (semiología, semiótica). El lenguaje, portador de una comprensión, da lugar a una comprensión del lenguaje, saber absoluto. El «sujeto» (desconocido o ignorado) del lenguaje sólo tiene certidumbre de sí en tanto que sujeto del saber, a través del conocimiento del lenguaje como tal.

El conocimiento ha de poner en un primer plano el estudio metódico de esos encadenamientos. Esta investigación partirá de los signos del lenguaje, pero extenderá esta preocupación a todo aquello que transporte significados y sentidos: imágenes, sonidos, etc. El Saber puede construir un espacio mental en el que se instala, sin que las conexiones entre signos, palabras, cosas y conceptos no difieran esencialmente. La lingüística establece así un área de certidumbre que puede gradualmente conquistar nuevos territorios. Ella contiene la esencia del saber, el principio del saber absoluto, e indica el orden de adquisición. El conocimiento posee, pues, un fundamento estable al cual se añaden extensiones sucesivas: la epistemología (que se refiere al saber adquirido y al lenguaje de dicho saber); la semiología (que se ocupa de los sistemas de signos no verbales, etc.). En esta perspectiva, todo es lenguaje: la música, la pintura, la arquitectura. El espacio, en consecuencia, reducido a signos y a conjuntos de signos, entra a formar parte del conocimiento así definido. Y progresivamente, también todos los objetos en el espacio.

La teoría de los signos se vincula a la teoría de los conjuntos y, a través de ella, a la lógica, es decir, a las relaciones «puras» tales como la conmutatividad, la transitividad, la distributividad (o sus negaciones lógicas). Toda relación mental y social se reduce a una relación formal del tipo A es a B como B es a C. La pura formalización deviene el centro (vacío) a partir del cual se establece la totalización del saber, del discurso, de la filosofía y de la ciencia, de lo sensible y de lo inteligible, del tiempo y del espacio, de la «práctica teórica» y de la práctica social.

Apenas es preciso recordar el éxito de esta tendencia en Francia. (En los países anglosajones pasa por ser un sucedáneo del empirismo lógico.) ¿Cuáles son las causas de tal éxito? Una puede ser la instalación que promulga del saber, y en consecuencia de la enseñanza universitaria, en un lugar central desde el cual se cree poder dominar el espacio social por entero. Otra razón puede residir en que, a fin de cuentas, esta perspectiva salva del desastre al Logos cartesiano, occidental, eurocéntrico, cuando se ve comprometido, trastornado, asaltado por todos lados, desde fuera y desde dentro. La lingüística y sus extensiones auxiliares se erigen de ese modo (¿quién puede ignorarlo?) en la ciencia de las ciencias, reemplazando oportunamente otras ciencias como la economía política, la historia y la sociología, cuyas debilidades eran manifiestas. La ironía es que la lingüística, creyendo establecer un núcleo sólido de saber, ha terminado estableciendo dogmáticamente un vacío, alrededor del cual sólo hay metalenguaje, logología, charlatanería sobre el discurso o silencio. La prudencia (científica) prohíbe franquear osadamente el abismo que separa el *saber* del *no-saber*. Fruta prohibida, lo vivido huye o desaparece ante la reducción: el silencio reina ante la fortaleza del saber.

(b) «Ich kann das Wort so hoch unmöglich schäzten» [*Me resulta imposible darle tanto valor al Verbo*] (*Fausto*, 1226). Imposible situar a tanta altura el lenguaje, el verbo, la palabra. El Verbo jamás ha salvado ni puede salvar el mundo.

En una segunda orientación, el examen del signo descubre una realidad terrible. Rígido, glacial, de una abstracción terrorífica, el signo presagia la muerte —letra, palabra, imagen o sonido—. Buena parte de su importancia radica en la ligazón íntima entre la palabra y la muerte, entre la conciencia humana y los actos mortales: destrozar, matar, suicidarse. Desde esa perspectiva, todo signo es mal signo, amenaza, arma. Y eso puede explicar su carácter *críptico:* oculto en lo más profundo de las grutas, propiedad de las brujas (Lascaux vendría a ser eso según G. Bataille). Signos y figuras de lo invisible amenazan el mundo visible. Con armas y entre las armas, los signos sirven a la voluntad de poder. El poder se levanta sobre la escritura. ¿Pero qué son? Los dobles de las cosas. Cuando asumen las propiedades de las cosas, cuando pasan por ellas, poseen la capacidad de conmover, de suscitar frustraciones, de engendrar neurosis. Dobles que desarticulan los «seres», que permiten que se rompan, que sean destruidos para reconstruirlos de otro modo. El poder del signo se prolonga por la potencia del saber sobre la naturaleza y por el poder sobre los seres humanos. Esta capacidad de acción contiene la «terrible potencia de la negatividad» según Hegel. Comparado con el significado, cosa o «ser», presente o pasado, el signo tiene un carácter repetitivo en la medida en que es el doble de una representación. Entre el significado y el signo existen diferencias fascinantes, un abismo engañoso: el salto de uno a otro parece fácil y quien tiene las palabras cree poseer las cosas. Hasta cierto punto es así, un punto terrible. Indicio vano y sin embargo activo, el signo tiene el poder de la destrucción en la medida en que tiene esa capacidad de abstracción y, en consecuencia, de la construcción de otro mundo (diferente de la naturaleza original). Ahí reside el secreto del Logos, fundamento de todo poder y de toda autoridad; de ahí la ascensión en Europa del conocimiento y de la técnica, de la industria y del imperialismo.

Igualmente, el espacio también poseería ese carácter mortal: lugar de las comunicaciones mediante signos, lugar de las separaciones, medio de las prohibiciones, la espacialidad se definiría también por una pulsión tanática inherente a la vida —que sólo prolifera entrando en conflicto consigo, autodestruyéndose.

La visión pesimista del signo se remonta a una vieja tradición. Ya se encuentra en Hegel,[22] en la noción de negatividad, después compensada por la positividad del saber. Mucho más aguda y enfática la encontramos en el pensamiento de Nietzsche. Poeta, filólogo, filósofo o más bien metafilósofo.[23] Para Nietzsche el lenguaje como tal tiene un carácter *anafórico* mucho más que metafísico. Siempre va más allá de la presencia, hacia un «otro lugar» y, sobre todo, hacia una hipervisualización que eventualmente acaba con él. A un lado y a otro del saber está el cuerpo y los actos del cuerpo: sufrimiento, deseo, placer. Para Nietzsche el poeta, la poesía consiste en una metamorfosis de los signos. En el curso de una lucha que sobrepasa la oposición entre el trabajo y el juego, el poeta arrebata las palabras a la muerte. En ese sentido, las descifra. Una lucha tan terrible como la trampa, que mueve el terreno sobre el cual se libra la batalla. El poeta, afortunadamente, encuentra ayuda y recursos en el músico, el bailarín y el actor; todos comparten el camino, jalonado de angustias, pero que incomparables goces recompensan

En este contexto es cómodo y oportuno retomar la oposición entre la poesía que intensifica la vida (el *Fausto* de Goethe, el *Zaratustra* de Nietzsche) y la poseía de la muerte (Rilke, Mallarmé).[24]

Las dos tendencias de la teoría (filosofía) del lenguaje se han mostrado en pureza. La mayor parte de los teóricos franceses han buscado un compromiso, salvo Georges Bataille y Antonin Artaud. El psicoanálisis ha permitido ese eclecticismo bastante difundido. Se pasa del discurso-como-saber al saber del discurso, una transición sin drama, sin ruptura sangrienta. En el saber del

---

[22] H. Lefebvre, *Le Langage et la Société*, París, Gallimard, 1966, p. 84 y ss.

[23] Cf. el fragmento ya citado de 1873 en Nietzsche *Das Philosophenbuch/Le livre du philosophe*, París, Aubier Flammarion, 1969, p. 170 y ss.

[24] Cf. Maurice Blanchot, *L'espace littéraire*, París, Gallimard, 1970.

discurso se integran con facilidad lo dicho, lo no dicho y lo prohibido, concebidos como esencia y sentido de la experiencia vivida. Desde ese momento el saber del discurso se dirige hacia el espacio social. Las etapas de esta extensión vienen dadas por la pulsión de muerte, las prohibiciones —en particular, la del incesto—, la castración y la objetivación de lo Fálico, y la proyección de la voz en la escritura. La semiótica pondría de manifiesto las pulsiones (de muerte y de vida) mientras que lo simbólico y la semántica se unirían a los signos como tales.[25] El espacio se daría con el lenguaje y en el lenguaje, sin que tuviera una formación diferente. Poblado de signos y significados, recorrido indistintamente de discursos, continente homólogo al contenido, ese espacio estaría compuesto de funciones, articulaciones y sucesiones, es decir, igual que un discurso. Necesarios, los signos se bastan porque el sistema de signos verbales (que dan lugar a la escritura) contiene la esencia de los encadenamientos, incluidos los del espacio. Pero ese compromiso que sacrifica el espacio al ofrecerlo como un presente a la filosofía del lenguaje no se sostiene. En el espacio se despliegan *procesos significantes* (una práctica significante) que no pueden ser reducidos al discurso cotidiano ni al lenguaje literario (de los textos). Si los signos, como instrumentos de muerte, trascienden en la poesía —como pretendía Nietzsche—, deben superarse perpetuamente como tales en el espacio. Las dos tesis sobre el signo no pueden reconciliarse en un eclecticismo que de alguna manera abraza a la vez el saber «puro» y la impura poesía. No es posible especular con la ambigüedad, sino que debe demostrarse la contradicción a fin de resolverla o, más bien, con objeto de mostrar cómo el espacio la resuelve. El despliegue energético de los cuerpos vivos en el espacio va sin cesar más allá de las pulsiones de muerte y de vida, y los concilia. En y por el espacio social, el dolor y el placer —que la naturaleza distingue mal— se disciernen. Los productos y, aún más, las obras, son destinados al placer (tras el trabajo, mezcla de efectos dolorosos y de juego creativo). Si hay espacios que expresan separaciones insuperables (las tumbas), también hay espacios de reencuentro y gratificación. Y si el poeta se bate contra la frialdad de las palabras y evita caer en las trampas de los signos, más aún debería hacerlo el arquitecto, que dispone de *materiales* análogos a los signos (ladrillo, madera, acero, hormigón) y de un *instrumental*

---

[25] Cf. Julia Kristeva, *Langage, sens, poésie* (tesis doctoral), 1973. La autora acentúa la distinción entre la semiótica (pulsiones) y el simbolismo (lenguaje como sistema de comunicación). Además va más lejos en ese sentido que J. Lacan en sus «Escritos». Quien mejor se mueve sobre estos dos planos a lo largo de toda su obra es R. Barthes. Hermann Hesse, en *Le jeu des perles de verre* (*El juego de los abalorios*), plantea el problema con tesón, pero éste queda sin solución.

similar a las «operaciones» que conectan los signos, los articulan y les confieren significaciones (las cimbras, las bóvedas, los arcos, los pilares y columnas; las aberturas y los cierres; los procedimientos de construcción, conjunción y disyunción de esos elementos). De ese modo, el genio arquitectónico ha realizado espacios destinados a la voluptuosidad (la Alhambra de Granada), espacios para la contemplación y la sabiduría (los claustros monásticos), espacios de poder (los castillos), espacios de percepción afinada (los jardines japoneses). El genio arquitectónico produce espacios colmados de sentidos y en principio eso les permite escapar de la muerte: duraderos, radiantes, dotados de un tiempo local específico. El arquitecto produce cuerpos vivos, con sus rasgos distintivos: lo que anima ese cuerpo, su presencia, no es visible ni legible como tal, ni objeto de discurso. Esta vida se reproduce en la que hace uso del espacio y en su experiencia vital, por eso el turista sólo alcanza a rozar su sombra, y el espectador deviene mero fantasma.

El concepto de espacio así ligado a una *práctica social* —a la vez espacial y significante— adquiere todo su alcance. El espacio reúne la producción material: bienes, cosas, objetos de cambio tales como vestidos, muebles, casas (moradas), producción dictada por la necesidad. Reúne también el proceso productivo considerado en el nivel más elevado, resultado de la acumulación de conocimientos —el trabajo es penetrado por la ciencia experimental, materialmente creativa—. Por último, reúne el proceso creativo más libre —el proceso significante— que anuncia el «reino de la libertad», destinado en principio a desplegarse en él tan pronto cese el trabajo dictado por las ciegas e inmediatas necesidades; en otros términos, desde el momento en que comience el proceso creativo de obras, de sentidos y de placer (creaciones todas ellas muy diversas, pues la contemplación, por ejemplo, puede suponer placer sensual, que aunque la incluya no se reduzca a la gratificación sexual).

Consideremos ahora un texto fundamental de Nietzsche sobre el lenguaje, escrito en 1873. Ese filósofo, verdaderamente filólogo, amigo del lenguaje porque lo comprende como poeta, sitúa en un primer plano dos conceptos ya clásicos que después han sufrido su vulgarización: la *metáfora* y la *metonimia*. Para la escuela lingüística moderna inspirada en Saussure, esas figuras retóricas van más allá del lenguaje primario o, si se prefiere, trascienden el primer grado del discurso. Tal es el sentido del término griego «meta». La metáfora y la metonimia forman parte del meta-lenguaje o lenguaje de segundo grado.

En el pensamiento de Nietzsche (que hoy aparece muy diferentemente de como se interpretó a comienzos de siglo), el término *meta* posee un sentido radical. La metáfora y la metonimia se desvelan al principio del lenguaje. Las palabras, en tanto que palabras, constituyen ya de por sí metáforas y metonimias —no sólo los conceptos, como cree S. Kofmann en su libro *La métaphore nietzschéenne*—.[26] Van más allá de lo inmediato, más allá de lo sensible, es decir, de un caos de impresiones y estímulos. Cuando este caos es sustituido por una imagen, una representación sonora, una palabra, y después por un concepto, asistimos a una metamorfosis. Las palabras del lenguaje son simplemente metáforas de las cosas.[27] El concepto nace de la identificación de lo no-idéntico, es decir, de una metonimia. ¿Qué es en realidad una lengua, a la que creemos instrumento de verdades y depósito de certezas acumuladas? Según Nietzsche, «*una multitud móvil de metáforas, metonimias y antropomorfismos; en pocas palabras, una suma de relaciones humanas que han sido poética y retóricamente transmitidas, transportadas, adornadas y que, tras un largo uso, se antojan firmes, canónicas y obligatorias para la gente*». En términos modernos, la lengua es más importante que el lenguaje, que el discurso en general; y se estima más creativa la palabra que el sistema del lenguaje —y, con mayor motivo, que la escritura o la lectura—. La lengua y la palabra inventan; restituyen a la vida los signos y los conceptos, usados como monedas. ¿Pero qué inventan, suscitan, traducen y ocultan esas «figuras» que llamamos metáforas, metonimias y metamorfosis? ¿Acaso la realidad tendría por fundamento lo imaginario? ¿Ha creado el mundo un dios poeta, un dios danzante? No, al menos ésa debe ser la respuesta en el orden de lo social. El hecho es que un «orden piramidal», un mundo de castas y clases sociales, de leyes y privilegios, de jerarquías y coacciones, se opone al mundo de las primeras impresiones como «las más firmes, generales, conocidas y humanas, de orden regulador e imperativo».[28] Una sociedad es un espacio y una arquitectura de conceptos, formas y leyes, cuya verdad «abstracta» se impone a la realidad de los sentidos, del cuerpo, de las voluntades y los deseos.

En repetidas ocasiones, en el conjunto de su obra filosófica (metafilosófica) y poética, Nietzsche insiste sobre el carácter visual que domina las metáforas y metonimias constitutivas del pensamiento abstracto: la idea, la visión, la claridad, la luz y la oscuridad —el velo, la perspectiva, el ojo y la mirada del espíritu, el sol de la Inteligibilidad, etc—. Es uno de los grandes «descubrimientos» (todavía una metáfora visual) de Nietzsche. En el curso del tiempo histórico, lo visual predomina sobre los elementos del pensamiento y los actos procedentes de los otros sentidos (la facultad de oír,

---

[26] S. Kofmann, *La métaphore nietzschéenne*, París, Payot, 1972.
[27] *Vid.* Nietzsche, *Le livre du philosophe*, p. 179.
[28] *Ibídem*, p. 185.

escuchar, etc.; la mano y el acto voluntario, el «asir», el «tener», etc.). Lo visual ha dominado y captado los otros sentidos hasta reabsorber casi por completo el olfato, el gusto, el tacto, etc. Y el sexo, y el deseo (disfrazado como *Sehnsucht*). De ese modo se precisa el carácter anafórico del lenguaje, que abarca lo metafórico y lo metonímico. Podemos concluir lo siguiente:

(a) Inicialmente, la metáfora y la metonimia no son figuras retóricas. Se convierten en figuras del lenguaje, pero al principio no son sino actos. ¿Qué realizan esos actos? Para ser exactos, *descifran*, hacen surgir de las profundidades no lo que hay sino lo decible, lo que es susceptible de figuración: el lenguaje. Aquí reside la fuente de las actividades de la palabra, de la lengua o del discurso, actividades que propiamente pueden llamarse metaforización o metonimización. ¿A partir de qué? Pues del cuerpo, metamorfoseado. Las representaciones del espacio y el espacio de representación, en la medida en que utilizan esas «figuras», ¿tienden a *naturalizar* lo espacial? No, o no meramente. Tienden a evaporarlo, a disolverlo en la transparencia luminosa (óptica y geométrica).

(b) La metáfora y la metonimia conllevan el desplazamiento, la transposición y la transferencia. Más allá del cuerpo, más allá de las impresiones y de las emociones, de la vida y de los sentidos, del placer y el dolor, está el dominio de las unidades distintivas y articuladas, de los signos y de las palabras: las abstracciones. El signo se define por la metaforización y la metonimización. Es un próximo «más allá» que engendra la ilusión de lejanía. Si las figuras retóricas expresan mucho, pierden y olvidan aún más, dejan a un lado y ponen entre paréntesis.

(c) Quizás existe una lógica de lo metafórico y una lógica de lo metonímico, ya que esas «figuras» dan lugar a una forma, la del discurso coherente, articulado, cercano a la forma lógica, y sobre todo porque hacen surgir una arquitectura mental y social por encima de la vida espontánea. En el discurso (como en la percepción de la sociedad y del espacio) hay un constante ir y venir entre los términos, y entre las partes y el todo.

(d) Ese movimiento inmenso tiene múltiples conexiones: con la razón, el Logos, la lógica, los razonamientos por analogía y por deducción, de un lado; de otro, con las estructuras sociales, ligadas ellas mismas a estructuras políticas, es decir, a un poder. Esto implica el predominio creciente de la visión, de lo visible, de lo legible (escrito y escritura). Entre esos términos —esas formas, funciones y estructuras— tienen lugar complejas relaciones espaciales que pueden ser analizadas y explicadas.

Así pues, si hay un *fetichismo* (de un espacio visual, inteligible, abstracto) y si hay una *fascinación* (de un espacio de la naturaleza perdida y/o encontrada, espacio de lo absoluto religioso y político, espacios de la voluptuosidad o de la muerte), la teoría puede trazar su génesis, es decir, seguir su producción.

XII

¿Qué es lo que oscurece el *concepto* de producción en lo que concierne al espacio? Dejemos aquí de lado los lenguajes del saber absoluto y del neo-dogmatismo (campo o base epistemológica, espacio de la episteme, etc.) a los que ya se ha prestado suficiente atención. Hemos visto cómo reducen lo social a lo mental, a la práctica intelectual, al mismo tiempo que extienden al saber las leyes de la propiedad privada; pero no es éste el lugar para demostrarlo. Varias representaciones que tienden a ocultar el concepto provienen de la semiología, y muy especialmente de la tesis según la cual el espacio social resulta de un simple *marcaje* del espacio natural, de una señalización. Esas representaciones (la marca y el marcaje, los trazos) son habitualmente empleadas por los semiólogos, si bien no les pertenecen en propiedad. La semiología insiste en los sentidos: la marca sería significante, formaría parte de un sistema, sería capaz de llevar a cabo la codificación y la descodificación. El espacio estaría, pues, marcado una veces materialmente (así como los animales emplean los olores, los humanos hacen uso de procedimientos visuales y auditivos) y otras veces de forma abstracta (mediante los discursos, mediante los signos). Tal espacio adquiriría un valor simbólico. Desde esta perspectiva, los símbolos implican siempre una inversión afectiva, una carga emotiva (temor, atracción, etc.), depositados —por así decir— sobre un lugar particular y «representado» desde entonces por los que se alejan de ese lugar privilegiado. De hecho, la práctica (al principio de la vida agro-pastoral) y el simbolismo no se separan. Sólo mucho más tarde tiene lugar su distinción, llevada a cabo por el análisis. Desde el momento en que llega a separar tales esferas, el símbolo «físico» deviene incomprensible, al igual que la práctica de una sociedad sin capacidad de abstracción. ¿Es posible hablar con propiedad de una producción del espacio cuando sólo hay marcaje, simbolización del espacio? No todavía, aunque los cuerpos vivos, móviles y activos, extiendan su percepción espacial y su ocupación del espacio, como una araña teje su red. Si hay producción y a pesar de que esa producción tuviese lugar, ella se limitaría durante mucho tiempo a las marcas, signos y símbolos; no cambiaría la materialidad sobre la que se imprimen. La Tierra-Madre, cuna de la vida y símbolo del campo sexual labrado, o tumba, eso será la tierra.

Hay que hacer notar que esta actividad (la localización mediante marcas, la señalización y balizaje de las rutas) es sólo característica de los comienzos de la sociedad organizada. Durante esa etapa, los itinerarios de los cazadores y de los pescadores, junto con las rutas de las manadas, eran marcadas y los «topoi» (que un poco más tarde devienen «lieux-dites») indicados mediante piedras, mojones, cuando las marcas naturales (árboles, matorrales) no eran ya suficientes. Durante esos periodos, los espacios naturales son simplemente recorridos. El trabajo social apenas los modifica. Más tarde aún, el marcado y la simbolización pueden convertirse en procedimientos individuales o lúdicos: un niño marca su esquina, se entretiene dejando un rastro de su presencia.

Esta representación errónea de los semiólogos ha engendrado la representación inversa y a la vez complementaria: el espacio «artificial» resultaría sólo de la desnaturalización y desvirtuación del espacio objetivo, denominado natural. ¿Pero por medio de qué intervenciones? Evidentemente, por la intervención de la ciencia y de la técnica, esto es, por la abstracción. La cuestión es que esta representación desatiende la diversidad de los espacios sociales, omite su génesis histórica, reduciendo tales espacios al rasgo común de la abstracción (efectivamente inherente a todas las acciones en que interviene el conocimiento).

La semiología introduce la idea de que el espacio es susceptible de *lectura* y, en consecuencia, de una práctica (la lectura-escritura). El espacio de la ciudad, desde esta perspectiva, comporta un discurso, un lenguaje.[29]

¿Lectura del espacio? Sí y no. Sí, en cuanto que el «lector» descifra, descodifica, y el «locutor» se expresa y traduce sus evoluciones en un discurso. Y sin embargo, la otra respuesta posible es ciertamente negativa. El espacio social no es nunca una página en blanco sobre la que cualquiera (¿pero quién?) puede haber escrito su mensaje. El espacio natural y el espacio social se encuentran sobrecargados. Todo ahí es confuso y desordenado. Más que signos lo que uno encuentra aquí son consignas, prescripciones múltiples y cuantiosas interferencias. Si acaso hay texto, trazos, escrituras, lo hay en un contexto de convenciones, de intenciones y de órdenes (en el sentido de un orden social contra un desorden también social). Es cierto que el espacio es significante, ¿pero de qué? De lo que es preciso hacer y no hacer, y eso nos remite al poder. El mensaje del poder, no obstante, es siempre voluntariamente confuso, encubierto. El espacio del poder no dice todo, y fundamentalmente dice lo prohibido. Su modo de existencia, su «realidad» práctica

---

[29] *Vid.* Roland Barthes, *Architecture d'aujourd'hui*, nº 132 y nº 153.

(incluyendo su forma) difiere radicalmente de la realidad (de estar-ahí) de un objeto escrito, de un libro. Resultado y causa, producto y productor, el espacio es también una *meta*, un lugar de proyectos y acciones en juego, ocasión para el despliegue de estrategias concretas, y por tanto, también un objeto de desafíos sobre el porvenir, envites que se expresan sólo parcialmente.

¿Podemos hablar de un código del espacio? En realidad hay varios, aunque esto apenas desanime a la semiología, que de hecho pretende establecer la sucesión de niveles jerarquizados de interpretación y la existencia de un residuo susceptible de lograr la descodificación. De acuerdo, pero la consigna no es el signo. La consigna es la acción que se despliega en este espacio y el espacio prescribe tras elegir qué actividad puede tener lugar, pero es una decisión limitada. El espacio ordena en la medida en que implica un orden (y en ese sentido, también cierto desorden). Así como la decencia implica la indecencia, y la escena la cosa ocultada por obscena. La interpretación viene después, por añadidura. El espacio ordena los cuerpos, prescribe o proscribe los gestos, los trayectos y los recorridos. Está producido con ese propósito; no otra es su finalidad ni otro su sentido. La lectura del espacio no es sino el resultado gratuito, la recompensa superflua de una obediencia ciega, espontánea y *vivida*.

Así, pues, aunque la lectura del espacio (siempre asumiendo que la haya) procede en primer lugar del conocimiento, en última instancia proviene de la génesis del espacio mismo. Ninguna «lectura del espacio» de las iglesias románicas y de sus aledaños (pueblos o monasterios) permite comprender o prever en absoluto el espacio de las iglesias góticas (ni sus condiciones y presupuestos: las ciudades, la revolución de las comunas, la actividad de las corporaciones, etc.). Este espacio fue *producido* antes de ser *leído*, y no fue producido para ser leído y conceptualizado, sino para ser *vivido* por gentes con cuerpos y vidas en su propio contexto urbano. Dicho de otro modo, la lectura es siempre posterior a la producción, salvo en aquellos casos especiales en que el espacio es producido para ser leído. Esto plantea la cuestión de la legibilidad como criterio. Parece que el espacio engendrado (producido) para ser objeto de una lectura es el más engañoso y el más falso de todos ellos. El efecto gráfico de la legibilidad disimula las intenciones y las acciones estratégicas. No es más que un trampantojo. La monumentalidad siempre expresa e impone una evidencia legible, que dice lo que desea decir y oculta mucho más de lo que dice. Político, militar y, en el límite, fascista, el monumento abriga la voluntad de poder y la arbitrariedad del poder bajo signos y superficies que pretenden expresar la voluntad y el pensamiento colectivos. En el proceso, tales signos y superficies conjuran a la vez lo posible y el tiempo.

Sabemos desde Vitrubio —y en los tiempos modernos desde Labrouste (muerto en 1875), quien no dejó de insistir en ello— que la forma arquitectónica debe convenir a la función. En el curso de los siglos, el concepto de «conveniencia» se encoge a la vez que se precisa. Desde hace poco «conveniencia» equivale a «legibilidad».[30] El arquitecto quiere construir un espacio significante y la forma sería a la función lo que el significante es al significado: la forma expresa y declara la función. Según este principio, observado por la mayor parte de los «diseñadores», el entorno podría ser amueblado y poblado de signos, y el espacio sería así apropiado en la medida en que legible, es decir, ligado «plausiblemente» al conjunto de la sociedad. La inherencia de la función a la forma, es decir, la aplicación del criterio de la legibilidad (la legibilidad como criterio), hace instantánea la lectura, el gesto y el acto. De ahí el tedio que acompaña de ordinario esta transparencia formal-funcional. Ninguna distancia interna ni externa: nada que descifrar en ese «entorno» sin contornos, ese «medio» sin alrededores. Por añadidura, las oposiciones pertinentes en un código del espacio construido para «ser» significante y legible son muy comunes y muy simples. Se reducen a contrastes entre horizontales y verticales (un contraste que pretende disimular la altivez significativa de las verticales). Esos contrastes se dan en una visualización que se cree intensa, si bien sólo posee un aspecto de intensidad para la mirada de un observador distante, la mirada del paseante ideal. La legibilidad aparente enmascara más de lo que declara; disimula precisamente lo que «es» visible-legible, sus trampas —lo que «es» la verticalidad—: arrogancia, voluntad de poder, exhibición de la virilidad militar y policial, la dimensión fálica, la analogía espacial de la brutalidad masculina. Nada puede darse por sentado en el espacio, porque se trata de actos reales o posibles y no de estados mentales, relatos mejor o peor contados. En el espacio producido, los actos reproducen los «sentidos» incluso sin que «se» den cuenta de ellos. El espacio represivo entraña la represión y el terror, incluso si se multiplican los signos ostensibles de lo contrario (la satisfacción, el beneplácito, la alegría).

Esta tendencia ha llegado hasta tal punto que algunos arquitectos ansían la restitución de la ambigüedad (del mensaje confuso, sin desciframiento inmediato) o la diversificación del espacio que pudiera corresponderse con una sociedad liberal y pluralista.[31]

---

[30] *Vid.* Charles Jenks, *Architecture 2000: Predictions and Methods*, Nueva York, Prager Paperbacks, 1971, p. 115.

[31] *Vid.* Robert Venturi, *Complexity and Contradiction in Architecture*, Nueva York, Museum of Modern Art / Doubleday, 1966.

Robert Venturi, arquitecto y teórico de la arquitectura, ha intentado llevar a cabo una dialéctica del espacio. En su perspectiva el espacio ya no se concibe como un medio vacío y neutro, ocupado por objetos inertes, sino que el espacio se antoja un campo de fuerzas, repleto de tensiones y de distorsiones. ¿Logrará escapar del funcionalismo, del formalismo, mediante correcciones formales? Todavía (en 1972) está por ver. El hecho de pintar los inmuebles parece una pobre compensación, frente a la «riqueza» de las obras arquitectónicas clásicas. ¿Es realmente posible usar las superficies murales para describir con *graffiti* las contradicciones sociales? No dejaría de ser una paradoja que se verificase que el «diseño», la lectura-escritura como práctica, la relación significante-significado, proyectada en las cosas como relación «forma-función», no tienen otra finalidad, consciente o no, que disolver los conflictos en una transparencia general, en un presente unidimensional —como si fuera una superficie «pura».

Más de uno objetará:

> *Sus tendenciosos argumentos se esfuerzan en rehabilitar el significado, el contenido contra la forma. Pero los verdaderos innovadores operan sobre las formas; las inventan trabajando los significantes. Si son escritores, producen discursos; y lo mismo podría decirse para los otros tipos de labor creativa. Los arquitectos que se preocupan del contenido —los «usuarios», el habitar— se limitan a reproducir las formas anticuadas, sin innovar nada...*

Y mi respuesta no puede ser otra:

> *No dudo en ningún momento de que el trabajo sobre el significante, que la producción de un lenguaje, sea un acto de creación. ¿Pero es siempre así y en todos los ámbitos? ¿No llega un momento en que el formalismo termina por agotarse? Entonces, la reinyección de un contenido en la forma puede destruir ésta y abrir el camino a la innovación. Los armonistas inventaron una gran forma musical; pero los descubrimientos formales sobre la armonía hechos por los físicos y los teóricos musicales —como Rameu— no estimularon la exploración ni la explotación de sus posibilidades. Fue preciso un Mozart o un Beethoven para que se progresara. En cuanto a los arquitectos, los constructores de palacios operaban con y sobre significantes (los del poder). Se mantuvieron en los límites de una cierta monumentalidad, sin transgredirlos en ningún momento. Operaban, además, no sobre textos, sino sobre texturas (de espacio). Fue preciso, para permitir la invención formal, un cambio en la práctica, esto es, un movimiento dialéctico «significante-significado», ciertos significantes se agotaron en el formalismo, ciertos significados se introdujeron con su violencia característica en los significantes. La*

combinación de elementos de un repertorio de signos, y de significantes, se agotó más rápidamente que el número de las combinaciones. En efecto, en primer lugar, toda combinatoria pierde su interés y su capacidad emotiva desde el momento en que es conocida y reconocida como tal. La saturación comienza y cambiar las combinaciones incluidas o excluidas no logra hacer variar la situación. En segundo lugar, el trabajo sobre el significante y la producción de un discurso sólo permiten la transmisión del mensaje si la labor no es patente. Si el «objeto» porta las huellas del trabajo, la atención del lector puede desviarse sobre la escritura y el escritor. El lector viene a compartir la fatiga del productor, lo que le desanima muy pronto.

Insistamos desde este momento en el efecto *destructor* (en la medida en que es reductor) de lo legible-visible, de la prioridad absoluta acordada a la esfera visual, lo que implica asimismo la prioridad de la lectura-escritura. El espacio visual acompaña de ordinario la búsqueda de un efecto de ingravidez. Algunos teóricos de una pretendida revolución arquitectónica atribuyen tal mérito a Le Corbusier, cuando en realidad los precursores fueron, primero Brunelleschi, y más recientemente Baltard y después Eiffel. Una vez se abandona la pesadez, la impresión de masa que la arquitectura utilizó antaño, los planos descomponen y recomponen arbitrariamente los volúmenes de acuerdo con un neoplasticismo arquitectónico. La denominada expresión *iconológica* (signos y símbolos) se reduce expresamente en la modernidad a efectos de superficie. Los volúmenes son privados de toda consistencia material. El arquitecto cree asegurar la función social (el uso) de los locales, oficinas, viviendas, etc., pero las paredes —liberadas de toda función espacial (como estructuras de sujeción)— y los interiores se vacían de todo carácter o contenido. Los materiales ya no entran a formar parte de la sustancia de los muros, se reducen a una especie de membrana que apenas materializa la división fuera-dentro. Esto no impide a los «usuarios» proyectar en una especie de absoluto ficticio la relación entre lo interno (la esfera de la intimidad) y lo externo (la exterioridad amenazante); cuando no pueden proceder de otro modo, emplean los signos de esta oposición privilegiando los signos que indican la propiedad privada. Pero para el pensamiento arquitectónico que obedece el modelo de la transparencia, estas oposiciones entre el dentro y el afuera se disgregan. El espacio se pulveriza en figuras y valores «iconológicos», donde cada fragmento recibe la particularidad y la valorización a partir de un color o de un material (ladrillo, mármol, etc.). El sentido de un espacio circunscrito se desvanece del mismo modo que lo hacía la impresión de gravedad. La fusión entre lo interior y lo exterior tiene lugar en la transparencia, en lo indiscernible e intercambiable. Paradoja tanto más sorprendente cuando esta tendencia se sitúa bajo el patrocinio de las estructuras, de las oposiciones pertinentes, las relaciones entre «fuera-dentro» y «significante-significado».

Este espacio visual, el espacio de la transparencia y la legibilidad, no sólo se caracteriza por tener un contenido que vela en el continente —lo fálico, la pretendida virilidad—; también es un espacio represivo: la mirada del poder no deja escapar nada. Todo lo opaco —las paredes, los muros, incluso en su estado más simple como meras cortinas— está destinado a desaparecer. Es un error que invierte la deseable disposición de las cosas en la situación actual: el espacio de la vida privada debería cerrarse y dar la impresión de finitud, es decir, de perfección, mientras que el espacio público debería abrirse. Pero sucede todo lo contrario.

XIII

Como toda realidad, el espacio social se relaciona metodológica y teóricamente con tres conceptos generales, a saber: forma, estructura y función. Es decir, cualquier espacio social puede devenir objeto de un análisis formal, de un análisis estructural y, por último, de un análisis funcional. Cada uno aporta un código y un método para descifrar lo que a primera vista parece impenetrable.

El término «forma» puede ser aprehendido en varias acepciones: estética, plástica, abstracta (lógico-matemática), etc. Generalmente su uso implica la descripción de contornos, la determinación de fronteras, de límites externos, áreas y volúmenes. En ese sentido se presta al análisis espacial, lo que no evita otras dificultades. Una descripción formal que se pretenda exacta puede sin embargo mostrarse después penetrada por ideologías, sobre todo si dicha descripción tiene implícita o explícitamente una visión reduccionista. Eso sería característico de lo que conocemos como *formalismo*. Un espacio puede ser reducido a elementos formales: la línea curva y la línea recta, las relaciones «internas-externas», «volumen-superficie». Esos elementos formales han dado lugar, en arquitectura, pintura y escultura, a auténticos sistemas: la razón Áurea (φ); los órdenes arquitectónicos (dórico, jónico y corintio); los sistemas modulares (sobre la base de ritmos y proporciones), etc.

El examen de los efectos estéticos o «efectos de sentido» no tiene ningún derecho de prioridad en este contexto. Lo que cuenta en el plano metodológico y teórico es:

(a) La idea de que no puede existir forma sin función ni estructura. Y lo mismo para cada uno de esos conceptos. Formas, funciones y estructuras, en general, vienen dados en y por una materialidad que simultáneamente los une y los distingue. Por ejemplo, en un organismo, el conocimiento discierne con bastante facilidad las formas, las funciones y las estructuras en el seno de una totalidad, la «sustancia» viviente. Pero el triple análisis deja siempre un residuo, que un análisis más profundo trata de captar y conocer. Tal es el sentido de las antiguas categorías filosóficas: el ser, la naturaleza, la sustancia, la materia. En un «objeto» producido, esa relación constitutiva cambia: actuando sobre los materiales, la acción práctica (la técnica, el trabajo) tiende a reducir, con objeto de dominarla, la distancia entre la forma, la función y la estructura, de modo que al final las tres se implican en una relación inmediata. Esta tendencia sólo implícitamente aparece en las obras de arte o en los objetos anteriores al periodo industrial —incluidos los muebles, las casas, los palacios y los monumentos—; bajo las condiciones de la modernidad, viene a aproximarse a sus límites. En el «diseño», la materialidad tiende a desvanecerse ante la transparencia, la «legibilidad» perfecta. La forma ya no es sino el signo de la función, y la relación entre ambas, tan clara como posible —es decir, fácilmente producible y reproducible—, da lugar a la estructura. Salvo si (caso frecuente) el «diseñador» y el fabricante encuentran divertido confundir las cuestiones, presentando en una forma (a menudo «clásica») una función que nada tiene que ver con ella: la cama-armario o el frigorífico-biblioteca. La célebre relación «significante-significado» encuentra en esos objetos una aplicación privilegiada (más limitada de lo que el dogmatismo semántico-semiológico estaría dispuesto a admitir). En cambio, en lo concerniente a las «realidades» sociales, la distancia entre las formas, las funciones y las estructuras no deja de aumentar. Tienden a desconectarse las unas de las otras; su relación se disimula: devienen indescifrables (indescodificables) y lo «oculto» prevalece sobre lo «legible» en pro del predominio de este último en la esfera de los objetos. Una institución particular puede tener diversas funciones, diferentes (y a veces opuestas) de sus formas aparentes y de sus reconocidas estructuras. Sólo hay que pensar en la «justicia», en el ejército, en la policía... Dicho de otro modo, el espacio de los objetos y el espacio de las instituciones divergen radicalmente en la llamada sociedad «moderna». En última instancia, en esta sociedad, la burocracia se dice, se pretende, se proclama y quizá se cree «legible» y transparente, cuando en realidad es la opacidad, lo indescifrable, lo ilegible. Y lo mismo podría decirse de los aparatos políticos y estatales.

(b) La relación entre esos términos y conceptos clave (forma, función y estructura) se complica si sólo consideramos las formas muy abstractas, como las formas lógicas, que no dependen de una descripción y que son inseparables de un contenido. Entre éstas, además de las formas lógicas, es preciso contar con la identidad, la reciprocidad, la recurrencia, la repetición (iteración) y la diferencia. Marx, siguiendo a Adam Smith y David Ricardo, mostró cómo y por qué la forma del intercambio adquirió un importante predominio en la práctica social, en asociación con funciones y estructuras específicas. La forma del espacio social, a saber, la relación «centro-periferia», ha venido a ocupar sólo recientemente un lugar en nuestra reflexión sobre las formas. En cuanto a la forma urbana, a saber, la aglomeración, el encuentro, la simultaneidad, se ha podido mostrar que figura entre las grandes formas con igual peso que la centralidad, la repetición, la diferencia, la recurrencia, la reciprocidad, etc.

Esas formas casi «puras» (en el límite extremo de la «puridad», la forma se desvanece; por ejemplo, en la pura identidad de A con A) no pueden desprenderse de un contenido. El movimiento «forma-contenido», y la relación siempre concreta que liga esos términos, son objeto de análisis a propósito de los cuales se puede repetir lo apuntado más arriba: cada paso en el examen opera con el residuo de una operación analítica anterior, y su elemento irreductible —el sustrato o fundamento de la «presencia» del objeto— subsiste y persiste en todo momento.

Entre las formas próximas a ese punto de pureza en que se desvanecen y los contenidos existen mediaciones. Por ejemplo, en el caso de las formas espaciales, la forma curva está mediada por la línea curva, y las figuras rectas por la línea recta. Todo dispositivo espacial emplea curvas y/o rectas, con el posible predominio de unas sobre otras.

Los elementos formales entran en una *textura* diversificándose. Introducen a la vez lo repetitivo y lo diferencial. Articulan el conjunto, permiten la transición de la parte al todo, e inversamente la reunión en el todo de las partes constitutivas. Así, los capiteles de un claustro románico difieren, pero dentro de un modelo que autoriza esas diferencias. Dividen el espacio y le proporcionan ritmo. Es la función del *diferencial significante*.[32] El arco de medio punto o el arco en ojiva, con sus pilares y columnas de sostén, cambian de sentido y de valor espacial según sirvan a la arquitectura de tipo bizantino o a la de tipo oriental, a la arquitectura gótica o a la renacentista. Los arcos funcionan a la vez repetitiva y diferencialmente en un conjunto en que determinan el «estilo». Lo mismo puede decirse en el campo de la música del tema y de su tratamiento en la composición de fuga. En todos los tratamientos del espacio y del tiempo es posible encontrar esos efectos «dieréticos» que los semiólogos comparan a la metonimia.

Poblar un espacio (su ocupación) es algo que se efectúa siempre según formas susceptibles de descripción y análisis: dispersión o con-

---

[32] Cf. J. Kristeva, *Semiotiké*, París, Seuil, 1969, p. 298 y ss. El «diferencial significante» debe distinguirse del «diferencial semántico» de Osgood.

centración, direcciones privilegiadas o nebulosas. En sentido inverso, la reunión y la concentración como formas espaciales se realizan siempre por medio de formas geométricas: una ciudad posee una forma circular o cuadrangular (radioconcéntrica o cuadriculada). El contenido de esas formas las metamorfosea. La forma cuadrangular se encuentra en el campamento militar romano, en las bastidas medievales, en las ciudades coloniales españolas, en la ciudad americana moderna. Sin embargo, esas realidades urbanas difieren hasta tal punto que sólo la forma abstracta en cuestión autoriza su afinidad.

El caso de la ciudad colonial hispanoamericana tiene un gran interés. La fundación de esas ciudades en un imperio colonial acompañó la producción de un inmenso espacio, Hispanoamérica. El espacio de la ciudad colonial, que fue instrumental en el proceso de producción de ese espacio, ha continuado su producción a pesar de las vicisitudes del imperialismo, de la independencia y de la industrialización. Es un espacio muy apropiado para estudiar de qué modo las ciudades coloniales de América Latina fueron fundadas durante el Renacimiento en Europa, es decir, en un momento en que resurgen los estudios sobre la antigüedad, la historia, las constituciones, la arquitectura y los planes de las ciudades.

La ciudad hispanoamericana se construyó sobre un plano estipulado por ordenanza, según un auténtico código del espacio urbano, publicado en 1573 («Ordenanzas de descubrimiento y poblamiento»), que reunía las instrucciones dadas a los fundadores de ciudades desde 1513 de acuerdo con tres títulos: descubrir, poblar y pacificar. La construcción de la ciudad preparó y determinó la ocupación del territorio, su reorganización bajo la autoridad administrativa y política del poder urbano. Las ordenanzas estipulaban exactamente cómo debían desarrollarse los sitios de fundación elegidos. De todo ello derivó una jerarquización rigurosa del espacio alrededor del centro urbano, yendo de la «ciudad» a los «pueblos». El plano se tiraba a regla y cordel a partir de la Plaza Mayor. Un damero se extendía indefinidamente, fijando a cada lote (cuadrangular o rectangular) su función; e inversamente, asignando a cada función su propio lugar, más o menos próximo a la plaza central: iglesia, dependencias administrativas, puertas, plazas, calles, instalaciones portuarias, depósitos, cabildos, etc. Así pues, *se instauró una segregación muy potente en un espacio homogéneo*.[33] Algunos historiadores califican esta ciudad colonial de producto artificial, pero olvidan que este producto artificial es también un instrumento de producción; que esta superestructura extraña al espacio original

---

[33] Cf. Emma Scovazzi, *Espaces et sociétés*, n° 3.

sirve de medio político para introducir una estructura económica y social, de tal manera que se inserta en los lugares e instituye su «base». En este marco espacial, la arquitectura colonial española desplegó libremente (si puede decirse así) el estilo barroco: efectos de fachada muy logrados. Existe aquí una relación entre el nivel «micro» (arquitectónico) y «macro» (la estrategia espacial), pero no puede reducirse a una relación lógica, a una implicación formal. Lo que debe reseñarse es, pues, la producción de un espacio social por el poder político: una violencia que tiene un objetivo económico. Tal espacio social se genera a partir de una forma racionalizada, teorizada, que sirve de instrumento y que permite violentar un espacio ya existente.

Podemos preguntarnos si los diferentes espacios dispuestos en damero no poseen este origen común: la acción coactiva de un poder central. Sería complicado generalizar sin precauciones este esquema «generador». La transformación del espacio neoyorquino a partir de 1810 se explica por la presencia e influencia de un núcleo urbano muy fuerte, así como por la acción de las autoridades competentes. ¿Acaso tiene por finalidad la transferencia de las riquezas hacia la metrópoli? Ciertamente no; la colonización ya está acabada. El espacio geométrico en América Latina permite la extorsión, el saqueo, en provecho de la acumulación en Europa occidental. Las riquezas producidas se escapan por ese tejido. En la América anglosajona, un espacio formalmente homólogo sirve a la producción y a la acumulación del capital sobre los lugares. La misma forma abstracta posee funciones opuestas y da lugar a estructuras diferentes. Sin embargo, no es indiferente a las funciones y a las estructuras. En ambos casos, el espacio anterior es destruido por completo; en ambos casos se aspira a la homogeneidad y en ambos casos se consigue.

En cuanto al espacio de la ciudad y del campo en Asia, encontramos igualmente ese modelo cuadriculado.... He aquí un breve resumen de una conversación con un filósofo oriental (de origen budista) interrogado sobre las relaciones entre el espacio, el lenguaje y los ideogramas:

> *Les llevará mucho tiempo comprender los ideogramas y el pensamiento asociado a esas formas que no son signos. Deben saber que, para nosotros, lo sensible y lo inteligible no son distinguibles, van de la mano como el significante y el significado. La imagen y el concepto se separan con dificultad. El sentido del ideograma no se presenta al margen de su perfil, de su grafía. Por retomar sus propias distinciones, lo sensible y lo intelectual se dan conjuntamente para nosotros en el sentido. Y ahora mire este ideograma, uno de los más sencillos: un cuadrado y dos líneas que unen el centro del cuadrado a los puntos intermedios de sus lados. Leo y digo «Ta». ¿Qué ven ustedes? Una simple figura geométrica. Si yo*

intentara traducirle lo que veo y comprendo a la vez comenzaría diciendo: el campo de arroz visto por el ojo de un pájaro. Las líneas que lo delimitan no se marcan con muros o alambradas, sino por canales de irrigación del campo, del que forman parte. Miro ese campo de arroz, me convierto en el pájaro que mira. Ocupo en la vertical una buena distancia, el lugar favorable para ver bien el arrozal. ¿Es un simple campo de arroz? Sí, pero a la vez es el orden del universo, el principio organizador del espacio. Y no sólo en el campo, sino en la ciudad. En realidad, todo en el universo está dispuesto en cuadrados. En cada uno de ellos existen cinco partes. El centro designa la presencia de Él, el que piensa y soporta el orden del universo. Antes, el Emperador. Una línea vertical parte del centro y se eleva; es una línea ideal. Esta línea va hasta el pájaro que sobrevuela, hacia el que percibe el espacio. Es, pues, la dimensión del pensamiento, del saber, que se identifica con la Sabiduría, y de ahí con el Poder del sabio para concebir y conservar el orden de la naturaleza....

La noción japonesa del «shin-gyo-sho» lleva más lejos la elaboración. Es más un principio que un procedimiento de ordenación de los elementos espaciales y temporales. Rige tanto los recintos de los templos y los palacios como el espacio de las ciudades y de las casas; compone conjuntos susceptibles de contener los acontecimientos más diversos, desde los registros de la vida familiar a los de las grandes manifestaciones religiosas y políticas. Bajo sus auspicios, las áreas públicas (los espacios de relación y de acción) se articulan con las áreas privadas (los espacios de contemplación, de aislamiento y retiro) por medio de áreas mixtas (espacios de vinculación, recorridos, pasajes, etc.). El término «shin-gyo-sho» designa tres niveles o grados de organización a la vez espacial y temporal, mental y social, unidos en una relación de implicaciones mutuas. Esa relación de implicaciones recíprocas no se reduce a una relación lógica, aunque la suponga. Lo «público», templo o palacio, comprende lo privado y lo mixto. Lo «privado», una casa, una morada, comprende también lo público (lugares de recepción) y lo mixto. Lo mismo puede decirse de la ciudad como conjunto...

De ahí deriva —prosigue el filósofo— *que para nosotros haya una percepción global del espacio y no representaciones parciales. Los lugares de encuentro, las intersecciones de los cuadrados, los cruces tienen más importancia que los otros lugares. Eso explica su extrañeza ante ciertos fenómenos, la de sus antropólogos, como Edward T. Hall en* La dimensión oculta, *mientras que para nosotros no hay nada de anormal. Antes de la llegada de los americanos al Japón, los cruces tenían nombres; en cambio, no los tenían las calles que se cruzaban. Las casas, números por orden de antigüedad, no por su posición en la calle. No teníamos, no tenemos, itinerarios fijos de antemano, a la manera de ustedes, y sin embargo sabemos muy bien nuestro punto de origen y el de destino. El orden del espacio y su forma, su génesis y actualidad, lo abstracto y lo concreto, la naturaleza y la sociedad, no se separan para nosotros. No hay casa sin jardín, por minúsculo que sea, ese lugar de contemplación y de contacto con la naturaleza; incluso algunas piedras son la naturaleza y no un mero símbolo despegado de ella. No pensamos en principio en la distancia que separa unos objetos de otros, en la medida de ese distanciamiento.*

El espacio no está jamás vacío: siempre posee una significación. La percepción de los intervalos pone en juego todo nuestro cuerpo. Cada grupo de lugares y de objetos tiene un centro, y esto también vale para la casa, la ciudad, el mundo. El centro se percibe desde cualquier parte, desde cualquier ángulo es posible aprehenderlo; desde el lugar que ocupa se percibe todo y todo lo que surge se descubre. En virtud de él se determinan las significaciones. ¿Podría ser el centro algo neutro y vacío? ¿El lugar de la ausencia? No, en absoluto. Lo Divino, el Saber, el Poder lo ocupan y se hacen presentes; el vacío es sólo una apariencia. La acentuación, la valorización metafísica de los centros no restan importancia a lo que les rodea. La naturaleza y lo divino en primer lugar; después, la vida social y la vida de relación; por último, la vida individual y privada. Todos esos aspectos de la realidad humana tienen sus lugares y se implican mutuamente de forma concreta. No es una objeción el hecho de que el acento se desplace hacia las alturas con el fin de expresar la trascendencia de la divinidad, del saber y del poder, y que la vida privada se instale en el plano horizontal, a ras de suelo, incluidos los gestos. El orden envuelve todo. El espacio urbano comprende por esta razón las grandes avenidas que conducen hasta los empleos y los palacios; después, las plazas y calles medias, lugares de transición y de paso, de comercio e intercambio; por último, las entrañables callejuelas adoradas de flores que ligan las casas.

Lo interesante aquí no consiste en reconstruir una percepción diferente a la occidental, no menos viable ni actual (sólo indirectamente concerniente a la antropología y vagamente a la etnología), sino en extraer un esquema. Paradójicamente, ese espacio religioso y político ha conservado durante milenos su relevancia, en la medida en que era desde el principio racional. Si representamos mediante la letra *G* («global») el grado más extenso —lo «público», los templos, los edificios políticos y administrativos—; por la letra *P* lo «privado», el habitar y sus lugares, las casas y apartamentos; y empleamos por último la letra *M* para designar los itinerarios, los lugares de paso, los centros comerciales, etc., obtenemos el siguiente esquema de G-M-P, dispuestos así:

$$G\ \begin{matrix}g\\m\\p\end{matrix}$$

$$M\ \begin{matrix}g\\m\\p\end{matrix}$$

$$P\ \begin{matrix}g\\m\\p\end{matrix}$$

En términos descriptivos, lo «privado» (P) comprende (si bien son distintos) una entrada, un umbral, un lugar de recibimiento y un lugar de vida familiar, junto con lugares apartados, las habitaciones. En cada lugar hay una entrada, un punto central, un lugar de retiro y descanso. El nivel M comprende avenidas y plazas, calles medias, pasajes menores que llevan hasta las residencias. El nivel global (G) puede dividirse en salas abiertas y sedes de instituciones, en itinerarios accesibles, en lugares reservados a los notables, sacerdotes, príncipes y jefes. Y similares consideraciones pueden realizarse para cada elemento del conjunto. Cada uno de esos lugares, cada nivel, tiene sus rasgos característicos: abierto o cerrado, bajo o alto, simétrico o asimétrico.

Y ahora, cedamos de nuevo la palabra a nuestro filósofo oriental, porque se anima. Él no aboga, acusa; desarrolla toda una inculpación contra la civilización occidental europea:

> Sus calles, plazas y avenidas llevan nombres ridículos, sin relación con ellas ni con la gente ni con las cosas. Abundan los nombres de generales y de batallas. No hay ninguna relación entre el significante y el significado. Sus ciudades han hecho añicos cualquier concepción razonable del espacio. El esquema que se propone, elaborado a su modo, cubre lo mejor que Occidente ha podido encontrar en ese dominio. ¿En qué se fundamenta? En un grupo de transformaciones, en una estructura. Ha sido preciso uno de sus grandes investigadores para advertir que los espacios complejos, en cuadrícula o semicuadrícula, enrejados, muestran una superioridad práctica sobre los espacios simplificados mediante trazos rectilíneos o ramificados. Nuestro sistema muestra por qué. En este momento tienen una lógica concreta, una lógica de los sentidos. Acepten ese marco. Adopten la hipótesis de un discurso a la vez teórico y práctico, cotidiano pero que trasciende la cotidianidad; un discurso mental y social, arquitectónico y urbanístico. Algo como el discurso de sus ancestros —me refiero a los griegos y no a los galos—. Ese discurso no significa la ciudad: es el discurso urbano en sí mismo. Cierto que participa de lo absoluto, pero ¿por qué no debería hacerlo? Es un discurso vivo, diferente del uso mortal de los signos. ¿Descodificar como ustedes? No, hacemos algo mejor: crear.

La réplica occidental no se hace esperar:

> No tan deprisa. Según usted, Oriente poseería desde tiempos inmemoriales un secreto que Occidente dejó escapar en algún momento si es que llegó a tenerlo: el secreto de la relación entre lo que los hombres en sociedad hacen y lo que dicen. Dicho de otro modo, según usted, Oriente conocería la conexión vital, el concierto entre la religión, la política y lo social, mientras que Occidente habría destruido toda posibilidad de armonía dado su empleo de signos y su propensión analítica. En suma, deseáis que vuestra experiencia y vuestro pensamiento

conformen la base de la definición de un esquema afín al que Erwin Panovsky denominó, a propósito de la Edad Media, su modus operandi, *esquema responsable a la vez de un estilo de vida específico, de un espacio específico, de unos monumentos específicos y de unas ideas particulares: esto es, de una civilización. Usted sugiere un sistema en rejilla, una estructura profunda, que implicaría y explicaría la naturaleza de los lugares, sus ocupaciones, las rutas seguidas por sus moradores e incluso los gestos cotidianos. Permítame ahora que le muestre la extrema complejidad de la cuadrícula tan pronto trata uno de reconstruirla. Tomemos el espacio Gg, cerrado, situado en las alturas, simétrico, que se distingue del espacio Gm abierto, elevado y simétrico, y también se distingue del espacio Gp cerrado, situado más abajo y asimétrico. Y así sucesivamente. La combinatoria sería extensa, pesada, difícil de manejar incluso trabajando con una computadora. ¿Está usted seguro de que podría corresponderse a la realidad concreta adecuadamente, por ejemplo, a un templo de Kyoto en que hubiera una parte pública, una parte destinada a los ritos y otra reservada a los sacerdotes, a los que meditan? Admito que vuestro esquema tiene una virtud importante: pone de manifiesto la diferencia en la repetición. Vuestro ejemplo, el jardín, no carece de sentido. Considerado en sus variados contextos, el jardín japonés es el mismo y nunca lo es: puede ser un jardín imperial, lugar divino inaccesible, el entorno accesible de un santuario; más allá, un lugar público de fiesta o un lugar de «soledad» privada, de retiro, de contemplación o puede ser un lugar de paso. El jardín es siempre un maravilloso microcosmos, una obra de arte simbólica, objeto al mismo tiempo que lugar: el jardín posee «funciones» que no pueden reducirse a tales. Excluye efectivamente de vuestro espacio la oposición naturaleza-cultura que ha devastado a Occidente: el jardín muestra una apropiación de la naturaleza, es enteramente naturaleza —símbolo del macrocosmos— pero también enteramente cultura —proyección de un modo de vivir—. Muy bien. Pero no cedamos a la manía de las analogías. Afirmáis que poseéis una idea racional, como decimos nosotros. ¿Cuál? ¿Acaso deseáis concebir el espacio como un discurso? El discurso vendría a descomponerse en varios átomos, unidades de significación, en dormitorios, en casas (incluido el jardín), en calles, etc., como en un tablero de ajedrez. Lo que aproximaría el espacio urbano a una escritura, determinada por un uso social. Vuestro espacio, a la vez abstracto y concreto, tiene un inconveniente: es el espacio del Poder. Implica (y es implicado por) la Divinidad y el Imperio, el saber y el poder, unidos o confundidos. ¿Es eso lo que deseáis introducir en Occidente? Nos es difícil admitir que el poder político produzca el espacio y el tiempo. Semejante ultra-hegelianismo (por hacer uso de la terminología occidental) puede parecer muy bello, pero es inaceptable. ¿Qué decir del Estado? El Estado no es ni lo será jamás la Sabiduría unida a la Potencia. Hay razones para temer que vuestro esquema podría convertirse en un terrible instrumento de dominación. ¡Queréis formalizar ese esquema científicamente, al modo occidental, y que nosotros, occidentales, de buen grado nos inclináramos por una definición autoritaria de la totalidad espacio-tiempo!*

XIV

El análisis formal y el análisis funcional no eliminan la necesidad de considerar las escalas, las proporciones, las dimensiones y los niveles. Ésa es la tarea del análisis estructural, relativa a los vínculos entre el todo y las partes, lo macro y lo micro. Metodológica y teóricamente, este análisis debe completar a los otros, no abolirlos. A este análisis incumbe la tarea de definir el conjunto (lo global), descubrir si conlleva una lógica, esto es, una estrategia, así como un simbolismo (del imaginario). La relación entre el todo y las partes responde a categorías generales y bien conocidas, tales como anáfora, metonimia y metáfora, pero el análisis estructural introduce otras categorías específicas en el debate.

Ya hemos encontrado un caso donde el análisis estructural exige categorías específicas: el caso de la producción del espacio monumental. El mundo antiguo operó sobre masas pesadas. El pensamiento y la práctica de los griegos alcanzaron efectos de unidad empleando simultáneamente la gravedad y la lucha contra la pesantez; las fuerzas verticales, ascendientes y descendientes, se neutralizaban y equilibraban sin destruir la percepción de los volúmenes. Basándose en un principio idéntico, la utilización de grandes volúmenes, los romanos operaron mediante un dispositivo complejo, de contracargas, de apoyos y sostenes, para obtener finalmente un efecto de solidez, una fortaleza que no encubría la pesadez. Durante el Medievo se precisó una estructura menos aparente, obtenida mediante el juego de fuerzas opuestas; el equilibrio y el efecto de equilibrio se obtenían en virtud de fuerzas laterales; la ligereza y el impulso se lograron continuamente. Entre los modernos triunfa la ingravidez, en la línea marcada por la arquitectura medieval. El análisis estructural se refiere, pues, a las fuerzas bien determinadas y a las relaciones materiales entre esas fuerzas que dan lugar a estructuras espaciales igualmente determinadas: las columnas, las bóvedas, los arcos, los pilares, etc.

¿Puede decirse, en consecuencia, que nuestros conceptos analíticos corresponden a términos clásicos, de uso corriente, relativos a la producción del espacio arquitectónico: la forma y el análisis formal a la composición; la función a la construcción; la estructura a las proporciones, a las escalas, a los ritmos y a los diferentes «órdenes»? La respuesta es afirmativa hasta cierto punto. La correspondencia es suficiente para permitir traducir los textos «clásicos» de Vitrubio y de Viollet-le-Duc al lenguaje moderno. Pero si se va más allá, la correspondencia desaparece. Se olvida el contexto, los materiales y el instrumental; el hecho de que la «composición» se inspira en ideologías; que la «construcción» depende de relaciones sociales; y que las técnicas, que influyen en las proporciones, en los ritmos y en las reglas espaciales, están sujetas a cambio.

En cuanto a la hipótesis bastante extendida según la cual los griegos habrían dado con la unidad plenamente racional de la «forma-función-estructura», unidad rota en el curso de la historia y que sería preciso volver a recuperar, hay que decir que se trata de una hipótesis que no carece de seducción. Pero no tiene presente la nueva problemática asociada a la edificación ordinaria. La celebrada unidad griega concierne fundamentalmente a la monumentalidad: el templo, el estadio y el ágora.

La problemática del espacio y de su producción desborda las cuestiones relativas a la arquitectura clásica, a la monumentalidad y los edificios públicos. También afecta a la esfera «privada», al habitar y al hábitat. En realidad, la relación entre lo privado y lo público se hace esencial. Lo global, en la actualidad, envuelve los dos términos y su relación, y los análisis parciales (formales, funcionales y estructurales) han de tenerlo en consideración. Esto modifica los términos, la terminología, las concepciones «clásicas» occidentales. ¿Acaso sorprende que Oriente tenga algo que enseñar a Occidente a este respecto y que el «modo de producción asiático» haya tenido en cuenta mejor que Occidente el ámbito «privado» del habitar? Sea lo que fuere, esos términos —lo privado, lo público, el contraste entre el monumento y el edificio— han de entrar a formar parte de nuestro paradigma.

Ese análisis tripartito (formal, funcional y estructural) no puede emprenderse sin reservas como el método capaz de descifrar un espacio social. Este «esquema en rejilla» deja pasar lo esencial. Se puede adoptar esta aproximación y servirse del mejor modo de ella, pero actuando con precaución.

Anteriormente se intentó mostrar cómo las categorías semánticas y semiológicas (el mensaje, el código, la lectura y la escritura, etc.) sólo concernían a los espacios ya producidos, sin que permitieran conocer el proceso de la producción del espacio.

Algunas relaciones fundamentales en el debate semántico o semiológico pueden encontrar una aplicación eficaz en el espacio, a saber: por lo que respecta al signo, la relación entre el significante y el significado, y entre el símbolo y el sentido; en cuanto al valor, la relación entre el elemento que otorga valorización y el que se inviste de ella, como lo contrario, el factor desvalorizante y el factor desvalorizado; por último, la relación entre el referencial y el no-referido. ¿Existen espacios significantes? Ciertamente. ¿Reside el significado en el significante? Puede que aquí, como en otros sitios, se dé una disyunción, una distorsión, una fluctuación, así como disparidad y sustituciones (por ejemplo, las columnas griegas sobre la fachada de la Bolsa o de un banco, o las pretendidas pseudo-ágoras en las nuevas ciudades periféricas, etc.) ¿Qué significan esos casos? Sin duda alguna algo diferente a lo que parecen o desean significar: principalmente, la incapacidad del capitalismo para producir un espacio diferente al espacio capitalista, y el esfuerzo para disimular esta producción como tal, el intento de ocultar todo rastro del máximo beneficio. ¿Existen espacios insignificantes? Sí, en la medida en que existen espacios neutros o vacíos, o al contrario, sobrecargados. Es decir, por defecto o exceso de significación. Hay espacios suprasignificantes que mezclan todas las pistas y hacen indescifrable los mensajes implicados; los espacios producidos por los promotores capitalistas multiplican los signos (de bienestar, felicidad, estilo, arte, riqueza, poder, prosperidad, etc.) no sólo hasta borrar la significación primera, la de la rentabilidad, sino hasta suprimir todo sentido.

Que un espacio pueda descifrarse, descodificarse, no sólo es posible sino incluso —puede afirmarse con seguridad— algo normal. Esto supone ciertamente la existencia de una codificación, un mensaje, una lectura y unos lectores. ¿Según qué códigos? El uso del plural aquí, como en la lectura filosófica o literaria, es sin duda conveniente. Los códigos en cuestión, sin embargo, deben ser nombrados y enumerados, y si eso no fuera posible, habría que decir cómo y por qué, habría que dar cuenta de dicha imposibilidad.

Según Roland Barthes[34] cada uno de nosotros dispone de cinco códigos para leer un texto. En primer lugar, el código del «conocimiento». Llegado a la Plaza de San Marcos, «Ego» sabe algunas cosas sobre Venecia, el Dux y el Campanile, etc. Los múltiples recuerdos fluyen. Entonces «Ego» produce otro «sentido», lee el texto (materializado) de una manera que corresponde aproximadamente al empleo del concepto de «función» y al análisis funcional. ¡Aproximadamente!, pues, comprende para qué sirven o sirvieron el Palacio del Dux, los Piombi y el Puente de los Suspiros. Al mismo tiempo, «Ego» no puede dejar de aprehender ciertos símbolos, portadores de «valores» actuales y eternos, incluso cuando la memoria les atribuye una fecha: el León, el Falo (el Campanile), el desafío al mar. Esas impresiones se desenredan de los conocimientos; un nuevo código, diferente, liberado, un nuevo modo de lectura se desprende: el código simbólico. Mientras, «Ego» no puede evitar emocionarse; ha estado antes ahí o lo ha soñado o ha leído libros o ha visto quizá una película (*Muerte en Venecia*); el código subjetivo o personal se desprende por su propia cuenta y otorga al desciframiento de los

---

[34] *Vid.* Roland Barthes, *S/Z*, París, Seuil, 1970, p. 25 y ss.

lugares el aire musical de una fuga: el tema (el lugar: la plaza, el palacio) moviliza diversas voces y se trenza sin que éstas puedan desunirse y confundirse. Pero entonces, frente a las evidencias puras y simples, evidencias empíricas (las losas, el mármol, las sillas de los cafés), «Ego» comienza a plantearse cuestiones imprevistas: la verdad y la ilusión, la belleza y el mensaje, el sentido de ese espectáculo que no es «puro» en la medida en que es capaz de emocionar.

La exploración semántico-semiológica se diversifica gradualmente. Al principio, a partir de la distinción significante-significado, asumida de un modo un tanto rígido, la teoría postulaba dos únicos códigos: el código denotativo (el primer grado, la literalidad, el significado), admitido por todos los lingüistas; y el código connotativo (el segundo grado: la retórica), refutado por los lingüistas de estricta mentalidad científica debido a su escaso rigor. Más recientemente, los conceptos (mensaje, código, lectura) se flexibilizan; la aproximación pluralista se impone a la rígida unicidad de los primeros proyectos y, del mismo modo, la diferencia comienza a enfatizarse sobre la homogeneidad. No obstante, ¿hasta dónde alcanza la diferencia y qué tipo de diferencia es en cuestión?

Como hemos visto, Barthes propone cinco códigos iguales en importancia e interés, construidos analíticamente *a posteriori*. ¿Por qué cinco y no seis, siete, diez o doce? ¿Qué criterio permite elegir uno u otro y pasar de un código a otro? ¿No habría algún residuo? ¿Realmente permitiría una descodificación exhaustiva del texto dado independientemente de que viniera conformado por signos verbales o no-verbales? Y si, por el contrario, algún elemento residual se apreciara, ¿no deberíamos concluir que el análisis infinito sería perfectamente posible? ¿O tendríamos que referirlo a otros códigos o incluso a un no-código?

En realidad, la tentativa perseguida en esta ocasión muestra un doble residuo. *De un lado próximo*, el residuo de lo legible-visible: el cuerpo. Cuando «Ego» llega a un país o a una ciudad desconocidos, su primera experiencia implica a todo su cuerpo: a través de los sentidos del olfato y del gusto, a través de las piernas y los pies (si es que no los atraviesa en vehículo). Con el oído percibe los ruidos y las calidades de las voces; su mirada es asaltada por las nuevas impresiones. A través del cuerpo se percibe, se vive y se produce el espacio. *Del lado más lejano* del residuo legible-visible, igualmente ausente en Barthes, el Poder. Dividido en algunos poderes legales o ilegales, constitucionales o inconstitucionales, dispersado a través de instituciones diversas y burocracias, el poder no se descodifica. Carece de código. ¿En razón de qué? El Estado dispone los códigos existentes y propone e impone los nuevos códigos que construye, pero de ningún modo está limitado por ellos.

Sencillamente, el Estado manipula los códigos. El poder no se deja encerrar en una única lógica. El Poder sólo posee estrategias cuya complejidad es proporcional a sus recursos. El significante y el significado del poder vienen a coincidir: la violencia, o lo que es lo mismo, la muerte, sea en nombre de Dios, del Príncipe, del Patrón o del Patrimonio, es una cuestión secundaria.

Es pura ilusión creer que la reflexión pueda alcanzar, aprehender o definir lo que hay *en* el espacio a partir de proposiciones *sobre* el espacio y de conceptos generales (mensaje, código, legibilidad, etc.). Esta ilusión, que reduce la materia y el espacio a una representación, es una versión más del espiritualismo o idealismo, una versión común entre quienes sitúan en paréntesis el poder político —y en consecuencia, el espacio estatal— para sólo ver cosas. La catalogación, la clasificación, la descodificación..., esos procedimientos apenas superan la simple descripción. Por otro lado, el empirismo —sutil o grosero, lógico o factual— presupone una concepción del espacio que contradice las premisas del propio empirismo, oponiéndose tanto a las enumeraciones finitas (incluyendo la lista restringida de los códigos) como a la indeterminación del análisis indefinido. ¿Descodificación del espacio? Sin duda, para pasar de los *espacios de representación* a las *representaciones del espacio*, mostrando una correspondencia, una analogía, cierta unidad en la práctica espacial y en la teoría del espacio. La descodificación, en calidad de operación, se revela más limitada tan pronto se descubre la multiplicidad de espacios susceptibles de diversas descodificaciones individuales.

Comenzando con el espacio-materia, las oposiciones paradigmáticas proliferan: profusión *versus* aridez, benigno *versus* hostil, etc. Sobre esta primera capa del espacio, las actividades agropecuarias tienden la primera red: los lugares originarios y sus marcas naturales, indicaciones e hitos con sus dobles determinaciones iniciales (dirección y orientación, simetría y asimetría). Después, el espacio absoluto —el espacio de la religión— introduce las oposiciones fuertemente pertinentes entre la palabra y el escrito, entre lo prescrito y lo proscrito, entre lo accesible y lo reservado, entre lleno y vacío. A veces se labra un espacio en la naturaleza que acaba llenándose hasta la saturación de seres y de símbolos; otras veces se sustrae a la naturaleza un espacio que se mantiene vacío sólo para simbolizar una realidad trascendente y el juego de la ausencia-presencia. El paradigma se complejiza tan pronto como nuevas oposiciones se presentan: dentro/fuera, abierto/cerrado, móvil/fijo, etc. Con el advenimiento del espacio histórico, los lugares se diversifican, contrastando entre ellos y marcando sus características de un modo más acusado. Las murallas de la ciudad establecen una separación material y brutal más fuerte que las polaridades formales que encarnan (curva/recta, abierto/cerrado, etc.). Esta separación tiene más de una significación, e implica en realidad algo más que significaciones, puesto que la ciudad fortificada domina administrativamente el campo, lo protege al mismo tiempo que lo explota (algo que va a la par de ordinario).

Los lugares diversificados unas veces se oponen, otras se complementan y en ocasiones se asemejan. Esto introduce una clasificación por *topías* (isotopías, heterotopías, utopías, etc.; es decir, lugares análogos, lugares diferentes, lugares de lo que no hay o de lo que no tiene lugar, el absoluto, lo divino, lo posible, etc.). Pero también, y sobre todo, estos lugares pueden verse en términos de una oposición muy pertinente entre los espacios *dominados* y los espacios *apropiados*.

XV

Antes de retomar estas últimas consideraciones sobre la dominación y la apropiación, es preciso decir algo sobre la relación entre los sedimentos, es decir, sobre los ejes diacrónico y sincrónico. Ningún espacio llega a desaparecer por completo, ninguno es abolido sin dejar rastro. Incluso en Troya, Susa o Leptis Magna persisten los espacios superpuestos, ocupados por las sucesivas ciudades. De otro modo no sería posible la «interpenetración» (de los espacios, de los ritmos, de las oposiciones). No obstante, cada añadido reanuda y reorganiza todo lo que le precede; cada período o capa lleva sus propias condiciones más allá de sus límites. ¿Será el efecto de metaforización? Sí, pero a la vez incluye un efecto de metonimización porque los espacios superpuestos constituyen un conjunto. Esas nociones no permiten explicar el proceso en cuestión, pero sí exponer la función que desempeña. Haciendo uso de esos conceptos es posible describir cómo el espacio-naturaleza (y de ahí el espacio físico y fisiológico) no desaparece completamente en el espacio religioso-político, ni éste en el espacio histórico, ni ninguno de ellos en el espacio práctico-sensible en el que cuerpos y objetos, órganos sensoriales y productos cohabitan (la objetalidad). Se describen las metamorfosis, las transferencias, las sustituciones; el objeto-naturaleza (este montón de tierra, ese árbol, aquella colina) continúa siendo percibido en su contexto natural, como los alrededores del espacio social se pueblan de objetos y viene a ser aprehendido de acuerdo con esta «objetualidad» común a los objetos de la naturaleza y los productos.

Consideremos ahora la cuestión relativa al espacio *dominante* y *dominado*: un espacio natural transformado (mediatizado) por una técnica y una práctica. En la época moderna abundan los casos y los ejemplos sobre esos espacios, perfectamente inteligibles como tales: una placa de hormigón, una autopista. En virtud de la tecnología, la dominación del espacio deviene —si osamos plantearlo— completamente pre-*dominante*. Se alcanza esta perfección del «dominio», cuyas raíces se hunden en épocas lejanas de la historia y de la esfera histórica, pues sus orígenes coinciden con el poder político como tal. La arquitectura militar, las murallas y fortificaciones, los trabajos de encauzamiento e irrigación, muestran los abundantes y finos ejemplos del espacio dominado. Tales espacios son labores de construcción más que obras, ni siquiera «productos» en la acepción estricta, moderna e industrial; el espacio dominante es el resultado de los proyectos de un amo. Esto puede antojarse como algo muy simple y, no obstante, el concepto requiere cierta elucidación. Para dominar un espacio, la tecnología introduce en un espacio anterior una forma, muy a menudo una forma rectilínea, rectangular (el entramado, la cuadrícula). Por ejemplo, la autopista: brutaliza por completo el paisaje y el país; transforma, como un enorme cuchillo, el espacio. El espacio dominado es generalmente cerrado, esterilizado, vacío. Su concepto sólo adquiere sentido una vez es contrastado con el concepto opuesto e inseparable de la apropiación.

Para Marx, la *apropiación* se opone fuertemente a la propiedad, pero el concepto dista mucho de estar completamente clarificado. No se distingue muy bien de la noción antropológica y filosófica de lo «propio» de la naturaleza humana. Marx buscaba aún encontrar lo que era «propio del hombre». Para él no era el reír ni el juego ni la conciencia de la muerte ni siquiera el habitar; era, sobre todo, el trabajo (social), junto e inseparablemente con el lenguaje. Además, Marx no discriminaba entre dominación y apropiación. El trabajo y la tecnología, dominando la naturaleza material, la transformaban y se la apropiaban de acuerdo con las necesidades del hombre (social). La naturaleza, antes enemiga y madre ingrata, era reducida a «bienes».

Sólo el estudio crítico del espacio permite elucidar el concepto de apropiación. Podemos decir que el grupo se *apropia* de un espacio natural modificado para servir a sus necesidades y posibilidades. La posesión (propiedad) sólo fue una condición y lo más a menudo una desviación de esta actividad «apropiativa» que alcanza su cima en la obra de arte. Un espacio *apropiado* parece una obra de arte, que no es lo mismo que decir que sea un simulacro. A menudo se trata de una construcción, de un monumento o de una edificación, pero no siempre es así: un sitio, una plaza o una calle pueden ser perfectamente considerados como espacios «apropiados». Tales espacios abundan ciertamente, si bien no siempre es fácil estimar en qué sentido, cómo, por y para quién han sido «apropiados».

Las casas campesinas y las aldeas hablan y refieren, como un relato murmurado y algo confuso, la vida de quienes las construyeron y habitaron. Hasta tal punto que puede decirse que ellas portan la marca. Un iglú, una choza, una casa japonesa poseen tantas cualidades expresivas como una residencia normanda o provenzal.[35] El espacio del habitar puede ser el de un grupo (una familia, a menudo extensa) o de una comunidad (fraccionada en castas o clases, que tienden a romperla). El espacio privado se distingue perfectamente del espacio público, sin llegar a su disociación. En el caso más afortunado, el espacio externo, el espacio comunitario, es dominado, y el espacio interno de la vida familiar es apropiado.[36] Una situación de este tipo ilustra una práctica espacial que, aun inmediata, resulta en términos concretos muy próxima a la obra de arte. Eso explica el encanto, la capacidad de emocionar que todavía despiertan esas moradas. La apropiación no se cumple en virtud de un grupo inmóvil (familia, aldea, ciudad). El *tiempo* desempeña un papel importante en este proceso y la apropiación no puede llegar a comprenderse sin el influjo del tiempo, sin los ritmos de la vida.

El espacio *dominado* y el espacio *apropiado* pueden ir juntos. En realidad deberían combinarse, pero la historia (la de la acumulación) es también la historia de su separación y de su contradicción. La *dominación* se impone. Inicialmente hubo una apropiación sin dominación: la choza, el iglú, la casa campesina, etc. La *dominación* prosperó conforme se acrecentaba el poder de las armas, conforme se extendía la guerra, el Estado y el poder político. La oposición «dominado-apropiado» no se limita en consecuencia a un mero contraste discursivo; está muy lejos de ser una oposición significativa. Esta oposición da lugar a un movimiento conflictivo que se desarrolla hasta la victoria abrumadora de uno de los términos en lucha: la victoria de la dominación, que termina subyugando a la apropiación. Pero no lo suficiente como para que ésta desaparezca. Todo lo contrario: la práctica y el pensamiento teórico proclaman su importancia y reclaman su restitución.

Similares consideraciones pueden hacerse respecto al cuerpo y la sexualidad. Dominado por potencias abrumadoras, incluidas las tecnologías brutales y la extrema visualización, el cuerpo se fragmenta, se desprende de sí: se desapropia. Antaño hubo, desde la

---

[35] Cf. Amos Rapoport, *Pour une anthropologie de la maison*, París, Dunod, 1972. Este autor, como E.T. Hall, enfatiza la importancia de los factores socioculturales.

[36] Cf. Gaston Bachelard, *Poétique de l'espace*, p. 91.

antigüedad en adelante, culturas y técnicas de apropiación del cuerpo. El deporte, la gimnasia, por no decir la exposición pasiva de la carne al sol (el «bronceado») no son meras parodias, simulaciones de dicha «cultura del cuerpo». Una reapropiación del cuerpo, ligada a la reapropiación del espacio, forma parte integrante de todo proyecto revolucionario de hoy en día, utópico o realista, si evita la banalidad pura y simple.

En cuanto al sexo y a la sexualidad, su caso es sin duda más complejo. Es razonable preguntarse si alguna vez tuvo lugar una apropiación del sexo, excepto quizá bajo ciertas circunstancias transitorias y para un número limitado de individuos (quizá en la civilización árabe de Andalucía). La apropiación del sexo exige la distinción entre la función reproductiva y el placer, una separación delicada que no se realiza sino temerosa y difícilmente por razones aún misteriosas, a pesar de las grandes innovaciones científicas (anticonceptivos). No sabemos muy bien cómo y por qué esto resulta así, pero la separación entre la «función» sexual biológica y la «función» humana —que no puede definirse como funcionalidad— sólo tiene lugar mediante la anulación de la primera. Es como si la «naturaleza» no lograra siempre distinguir la voluptuosidad del dolor; como si la capacidad analítica del ser humano tratara de realizar la una sin la otra, a riesgo de disolver ambas en la neutralidad. O bien limitando el placer a estados previsibles, obtenidos mediante procedimientos codificados: la droga, el erotismo, la lectura-escritura y los textos, etc.

El espacio del placer, que sería el auténtico espacio *apropiado*, no existe aún. Algunos casos en el pasado dejan un hueco a la esperanza; pero el resultado no parece corresponderse con el deseo.

La apropiación no puede confundirse con una práctica muy cercana pero claramente distinta: la desviación. Un espacio existente, que posea su finalidad (su razón de ser, que condiciona sus formas, funciones y estructuras) puede estar vacante y antojarse susceptible de ser desviado. Es decir, reapropiado para un uso diferente al original. Un caso reciente y célebre de reapropiación es el de Les Halles en París. Durante un breve período de tiempo (1969-1971), los Mercados centrales (Les Halles), núcleo urbano destinado al aprovisionamiento, se transformaron en lugar de encuentro y de fiesta, centro lúdico para la juventud parisina.

La desviación y la reapropiación de los espacios tienen un gran sentido y pueden ser muy instructivos para la producción de nuevos espacios. Es posible incluso que, durante un período difícil, en el seno de un modo de producción (capitalista), amenazado y luchando por su reconducción (reproducción de los medios de producción), las desviaciones tengan mayor alcance que las tentativas reales de creación (de producción). Así, las comunidades se instalan en espacios morfológicamente anteriores, diseñados para otros propósitos, no adecuados para las necesidades de la vida comunitaria. Puede que esta inadaptación morfológica desempeñe un rol importante en el fracaso de la mayor parte de los experimentos comunitarios de este tipo.

En términos puramente teóricos, resulta vano oponer la desviación a la producción. El pensamiento teórico tiene por objeto y sentido la producción, no la desviación, que no es en sí más que una reapropiación —no una creación— y sólo provisionalmente pone fin a la dominación.

03

Arquitectónica espacial

I

Habiendo otorgado un estatuto ontológico por decreto especulativo al grado más extremo de la abstracción formal, el pensamiento filosófico clásico (metafísico) plantea un espacio sustancial, un espacio «en sí». Spinoza, desde el principio de la *Ética*,[1] considera este espacio absoluto como un atributo o modo del ser absoluto —es decir, Dios—. Ahora bien, el espacio «en sí» definido como infinito no posee ningún contorno en la medida en que carece de contenido. Ni tiene forma asignable ni dirección ni orientación. ¿Es acaso incognoscible? No, más bien *indiscernible* (Leibniz).

En la polémica de Leibniz contra Spinoza y Descartes, así como en la de Newton y Kant contra Leibniz, las matemáticas de hoy en día dan la razón a Leibniz.[2] La mayor parte de los filósofos se entregaba al espacio absoluto como un hecho dado, con todo lo que podía contener: cifras, relaciones y proporciones, números, etc. Contra esta postura, Leibniz mantenía que el espacio «en sí» y como tal no era «nada» ni «algo», aún menos la totalidad de las cosas o la forma de su suma; para Leibniz el espacio era lo indiscernible. Para discernir «algo» era preciso introducir los ejes y un origen, una diestra y una siniestra, es decir, una dirección y una orientación de los ejes. De ningún modo significa esto que Leibniz adoptara la tesis «subjetivista» según la cual el observador y la medida constituyen lo real. Por el contrario, lo que planteaba Leibniz era la necesidad de *ocupar el espacio*. ¿En qué consiste ocupar el espacio? Un cuerpo —no el cuerpo en general, la corporeidad—, un cuerpo definido, capaz de indicar la dirección mediante un gesto, capaz de definir la rotación mediante vueltas, de jalonar y orientar el espacio. Para Leibniz el espacio es *absolutamente relativo*,

---

[1] Baruch Spinoza, *Éthique*, prop. xiv, corolario 2 y prop. xv, Scholium.
[2] Cf. el libro de H. Weyl, *Symétries et mathématique moderne*, (2º ed., Princeton), cuyas notas resumidas se encuentran más adelante.

es decir, está dotado de una abstracción perfecta que lleva al pensamiento matemático a tratarlo como primordial (pasando fácilmente a partir de ahí a la trascendencia), con un carácter concreto (en él existen los cuerpos y manifiestan su existencia material). ¿Cómo «ocupa» un cuerpo el espacio? El término metafórico «ocupar» está tomado de la experiencia cotidiana del espacio ya específico, ya «ocupado». La conexión entre los términos «espacio disponible» y «ocupación del espacio» no es sin embargo evidente ni simple. Una metáfora no puede reemplazar la reflexión. Sabemos que el espacio no es un vacío pre-existente dotado únicamente de propiedades formales. La crítica y la repulsa del espacio absoluto equivalen al rechazo de una representación, a la de un *continente* que espera ser llenado por un contenido, la materia, el cuerpo. En esta representación, el continente (formal) y el contenido (material) son *indiferentes* uno respecto al otro y no presentan diferencias apreciables. No importa qué pueda ir en no importa qué «conjunto» de lugares del continente; también es igual qué región del continente pueda recibir cualquier cosa. Esta indiferencia deviene separación, y el contenido y el continente se mantienen mutuamente al margen. El continente vacío acepta una colección cualquiera de objetos separables y separados; esa separación se extiende así a las partes del contenido; la fragmentación sustituye al pensamiento, y el pensamiento como reflexión se difumina progresivamente hasta llegar a desaparecer eventualmente en la actividad empírica de contar cosas. La «lógica de la separación» establece y justifica una estrategia de separación.

En consecuencia, se impone considerar la hipótesis contraria. ¿Puede el cuerpo, con su capacidad de acción, con sus energías, crear el espacio? Sin duda, pero no en el sentido en que la ocupación «fabricaría» la espacialidad, sino más bien en el sentido de una relación inmediata entre el cuerpo y su espacio, entre el despliegue corporal en el espacio y la ocupación del espacio. Antes de *producir* efectos en lo material (útiles y objetos), antes de *producirse* (nutriéndose de la materia) y antes de *reproducirse* (mediante la generación de otro cuerpo), cada cuerpo vivo *es* un espacio y *tiene* su espacio: se produce en el espacio y al mismo tiempo produce ese espacio. Es una relación notable: el cuerpo, con sus energías disponibles, el cuerpo vivo, crea o produce su propio espacio; inversamente, las leyes del espacio, es decir, las leyes de discriminación en el espacio, gobiernan al cuerpo vivo así como el despliegue de sus energías. Eso es lo que demuestra Herman Weyl en su libro sobre las simetrías.[3] En la naturaleza, sea orgánica sea inorgánica, la simetría (de

---

[3] H. Weyl, *Symétries et mathématique moderne*, 2º ed., Princeton.

acuerdo a un plano o sobre un eje) existe allí donde haya bilateralidad o dualidad, izquierda y derecha, reflexión y reflejo, o rotación (en el espacio); estas simetrías no son propiedades exteriores al cuerpo. Esas propiedades, definibles en términos «puramente» matemáticos (aplicaciones, operaciones, transformaciones y funciones) no se imponen a los cuerpos materiales, como algunos filósofos suponen, por un pensamiento preexistente. Los cuerpos, los despliegues de energía, producen el espacio y se producen, con sus propios movimientos, según las leyes del espacio. Y esto es cierto —argumenta Weyl— ya se trate de corpúsculos o de planetas, de cristales[4] o de campos electromagnéticos,[5] de divisiones celulares,[6] conchas o formas arquitectónicas a las que el autor atribuye la mayor importancia. He aquí, pues, un recorrido desde la abstracción a lo concreto cuyo mayor interés radica en mostrar su *inherencia* recíproca. Ese trayecto va también de lo mental a lo social, lo que proporciona una fuerza adicional al concepto de producción del espacio.

Una afirmación tan persuasiva autoriza (con las reservas y precauciones pertinentes) su aplicación al espacio social. Habría un espacio específico producido por las fuerzas (productivas) desplegadas en una práctica espacial (social y determinante-determinada). Este espacio incorporaría «propiedades» —dualidades, simetrías— no atribuibles ni al espíritu humano ni a un espíritu trascendente, sino a la propia «ocupación» del espacio, una ocupación que convendría comprender genéticamente, es decir, de acuerdo con la secuencia (orden y sucesión) de las operaciones productivas implicadas.

¿Qué significa esto para la antigua noción de Naturaleza? Debemos aceptar que sufre una transformación sustancial. Una vez rota la relación de inherencia recíproca entre el espacio y lo que «contiene», el pensamiento reflexivo tiende a hacer intervenir cualidades y potencias ocultas. Todo lo proveniente de la realidad biológico-espacial (en una palabra podría decirse automórfica o biomórfica) llevará el signo de una finalidad. Las simetrías parecerán primero haber sido calculadas por un Dios matemático, y después realizadas materialmente por decreto de la voluntad o de la potencia divina. ¿De qué modo la rosa que ignoraba que era flor y que era bella poseía una simetría de orden n? La *natura naturans* de Spinoza

---

[4] *Ibid.* p. 36 y ss.
[5] La discusión realizada por H. Weyl a partir de las tesis «clásicas» de Leibniz, Newton y Kant (pp. 26-34) le lleva a formular algunas reservas sobre la posición teórica de E. Mach. ¿Significa esto que da la razón a Lenin en su *Matérialisme et empiriocriticisme*? No exactamente. Sin duda, diría que Lenin plantea mejor la cuestión, pero pone la mira y dispara fuera del blanco.
[6] H. Weyl, *op. cit.*, p. 44.

o el Dios matemático de Leibniz la habrían planeado. Descartes y su escuela encuentran difícil creer en semejante operación, con una atribución del cálculo al «espíritu», humano o no, sin preguntarse demasiado cómo la finalidad puede realizarse de otro modo que por la acción providencial o trascendente de la Idea (en sentido hegeliano). Cómo y en qué sentido la naturaleza como tal puede «ser» matemática es una cuestión que los filósofos, con sus recortes científico-ideológicos, han hecho incomprensible. El observador queda perplejo ante la belleza de una concha, de una aldea, de una catedral, incluso cuando quizá no se trata sino de modalidades materiales de una «ocupación» activa —la específica ocupación del espacio—. Podemos preguntarnos si las «*integrons*» propuestas por F. Jacob,[7] introducidas para explicar la unidad orgánica, no son un mero expediente filosófico-ideológico-científico, un sustituto de la providencia divina.

Al tomar otro punto de partida para abordar la cuestión, podemos concebir cómo la génesis en la naturaleza obedece a las leyes del espacio, en la medida en que éstas son también leyes de la naturaleza. El espacio *en tanto que tal* (ocupante-ocupado, conjunto de lugares) puede ser concebido desde una perspectiva materialista. Un espacio así concebido, *en tanto que tal*, implica diferencias por definición, lo que evita ciertas dificultades relativas a la génesis de dichas variaciones (bien recurrir a la originalidad o a los orígenes como fuente de esas diferencias, bien caer bajo la crítica materialista del empiro-criticismo). Desde esa perspectiva, la forma de una concha no es el resultado de una finalidad, ni de un pensamiento «inconsciente» ni de una decisión superior. La poesía de una concha y de los caparazones, su rol metafórico,[8] no remitirían a una misteriosa potencia creadora, sino al modo en que se distribuyen inmediatamente las energías bajo ciertas condiciones (en una escala concreta, en un medio material determinado, etc.). La relación naturaleza-espacio no implicaría, pues, la mediación de una potencia externa, naturalizada o divinizada. La ley del espacio reside en el mismo espacio y no puede resolverse en una relación falsamente clara «dentro-fuera», que es una mera *representación del espacio*. Marx se preguntaba si la araña trabajaba. ¿Acaso obedece a impulsos ciegos? ¿Posee o, más bien, es una inteligencia? ¿Es consciente de lo que hace? La araña produce, segrega, ocupa un espacio y a su manera lo engendra: el espacio de su tela, de sus estrategias y de sus necesidades. ¿Podemos pensar este espacio de la araña como

---

[7] François Jacob, *La logique du vivant: une histoire de l'hérédité*, París, Gallimard, 1976), p. 320 y ss.

[8] Cf. Gaston Bachelard, *La poétique de l'espace*, París: Presses Universitaires de France, 1958, p. 125 y ss.

un espacio abstracto ocupado por objetos separados: su cuerpo, sus glándulas secretoras, sus patas, las cosas a las que amarra su tela, los hilos de su red, las moscas capturadas? No, pues eso sería atribuir a la araña el espacio del intelecto analítico y del discurso, semejante al de esta hoja de papel, sin perjuicio de una réplica de este tipo: «¡Ah!, no. *Es la naturaleza, el instinto, la providencia lo que gobierna sobre la araña, intervención responsable de esta obra admirable, de esta creación maravillosa: la tela, su equilibrio, su organización y su adaptabilidad*». ¿Podemos decir que la araña teje su tela como una prolongación de su cuerpo? Ciertamente, pero esta frase se presta a la discusión. La telaraña presenta simetrías y asimetrías, estructuras espaciales (punto de sujeción, redes, centro y periferia). ¿Sabe la araña cómo son esas estructuras? ¿Tiene sobre ellas un conocimiento comparable al nuestro? Por supuesto que no; se limita a producir, a tejer. Y no es que lo haga sin «pensar», pero no se trata desde luego de un pensamiento como el nuestro. Más bien, su «producción» y sus características resultan más próximas a la concha y a la flor evocada por el Ángel de Silesia (*Angelus Silesius*) que a la abstracción formal. Aquí, la producción del espacio comienza en primer lugar con la producción del cuerpo, extendiéndose hasta la secreción productiva de una «residencia» que sirve al mismo tiempo de instrumento y medio. Esta construcción sigue las denominadas leyes «admirables» en la terminología clásica. La naturaleza y el cálculo, lo orgánico y lo matemático, lo producido y lo segregado, no pueden disociarse. Así, la araña (como los grupos humanos) jalona el espacio y lo orienta según los ángulos. Establece una trama y una cadena, simetrías y asimetrías; expande más allá de sí las propiedades duales constitutivas de su propio cuerpo, la relación de su cuerpo consigo y sus actos productivos y reproductivos. Posee una derecha y una izquierda, un alto y un bajo. Su «aquí y ahora» en sentido hegeliano no se reduce a una «coseidad», sino que comprende relaciones y movimientos.

De esto se desprende que para un cuerpo vivo (a semejanza de la araña, de la concha, etc.) los lugares fundamentales, los indicativos del espacio, son en primer lugar *cualificados* por el cuerpo. El «otro» está presente ante el Ego: como un cuerpo frente a otro cuerpo. Un «otro» impenetrable, salvo por la violencia o el amor; objeto de gasto energético, de agresión o de deseo. Pero lo *externo* es también lo *interno*, en tanto que el «otro» es también cuerpo, carne vulnerable, simetría accesible. Sólo más tarde en el desarrollo de la especie humana se cuantifican los indicadores espaciales. La derecha y la izquierda, lo alto y lo bajo, lo central y lo periférico (designados o no) provienen del cuerpo en acto. Es el cuerpo por entero y no sólo un gesto lo que proporciona al parecer la cualificación.

Decir que el espacio es cualificado en función de un cuerpo significa que está determinado en función de lo que amenaza y de lo que beneficia. La determinación parece tener tres aspectos: el gesto, el indicio y la marca. El gesto debe tomarse en sentido amplio: girar sobre sí es un gesto que modifica la orientación y los puntos de referencia. Se dirá «gesto» preferiblemente antes que «comportamiento» porque el acto gestual tiene un fin (pero no una teleología inmanente). La araña que se balancea, el molusco que sale de su caparazón, hacen gestos en ese sentido. Después vienen las huellas y las marcas, que lógicamente no existen como conceptos para la araña, pero que sin embargo «son como si...». La marca, en primer lugar, está hecha por el ser vivo con los medios de que dispone para ello: excrementos, orina, saliva, etc. Las marcas sexuales debieron venir pronto, ¿pero fijadas a quién y a qué? Como marcas afectivas parecen más tardías y reservadas a pocas especies. La intencionalidad es un desarrollo posterior que acompaña al del cerebro y las manos. Sin embargo, muy pronto, las huellas y las marcas asumen un papel en la vida animal. Los lugares se marcan y remarcan. En el principio fue el *Topos*. Antes, mucho antes del advenimiento del *Logos*, en el claroscuro de la vida primitiva, lo vivido tenía ya su racionalidad interna; la experiencia vivida estaba producida mucho antes que el espacio pensado y el pensamiento del espacio comenzaran a representar la proyección, la explosión, la imagen y la orientación del cuerpo. Mucho antes de que el espacio percibido por y para el «yo» se presentase como escindido y dividido, como esfera de tensiones y contactos simplemente virtuales y diferidos. Mucho antes de que el espacio emergiera como medio de posibilidades remotas y lugar de potencialidades. Antes de la inteligencia analítica, que separa el intelecto, mucho antes que el conocimiento formal, hubo una inteligencia del cuerpo.

El tiempo se distingue pero no se separa del espacio. Los anillos concéntricos en el tronco de un árbol revelan su edad, como también la muestran las espirales de los caparazones, «maravillosamente» concretas en el espacio, de acuerdo con leyes que sólo complejas operaciones matemáticas pueden «traducir» el lenguaje de la abstracción. El tiempo, necesariamente, es local; eso conlleva relaciones entre los lugares y sus tiempos. Los fenómenos que la inteligencia analítica asocia exclusivamente con la «temporalidad» —a saber, el crecimiento, la maduración, el envejecimiento— no pueden en realidad ser disociados de la «espacialidad» (en sí misma una abstracción). El espacio y el tiempo aparecen y se manifiestan como diferentes e inseparables. Los ciclos temporales se corresponden con formas circulares del espacio, formas dotadas de simetría. Quizá los procesos temporales lineales (reiterativos, de tipo mecánico) se correspondan con la constitución de ejes (a lo largo de los cuales pueda repetirse la operación). Sea lo que fuere, la disociación espacio-temporal y la realización social de esta disociación sólo pueden ser hechos tardíos, un corolario de la escisión entre la representación del espacio y el espacio de representación. A partir de los espacios de representación, el arte trata de mantener o restituir la unidad perdida.[9]

De ahí en adelante, se vislumbra cómo y en qué medida la *dualidad* es constitutiva de la *unidad* del ser vivo material. Dentro de él porta su «otro». Es simétrico, por tanto dual, y lo es doblemente (simetría bilateral y simetría de rotación); y esta situación debe ser vista a su vez a través de la dualidad espacio y tiempo, de la repetición cíclica y la repetición lineal.

En torno al ser vivo, y por su actividad que puede decirse legítimamente «productiva», se constituye lo que los conductistas llaman el campo «conductual». Se establece como una red de relaciones, una red proyectada y simultáneamente efectuada por el ser vivo actuante en su «entorno» espacial, con y sobre su entorno. Existen, pues, determinaciones espaciales que provienen de esta *proyección*: la simetría izquierda-derecha, la oposición alto-bajo, etc.

Al mismo tiempo, desde el principio, el ser vivo se constituye en espacio interno. Muy pronto, tanto en la filogénesis como en la génesis del organismo individual, la masa celular se curva. Se establece una cavidad, al principio simple, después compleja, que es rellenada por fluidos, al principio relativamente simples y después cada vez más diversificados. Las células adyacentes a la cavidad forman paredes, membranas, fronteras cuyo grado de permeabilidad puede variar. Desde entonces, al espacio externo se opone un espacio o medio interno: es la primera y la más decisiva diferenciación en la historia del ser biológico. Ese medio interno va a desempeñar un papel cada vez mayor; y el espacio así producido va a adquirir formas, estructuras y funciones diversificadas a partir del estadio inicial llamado por los embriólogos «gástrula».

Un cierre separa el dentro del afuera y constituye el ser vivo en «cuerpo diferenciado». Sin embargo, esta clausura es muy relativa y nada tiene en común con una división lógica o una disociación abstracta. Las membranas en cuestión permanecen permeables por lo general, atravesadas por poros y orificios. Lejos de interrumpirse, los intercambios se acrecientan y diversifican: intercambios de energía (nutrición, respiración, excreción), de información

---

[9] Cf. El análisis de Claude Gaignebet sobre la unidad espacio-temporal de las festividades del año cristiano evocadas en el cuadro de P. Brueghel (*Carnaval et Mardi-Gras*) [*El combate de Carnaval y doña Cuaresma*], en *Annales: ESC*, 2, 1972, pp. 313-345.

(aparato sensorial). A lo largo de la historia de la vida, la interacción entre el dentro y el afuera no deja de intensificarse y diversificarse.

La noción de «cierre», así relativizada y emancipada de extrapolaciones y sistematizaciones, posee un alcance operativo: permite nombrar lo que acontece tanto en la vida natural como en la vida social. En la sociedad, las clausuras tienden a devenir absolutas. Lo que caracteriza a la propiedad (privada), a la posición en el espacio de la ciudad, de la nación, del Estado-nación, es la frontera cerrada. Al margen de este caso-límite, podemos decir que toda envoltura espacial conlleva una distinción entre un dentro y un afuera, pero se trata de una barrera relativa y, en el caso de las membranas, siempre permeable.

II

Considerado desde un punto de vista dinámico, el organismo vivo puede definirse como un dispositivo que capta por diversos medios energías activas en su vecindad. Absorbe calor, respira y se alimenta. Retiene y conserva «normalmente» un excedente de energías disponibles, además de las que necesita para responder a las demandas y a las agresiones inmediatas. Eso le deja un margen para las iniciativas (no sometidas a los determinismos y sin embargo tampoco sujetas al azar). Ese excedente, ese exceso de energía, es lo que distingue el vivir del sobrevivir, la vida de la supervivencia (el mínimo vital). Una energía captada no es reservada indefinidamente o conservada en estado de estancamiento. Cuando eso sucede, el organismo degenera. Por esencia, la energía se gasta —y se gasta *productivamente*, incluso cuando la «producción» no es más que un juego o una violencia gratuita—. La liberación de energía produce siempre un efecto, un estrago o un cambio de realidad; modifica el espacio o bien engendra uno nuevo. La energía viva (vital) sólo parece activa cuando hay un exceso, un plus disponible, superfluo y susceptible de gasto; entonces la energía se derrocha. El despilfarro explosivo no se distingue del empleo productivo: desde la vida animal, el juego, la lucha, la guerra y el sexo van de la mano. La producción, la destrucción y la reproducción no dejan de entrecruzarse.

La energía se acumula: es un hecho, una evidencia. Sin embargo, es difícil concebir los dispositivos de esta acumulación y sobre todo sus consecuencias. El gasto energético parece siempre «excesivo», incluso «anormal»; y no obstante, el organismo vivo que no dispone de este excedente —que le abre todas las posibilidades— reacciona de un modo completamente diferente respecto a sus circunstancias inmediatas.

Dicho de otro modo, el *principio de economía*, tan frecuentemente citado por un tipo particular de racionalismo así como por un funcionalismo grosero, es biológicamente o «biomórficamente» inadecuado. Es un principio de baja intensidad que aprovecha aquellas situaciones de rarificación de la energía y del gasto energético; es decir, que sólo se aplica a nivel de supervivencia.

La hipótesis contraria, la de la necesidad (de la que sus partidarios hacen virtud) del gasto, del juego, de la lucha, del arte, de la fiesta —de Eros, en suma—, se encuentra en una línea de interpretación filosófica que se opone al racionalismo del «principio de economía» y a su productivismo mezquino (el mínimo gasto, y sólo para satisfacer las «necesidades»). La hipótesis del exceso, de lo superfluo, y de ahí de la transgresión, se remonta a una línea que parte de Spinoza, pasa por Schiller y Goethe, por Marx (que odiaba el ascetismo, incluso cuando se dejaba seducir por una especie de ascetismo «proletario») y culmina en Nietzsche. También se manifiesta en Freud, pero sus teorías bioenergéticas tienden a desembocar en el mecanicismo. Entre los psicoanalistas, las oposiciones entre «Eros y Tánatos», el «principio de placer y el principio de realidad o de rendimiento» y la «pulsión de vida y la pulsión de muerte» pierden a menudo su carácter dialéctico y se convierten con mucha frecuencia en un simple juego mecánico de pseudoconceptos, metáforas de la carestía energética.

Si el organismo vivo capta, gasta y despilfarra un excedente energético es debido a que le está permitido por las leyes del Cosmos. El aspecto dionisíaco de la existencia (desmesura, embriaguez y riesgos —a veces mortales—) tiene su libertad y su valor. El organismo vivo, el cuerpo total, contiene la posibilidad del juego, de la violencia, de la fiesta y del amor (lo que no quiere decir necesariamente su realización ni su motivación).

La distinción nietzscheana de lo apolíneo y de lo dionisíaco conserva los dos aspectos del ser vivo y de su relación con el espacio, el suyo y el del otro: violencia y estabilidad, exceso y equilibrio. Por insuficiente que pueda ser esta distinción, resulta al menos elocuente.

El ser vivo no puede reducirse sin embargo a la captación de energías y a su empleo «económico». Ni capta la energía de cualquier modo ni la gasta arbitrariamente. Tiene sus presas, su medio y sus predadores; en otros términos: tiene su espacio. Vive *en su espacio*, y como elemento (de una fauna, de una flora, de una ecología y de un sistema ecológico más o menos estable) forma parte *de su espacio*. En este espacio, el ser vivo recibe informaciones.

Originalmente, es decir, antes de la abstracción inventada por las sociedades humanas, la información no era más desacorde de la realidad material que el contenido del espacio de su forma: la célula recibe la información bajo una forma material. Sin embargo, quienes han descubierto esos fenómenos[10] muestran una tendencia sistemática y filosófica a reducir el ser vivo —célula y conjunto de células— a una recepción de información, esto es, en términos de energías ínfimas. Descuidan o desprecian lo energético, el cuerpo vivo como receptáculo y reserva de energías *masivas*. Aunque privilegian los fenómenos de autorregulación, no disciernen los mecanismos disfuncionales, defectos, errores o excesos de energía gastada. El sistema dual de regulaciones descrito por la biología (sustancias orgánicas y catalizadores) no deja aparentemente nada fuera de su programa. Es cierto que la teoría energética había descuidado lo informacional, lo relacional y lo situacional para retener sólo esas enormes energías mensurables en calorías.

En realidad, en su relación consigo mismo y con su espacio, el ser vivo emplea los dos tipos de energía, las mínimas y las masivas (que no son en ningún caso estrictamente separables). Aúna los dispositivos acumuladores de grandes cantidades de energía que libera explosivamente (los músculos, el sexo, los miembros) con los dispositivos que reciben los estímulos más débiles, como la información, sin consumo apreciable de energía (los sentidos, el cerebro y los órganos sensoriales).[11] Lo que encontramos aquí es la aparición o reaparición del dualismo constitutivo. El ser vivo no es sólo una máquina de procesar información, de desear, de matar, de producir: el ser vivo contiene lo uno y lo otro.

Alrededor del ser vivo, las energías que capta y así como aquellas que le amenazan son *móviles*: son «corrientes» («flujos»). En cambio, para captar las energías disponibles, el organismo debe poseer un dispositivo estable. Debe responder a las agresiones con acciones defensivas, determinando alrededor de su cuerpo fronteras que guarda y protege.

Que un excedente de energía se acumule y se libere forma parte del concepto mismo de «cuerpo vivo» y de su relación con su espacio —consigo mismo, con sus inmediaciones y entornos, con el mundo—. El despilfarro productivo de energía es algo que

---

[10] Cf. Jacques Monod, *Le hasard et la nécessité, essai sur la philosophie naturelle de la biologie moderne*, París, Seuil, 1970.

[11] Lo que Georges Bataille ha ilustrado en su *Part maudite, essai d'économie général* (París, Editions de Minuit, 1949), desarrollando un tema nietzscheano. Sería injusto omitir aquí el nombre de Wilhelm Reich, que ha desarrollado la teoría energética (y eso en una parte a menudo desdeñada de su obra). Cf. también la película yugoslava consagrada no sin humor a esta cuestión, *Los misterios del organismo* (1972), de Dusan Makavejev.

tiene un sentido; para que un gasto pueda ser considerado como «productivo» es necesario y suficiente con que modifique algo en el mundo, por poco que sea. El concepto de producción se aviva y se agudiza sin llegar a disolverse: podemos ver que un juego es una labor, una obra, mientras que un espacio lúdico es un *producto* que acoge actividades que se regulan (se asignan unas reglas) y se despliegan. Además, la energía productiva implica la relación del ser vivo consigo mismo y toma la forma de energía reproductiva, ella misma caracterizada por repeticiones (repeticiones en las divisiones y multiplicaciones celulares, en los actos y en los reflejos). En cuanto a la reproducción sexual, ésta es sólo una de las numerosas formas de reproducción ensayadas por la naturaleza, forma que sólo parece privilegiada en la medida en que ha obtenido varias líneas de descendencia. Con la reproducción sexual el carácter discontinuo y explosivo de la energía productiva parece predominar sobre la producción continua, sobre los brotes y las proliferaciones.

La energía excedentaria, como la energía «normal», tiene una doble relación; de un lado, con ella misma, es decir, con el cuerpo que la almacena; de otro lado, con el «entorno», es decir, con el espacio. En la vida de todo «ser» (una especie, un individuo, un grupo) hay momentos en que la energía disponible abunda y tiende a estallar. Esto puede suponer que se vuelva contra ella misma o bien puede derramarse fuera, en la gratuidad y en la gracia. Los efectos de destrucción, de autodestrucción, de violencia sin objeto y de suicidio, no son raros en la naturaleza, y menos aún en la especie humana. Los excesos de todo tipo provienen de un exceso de energía, como comprendía Bataille a la estela de Nietzsche, aunque quizás llevara esta idea a la desmesura. Consecuencia de todo lo anterior: el famoso «instinto de muerte» sólo tiene una existencia derivada. El estudio sintomático que los psicoanalistas desde Freud han realizado sobre las tendencias y pulsiones mórbidas —como se han llamado— ha dado lugar a una acumulación importante de certezas en los campos designados por esos términos: Eros y Tánatos, narcisismo, sadomasoquismo, autodestrucción, erotismo, angustias, neurosis y psicosis. Pero la relación muestra una tendencia primordial siempre discutible. Hay una diferencia radical entre la concepción de un instinto o pulsión de muerte, potencia aniquiladora, opuesta a una afirmación de la vida siempre desbaratada, y la tesis de un efecto traumático de conflicto derivado de los excesos necesarios en el gasto de la energía vital. Incluso cuando es preciso asumir que la «negación» de energía existe en el espacio —es decir, en el entorno en que la energía se gasta, se difunde y se degrada—, la muerte y la autodestrucción no son causas y razones, sino efectos. Así, la pulsión de muerte sólo implica un empleo improductivo, un uso incorrecto, un desempleo —podríamos decir— de la energía fundamental. Deriva dialécticamente de una relación conflictual interna a esta energía, una relación que no puede reducirse a simples mecanismos de defensa, de equilibrio y a sus fracasos. El alegre pesimismo tiene un sentido.

III

En las consideraciones precedentes, el espacio ha sido tomado *parte extra partes*, como dijo Spinoza. No hay duda alguna de que hay finitud, partes y subdivisiones, elementos, singularidad y origen de cada parte (su etimología). El mismo concepto de forma, con su «autorreflexión» o duplicación interna según sus características constituyentes, en otros términos, el concepto de simetría con sus dualidades constitutivas (simetría de reflexión y simetría de rotación, asimetrías que se determina por simetrías, etc.) implica un espacio circunscrito: un cuerpo con sus contornos y fronteras. Evidentemente, no es suficiente evocar la existencia de esas subdivisiones espaciales y esos repartos energéticos; los «flujos» circulan, se propagan en un espacio infinito. «El infinito es el hecho original; habría que explicar de dónde procede el finito... En el tiempo y el espacio infinitos no hay final.»[12] El vértigo se apodera del pensamiento. «Aunque no exista ningún apoyo, es preciso que la humanidad tenga principio: labor inmensa de los artistas», añade Nietzsche, que no atribuye sin embargo ninguna prioridad absoluta, general y total, al imaginario.

¿No serían el infinito y lo finito un mera ilusión, uno y otro, ilusión de uno respecto al otro? ¿No podrían ser sino meros espejismos, reflexiones o refracciones de cada parte? El tiempo en sí es un absurdo, al igual que el espacio *per se*. Lo relativo y lo absoluto se reflejan mutuamente; remiten sin cesar el uno al otro, como el espacio y el tiempo. Doble superficie, doble apariencia gobernada por una ley y una realidad, la de la reflexión-refracción. La diferencia máxima se contiene en cada diferencia, incluso en la mínima. «Toda forma pertenece al sujeto. Se trata del embargo de la superficie por el espejo.»[13]

---

[12] F. Nietzsche, *Le livre du philosophe*, París, Aubier-Flammarion, 1969, fragm. 120.
[13] *Id.* fragm. 121, «*Durch Spiegel*», «en, por y a través del espejo», p. 118.

IV

Al engendrar así la superficie, la imagen[14] y el espejo, la reflexión atraviesa la superficie y penetra hasta las profundidades de la relación entre la repetición y la diferencia. La duplicación (simetría) implica la repetición y sin embargo produce una diferencia constitutiva de un espacio. No deberíamos concebirla de acuerdo con la iteración numérica (1 y 1 y 1, etc.) ni según la recurrencia de una serie. La duplicación y la simetría-asimetría introducen nociones causales irreductibles a las ideas clásicas (seriales, lineales). Si el espejo es «real» (lo que sucede siempre en el caso de los objetos), el espacio en el espejo es imaginario; y Ego es el lugar del imaginario (Lewis Carroll). Pero en un cuerpo vivo, donde el espejo de la reflexión es imaginario, el efecto es real, tan real que determina la estructura de los grandes animales.[15] Así, la parte izquierda de sus cuerpos refleja la parte derecha en un plano-espejo, determinando una simetría de reflexión perfecta, que se completa con una simetría de rotación: la vida de la columna vertebral.

Socialmente hablando, el espacio posee una doble «naturaleza», una doble «existencia» general (para toda sociedad dada). De un lado, uno (es decir, cada miembro de la sociedad considerada) se refiere a sí mismo, se sitúa *en* el espacio; tiene para sí y ante sí una inmediatez y una objetividad. Se pone en el centro, se designa, se mide y se emplea a sí mismo como patrón de medida. Es el «sujeto». El *status* social —asumiendo una hipótesis de estabilidad, por tanto de definición en y por un estado— implica un rol y una función: una identidad individual y pública. También conlleva un lugar, una ubicación, una posición en sociedad. De otro lado, el espacio es mediador (intermediario): a través de cada plano, más allá de cada contorno opaco, «cada uno» busca otra cosa. Esto tiende a establecer el espacio social como transparencia solamente ocupada por

---

[14] El concepto de simetría (en el sentido de una simetría bilateral) es, de acuerdo con Herman Weyl, un concepto estrictamente matemático y de una absoluta precisión. Un cuerpo, una configuración espacial, es simétrico respecto a un plano E si coincide con su imagen en E considerado como espejo. Tomando una línea l perpendicular a E y un punto p sobre l, diremos que a cada punto p corresponde un punto p', uno y sólo uno, situado a la misma distancia de E, pero en el otro lado. La reflexión es la aplicación del espacio sobre sí mismo [S: p→p´] (Cf. *op. cit.*, p. 12-13).

El interés y la importancia del espejo no provienen del hecho de que proyecte la imagen del «sujeto» (Ego) sobre sí, sino de que extiende al espacio la repetición (la simetría) inmanente al cuerpo. El Mismo (Ego) y el Otro (la imagen), frente a frente, tan semejantes como sea posible imaginar, casi idénticos, pero absolutamente diferentes, la imagen no tiene espesor, ningún peso. La derecha y la izquierda se encuentran invertidas, y el Ego percibe su doble.

[15] Weyl, *op. cit.* p. 12.

luces, por «presencias» e influencias. De un lado, pues, el espacio contiene opacidades, cuerpos y objetos, centros de acciones eferentes y de energías efervescentes, lugares ocultos o incluso impenetrables, áreas de viscosidad y agujeros negros. Por otro lado, ofrece series, conjuntos de objetos, concatenaciones de cuerpos, de suerte que cada cual puede descubrir a otros, que resbalan sin cesar desde lo no-visible a lo visible, desde la opacidad a la transparencia.[16] Los objetos se tocan, se palpan, se aprecian por el olfato y el oído; después son contemplados por el ojo y la mirada. Uno tiene la impresión de cada contorno, cada plano del espacio ofrece su espejo y su efecto de espejismo: reflejando en cada cuerpo el resto del mundo, reenviado ahí, y recíprocamente, en un vaivén siempre renovado: juego de reflejos, colores, luces y figuras. Un cambio de posición, una modificación del lugar y sus contornos basta para que el objeto se precipite desde la sombra a la luz, desde lo oculto a lo lúcido, desde lo crítico a la claridad. Un movimiento del cuerpo puede tener un fin análogo. Ahí reside el punto de intersección de los dos campos sensoriales.

¿Cómo comprender el mismo lenguaje sin ese doble aspecto del espacio natural-social? La «naturaleza» no se percibe sino en objetos y formas, pero en un conjunto luminoso en cuyo seno emergen los cuerpos, pasando de la oscuridad y la opacidad naturales a la claridad, no importa de qué modo, pero siempre en una secuencia, en un orden, en una forma articulada. Allí donde existe un espacio natural e incluso allí donde existe un espacio social, el movimiento que va de la opacidad a la claridad, de lo críptico a lo descifrado, es perpetuo. Forma parte de la misma constatación del espacio. La incesante actividad de desciframiento es objetiva así como subjetiva; así pues, supera la vieja oposición filosófica. El desciframiento se aviva conforme las partes ocultas del espacio (la parte interna de las cosas y las cosas fuera del campo perceptivo) vienen a asociarse con depósitos de símbolos, signos, índices, que a menudo son prohibidos, sagrados-malditos, reveladores o velados. Así pues, en este sentido, esta actividad perpetua no puede decirse ni subjetiva ni objetiva, ni consciente ni inconsciente, sino *generadora de conciencia*: los mensajes son inherentes a la propia experiencia de lo vivido a través del espacio y el juego de los reflejos y espejismos en el espacio.

El espacio —*mi* espacio— no es el contexto en que constituyo la textualidad; es en primer lugar mi cuerpo, y después el homólogo

---

[16] Sobre esta emergencia y su dualidad constitutiva, véanse los últimos escritos de Merleau-Ponty, pasando de una descripción fenomenológica de la percepción a un análisis más profundo (*L'Œil de l'esprit*, París, Gallimard, 1964). Sin embargo, Merleau-Ponty permanece ligado a las categorías filosóficas del «sujeto» y del «objeto», sin relación con la práctica social.

de mi cuerpo, el «otro» que le sigue como su reflejo y su sombra: la intersección movediza entre lo que toca, penetra, amenaza o beneficia a mi cuerpo, y todos los otros cuerpos. Así pues, retomando los términos ya empleados, hay distancias y tensiones, contactos y separaciones. Pero el espacio, a través de los variados efectos de sentido, es vivido en sus profundidades como duplicaciones, ecos y reverberaciones, redundancias y repeticiones que engendran —y son engendradas por— extrañas diferencias: cara y culo, ojo y carne, vísceras y excrementos, labios y dientes, orificios y falos, puños cerrados y manos abiertas, pero también vestido y desnudo, abertura y cierre, obscenidad y familiaridad, etc.[17] Oposiciones y conjunciones/disyunciones que no tienen ninguna lógica ni carácter formal.

¿Podríamos concluir que el espejo y el espejismo existen sin anti-espejo, sin la «experiencia vivida» opaca y ciega? No, si atendemos a la descripción de Tristan Tzara: «Espejos, frutos de ansiedad»; o a la comparación de Georges Bataille: «Yo, espejo empañado»; o, por último, a la palabras de P. Éluard: «Hay que borrar el reflejo de la personalidad para que la inspiración brote del espejo».[18] Esta superficie pura e impura —el espejo—, casi material, virtualmente irreal, hace aparecer ante Ego su propia presencia material, invocando su inversa, su ausencia y su «inherencia» en ese «otro» espacio. Al proyectar allí su simetría, descubre y puede llegar a creer que Ego coincide con este «otro»; sin embargo, este «otro» es sólo la representación de Ego, la imagen inversa, donde la izquierda se convierte en derecha, como reflexión que produce una diferencia extrema, como repetición que transforma el cuerpo de Ego en una ilusión obsesiva. De este modo, pues, lo idéntico es a la vez lo absolutamente otro, lo radicalmente diferente, y la transparencia viene a ser equivalente a la opacidad.

---

[17] Cf. los libros de Octavio Paz y especialmente su obra *Conjonctions et disjonctions*, París, Gallimard, 1972, donde el cuerpo, el espejo, las dualidades y su movimiento dialéctico aparecen a la luz de la poesía. Octavio Paz distingue y opone en todas las sociedades, culturas y civilizaciones, los signos del cuerpo y los del no-cuerpo. (Cf. p. 46, p. 57 y ss.).

[18] Curiosamente ausente en *La poètique del espace* de Bachelard, el espejo ha sido una preocupación constante entre los surrealistas. Uno, Pierre Mabile, le consagró todo un libro. Cocteau otorgó al espejo un papel en su obra poética y cinematográfica, inventando la superstición de lo «puramente visual». Debemos tener presente el inmenso papel del espejo en todas las tradiciones populares o artísticas (Cf. Jean-Louis Schefer, *Scénographie d'un tableau*, París, Seuil, 1969). Los psicoanalistas han usado ampliamente el «efecto de espejo» para destruir la noción filosófica de «sujeto». No sin abuso, porque examinan el efecto de espejo fuera del contexto espacial, como parte de un espacio interiorizado en «tópicas» e instancias psíquicas. En cuanto a la generalización del «efecto de espejo» en una teoría de las ideologías, véase el artículo de Louis Althusser en *La Pensée* (1970, junio, p. 35), el producto de una fantasía y de un deseo medio consciente que anhela preservar el dogmatismo marxista.

V

Si en mi cuerpo hay una ley generadora, a la vez abstracta y concreta, la superficie del espejo la hace visible, la descifra. El espejo revela la relación entre yo y yo-mismo, entre mi cuerpo y la conciencia de él, y no porque este reflejo (esta reflexión) constituya mi unidad en tanto que sujeto (lo que al parecer creen algunos psicoanalistas y psicólogos), sino porque opera una transformación de lo que yo soy en su *signo*. Este obstáculo helado, esta superficie inerte, reitera y revela lo que yo soy o, dicho de otro modo, significa lo que yo soy en el seno de una esfera imaginaria pero completamente real. Abstracción fascinante. Para conocerme, me separo de mí mismo.[19] De la fascinación hemos pasado al vértigo. Si Ego no es capaz de recobrarse mediante un movimiento de afirmación, mediante un desafío a su propia imagen, se convertirá en Narciso o en Alicia. Ego corre el riesgo de no encontrarse jamás; el espacio-ficción lo engullirá y la fría superficie lo guardará en su vacío, ausencia despojada de toda presencia concebible, de todo calor corporal. Así, el espejo presenta (u ofrece) la relación más unificadora pero a la vez más disociadora de la forma y el contenido: la potente realidad e irrealidad de las formas, la manera en que ellas expulsan y contienen los contenidos, y asimismo la fuerza irreductible de dicho contenido, su opacidad, *mi* cuerpo (contenido de «mi conciencia») y *los* otros cuerpos en general. Muchos objetos poseen este carácter dual: son transaccionales (hacia otra cosa) y no obstante son propósitos u «objetivos» a título propio. Entre todos esos objetos, el espejo ocupa sin duda un lugar privilegiado... Sin embargo, definir —como algunos fanáticos del psicoanálisis— toda propiedad por una especie de efecto especular, bajo el pretexto de que la posesión de un objeto por el «Ego» lo designa, no es sino sobrepasar los límites que la «cultura» impone a la necedad en general.

No abundan los argumentos a favor de una generalización sistemática de los efectos de este objeto, cuyo papel está confinado a una cierta escala en las inmediaciones del cuerpo.

El espejo, pues, es un objeto entre los objetos, pero diferente de cualquiera de ellos: evanescente y fascinante. En y por él se reúnen

---

[19] En su libro *Le système des Objets*, París, Gallimard, 1968, Jean Baudrillard sólo contempla el espejo, para el burgués, como amplificación de «su» salón y de «su» dormitorio. Esta visión restringe la significación del espejo e incluso hace desaparecer el concepto (psicoanalítico) de *narcisismo*. La ambigüedad (la dualidad) de los fenómenos descritos reaparece con su complejidad inherente en los análisis de Jean Lacan (cf. *Le stade du miroir*, Encyclopédie française, vol. VIII, 2, H), pero no se presentan demasiado elucidados. El espejo permite eludir la tendencia del lenguaje a romper el cuerpo en trozos, según Lacan, pero fija al Ego en una rigidez en lugar de indicar una trascendencia hacia y en un espacio a la vez práctico y simbólico (imaginario).

los rasgos de otros objetos en relación a su medio espacial: objeto en el espacio, el espejo también informa sobre el espacio y nos habla de él. Algo así como un «cuadro», el espejo posee un marco que lo especifica, susceptible del juego de lo vacío y de lo lleno. En ese espacio que viene producido primero por la vida natural y después por la vida social, el espejo introduce verdaderamente una doble espacialidad: un espacio imaginario respecto al origen y la separación, pero a la vez concreto y práctico en tanto que coexistencia y diferencia. Muchos filósofos y no filósofos (como Lenin) han pretendido definir el pensamiento en términos de un efecto especular, reflejo y reflexión. Pero así vienen a confundir el acto con el símbolo. Antes de su realización práctica, antes de su fabricación material, el espejo ha existido de un modo mágico o mítico. La lámina del agua simboliza la superficie de la conciencia y el proceso material (concreto) de desciframiento que surge desde la oscuridad hacia la luz.

En la orientación aquí adoptada, debemos establecer y desarrollar ciertas relaciones generalmente consideradas como «psíquicas» (esto es, relativas a la *psyché*). Las trataremos, sin embargo, como *materiales* pues vienen dadas en conexión con dos materias: el cuerpo-sujeto y el espejo-objeto. Al mismo tiempo las consideraremos como un caso particular de una relación más «profunda» y general, sobre la que más tarde debatiremos, entre lo repetitivo y lo diferencial. ¿Cuáles son esas relaciones?

a) La *simetría* (planos y ejes): duplicación, reflexión —y su correlato, la asimetría.
b) El *espejismo* y sus efectos de ilusión: reflejos, superficie *versus* profundidad, revelado *versus* oculto, opacidad *versus* transparencia.
c) El *lenguaje* como «reflexión», con sus conocidas oposiciones: connotación *versus* connotado, valorizador *versus* valorizado, y la refracción a través del discurso.
d) La *conciencia* de sí y del otro, del cuerpo y de la abstracción de la alteridad y de la alteración (alienación).
e) El *tiempo*, vínculo inmediato (directamente vivido, así pues ciego e «inconsciente») entre lo repetitivo y lo diferencial.
f) El *espacio*, por último, con sus dobles determinaciones: ficticio-real, producto-productor, material-social, inmediato-mediato (medio y transición), conexión-separación, etc.

En ese reino de sombras sólo tardíamente se despliega el reino de los símbolos y signos, portadores de una claridad fasta y nefasta. Los símbolos y los signos son en principio crípticos, en un sentido material: ocultos en las grutas, en las cavernas, depósitos malditos y a veces santos, santuarios o tabernáculos. La verdad de los signos y los signos de la verdad son contenidos en el mismo enigma: el enigma del *mundus* itálico y romano —la sima, el abismo—; el enigma de las reliquias cristianas, de las iglesias y capillas subterráneas justamente llamadas «criptas». Y por último, el enigma del cuerpo y de los cuerpos opacos, de donde emerge la verdad en la luz. El cuerpo ilumina el reino de las sombras.

En el caso de la relación entre sexos (que nada tiene de especial), ¿no podríamos comparar lo dicho?

a) Las simetrías (y asimetrías) entre masculino y femenino.
b) Los efectos de ilusión (de transparencia y opacidad) desplazados. El otro surge y es el mismo, en la ambigüedad y en la penumbra: el mismo deseo que se desconoce como tal. De ahí la quiebra y la intrusión de la voluntad (de poder) gracias a las oscilación entre conocimiento y desconocimiento.
c) Esta fragmentación del deseo que anuncia la fragmentación y el estallido del placer entraña la separación, que no excluye de ningún modo la «reflexión» (en el sentido de una relación entre el yo y el otro en que cada uno se busca creyendo encontrar al otro y espera encontrar en el otro la proyección de sí mismo).
d) De ahí esa inmensa nostalgia, la del amor absoluto que siempre remite al amor relativo, la del amor «puro» que siempre decepciona, siempre inconcebible al margen de lo carnal, que cambia la tendencia y libera la tensión original reemplazándolas por el cumplimiento más cercano, no menos decepcionante. Así pues, la nostalgia que contiene el disentimiento y el resentimiento. El plano imaginario del espejo está ahí, separando las dualidades y cada uno se ve mezclando sus propios rasgos en ese espacio imaginado con los rasgos de su homólogo.

Ni que decir tiene que la teoría del Duplo no podría quedarse ahí. Sólo se sitúa ahí el foco inicial de esta teoría de reflejos y espejismos. La teoría de los Duplos debe ir hasta el espacio teatral, entre otros, ese juego de dobles ficticios y reales, esa interferencia de miradas y de ilusiones donde se reencuentran sin confundirse el actor, el público, los «personajes», el texto y el autor. A través de estos juegos teatrales los cuerpos pasan del espacio «real», inmediatamente *vivido* (la sala, el escenario), a un espacio *percibido*, un tercer espacio, que ya no es el espacio escénico ni el espacio público. Ese tercer espacio, a la vez ficticio y real, es el espacio teatral (clásico).

¿Constituye una representación del espacio o es un espacio de representación? Ni lo uno ni lo otro y las dos cosas a la vez. El espacio teatral implica una *representación del espacio* —el espacio escénico— que corresponde a una *concepción* del espacio (el del teatro antiguo, isabelino o italiano). El *espacio de representación*, mediatizado pero experimentado, que envuelve la obra y el momento, se establece como tal a través del juego dramático mismo.

VI

Identificar las bases y fundamentos sobre los que se edifican, en el curso de un proceso genético, los espacios de las diferentes sociedades, es sólo el comienzo de la exploración de una «realidad» aparentemente translúcida. Aún queda por despejar las representaciones del espacio que trastornan la cuestión precisamente al presentar una realidad ya clarificada.

Los *efectos de ilusión*, cuyas precondiciones se han establecido (pero no desarrollado) en el debate anterior, pueden ser extraordinarios (al introducir lo extraordinario en el seno de lo ordinario). Dichos efectos no pueden reducirse únicamente a la sorpresa de Ego contemplándose ante un cristal, descubriéndose o deslizándose hacia el narcisismo. La fuerza de un paisaje no procede del hecho de ofrecerse en cuanto espectáculo, sino más bien de que, como espejo o espejismo, presenta para el posible espectador una imagen a la vez ilusoria y real de una capacidad creadora tal que el individuo (Ego) puede atribuirse como propia durante un momento de autoengaño. El paisaje posee asimismo la potencia seductora de un cuadro, sobre todo cuando se trata de un paisaje urbano que se impone inmediatamente como *obra* (Venecia). De ahí la falsa ilusión turística suscitada, la de participar en la obra y comprenderla, cuando el turista meramente pasa a través del país y del paisanaje, y recibe pasivamente una imagen. La obra concreta, los productos engendrados y la actividad productora se ocultan o caen en el olvido.

Esos efectos de espejismo van más lejos. Bajo la modernidad, cuanto más se afirma el espacio político absoluto, más engañosa se vuelve su transparencia y más se refuerza la ilusión de una vida nueva. ¿La Vida? Ahí está, tan próxima. Desde nuestra cotidianidad podemos abrazarla; nada se interpone entre nosotros y esa maravillosa realidad que espera al otro lado del espejo. Existen las condiciones. ¿Qué falta entonces? ¿Una palabra escrita o dicha? ¿Un gesto? ¿Un ataque certero sobre un punto de la cosa, destruyendo el obstáculo —la ideología, el saber, una institución represiva, la religión, la teatralidad, la escuela, el espectáculo, etc.—? La lista es inagotable.

La ilusión de una nueva Vida es al mismo tiempo real y ficticia, y por tanto no es cierta ni falsa. Es cierto que las condiciones para una vida diferente ya están creadas y la senda se anuncia; lo falso es que el anuncio y la proximidad coincidan, que lo posible inmediato se separe de lo que es remoto e imposible. El espacio que contiene las condiciones de una vida diferente coincide con el que prohíbe las posibilidades que ellas permiten. Su transparencia es engañosa;

parece no necesitar una elucidación cuando es realmente precisa. La revolución total (material, económica, social, política, física, cultural, erótica, etc.) parece próxima, inmanente a nuestro tiempo. En realidad, para cambiar la vida es preciso cambiar el espacio. La revolución absoluta es nuestra propia imagen y nuestro espejismo, a través del espejo del espacio absoluto (político).

VII

Un espacio social no es un espacio *socializado*.[20] La pretendida teoría general de una «socialización» de lo preexistente a la sociedad —naturaleza, biología, fisiología (necesidades, vida «física»)— resume una ideología. Y es también un efecto de espejismo «reactivo». Creer, por ejemplo, que el espacio-naturaleza descrito por la geografía se socializa después, conduce al ideólogo tan pronto a lamentar nostálgicamente la desaparición de dicho espacio como a decir que carece de cualquier importancia en la medida que desaparece. Cuando una sociedad se transforma, los materiales de una mutación tal provienen de una práctica social distinta, históricamente (genéticamente) preexistente. Lo Natural, lo original en estado puro no se encuentra jamás. De ahí las notorias dificultades de la reflexión (filosófica) sobre los orígenes. La noción de un espacio en principio vacío, después llenado por una vida social y modificado por ella, descansa en la hipótesis de una «pureza» inicial, identificable como «naturaleza», como punto cero de la realidad humana. El espacio vacante, vacío mental y social, que facilita la socialización de lo no-social no es más que una *representación del espacio*. El espacio es concebido como transformado en una «vivencia» por un «sujeto» social, afectado por determinaciones prácticas (el trabajo, el juego) o incluso por determinaciones biosociales (jóvenes, niños, mujeres, gente activa). Esta representación engendra para la reflexión un espacio donde se alojan y viven virtualmente los «interesados», individuos y grupos. Del espacio actual, resultante del proceso histórico, se puede afirmar con justicia que es más *socializador* (por medio de una multiplicidad de redes) que *socializado*.

¿Es el espacio del trabajo (cuando se puede hablar de ello) un vacío ocupado por esa entidad que llamamos trabajo? De ningún

---

[20] Esta tesis, implícita, limita el alcance de la obra de Georges Matoré, *L'espace humain*, París, La Colombre, 1962, sin embargo uno de los mejores trabajos sobre la semántica y las metáforas espaciales.

modo. Ese espacio se produce en el marco de una sociedad global según las relaciones de producción constitutivas. ¿En qué consiste ese espacio en la sociedad capitalista? En *unidades de producción*: empresas, explotaciones agrícolas, oficinas. Las diversas redes que enlazan esas unidades forman parte de dicho espacio. Las instancias que ordenan esas redes no coinciden con las que regulan el trabajo, pero hay una correspondencia, una articulación dentro de una coherencia relativa que no puede sin embargo excluir los conflictos ni las contradicciones. El espacio del trabajo es el resultado, pues, de gestos (repetitivos) y actos (seriales) de la labor productiva, pero también y cada vez más de la división técnica y social del trabajo, y por último de las relaciones de propiedad (la posesión y la gestión de los medios de producción). Todo lo cual quiere decir que el espacio del trabajo sólo adquiere contornos y fronteras para y por un pensamiento abstracto; red entre redes, espacio entre espacios que se compenetran, su existencia es estrictamente relativa.

El espacio social no puede librarse en ningún momento de su dualidad, incluso cuando las determinaciones triádicas prevalecen e incorporan su naturaleza dual y binaria. El espacio social se presenta y se representa de modos diferentes. ¿Acaso no es siempre y simultáneamente *campo de acción* (abriendo su extensión al despliegue de los proyectos e intenciones prácticas) y *soporte de acción* (conjunto de lugares de donde proceden y a donde se dirigen las energías)? ¿No es a la vez *actual* (dado) y *potencial* (medio de posibilidades)? ¿No es también *cuantitativo* (mensurable en unidades de medida) y *cualitativo* (extensión concreta donde las energías se agotan si no se renuevan, donde la distancia se mide en fatiga, en tiempo de actividad)? ¿No es a la vez reunión de materiales (objetos, cosas) y conjunto de instrumentales (herramientas, procedimientos para servirse eficazmente de los útiles y de las cosas en general)?

El espacio aparece como objetividad pero no existe socialmente sino por la actividad (por y para la marcha, los desplazamientos en montura, en vehículo, en barco, en ferrocarril, en avión).

De un lado, ofrece direcciones homólogas, y por otro lado ciertas direcciones son valorizadas. Lo mismo puede decirse de los ángulos y las rotaciones (la izquierda, siniestra-siniestro; la derecha, rectitud). Por una parte, el espacio se pretende homogéneo, abierto a las acciones razonables, autorizadas o establecidas; por otra parte, se carga de prohibiciones, de cualidades ocultas, de favores y desgracias para los individuos y para los grupos. A la localización responde la divergencia, y al punto central responde la expansión, el influjo y la difusión. Como en una forma material, molecular o atómica, la energía social se reparte y se dispersa, se concentra en lugares y actúa en los alrededores. Esto otorga a los espacios sociales bases a la vez materiales y formales: lo concéntrico y lo cuadricular, la recta y la curva, modalidades de orientación y de demarcación. Los espacios sociales no se definen mediante la reducción a esta dualidad. Más bien, esta dualidad proporciona los materiales precisos para realizaciones muy diferentes entre sí. En el espacio-naturaleza, llamado más tarde «espacio geográfico», los trayectos se inscriben mediante simples trazados lineales. Los caminos y los senderos son como poros que se agrandan, que establecen sitios (etapas, lugares privilegiados) sin colisionar y fronteras. Por esos poros, que acentúan las particularidades locales al emplearlas, se vierten fluideces humanas cada vez más densas: manadas, trashumancias, migraciones.

Esas actividades y determinaciones espacio-temporales corresponderían al nivel *antropológico* de la realidad social. Hemos definido este nivel por la demarcación y la orientación. Dominantes entre las sociedades primitivas, agropastoriles, esas actividades devienen a continuación recesivas, subordinadas. El «hombre» no deja nunca de jalonar su espacio: lo baliza, lo marca, inscribe trazados a la vez simbólicos y prácticos; el «hombre» no puede eximirse de figurar en este espacio de cambios de dirección, de rotaciones, sea por referencia a su cuerpo considerado como centro, sea por referencia a otros cuerpos (referencia que remite a los cuerpos celestes, ángulos de iluminación que afinan la percepción angular).

No es preciso imaginarse que el hombre «primitivo» (digamos el pastor trashumante) se representa líneas (derechas o curvas), ángulos (abiertos o agudos), medidas (incluso virtualmente). Las marcas quedan en un plano cualitativo, como entre los animales. Las direcciones aparecen como benéficas o maléficas; las marcas son objetos cargados de afectividad, que más tarde se denominarán «simbólicos»; los accidentes del terreno se ligarán a recuerdos o quizás a una acción posible. Las redes de caminos y senderos constituyen un espacio tan concreto como el de los cuerpos que prolongan. ¿Cómo se le aparecen las direcciones espacio-temporales a este pastor sino pobladas de «criaturas» reales o ficticias, peligrosas o benéficas? Este espacio cualificado, simbólico y práctico, porta los mitos y relatos que le conciernen. Redes y fronteras constituyen un espacio concreto, más próximo a la tela de araña que al espacio geométrico. Sabemos ya que el cálculo reconstruido de una forma complicada es lo que la «naturaleza» produce en el cuerpo vivo o en su prolongación. Sabemos también que el simbolismo y la praxis no se pueden separar.

Las relaciones establecidas por las *fronteras* tienen sin duda alguna la mayor importancia, así como la relaciones entre fronteras y *lieux-dites*. (Así, para ese pastor, el rasgo más significativo de ese espacio incluye el lugar, cerrado a menudo, donde reúne a las bestias, el manantial donde abrevan, el límite de los pastos de que dispone, el territorio vedado de los vecinos.) Así pues, todo espacio social, jalonado, orientado, implica relaciones que se superponen a las redes de *lieux-dites* y comprenden:

(a) el espacio accesible de uso normal (recorridos de jinetes y tropas, caminos que conducen a los campos, etc.), con las reglas y modalidades prácticas relativas a ese uso, las prescripciones;

(b) las fronteras y los territorios prohibidos, los espacios cuyo acceso está vedado relativamente (vecinos y amigos) o absolutamente (vecinos y enemigos);

(c) las residencias, sean estables o efímeras;

(d) los puntos de sutura, a menudo lugares de paso y de encuentro, de relación e intercambio, a menudo prohibidos, las prohibiciones se levantan según ritos oportunos. Las declaraciones de guerra y paz forman parte de estos ritos. Es evidente que las fronteras y puntos de sutura (en consecuencia, puntos de fricción) se presentan diferentes según las sociedades: campesinos relativamente fijados, pueblos de saqueadores y guerreros, nómadas o trashumantes regulares, etc.

El espacio social incorpora un carácter tridimensional heredado de la naturaleza: lo que está arriba (las montañas, las alturas, los cuerpos celestes), lo que está abajo (las grutas, las cavernas); la superficie de las aguas, los planos y llanuras separan y unen altura y profundidad. Lo que supone una representación del *Cosmos*. Del mismo modo, las cavernas, las grutas, los lugares ocultos y subterráneos proporcionan la base de las representaciones y mitos de la tierra-madre y del mundo. Las oposiciones Oeste-Este, Norte-Sur, bajo-alto, delante-detrás, tal como son percibidas por el pastor, nada tienen en común con las representaciones abstractas. Son a la vez relaciones y cualidades. El espacio cualificado se evalúa en tiempo, en medidas mal definidas (en pasos, en fatiga), en fragmentos del cuerpo (codos, pulgadas, pies, palmos, etc.) Al cuerpo del que reflexiona y actúa sustituye por desplazamiento del centro un objeto social, tal como la cabaña del jefe, el mástil, y más tarde templo o iglesia. El «primitivo» sitúa el espacio o habla de él en calidad de miembro de un colectivo que a su vez ocupa un espacio regulado, estrechamente ligado al tiempo. *No se ve en el espacio* como un punto entre otros en un medio abstracto. Esta percepción es de un tipo más tardío, contemporáneo del espacio abstracto de los «planos» y los mapas.

VIII

Como punto de origen y de destino está el cuerpo. ¿No hemos dado con él, con nuestro cuerpo, en repetidas ocasiones a lo largo de nuestra discusión? ¿Pero qué cuerpo? Los cuerpos se parecen, pero las diferencias son mayores que las similitudes. ¿Qué tienen en común el cuerpo de un campesino acoplado a su bestia de trabajo, enganchado por el arado a la tierra, y el cuerpo de un brillante caballero sobre su montura de guerra o de gala? Sus cuerpos difieren tanto como el cuerpo del buey (castrado) y el cuerpo del caballo. El animal, en ambos casos, sirve de *medium* (medio, instrumento, intermedio) entre el hombre y el espacio. La diferencia entre los dos «media» no tiene lugar sin una diferencia análoga entre los espacios. Es como decir que el campo de trigo es un mundo distinto al campo de batalla.

¿Qué concepción del cuerpo tenemos que tomar o retomar, encontrar o reencontrar, como punto de partida? ¿La de Platón o la de Santo Tomás? ¿El cuerpo que apela al *intellectus* o el que porta el *habitus*? ¿Quizás el cuerpo glorioso o el miserable? ¿La «corporeidad» no es una abstracción entre las abstracciones? ¿El cuerpo-objeto de Descartes o el cuerpo-sujeto de la fenomenología y del existencialismo? ¿El cuerpo fragmentado, representado por las imágenes, por las palabras, negociado al detalle? ¿Hay que partir del discurso sobre el cuerpo? ¿Cómo escapar a la abstracción mortífera del discurso si se parte de una abstracción? ¿Cómo limitarla y franquear esos límites?

¿Habría que partir quizás del «cuerpo social», un cuerpo herido, quebrado por una práctica agobiante —la división del trabajo— mediante formalidades? ¿Pero cómo definir el espacio crítico si aceptamos que el cuerpo en este espacio es ya «social» y está mutilado por él? Por otro lado, ¿con qué derecho y cómo definir ese cuerpo en sí mismo, sin ideología?

Cuando anteriormente el cuerpo apareció sobre nuestro trayecto analítico, no se presentó ni como objeto ni como sujeto filosóficos, ni como medio interno opuesto a un medio externo, ni como espacio neutro, ni como mecanismo que ocupase este espacio parcial o fragmentariamente, sino como «cuerpo espacial». El cuerpo espacial, producto y producción de un espacio, recibe inmediatamente las determinaciones de él: simetrías, interacciones y reciprocidades de acciones, ejes y planos, centros y periferias, oposiciones concretas, es decir, espacio-temporales. La materialidad de ese cuerpo no se atribuye ni a la reunión de parcelas en un dispositivo ni a una naturaleza indiferente al espacio, distribuyéndose en él para ocuparlo. Esta materialidad procede del espacio, de la energía que se despliega y emplea. Por mucho que se trate de una «máquina», es una máquina doble: una muda mediante energías masivas (los alimentos, los metabolismos), la otra lo hace por energías finas (las informaciones de sentido). La cuestión es si una «doble máquina» es aún una máquina. La introducción de la dialéctica podría concretar ese concepto cartesiano de máquina tan abstracto, situado en una representación del espacio también muy abstracta. Una máquina *doble* implica interacciones en el seno de una estructura *dual*. Incluye efectos sorprendentes; excluye el mecanismo, la definición unívoca y unilateral. Los aparatos emisores y receptores de energías finas se localizan en los órganos sensoriales, los conductos aferentes-eferentes (los nervios), el cerebro. Los órganos de energía masiva son los músculos, y el sexo, polo de la energía que se acumula explosivamente. Esta composición del cuerpo orgánico se liga directamente a la constitución (u organización) espacial. ¿Cómo no existiría una relación conflictiva entre las tendencias inherentes a este conjunto, la tendencia a captar la energía, a reservarla, a acumularla, y la tendencia a disiparla bruscamente? Del mismo modo que entre la tendencia a explorar el espacio y la tendencia a invadirlo. En el ser humano, los conflictos inherentes a la realidad espacio-temporal del cuerpo (que ni es sustancia ni entidad ni mecanismo ni flujo ni sistema cerrado) culminan con los conflictos entre el conocimiento y la acción, entre el cerebro y el sexo, entre los deseos y las necesidades. ¿Lo más alto o lo más bajo de la escala? Es una cuestión de valor que sólo tiene sentido si se plantea una jerarquía. Lo que no tiene sentido, o más bien *pierde sentido*. Con la jerarquía se entra en el Logos occidental, en la tradición judeo-cristiana. Sin embargo, las disociaciones ulteriores no se refieren sólo al lenguaje, a las fragmentaciones de palabras, de imágenes, de lugares. Provienen también, sobre todo, de la oposición inherente al organismo vivo, totalidad dialéctica. El polo de las energías finas (cerebro, nervios, sentidos) no concuerda necesariamente, al contrario, con el de las energías masivas, el sexo. El organismo vivo no tiene sentido ni existencia más que tomado con sus prolongaciones: el espacio que espera, el espacio que produce (su «medio», término corriente que reduce la actividad a la inserción pasiva en una materialidad natural). Todo organismo vivo se refleja, se refracta, en las modificaciones que produce en su «medio», su «entorno»: en otras palabras, en su espacio.

A ese cuerpo brindado al descubrimiento le sucede que es recubierto, ocultado, pero después revive, es resucitado. ¿Tendría la historia del cuerpo relación con la del espacio?

Ese cuerpo ofrecido con sus taras, pero asimismo con sus fuerzas, sus victorias, escapa a la distinción clara, en realidad ideológica y vulgar, entre el estado normal y anormal, entre la salud y lo patológico. Dentro de lo que se llama convencionalmente «naturaleza», donde la fecundación es la regla, ¿se distingue el placer y el dolor? Ni es cierto ni evidente. ¿No sería la distinción obra, la gran obra de la especie humana, a menudo encubierta, en la que colaboran los saberes y el arte? Esta disociación se cobra un precio enorme: las separaciones entre lo que no puede y no debe ser escindido.

El inventario de las ofrendas del cuerpo continúa. El espacio sensible posee, aunque estas palabras carecen de pertinencia, una base o fundamento, un *ground* o *back-ground*: olfativo. Si hay goce y su contrario, si hay intimidad del «sujeto» y del «objeto», para hablar como los filósofos, es sobre todo en los olores y en sus lugares.

> *Avanzan, recorren el soto de abedules enanos, despedazados años tras años por las zarpas de los osos y por las cornamentas de los caribú... En las llagas de los troncos se distinguen los rastros de la nieve, del sol, y los excrementos de los pájaros; se percibe el clamor de la savia que brota desde las raíces profundas, el crujido eléctrico y obsesivo de los insectos, la llamada de la madera podrida en los bosques podridos, la danza de las ramas agonizantes que se enmohecen y que crujen exhalando su hedor entre el cielo y la tierra. Se respira ahí la peste del bosque, podredumbre eléctrica más cercana que la putrefacción humana, carne descompuesta, mierda nauseabunda y sangre viciosa, nada huele peor que la vida que se apaga, la vida que ya no es vida y que no lo sabe todavía. ¡Gracias, Señores filósofos!...*[21]

Los potentes y crueles hedores tienen como contrapartida y compensación en la naturaleza los aromas, los olores, las maravillas desprendidas por las flores, el perfume de las pulpas. ¿Pero por qué rezagarse en este espacio que suprime la higiene y la asepsia? ¿Habría que considerar con E. Hall que se trata de hechos antropológicos o «culturales»? Si es exacto que algunos «modernos» no aman los olores, ¿debe considerarse ese hecho como causa y efecto de la industria de los detergentes? Dejando a los antropólogos culturales la preocupación de encontrar la respuesta, podemos constatar que por todas partes en el mundo moderno hay una extinción de los olores.

La gran colada, la extinción de todos los aromas y hedores naturales por los desodorantes de todo tipo muestra que la transposición de todo en imágenes, en espectáculo, en discurso, en escritura-lectura,

---

[21] Norman Mailer, *Pour quoi nous sommes au Viet-Nam* (1967), último *flash*.

sólo son aspectos de una empresa mayor. Cuando alguien tiene el hábito (ese alguien es un niño) de identificar los lugares mediante olores, gentes y cosas, la retórica le resbala. El objeto transaccional, al que el deseo se une para salir de la subjetividad y esperar al «otro», se manifiesta en primer lugar en el olor; lo mismo es cierto para el objeto de Eros.

Los olores no se decodifican. No se catalogan; no podemos ni comenzar ni terminar su inventario. Los olores «informan» sobre ese «fondo», la vida, la muerte. No entran en ninguna oposición pertinente, salvo quizás ésta: la vida que comienza y la muerte que finaliza. No existe otro canal que el vínculo directo entre el centro receptor y la periferia ambiente, la nariz, el olfato. Entre la información y la estimulación directa de una respuesta brutal, el olfato resplandeció en la animalidad antes que en la «cultura», la racionalidad y la instrucción, antes de que estos factores combinados con un concienzudo espacio neto provocasen la atrofia del olfato. ¿No sería patológico arrastrar consigo un órgano atrofiado que reclama lo debido?

La rosa que ignora que es una flor, que ignora su belleza (Angelus Silesius), tampoco sabe que difunde un aroma delicioso. Aunque la flor sea ya presa del fruto, ofrece su esplendor perecedero; se ofrece, naturaleza, cálculo y proyecto «inconscientes», juego de vida y de muerte. El olor, violencia y generosidad de la naturaleza, no significa: *es* y dice lo que es, inmediatez, intensa particularidad de lo que ocupa un lugar y sale de él hacia los aledaños. Los hedores y las fragancias naturales expresan. La producción industrial, que a menudo huele mal, produce perfumes; los querrían «significantes», y las palabras, los discursos publicitarios, les adjuntan significados: mujer, frescura, naturaleza, «el país de Lubin», el «glamour». Pero un perfume produce o no produce un estado erótico, no habla de ello. Encanta un lugar o lo deja tal como era.

Los sabores se disciernen mal de los olores y de las sensaciones táctiles (labios, lengua). Sin embargo, difieren de los olores en la medida en que se presentan por parejas, entrando en un juego de oposiciones: dulce-amargo, salado-dulce. Así, se dejan codificar y producir según cierto código, el libro de cocina que estipula las reglas de una práctica, la producción de sabores. No obstante, no constituyen un mensaje y la codificación les añade una determinación que no tenían. Lo dulce no remite a lo amargo, pero la dulce amargura y la amarga dulzura tienen un encanto irresistible. Lo dulce se opone tanto a lo agrio como a lo amargo, aunque la acidez no coincide con el amargor. La práctica social separa aquí lo que la naturaleza da como conjunto; es una práctica que tiende a producir el goce. Las oposiciones de sabores sólo adquieren fuerza vinculadas a otras cualidades: el frío y el calor, lo crujiente y lo blando, lo liso y lo rugoso, que realzan el tacto. Así, mediante esa práctica social llamada «cocina», arte de manejar el fuego y el frío, el hervor, el encurtido, el asado, emerge una realidad dotada de un sentido que puede decirse «humano» aunque el humanismo haga escasa alusión a ello, pues el humanismo tradicional, como su opuesto moderno, apenas sabe del placer: se contenta con las palabras. En el centro del cuerpo hay ese núcleo poco reductible pese a los esfuerzos, un «algo» que no es aún diferencial y sin embargo no es ni indiferencial ni indiferenciado: la asociación íntima, en este espacio inicial, de los olores y de los sabores.

Como diría elegantemente un filósofo, se trata fundamentalmente de algo más y diferente a una co-presencia del espacio y del Ego por la mediación del cuerpo. El cuerpo espacial, que deviene social, no se introduce en un «mundo» preexistente; produce y reproduce; y percibe lo que reproduce o produce. Ese cuerpo porta en sí sus propiedades y determinaciones espaciales. ¿Las percibe? En lo práctico-sensible, la percepción de la derecha y de la izquierda debe proyectarse, marcarse en y sobre las cosas. Hay que introducir —es decir, producir— en el espacio las dobles determinaciones: el eje y los puntos cardinales de la esfera, la dirección y la orientación, la simetría y la asimetría. Las condiciones y principios de la *lateralización* del espacio están en el cuerpo; no es menos necesario efectuarla, de tal suerte que derecha e izquierda, alto y bajo, se indiquen y se marquen (permitiendo la elección para el gesto y para la acción).

Según Tomatis,[22] la audición juega un papel decisivo en la lateralización del espacio percibido. El espacio se escucha tanto como se ve, e incluso se oye antes de que sea desvelado por la mirada. Las percepciones de los dos oídos no coinciden. Esta diferencia alerta al niño y proporciona densidad y volumen físico a los mensajes que recibe. La audición es, pues, mediadora entre el cuerpo espacial y la localización de los cuerpos externos. El espacio orgánico del oído, en primer lugar engendrado por las relaciones del niño con su madre, se extiende a los ruidos más lejanos, a las voces. Los desórdenes de la audición se acompañan de trastornos en la lateralización y percepción del espacio externo y del espacio interno (dislexias, etc.).

El espacio homogéneo, completa y perfectamente simultáneo, caería en lo indiscernible. Escaparía al elemento conflictual, siempre resuelto, siempre esbozado, entre la simetría y la asimetría. Se

---

[22] Eminente especialista en audición, constructor de un oído mecánico (electrónico) y autor de numerosos trabajos sobre ortofonía.

puede apuntar que el espacio arquitectónico y urbanístico en la modernidad tiende hacia ese carácter homogéneo: lugar de la confusión y de la fusión entre lo geométrico y lo visual, que engendra un malestar físico. Todo se parece. Ya no hay localización ni lateralización. Los significantes y significados, las marcas, los indicadores se añaden después como decorado. Lo que refuerza la impresión desértica y el malestar.

Este espacio moderno tiene una afinidad analógica con el de la tradición filosófica, fundamentalmente cartesiana. Desgraciadamente es también el espacio del folio, del tablero de dibujo, de los planos, de las secciones, de las elevaciones, maquetas y proyectos. Sustituirlo por un espacio verbal, semántico o semiológico, agrava el fallo. Una racionalidad estrecha y agostada omite el fondo y el fundamento del espacio, el cuerpo total, el cerebro, los gestos, etc. Olvida que el espacio no consiste en la proyección de una representación intelectual, en el duplo legible-visible, sino que es en primer lugar oído (escuchado) y actuado (por los gestos y desplazamientos físicos).

La teoría de la información que asimila el cerebro a una máquina receptora de mensajes pone entre paréntesis la fisiología específica de este órgano, su rol en el cuerpo. El cerebro, tomado con y en su cuerpo, no es sólo una máquina registradora, un aparato descodificador, ni tampoco una máquina de deseos. El cuerpo total constituye, produce el espacio en el que emergen mensajes, códigos, juegos de criptografía y desciframiento, y otras decisiones que tomar.

El espacio físico, práctico-sensible, se restituye y reconstituye así, contra las proyecciones de los logros intelectuales tardíos, contra las reducciones a las que es propenso el saber. Contra el Absolutamente Cierto, Reino de Transparencias Soberanas, se rehabilitan lo subterráneo, lo lateral, lo laberíntico, quizá lo uterino, lo femenino. Contra los signos del no-cuerpo, los signos del cuerpo se yerguen. «La historia del cuerpo en la fase final de la cultura de Occidente es la de sus rebeliones.»[23]

Sí, el cuerpo carnal (espacio-temporal) se subleva y no se trata de una vuelta a los orígenes, a lo arcaico, una llamada a lo antropológico; se trata de «nuestro» cuerpo actual. Nuestro cuerpo desdeñado, absorbido, hecho añicos por la imagen. Más que despreciado, omitido. Ni es una rebelión política, sustituta de la revolución, ni una revuelta del pensamiento, del individuo, de la libertad: es una sublevación elemental y mundial, que no busca su fundamento teórico sino que trata de encontrar por la vía de la teoría su fundamento,

---

[23] Octavio Paz, *Conjonctions et Disjonction*, p. 132.

reconocerlo. Y que sobre todo demanda a la teoría no obstruir el paso, no ocultar el fundamento. Esta exploración no vuelve a sumirse en la naturaleza ni en la ficción de lo «espontáneo». Explora lo «vivido», lo que ha sido evacuado mediante un juego de desvíos, reducciones-extrapolaciones, figuras lingüísticas, analogías y tautologías. Indiscutiblemente, el espacio social es el lugar de lo vedado. Las prohibiciones y sus complementos, las prescripciones, lo pueblan. ¿Podemos extraer de este hecho una definición global? No, el espacio no es sólo el espacio del «no», sino el del cuerpo, y en consecuencia el del «sí», el de la afirmación de la vida. No sólo se trata, pues, de una crítica teórica, sino de una *inversión del mundo al revés* (Marx), de una inversión de sentido, de una subversión que *rompa las tablas de la Ley* (Nietzsche).

El paso del espacio del cuerpo al cuerpo en el espacio, de lo opaco (caliente) a los translúcido (frío), ese paso difícil de comprender permite escamotear y excluir inconscientemente el cuerpo. ¿Cómo esta magia ha sido y sigue siendo posible? ¿Dónde se funda la operación que hace desaparecer el fundamento? ¿Qué fuerzas han podido y pueden servirse de que acontezca «normalmente» el recorrido que va de Ego al Otro, o más bien de Ego hacia sí a través de su doble, el Otro?

Para que Ego aparezca y se manifieste porque está en «mi cuerpo», ¿basta que haya marcado alrededor de él su izquierda y su derecha, que haya balizado las direcciones? ¿Es suficiente que Ego haya dicho «mi cuerpo» para que pueda designar a los otros localizando los cuerpos y los objetos? No. Además, para que diga «mi cuerpo» necesita del lenguaje y de cierto uso del discurso: toda una historia. ¿Qué condiciones son requeridas para que haya esta historia, este uso del discurso, esta intervención del lenguaje? ¿Qué se necesita para que sea posible el código de Ego y del Alter-Ego? ¿La codificación del intervalo?

Para que Ego aparezca, es preciso que se aparezca y que su cuerpo le aparezca *sustraído* —así pues, extraído y abstraído— del mundo. Presa del mundo, apuntado por mil amenazas, se parapeta. Se cierra mediante defensas, prohíbe su acceso. A la naturaleza opone barreras porque se siente vulnerable. Se quiere invulnerable. ¿Es una ficción? ¡Evidentemente, magia! ¿Precede o sigue la operación mágica a la denominación?

Las barreras ficticias y reales opuestas a las agresiones pueden fortificarse. Las reacciones de defensa van hasta la construcción de una fuerte armadura (como lo ha mostrado W. Reich).[24] Otras civilizaciones no occidentales proceden de otra forma, con un uso muy

---

[24] Cf. J.-M. Palmier, *W. Reich*, p. 37.

claramente cultivado del cuerpo que tiende a sustraerse constantemente a las variaciones del «medio», a las agresiones del espacio. Es la respuesta oriental a la humilde demanda del cuerpo espaciotemporal y práctico-sensible, mientras la solicitación occidental ha dado una verbalización, engendrando una concha endurecida.

En determinadas situaciones se produce una distancia, un intersticio, un intervalo, espacio particular, mágico y real. ¿El inconsciente? Quizá no consista en una naturaleza oscura o substancializada (queriente y deseosa), en una fuente del lenguaje o en un lenguaje. ¿No sería el intersticio mismo, el intervalo? Con eso que ocupa, se introduce y pasa. ¿Entre qué y qué? Entre sí y sí mismo, entre el cuerpo y su Ego (o más bien entre el Ego que busca constituirse y su cuerpo). Esto no puede tener lugar más que en el curso de un largo aprendizaje, en el curso de la formación-deformación que sufre el niño, inmaduro y prematuro, destinado a la maduración familiar y social. ¿Pero qué se insinúa exactamente en este intersticio? El lenguaje, las palabras, los signos, la abstracción —todo necesario y fatídico, indispensable y peligroso—. Intervalo mortal donde se esparce el polvo, la miseria de las palabras. Lo que se insinúa permite el deslizamiento del sentido fuera de lo vivido, fuera del cuerpo carnal. Palabras y signos permiten —mucho más, provocan, suscitan, exigen (al menos en Occidente)— la metaforización, la deportación fuera de sí del cuerpo físico. Indistintamente mágica y racional, la operación introduce un extraño movimiento de *desencarnación* (verbal) y de *reencarnación* (empírica), de desarraigo y de arraigo, de espacialización en una extensión abstracta y de localización en una extensión específica. Es el espacio mixto (todavía natural, ya *producido*) de los primeros años de la vida, y más tarde de la poesía, del arte. El espacio de las representaciones.

IX

El cuerpo escapa al influjo del pensamiento analítico que desglosa lo cíclico y lo lineal. La unidad, que la reflexión quería descifrar, entra en la opacidad crítica, gran secreto del cuerpo. Porque el cuerpo une lo cíclico y lo lineal: los ciclos del tiempo, de las necesidades y deseos —las linealidades de los gestos, de la marcha, de la aprehensión, de la manipulación de cosas, de los instrumentos materiales y abstractos—. El cuerpo subsiste precisamente a nivel de ese movimiento entre uno a otro, en su diferencia vivida y no pensada. ¿No sería el cuerpo, capaz de preservar la diferencia en la repetición, el responsable último de la emergencia de la innovación a partir de lo repetitivo? Mientras que el pensamiento analítico, evacuando la diferencia, ya no puede concebir cómo lo repetitivo engendra lo nuevo. Dicho conocimiento no reconoce que sanciona la desgracia del cuerpo y su aflicción. Introducido en el intersticio, entre lo vivido y el saber, el conocimiento cumple un servicio de muerte. El cuerpo vacío, el cuerpo-colador, el cuerpo montón de órganos análogo a un mar de cosas, el cuerpo desarticulado en piezas disociadas, el cuerpo sin órganos, todo esos síntomas supuestamente patológicos son los estragos de la representación y del discurso, exacerbados por la sociedad moderna, con sus ideologías y sus contradicciones (la de lo permisivo y de lo represivo en el espacio, entre otras).

La desagregación del cuerpo, su fragmentación —de otro modo y mejor dicho: la mala relación de Ego con su cuerpo—, ¿procedería acaso del lenguaje? ¿La disociación del cuerpo como totalidad (subjetiva y objetiva) tendría como origen la nominación de las partes del cuerpo, desde la infancia, con palabras discretas? De tal modo que esas partes (el falo, los ojos, etc.) se disociarían en un espacio de representación que después se viviría patológicamente...

Esta teoría exonera a la vez a la tradición cristiana (o más bien, judeo-cristiana) —que desconoce y desprecia el cuerpo, que lo arroja al osario cuando no lo manda al diablo— y al capitalismo que ha impulsado la división del trabajo hasta el interior del cuerpo de los trabajadores e incluso de los no-trabajadores. El *taylorismo*, uno de los primeros sistemas científico-productivos, no retenía del conjunto del cuerpo más que un número dado de movimientos sometidos a un determinismo lineal severamente controlado. Esta división extrema del trabajo, por la cual la especialización se extiende a los gestos, tiene ciertamente tanta importancia como el discurso en la fragmentación del cuerpo en partes desconectadas.

La relación de Ego con el cuerpo, poco a poco anexada al pensamiento teórico, se revela tan compleja como diversa. Hay en realidad tantas relaciones de Ego con su propio cuerpo (tantas formas de apropiación y fracasos de apropiación) como sociedades, «culturas» y quizás individuos.

Ahora bien, la relación práctica de Ego con su propio cuerpo establece su relación con otros cuerpos, con la Naturaleza, con el espacio. Y viceversa: la relación con el espacio se refleja en una relación con el otro, cuerpo y conciencia. El cuerpo total se analiza y autoanaliza, se sitúa y se fragmenta en virtud de una práctica que incluye el discurso pero que no se reduce a él. Cuando el trabajo se separa del juego, de los gestos rituales, de lo erótico, las interacciones e interferencias ya no son significativas. Con la industria moderna y la vida urbana, la abstracción requiere la relación con el cuerpo. Alejándose la naturaleza, nada restituye el cuerpo total, nada en el mundo de los objetos ni en el de las actividades. La tradición occidental y su relación malentendida con el cuerpo se reactualiza de un modo extraño: cuando se atribuye esos daños al discurso solo, se exculpa de toda acusación no solamente a la tradición, sino al espacio abstracto «real».

X

No hay que demostrar la capacidad inventiva del cuerpo: la muestra y despliega en el espacio. Los ritmos múltiples se interpenetran. En el cuerpo y alrededor de él, como en la superficie del agua, como en la masa de un fluido, los ritmos se cruzan y entrecruzan, se superponen, ligados al espacio. No dejan fuera de ellos ni los impulsos elementales ni las energías que se reparten en el interior del cuerpo o en su superficie, sean «normales» o excesivas, réplica de una acción exterior o explosiva. ¿Tienen relación esos ritmos con las necesidades, dispersadas en tendencias o concentradas en deseo? Algunas se constatan inmediatamente: la respiración, el corazón, la sed, el hambre y el sueño. Otras se disimulan, las del sexo, las de la fecundidad, las de la vida social o las del pensamiento. Unas quedan en la superficie y otras surgen desde profundidades ocultas.

El ritmoanálisis desarrollaría el análisis concreto y quizás el uso (la apropiación) de los ritmos. Descubriría aquellos que no se revelan sino a través de las mediaciones, de los efectos y de las expresiones indirectas. El ritmoanálisis, eventualmente, sustituiría al psicoanálisis: más concreto, más eficaz, más cercano a una pedagogía de la apropiación (del cuerpo, de la práctica espacial). Aplicaría al cuerpo vivo y a sus relaciones internas-externas los principios y leyes de una ritmología general. Este conocimiento trataría como campo privilegiado y terreno experimental la danza y la música, las «células rítmicas», sus efectos. Las repeticiones y redundancias en los ritmos, sus simetrías y asimetrías interactúan de forma irreductible en las determinaciones recortadas y fijadas por el pensamiento analítico. El cuerpo poli-rítmico no se deja comprender ni apropiar más que en esas condiciones. Los ritmos difieren entre sí por las amplitudes, las energías desplegadas y vehiculadas, las frecuencias. Transportan y reproducen esas diferencias en intensidad, en fuerza de espera, en tensión y acción.

Todos esos factores se cruzan en el cuerpo como ondas en el «éter».

La música muestra cómo los ritmos envuelven lo cíclico y lo lineal: la medida y el intervalo de los tiempos tienen un carácter lineal, mientras que los motivos, la melodía y sobre todo la armonía, tienen un carácter cíclico (división de octavas en doce semitonos, reiteración de sonidos e intervalos en el seno de las octavas). Igualmente la danza, gestual organizado según un código doble, el del bailarín y el del contemplador (que acompasa batiendo sus manos, agitándose), de forma que vuelven los gestos evocadores (paradigma) y que integran en los gestos encadenados ritualmente.

¿Qué conocemos de los ritmos como relaciones de sucesión en el espacio, como relaciones objetivas? La noción de *flujo* (flujo de energías, de materias, etc.) sólo tiene una «suficiencia» en economía política. En cualquier caso siempre se subordina a la del espacio. La noción de «pulsión» transpone en términos físicos la noción a la vez fundamental y disociada de ritmo. ¿Qué es lo que vivimos? Ritmos, experimentados subjetivamente. En esto, lo «vivido» y lo «concebido» se aproximan: las leyes de la naturaleza y las leyes que gobiernan nuestro cuerpo se reúnen —y quizás las de la llamada realidad social.

Un órgano tiene un ritmo, pero el ritmo no tiene ni es un órgano; es una interacción. Un ritmo envuelve lugares, pero no es un lugar; no es tampoco una cosa ni un agregado de cosas ni un simple flujo. Porta en él su ley, su regularidad; esta ley proviene del espacio, del suyo propio, y de una relación entre el espacio y el tiempo. Todo ritmo contiene y ocupa una realidad espacio-temporal, conocida por nuestra ciencia, y dominada por lo que concierne a la realidad física (ondulaciones), desconocida en lo relativo a los seres vivos, los organismos, los cuerpos, la práctica social. Sin embargo, la práctica social se compone de ritmos —cotidianos, mensuales, anuales, etc. Es muy probable que esos ritmos se hagan más complejos respecto a los ritmos naturales. En este sentido, una gran perturbación procede del dominio práctico-social de las repeticiones lineales sobre las cíclicas, esto es, de un aspecto de los ritmos sobre el otro.

A través de la mediación (en sentido triple: media, «medio», intermediario) de los ritmos se constituye un espacio animado, extensión del espacio de los cuerpos. Cómo las leyes del espacio y su dualidad (simetrías y asimetrías, orientaciones y referencias) concuerdan con las leyes de los movimientos rítmicos (regularidad, difusión, compenetración) es una cuestión sin respuesta de momento.

XI

¿El inconsciente? ¡Pero si es la conciencia! ¡La conciencia y su doble, que ella contiene y retiene, como «conciencia de sí»! Es la conciencia en tanto que duplicación, repetición y espejismo (ilusión). ¿Qué significa esta formulación? En primer lugar lo siguiente: que toda sustanciación o naturalización del inconsciente, situado por debajo o por encima de la conciencia, cae en el esperpento ideológico tarde o temprano.[25] La conciencia no se ignora; ¿de qué y de quién sería conciencia si se ignora? Por esencia, por definición, la conciencia de sí se redobla y se repite, al mismo tiempo que «refleja» objetos. ¿Se conoce ella? No, no conoce ni sus condiciones ni sus leyes (si las hay). Esto justifica una analogía con el lenguaje, no sólo porque no hay conciencia sin lenguaje sino porque quienes hablan y escriben no conocen las condiciones ni las leyes del lenguaje (de su lenguaje) y sin embargo lo practican. ¿Cuál es por tanto el «estatus» de la conciencia? Entre el conocimiento y la ignorancia hay una mediación que puede servir como intermediaria pero que también puede bloquear el paso: el desconocimiento. Como la Flor que es flor y no lo sabe, la conciencia de sí, tan exaltada en el pensamiento occidental desde Descartes a Hegel (e incluso más recientemente en la filosofía), *desconoce* sus condiciones naturales (físicas) y prácticas, mentales y sociales. Se sabe hace tiempo que desde la infancia la conciencia del «ser consciente» se toma como reflexión de lo que ha hecho en «el objeto», en el otro, a través de productos privilegiados: el objeto instrumental y el discurso. Se aprehende en y por lo que ella produce (jugando con un simple palo, el niño comienza a «ser»: desordenando las cosas, rompiéndolas). El ser consciente se capta en una mezcla de violencia, carencia, deseos, necesidades y de conocimientos propia o impropiamente dichos.

Así pues, en ese sentido (pero no exactamente a la manera del lenguaje como tal) la conciencia se desconoce, lo que deja lugar a un conocimiento. Este conocimiento de la conciencia, ella misma lugar del saber, engendra malentendidos: de un lado, el conocimiento perfecto, la transparencia (la Idea, la Divinidad, el Saber absoluto); y de otro lado, el abismo, el misterio, la opacidad, el inconsciente. Este último término ni es falso ni verdadero. Es verdadero y falso a la vez, como una ilusión que tiene sus razones, como un efecto de espejismo. En el inconsciente, el psicólogo, el psicoanalista o el psiquiatra ponen todo cuanto les conviene: las

---

[25] Cf. *L'inconscient*, Colloque de Bonneval, 1960, publicado en 1966, p. 347 y ss.

condiciones de la conciencia en los nervios y el cerebro, la acción y el lenguaje, la memoria y el olvido, el cuerpo y su propia historia. La tendencia a fetichizar el inconsciente es inmanente a la imagen de la conciencia. De ahí la ontología y la metafísica, la pulsión de la muerte, etc.

El término tiene sin embargo un sentido porque designa ese proceso singular que forma cada «ser» humano: duplicación, repetición, reanudación a otro nivel del cuerpo espacial, lenguaje y espacialidad ficticia-real, redundancia y sorpresa, aprendizaje del mundo (natural y social), apropiación siempre comprometida de una «realidad» que domina la naturaleza por la abstracción, pero que domina la peor abstracción, la del poder. El «inconsciente», lugar ficticio y real de una prueba, oscura contrapartida de una entidad «luminosa», la *cultura*; el «Inconsciente» nada tiene que ver con el cajón de sastre de los psicólogos y otros especialistas.

El sueño. ¡Qué enigma para la filosofía! ¿Cómo puede el *cogito* dormirse? Debe velar hasta el fin de los tiempos, como comprendió y reiteró Pascal. El sueño reproduce la vida prenatal y anuncia la muerte; sin embargo, ese reposo tiene su plenitud. El cuerpo se recoge; reconstituye sus reservas energéticas, poniendo en silencio los receptores de información. Se cierra y pasa por un momento que tiene su verdad, su belleza, su bondad. Momento entre otros, momento poético. Entonces, como una paradoja, surge el «espacio del ensueño», espacio ficticio y real, diferente al del lenguaje pero de un orden similar, guardián y vigilante del sueño, no más del aprendizaje social. ¿Espacio del deseo? ¿De las «pulsiones»? Digamos más bien de la reunión de ritmos dispersos y quebrados, recreación poética de situaciones en las que un deseo se reencuentra: se anuncia más que realizarse. Espacio de goce, que establece el reino virtual del placer, aunque el sueño erótico se rompa sobre el placer y la decepción del soñador (o de la soñadora). Espacio extraño y ajeno y, no obstante, tan cercano: raramente coloreado, más raramente animado de música y, pese a ello, sensorial y pleno de sensualidad. Espacio teatral, más que cotidiano o poético: colmado de imágenes de sí, para sí.

El espacio visual especificado contiene una inmensa multitud, está poblado de objetos, de cosas, de cuerpos. Éstos difieren los unos de los otros, por el lugar y las particularidades locales, por su relación con los «sujetos». Hay por doquier objetos privilegiados que captan la espera y el interés, y otros que caen en la indiferencia. Hay objetos conocidos, otros ignorados y los hay malentendidos. Algunos objetos sirven de relevo; transitorios, transicionales, remiten a otros. El espejo, objeto privilegiado, no tiene menos una función transicional.

He aquí una ventana. ¿Simple vacío por donde pasa la mirada? No. ¿Y qué mirada, la mirada de quién? La ventana, no-objeto, no puede convertirse en objeto. Objeto transicional que tiene dos *sentidos*: de dentro afuera y de fuera adentro. Los dos se marcan y remarcan. La ventana se enmarca de otra manera por fuera (para el adentro) y por dentro (para el afuera).

Consideremos una puerta. ¿Es tan sólo un agujero en el muro? Se enmarca. Sin marco la puerta cumpliría una sola función, la de permitir el paso; pero la cumpliría mal. Le faltaría algo. La función requiere algo diferente, algo más y mejor que lo funcional. El encuadre hace de la puerta un objeto. Con sus marcos, las puertas devienen obras, no tan alejadas como las del cuadro y el espejo. Transicional, simbólico y funcional, el objeto «puerta» viene a terminar un espacio, el de una «pieza» o el de la calle; prepara la acogida en la «pieza» vecina, anuncia la casa entera (o el apartamento). En la puerta de entrada, el umbral —otro objeto transicional— ha tenido tradicionalmente su importancia casi ritual (franquear el umbral, una antesala o un paso). Los objetos, pues, se clasifican espontáneamente según ciertas categorías (transicional, funcional, etc.), pero esa clasificación sólo es provisional; las categorías cambian y los objetos también pueden cambiar de categoría.

Aquí comienza una articulación entre el espacio sensorial y práctico-sensible, de un lado, y el espacio específico o práctico-social de una u otra sociedad, de otro lado. ¿Podemos definir el espacio social por la proyección de una ideología en un espacio neutro? No. Las ideologías prescriben la localización de una actividad dada: un lugar será sagrado y otro no; el templo, el palacio, la iglesia estarán aquí y no allá. Las ideologías no producen el espacio: están en él, lo son. ¿Quién produce el espacio social? Las fuerzas productivas y las relaciones de producción. Lo que constituye la práctica social global, incluyendo las diversas actividades que hacen hasta nueva orden una sociedad: las actividades educativas, administrativas, políticas, militares, etc. Por consiguiente, no es preciso vincular a la ideología todas las localizaciones. Si la «posición» social, la grandeza y los bajos fondos, la «izquierda» y la «derecha» políticas pueden pasar por localizaciones, eso no deriva sólo de la ideología sino también de las propiedades simbólicas del espacio, inherentes a su ocupación práctica.

¿En qué consiste el espacio sensorial dentro del espacio social? En un juego teatralizado «inconscientemente»: de relevos y obstáculos, juego de reflejos, de reflexiones y de espejos, de ecos, juego que el discurso implica y no designa como tal. Dentro de él, los objetos especulares, objetos transicionales, están próximos a las herramientas (desde el palo a los instrumentos complejos) elaboradas por la mano y por el cuerpo. ¿Recibiría ese último su unidad, rota por el lenguaje, de su propia imagen que viene a su encuentro? Necesita mucho más. En primer lugar, un espacio acogedor, el espacio-naturaleza, lleno de «seres» no fragmentados, las plantas, los animales. Es tarea de la arquitectura reproducir tal espacio cuando falta. Y después, acciones efectivas, prácticas, utilizando los materiales y el instrumental disponibles.

Las escisiones siempre reaparecen, se franquean mediante metáforas y metonimias. El lenguaje detenta una función práctica, pero no puede esconder el saber sin enmascararlo. La vertiente lúdica del espacio se le escapa y no se descubre sino en el juego (por definición) y por la ironía y el humor. Los objetos sirven como indicadores de los ritmos, como referencias, como centro. Su firmeza sólo es relativa. Las distancias se anulan por la mirada, por el lenguaje, por el gesto; pero también pueden agravarse. Alejamientos y aproximaciones, realidades y apariencias: todas estas formas están imbricadas escénicamente, se implican y se explican sin más tregua que el reposo. Las relaciones sensibles no reflejan como tales las relaciones sociales; al contrario, las disimulan. En el espacio sensorial-sensual (práctico-sensible), las relaciones propiamente sociales, las relaciones de producción, no se ven. Se las rodea. Hay que describirlas, pero la descodificación sólo surge con dificultad del espacio mental para entrar en el espacio social. Ese espacio sensorial-sensual tiende a instaurarse en el seno de lo visible-legible, ignorando sin embargo los aspectos dominantes de la práctica social (a saber: el trabajo, la división del trabajo, la organización del trabajo, etc.). El espacio sensorial-sensual, lúdico sin saberlo (el juego se lo apropia con facilidad), contiene las relaciones sociales, que aparecen ahí como relaciones de oposición y contraste, secuencias encadenadas. Durante mucho tiempo han predominado: derecha e izquierda, alto y bajo, central y periférico, jalonado y orientado, próximo y distante, simétrico y asimétrico, propicio y desfavorable. No habría que olvidar tampoco la paternidad y la maternidad, los lugares masculinos y los lugares femeninos. Y sus símbolos. El proyecto que perseguimos es establecer el paradigma de un espacio. Pero al mismo tiempo tampoco habría que descuidar, en la vecindad del cuerpo, prolongado en medio de redes de relaciones y de trayectos, los diversos tipos de objetos. Las herramientas y los instrumentos (la vasija, la taza, el cuchillo, el martillo, la horca) prolongan el cuerpo según sus ritmos; y aquellos otros (útiles campesinos, artesanos) que se distancian del cuerpo y constituyen sus propias zonas espaciales. Este espacio social se define (también) como lugar y medio de la palabra y de la escritura, que tan pronto desvela como oculta o dice la verdad o lo falso (lo falso sirve de parada y posta, de fondo, de fundamento a lo verdadero). El placer se persigue en este mundo: busca su objeto y lo destruye en el mismo acto del goce. Y huye. Juego de espejos: plenitudes y decepciones. Juego incesante: el Ego se reconoce y se ignora en el Alter-Ego. El malentendido también nutre a la escucha y a la espera. Las olas de lo visual y de la claridad rompen contra lo que sólo se oye y se toca.

No es todavía ni el espacio de la producción ni la producción del espacio. El espacio sensorial-sensual sólo constituye una capa, un sedimento que persiste en la estratificación, en la compenetración de los espacios sociales.

Un rasgo general de la producción ha sido ya subrayado: en los productos, objeto o espacio, se borran las huellas de la actividad productora tanto como es posible. ¿Y qué sucede con la marca del trabajador o de los trabajadores que han producido? Esto no tiene ni sentido ni valor más que si el «trabajador» es también el usuario y el propietario: el artesano, el campesino. Cuando dan fin a los objetos, cuando se los termina en su perfección, en ese último toque.

Esta verdad no es nueva, pero es el momento de reiterarla, dado que tiene consecuencias. Esta desaparición facilita la operación que sustrae al trabajador su producto. Es tentador darle un alcance general afirmando que la desaparición de esas huellas permite un inmenso juego de transferencias, de sustituciones. De tal modo que esta ocultación permitiría no sólo los mitos, mistificaciones e ideologías, sino el establecimiento de toda dominación y de todo poder. Pero eso es extrapolar. En el espacio, nada desaparece, ningún punto, ningún lugar. Sin embargo, la ocultación del trabajo productivo en el producto tiene una consecuencia importante: el espacio social no coincide con el espacio del trabajo social. No obstante, esto no significa que el espacio social sea el espacio del placer, del no-trabajo. Un objeto producido o creado pasa del espacio del trabajo al espacio social que lo envuelve sólo cuando se ha efectuado la supresión de las huellas del trabajo. Así, como se sabe, las mercancías.

XII

En una capa o en una región del espacio social se despliega el encadenamiento de gestos. En sentido amplio, el concepto «gestual» comprende los gestos del trabajo (campesino, artesanal, industrial). En un sentido más preciso y restringido, no comprende los gestos técnicos y los actos productivos, sino solamente los gestos y actos de la vida «civil», al margen de las actividades y lugares especializados (los del trabajo, la guerra, la religión, la justicia; en resumen, los gestos institucionales, codificados y localizados como tales). En todos los casos, el conjunto de gestos pone en movimiento y en acción el cuerpo total.

Los cuerpos (cada cuerpo) y el espacio intercorporal pueden ser representados y dotados de un cierto equipo, *materiales* de los que parten (herencia, objetos) e *instrumental* del que disponen (comportamientos, condicionamientos, estereotipos, como se dice). Para esos cuerpos, el espacio-naturaleza y el espacio-abstracción que se sitúa ante ellos y a su alrededor no son separables al modo en que lo son para la perspectiva analítica. El individuo sitúa su cuerpo en su propio espacio y aprehende el espacio alrededor del cuerpo. La energía disponible de cada uno tiende a emplearse ahí, encontrando en los otros cuerpos, inertes o vivos, obstáculos, peligros, alianzas y recompensas. Cada uno actúa con sus múltiples pertenencias, y su doble constitución inicia los ejes y planos de simetría, que gobiernan el movimiento de los brazos, de las piernas, de las manos y de los miembros; las rotaciones, los giros, que rigen todo tipo de movimientos: del tronco, de la cabeza, en círculo, en espiral, en «lazo», etc. A partir de ese instrumental, los gestos implican las pertenencias, los grupos (familia, tribu, aldea, ciudad, etc.) y la actividad; y también ciertos materiales: los objetos disponibles para esas actividades, objetos «reales» hechos de una manera, pero al mismo tiempo simbólicos y cargados de afectividad.

¿La mano? No parece menos compleja, menos «rica» que el ojo o el lenguaje. La mano palpa, acaricia, aferra, brutaliza, golpea, mata. El tacto descubre las materias. La mano modifica los materiales mediante la herramienta, separada de la naturaleza, y separando de ella lo que alcanza, pero que prolonga a su manera el cuerpo y sus ritmos (el martillo, con su acción repetitiva y lineal; el torno del alfarero, con su movimiento continuo y circular). El esfuerzo muscular pone en acción energías masivas, a menudo enormes, las del trabajo pero también las de los juegos. En cuanto a la búsqueda de una información sobre las cosas, por el contacto, la palpación, la caricia, ella utiliza otras energías afines.

El principal instrumental utilizado por los gestos sociales consiste, pues, en movimientos *articulados*. Los miembros están articulados de una manera refinada y compleja; si tenemos en cuenta los dedos, la mano, la muñeca, el brazo, el número de segmentos es muy elevado.

Más de un teórico establece un corte entre lo inarticulado y lo articulado, disociando naturaleza y cultura. Se opone lo inarticulado de los gritos, de los llantos, de las expresiones de dolor o de placer, de la vida espontánea y animal, al carácter articulado de las palabras, del lenguaje y del discurso, del pensamiento, de la conciencia clara de sí, de las cosas, de los actos. Se olvida la mediación: los gestos corporales. ¿No estarían estos gestos, en tanto que gestos articulados y encadenados, en el origen (por así decirlo) del lenguaje más que las pulsiones? ¿No habrían contribuido, en tanto que gestos encadenados en el trabajo, pero también al margen de él, al desarrollo de esta parte activa del cerebro que «articula» las actividades lingüísticas y gestuales? En la infancia y en el cuerpo del niño habría una gestualidad pre-verbal, es decir, práctica, concretamente «operativa», primera relación del «sujeto», el niño, con los objetos sensibles. Esos gestos podrían clasificarse en algunas categorías destructivas (antes que productivas); gestos de desplazamiento, de sucesión y de agrupación (en series cerradas).

Las gesticulaciones más refinadas, las de las danzas en los países asiáticos, ponen en acción todos los segmentos (hasta la punta de los dedos) atribuyéndoles un simbolismo (cósmico). Pero las gesticulaciones menos complejas también constituyen conjuntos dotados de sentido, es decir, codificados y descodificados. Se puede hablar de «código» puesto que el encadenamiento de gestos se estipula, y comporta rituales y ceremoniales. Esos conjuntos comprenden, como el lenguaje, gestos simbólicos, gestos signos, gestos señales. El símbolo contiene en sí el sentido; el signo remite un significante a un significado; la señal suscita una acción inmediata o diferida, sea agresiva, afectiva, erótica, etc. El espacio se percibe como intervalo que separa la acción diferida del gesto que la anuncia, la prepara y significa. Los gestos se encadenan según oposiciones (rápidas o lentas, rígidas o flexibles, apacibles o violentas) y según reglas rituales (de ahí, codificadas). Es de ese modo como constituyen un lenguaje en el que lo expresivo (del cuerpo) y lo significativo (para los otros, cuerpos y conciencias) ya no se separan más que la naturaleza de la cultura, lo abstracto de lo práctico. El porte digno quiere que los ejes y planos de simetría regulen los movimientos del cuerpo, que sean preservados siempre que estén en movimiento: postura recta, gestos que se dicen armoniosos. Por el contrario, la actitud de humildad y la humillación inclinan y rebajan el cuerpo a ras del suelo, quieren que el vencido se postre, que el creyente se arrodille, que el culpable baje la cabeza y muerda el polvo. No obstante, la clemencia y la indulgencia permiten compromisos, como la inclinación o la flexión.

Los códigos pertenecen a una sociedad: estipulan su pertenencia. Pertenecer a una sociedad dada es conocer y utilizar los códigos, los de la educación, la cortesía, la afección, la conversación, las negociaciones y el negocio; pero también los códigos de la declaración de hostilidades (los códigos de la alianza están inevitablemente sostenidos por los de la insolencia, la injuria, la hostilidad abierta).

Los lugares y el espacio poseen una importancia en la gesticulación[26] que debe resaltarse. Lo alto y lo bajo tienen un sentido; de un lado, el suelo, los pies, los miembros inferiores, y de otro, la cabeza y lo que la corona: cabellos, postizos, melenas, sombreros, parasoles, etc. Del mismo modo, la derecha y la izquierda son ricas en significados (la izquierda está afectada en Occidente por connotaciones *siniestras*). Las voces, los cantos acentúan esos simbolismos y sentidos: graves o agudos, altos o bajos, fuertes o débiles.

La gesticulación encarna la ideología y la liga a la práctica. A través de ella, la ideología no queda en la abstracción y realiza los actos a través de los gestos (el puño elevado, el signo de la cruz). La gesticulación liga las representaciones del espacio y los espacios de representación, al menos en ciertos casos privilegiados: los gestos litúrgicos, por los cuales los predicadores evocan mediante la imitación en un espacio consagrado los gestos divinos, creadores del universo. Por otro lado, los gestos guardan una relación con los objetos que pueblan el espacio: los muebles, los trajes, los instrumentos (de cocina, de trabajo), los juegos, los lugares del habitar. Todo esto pone de manifiesto su complejidad.

¿Acaso habría en lo gestual una pluralidad casi indefinida, indefinible en consecuencia, de códigos? Deberíamos elucidar ya este punto escabroso. La multiplicación de códigos entra en el ámbito de las determinaciones categóricas: por ejemplo, los gestos cotidianos difieren de los festivos; los ritos de amistad de los ritos de hostilidad; el microgestual cotidiano del macrogestual de las masas aglomeradas. Ciertamente siempre hay gestos, signos y señales que permiten pasar de un código o subcódigo a otro, interrumpiendo uno para dar paso al siguiente.

A decir verdad, habría que hablar de «subcódigos» y de códigos generales. Esto permitiría, en primer lugar, clasificar los códigos por especies y géneros —en vez de multiplicar indefinidamente esas entidades que son los códigos—. ¡Apliquemos, pues, a esos conceptos relativamente novedosos (codificación, descodificación, mensajes, desciframiento) la navaja de Occam! Pero, sobre todo, evitemos pensar o imaginar un código del espacio como un subcódigo del discurso, tal que alineara de ese modo el espacio construido sobre el discurso o sobre una modalidad del discurso. El estudio de los gestos lo prohíbe.

---

[26] ¿Hay que escribir «lo gestual» o «la gesticulación»? Lo uno y lo otro con cierta diferencia de sentido.

Esas consideraciones y propósitos no tienen por objeto la racionalización de los gestos, sino la elucidación de la relación entre la gesticulación y el espacio. ¿Por qué los pueblos orientales viven a ras del suelo, con muebles bajos, y se acuclillan a la hora de descansar? ¿Por qué en Occidente hay muebles rígidos, de ángulos rectos, que imponen actitudes tensas? ¿Por qué la frontera que separa esas actitudes y esos códigos (no formulados) coincide con los límites religiosos y políticos? La diversidad sigue tan incomprensible como las lenguas. Quizás el estudio de los espacios sociales pueda responder a dichas cuestiones.

Los gestos organizados, ritualizados y codificados en consecuencia, no se realizan solamente en el espacio físico, el de los cuerpos. Los cuerpos también engendran espacios, producidos por y para los gestos. Al encadenamiento de éstos corresponde la articulación y el encadenamiento de segmentos espaciales bien definidos, segmentos que se repiten pero cuya repetición da lugar a uno nuevo. Consideremos el claustro y el solemne paseo monástico. Los espacios así producidos son a menudo polifuncionales (el ágora) aunque algunos gestos severamente prescritos (asociados a lo deportivo, a la guerra) hayan generado muy pronto lugares específicos: los estadios, la plaza de armas, el campamento, etc. Muchos de esos espacios sociales están ritmados por los gestos que se producen en ellos y que ellos producen (medidos en pasos, codos, pies, palmos, pulgadas, etc.). El micro-gestual cotidiano engendra espacios (el paseo, el corredor, el comedor) pero también el macro-gestual más solemne (el deambulatorio de las iglesias cristianas, el *podium*). Cuando se produce el encuentro entre un espacio gestual y una concepción del mundo que posee su propia simbólica, surge entonces una gran creación. Por ejemplo, el claustro. El espacio gestual une al suelo un espacio mental, el de la contemplación y la abstracción teológicas: le permite expresarse, simbolizarse y penetrar en la práctica de un grupo bien definido en el seno de una sociedad bien definida. En tal espacio, una vida que oscila entre la auto-contemplación de su finitud y la contemplación de un infinito trascendente experimenta la dicha del sosiego y una completamente aceptada falta de compromiso. Espacio para contemplativos, lugar de paseo y encuentro, el claustro liga a una teología del infinito un sitio finito y específico, socialmente particularizado pero de uso demasiado restrictivo, si bien definitivamente controlado por una orden o una regla. Las columnas, los capiteles, las esculturas, todos esos diferenciales semánticos señalan un recorrido determinado por los pasos de los monjes, durante un tiempo consagrado a la contemplación.

Si los gestos de intercambio «espiritual» —el de los símbolos y signos, con su dicha propia— han producido espacios, los gestos de intercambio material no fueron menos fructíferos. Conversaciones, negociaciones y negocios siempre han tenido necesidad de espacios apropiados. Los comerciantes constituyeron con el paso del tiempo grupos activos, originales, productivos a su manera. Hoy, el mundo de la mercancía, extendido a todo el planeta con el capital, ha adquirido un cariz opresivo; se le incrimina, se le atribuyen en ocasiones todos los males. No hay que olvidar que los comerciantes y las mercancías, durante siglos, respecto a las coacciones de las comunidades antiguas, de las sociedades agrarias y de las ciudades políticas, simbolizaron la libertad, la esperanza, el horizonte. Aportaban la riqueza y los artículos indispensables. Entonces «comercio» significaba comunicación; el intercambio de bienes no discurría sin el intercambio de ideas y de placeres, lo que ha dejado más huellas en Oriente que en Occidente (europeo o americano). Los espacios iniciales de la mercancía, cuando los comerciantes y sus gestos engendraban lugares, no carecían de belleza: el pórtico, la basílica, el mercado. (¿Por qué los espacios de la voluptuosidad parecen más escasos que los del poder y el conocimiento o los de la sabiduría y el intercambio?)

Las «proxemias», ya se trate entre niños o adultos, parejas o familias, grupos o multitudes, no bastan para explicar esas creaciones múltiples. El concepto antropológico de «proxemia» de Hall, relacionado con la idea de vecindad, es restrictivo (y reductivo) respecto al concepto de «gestual».

XIII

Las distinciones estructurales de oposiciones binarias, niveles y dimensiones no pueden hacer olvidar los grandes movimientos dialécticos que atraviesan el mundo como totalidad y que contribuyen a definirlo.

Primer momento: las cosas (objetos) en el espacio. La producción, respetuosa aún con la naturaleza, procede seleccionando fragmentos del espacio que utiliza junto con su contenido. La agricultura domina, y las sociedades producen palacios, monumentos, casas campesinas, obras de arte, etc. El tiempo no se separa del espacio. El trabajo humano que opera sobre la naturaleza la desacraliza pero al mismo tiempo concentra el carácter sagrado de los elementos en los edificios religiosos y políticos. La forma (del pensamiento, de la acción) no se separa del contenido.

Segundo momento: de esta prehistoria surgen ciertas sociedades que pasan a lo histórico: al plano de la *acumulación* (de riquezas, de conocimientos, de técnicas), así pues, a la producción, primero para el intercambio y después para el dinero y el capital. Es entonces cuando el artificio, que toma en primer lugar el aspecto del arte, predomina sobre la naturaleza, cuando la forma y lo formal se separan del contenido; la abstracción y los signos como tales se erigen en verdad primigenia y esencial; en consecuencia, la reflexión filosófica y científica concibe el espacio sin las cosas y los objetos, por encima de ellos, como medio e instrumento. Fuera de las cosas, el espacio tomado como forma aparece a este respecto como *sustancia* (el espacio cartesiano) o, al contrario, como «puro *a priori*» (Kant). Espacio y tiempo se disocian, pero el primero subordina al segundo en la praxis de la acumulación.

Tercer momento: el espacio y las cosas, relativizados, se reencuentran; el pensamiento del espacio restituye el contenido y en primer lugar el tiempo. En efecto, el espacio «en sí» es inasequible, impensable, incognoscible. El tiempo «en sí», el tiempo absoluto, no es menos incognoscible. Pero precisamente el tiempo se conoce y se realiza en el espacio, convirtiéndose en una realidad social mediante una práctica espacial. El espacio, del mismo modo, se conoce en y por un tiempo. La unidad en la diferencia, lo mismo en el otro (y viceversa) se concretan. Pero a través del capitalismo y su praxis, surge un problema referente a las relaciones del espacio y del tiempo. En ese modo de producción, se comienza por producir cosas y por «invertir» en lugares. Después, la reproducción de las relaciones sociales se vuelve problemática, entra en la práctica, modificándola en el proceso. Y he aquí que es preciso reproducir también la naturaleza y dominar el espacio produciéndolo a escala planetaria (es decir, produciendo a esta escala el espacio político del capitalismo), reduciendo el tiempo, para prevenir la producción de nuevas relaciones. Pero el capitalismo se aproxima seguramente al umbral a partir del cual la reproducción no podrá prevenir la producción, no de cosas sino de nuevas relaciones. ¿En qué consisten éstas? Quizás en familiar y a la vez nueva unidad del espacio y del tiempo, una unidad ignorada durante largo tiempo, disociada, reemplazada por la prioridad atribuida sin consideración del espacio sobre el tiempo.

Ese movimiento parece abstracto. En efecto, lo es. Aquí, en este momento, como en la obra de Marx, o al menos en una parte de su trabajo, una observación sobre lo *virtual* guía el conocimiento del mundo real (actual) y a la vez procede a esclarecer los antecedentes y condiciones de dicha realidad. En este «momento», con sus contradicciones, la modernidad acaba apenas de comenzar. De un modo análogo, Marx enfocó (en el capítulo inédito y recientemente publicado de *El Capital*) la extensión del «mundo de la mercancía» y del mercado mundial, con sus implicaciones y consecuencias, cuestiones que en su tiempo no eran sino una virtualidad anunciada por la historia (de la acumulación).

Este modo o método no consiste en una extrapolación, sino en un pensamiento en el límite que impulsa al extremo una hipótesis. La idea de *producir* no es hoy producir esto o aquello, cosas u obras, sino sobre todo *producir un espacio*. Lo que tiene efectos sobre el conocimiento de los antecedentes, fuerzas y formas productivas. Este procedimiento consiste pues en una especie de «*forcing*». Podemos formular hipótesis extremas. La mercancía (el mercado mundial) ocupará el espacio entero. El valor de cambio impondrá la ley del valor que plantea en su totalidad. En cierto sentido, la historia mundial sería sólo la historia de la mercancía. La hipótesis llevada al extremo permite descubrir los obstáculos y formular las objeciones. Del mismo modo en lo que respecta al espacio. En última instancia, ¿el Estado producirá su espacio, el absoluto político? ¿Asistiremos a la desaparición en y por el mercado mundial del Estado-nación y de su espacio político absoluto? ¿O tendrá lugar por autodestrucción? ¿Superará la decadencia? ¿Lo uno, lo otro, o ambos quizás?

XIV

En la *monumentalidad* se han reunido durante milenios todos los momentos anteriormente identificados de la *espacialidad*: lo percibido, lo concebido, lo vivido; las representaciones del espacio y los espacios de representación; los espacios propios a cada sentido, desde el olfato a la palabra; los gestos y símbolos. El espacio monumental ha ofrecido a cada miembro de una sociedad la imagen de su pertenencia, imagen de su rostro social, espejo colectivo más «auténtico» que un espejo individualizado. El efecto de reconocimiento va más lejos que el «efecto espejo» de los psicoanalistas. De este espacio social, capaz de congregar todos los momentos descritos confiriendo a cada uno de ellos su lugar, todos eran copartícipes y todos lo tenían por entero, en el seno de una Potencia y de una Sabiduría aceptadas. El monumento realizaba un «consenso»: efectivamente, volviéndolo práctico y concreto. Lo represivo y lo exaltante no podían distinguirse apenas; más exactamente, lo represivo se metamorfoseaba en exaltación. Analícese el espacio de una catedral.

Las codificaciones operadas por la semiología, que busca clasificar las representaciones, las impresiones y evocaciones[27] (el código del conocer, el código de los sentimientos personales, el código simbólico, el código hermenéutico), no agotan la monumentalidad. Lo residual, lo irreductible, lo que no entra en las clasificaciones y codificaciones posteriores a la producción es aquí, como siempre, lo esencial y más preciado: el diamante en el fondo del cofre. El uso de este espacio monumental, la catedral, implica la respuesta a todas las cuestiones que asaltan a quien franquea su umbral. El visitante oye sus propios pasos, escucha los ruidos, los cantos; respira el olor del incienso; experimenta el mundo del pecado o el de la redención; recibe una ideología; contempla y descifra los símbolos; experimenta un ser total en un espacio total a partir de su cuerpo. Para destruir una sociedad, ¿cómo han procedido siempre los conquistadores o los revolucionarios? Destruyendo sus monumentos, por el fuego o la demolición. En ocasiones, es cierto, se las arreglaron para desviarlos en su provecho. Aquí, como en cualquier parte, el uso va más lejos y discurre a mayor profundidad que los códigos de intercambio.

Los más bellos monumentos se imponen por su aspecto durable. Una muralla ciclópea alcanza la belleza monumental en la medida en que parece ser eterna: escapar al tiempo. La monumentalidad trasciende la muerte y, por consiguiente, lo que algunos llaman la «pulsión de muerte». Como apariencia y realidad, esta trascendencia arraiga en el monumento como su fundamento irreductible; el aspecto intemporal remonta la angustia, incluso en el monumento funerario, o sobre todo en él. Cima del arte: la forma deniega rigurosamente el sentido, amortaja a la misma muerte. En el Taj-Mahal, la tumba de la esposa del sultán, se engalana de gracia, de blancura, de motivos florales. Tanto como un poema o una tragedia, un monumento metamorfosea en esplendor el temor ante el paso del tiempo, la angustia ante la muerte.

Sin embargo, la «durabilidad» monumental puede ser una ilusión por completo. En términos que podríamos decir modernos, jamás posee credibilidad consumada. Sustituye una realidad brutal por una apariencia realizada materialmente, la realidad es transmutada en apariencia. Lo durable no es sino la voluntad de durar, la perennidad monumental porta una marca, la de la voluntad de poder. Sólo el Querer (Voluntad) en sus formas más elaboradas —anhelo de poder, voluntad de voluntad— puede remontar la muerte o creer que la remonta. El saber encalla y retrocede ante el abismo. Por el monumento y por la intervención del arquitecto como demiurgo el espacio

---

[27] Roland Barthes, *S/Z*, Seuil, 1970.

de la muerte se niega, se transfigura en espacio vivo, prolongación del cuerpo, pero al servicio de lo que tienen en común lo religioso, el poder (político) y el saber.

Para definir con propiedad el espacio monumental[28] hay que limitar la disciplina (codificación) semiológica y la explicación simbólica. Pero limitar no quiere decir «rechazar» o «rehusar». No decimos que el monumento no resulte de una práctica significante, de una manera de poseer un sentido, sino que no puede reducirse ni a un lenguaje o discurso ni a las categorías y conceptos elaborados para el estudio del lenguaje. El caso de la obra espacial (monumento, libro de la arquitectura) alcanza una complejidad *diferente* de la complejidad de un texto, sea prosa o poesía. Se trata (diferencia ya indicada) de textura, no de textos. De una textura sabemos ya que consiste en un espacio generalmente bastante amplio cubierto de redes y tramas, cuyos monumentos componen los puntos fuertes, puntos de unión o sutura; los actos de la práctica social se expresan pero no se explican por el discurso; se actúan y no se leen. Como una obra musical, una obra monumental no tiene un significado (o significados) sino un *horizonte de sentido*: una multiplicidad definida e indefinida, una jerarquía cambiante, de modo que un sentido u otro pueden pasar a un primer plano en un momento dado, por y para una acción. El funcionamiento social y político de una obra monumental cruza los diversos «sistemas» y «subsistemas», códigos y subcódigos que constituyen e instituyen esta sociedad. Desborda los códigos y subcódigos, e implica de ese modo una supercodificación que tiende hacia la presencia omnicomprensiva. Si en la práctica social hay trazas de la violencia y de la muerte, de la negatividad y de la agresividad, la obra monumental las borra sustituyéndolas por la fuerza tranquila y la certidumbre que pueden integrar la violencia y el temor. Así el *momento* (elemento) mortal del signo desaparece momentáneamente en el espacio monumental. En y por la obra en el espacio, la práctica social vence los límites de otras «prácticas significantes», de otras artes, incluidos los llamados textos literarios; tiene lugar un consenso, un acuerdo profundo. Un teatro griego supone la tragedia y la comedia, la presencia del pueblo de la ciudad y su acuerdo con sus héroes y dioses. En el espacio teatral, la música, los coros, las máscaras, las gradas convergen con el lenguaje y los actores. Un acto espacial supera (momentáneamente) los conflictos, incluso si no los resuelve; permite el paso de la preocupación cotidiana al gozo colectivo.

---

[28] No se trata, pues, del espacio arquitectónico tomado como dominio de una profesión especializada en el seno de la división social del trabajo.

Un desarreglo comienza inevitablemente cuando el monumento pierde su prestigio o sólo es capaz de retenerlo mediante la opresión y la represión. Cuando el sujeto (la ciudad, el pueblo) se dispersa, el edificio y sus funciones lo arrastran. Al mismo tiempo el hábitat viene a prevalecer sobre el habitar en la ciudad, en el seno del pueblo. La edificación comienza por los almacenes, las casernas, los hangares, las casas de vecindad. La edificación tiene una función, una forma, una estructura, pero no reúne todos los momentos formales, funcionales y estructurales de la práctica social. Entonces, la contextura, el tejido que se deshace —es decir, las calles, los subterráneos, las periferias— engendran la violencia en vez del acuerdo, pues los lugares, formas y funciones ya no están reunidos y apropiados por el monumento. Entonces, el espacio al completo se carga de una violencia eruptiva.

La relación de fuerzas entre el monumento y la edificación ha cambiado. La construcción tiene la misma relación con lo monumental que la cotidianeidad con la fiesta, el producto con la obra, lo vivido con lo percibido, el cemento con la piedra, etc. Aquí se insinúa un nuevo movimiento dialéctico tan amplio como los precedentes. ¿Cómo quebrantar y remontar la contradicción entre la construcción y el monumento? ¿De qué modo llevar más lejos el movimiento que ha destruido la monumentalidad y que podría restituirla, en el seno mismo de la edificación, en la unidad reproducida en un nivel más elevado? Falta de tal superación dialéctica, la situación se estanca en la interacción grosera y la mezcolanza de «momentos»; en suma, el caos espacial. La edificación, con las viviendas, recibe los signos del monumento: en primer lugar, la fachada, y a continuación la ordenación interna. La vivienda de la clase acomodada se «socializa» superficialmente con la introducción de estructuras de recepción, bares, rincones de encuentro y erotismo (divanes, etc.), imitando lejanamente el palacio y la mansión aristocráticos. Mientras tanto, la ciudad (estallada) se «privatiza» no menos superficialmente gracias al mobiliario urbano, al «diseño», a la confección de entornos artificiales. Ya no se trata de un movimiento dialéctico triádico que resuelve una contradicción y supera «creativamente» una situación conflictiva. Se trata de una oposición estancada donde los términos se enfrentan «cara a cara», significativamente, para enredarse después y mezclarse en la confusión.

XV

Esto no agota ni mucho menos la noción de monumento. Insistiremos sobre las vertientes negativas de su definición con el fin de apartar algunos errores. No se puede concebir ni como colección de símbolos (aunque todo monumento porte símbolos, en ocasiones arcaicos e incomprensibles) ni como encadenamiento de signos (aunque cualquier conjunto monumental se componga de ellos). No es ni un objeto ni una suma de diversos objetos, aunque su «objetalidad», la posición de un objeto social, sea recordada a cada instante mediante la brutalidad de los materiales y volúmenes o, al contrario, por su dulzura. No es ni una escultura ni una figura, ni un resultado de procedimientos materiales. La oposición «dentro-fuera», indispensable y marcada por los umbrales, puertas, orlas y marcos, es a menudo subestimada, pero no basta para definir el espacio monumental. Éste se determina por lo que puede pasar ahí y en consecuencia por lo que no puede ni debe suceder (lo prescrito y lo proscrito, la escena y lo obsceno). El vacío se revela lleno: el santuario, la «nave» o nao de una catedral. Alternativamente, lo lleno puede convertirse en vacío casi heterotópico, en un lugar: la bóveda, la cúpula. Así, el Taj-Mahal actúa sobre la inversión de los perfiles y curvas suspendidos en un vacío dramático. Los movimientos acústicos, gestuales y rituales, los elementos agrupados en vastas unidades ceremoniales, las brechas abiertas hacia lo ilimitado, las significaciones encadenadas, todo esto se organiza en un todo monumental.

El nivel afectivo —así pues, corporal, ligado a las simetrías y a los ritmos— se transpone en «propiedad» del espacio monumental, en símbolos inherentes a un conjunto político-religioso la mayor parte del tiempo, símbolos coordinados. Los componentes de dicho conjunto se disponen de acuerdo a un estricto orden para los propósitos del uso del espacio: los del primer nivel (afectivo, corporal, vivido y hablado), los del segundo nivel (percibido: las significaciones sociopolíticas) y los del tercero (concebido: lo escrito, los conocimientos que reúnen en un «consenso» a los miembros de la sociedad y les confieren el estatuto de «sujetos»). El espacio monumental permite la transición perpetua de la palabra privada de las conversaciones ordinarias a la palabra pública del discurso, la prédica, el sermón, la apelación o la palabra teatralizada.

En la medida en que el poeta a través de un poema expresa una forma de vivir (de amar, de pensar, de gozar o de sufrir), el espacio monumental mantiene cierto parecido con la composición poética. Se comprende mejor, sin embargo, mediante analogías con los textos destinados al teatro, verbalizados, que con poesías o textos literarios donde domina el monólogo.

Las cualidades del espacio monumental no son sólo plásticas, no se aprehenden únicamente a través de la mirada. Posee cualidades acústicas y, cuando no es así, algo falta a la monumentalidad. El silencio mismo, en un edificio religioso, tiene su musicalidad. En un claustro, en una catedral, el espacio se mide por el oído: los ruidos, los susurros, los cantos reverberan en un juego análogo al de los sonidos fundamentales y a los timbres; análogo también al juego de la voz que insufla nueva vida a un texto escrito. El volumen arquitectónico asegura la correspondencia entre los ritmos que abrigan (marchas, gestos rituales, procesiones y desfiles, etc.) y su resonancia musical. Es así, en este nivel, en lo *invisible*, donde los cuerpos se reencuentran. Allí donde no es el eco el que repercute las presencias en un espejo acústico, un objeto recibe ese papel de mediación entre lo inerte y lo vivo: campanas y campanillas (agitadas por el viento que captan), caños de agua o chorros, a veces pájaros o animales cautivos.

Habría que preguntarse si es posible encontrar en el espacio monumental los dos procesos primarios analizados por algunos psicoanalistas y lingüistas:

a) el desplazamiento, esto es, la metonimia, el paso desde la parte al todo, la contigüidad.
b) la condensación, esto es, la sustitución, la metáfora, la similitud.

Hasta cierto punto es muy probable. El espacio social, el de la práctica espacial, el de las relaciones sociales de producción, del trabajo y del no-trabajo —relaciones más o menos codificadas—, este espacio social se condensa en el espacio monumental. El concepto de «condensador social» acuñado por los arquitectos rusos entre 1920 y 1930 posee un alcance general. Las «propiedades» de una textura espacial se concentran en torno a un punto: santuario, trono, sede, sillón presidencial, etc. Así, cada espacio monumental deviene soporte metafórico y cuasi metafísico de una sociedad en virtud de un juego de sustituciones donde lo religioso y la política cambian simbólicamente (y ceremonialmente) sus atributos —los atributos del poder—. En este sentido, la fuerza de lo sagrado y la consagración de la fuerza se transfieren y refuerzan recíprocamente. La cadena horizontal de lugares en el espacio es sustituida por una superposición vertical, una jerarquía que sigue su propio camino para acceder al lugar del poder, a la disposición de esos lugares. Cualquier objeto tomado de la práctica cotidiana —un vaso, un sillón, una prenda— sufre un desplazamiento que lo transforma al transferirlo al espacio monumental, donde el vaso deviene forma sagrada; el traje, hábito ceremonial; y el sillón, asiento de la autoridad. La famosa barra que separa, según la escuela de Saussure, el significante del significado y el deseo de su objeto, se transporta allí donde el mandato social lo quiere, para separar lo sacro de lo profano, para reprimir los gestos que escapan a las prescripciones del espacio monumental: para alejar lo obsceno.

Evidentemente todo esto no explica gran cosa. Esto es válido para toda «monumentalidad» y nada dice del poder en cuestión. Lo obsceno es una categoría general de la práctica social y no de los procesos significantes como tales: la exclusión de la escena discurre sigilosamente por el espacio.

XVI

La complejidad del espacio social (en este caso, del espacio monumental) se manifiesta en el análisis liberando y desplegando las numerosas diferencias; lo que parece simple a primera vista revela después sus complicaciones. Éstas no se sitúan en el espacio objetivado geométricamente (cuadrados, rectángulos, círculos, curvas, espirales) ni en el espacio mental de las inherencias y coherencias lógicas, en la ligazón de predicados a sustantivos, etc. Se trata también y sobre todo de esos niveles, capas y sedimentos de la percepción, de la representación, de la práctica espacial que se suponen, proponen y superponen. Percibir la antesala de un monumento o incluso de un edificio o de una simple cabaña constituye un encadenamiento de actos no menos complejo que un hecho lingüístico —enunciado, proposición, serie de frases—. Pero esas complejidades no se definen la una por la otra, de manera isomórfica, a pesar de las analogías y de las correlaciones entre curso y discurso; más bien difieren.

> a) El nivel de las *singularidades* se dispone en torno a los cuerpos (esto es, de cada cuerpo y de sus conexiones), prolongándolos en lugares afectados por cualidades opuestas —favorable/desfavorable; femenino/masculino— que son cualidades soportadas por los lugares, confiriéndoles toda una potencia simbólica. Ese nivel obedece, a veces de forma inversa, a las leyes de las simetrías y asimetrías. Los lugares afectados (y, de ahí, valorizados) de ese modo no se distribuyen en un espacio mental y no se separan. Están enlazados mediante ritmos y diferenciales semiológicos.

b) Ese nivel reaparece en otro plano, el de la *generalidad*, esto es, en el espacio de la práctica social, a través de transformaciones: el espacio de la palabra política, de la orden y de la ordenanza, con sus atributos simbólicos, a menudo religiosos, a veces simples símbolos del poder y de la violencia. Es el espacio de las actividades, es decir, de la división del trabajo por sexo, edad, grupos, el espacio de las comunidades (pueblos, ciudades). Ritmos, cuerpos, palabras se subordinan a los principios de coexistencia, siempre prescritos y a menudo escritos.

c) Por último, el nivel de las singularidades reaparece, modificado en *particularidades* atribuidas a los grupos, a las familias principalmente, en los espacios definidos como lícitos o prohibidos.

XVII

Este análisis nos lleva de nuevo al edificio, prosa del mundo, opuesto o apostado frente al monumento-poesía. Matriz homogénea del espacio capitalista, el edificio, en su predominio, sabe combinar el objeto de control por el poder y el objeto de intercambio comercial. Procede mediante la condensación brutal de las relaciones sociales, como será mostrado más adelante de forma detallada (económico-política). El edificio cubre, reduciéndolo, el paradigma del espacio: dominación-apropiación (privilegiando la dominación tecnológica); obra y producto (privilegiando el producto); inmediato y mediación (privilegiando las mediaciones y a los mediadores, del instrumental técnico a los «promotores» financieros de las operaciones constructoras). Reduce las oposiciones y valores significativos, entre otros los del goce y el sufrimiento, los del uso y del trabajo. La brutal condensación de atributos de la sociedad se advierte fácilmente en el estilo de los edificios administrativos —escuelas, estaciones, consistorios, prefecturas, ministerios— a partir del siglo XIX. El desplazamiento de las actividades no tiene menos importancia que las condensaciones; los «equipamientos» tienen plena eficacia. Localizan y «puntualizan» las actividades, incluidos los deportes, las distracciones, los juegos, en «lugares» especializados, tan definidos como las empresas para el mundo del trabajo. Efectúan «sintagmáticamente» la vinculación de las actividades en el espacio social como tal, es decir, en el espacio económicamente administrado por el capital, socialmente dominado por la burguesía y políticamente gobernado por el Estado.

Podríamos preguntarnos si el espacio global está determinado por la *arquitectónica*, cuyo estudio va a terminar abriéndose sobre otra perspectiva de análisis. La respuesta es no, por varias razones. En primer lugar, lo global es dependiente de los procesos dialécticos. Estos movimientos no se reducen a oposiciones binarias, a contrastes y complementariedades, a efectos de ilusión y repetición, aunque esos efectos y oposiciones formen parte integrante-integrada. Aunque sean necesarios no son suficientes. Lo global pone en movimiento tríadas, conflictos, conexiones en tres términos. Por citar ahora y recordar la más esencial de esas conexiones: el capitalismo no se analiza ni se expone en oposiciones binarias: proletariado y burguesía, salario y beneficio, trabajo productivo y parasitismos. Comporta tres elementos, tres términos, tres momentos: tierra, trabajo y capital; es decir, rentas, salarios y beneficios, en una unidad global, la plusvalía.

Por otro lado, lo global no existe de otro modo y con otros efectos sino en los efectos parciales. Como el lenguaje, el espacio global (entre monumentos y edificios, el de las calles, el de las plazas) ejerce al lado de los efectos de comunicación, efectos contradictorios de violencia y persuasión, de legitimidad (política) y desprestigio. En tanto que porta los rasgos de las inscripciones y prescripciones del poder, el espacio global alcanza una eficacia que actúa sobre los niveles mencionados, el nivel arquitectónico (monumento-edificio) y lo urbano. Se hace significativo por y para los habitantes, hasta en lo «privado», en la medida en que aceptan y experimentan lo «público». Y esto nos remite a nuevos análisis.

04
Del espacio absoluto al espacio abstracto

I

Resumamos lo que precede. El espacio social, en principio biomórfico y antropológico, tiende a desbordar esta inmediatez. Sin embargo, nada llega a desaparecer por completo; lo que subsiste no podría definirse únicamente por la huella, el recuerdo o el vestigio. Lo anterior, en el espacio, queda como soporte de lo que sigue. Las condiciones de tal espacio social guardan una duración propia y una actualidad en el seno de dicho espacio. Así, la naturaleza primera sobre la «segunda naturaleza», aunque en un sentido completamente adquirido y artificial: la realidad urbana. La *arquitectónica* describe, analiza y expone esta persistencia, que resumen ciertas metáforas tales como «capas», reinos, sedimentos, etc. Este estudio comprende y trata de reagrupar lo que se dispersa en las ciencias parcelarias y especializadas: etnología, etnografía, geografía humana, antropología, prehistoria e historia, sociología, etc.

El espacio así concebido podría decirse «orgánico». En la inmediatez de la relación entre los grupos, entre los miembros de cada grupo, de la «sociedad» con la naturaleza, el espacio ocupado declara sobre el terreno la organización de la sociedad, las relaciones constitutivas. Esas relaciones sólo otorgan una importancia escasa a la abstracción. Quedan a nivel del sexo, de la edad, de la sangre y mentalmente de «la imagen» sin concepto: la palabra.

La antropología[1] ha mostrado cómo el espacio ocupado por un grupo dado de «primitivos» corresponde a la clasificación jerárquica de los miembros de la sociedad: la hace perpetuamente actual y presente. Los miembros de una sociedad arcaica obedecen a las normas de su sociedad sin saberlo, sin conocerlas como tales. Las viven espacialmente, sin ignorarlas, sin desconocerlas: en la inmediatez. Eso no es menos cierto en el caso de una aldea francesa,

---

[1] Cf. E. Forkes y E. Pritchard, *Systèmes politiques africains*, Londres, 1940; trad. fr., 1964.

italiana o turca, a condición de observar la intervención —en este espacio— de lo que procede de otros lugares y de lejos: los mercados, las abstracciones sociales (el dinero, etc.), las autoridades políticas. El orden próximo, el de la vecindad, y el orden lejano, el del Estado, han dejado claramente de coincidir: se inserta uno en el otro o chocan entre sí. Es así como las determinaciones «arquitectónicas», al igual que el espacio que las comprende, persisten en la sociedad, cada vez más radicalmente modificadas pero sin abolirse jamás. Esta continuidad subyacente no se produce únicamente en la realidad espacial, sino en las mismas representaciones. El espacio preexistente no soporta sólo disposiciones espaciales duraderas, sino también los *espacios de representación*, que acarrean con ellos imaginarios y relatos míticos. Es decir, lo que se llama a menudo «modelos culturales» utilizando ese término generador de confusiones, la cultura.

El conocimiento cae en una trampa cuando parte de las representaciones del espacio para estudiar la «vida» reduciendo lo vivido. La conexión, fragmentada e insegura, entre las representaciones elaboradas del espacio y el espacio de las representaciones es el objeto del conocimiento, «objeto» que implica-explica un *sujeto,* aquel en quien lo vivido, lo percibido y lo concebido (lo sabido) se encuentran en una práctica espacial.

«Nuestro» espacio queda así cualificado (y es cualificador) bajo los sedimentos de la historia, de la acumulación, de la cuantificación. Se trata de *cualidades del espacio*, no de las cualidades alojadas *en el espacio*, según una representación tardía. ¿Cualidades que constituyen una «cultura» o «modelos culturales»? Esas palabras añaden poco al análisis.

Esas cualidades, que tienen sus propias génesis y datación, reposan sobre una cierta base espacial (el paraje, la iglesia, el templo, la fortaleza, etc.) sin la cual habrían desaparecido. La *naturaleza*, incluso apartada, quebrada o localizada, queda como el fundamento último, irreductiblemente, aunque difícilmente definible en tanto que absoluto en el seno y en el fondo de lo relativo.

De Roma y de los romanos, la tradición cristiana hereda y arrastra hasta la modernidad un espacio repleto de entidades mágico-religiosas, deidades maléficas o benéficas, femeninas o masculinas, unidas a la tierra y al mundo subterráneo (los muertos), pero sometidas los formalismos de los ritos y rituales. Las antiguas representaciones del espacio han periclitado: el Firmamento, las esferas celestes, el Mediterráneo como centro de la tierra habitada. Sin embargo, sus espacios de representación han sobrevivido: la tierra de los muertos, las potencias crónicas o telúricas, las profundidades o las alturas. El arte —pintura, escultura o arquitectura— ha encontrado ahí, y todavía lo hace, recursos considerables. La alta cultura de la Edad Media (la baja cultura moderna) posee un espacio épico —el de los Romanceros, el de la Tabla Redonda— mezcla de sueño y realidad, espacio de cabalgatas, cruzadas, torneos, donde se mezclan la guerra y la fiesta. Este espacio, que apela sin cesar a las pequeñas deidades locales, se distingue mal del espacio jurídico y organizativo heredado del mundo romano (aunque no se confunde con él). En cuanto al espacio lírico de las leyendas y mitos, bosques, lagos, océanos y cosas por el estilo, rivaliza con el espacio burocrático y político definido a partir del siglo XVII por los Estados-nación. Este espacio también lo completa, es su reverso «cultural». Este romántico espacio de representación proviene, con el Romanticismo, de los bárbaros germánicos que trastornan la romanidad y llevan a cabo la primera gran reforma agraria de Occidente.

La referencia de la forma actual a la inmediatez a través de las mediaciones «históricas» reproduce la formalización, pero invirtiéndola. No son raros los conflictos entre los espacios de representación y los simbolismos que los engloban, principalmente entre el imaginario proveniente de la tradición grecorromana (o judeocristiana) y el imaginario romántico de la naturaleza. Esto se añade a los conflictos entre lo racional y lo simbólico. Hasta el espacio urbano actual aparece con una doble fuerza: de un lado, está repleto de lugares sagrados-malditos, consagrados a la virilidad o a la feminidad, colmado de fantasías o de fantasmagorías; pero de otro lado, es también racional, estatal, burocrático, su monumentalidad está degradada y recubierta por circulaciones de todo tipo, incluyendo informaciones multiformes. Se impone una doble lectura: lo *absoluto* (aparente) en lo *relativo* (real).

¿En qué consiste la fantasía del arte? Se trata de remitir lo actual, lo próximo, las representaciones del espacio, a lo más lejano, a la naturaleza, a los símbolos, a los espacios de representación. Gaudí hizo pasar la Arquitectura por la experiencia del delirio, como hizo Lautréamont con la poesía. Gaudí impulsó el barroco hasta el extremo, pero no según las doctrinas y clasificaciones admitidas. Como lugar de una sacralización burlesca (tomando a broma lo sagrado) la «Sagrada Familia» corroe, el uno por el otro, el espacio moderno y el espacio arcaico de la naturaleza. La ruptura voluntaria de las codificaciones del espacio, la irrupción de la fecundidad natural y cósmica, engendra una extraordinaria «infinitud» del sentido, un auténtico vértigo. Por un lado, los simbolismos aceptados; por otro, las significaciones corrientes. Se ejerce una potencia sacralizante que ni es la del Estado ni la de la Iglesia, ni la del artista ni la de la divinidad teológica, sino la de la naturalidad, identificada atrevidamente con la trascendencia divina. La Sagrada Familia encarna una herejía modernizada que descompone las representaciones del espacio y las metamorfosea en espacio de representación donde las palmeras y las frondosidades expresan lo divino. De ahí una virtual erotización ligada a la sacralización de un goce cruel, erótico-místico, verso y reverso de la alegría. Lo obsceno es la «realidad» moderna, designada como tal por la escenificación del arquitecto y escenógrafo Gaudí.

En las expansiones y proliferaciones de la ciudad, el *hábitat* asegura la *reproducción potencial* (biológica, social, política). La sociedad (capitalista) ha dejado de totalizar a sus elementos o ha dejado de intentar esta integración total en torno a los monumentos. Intenta incorporarla en los edificios. Sustituto de la antigua monumentalidad, bajo el control del Estado vigilante y bajo la producción y reproducción, el hábitat remite a una *naturalidad* cósmica (aire, agua, sol, «espacios verdes»), a la vez estéril y ficticia, a la *genitalidad* —a la familia, a la célula familiar, a la reproducción biológica—. Conmutables, permutables e intercambiables, los espacios difieren por su «participación» en la naturaleza (que al mismo tiempo alejan y destruyen). El espacio familiar, ligado a la naturalidad por la genitalidad, garantiza la significación al mismo tiempo que la práctica social (espacial). Rota por múltiples separaciones y segregaciones, la unidad social se reconstituye al nivel de la célula familiar, por y para la reproducción generalizada. La reproducción de las relaciones de producción funciona de lleno en y por la quiebra de los vínculos sociales, hasta el punto que el espacio simbólico de la familiaridad (familia y vida cotidiana), el único espacio «apropiado», prevalece. Esto no es posible sino por la referencia perpetua de las *representaciones del espacio* (los planos y mapas, los transportes y comunicaciones, las informaciones mediante imágenes o por signos) al *espacio de representación* (la naturaleza, la fecundidad) en una práctica cotidiana *familiar*. La remisión de uno a otro, la oscilación, desempeña un rol ideológico, sustituyendo cualquier ideología distintiva. El espacio es tramposo, y tanto más cuando escapa a la conciencia inmediata. De ahí quizás la pasividad de los «usuarios». Sólo una pequeña élite distingue la trampa y evita caer en ella. El carácter elitista de los movimientos opositores y de las críticas sociales puede comprenderse en este sentido. Mientras tanto, sin embargo, el control social del espacio pesa fuertemente sobre los usuarios que no rechazan la familiaridad de lo cotidiano.

Sin embargo, esta familiaridad se disocia. Lo absoluto y lo relativo tienden asimismo a separarse. Desviada y/o fetichizada, sacralizada y profanada, coartada del poder e impotencia, lugar ficticio del disfrute, la familiaridad resiste mal esas contradicciones.

Así pues, las persistencias en el espacio no permiten solamente las ilusiones ideológicas dobles (opacidad-transparencia) sino referencias y sustituciones mucho más complejas. Y es de ese modo como el espacio social se expone o se explica *parcialmente* mediante un proceso significante intencional, una serie o superposición de códigos, una implicación de formas. Los movimientos dialécticos superclasifican y supercodifican las clasificaciones y codificaciones ajustadas, las implicaciones lógicas. Se trata aquí de movimientos: inmediatez-mediación y/o relativo-absoluto.

Se habla mucho y mal de los símbolos y de los simbolismos. Se olvida a menudo que ciertos símbolos, si no todos, han tenido una existencia material y concreta antes de simbolizar. El *laberinto* fue en principio una construcción militar y política destinada a desorientar a los enemigos en un dédalo inextricable. Palacio, fortificación, refugio, protección, el laberinto toma más tarde una existencia simbólica (uterina); y más tarde aún, adquiere el sentido de una modulación de la dicotomía «presencia-ausencia». En cuanto al Zodiaco, representa el horizonte del pastor en la inmensidad de los pastos, la señalización y orientación figuradas.

Inicial y fundamentalmente, el espacio absoluto tiene algo de relativo. Por su parte, los espacios relativos envuelven un absoluto...

II

La cuna del espacio absoluto, el origen (si se quiere emplear este término) es un fragmento del espacio agro-pastoral: un conjunto de lugares nombrados y trabajados por los campesinos o por los pastores nómadas o seminómadas. En un momento dado, una parte de dicho espacio recibe un destino diferente, debido a la acción de los señores o conquistadores. Desde entonces se antoja trascendente, sagrado (marcado por potencias divinas), mágico y cósmico. La paradoja es, sin embargo, que tal espacio no deja de ser percibido como naturaleza; es más, su misterio, su carácter dual —sacro y maldito—, se atribuyen a las fuerzas de la naturaleza, aunque la acción del poder político ejercida en él lo sustraiga del contexto natural, adquiriendo su nuevo sentido mediante esa ruptura.

Centro del tiempo en cuanto que centro del espacio, alrededor de este núcleo de coherencia orgánica se distribuye de un modo más o menos armónico una densa población. En realidad, la armonía entre el núcleo y su entorno sólo se da coyunturalmente, en virtud de una oportunidad «histórica». En cambio, en la mayoría de los casos, el centro religioso y político porta la marca de una relación conflictiva, la relación entre la ciudad y el campo (espacio urbano-espacio agrario). Los ritos de interdicción y de protección que confieren al espacio central su carácter mágico-religioso están motivados por las amenazas que pesan sobre dichos lugares.

La ciudad, con su emplazamiento, vive del campo circundante; de los frutos de la tierra y de los trabajos del campo extrae un tributo. En relación a este entorno la ciudad posee un doble carácter: es un grupo que capta el excedente de la sociedad rural y es el grupo dotado de las capacidades administrativas y militares, es decir, apto para procurar protección. Unas veces predomina uno de esos rasgos y otras veces el otro. Apropiándose del espacio rural, la ciudad asume una realidad ocasionalmente maternal (almacena, reserva, utiliza para los intercambios beneficiosos una parte del excedente, del cual una parte variable retorna más tarde a los productores originales), y en otros casos masculina o viril (protege explotando; explota protegiendo; detenta el poder; vigila, reglamenta y, por momentos, como sucede en Oriente, organiza la agricultura encargándose de las grandes obras de encauzamiento, de irrigaciones, de drenajes, etc.).

Así, la ciudad, el espacio urbano, vive en simbiosis con el espacio rural que ella controla, no siempre sin dificultades: las agitaciones del campesinado, la amenaza de los pastores nómadas o seminómadas, conquistadores en potencia, que la ciudad apenas puede contener.

La ciudad-Estado establece un centro fijo y se constituye en centro, lugar privilegiado, rodeado de una periferia que lleva su impronta. El inmenso espacio preexistente parece desde ese momento sometido a un orden divino. Pero la ciudad se alza como lugar de reunión de todo cuanto la rodea, incluido lo natural y lo divino, las potencias maléficas y las fuerzas benéficas de la tierra. Imagen del universo (*imago mundi*), el espacio urbano se refleja en el espacio rural que tiene y contiene en tanto que tal. En dicha relación, junto a las determinaciones económicas, religiosas y políticas, está presente un simbolismo, un aspecto de imagen y de reflejo: la ciudad se percibe en su doble, su repercusión o eco. La ciudad se afirma contemplándose desde lo alto de sus torres, desde sus puertas, desde sus campanarios, en el paisaje que ella modela: su *obra*. La ciudad y su alfoz conforman una *textura*.

El espacio absoluto, guardián de la unidad cívica y en consecuencia del vínculo entre los miembros de la ciudad, incluida la gente del territorio circundante, encubre condensando todas las fuerzas difusas en juego (si se prefiere, parece ocultarlas). Es una pregunta abstracta plantear si las fuerzas de la muerte preceden o siguen a las potencias de la vida, pues más bien se acompañan. La unidad cívica liga los vivos a los muertos como a los vivos entre sí, sobre todo en el caso frecuente en que la ciudad, que concentra la riqueza, se encarna en un monarca. El espacio absoluto es también, y sobre todo, espacio *tanático*: del poder absoluto sobre los vivos (que un único soberano detenta). El espacio de las tumbas, de los monumentos fúnebres, pertenece pues al espacio absoluto, con un doble carácter: belleza formal y contenido terrorífico. La belleza formal nos lleva al mausoleo, al monumento vacío aunque prestigioso. El contenido político terrorífico nos lleva al lugar encantado, poblado de muertos vivientes, del cual el cementerio cristiano aporta un buen ejemplo, aunque tenga el mérito de democratizar la inmortalidad.

En todas las sociedades, un poco por todas partes, el espacio absoluto se carga de sentidos que no se dirigen al intelecto sino al cuerpo, mediante amenazas, sanciones y emociones experimentadas de forma continua. Es un espacio «vivido», no concebido, espacio de representación más que representación del espacio; desde el momento en que se concibe, su prestigio se atenúa y desaparece.

Este espacio absoluto posee dimensiones, aunque ellas no coincidan con las del espacio abstracto (euclidiano). Las direcciones toman valores simbólicos: izquierda, derecha, pero sobre todo alto y bajo. Ya sabemos que existen tres niveles: la superficie, la altura y la profundidad. Dicho de otro modo, la tierra, donde trabajan y gobiernan los hombres; las cumbres, las altitudes; y los abismos, las simas. Esos niveles afectan al espacio absoluto de distintos modos. La altura, la verticalidad, recibe un sentido privilegiado, a veces total (saber, poder, deber), pero su sentido varía según las sociedades y las «culturas». En el conjunto, sin embargo, el espacio horizontal simboliza la sumisión; el espacio vertical, la potencia; y el espacio subterráneo, la muerte. Tales afirmaciones responden de modo rotundo a la demanda de sentido; pero la noción de ambigüedad debe templarlas: en ninguna parte la muerte se percibe como «pura» muerte, ni como pura nada, ni el poder como puro poder, ni la sumisión ni el saber ni la sabiduría son aprehensibles en «toda su pureza». De tal modo que el concepto mismo de espacio absoluto se enmienda. Pero incluso atenuado en su sentido, el espacio absoluto conserva sus rasgos esenciales. Para los que lo rodean, es el *espacio verdadero*, el espacio de la verdad, de sus bruscas apariciones (que destruyen las apariencias, a saber, los otros tiempos y los otros espacios). Vacío o lleno, es pues un espacio sobreactivado, receptáculo y estimulador de energías sociales y de fuerzas naturales. Mítico y cercano, genera los tiempos, los ciclos. Tomado en sí, «absolutamente», este espacio absoluto no se sitúa en ninguna parte. No tiene lugar, pues reúne en sí todos los lugares y no posee sino una existencia simbólica, lo que le aproxima al espacio facticio-real del lenguaje y al espacio mental mágicamente (imaginariamente) sustraído a lo espacial, en el que toma forma la conciencia del «sujeto» o «conciencia-de-sí». La casta sacerdotal dispone de él. Lo consagra, y la consagración identifica metafísicamente cualquier espacio al espacio sagrado fundamental. El espacio de los santuarios *es* el espacio absoluto, incluso en un pequeño templo, en una modesta iglesia de aldea. En cuanto al espacio de las tumbas, cuando no acoge a un dios o a un rey, se contenta con parecerse al del nacimiento, al de la muerte o al del olvido. El espacio absoluto, religioso al mismo tiempo que político, implica instituciones religiosas que lo someten a dos grandes procedimientos: la *identificación* y la *imitación*. Esas categorías mentales, destinadas a convertirse en las del imaginario y el pensamiento reflexivo, aparecen como formas espaciales. La extensión material del espacio absoluto se produce mediante esos procedimientos, en provecho de la casta sacerdotal y del poder político que ésta detenta o al que sirve.

Ritualmente vinculable a cualquier lugar, y en consecuencia susceptible de desprenderse de los lugares, el carácter «absoluto» tiene necesidad de una marca identificativa. Engendra formas y las formas lo albergan. Estas formas son compendios del universo: el cuadrado (el *mandala*), el círculo, la esfera, el triángulo, un volumen racional ocupado por el principio divino, la cruz, etc.

En la versión griega, el espacio absoluto puede no contener nada. El Templo (por ejemplo, el Partenón) se divide: pórtico (o pronaos), santuario (o naos), opistodomo o morada secreta de la divinidad y del pensamiento. Caras, no fachadas. El friso circunda todo el edificio. Los visitantes pueden caminar en torno a él, pero el sitio no es un «objeto» asible de otro modo sino por el pensamiento, que lo percibe como totalidad —así pues, dotado de sentido—. Las curvas, efecto deseado, parecen rectas; los perfiles de las columnas, las líneas de la cornisa, tienen curvaturas «imperceptibles» que el ojo endereza. En los griegos, la curva se reabsorbe en la recta, que pierde de ese modo su rigidez, suavizándose sin dejar de responder a los dictados del Logos, pues las correcciones exigen cálculos minuciosos.[2]

El volumen percibido y concebido, iluminado por la claridad solar y por la del entendimiento, resume el Cosmos. Vacío u ocupado por el pensamiento, consideremos el ágora. Éste forma parte del espacio absoluto, religioso y político; lo concentra. Debe

---

[2] Cf. Vitrubio, III, 3, VI, con las «tablas vitruvianas».

permanecer vacío para que se reúna en él la *ecclesia* (la asamblea de ciudadanos libres). El foro romano, en cambio, ocupado por los monumentos estatales, la tribuna, los templos, los *rostra*, más tarde la prisión, poblado de objetos y de cosas, está en contradicción con el espacio griego.

Llegados aquí por otra vía, podemos reconocer y perfilar de nuevo una idea que proporciona la clave del «milagro» griego: la simple idea de unidad. «*Entre los griegos* —escribía Viollet-le-Duc— *la construcción y el arte no son sino una y la misma cosa: la forma y la estructura están íntimamente ligadas*», mientras que en el espacio romano hay una escisión, una separación. «*Entre éstos* —proseguía el autor—, *si hay construcción, hay una forma en que se asume dicha construcción.*» Los romanos disponían los volúmenes con vistas a satisfacer una u otra función, en la Basílica o en las Termas; el uso de los volúmenes construidos se distinguía de la presentación de las superficies, de la decoración (elementos instalados para ornamentarlas sobre los pesados volúmenes de ladrillos o de bloques, dicho de otro modo, de cemento o de una especie de hormigón). Los «órdenes» arquitectónicos inventados por los griegos (el dórico, el jónico y el corintio) *eran* la estructura misma; en la noción misma de «orden» reside la de estructura, de suerte que la apariencia exterior y la composición (estructura) interna de los edificios griegos no podían distinguirse: la primera contenía y revelaba la segunda. Según Viollet-le-Duc, que desarrolló en calidad de técnico las ideas de Hegel sobre el arte y la arquitectura en Grecia, era imposible despojar un templo griego de su «orden» sin destruir el monumento. El orden no poseía una naturaleza decorativa, ni las columnas ni los capiteles. «*Los órdenes griegos no son sino la estructura a la cual se ha dado la mejor forma aparente en virtud de su función. Los romanos sólo vieron en los órdenes que tomaron de los griegos una decoración que podía ser retirada, suprimida o sustituida por otra cosa.*»[3]

Así pues, el espacio absoluto ha adoptado en Occidente una forma rigurosa: el volumen bien proporcionado, vacío, cerrado, constitutivo de la unidad racional, Logos y Cosmos. Bajo el signo de la religión política, la de la Ciudad, contiene el principio simple, reglado, metódico —ley mental y social al mismo tiempo— de la estabilidad coherente. Esto se materializa en los monumentos que regulan el tiempo mediante la presencia de materiales bien trabajados, cuyo orden objetivo —las presiones verticales, las

---

[3] Cf. Viollet-le-Duc, *Entretiens sur l'architecture*, 4 vol., París, A. Morel, 1863-1872, vol. 1, p. 102.

masas físicas— basta para asegurar el equilibrio a la vez natural y racional.

En tanto que el espíritu de los griegos percibía el espacio para modelarlo, quizás haya que verlos como esencialmente escultores. Como expresaba Hegel, los griegos supieron tomar materiales en la naturaleza —la madera, primero, y la piedra a continuación— para dotarlos de significaciones que volvían concretas y prácticas las abstracciones sociales tales como la asamblea, el refugio, la protección. El sentido del arte griego es modelar la naturaleza, así pues, el espacio (que Hegel consideraba aún como situado en la exterioridad respecto al acto mental y social) con el fin de representar y simbolizar los dioses, los héroes, los reyes y jefes. Y en especial es cierto en la escultura, sea inorgánica (arquitectura), sea orgánica (la obra del escultor).

Hemos de reconocer aquí, pero incompletamente, el principio fundador de Occidente. La unidad griega de la forma, la función y la estructura les niega el derecho de separarse. Ahora bien, los romanos separaron lo que habían unido los griegos. Introdujeron la diferencia, lo relativo, las finalidades diversas (civiles) en este espacio griego en el que la colusión de lo político y lo religioso, de un lado, con la racionalidad matemática, de otro, podía comportar un cierre metafísico (eternamente). La Ciudad, a la vez bella, auténtica y buena, identificaba lo mental y lo social, el simbolismo superior y la realidad inmediata, el espacio del pensamiento y el de la acción, de un modo tal que sólo podía degenerar a continuación. Como vio Nietzsche, la apoteosis de la antigua civilización griega mostraba el camino de su declive. Podemos suponer razonablemente que la diversidad romana, regulada por un principio externo y coactivo más que por la unidad interior, permitía su desarrollo.

Ciertamente, el *habitus* espacial griego —inseparablemente social y mental— autorizaba la formulación de los conceptos esenciales de forma, función y estructura, puesto que la filosofía se comprometía en dicha formulación y el filósofo se encargaba de ello. Esto es más cierto en Aristóteles que en Platón: si en éste la unidad resplandece en la trascendencia ontológica, en Aristóteles la unidad deviene teoría del discurso, de la clasificación, de la coherencia. Los conceptos se disocian apenas han franqueado el umbral de la formulación; lo concebido se separa de lo vivido y el *habitus* de la *intuitus*, rompiendo su presupuesta unidad. En cambio, en la *intuitus* romana la unidad disfruta de cierta libertad, pues en cada artefacto —y las Termas son un ejemplo excelente— la forma, la función y la estructura están subordinadas a un principio a la vez material (que responde a una necesidad) y jurídico (cívico) que fija el uso social. El espacio romano, colmado de objetos (como el foro), era un espacio productivo. Y más libre, lo que testimonia el empleo más amplio de las curvas. La unidad de la Ley, del Derecho, de la Propiedad, de la Ciudad-Estado, en la medida en que vivida y percibida más que concebida, evita la fractura irremediable. En Roma, la necesidad aparece casi como un determinante total: tanto las Termas como la Villa contienen todo lo que requieren los cuerpos y los espíritus de los ciudadanos libres (y ricos).

Que los esclavos hayan hecho posible la existencia de la Ciudad-Estado es seguro, pero una filosofía de la historia que se diga marxista, basando su apreciación en este hecho solo y proponiendo como un todo el «modo de producción» *esclavista,* haría inexplicable el papel de esta Ciudad-Estado, de Atenas y de Roma, del Logos-Cosmos y del Derecho Romano.

¿Habría relación entre la invención espacial de los griegos y sus invenciones relativas al alfabeto, a la escritura alfabética, a la disposición gráfica, a la aritmética y la geometría? Quizás sí, pero puede que esto no sea sino un aspecto subsidiario del *habitus.* Por otro lado, ¿no sería injusto y engañoso limitar la invención griega a la imaginación del espacio cosmológico? El espacio absoluto engendra siempre diferentes formas; no es seguro que podamos atribuir unos a la razón, otros al mito y algunos al despropósito. Al Logos-Cosmos griego replica, por ejemplo, el laberinto, cuyo simbolismo restablece (localmente) la prioridad del misterio original, del principio maternal, de un sentido de cobertura, de los ciclos temporales.[4]

En resumen, el espacio absoluto (religioso y político) se compone de lugares sagrados o malditos: templos, palacios, monumentos conmemorativos y funerarios, lugares privilegiados y distinguidos. También, pues, de muchas «prohibiciones». En última instancia, este espacio puede ser simplemente indicado, sugerido o significado, por ejemplo por una piedra, un poste enderezado (cuya verticalidad confiere a un punto del espacio la dignidad suprema), un agujero o un simple hueco. Generalmente está ceñido, definido por un contorno, y recibe una firma asignada y significativa (el cuadrado, la curva, la esfera, el triángulo etc.). En las sociedades consideradas todo se situaba, se percibía y se interpretaba en relación a esos lugares. Así pues, este espacio no puede entenderse como una colección de sitios y de signos; tal análisis lo ignora radicalmente. Se trata más bien de un espacio mental y social indiscernible

---

[4] Cf. respecto a los palacios egeos, el libro de Charles Le Roy, *Le monde égéen,* París, Larousse, 1969. Cf. también Gustav René Hocke, *Labyrinthe de l'art fantastique,* París, Gonthier, 1967.

que *comprende* la existencia entera de los grupos considerados (en primer lugar, de la Ciudad-Estado) y debe entenderse como tal. En un espacio así no existe «entorno» ni «sitio» distinto de la textura global. ¿Se distingue el significante del significado? En realidad no, si entendemos por ello una diferencia operada por un *intellectus*. El espacio secreto, el del santuario o el del palacio, es «desvelado» por completo por el orden espacial que él domina. El significado político se da en el significante religioso. ¿Ha lugar para distinguirlos? No, simbolismos y signos no se separan aún. La «descodificación» del espacio por el tiempo asociado venía provocado por actos, ceremoniales —en concreto, por las procesiones y «teorías» griegas—. Ritual, gestual, «inconsciente» en consecuencia, pero real, la descodificación media entre el uso de tal espacio y su imagen. En el griego que asciende hasta el Partenón no se presta la actitud de un turista que «lee» o «descodifica» el espectáculo según sus emociones, sus conocimientos, su religión, su nacionalidad. Aquí, en la aurora de Occidente, el tiempo contiene el código espacial y viceversa. No había posibilidad de un desplazamiento hacia el esteticismo, de una integración de las emociones y de lo «vivido» por la moralidad, ni de «descodificaciones» impuestas a la obra inmediatamente vivida y percibida. Cuando utilizamos aquí los conceptos de *intuitus* y de *habitus* es para prohibir el empleo anacrónico de categorías posteriores o ulteriormente generadas por el *intellectus*, esto es, para alejar los malentendidos y las malinterpretaciones.[5] Cuando los tiempos no se desglosan del espacio, el sentido de uno se descubre en el otro *inmediatamente* (sin mediación intelectual).

El espacio absoluto no rige el espacio privado de las familias y de los individuos. Pero esto no significa que le deje mucha libertad. Este espacio no tolera la diferencia entre lo público y lo privado; no lo incluye sino en la medida en que la denominada vida privada posee un estatuto distinto, que permite a las casas y residencias agruparse, más o menos modestamente, en torno a los lugares investidos de una mayor o menor significancia.

A este respecto, la organización romana del espacio cede más margen a la diversidad, pero ¿a qué precio?

---

[5] Sobre esos conceptos de origen filosófico, cf. Fl. Gaboriau, *Nouvelle initiation philosophique*, T. II, p. 65 y ss., Casterman, 1963. Y, por supuesto, la *Summa Theologica*.

III

En sus nobles ramificaciones, los poetas nunca han descuidado la Sima, el Abismo y sus corolarios, las Cimas y las Cumbres. En el alba de la cultura occidental, Dante trató con incomparable vigor los temas de las Profundidades (Infierno) y de las Alturas (Paraíso), pero con cierto desdén lo relativo a las superficies y lo superficial, que hubo de ser rehabilitado después (Nietzsche). Los contrastes entre lo Tenebroso y lo Luminoso, entre lo Diabólico y lo Divino, llegaron hasta la sublime retórica de Hugo. Esas relaciones entre el espacio y el lenguaje han atravesado peripecias todavía mal conocidas.

El primero en hacerlo entre los filósofos, Heidegger —en *Sein und Zeit*—, sometió a examen el *Mundus*, imagen, símbolo, mito. Y lugar. Examinó el Mundo más en calidad de filósofo que como historiador, antropólogo o analista de las sociedades.

El *Mundus*. La aldea italiota rodea ese lugar sagrado y maldito. Es un agujero, depósito de inmundicias, sumidero público al que se arrojan las porquerías, los condenados a muerte, el recién nacido que el Padre decide no «alzar» (esto es, que no iza del suelo, tras el nacimiento, elevándolo por encima de su cabeza, para su segundo nacimiento, social y no biológico). ¡El Agujero tiene un sentido *profundo*! Ese agujero liga la ciudad, el espacio por encima del suelo, la luz, el terruño y el territorio con los espacios subterráneos, ocultos y clandestinos, los de la fecundidad y de la muerte, los del comienzo y el fin, los del nacimiento y los funerales. Como más tarde hará el cementerio en tiempos del cristianismo... Lugar de paso por el que las ánimas regresan al seno terrenal y vuelven a salir para su renacer. Lugar del tiempo, nacimientos y tumbas, vagina de la tierra madre y nutricia, lóbrego corredor venido de las profundidades, caverna que se abre a las claridades, estuario de fuerzas ocultas, boca tenebrosa, el *mundus* aterroriza y glorifica. Su ambigüedad encierra la mayor mancha, la mayor pureza, la vida y la muerte, la fecundidad y la destrucción, el horror y la fascinación. «Mundus est immundus.»

El psicoanálisis del espacio puede, ciertamente, dar cuenta de esta extraña y poderosa presencia-ausencia. Pero ¿no sería preciso, al contrario que una racionalización tardía, representarse una lenta secreción «histórica», un depósito de interpretaciones superpuestas, con sus ritos y sus mitos, en el que los italiotas focalizan y localizan sus temores en las simas? Que el vacío se convierta en centro, y centro de la concepción del «mundo», es bastante extraño para explicarse sólo por la acción de un único elemento, lo psíquico, en particular cuando se piensa en el futuro que oculta este espacio de representación.

Roma. La Ciudad exorcizó las fuerzas subterráneas, las desafió representándolas de un modo sensible. La Ciudad Eterna integró en su orden —militar, jurídico, político— la naturaleza mediante un proceso figurativo. La noción de soldado-ciudadano, jefe y padre, no excluía un emplazamiento destinado a la feminidad en el espacio de la ciudad, en las representaciones y la realidad. Si el *Mundus* desempeñaba un papel en la formación de la romanidad, era un papel inverso y corolario: la figura del Padre. El Padre dominaba, se convirtió en lo que era: jefe, soldado y político, así pues, en Ley y Derecho (impuestos sobre los vencidos en la organización de la victoria, en el reparto del botín, en la distribución de los lugares y, en primer lugar, de la tierra). El Pater-Rex no tenía una relación pasiva con el mundo, sino que lo conducía bajo su poder y su derecho, la Propiedad y el Patrimonio —*Ius utendi et abutendi*—, limitados no por la «presencia» de los otros sino por el derecho de aquellos entre los otros que compartían el mismo poder. El Pater-Rex, más tarde Emperador, magistrado y sacerdote, recompuso el espacio alrededor de él como *espacio del poder*.

Es de este modo como se engendraron las disposiciones espaciales (sociales) y mentales que debían producir la sociedad de Occidente (con sus ideologías); dicho de otro modo, el Derecho (romano), la noción de Ley, de Patrimonio y de Paternidad jurídica y moral.

Cuando la paternidad impuso su ley jurídica (la Ley) a la maternidad, la abstracción se erigió en ley del pensamiento. La dominación del Padre sobre el suelo, los bienes, los niños, los siervos y los esclavos, las mujeres, introdujo y supuso la abstracción. A la esfera femenina se le asignó la experiencia inmediata, la reproducción de la vida (indiscerniblemente mezclada, al principio, con la producción agrícola), el placer y el dolor, la tierra y el abismo. Ese poder patriarcal estaba acompañado por la imposición de una ley de signos sobre la naturaleza, mediante la escritura y las inscripciones, mediante la piedra. El paso del principio de maternidad (todavía importante en las relaciones de consanguinidad) al predominio de la paternidad implicó la constitución de un espacio mental y social específico; al mismo tiempo que con el avance de la propiedad privada del suelo se impuso su división de acuerdo a principios abstractos que determinaban a la vez los límites de las propiedades y el estatuto de los propietarios.

Roma, *Urbs et Orbs*. La ciudad antigua se asía, se percibía como «*imago mundi*», reuniendo y concentrando lo que en rededor de ella se encontraba disperso. Insertada en la naturaleza, en un sitio, con una situación perfectamente determinada y fuertemente percibida respecto a todo cuanto la rodeaba, ella dio lugar a una particular representación del espacio. Los ciudadanos no pensaban su ciudad como un espacio indiferenciado, sino como algo mucho más amplio: la ciudad constituía su representación del espacio como conjunto, del mundo y de la tierra. Dentro de la ciudad, en cambio, se formaron espacios de representación; las mujeres, los siervos y los esclavos, y los niños tenían sus propios tiempos y espacios. El ciudadano libre, soldado político, se representaba el orden del mundo como espacialmente incorporado y perfilado en su ciudad. El campo militar, espacio instrumental, obedecía a otra disposición (espacio rectangular, severamente simétrico, definido por los ejes *cardo* y *decumanus*).

La fundación de Roma —si hemos de creer la tradición— se efectuó según ritos bien definidos. El fundador (Remo) trazó con el arado un círculo, sustrajo un espacio a la naturaleza y le asignó un destino político. En esta fundación (pasemos sobre los detalles) todo es a la vez simbólico y práctico; lo real y el sentido se reencuentran, como lo inmediato y lo abstracto.

Es como si en el espacio romano una *intuitus* hubiera orientado la apreciación y la edificación del espacio. *Orbs et Urbs*: la forma circular, no geometrizada. La racionalidad resultante, espacial y jurídica, detectable en las creaciones esenciales, en las más concretas de la romanidad: la bóveda, el arco, el círculo (el circo, *circulus*), hasta la toga romana que, al menos durante ciertas épocas, se cortaba haciendo un simple agujero para la cabeza en un círculo del tejido. La *intuitus*, que se opone al *habitus*, no designa en este caso una intuición teórica, de esencia intelectual, sino una práctica espacial motivada por representaciones (también espaciales).

En Roma, el visitante curioso por comprender la generación del espacio no ha de considerar sólo la Roma de mármol, sino la ciudad construida en ladrillo; no ha de mirar sólo el Coliseo o el Foro, tan ricos de sentido, sino examinar también con detalle el Panteón, sin rezagarse demasiado en la fachada de mármol. El interior de ese monumento famoso reproduce el mundo, que emerge en la ciudad, que se abre hacia las potencias celestes, que acoge a todos los dioses y contiene todos los lugares. Y el visitante debería abandonar las guías y analizar la construcción de este espacio: el prodigioso entrelazamiento de las curvas, el enredado de las arcadas (de carga o no) que lo constituyen. Lo que ofrece Roma es una imagen generadora (productiva) de espacio —que especificando, podemos decir el espacio del poder—. El espacio político no se establece sólo mediante actos (la violencia material que engendra una paz, una legalidad, una legislación). La génesis de tal espacio implica una práctica, de las imágenes, de los símbolos, la construcción de edificios, de ciudades, de relaciones sociales localizadas.

La paradoja es que esta *intuitus*, afectada y empobrecida, se convertiría después en *habitus*. La representación del espacio, incorporada en la piedra, en la Ciudad, en la ley paternalista, en el Imperio, tornaría en espacio de representación. Se iba a sumergir en el *Mundus* redescubierto en versión agravada, abismo subterráneo e infernal. Este espacio de representación, tomado como «fundamento», se convertiría en el recurso básico del cristianismo en el curso del largo declive del Imperio y de la Ciudad. Como san Agustín, bárbaro genial, señalaría: «Mundus est immundus».

Para resumir Roma y la romanidad, el análisis permite discernir:

a) *La doble práctica espacial*. La vía civil y militar liga la *Urbs* a los campos dominados. La vía romana permite que la *Urbs*, pueblo y senado, afirme su centralidad política en medio del «orbis terrarum». La Puerta, paso de la vía imperial, que va desde la *Urbs* hasta el *Orbs*, separa el recinto sagrado del territorio sometido, permite la entrada y la salida. En el otro polo, el de la vida «privada» que se constituye jurídicamente en el seno de la sociedad «política» y según los mismos principios —los de la propiedad—, la Casa romana responde a necesidades determinadas.[6]

b) *La doble representación del espacio*: de un lado, *Orbs* y *Urbs*, circulares, con sus aberturas e implicaciones (el arco y la bóveda); y de otro lado, el campo militar, rígidamente cuadriculado, con sus dos ejes perpendiculares, el *cardo* y el *decumanus*, espacio cerrado, delimitado, fortificado.

c) *El doble espacio de representación*: el principio masculino, militar, autoritario, jurídico, dominante; y el principio femenino, no negado sino integrado, «abismado» en la tierra como lugar de simientes y de muertos, como «mundo».

Estos tres niveles de determinaciones corresponden a lo percibido, a lo concebido y a lo vivido dentro de una unidad global. En y por la práctica espacial refinada a lo largo de una historia, una *intuitus* torna en *habitus*, por consolidación primero y después por degradación. En el curso de este proceso y tras él, interviene el *intellectus*, lo concebido, que se manifiesta en la obra de Vitrubio pero también en diferentes discursos, como en Cicerón o en Séneca. Esos tres términos y lo que denotan y connotan intervienen en la producción del espacio, a través de interacciones donde la *intuitus* original deviene cuasi-sistema: la bóveda y su hechizo, el arco o el acueducto. En la romanidad, la organización, el pensamiento y la producción del espacio siempre iban juntas y casi al mismo paso, bajo el signo dominante de la Ley, no del Logos.

---

[6] Cf. la descripción precisa en Vitrubio, París: A. Choisy, 1907, VI, 7 y ss.

IV

El cristianismo iba a prosperar sobre un juego de palabras, «Mundus est immundus» (unido a otro juego no menos célebre y sofisticado sobre el Logos y el Verbo). En cuanto a la filosofía ulterior, la de la sociedad cristiana, se iba a desarrollar sobre la disyunción agustiniana del tiempo y del espacio (del sujeto y del objeto), con la devaluación de este último.[7]

Más cercana a la modernidad, bajo la influencia de Marx, emergió una tendencia a sobreestimar lo económico, unas veces fusionándolo con la historia (el llamado materialismo histórico) y otras oponiéndolo (economicismo trivial). Se desconocía así la historia como condición y basamento de lo económico. ¿El Logos y la lógica de origen griego? ¿El Derecho y la ley de origen romano? Sus estatutos permanecían imprecisos, fetichizados por unos y desacreditados por otros. Ahora bien, engendraban prácticas que no eran sólo ideologías. La lógica forma parte integrante del saber y el derecho de la praxis. No es fácil remitirlos a la antropología ni a la historicidad pura y simple. Ese vago estatuto se precisaría si el pensamiento reflexivo tuviera en consideración el espacio —entendámonos, el espacio real, el espacio con sus modalidades concretas, no el espacio abstracto, purificado, vacío—. ¿No fueron la Lógica y el Derecho en un principio formas de organización espacial que implicaban y contenían representaciones del espacio y espacios de representación?

Esta situación es sorprendente en más de un sentido: «nosotros», occidentales, herederos de una tradición al límite, de una sociedad, de una cultura, de una civilización que apenas «nosotros» sabemos caracterizar (¿capitalismo?, ¿judeo-cristianismo?, ¿puede que lo uno y lo otro?, ¿o cultura del no-cuerpo?, ¿sociedad contradictoriamente permisiva y represiva?, ¿sociedad de consumo dirigido?, etc.). «Nosotros» nos consideramos más cercanos al Logos y al Cosmos griegos que al Mundo romano, el cual, sin embargo, nos obsesiona profundamente.

La Polis griega, con la acrópolis y el ágora, nació del *synoecismo* (una reunión de aldeas) sobre una cima. En la claridad. El mar no se encontraba nunca demasiado lejos, con todos sus recursos. Lo ignoto y lo lejano, peligrosos pero no inaccesibles, estimulaban la imaginación y el pensamiento, que eran indisociables.

Algo que resultó, aquí y en otras partes, de un encuentro y de una práctica, confirió propiedades enigmáticas y maravillosas a

---

[7] Cf. el libro X de las *Confesiones*.

una retórica tardía. La ciudad griega no exorcizaba las fuerzas subterráneas, se elevaba por encima de ellas y las remontaba —a veces captándolas (Eleusis)—. Para los ciudadanos-habitantes, el espacio de representación y la representación del espacio, sin llegar a coincidir, concordaban y se reconciliaban.[8] El orden del mundo, el de la ciudad, el de la casa —esos tres niveles o partes, el espacio físico, el espacio político (la ciudad con su territorio) y el espacio urbano (interno a la ciudad)— encontraron una unidad. No se trataba de una unidad simple, homogénea, sino de una unidad de composición y de proporciones que implicaba la existencia de diferencias y de jerarquías. Al mismo tiempo, el saber y el poder, la teoría y la práctica sociales, eran afines a una medida común. Igualmente lo eran el tiempo y los ritmos diarios y festivos, en conformidad con la organización del espacio, el altar doméstico, el hogar común, el Consejo (*Boulé*) en el Ágora —lugar abierto y disponible para la asamblea de ciudadanos, centro político—, los templos y los estadios.

Todas las sociedades históricas han reducido la importancia de las mujeres y han limitado la influencia de la feminidad. Entre los griegos se reducía a la fecundidad de un terreno, propiedad del esposo que lo cultivaba; la feminidad se localizaba en la casa: alrededor del altar y del hogar, en torno al *Omphalos* (Ónfalos, ombligo del mundo), espacio circular, cerrado y fijo, que rodeaba el fuego, última huella de la sima tenebrosa. El estatus social de la mujer siguió la misma restricción que el estatus simbólico y práctico, dos aspectos que eran indisociables en la espacialidad (en la práctica espacial).

Así pues, el mundo subterráneo no desapareció. Durante el día, Zeus y la razón habían vencido a las potencias tenebrosas (infernales). Pero en las profundidades del mundo infernal, los Titanes se agitaban tras su derrota. En el país de los muertos, las sombras bebían del Leteo. El genio griego supo localizar, especificar y nombrar el mundo subterráneo, subordinándolo a la superficie, a la montaña en que pacían los rebaños, a la campiña cultivada y al mar labrado por el estrave de los navíos cargados de riquezas. En vez de dominarlo y apropiárselo como hizo Roma, el genio griego lo apartó y lo situó (en Delfos y en las fiestas de las Bacantes). El sentido de esas imágenes no se encuentra en las obras literarias, al contrario: los ritos, los relatos míticos (de Hesíodo a Platón), expresan con sus imágenes y símbolos lo que ocurre en el espacio social. La racionalización conceptual fue precisamente la obra tardía (con la filosofía) de los griegos hacia el fin de su civilización.

---

[8] Lo que puesto en perspectiva muestra la historia psicológica de J. P. Vernant en *Mythe et pensée chez les Grecs, études de psychologie historique*, París, F. Masperó, 1965, I, cf. p. 209, 225 y ss. Esta interpretación del mundo griego, aunque más precisa que la de Nietzsche y mejor fundada en la filología, pierde en cambio su amplitud poética.

V

Si la mayor parte de las sociedades ha continuado ese camino, hemos de preguntarnos de dónde proceden sus diferencias. ¿Cómo las distintas sociedades han logrado un estatus diferenciado, expresiones y formulaciones variadas del principio viril y de su dominio? Grecia, conformada por Atenas, e Italia, cuyo modelo es Roma, desembocan en sociedades tan diferentes que una produjo y transmitió el Logos (lógica y saber) mientras que la otra produjo y transmitió el Derecho.

¿Puede responder el psicoanálisis, que tan cómodo debería sentirse antes estas cuestiones? El esquema edípico, el del triángulo, no permite construir sino una explicación causal muy mecanicista, muy homogeneizante. El «triángulo edípico» se halla por doquier. La estructura triangular tendría fuerza explicativa; pero si es una estructura constante, ¿cómo da lugar a efectos tan diferentes?

La cuestión aquí se ha tomado de otro modo: explorando la práctica social como extensión del cuerpo y eso en el curso de una génesis del espacio en el tiempo y, en consecuencia, de una historicidad considerada como *producida*.

Quizás en el curso de esta historia habría que distinguir entre virilidad y masculinidad. En Roma rigen las virtudes y los valores masculinos, que son los propios del militar y del administrador. A Grecia pertenece la virilidad, que comporta un desafío permanente al enemigo y rivaliza con los amigos, la virilidad que tiene la hazaña por sentido y meta —a veces brutal, otras sutil—, que desea por encima de todo *destacar*, pero a la que desalientan las pequeñas tareas y que, caprichosamente, enreda los asuntos cuando es preciso decidirse a largo plazo. Esta virilidad, promovida a la escala cósmica, a la escala de los dioses, conserva las cualidades de los pequeños grupos competitivos.

En el culto a la virilidad y a la rivalidad, los griegos distinguían un uso positivo y otro negativo de la erística y de la agonística. El uso negativo de la lucha proponía la destrucción del adversario, mientras que el uso positivo valorizaba al adversario buscando superarlo.[9] La *Diké*, la justicia, diferenciaba entre esos dos aspectos del desafío y de la desconfianza, mezclados en la *Hybris*. Si en el caso de Roma y de los romanos hay base para distinguir la *intuitus*

---

[9] Cf. la reiteración nietzscheana del concepto de *Eris*, en *Zaratustra*, I, Vom Freunde y II, Von den Mitleidigen. *Immer sollst du der beste sein... diese machte eimem Griechen die Seele zittern* (Von Tausend und eimen Ziele) [«*Siempre debes ser tú el primero... esto provocaba estremecimientos en el alma de un griego*». De las mil metas y de la única meta]. Respecto a la doble *Eris*, cf. I., J.P. Vernant, *op. cit.*, p. 33.

inicial y el *habitus* final, esta discriminación se reduce a propósito de los griegos.

La imagen creadora del espacio griego era la de un espacio plenamente formado y justamente poblado; era la venturosa disposición de los hogares, de la casa y de la Polis, sobre una elevación bien elegida y situada, que recibía la luz del sol cerca de un manantial abundante. Jerarquía espacial y social, la ciudad griega se sirvió del espacio perfectamente definido para integrar al *demos*, a las familias aristocráticas, a las aldeas, a los grupos de artesanos y comerciantes en la unidad de la Polis. A la vez medio y fin, conocimiento y acción, natural y político, este espacio fue poblado de hombres y de monumentos. En la cumbre de la Acrópolis, el Templo presidía y coronaba el espacio-tiempo de la ciudad. El Templo no era imagen de nada; estaba simplemente ahí, «erigido en el valle rocoso». Disponía y restablecía en torno a él y del Dios al que rendían culto la unidad de las relaciones en las que tenían lugar nacimientos y muertes, desgracias y bonanzas, victorias y fracasos (Heidegger). Nada que fuera decorativo, nada que fuera funcional. El espacio, el tamaño de las piedras, la geometría de la masa y la disposición no se separaban. Las vigas y los dinteles con sus apoyos y soportes controlaban la organización del espacio y la distribución de las masas. De ahí la apelación e importancia de los «órdenes». Las columnas (dóricas, jónicas y corintias) definían esos «órdenes» que, a su vez, formaban parte de la construcción y decoración. El *Cosmos*, similar a una bella cabellera en una frente noble, se disponía luminosamente sin disociar bondad y belleza.

La diferencia fue *producida*. Pero no como tal, conceptualmente o representada. Nunca formó parte —a no ser tardía e indirectamente— de un saber, de una serie de enunciados, de un campo epistemológico asociado o no a un núcleo de saber. ¿Una diferencia concebida no está ya *reducida* en virtud del hecho de que los dos términos entran comparativamente en un mismo pensamiento, en un acto intelectual? Incluso si este acto precede a una acción, una acción práctica que lo realice, la diferencia no es entonces sino *inducida*.

Entre el Cosmos y el Mundo la diferencia se engendra en el curso de un proceso «histórico», considerando que cada uno de esos términos ignora o desconoce al otro. Podría asegurarse que, mucho más tarde, una imagen o un concepto del espacio deben haber sido inspirados por arriba o por abajo —por el abismo o por la cima—, poniendo el acento sobre una dirección u otra, sobre una orientación determinada. Pero ninguna de las imágenes opuestas se constituyó contra la otra para diferenciarse. La diferencia ocurre espontáneamente, lo que distingue la diferencia *producida* de la diferencia *inducida*, y generalmente *reducida*.

VI

¿Cuál es el modo de existencia del espacio absoluto? ¿Es ficticio o real?

Tal como se ha formulado, la pregunta comporta la imposibilidad de una respuesta. A partir de esta alternativa se oscilará indefinidamente entre los dos términos propuestos. Claro que hay ficción, pues ¿cómo tendría un espacio «absoluto» una existencia concreta? Pero también hay realidad, pues ¿cómo el espacio religioso de Grecia o de Roma no habrían tenido «realidad» política?

Por un lado, el espacio absoluto no tiene sino una existencia mental, así pues, «ficticia»; pero, por otro lado, también tiene una existencia social, una «realidad» específica y poderosa. Lo «mental» se «realiza» en una concatenación de actividades «sociales» porque la ficción se torna en realidad en el Templo, en la Ciudad, en los monumentos y en los palacios. La interrogación ignora o desconoce la existencia de esas obras cuya presencia transgrede sino trasciende las categorías trivializadas y tardías, lo «real» opuesto a lo «ficticio». ¿Es real o ficticio un Templo con todo lo que le rodea? El realista no ve sino piedras; el metafísico un lugar consagrado a la divinidad. ¿No hay nada más?

Este espacio absoluto no ha desaparecido. No es que se conserve sólo en las iglesias y los cementerios. El Ego se oculta en un agujero, su «mundo», cuando no se posa sobre un promontorio del Logos. Su voz surge desde una caverna a menudo mefítica y a veces inspirada. ¿Es quizás el espacio de la palabra? Imaginario y real, se desliza siempre en el intervalo, el intersticio no asignable entre el espacio del cuerpo y el cuerpo en el espacio (lo prohibido). ¿Quién habla, y desde dónde, desde qué lugar? La cuestión, que se ha convertido en algo familiar, viene ocultando la paradoja del espacio absoluto, un espacio mental donde la abstracción mortal de los signos se inserta y donde trata de trascenderse mediante los gestos, la voz, la danza y la música. Las palabras están y no están en el espacio; hablan del espacio y lo cubren. El discurso sobre el espacio implica una verdad del espacio, que no puede proceder de un lugar situado en el espacio sino en un lugar imaginario y real, es decir, «surreal», y no obstante concreto. Y conceptual.

Ese lugar sustraído a la naturaleza y, sin embargo, dotado de propiedades tan naturales como las esculturas talladas en madera y piedra, ¿no sería también el lugar del arte?

VII

En el curso de un prolongado declive del Estado-Ciudad-Imperio Romano, caracterizado por su poder político y su fundamento en la tierra y en la propiedad del suelo, la ciudad desapareció gradualmente. La *Villa* romana, perteneciente a un propietario latifundista, ya no tenía nada de lugar sagrado. Realizaba en el espacio agro-pastoral la práctica social codificada, legalizada, de la propiedad privada del suelo. Unía, pues, en una unidad de producción material, los rasgos generales de la sociedad romana (una ordenación basada en principios jurídicos) con un gusto estético (poco creativo pero refinado) y con los atractivos de la vida. Así lo testimonian, desde la época clásica, los textos de Cicerón, Plinio y otros. La diversidad en el espacio y el predominio legal de lo privado conllevan la pérdida del orden griego, la ruptura de la unidad forma-estructura-función, así como la separación en los edificios entre las partes decoradas y las partes funcionales, entre el tratamiento de los volúmenes y el de las superficies; en definitiva, entre la construcción y la composición, entre la arquitectura y la realidad urbana. En ese sentido, la villa romana del Bajo-Imperio y de la decadencia aparece como productora de un nuevo espacio, un espacio de gran porvenir en Europa occidental. Ése es el secreto de la permanencia del mundo romano a pesar del declive. La villa no sólo daría nacimiento a muchas de nuestras aldeas y ciudades, sino que también propuso una concepción del espacio cuyos caracteres se manifestarían más tarde: disociación de sus elementos y, por consiguiente, diversificación práctica; subordinación al principio unificador pero abstracto de la propiedad; y la incorporación en el espacio de ese principio, imposible en sí mismo de vivir, incluso para su propietario, dada su naturaleza jurídica, exterior y supuestamente superior a la «experiencia vivida».

Así fue como la «romanidad» se encaminó hacia su término (lejano aún, puesto que en el siglo XX todavía no es visible). Una vez liberado, el principio de la propiedad privada no permaneció estéril pues engendró un nuevo espacio. El silencio del Estado durante siglos se tradujo en la historia oficial y en el trabajo de la mayoría de los historiadores mediante un completo *hiatus* de la existencia histórica. ¡Qué error! En el occidente galo-romano se conservaron las más preciadas conquistas romanas: el arte de construir, el arte de la irrigación, las grandes rutas, las mejoras aportadas a la agricultura (a las que, por su parte, habían contribuido los galos) y, por último y ante todo, el derecho de la propiedad (privada). Este «derecho» no debería ser acusado —no más que el dinero y la mercancía—

de todos los males. No es intrínsecamente malo. Al dominar el espacio (literalmente, al someterlo al *dominium*), el principio de propiedad ponía fin a la contemplación de la naturaleza, del Cosmos o del Mundo, para mostrar la vía de la acción dominadora, que transforma en vez de interpretar. Sin duda, tomado aisladamente y llevado a lo absoluto, en la sociedad dominada por este principio se llega a una situación sin salida. La entrada en escena de los bárbaros tuvo un efecto favorable pues al violentarla fecundaría la santa propiedad. Para que así sucediera hizo falta acogerlos, ofrecerles la oportunidad de instalarse y valorizar las *villae*, permitir que tomaran para trabajar a los colonos galo-romanos sometiéndolos a la autoridad de los jefes de la comunidad aldeana, que se habían convertido en señores. En lo que respecta al espacio, los bárbaros lo remozaron, por así decirlo, redescubriendo los balizajes más antiguos, que se remontan a los periodos agro-pastorales (y en realidad primeramente pastorales).

En este fin del Imperio, en esa alta Edad Media, en la vacuidad aparente se presenta un nuevo espacio que suplanta al espacio absoluto, secularizando el espacio religioso y político de Roma. Esto le dispone —condición necesaria pero no suficiente— a cambiarse en espacio histórico, en espacio de acumulación. La «villa» convertida en dominio señorial, a veces en pueblo, según los casos, define durablemente el *lugar*: fijación al suelo de un establecimiento.

VIII

Sofisticada por la teología agustiniana, la imagen del mundo (*imago mundi*) atravesó el declive del Imperio y del Estado romanos, el periodo latifundista y su dramático encuentro con los renovadores bárbaros. En esta perspectiva, el año 1000 supone un momento verdaderamente fecundo, pues dentro del vacío aparente se anuncia algo distinto. Los contemporáneos habían caído en la angustia al no ver nada sino el pasado. Pero el espacio se había transformado ya en la cuna, en el lugar de nacimiento de lo que estaba por venir.

El cristianismo, independientemente de sus modalidades institucionales, ha venerado las tumbas. Los lugares sacros, marcados por el sello divino —Jerusalén, Roma, Compostela—, son tumbas: la de Cristo, la de san Pedro o la de Santiago. Los grandes peregrinajes desplazan las muchedumbres hacia los relicarios y hacia las reliquias, hacia los objetos santificados por la muerte. El «mundo» reina. Esta religión ha codificado, si podemos emplear este término, la muerte; la ha ritualizado, la ha incorporado a un ceremonial y la ha solemnizado. En los monasterios, los monjes contemplaban y sólo contemplaban la muerte: morían en el «mundo» para que el mundo se realizara. La religión, de esencia *críptica*, ha girado en torno a esos lugares subterráneos que son las criptas de las iglesias. Debajo de cada iglesia, de cada monasterio, la cripta contiene parte o todos los huesos de un personaje sacro, mítico o histórico. Esta última palabra designa a los mártires que han dado testimonio pagando con su vida y continúan dando fe desde el fondo de las catacumbas y desde una «profundidad» que ya no procede del antiguo reino de las sombras. La presencia del santo condensa en la cripta las potencias de la vida y de la muerte difusas en el «mundo», el espacio absoluto identificado con el espacio subterráneo. Esta sombría religión acompañó el fin de Roma, de la Ciudad y del Estado. Correspondía a una sociedad agrícola, mediocremente productiva, donde la agricultura (salvo la que se practicaba en torno a los monasterios) se degradaba, donde las hambrunas amenazaban constantemente, donde toda fecundidad se atribuía a las potencias ocultas. En esas condiciones operó el sincretismo entre la Tierra-Madre, el Dios-Padre cruel, el mediador benefactor. Las tumbas y las criptas siempre acogieron signos y representaciones de personajes santos. Raramente esculturas, al parecer, pero sí pinturas notables guardadas a la vista de todos salvo en ciertas ocasiones (durante la festividad del santo), cuando el clero penetraba en la cripta con los cirios encendidos. Entonces, en un momento de gran intensidad, se animaban las imágenes y se aparecían los muertos. Esta pintura críptica no tiene nada de visual: para quienes piensan de acuerdo a categorías posteriores y las proyectan al pasado, su existencia plantea un problema insoluble. ¿Cómo puede haber una pintura invisible? ¿Cómo es posible que sea condenada a las tinieblas? ¿Cuál es la razón de ser de los frescos de Lascaux y de la cripta de Saint-Savin? Esas pinturas no se hicieron para ser vistas sino para «estar» y para que se supiese que «estaban» ahí: son imágenes mágicas que condensan las virtudes subterráneas, signos de muerte, huellas de la lucha contra la muerte, para contrarrestarla.

La Iglesia. Sería una visión muy estrecha y un tremendo error imaginar la Iglesia como una entidad poseedora de una «sede» en Roma y que mantiene su presencia por medio del clero en «las iglesias» de los pueblos y de las ciudades, de los conventos y monasterios, en las basílicas, etc. La Iglesia habitaba y frecuentaba el «mundo», el espacio real-ficticio de las tinieblas. El mundo subterráneo se abrió camino por doquier, en cada «sede», fuera la del pequeño párroco de campo o la del Papa, perforó la superficie terrestre de tal modo que el «mundo» surgió. El «mundo» del militantismo religioso, el de la Iglesia sufriente y militante, yacía y se agitaba por debajo de la superficie. En el siglo XII el espacio de la cristiandad fue ocupado por la potente personalidad de Bernardo de Claraval. Sólo esa unidad mágico-mística, ficticia-real, explica la influencia de un genio como el suyo, que dominó a dos reyes y espetó al Papa: «*Yo soy más Papa que tú*». Justo cuando algo diferente se anunciaba, Bernardo de Claraval revalorizó el espacio de los signos de la muerte, la contemplación desesperada, el ascetismo. Las masas se reunían a su alrededor y no sólo ellas: su jergón simbolizaba todo su espacio.

¿Qué sucedió en el siglo XII? Si seguimos la opinión más extendida entre los historiadores, fue entonces cuando la historia se reanudó por fin tras un largo intermedio. ¡Sólo entonces se prepararon los «factores» que darían lugar a los tiempos modernos! Qué suspense... A la larga paciencia de la Historia responden los pacientes historiadores, que se debaten en este comienzo crepuscular, desenrollando poco a poco el embrollo de hechos y causas. Prudentes, esos historiadores[10] vacilan al hablar de revolución a propósito de los grandes movimientos del siglo XII. Son tanto más reticentes en cuanto que pueden ser conducidos a estudiar la revolución campesina —la «revolución de los siervos»— que cambió la condición servil, juntamente con la revolución urbana que trocó el estatuto global de la sociedad. Todo ello redundaría en beneficio del rey y su autoridad, y del Estado, en principio feudal y militarista. Sin embargo, lo que se anunciaba en el siglo XII no fue realizado en ese momento. ¿Qué combinación de determinismos y azares hizo posible la acción de hombres tan excepcionales como Bernardo de Claraval, Suger de Saint Dennis o Abelardo? ¿Cómo asistir retrospectivamente al nacimiento de lo que surgió entonces si no podemos percibir los lugares y el origen de tales eventos? Nadie puede discutir la importancia que recuperaron en ese momento las ciudades, que implantaron y produjeron un nuevo espacio. Quizá esta respuesta evite las dificultades metodológicas y teóricas resultantes de la sola consideración del tiempo (histórico o presuntamente histórico). La ascensión de las ciudades medievales debe considerarse con sus implicaciones y consecuencias. Supone la existencia de un excedente en los campos para alimentar a la población urbana, porque la ciudad se organizaba en mercado, porque los artesanos trataban los materiales procedentes del trabajo agrícola (lana, cuero). Esto conllevaba la constitución de asociaciones corporativas de

---

[10] Petit-Dutaiblis en *Les Communes françaises* e incluso G. Duby en sus recientes estudios.

inspiración comunitaria en el interior de la comuna urbana. Aunque los miembros de las corporaciones no tuvieran nada de «proletariado», con sus asociaciones entró en escena el trabajador colectivo, capaz de producir «socialmente» —para la sociedad, esto es, para la ciudad.

El Papado se defendió, contraatacó, marcó los puntos. Sin embargo, su gran propósito —la sustitución del Estado imperial, cuyo manto quería heredar la Iglesia Romana, por un vasto Estado eclesiástico— terminó en fracaso. Para entonces ya apuntaban las naciones, los Estados nacionales. La cultura monástica se alejaba. Lo que desaparecía no era sino el espacio absoluto, que se desmigajaba, se derrumbaba, y en su lugar florecía el espacio de una vida laica liberada del espacio político-religioso, del espacio de los signos de la muerte y del no-cuerpo.

El paisaje urbano medieval invirtió el espacio anterior del «mundo». Multiplicó las líneas quebradas, las verticales, saltó fuera del suelo, se colmó de esculturas. Contra la utopía maléfica del «mundo» subterráneo, el paisaje urbano proclamó una utopía benéfica y luminosa donde el saber tendría autonomía y dejaría de servir a un poder opresivo para contribuir a una autoridad razonable. Lo que nos dicen las grandes catedrales, lo que afirman respecto a los edificios religiosos anteriores, es la inversión del espacio. Las catedrales concentran los sentidos difusos del espacio en torno a la ciudad medieval. «*Descriptan*» en un sentido vigoroso (mucho más que riguroso) del término: se emancipan de la cripta, del espacio críptico. El nuevo espacio no se limita a «descifrar» el antiguo, lo que hace por supuesto, sino que lo supera, se libera de él iluminándose y elevándose. Prevalece entonces decidida y decisivamente lo que algunos llaman la «comunicación blanca».[11] La otra, la negra, mucho más maldita que sagrada, no fue sin embargo abolida; se localizaba en la parte subterránea de la sociedad, en lugares ocultos, fuera de las comunicaciones frontales.

Una prodigiosa tríada animó y contrarió ese gran movimiento de emergencia: Bernardo de Claraval, Suger y Abelardo, que no pueden entenderse de forma aislada. El «reactivo» por excelencia, Bernardo, escuchó a los grandes y se hizo oír por la muchedumbre. Suger, hombre de Estado (realista, militar, «nacional» en tanto que territorial), concibió y realizó los proyectos políticos. En cuanto a Abelardo, el herético, se situó en el extremo de las virtualidades, en el pensamiento que buscaba el fundamento y sacudía todo el edificio desde los cimientos. El más eficaz, pese a las apariencias de fracaso. Acosado por una persecución que no le ahorró injurias, que

---

[11] Cf. G. Bataille, *Le Coupable*, París, Gallimard, 1961, p. 81.

so pretexto de una intriga amorosa iba a castigar al herético, Abelardo sería reconocido más tarde como «el más moderno» de su tiempo.

La cripta de Saint Savin contiene el ahora simbólico «polvo terrenal» y las imágenes de los santos Gervais y Protais, de su vida edificante y de su martirio. Pero la bóveda de la iglesia presenta la historia santa del Antiguo y el Nuevo Testamento. Esta bóveda pintada lleva la imagen invertida del espacio críptico. La bóveda «descripta» mostrando a cielo abierto lo que contenían las cámaras subterráneas. Saint Savin expone el momento de la emergencia en un juego de reciprocidades imaginadas.

En su libro *Arquitectura gótica y pensamiento escolástico*, Erwin Panofsky no se limita a un llamamiento al *Zeitgeist* hegeliano, al espíritu del tiempo devenido pura banalidad, para tratar de exponer los vínculos entre los diferentes aspectos del siglo XII. La idea de una analogía entre la arquitectura y la filosofía no tiene en sí misma nada de paradójica ni de novedad.[12] Panofsky va más allá de la determinación de un punto de encuentro fecundo entre técnica y símbolo,[13] lo que ya superaba la interpretación racionalista de Viollet-le-Duc, interpretación mecanicista, tecnicista y funcionalista (pese a un análisis muy vigoroso del proceso social e histórico).[14] Las catedrales no se explican por la cruz de ojiva ni por los arbotantes y los contrafuertes, aunque sean condiciones necesarias. Ni siquiera por el impulso del alma hacia el cielo o por el ardor juvenil de las nuevas generaciones. Más que una analogía, Panofsky va a mostrar una homología entre la filosofía y la arquitectura. Cada formación, total a su manera, forma una unidad con la otra en la que cada una es una «manifestación», una elucidación —como la de la fe por la razón—. La cuestión es dónde establecer la prioridad (porque la hay). En la filosofía, según el autor. La escolástica produjo un hábito mental, un *habitus*, esto es, un *modus operandi* derivado de un *modus essendi*, de una razón de ser. El *habitus* del arquitecto provenía en línea recta de una razón providencial que promulgaba en ese tiempo la unidad de la verdad, de la razón y de la fe, culminando en la *Suma Teológica*.[15] La disposición espacial de la iglesia gótica correspondería a la de esa gran obra, o más bien la «reproduciría»: conciliación de contrarios, triadismo en la totalidad, equilibrio de organización según un sistema de partes en sí homólogas.[16]

---

[12] Cf. K. Hampe, *Le Haut Moyen Age*, París, Galllimard, 1943, pp. 212-230, donde esta idea está expuesta claramente, especialmente en la p. 288 sobre la escritura gótica.
[13] Cf. Emile Mâle, *L'art religieux du XIIe aux XIIIe siècles*, París, 1896.
[14] Cf. P. Francastel, *Art et Technique*, 1956; París, Gonthier, 1964, pp.83-84, 92 y ss.
[15] Cf. p. 91 y ss.
[16] Cf. *Suma*, 91 y ss.

Para Panofsky no ofrece ninguna dificultad hacer derivar de una representación abstracta (la unidad de las partes homólogas, unidad análoga a la de la divina trinidad) un espacio mental, el de una construcción especulativa (la *Summa theologica*) y, a su vez, hacer derivar de este espacio mental un espacio social, la catedral. Lo que se genera, se produce o reproduce aquí es el acto divino mismo. Un hombre de gran fe puede no experimentar ninguna contrariedad y eso es un bello ejemplo del abuso de un concepto —el de *producción*— tomado sin consideración fuera de todo contenido y de todo contexto. La introducción de conceptos que se pretenden científicos —la afinidad estructural, la «búsqueda del lugar geométrico de expresión simbólica de una sociedad y de una época»—[17] permite la identificación del pensamiento con el acto divino productor. Reemplazar la palabra «crear» por la palabra «producir» autorizaría esta curiosa sustitución y, al mismo tiempo, el idealismo y el espiritualismo más fáciles y perdidos, lo que no es de recibo.

Panofsky trató de vislumbrar un principio de unidad. ¿Por qué optó por un *habitus* en vez de por una *intuitus*? ¿Se trataba en realidad de un *habitus* lo que Santo Tomás definía para la humanidad como una «forma de ser», que implicaba un «poder de usar y disfrutar»,[18] una cualidad que se encarnaba en una persona (de ahí la ligazón *habere* y *habitare*? Esto es lo que a su vez distinguiría el *habitus* del hábito. ¿De qué modo una doctrina contendría un *habitus* (un hábito mental) y un *modus operandi* capaces de engendrar sin milagro de por medio varios esquemas particulares como los de la escritura, la música?... Este galimatías espiritualista recubre la intuición concreta de una unidad, de una *producción*. Lo que pone de manifiesto Panofsky o lo que se desprende de su obra es la idea de una «lógica visual».[19] ¿Qué entiende por eso? Que el edificio religioso se ilumina al elevarse; que las naves ya no tienen el aspecto compacto y sombrío de las llamadas iglesias románicas; que los muros se aligeran dejando de soportar todo el peso; que los pilares se precipitan hacia la bóveda con las columnas y las nervaduras; que los cristales se implantan y que la vidriera se convierte en un arte. Y más aún, que el espíritu escolástico admite e incluso exige una doble clarificación, de la función a través de la forma y del pensamiento a través del lenguaje.[20]

---

[17] Cf. Postfacio de Pierre Bourdieu a Panofsky, en *Architecture gothique et pensée scholastique*, París, Editiosn de Minuit, 1967, *op. cit.*, p. 135.

[18] Cf. Gaboriau, *Nouvelle initiation*, vol. II, p. 62 y 97. La introducción de estos conceptos filosóficos (escolásticos) no tiene nada de genial. Pero su uso especulativo sin otra referencia que el sistema (tomista) permite manipulaciones discutibles.

[19] Cf. Panofsky, *Architecture gothique et pensée scholastique*, p. 112.

[20] *Id.*, p. 113.

Panofsky no lleva su razonamiento hasta el límite. El orden de la «lógica visual» es que todo fuera revelado. ¿Todo? Sí, todo lo que se ocultaba, los secretos del mundo, incluso los demonios y los vicios, los seres de la naturaleza, animales, plantas, cuerpos vivos. Surgiendo en la luz, los cuerpos se desquitaron, pues los signos del no-cuerpo[21] se subordinaron a los primeros, incluido el cuerpo resucitado del dios viviente, Cristo. Ésta era la nueva alianza del «mundo» que se abría a la luz, con el Logos y el Cosmos. Lo que estimulaba el descubrimiento del pensamiento griego, de Platón y Aristóteles. De ser algo remoto, la resurrección de la carne vino a ser central; éste es el significado del Juicio Final (sin dejar de extender el terror, de hablar de la muerte y del mundo subterráneo). Una vez que el mundo subterráneo emergió a la superficie, una vez que la superficie terrestre se elevó hacia las alturas y se dio a la vista ocupando el espacio, la escultura triunfó sobre la pintura críptica. De ahí la profusión de capiteles y de estatuas sobre las fachadas. Las superficies, liberadas de la pesantez original, acarrearon la glorificación del cuerpo (incluso si la idea de pecado, aquí y allá, arrojaba nuevamente a los espíritus sobre la podredumbre, sobre el «mundo» y lo inmundo). Como en tiempos de los griegos, la escultura volvió a ser el arte primordial, el arte guía. La pintura sólo conservaba su dignidad en tanto que arte de iluminación (en las cristaleras).

Limitar esta nueva potencia creadora a una «composición arquitectónica» que permitiese «recomponer la experiencia del proceso de pensamiento» de la *Suma Teológica* resulta un esquema tan reductor que sorprende.[22] Hay una doble ventaja, sin embargo: llegar al *aggiornamento* de la teología escolástica y echar a perder lo que hubiera de renovador, de subversivo, de ejemplar, en la revolución medieval en Occidente. ¿Lógica visual? Sí, salir de las tinieblas, venir a la luz. En realidad, esto va más allá de la arquitectura gótica y concierne a las ciudades, a la acción política, a la poesía, a la música y al pensamiento. El papel de Abelardo, su pensamiento y su vida, no se comprenden sino a partir de una rebelión del cuerpo que fue más lejos que la «lógica visual»: hasta la expectativa de una reconciliación entre la carne y el espíritu mediante la intervención de una Tercera Persona, el Espíritu Santo.

¿De qué se trata pues? De una *producción*, la producción de un espacio. No sólo de un espacio ideal e ideado, de un lugar espiritual, sino de un espacio social y mental. De una emergencia, del desciframiento del espacio anterior. El pensamiento y la filosofía tocan superficie, ascienden desde las profundidades, pero también

---

[21] En *Conjonction et Disjonction*, Octavio Paz ensaya un cuadro simétrico de relaciones (similitudes y oposiciones) entre el arte medieval cristiano y el arte budista (cf. p. 69).

[22] Cf. Panofsky, *op. cit.*, p. 112.

la vida, la sociedad entera y el espacio se descifran. Y si empezáramos a distinguir, al modo del análisis textual,[23] entre el genotipo y el fenotipo del espacio, sería de la *emergencia* de donde se extraería lo genoespacial.

A partir de la Île-de-France se difunde en Occidente con extraordinaria rapidez (relativa) la «producción» de una fuerza original y de un alcance revolucionario que opera y tiende hacia lo «visual». Lo muestra y basta para probarlo la importancia de la fachada. Tratada con gran esmero, esta alta superficie labrada se sometió a los mandamientos de la Iglesia: a la Ley, a la Fe y a las Escrituras. El cuerpo vivo y desnudo no tenía sino un sitio restringido: Adán y Eva. Pocos cuerpos femeninos, y cuerpos ascéticos y condenados. La fachada se erguía para el prestigio. Proclamaba las potencias asociadas de la Iglesia, del Rey y de la Ciudad a las masas que fluían hacia el pórtico. Pese a los esfuerzos de los arquitectos medievales para que el *exterior* presentase el *interior* y lo hiciera visible, la mera existencia de la fachada bastaba para quebrar esa concordancia.

La producción de un espacio luminoso y su emergencia no implican todavía, en el siglo XIII, su subordinación a la escritura,[24] ni a la espectacularidad.[25] Sin embargo, la formulación de Panofsky, en la medida en que es exacta, denuncia un gesto amenazante. La visualización, dirigida por una estrategia, pasa a un primer plano y con esto tiene lugar una colisión con la abstracción, la geometría y la lógica, de un lado, y con la autoridad, de otro. El espacio social adquiere esta fórmula alquimista con sus inquietantes ingredientes y sus sorprendentes efectos. Sin duda, no se franquea el umbral que separa (mal) la realización de la reificación, la vitalidad de su alienación. Pero se anuncia. Lo consigue la magia mortal y negativa de los signos —la magia que inmoviliza al pájaro en pleno vuelo en una pintura, la que reproduce el golpe mortal atestado por el cazador—. La otra magia, en cambio, la magia de la palabra y de los simbolismos que restablecen la vida hasta en los dominios de la muerte —el soplo del espíritu, el pájaro profeta, el gesto creador— retrocede ante la visualización intensa. La escultura dice mucho más que la pintura, en las tres dimensiones del espacio. Pero lo dice de golpe, de una vez, como algo inapelable.

La verticalidad, la arrogancia política de las torres, su feudalismo, preparan la alianza entre Ego y Phallus. Inconsciente, pero por eso mismo tremendamente activa.

---

[23] Cf. J. Kristeva, *Semiotiké*.
[24] Descrita por McLuhan a partir del siglo XV en *La Galaxia Gutenberg*.
[25] Descrita por Guy Debord en *La Société du spectacle*.

El Falo se ve, mientras que el órgano femenino, figura del mundo, permanece oculto. Prestigioso, símbolo de fuerza y de fecundidad, el Falo se impone a la visión alzándose. En el espacio en que el ojo se arroga privilegios, lo Fálico recibirá y producirá privilegios. La mirada, el ojo de Dios, Padre y Señor. Este espacio donde la mirada se apodera de todo cuanto le sirve será el espacio de la fuerza, de la violencia, del poder sin más límites que los que provengan de sus medios. Este espacio del dios trinitario y de los reyes, ya no será el espacio de los signos crípticos sino el de las escrituras y del relato histórico. Así pues, será también el espacio de la violencia militar y masculina.[26]

IX

Consideremos la desaparición de una sociedad que gasta suntuariamente su excedente en fiestas, monumentos, guerras de alarde y ostentación: ¿cómo y cuándo hacen su desaparición conjunta lo no-acumulativo y lo no-histórico?

La teoría de la acumulación que había iniciado Marx permanece inacabada. ¿Cómo fue posible la acumulación primitiva? ¿Qué implicaciones tiene al margen de la capacidad para invertir en vez de atesorar y derrochar, y al margen de la racionalidad correspondiente (Max Weber)?

La acumulación de dinero para invertir y la inversión productiva no pueden ser bien concebidas sin una acumulación paralela de técnicas y de conocimientos. Los aspectos del proceso acumulativo no se disocian. Los documentos confirman que si en la Edad Media hubo un crecimiento de las fuerzas productivas y de la producción (en primer lugar, en la agricultura, que es lo que permite la constitución de las ciudades), fue porque las técnicas se difundieron y se adaptaron por doquier.

La cuestión no satisfactoriamente resuelta es la siguiente: «En muchas sociedades y especialmente en la antigüedad occidental, cierto número de condiciones del proceso acumulativo se cumplía, incluyendo la economía mercantil y monetaria, el pensamiento y los

---

[26] Nada menos evidente y menos claro que el vínculo establecido por algunos psicoanalistas entre la palabra y el pene. Cf. C. Stein, *L'Enfant imaginaire*, París, Denoël, 1971, p. 181. En cuanto al falo castrador del clítoris y reductor de la vagina, no parece injusto que sea un día castrado por la mirada de Dios. En el curso de esos intercambios, da la sensación de que algo esencial se olvida. Cf. S. Viderman, *La construction de l'espace analytique*, París, Denoël, 1970, p. 126 y ss.

conocimientos científicos y las ciudades. ¿Cómo se explica entonces que ese proceso no comenzara entonces y que, en tanto que puede fijarse un origen histórico, éste se date en el medioevo europeo? ¿Qué condiciones faltaban anteriormente? ¿Qué obstáculos se presentaban a este desarrollo?». No hay ninguna respuesta que satisfaga el análisis teórico pese a que han sido propuestas varias: el esclavismo, las guerras incesantes, los gastos suntuosos, el parasitismo de las clases dominantes e incluso la plebe romana. Cada uno de esos «factores» históricos ha podido desempeñar un papel en esta privación o en este aniquilamiento del proceso acumulativo sin explicarlo. ¿Se irá tan lejos como para decir que las autoridades espirituales o políticas, en su profunda sabiduría, tomaban las medidas precisas para impedirlo? Esta hipótesis supone que las castas, los sacerdotes, los guerreros y los jefes políticos poseían una sabiduría sobrehumana.

He aquí la respuesta: el espacio que irrumpió en el siglo XII en Europa occidental y que se propagó paulatinamente por Francia, Inglaterra, Holanda, Alemania e Italia era el espacio de la acumulación —su cuna y lugar de nacimiento—. ¿Por qué y cómo? Pues porque este espacio secularizado era el resultado de la resurrección del Logos y del Cosmos que subordinaban el mundo y sus fuerzas subterráneas. Con el Logos y la lógica vino a restablecerse el derecho; las relaciones contractuales (estipuladas) sustituyeron a las costumbres y a las exacciones consuetudinarias.

Así se desvaneció el «mundo» de las tinieblas y se atenuó su terror. No desapareció, sino que se transformó en medios «heterotópicos», lugares de brujería y locura habitados por potencias demoníacas, fascinantes pero vedados. Más tarde, mucho más tarde, los artistas redescubrirían este fermento sagrado-maldito. Sin embargo, en el momento en que este mundo prevalecía nadie podía representarlo; simplemente estaba ahí. El espacio aparecía repleto de poderes ocultos, más a menudo maléficos que benefactores. Cada lugar poseía su nombre y cada denominación designaba asimismo una de esas potencias ocultas: *numen-nomen*. Los apelativos de los parajes (nuestros *lieux-dits*) que provenían del periodo agro-pastoral no habían desaparecido bajo la era romana. Las mil pequeñas supersticiones relativas a la tierra de los romanos, vehiculadas por las «villae», asociadas a las grandes maldiciones cristianas, sólo podían mantener esta profusión sacro-maldita dispersándose por la superficie del suelo. En el siglo XII se operó una metamorfosis, un desplazamiento, una subversión de los significantes. Más exactamente, lo que significaba inmediatamente la prohibición se remitía a los significantes como tales, privados de su significado afectivo o mágico. Pocos lugares fueron, al parecer, privados de sus nombres, pero muchos nombres nuevos vinieron a superponerse a los antiguos, creando una red terrenal desprovista de todo carácter religioso. Es el caso de los Château-Neuf, de las Villes-Franches, de Les Essarts y de los Bois-le-Roi. ¿Forma parte de las grandes subversiones la referencia a los significantes (privados de sentido) de un conjunto de palabras y signos? Ciertamente. Este procedimiento puede ser negado por aquellos fetichistas de los signos que los toman como fundamento inmutable del saber y base invariable de la sociedad. El espacio medieval se despejaba al mismo tiempo que se descifraba. La práctica social —ignorante de su destino— hizo que el espacio estuviera disponible para otra cosa: vacante, pero no vacío. Al mismo tiempo, la «libido» se liberó, esa triple libido estigmatizada por la teología agustiniana y que formaba el mundo: *libido sciendi, dominandi, sentiendi* (la curiosidad, la ambición y la sensualidad). Liberada, la libido se arrojó al asalto del espacio abierto ante ella. Este espacio desacralizado, a la vez espiritual y material, intelectual y sensorial, poblado de signos del cuerpo, recibió en primer lugar la acumulación de conocimientos y después la de riquezas. Claramente localizado, su origen no era tanto la ciudad medieval —en tanto que comunidad burguesa— como la plaza del mercado y el Mercado (con su acompañamiento obligado: el campanario, el edifico municipal).

A propósito de dichos lugares —la plaza del mercado y el Mercado— hay que repetir que la vileza del dinero y el carácter nefasto de la mercancía se manifestaron sólo más tarde. En el momento del que hablamos, la «cosa» intercambiable, el objeto producido para la venta, todavía rara, poseía una función liberadora. En la medida en que desacralizaba, escandalizaba al espíritu de la devoción religiosa (como el promovido por Bernardo de Claraval, «la quimera del siglo», fundador de una especie de estado cisterciense, apologista de la pobreza, del ascetismo y del desprecio por lo mundano, y al mismo tiempo pretendiente de la supremacía eclesiástica).

El dinero y la mercancía, todavía *in statu nascendi*, no aportaban sólo una «cultura», sino un espacio. Abrumada por el esplendor de los edificios religiosos y políticos que la circundaban, la originalidad de la plaza del mercado no ha sido suficientemente puesta de relieve. Deberíamos recordar que en la antigüedad se consideró al comercio y a los comerciantes como externos a la ciudad, ajenos a la constitución política, por lo que eran relegados en las periferias. La propiedad de los fundos, de la tierra, era base de la riqueza. La revolución comercial hizo entrar el comercio en la ciudad y lo instaló en el centro del espacio urbano transformado. La plaza del mercado era muy diferente del ágora y del foro: de libre acceso, se abría a todo el territorio circundante (que la ciudad dominaba y explotaba) y a la red de rutas y caminos. La invención genial del Mercado, tan distinta del pórtico como de la basílica, abrigaba las transacciones y permitía a las autoridades controlarlas. La iglesia catedral apenas se encontraba muy lejos, pero ya no era su torre la que portaba los símbolos del saber y del poder: el campanario dominaba ahora el espacio y haría otro tanto con el tiempo al acoger rápidamente el reloj.

Algunos historiadores que han dudado del carácter subversivo de este periodo han mostrado, sin embargo, la desigualdad del proceso. Las ciudades marítimas del Mediterráneo alcanzaron fácilmente las libertades municipales, como igualmente hicieron las viejas ciudades del mediodía francés y las ciudades textiles de Flandes. En cambio, en el norte de Francia, sólo la violencia permitió arrancar concesiones, franquicias, fueros y constituciones municipales a los obispos y a los señores feudales. Ese carácter desigual (desigualmente violento, desigualmente coronado de éxito o de fracaso) no subraya sino con mayor intensidad la rápida difusión y la dilatación del nuevo espacio. En el siglo XIV este espacio por fin conocido y reconocido, y de ahí representado como tal, daría lugar a ciudades simbólicas, fundadas por y para el comercio en aquellas regiones aún exclusivamente agro-pastorales —y por tanto, sin base comercial—. Las «bastidas» del suroeste francés, espacios comerciales en estado puro, igualitarios y abstractos; burgos aislados y desde su origen somnolientos, pero revestidos con nombres espléndidos: Granada, Barcelona, Florencia, Colonia o Brujas. Estos lugares sólo pueden pasar como derivaciones tardías de la gran subversión del siglo XII. Ciudades como Monteauban no eran en menor medida representaciones del «tipo ideal» de la ciudad comercial, con sus implicaciones y desarrollos diferentes: entre otros, su carácter laico, su organización cívica y civil, su ulterior adopción del Protestantismo, primero, y del Jacobinismo después, etc.

El espacio instaurado por diferentes medios —violentos o no— en el curso del Medievo se definía como un espacio de intercambios y comunicaciones, es decir, de redes. Éstas venían perfiladas por las rutas terrestres, en primer lugar, las vías del comercio, del peregrinaje y de las cruzadas. El trazado de las rutas imperiales romanas era aún apreciable y en muchos casos perduraba su estructura material. La nueva red que se desarrolló puede definirse específicamente como de naturaleza hidráulica. El papel de los puertos y de las ciudades marítimas no menguó, al contrario; no obstante, la «talasocracia» ya no dominaba todos los rincones y se efectuaba un lento desplazamiento en beneficio de los puertos del Mar del Norte y del Atlántico, en perjuicio de los puertos mediterráneos. Los ríos y más tarde los canales, junto a las carreteras, constituyeron esa red hidráulica. Es bien conocida la importancia de la flota y la navegación fluviales, pues vinculaban los mercados locales, regionales, nacionales ya instalados o en vías de constitución (Italia, Francia, Flandes, Alemania). Esa red de comunicación no era sino el reflejo físico, el espejo en la naturaleza de la red abstracta y contractual que unía a los «cambistas» de dinero y mercancías.

Sería un error definir el nuevo espacio sólo por esas redes; sería volver a caer al nivel de las determinaciones unilaterales de una ciencia especializada, de la geografía o de la geopolítica. El espacio social es múltiple: abstracto y práctico a la vez, inmediato y mediato. Así pues, el espacio religioso no desapareció ante el advenimiento del espacio comercial, sino que permaneció durante mucho tiempo como el espacio de la palabra y del conocimiento. A su lado, e incluso dentro de él, había sitios y lugares para otros espacios: el de los intercambios, el del poder. Las representaciones del espacio y el espacio de representación divergían, pero la unidad del conjunto no fue disuelta.

El espacio social de este periodo medieval tiene algo de maravilloso. No hay necesidad de practicar mediante el pensamiento cortes longitudinales, transversales y verticales para discernir en él los diferentes órdenes y estados, las posiciones y las jerarquías. El mismo edifico social se asemeja a una catedral y podría pasar con fundamento como homología perfecta de la *Summa theologica*. Se objetará que la cima de la pirámide social no alcanzaba el cielo, lo cual marcaba una gran diferencia. Pero lo significativo es que una y la misma ilusión hacía creer que las crestas de las torres de la ciudad se aproximaban a la bóveda y a las virtudes celestiales; que la cumbre de la pirámide social se avecinaba a lo divino; que la razón, como culminación de la construcción especulativa, tendía la mano a la fe procedente de la gracia divina; que la poesía descendía a los infiernos y remontaba el vuelo hasta el Paraíso.

Se trataba de una sociedad límpida si no transparente. Las relaciones de dependencia personal supeditaban el ámbito de la economía; la misma violencia poseía una claridad soberana; cada cual sabía cómo y por qué había de morir, cómo y por qué sufría y a qué se debía la existencia de buenos momentos. La sociedad entera emergía en la claridad, pero desgraciadamente el dinero, que había contribuido a exorcizar el mundo de las tinieblas, iba muy pronto a introducir en ella las relaciones más turbias e impenetrables.

El espacio medieval se alzaba por encima de la tierra; no era aún, de ningún modo, un espacio abstracto. Una gran parte (que iba disminuyendo) de la cultura, de las impresiones y representaciones seguía siendo *críptica*, asociada aún a los lugares sacro-malditos, embrujados —cavernas, grutas, valles sombríos, tumbas y santuarios, cámaras subterráneas—. El movimiento alzó hacia la claridad lo que empezaba a mostrarse. La «descriptación» no se leía, no se decía; se vivía y suscitaba terror o gozo, persuasión más que violencia. Cuando la pintura recuperó su prioridad en el *Quattrocento*, los pintores declararon esa transición general desde lo críptico a lo *descriptado*. No era, sin embargo, el arte de lo visible como tal. El conocimiento seguía siendo el conocimiento. Esta «descriptación» tenía poco que ver con el desciframiento de un texto. Acto perpetuo, lo que se alzaba desde la oscuridad venía «en persona» y no como signo.

Así pues, el tiempo no se separaba del espacio sino que lo orientaba, aunque se ensayó un vuelco desde la ciudad medieval, donde el espacio tendía a regir los ritmos que escapaban a la naturaleza (espacio-naturaleza). ¿Dónde se hallaba el vínculo, el nudo entre el espacio y el tiempo? Más allá del saber adquirido en esas épocas, sin duda, y más acá de su teoría del conocimiento: en una praxis («inconsciente», reguladora del acuerdo entre el tiempo y el espacio, limitando los desacuerdos de las representaciones y las distorsiones en la realidad). Celebrándose en el espacio, las fiestas jalonaban el tiempo. Esas fiestas tenían sus «objetos» imaginarios (míticos) y reales (prácticos) que aparecían, subían, bajaban y se ocultaban para reaparecer después: el Sol, Cristo, los Santos y las Santas, La Gran Madre Virgen, etc. Con los lugares, los tiempos sociales también se diversificaron. El tiempo del comercio (unido a los mercados) dejó de coincidir con el de la Iglesia; se secularizó como el espacio al que atañía. Del mismo modo, el tiempo de las asambleas comunales dejó de coincidir con el de la vida privada.

X

En el siglo XVI, en Europa occidental sucedió «algo» de una importancia capital. Ahora bien, no era un evento que pudiera datarse ni un cambio institucional, ni siquiera un proceso claramente determinable por una «medida» económica (el crecimiento de tal o cual producción, la aparición de un mercado determinado). Lo que sucedió es que Occidente basculó en el momento en que la ciudad dominó sobre el campo, en peso económico y práctico, en importancia social. Lo que significa que el dinero dominó la tierra y la propiedad de la tierra perdió su importancia original. La sociedad cambió globalmente, pero de forma desigual si tenemos en consideración los sectores, los elementos, los momentos y las instituciones.

No se manifestó en ninguna parte una discontinuidad absoluta. Según la perspectiva, en unas pocas décadas todo cambió o todo continuó siendo como antes.

El examen del espacio permitiría quizás resolver el problema metodológico y teórico sobre «qué cambió durante ese periodo crucial». Quien dice transición, dice mediación. La mediación histórica entre el espacio medieval (feudal) y el espacio del capitalismo que resultaría de la acumulación se situó en el espacio urbano, el espacio de los «sistemas de ciudades» que se instauraron durante la transición. La ciudad se separó del campo, que por otra parte dominaba y administraba, explotaba y protegía. No había una ruptura absoluta: la unidad persistía pese a su naturaleza fuertemente conflictiva. La ciudad, personificada en su oligarquía, controlaba su territorio. Desde lo alto de sus torres, los «urbanitas» contemplaban sus campos, bosques y pueblos. Los campesinos, esos paganos apenas convertidos, eran vistos por la gente de la ciudad como fantasmas o como objetores, y en consecuencia eran tratados con desdén o con pena: propios de cuentos de hadas o de terror. Los «urbanitas» se situaban a distancia respecto a los campesinos: dualidad en la unidad, distancia percibida, unidad concebida. La ciudad aportaba su racionalidad, la del cálculo y el intercambio, el Logos de los mercaderes. La ciudad tomaba el relevo de los señoríos feudales arrancándoles su monopolio: la protección del campesinado y la extracción del excedente de su trabajo. El espacio urbano se presentaba así como el escenario de un compromiso entre el feudalismo decadente, la burguesía comerciante, las oligarquías y las comunidades artesanas. Es la *abstracción en acto* (abstracción activa) respecto al espacio de la naturaleza, la generalidad frente a las singularidades, el principio universal *in statu nascendi* que engloba y especifica las particularidades. Instrumento terrorífico, el espacio urbano no destruyó todavía la naturaleza sino que la envolvió y la confiscó. Sólo más tarde, en el segundo grado de la abstracción espacial, el Estado tomaría su relevo. Será entonces cuando las ciudades y sus burgueses pierdan el control sobre el espacio, al mismo tiempo que la dominación sobre las fuerzas productivas, que se desprenden de sus límites para pasar del capital comercial al capital financiero y al capitalismo industrial. A partir de entonces la plusvalía ya no se gastaría sobre el lugar, sino que se realizaría y se distribuiría más lejos, cada vez más, franqueando los límites de las inmediaciones. El universo económico desbordaría ese marco urbano e incluso lo haría estallar, conservando la ciudad como centro y lugar de los diferentes compromisos.

La novedad a la que nos referimos emerge en Occidente durante un momento privilegiado, cuando se produce un equilibrio relativo entre el peso del campo (es decir, la propiedad del suelo, de la producción agrícola), que disminuye, y el peso de la ciudad (es decir, del comercio, de la propiedad mueble, del artesanado urbano), que aumenta. La ciudad era conceptualizada cuando las representaciones del espacio, elaboradas en virtud de los viajes fluviales y marítimos, se aplicaban a la realidad urbana. La ciudad era escrita, los planos y las perspectivas caballeras se multiplicaban. Entonces se constituyó un lenguaje para hablar tanto del campo como de la ciudad (de la ciudad y su contexto agrario), de la casa y de la ciudad: el *código del espacio*.[27]

A decir verdad, la expresión de ese código unitario data de la antigüedad, de los trabajos de Vitrubio. Los libros del arquitecto romano contienen una tentativa muy elaborada para hacer corresponder término por término los elementos de la vida social tomando como referencia una práctica espacial particular, la del constructor que opera en la ciudad que él conoce desde dentro. Los libros de Vitrubio comienzan con una declaración explícita que ridiculiza de antemano las ingenuidades de todos aquellos que piensan en los términos de «significante-significado» desde Saussure y lo ponen en el centro de su saber. «*Cum in omnibus rebus, tum maxime etiam in architectura haec duo insunt: quod significatur et quod significat*» (I, 7). El significado, precisa Vitrubio, es lo que se enuncia de la cosa de la que se habla, mientras que el significante es la razón demostrada por el saber de lo que hay en la cosa.[28]

Los libros vitrubianos contienen implícitamente todos los elementos de un código, a saber:

1) Un alfabeto y un léxico completos de los elementos del espacio: agua, aire, luz, arenas, ladrillos, piedras, aglomerados y escombros, materias colorantes, aperturas y cierres —puertas, ventanas, etc.— Junto a ello un inventario de los materiales y del instrumental (útiles) a emplear.
2) Una gramática y una sintaxis: la disposición de esos elementos para componer las unidades —casas, basílicas, teatros, templos y termas— junto con las reglas de su ensambladura.
3) Una estilística: prescripciones de orden artístico (estético) relativas a las proporciones, los «órdenes» y los efectos deseados.

---

[27] La ilusión y el error de Umberto Eco en sus investigaciones sobre la «estructura ausente» consisten en admitir que, sin más evidencia, en virtud de una evolución históricamente favorable y de una racionalidad creciente de la sociedad, del arte, de la cultura y de la realidad material, todo este conjunto se abre al proceso de codificación y descodificación en la segunda mitad del siglo XX. La racionalidad superior tomaría la forma de la comunicación. Lo comunicable puede descifrarse y consecuentemente «todo» en la cultura —cada aspecto, cada elemento— podría constituir un sistema semiológico. Ese racionalismo evolucionista y ese optimismo de la comunicación (lectura-escritura) contienen una encantadora ingenuidad ideológica.

[28] Ed. A. Choisy, *Texte*, p. 6

¿Qué es lo que falta en el código vitrubiano del espacio? Aparentemente nada en una primera lectura. Todo parece hallarse en ese diccionario donde se afirma el valor de uso y no hay referencia alguna al valor de cambio. A partir de Vitrubio es posible analizar la práctica espacial de la ciudad antigua griega y romana: las representaciones elaboradas del espacio (astronomía y geonomía) y los espacios de representación mágico-religiosos (astrológicos).[29] La elaboración va mucho más lejos: en conexión con los módulos y los modelados, es decir, respecto a los órdenes y las ordenanzas, Vitrubio procede a un estudio metódico, a una sistematización del vocabulario y de los objetos (significados).

Y sin embargo, algo esencial faltaría durante siglos en ese tratado de semiología espacial que se pretendía integral: el análisis y la exposición del *efecto* urbano. La ciudad brilla por su ausencia-presencia en la obra de Vitrubio: no habla de ella y nunca deja de hacerlo. La ciudad se piensa como una colección de monumentos «públicos» y de casas «privadas», las propiedades de los notables del lugar. El paradigma del espacio cívico apenas está presente pero sí y mucho sus aspectos sintagmáticos, la ligazón de los elementos. Con la técnica y el empirismo, lo operacional era predominante.

Solamente en el siglo XVI, tras la ascensión de la ciudad medieval (de base comercial, ya no agraria), tras el establecimiento de los *sistemas urbanos* (en Italia, Flandes, Inglaterra, Hispanoamérica, etc.), la ciudad se manifestó como unidad, como sujeto. Justo antes del momento de declinar ante el Estado, la ciudad se afirmó. Se convirtió en el principio de un discurso que dejaba entrever la armonía trascendente del viejo conflicto entre la naturaleza, el mundo, el «animal rural» (Marx), por una parte, y lo artificial, lo adquirido, el «animal urbano», por otra. En ese momento privilegiado, la ciudad parecía el soporte de un historia que tenía en sí misma su sentido y su meta (su finalidad, a la vez inmanente y trascendente): terrestre, pues la ciudad daba vida a los habitantes; y celeste, puesto que la Ciudad de Dios tenía por imagen Roma, la ciudad entre las ciudades. Junto con su territorio, la ciudad del Renacimiento se percibía a sí misma como un todo armónico, un organismo mediador entre el cielo y la tierra.

El efecto urbano se ligaba al efecto arquitectónico en una unidad de composición y estilo. Si es cierto que en los siglos XVI y XVII, desde Galileo, el «ser humano» perdió su lugar en el «mundo» y en el «Cosmos», al hundirse la unidad griega de «acción-tiempo-

---

[29] El diagrama que proporciona la imagen del teatro expresa las relaciones que unen las armonías celestes a los sonidos de los instrumentos así como a los destinos del Zodiaco. Los sonidos de un arpa celeste son los reguladores de la voz humana. Cf. en Vitrubio, VI, s. 2 y VI, I, s. 6-12.

espacio»,[30] también lo es que ese ser «renaciente» continuó situándose en su ciudad. La práctica espacial y la arquitectura como práctica se vinculaban y se decían mutuamente. En consecuencia, el arquitecto era eficaz y la arquitectura «instrumental». Esa ciudad del Renacimiento dejó de desarrollarse «a la manera de una narración continua», añadiendo un edificio al otro, un barrio a una calle, una plaza a otra plaza. Cada edificio, cada añadido, fueron concebidos desde una óptica política. La innovación modificó el conjunto y cada «objeto» —como si fuera un elemento en principio externo— intervino sobre el tejido entero.[31] Todavía no se manifestó la oposición centro-periferia que acompañaría el estallido ulterior de la ciudad con la industrialización y la estatalización. Lo que dominaba era el contraste «dentro-fuera» en la unidad del efecto arquitectónico y del efecto urbano,[32] de la villa campestre y de la casa urbana. Era la época de Palladio. Por ilusión sustancialista o falacia naturalista, este espacio de la ciudad renacentista ha sido denominado ocasionalmente como «orgánico», como si poseyera una unidad análoga a la de un organismo, como si estuviera definida por una finalidad natural y el conjunto subordinara los detalles.

Ahora bien, esta unidad, en tanto que «finalidad sin fin» en un espacio urbano, puede ser atribuida convenientemente a la ciudad antigua. El concepto de lo orgánico denota y connota un crecimiento espontáneo, un desarrollo ciego que va desde el nacimiento hasta el declive de la vida. ¿Se desarrolló la ciudad medieval, con sus burgueses, «orgánicamente», y de ahí ciegamente? Quizá fuera así, pero sólo hasta el día en que interviene el poder político, el poder de la oligarquía, del príncipe o del rey. En ese momento el espacio se transforma. Si el poder político controlaba el «todo» era porque sabía que un detalle podía modificar el conjunto; lo orgánico podía cesar en beneficio del principio político. No obstante, no se trataba aún de evocar una categoría «funcional» abstractamente desprendida.

Para muchos espíritus «positivos» nada hay más claro y empíricamente verificable que las «necesidades» y las «funciones» de una realidad social concebida orgánicamente. Ahora bien, ¡nada más turbio! ¿Las necesidades de quién? ¿Y formuladas por quién? ¿Satisfechas o saturadas por qué? Las Termas de Diocleciano respondían aparentemente a las «necesidades» y «funciones» de la sala de baño. Pero nada más impropio, pues las Termas, polivalentes en altísimo grado, respondían a las «necesidades sociales» más que a

---

[30] Cf. Alexander Koyré, *Du monde clos à l'espace-infini*, París, 1962, p. 2.
[31] Cf. M. Tafuri, *Teoria et Storia dell'architettura*, Bari, Laleza Figli, 1968, p. 25-26.
[32] Cf. *La Città di Padova: saggio di analisi urbana*, Roma, Officina, 1970, p. 218 y ss. (notable colección de estudios sobre Padua).

las necesidades «privadas»; así pues, formaban parte de una realidad urbana *diferente*.

La fachada y la perspectiva iban de la mano. La perspectiva alineaba las fachadas y ordenaba las decoraciones, los dibujos y las molduras que cubrían las superficies; asimismo, con el alineamiento de las fachadas componía los horizontes y los puntos de fuga.

La fachada reservaba siempre sorpresas. Es posible que siendo tan artificial y estudiada la fachada evocara la impresión de un organismo. Quien dice fachada dice «derecha» e «izquierda» (simetría) así como «alto» y «bajo», pero también «delante-detrás» —lo que se muestra y lo que se oculta— con extensión en el espacio social de esta asimetría tardía en los organismos vivos, requerida por el ataque y la defensa. ¿Cómo no juzgar peyorativamente la fachada, superficie de prestigio decorativo y superficie decorada y, en este sentido, superficie engañosa? A menudo se la consideraba de otro modo: frente y rostro percibidos y expresivos, vueltos no hacia un espectador ideal sino hacia un interlocutor presente. Entonces, por analogía con la cara y el rostro, la fachada se hacía elocuente y dominante. Se quería de ella que generase el conjunto, que dictara la disposición (estructurada) interna del espacio, al mismo tiempo que la función que contenía y disimulaba. Desde esta «perspectiva», *todo era fachada*. En efecto, la perspectiva disponía la ordenación de los elementos, las casas y los edificios. Inversamente, éstos se alineaban y se agrupaban con el fin de conformar una perspectiva. Parecía natural la analogía entre formas de arte diferentes, la pintura y la arquitectura. Como superficie pintada, el cuadro ofrece una dimensión privilegiada, presentándose en dirección a quien lo mira, agrupando sus objetos y personajes. Es faz y fachada. El cuadro se vuelve hacia quien se aproxima, hacia el público. Así, el retrato mira antes, durante y después de que se le mire. El lienzo o el muro pintado poseen un rostro, un rostro que se da a ver. La faz y la fachada tienen algo de don, de favor y de fervor. ¿Puede hacerse dominante el efecto de la fachada? Ciertamente. La expresividad exige una cara, del mismo modo que el disimulo. Las virtudes se desprenden de ella, y muchas máximas se refieren a ella, como la de «salvar la cara». No son solamente los edificios sino también las maneras, la vida cotidiana con sus ritos y fiestas, los que pueden dejarse dominar por su prestigio.

La Roma Papal proporciona un buen ejemplo de un espacio en el que dominaba la fachada, un espacio en el que todo era *frente* y *frontis*. Mediante una reciprocidad fácilmente inteligible, al mismo tiempo que efecto, la fachada era causa: cada edificio, palacio e iglesia imponían la supremacía de la fachada. Todo monumento era al mismo tiempo su resultado. La composición del espacio se extendía al conjunto y creaba cada detalle. El simbolismo no cargaba de sentido sólo un objeto sino que alcanzaba al conjunto de ellos, presentados como un todo orgánico. San Pedro de Roma es la propia Iglesia: la Iglesia toda entera, en cuerpo y rostro. La prestigiosa cúpula representa la cabeza de la Iglesia; las columnatas forman los brazos de ese cuerpo gigante, que aprietan contra el tórax a la plaza y a los fieles reunidos. La cabeza piensa, los brazos tienen y contienen. Aparentemente, sin una generalización abusiva, podría hablarse de una cultura de la fachada y de la faz. Como principio más concreto que el «sujeto» de los filósofos, el rostro —con sus complementos y suplementos, la máscara y la vestidura— establece una forma de vida.

Esta hipótesis no carece ciertamente de seducción, pero corre el riesgo de desplazar el concepto central, el de la producción, en provecho de una derivación ideológica. Cuando una institución pierde su lugar natal, su espacio original, y se siente amenazada, tiende a describirse a sí misma como «orgánica». Se naturaliza, se ve y se presenta como un cuerpo. Cuando la ciudad, el Estado, la naturaleza o la sociedad misma no saben qué imagen ofrecer de sí, sus representantes recurren a esta figura fácil del cuerpo, la cabeza, los miembros, la sangre y los nervios. La analogía física, la idea de un espacio orgánico, sirve de recurso al saber y al poder desfallecientes. El organismo, como ideología, remite a la unidad y, más allá o más acá de esta unidad, al origen, considerado como irrefutablemente conocido, indudablemente reconocido, legitimador y justificante. El espacio orgánico implica un mito originario: sustituye la génesis y el estudio de las transformaciones por una imagen de la continuidad, por un evolucionismo cauto.

La fachada y los efectos de la fachada tienen una historia accidentada que atraviesa los episodios del barroco, del exotismo y de los diversos manierismos. Es sólo con el auge de la burguesía y del capitalismo cuando ese principio fue completamente desarrollado. Y esto de un modo contradictorio. El fascismo trató de imponer una fantasía orgánica de la vida social: la sangre, la raza, la nación y el Estado nacional absoluto. De ahí la utilización de la fachada, a la que se opone esa parodia democrática que es la casita suburbana, con su frente y trasera, su cara y sus partes obscenas.

XI

Desde el siglo XII al siglo XIX las guerras giraron en torno a la acumulación. Gastaron las riquezas y contribuyeron a incrementarlas, pues la guerra ha acrecentado siempre las fuerzas productivas y ha perfeccionado las técnicas, utilizándolas para la destrucción. Apuntando a los territorios de inversión, las guerras eran en sí mismas las mayores inversiones y las más provechosas: la Guerra de los Cien Años, las guerras de Italia, las guerras de religión, la Guerra de los Treinta Años, las guerras de Luis XIV contra Holanda y contra la Liga de Augsburgo, las guerras de la Revolución y del Imperio francés. El espacio de la acumulación capitalista se animó y se colmó progresivamente. Se denomina admirativamente a esta acumulación como «historia». Se ha explicado este proceso mediante todo tipo de motivaciones: los intereses dinásticos, las ideologías, las ambiciones de los grandes, la formación de los Estados nacionales, la presión demográfica, etc. Se penetra así en la búsqueda incesante y el análisis de fechas y encadenamientos causales. ¿Acaso no podría proporcionar el espacio, lugar de encadenamientos cronológicos múltiples, un principio y una explicación tan aceptables como cualesquiera otros?

La industria se establecería en el espacio donde las tradiciones comunitarias del campo habían sido barridas, donde las instituciones urbanas habían sido arruinadas por las guerras (sin que, no obstante, los vínculos entre ciudades del «sistema urbano» hubieran desaparecido). En ese espacio se amontonaban las riquezas fruto de los saqueos y la rapiña. Ese espacio es el espacio industrial del Estado moderno.

Resumamos: antes del capitalismo la violencia desempeñó un papel extraeconómico; con el capitalismo y el mercado mundial, la violencia asumió un rol económico en el proceso de acumulación. Y es de ese modo como lo económico se convirtió en la esfera dominante. No es que las relaciones económicas coincidieran con las relaciones de fuerza, sino que no se separarían en adelante. Y así se desemboca en la paradoja de que el espacio de las guerras, durante siglos, en vez de hundirse en la nada social, se convirtió en el espacio rico y poblado que pasa por ser la cuna del capitalismo. Es un hecho que merece atención. A esto le siguió la constitución del mercado mundial, la conquista y el pillaje de los océanos y de los continentes por parte de los países europeos: España, Inglaterra, Holanda y Francia. Las lejanas expediciones exigían recursos materiales así como fines y fantasías (lo uno no excluía lo otro). ¿Dónde se situaba el centro del proceso histórico? El punto candente, el crisol desde el que irradiaban esas fuerzas creativas y catastróficas a la vez, era la región que ha sido hasta hoy la más industrializada de Europa, la más sumisa a los imperativos del crecimiento: Inglaterra, el norte de Francia, los Países Bajos y la región situada entre el Loira y el Rhin. Lo negativo y la negatividad, esas abstracciones filosóficas, asumen de este modo una forma concreta cuando las pensamos en el espacio social y político.

Inspirándose en Marx, muchos historiadores han buscado una explicación económica de esas violencias. Pero al hacerlo han proyectado sobre el pasado un esquema posterior, aceptable para el periodo imperialista. No han tratado de comprender de qué modo la esfera económica devino predominante, que es lo que define —junto con otras determinaciones como la plusvalía, la burguesía y su Estado— al capitalismo. No han comprendido, pues, el pensamiento de Marx, a saber, que la historia dominó con sus categorías durante un determinado periodo y después, en el siglo XIX, se subordinó a la esfera de la economía.

¿Significa esto que debamos reemplazar la explicación «economicista» de la historia por un esquema «polemológico»? No exactamente. La guerra ha sido injustamente clasificada entre los principios destructores y funestos, opuestos a los principios creadores. Mientras los economistas planteaban lo económico como una esfera «productiva» positiva y pacífica, los historiadores juzgaban las guerras como acciones malvadas, fruto de las bajas pasiones, del orgullo, de la ambición y la desmesura. Este pensamiento apologético, todavía extendido, ha situado entre paréntesis el papel de la violencia en la acumulación capitalista, la guerra y las armas como fuerzas productivas. Marx había indicado e incluso subrayado este aspecto de forma breve pero enérgica. ¿Qué producía la guerra? Pues Europa occidental, el espacio de la historia, de la acumulación, de la inversión, la base del imperialismo en el que triunfaría el mundo de la economía.

La savia de este espacio, de este cuerpo extraño, es la violencia. Una violencia en ocasiones latente, o que se prepara para surgir; otras veces desencadenada, dirigida contra ella o contra el mundo, la violencia celebrada en los arcos del triunfo (de procedencia romana), en las puertas de la ciudad, en las plazas y en las avenidas triunfales.

En este espacio de tierra y agua, espacio producido y sostenido, la guerra, en Europa occidental, desplegó sus fuerzas contradictorias, destructoras por un lado y creadoras por otro. El Rhin, el Mar del Norte, los canales de Flandes, tuvieron tanta importancia estratégica como los Alpes, los Pirineos, las llanuras y las montañas. Una misma racionalidad puede observarse en las acciones de Turenne, de Vauban y de Riquet —el guerrero, el estratega y el ingeniero, respectivamente— en la Francia del siglo XVII. Esta racionalidad francesa ha sido asociada habitualmente a la filosofía cartesiana, pero se distingue de ella del mismo modo que una práctica social se distingue de una ideología, siendo la correspondencia entre ellas algo vaporosa e insegura.

¿Acaso los hombres que hicieron la historia —desde los simples soldados a los mariscales, desde los campesinos a los emperadores— deseaban conscientemente la acumulación? No, ciertamente. Ahora que el tiempo histórico se ha colapsado, ¿no convendría distinguir con más sutileza que cuando inicialmente se constituyó su análisis, entre las motivaciones, las razones y las causas, las metas y los resultados? El orgullo y la ambición proporcionaron más de un motivo, las guerras fueron a menudo luchas dinásticas, y en cuanto a los resultados, éstos se hicieron evidentes «tras los hechos». Regresamos de ese modo a una formulación dialéctica más aceptable que las verdades históricas asentadas dogmáticamente; esto es, regresamos al célebre aserto de Marx según el cual los hombres hacen su historia pero no saben que la hacen.

La concepción de conjunto, la concepción de un espacio específico, no dispensa del examen de los detalles. Este periodo vio el esplendor y el declive de la ciudad. Como ya sabemos, en el siglo XVI la sociedad basculó. El espacio y el tiempo se urbanizaron; dicho de otro modo, el tiempo y el espacio de la mercancía y de los comerciantes se hizo predominante: medidas, cuentas, contratos y contratantes. El tiempo de la producción de bienes intercambiables, el de su transporte y entrega, el de su venta y pago, el de la localización del capital, sirvió para medir el espacio. Pero era el espacio el que dominaba al tiempo, porque el movimiento de las mercancías, del dinero y del capital naciente suponía lugares de producción, navíos y carros para el transporte, puertos, depósitos, bancos y oficinas de cambio. Así, la ciudad se reconocía y encontraba su imagen. Ya no se atribuía un carácter metafísico, *imago mundi*, centro y condensación del Cosmos. Asumía una identidad propia y comenzaba a representarse gráficamente a sí misma; los planos se multiplicaban, sin poseer aún ese papel reductor, visualizando la realidad urbana, sin suprimir la tercera dimensión —la dimensión divina— puesto que eran cuadros, perspectivas caballeras. La ciudad se ponía en perspectiva como un campo de batalla, y a menudo era la vista de una sede, pues la guerra giraba en torno a las ciudades. Se las tomaba, se las violentaba y se las saqueaba; eran lugares de riqueza, a la vez «objetos» amenazantes y amenazadores, y «sujetos» de la acumulación, que es como decir sujetos de la historia.

A través de los conflictos, a causa de ellos y a pesar de ellos, las ciudades resplandecían. En el incipiente reino del producto, la obra alcanzó su suprema magnificencia. La ciudad era en efecto una obra de arte que englobaba miles de obras de arte: pinturas, esculturas, tapicerías, calles, plazas, palacios y monumentos; arquitectura, en definitiva.

XII

Algunas teorías del Estado consideran que éste puede ser visto como obra del ingenio político; otras lo entienden como el fruto de la historia. Cuando esta última tesis no encuentra asiento en los trabajos de los especialistas que extrapolan desde sus particulares disciplinas (el derecho, la economía política, las propias organizaciones políticas), cuando alcanza un cierto nivel de generalidad, la tesis reencuentra el hegelianismo.

Podemos cuestionarnos que Marx completara una teoría del Estado. No pudo mantener la promesa hecha a Lasalle (carta del 22 de febrero de 1848) y a Engels (carta fechada el 5 de abril de 1848) y dejó, pues, una teoría incompleta del Estado, algo más que una teoría del pensamiento dialéctico. La teoría que Marx dejó tras sí era un conjunto de fragmentos e indicaciones (sin duda importantes). Durante toda su vida Marx combatió la teoría de Hegel, tratando de desmantelarla, desgarrando fragmentos y proponiendo sustituciones: la racionalidad industrial y social en vez de la racionalidad estatal y política que Hegel erigía en Absoluto. Marx entendió el Estado como superestructura y no como esencia y coronación de la sociedad; y consideró a la clase obrera como soporte de una transformación que desembocaría en la supresión del Estado.

La debilidad del pensamiento hegeliano, así como la debilidad de la crítica del hegelianismo, podría residir en el desconocimiento del rol desempeñado por el espacio y conjuntamente del papel de la violencia. Para Hegel, el espacio terminaba el tiempo histórico y tenía por dueño al Estado. El espacio culminaba simultáneamente lo racional y lo real. En cuanto a la violencia, Hegel la hacía entrar en sus categorías especulativas: la lucha, la negatividad activa, la guerra en tanto que expresión de las contradicciones. Por su parte, Marx y Engels mostraron que no podía haber violencia «pura» y absoluta sin base económica, sin lucha de clases, sin «expresión» de la clase económicamente dominante en la medida en que el Estado no podía establecerse sin apelar a los recursos materiales, sin metas a repercutir en las fuerzas productivas y en las relaciones de producción. Violencia matrona, sí, pero sólo alumbradora de una prole históricamente engendrada sin su ayuda. Ni Marx ni Engels ni Hegel percibieron con claridad la violencia en el seno del proceso de acumulación (aunque Marx había reparado en la piratería y el corso, en el tráfico de oro durante el siglo XVI, etc.) en tanto que productora de un espacio político-económico. Ese espacio fue la cuna del Estado moderno, su lugar natal. En este espacio, el de la acumulación, se perfiló la «vocación totalitaria» del Estado, su tendencia a proclamar la vida y la existencia políticas por encima de otras formas llamadas «sociales» o «culturales» de la práctica, concentrando en él toda existencia política, utilizándola para proclamar la soberanía, *su soberanía*. En este espacio se constituye pues esa «entidad» ficticia y real, abstracta y concreta, el Estado, que no reconoce otros límites sino los que proceden de las relaciones de fuerza (con sus componentes internos, con sus congéneres, siempre rivales y virtualmente adversarios). Como ya sabemos, el concepto de *Soberanía* permite al Estado monárquico afirmarse contra la Iglesia y el Papado, contra los señores feudales. Ese concepto hace del Estado y de sus secuaces la «sociedad política», dominante y trascendente de la sociedad civil, los grupos y las clases. Incluso si, como Marx, se demuestra que el Estado y su constitución no son ajenos a las relaciones de producción, a las clases y a sus contradicciones, el Estado se erige con su Soberanía por encima de ellas y se reserva el derecho a resolver las contradicciones por la coacción. Legitima el recurso a la fuerza y pretende el monopolio de la violencia.

Ahora bien, Soberanía implica «espacio», y además espacio sobre el que se ejerce una violencia (latente o manifiesta), esto es, un espacio establecido y constituido por la violencia. A partir del siglo XVI el proceso de acumulación rompió el marco de las pequeñas comunidades medievales, los burgos y las ciudades, los feudos y los principados. La violencia sola actualizó las posibilidades técnicas, demográficas, económicas y sociales. El poder soberano se extendió sobre un espacio que dominaba militarmente, a menudo tras haberlo arrasado. Los Estados tornaron en Imperios, el de Carlos V y los Austrias, el de los Zares, y con el tiempo el Imperio Napoleónico y el del estratega Bismarck. Pero esos Imperios, anteriores al imperialismo, estallarían tarde o temprano víctimas de un espacio que se les escapaba. El Estado-nación basado sobre un territorio determinado dominaba a la vez sobre la Ciudad-Estado (que perdura, sin embargo, hasta el siglo XIX: Venecia, Florencia) y sobre el Estado-Imperio, cuyas capacidades militares son tarde o temprano desbordadas. La relación «centro-periferia», existente en una escala aún no planetaria, revelaba ya los límites de la centralidad y del poder estatal, la vulnerabilidad de los centros «soberanos».

El hecho es que el Estado nace de la violencia y que el poder estatal no perdura sino por la violencia ejercida sobre un espacio. Esta violencia proviene de la naturaleza, tanto por los recursos movilizados como por los objetivos: riquezas y territorios. Ella hace al mismo tiempo violencia en toda naturaleza, porque se impone a las leyes, a los recortes administrativos, a los principios políticos extraños a las cualidades iniciales de los territorios y de las gentes. Al mismo tiempo, establece una racionalidad, la del proceso de acumulación, la de la burocratización y la del ejército; una unidad, una logística, un operacionalismo, un cuantitativismo, que hace posible el crecimiento económico, y que serán vehiculados por ella hasta tomar posesión del planeta. La violencia original, la creación continua mediante la violencia (a fuego y sangre, a decir de Bismarck), he ahí la marca distintiva del Estado. Pero su violencia no puede aislarse. No puede separarse ni de la acumulación de capital ni del principio racional y político de la *unificación*, que subordina y totaliza los diferentes aspectos de la práctica social, la legislación, la cultura, el conocimiento y la educación en un espacio determinado, el espacio de la hegemonía de la clase dominante sobre su pueblo y su nacionalidad que ella se apropia. Cada Estado pretende producir el espacio de una consecución, incluso el espacio del florecimiento de una sociedad unificada y, en consecuencia, homogénea. De hecho y en la práctica, la acción estatal y política instituye y consolida por todos los medios una *relación de fuerzas* entre las clases y las fracciones de clases, así como entre los espacios que ellas ocupan. ¿Qué es, pues, el Estado? Un marco, según los «politólogos», el marco de un poder que toma decisiones de tal modo que los intereses de las minorías —clases y fracciones de clases— se impongan hasta el punto de pasar a ser de interés general. De acuerdo, pero es necesario añadir algo más: el marco espacial. Si no tenemos presente su dimensión espacial, su potencia, sólo retendremos del Estado la unidad racional, o sea, volveremos al hegelianismo. Sólo los conceptos de espacio y su producción permiten al marco del poder (realidad y concepto) alcanzar lo concreto. Es sobre el espacio como el poder central se erige por encima de cualquier otro poder y lo elimina. Es sobre el espacio como una nación proclamada «soberana» aparta cualquier otra nacionalidad y a menudo la destruye, como una religión de Estado prohíbe otra religión, como una clase en el poder pretende suprimir las diferencias entre las clases. La relación entre instituciones diferentes al Estado (la Universidad, la fiscalidad y la justicia) y la eficacia de dichas instituciones no tienen necesidad de pasar por la mediación del concepto de espacio para representarse; el espacio donde se ejerce tal institución se define por decretos y reglamentos de aplicación *en* el espacio estatal y político. Por el contrario, ese marco estatal y el Estado como marco no pueden concebirse sin el espacio *instrumental* del que se sirven. En realidad, cada nueva forma de Estado y de poder político aporta su recorte espacial y su clasificación administrativa de los discursos del espacio y sobre las cosas y la gente en el espacio. Exige, pues, la servidumbre del espacio: el espacio deviene *clasificatorio*, haciendo posible para cierto tipo de conocimiento no crítico constatar simplemente esta «realidad» y ratificarla sin plantear cuestiones de mayor alcance.

El examen del espacio —del espacio político y de la política del espacio— debería permitir remontar la oposición entre las teorías «liberales» del Estado (que lo definen como portador del «bien común» de los ciudadanos, como árbitro imparcial de sus conflictos) y las teorías «autoritarias» (que invocan la «voluntad general» y la racionalidad unificadora como justificación para la centralización del poder, para la sistematización burocrático-política y la existencia e importancia de esos aparatos)

A esos componentes de la producción del espacio abstracto puede añadirse la metaforización general que, aplicándose en la esfera histórica y acumulativa, las transfiere en este espacio donde la violencia se reviste de racionalidad y la racionalidad unificadora justifica la violencia. De tal modo que la homogeneización no aparece como tal sino a través de metáforas como el «consenso», la democracia parlamentaria, la hegemonía y la razón de Estado. O incluso el espíritu de empresa. A través de una retroalimentación muy particular, los intercambios entre el saber y el poder, entre el espacio y el discurso del poder, se multiplican y se regularizan.

Así se establece en el espacio la *trinidad* capitalista «tierra-capital-trabajo», que no puede permanecer abstracta y que sólo puede concentrarse en un espacio institucional triple: en primer lugar, *global* o mantenido como tal, el de la soberanía, donde se despliegan las coacciones, por tanto espacio fetichizado, reductor de las diferencias; en segundo lugar, *fragmentado*, separador, disyuntivo, que localiza las particularidades, los lugares y las localizaciones, con el propósito de controlarlas y negociarlas; y por último, *jerarquizado*, que ubica los lugares despreciables y los nobles, los prohibidos y los soberanos.

Pero la exposición, yendo demasiado rápido hacia su meta, ha anticipado el proyecto dejando atrás algunos puntos.

XIII

Los textos de Rabelais muestran una relación sorprendente entre lo legible y lo no-legible, entre la aparición y lo oculto. Lo que se dice es aprehendido en el modo del aparecer, de lo emergente. Lo «visto» (como contrario de la apariencia) no remite al vidente o a lo visible sino más bien a la invisibilidad nocturna a punto de exponerse a la luz del día. La palabra, apenas escrita, anuncia este nacimiento de cada cosa y la preside. «Al abrir esa caja, encontraréis dentro un droga celestial e inapreciable...»[33] ¿Cuál es el contenido, lo que viene a la luz? El pasado entero, sepultado en la memoria y el olvido; pero es también la realidad carnal que se actualiza. El cuerpo vivo está ahí presente, como lugar de paso entre las profundidades y la superficie, el umbral entre el escondite y el descubrimiento. El escritor, «con ayuda de una gran cantidad de anteojos, practicando ese arte por el cual se pueden leer cartas no aparentes», hace mostrar mediante sus palabras mágicas los secretos del umbrío reino dionisíaco al reino de Apolo, de las criptas y de las cavernas del cuerpo a la claridad del sueño y de la razón. La experiencia más inmediata, la prueba «física», sirven de lecciones al conocimiento más elevado. La emergencia del mundo se persigue con la realización concreta del Logos. El texto no remite a otros textos ni a otros contextos, sino a no-textos. De tal modo que el prodigioso inventor de palabras vino a atacar a los «transportadores de nombres»: los que reemplazan el pensamiento por juegos de palabras o de colores. Hasta tal punto que Rabelais apela a la sabiduría egipcia y a los jeroglíficos «que nadie comprendió que no comprendía»,[34] auténtica apelación a la escucha y al entendimiento sobre lo visual.

Para Descartes y los cartesianos, Dios no descansa, la creación continúa. ¿Qué quiere decir esta tesis de Descartes recuperada por Spinoza y Leibniz y llevada hasta el absurdo por Malebranche?

   a) El mundo material, es decir, el espacio, no persiste en la existencia sino porque está mantenido por el pensamiento divino y contenido en dicho pensamiento: *producido* por él, continua y literalmente secretado —espejo orgánico del infinito.
   b) Las leyes del espacio, leyes matemáticas, son decretadas por Dios y conservadas por Él; nada le escapa y el cálculo matemático reina en la naturaleza porque es co-extensivo en el espacio producido por Dios.
   c) La novedad es constante en la naturaleza, aunque los elementos (*naturales*) sean perfectamente sencillos —tan sencillos en reali-

---

[33] Cf. *Gargantua*, la edición del Libro I en facsímil de Claude Gaignebet, Quatre-Feuilles, ed. 1971, fol. 3.
[34] *Gargantua*, I, X.

dad que sólo hay uno: el espacio geométrico—. La acción divina, como la acción humana, procede a la manera de quien hace encajes y logra componer con un simple hilo figuras extraordinariamente complejas. Esta metáfora se halla propuesta completamente en serio en las *Meditaciones* de Descartes. En realidad, cuando Descartes afirma que todo en la naturaleza no es sino figura y movimiento, y no hay que tomar esos términos como metáforas, sino al pie de la letra. El Dios cartesiano produce, opera, obra como los seres finitos, aunque no se consuma.

El trabajo productivo es transportado en la esencia de la divinidad a propósito del espacio. Dios representa para el pensamiento cartesiano una especie de unidad trascendente del trabajo y de la naturaleza. La actividad humana imita la actividad creadora divina. De un lado, está el trabajo de los artesanos, que se convierten en dominadores de la naturaleza; del otro, está el conocimiento, el del proceso creador (productivo), que ya no es la contemplación antigua y medieval sino la forma cartesiana del pensamiento teórico, destinada a desarrollarse y a transformarse en Hegel y Marx. El tiempo del conocimiento domina el orden espacial constituido según las leyes lógicas de la homogeneidad, bajo la mirada del Señor, bajo los ojos del «sujeto» pensante.

La prioridad de lo visual (de la esfera geométrico-visual-espacial) no se impuso sin lucha.

En el siglo XVIII la música era prioritaria, la guía de las artes. Partiendo de los descubrimientos físicos y matemáticos, avanzó desde la fuga a la sonata, y de ahí hasta la gran ópera y la sinfonía. La música engendró una idea de las repercusiones indefinidas: la armonía. Las controversias musicales agitaban a las masas, pero tenía asimismo un alcance filosófico y en consecuencia universal. Los filósofos se ocupaban de la música, la escuchaban y escribían sobre ella.

En el siglo XVIII el espacio, ya politizado, visual-geométrico, apoyado sobre la pintura y la arquitectura monumental (Versalles) sufrió el asalto de lo musical. Este ataque comenzó con una revancha del cuerpo y de los signos del cuerpo sobre el no-cuerpo y sus signos, desquite vulgarmente llamado «materialismo del XVIII». La superioridad de lo visual sobre los otros sentidos y órganos de los sentidos parecía desafiada cuando Diderot demostró que un ciego conocía tantas cosas, poseía tantas ideas y vivía con tanta «normalidad» como el que era capaz de ver. De ese modo el filósofo podía permitirse preguntar para qué servía la vista, si no se trataría de una especie de lujo más agradable que útil. El alcance de esta crítica filosófica no puede valorarse sino en proximidad a las grandes querellas del XVIII a propósito de la música y el ascenso de ese poderoso concepto que unificó el Cosmos y el Mundo: la Armonía.

XIV

Del espacio abstracto ya se conocen varias cosas. Es producto de la violencia y de la guerra; es político e instituido por un Estado, de ahí pues que sea institucional. A primera vista parece homogéneo. En efecto, sirve de instrumento a las fuerzas que hacen tabla rasa de todo lo que se les resiste y amenaza en suma, de las diferencias. Esas potencias aplastan y trituran todo a su paso; el espacio homogéneo le sirve al modo de un cepillo carpintero, de un *bulldozer* o de un carro de combate. Esta homogeneidad instrumental del espacio, no obstante, es ilusoria, y la descripción empírica del espacio la consagra, aceptando acríticamente la instrumentalidad como tal.

En cambio, desde su primer envite, el análisis crítico distingue ahí tres aspectos o elementos que podrían ser descritos mejor como «formantes» (término tomado del análisis de los sonidos musicales). Esos *formantes* tienen de particular (aunque lo encontremos en otras partes) lo siguiente: se implican y disimulan los unos a los otros. Esto no tiene lugar en el caso de las oposiciones bipartitas, puesto que al ponerse y reflejarse como en un simple juego de espejos los términos, por así decirlo, brillan y desde ese momento devienen significantes en vez de ocultarse. ¿Cuáles son esos *tres* elementos?

 a) *El formante geométrico*. Se trata del espacio euclidiano considerado como «absoluto» por el pensamiento filosófico, durante mucho tiempo como espacio (o representación del espacio) de referencia. Este espacio euclidiano se define por su *isotopía* (u homogeneidad), propiedad que asegura su uso social y político. La reducción al espacio euclidiano homogéneo del espacio-naturaleza, primero, y después de todo el espacio social, le confiere una fuerza temible. Tanto más cuanto que esta primera reducción implica fácilmente otra: la reducción de la realidad tridimensional a dos dimensiones: el «plano», la hoja de papel blanco, el dibujo sobre el folio, los mapas, los grafismos y proyecciones.

 b) *El formante óptico (o visual)*. La «lógica de la visualización», esa estrategia identificada por Ervin Panofsky a propósito de las catedrales góticas, ha alcanzado al conjunto de la práctica social. El proceso de escritura (Marshall McLuhan) y de espectacularización (Guy Debord) se refieren a esta lógica, a sus dos momentos o aspectos, uno metafórico (el escribir y la escritura, actividades subsidiarias que pasan a ser esenciales, modelos y centros de la práctica) y otro metonímico (el ojo, la mirada, la cosa vista, dejan de pasar por meros detalles o partes para tornarse en totalidad). En el curso del proceso por el cual lo visual se adueña de la primacía sobre el resto de los sentidos, todo lo que procede del gusto, del olfato, del tacto o incluso del oído se difumina y termina borrándose ante la línea, el color o la luz. Una parte del objeto y de lo que ofrece se toma así por el todo: este abuso normal (normalizado) se justifica en virtud de la importancia social de la palabra escrita. Por asimilación, por simulación, todo en la vida deviene desciframiento de un mensaje mediante los ojos, lectura de un texto; una impresión diferente a la óptica, por ejemplo la impresión táctil o muscular (ritmos), no es más que algo simbólico y transitorio hacia lo visual. Un objeto palpado, examinado por las manos, no sirve sino de «analogon» del objeto percibido por la vista. La Armonía, nacida por y para la escucha, se transfiere al ámbito visual con la prioridad casi absoluta acordada a las artes de la imagen, el cine y la pintura.

No obstante, la mirada relega los objetos en la distancia, en lo pasivo. Lo que sólo es visto se reduce a una imagen, a una frialdad helada. El efecto espejo se generaliza. El «ver» y lo «visto» se mezclan cayendo de forma conjunta en la impotencia. Al final de esos procesos el espacio no tiene existencia social sino por una visualización intensa, agresiva y represiva. Es entonces un espacio visual, no simbólica sino efectivamente. El predominio de lo visible conlleva un conjunto de sustituciones y desplazamientos mediante los cuales lo visual suplanta y suple al cuerpo entero. Lo que sólo es meramente visto y visible es difícil de ver, pero es cada vez mejor disertado y cada vez más escrito.

c) *El formante fálico.* Este espacio no puede despoblarse completamente y colmarse sólo de imágenes o de objetos transicionales. Reclama un objeto auténticamente lleno, un «absoluto» objetal. Lo fálico cumple ese servicio. Metafóricamente simboliza la fuerza, la fecundidad masculina, la violencia masculina. La parte se toma por el todo de nuevo; la brutalidad fálica ya no es abstracta puesto que es la del poder político, la de los medios de coacción: policía, ejército, burocracia. Lo fálico se erige, privilegiando la verticalidad: proclama la falocracia como sentido del espacio, como el final del proceso (doble: metafórica y metonímicamente) que engendra esta práctica espacial.

El espacio abstracto *no es* homogéneo. Simplemente *tiene* la homogeneidad como meta, como objetivo y orientación. La impone. Pero en sí mismo *es* un espacio plural. Los formantes geométrico y visual se complementan a la vez que se oponen, logrando por vías diferentes el mismo efecto: de un lado, la reducción de lo «real» en el «plano», en el vacío, sin más cualidad; del otro, en el aplanamiento del espejo, de la imagen y del puro espectáculo bajo la absoluta mirada glacial. En cuanto a lo fálico, cumple suplementariamente para que haya «algo» en el espacio, un significante que no tenga un significado vacío sino una plenitud de fuerza destructiva —la ilusión, pues, de la plenitud, un espacio colmado por un «objeto» portador de mitos—. El valor de uso de tal espacio es exclusivamente político.

Si se habla de él como de un «sujeto» que posee determinados fines y medios de acción es porque efectivamente existe un sujeto, un sujeto político: el poder como tal, el Estado como tal.

Concebir el espacio abstracto como homogéneo es, en consecuencia, una representación que toma el efecto por la causa y la meta por la razón. Esta representación proporciona la ilusión de un concepto, cuando no es sino una imagen, un espejo o un espejismo, y que en vez de recusar, de contradecir, se limita a *reflejar*. ¿Qué es lo que refleja una representación especular semejante? El resultado buscado, ni más ni menos. «Detrás de la cortina no hay nada que ver», dice Hegel en algún sitio con ironía, a menos que «nosotros» mismos vayamos detrás del lienzo para que alguien pueda ver y para que haya algo que ver. En el espacio, o detrás del espacio, no hay ninguna sustancia desconocida ni ningún misterio. Y sin embargo, la transparencia engaña, todo se oculta: el espacio es falaz. Su trampa reside precisamente en su transparencia. Por tanto, hay algo más que un juego de reflejos y de espejos: un juego de poder y de saber que percibimos al entrar en el espacio después de haber corrido la cortina.

Homogéneo en apariencia (su apariencia le da su fuerza), el espacio abstracto no tiene sin embargo nada de simple. En primer lugar, se pone de manifiesto su dualidad constitutiva. Se desdobla: resultado y continente, producto y productivo. De una parte, representación del espacio (la homogeneidad geométrica), y de otra parte, espacio de representación (lo fálico). La supuesta congruencia de los formantes de esta dualidad oculta, no obstante, la duplicidad: de un lado, el espacio abstracto es aún campo de acción práctica, y de otro, un conjunto de imágenes, de signos y de símbolos. Por una parte es ilimitado, en la medida en que vacío, pero por otra parte se encuentra poblado de contigüidades, de proximidades (*proxemias*), de distancias afectivas y de límites. Así pues, el espacio abstracto es un espacio a la vez vivido y representado —expresión y soporte de una práctica—, estimulante y coercitivo, lo uno por lo otro (aunque esos «aspectos» no coincidan), etc. Pero tres términos aparecen muy pronto: lo percibido, lo concebido y lo vivido —la práctica y las representaciones en su doble manifestación.

Las orientaciones individuales se realizan socialmente. La localización de los instrumentos y lugares de trabajo (incluidos, por supuesto, los trayectos) no excluye para los individuos la representación mediante símbolos y signos de la jerarquía de las funciones. Al contrario, lo uno incluye a lo otro. El soporte de una forma de vivir contiene y moldea esta forma de vida. La posición (localización) respecto a la producción (en el trabajo) *comprende* las posiciones y funciones en el mundo de la producción (la división del trabajo) pero igualmente la jerarquía de las funciones y trabajos. El *mismo* espacio abstracto puede procurar beneficio, privilegiar algunos lugares organizando su jerarquía, estipular la segregación (para unos) y la integración (para otros). Las estrategias tienen varios «blancos», enfocando determinados objetos, según los recursos y los retos. El *espacio de trabajo* posee estos dos aspectos complementarios: actividad productiva y posición en el modo de producción. La relación de la cosas en el espacio implica la relación con el espacio (las cosas en el espacio disimulan las «propiedades» del espacio como tal; el espacio valorizado por tal símbolo es también el espacio reducido —homogeneizado—).

Así, la *práctica espacial* define simultáneamente: los lugares, la relación de lo local con lo global; una representación de esas relaciones; acciones y signos; espacios cotidianos banalizados o espacios privilegiados, espacios que por mediación simbólica son considerados propicios o desfavorables, benéficos o maléficos, autorizados o prohibidos para grupos particulares. No se trata de «lugares» físicos o literarios, de *topoi* filosóficos, sino de lugares políticos y sociales.

De ahí, pues, algunos fenómenos globales que afectan al espacio entero (los intercambios y las comunicaciones, la urbanización, la valorización del espacio) al mismo tiempo que se observan segmentaciones, fragmentaciones, reducciones y prohibiciones. *El espacio de un orden se oculta en el orden del espacio.* Los procedimientos operativos, la acción de un poder igualmente localizado, resultan aparentemente de una simple lógica del espacio. Hay beneficiarios del espacio y excluidos «privados del espacio»; esta situación se atribuye a las «propiedades» de un espacio y a sus «normas» cuando se trata más bien de algo muy diferente.

¿Cómo es posible? ¿Cómo puede la abstracción ocultar tantas capacidades, tanta eficacia, tanta realidad? He aquí la respuesta —en curso de formulación y de demostración— a esta pregunta perentoria: *hay una violencia inherente en la abstracción*, en su uso práctico (social).

La abstracción pasa por una «ausencia» opuesta a la «presencia» concreta de los objetos, de las cosas. Nada más falso. La abstracción actúa por la devastación, por la destrucción (que a veces es el preludio de la creación). Los signos tienen algo de mortal, no por las «latencias» y las llamadas fuerzas inconscientes, sino, al contrario, por la introducción forzada de la abstracción en la naturaleza. La violencia no procede de una fuerza que intervendría al lado de la racionalidad, al margen o más allá de ella. Se manifiesta desde el momento en que la acción introduce lo racional en lo real, desde el exterior, como un instrumento, que siempre golpea, corta, recorta y repite la agresión hasta que logra su propósito. Ahora bien, el espacio es instrumental, el más general de los instrumentos. El espacio agrario, que el paseante contempla descubriendo en él la naturaleza, deriva de una primera violación de la naturaleza. La violencia se despliega en el curso de lo que llamamos la «historia» —la historia que he resumido en la discusión anterior poniendo énfasis en un aspecto a menudo omitido.

¿Habría un umbral en el curso de la transición que hemos descrito y condensado brevemente? ¿Habría logrado imponerse el espacio fálico-visual-geométrico a las otras percepciones y formas de la percepción en un momento determinado?

Incluso admitiendo una visión revolucionaria no es fácil considerar que las grandes revoluciones únicamente promuevan efectos «benéficos». De la Revolución Francesa nacieron contradictoriamente la nación, el Estado, el individualismo, el derecho moderno —es decir, el derecho romano revisado y «apropiado»—, la racionalidad, el servicio militar obligatorio, el soldado gratuito, la guerra permanente. Sin olvidar la desaparición de lo que quedaba del antiguo control comunitario sobre las autoridades políticas y sin omitir la burguesía y el capitalismo; en suma, la violencia generalizada.

Entre los efectos directos e indirectos de la revolución podemos también introducir la constitución definitiva del *espacio abstracto*, fálico-visual-geométrico. Ni que decir tiene que dicho efecto no aparece como tal con sus formantes. Ningún artículo del Código Napoleónico lo estipulaba. Pero, como decía Hegel, los periodos más creativos de la historia fueron y son los más tormentosos. Después de la producción viene el inventario, la formalización. E incluso a veces la felicidad, que sólo se escribe sobre las «páginas blancas» de la historia. La aparición y formación del espacio abstracto no puede ser datado, no podemos remitirnos a sucesos ni a instituciones definidas, pero al final del siglo XX sus resultados están ahí. Esta formación no puede comprenderse sino superando las categorías corrientes del «inconsciente» y del «consciente» así como las imputaciones basadas en esos conceptos. Nada puede ser más «consciente» que el empleo de metáforas, pues ellas son inherentes a los discursos y, por tanto, a la consciencia; pero nada puede ser más «inconsciente» si el análisis tiene en cuenta el *contenido* que se manifiesta inmediatamente después, en el curso del uso (de las palabras y de los conceptos). La crítica textual, la atenta y lenta constitución de un «corpus», podría desempeñar un gran papel aquí. ¿No vivió el romanticismo —aunque desconociéndolo— el momento transitorio entre la espacialidad abstracta y la percepción más inmediata? Ese conflicto, ignorado entre otros más clamorosos, ¿no atravesó y animó el romanticismo? Aquí podemos plantear algunas breves cuestiones al respecto: 1) ¿No señalaría el umbral una determinada poesía romántica?; 2) ¿No sería esta poesía la puerta o el ornamento de dicho umbral?; 3) ¿Habría inducido esta poesía —por ejemplo, la de Victor Hugo— el triunfo de lo visual, de lo fálico y de la geometría divinizada?

El «visionario» Hugo evoca los abismos, las profundidades, la «boca de la oscuridad»; profiere (palabras) y ve que la claridad vence sobre las tinieblas. Piensa en la victoria del Logos. Todas las metáforas visuales brotan con estruendo. El ojo (de Dios, del Padre eterno) se instala en la tumba. Los sonidos del pífano pespuntan en el aire. El cerdo sangrante surge desde la inmundicia donde agoniza y súbitamente se instala en la balanza eterna. «El cerdo sangrante y Dios se miran.» Triunfo de la mirada. ¿Necedad o genialidad? Es un falso dilema. ¡Qué tono tan épico! La Visión y la Vista, la Claridad y el Cielo logran la victoria y ¿qué hacen con los enemigos? Los disipan. Los pueblos del crepúsculo, que habitan la noche —genios, ancestros, demonios—, se desvanecen al alba. Pero ¿cómo será ese día? ¿Qué sombras los envolverán? ¿Qué ciencia los enfrentará? Ante Dios, el segador del verano eterno.

¿No ha sido franqueado el umbral?

05
El espacio contradictorio

I

Si hay ciencia del espacio (geometría, topología), no puede haber contradicciones del espacio. Si hay dualidades (propiedades duales) constitutivas del espacio social mismo, no puede haber contradicción del espacio: dualidad no significa conflicto, al contrario. Si es cierto que el espacio es el lugar o el conjunto de lugares de la coherencia, si es exacto que tiene una realidad *mental*, no puede haber contradicción del espacio. De Heráclito a Hegel y Marx, el pensamiento dialéctico se liga estrechamente al tiempo; las contradicciones dicen o expresan las fuerzas y las relaciones de fuerzas que se enfrentan en una historia (en la historia en general).

La ilusión del espacio transparente, «puro» y neutro (procedente de la filosofía, pero difundida en toda la cultura occidental), no se disipa sino con lentitud. Distintas consideraciones históricas, fisiológicas, físicas, lingüísticas, etc. han mostrado ya su complejidad. El espacio social contiene «rasgos» distintos y distintivos que se añaden a la forma mental «pura», sin separarse, no obstante, como un contenido exterior y sobreañadido. Su análisis dice lo que confiere al espacio una existencia concreta (práctica) en vez de confinarla en la abstracción (mental).

II

No habría que contentarse con introducir la idea de un espacio «plural», «poliscópico» o «polivalente». El análisis debe ir más allá. Conviene, en primer lugar, plantear de nuevo, en términos resueltos, las siguientes cuestiones:

- ¿Existe una lógica del espacio? En caso afirmativo, ¿cómo definirla y cuál es su alcance?
- ¿Tiene límites? ¿Cuáles son? En caso negativo, ¿dónde comienza exactamente lo irreductible en la forma lógica?
- ¿Dónde el pensamiento, que parte de la forma «pura», encuentra el obstáculo? ¿Cuál es ese obstáculo? ¿Opacidad y compacidad? ¿Complejidad? ¿Contenido sensorial y práctico irreductible? ¿Resistencia residual a toda acometida del análisis?

La crítica de la concepción cartesiana del espacio, la de sus prolongaciones en la filosofía moderna, no implica *ipso facto* la crítica de la lógica espacial. En efecto, el espacio cartesiano se ofrece a una *intuitus*. El sujeto cartesiano, perfectamente definido, nacido adulto y maduro como conciencia de sí, y de ahí algo separado de lo «real» y del «mundo», por milagrosa intervención divina, aferra el «objeto», el espacio, que no deriva de una construcción intelectual ni de una elaboración sensible sino que se da en bloque como pureza suprasensible, como infinitud. Al contrario que la intuición cartesiana, la lógica determina simplemente una red de relaciones constitutivas del «objeto».

En el pensamiento contemporáneo encontramos abundantes esfuerzos para reconducir sectores enteros del mundo real bajo los criterios de la lógica o, si se quiere, para determinar o definir los diversos dominios a partir de una tesis lógica sobre la coherencia y la cohesión, el equilibrio y la regulación. De ese modo se discurre sobre la lógica de la vida, la lógica de lo social, la lógica del mercado y de la mercancía, la lógica del poder, etc., sin haber definido previamente la *lógica* y sus límites. Para eludir la dialéctica, se multiplican sin fin las lógicas, lo que termina estremeciendo a la lógica misma.

III

Las relaciones lógicas son relaciones de inclusión-exclusión, de conjunción-disyunción, de implicación-explicación, de iteración-reiteración, de recurrencia-repetición, etc. Las proposiciones, juicios, conceptos o encadenamientos de conceptos o bien se incluyen y derivan de inclusiones, o bien se excluyen recíprocamente. Tales relaciones lógicas no suponen ni una «realidad» preexistente ni una «verdad» previa. Se las puede representar mediante figuras geométricas: los círculos, de los cuales los más grandes engloban a los más pequeños, simbolizan los conceptos. Esta representación no aporta sino una ilustración de las relaciones, que pueden prescindir de tal representación, siendo estrictamente formales. Las relaciones lógicas contienen la razón (necesaria y suficiente) de las relaciones matemáticas —de las figuras, de los conjuntos y de los grupos (asociatividad, conmutabilidad, etc.).

No hay duda alguna de que en el espacio práctico y en la práctica espacial existen relaciones de inclusión-exclusión, de implicación y de explicación. Un «ser humano» no tiene el espacio social ante y alrededor de él —el espacio de su sociedad— como un cuadro, un espectáculo o un espejo. Sabe que *tiene* un espacio y que *está* en ese espacio. No disfruta sólo de una visión, de una contemplación o de un espectáculo: actúa y se sitúa en el espacio como partícipe activo. En ese sentido, se sitúa en una serie de envolturas que se implican recíprocamente y cuya secuencia explica la práctica social. Desde la perspectiva antropológica, en una sociedad arcaica o campesina, está el cuerpo (la proxemia), la morada y sus «estancias», la vecindad, la comunidad (el caserío, la aldea), las dependencias (campos de cultivo, praderas y pastos, bosques y frondas, cotos de caza, etc.). Más allá, el extraño y el extranjero, lo hostil; aquí, los órganos del cuerpo y de los sentidos. Como el supuestamente «primitivo», el niño —a quien equivocadamente se considera un ser elemental, sin duda porque es improductivo y posee un rol sometido—, debe pasar del espacio de su cuerpo a su cuerpo en el espacio. Y de esta operación a la percepción y a la concepción del espacio. De acuerdo con el análisis que hemos intentado realizar, estos actos sucesivos comienzan y finalizan en las «propiedades» objetivas, simetrías y duplicaciones a las que se superponen las inclusiones y las exclusiones. Las inclusiones comportan exclusiones: por distintas razones hay lugares prohibidos (sagrados-malditos, heterotopías) y lugares autorizados o recomendados, lo que cualifica dramáticamente a las partes y divisiones del espacio al oponer lo benéfico y lo maléfico, distinguiéndolos del espacio neutro.

Las relaciones de este tipo pueden representarse figurativamente por medio de rectángulos o cuadrados: algunos pueden ser incluidos por los otros, pero al mismo tiempo pueden incluir o excluir a otros. Los círculos permiten una representación análoga. Lo que permite comprender la importancia de la cuadrícula (la malla) y de la llamada forma radio-concéntrica y, en consecuencia, en otro grado de elaboración, la importancia del cilindro y del cubo. Comprender su importancia quiere decir limitarla, como hicimos anteriormente mostrando las transformaciones de la forma mediante los diferentes aspectos que eran aprehendidos de ella en el curso del llamado proceso «histórico».

En numerosos estudios encontramos el tema de la iteración (repetición) y de su resultado (combinación de elementos, diferencias inducidas en el seno de un conjunto). Estaríamos en presencia de una estructura lógica tal que podría ser descrita y aprehendida de dos formas convergentes: una, partiendo de lo implicado, y otra, partiendo de lo «implicante» (lo uno, a partir de los pequeños conjuntos comprendidos; lo otro, a partir de los mayores y más comprehensivos). Esto proporcionaría una inteligibilidad sin residuo alguno. El primer procedimiento enumeraría las partes del espacio, esto es, los objetos en el espacio (los instrumentos de la vida cotidiana, del hogar, del trabajo, pero también sus continentes: chozas, cabañas, casas, edificios, calles, plazas, etc., marcados por y para las necesidades de la vida práctica). Este procedimiento habilitaría el inventario en un orden concreto. La otra descripción, al contrario, mostraría el conjunto del espacio, las relaciones constitutivas de la sociedad global. La correspondencia exacta entre las dos formas de aprehensión del espacio —entre la implicación y la explicación— permitiría a su vez comprender al mismo tiempo las transformaciones operadas por los elementos activos en el seno del espacio y la génesis del espacio en tanto que conjunto a la vez social y mental, abstracto y concreto.

La antropología habría confirmado que esta hipótesis no se recluye en la «pura» abstracción. Lo que sabemos sobre las comunidades aldeanas (Dogon, Bororo, vasca), de las ciudades (griegas o modernas) muestra superficies y volúmenes que se involucran, encajes y geometrías más o menos complejas, representables mediante figuras. Encontramos numerosos objetos y muebles junto con «estancias», cobijos, casas familiares; encontramos también lugares más amplios, nombrados o designados (nombres comunes o nombres propios) como *topoi*. Y todo exhibe la dualidad que remite a las propiedades generales de los conjuntos lógico-matemáticos y que, en la práctica, faculta la multiplicidad de los recorridos: del dentro al afuera, del fuera al adentro, etc.

De ahí la tendencia evidente en la antropología contemporánea a tratar el espacio como un medio de operaciones clasificatorias, como una nomenclatura, una taxonomia de las cosas a partir de operaciones independientes del contenido, es decir, de las cosas mismas. Esta tendencia converge con las tentativas que aplican procedimientos semejantes (con la identificación de lo mental y de lo social) a la familia,[1] al intercambio, a las comunicaciones, a los

---

[1] Prototipo de este análisis, el libro de Claude Lévi-Strasuss, *Les structures élémentaires de la parenté*, París, PUF, 1949, que viene a hablar de la familia y de las relaciones sociales excluyendo el sexo y el erotismo. En este sentido, cf. Georges Bataille, *L'Érotisme*, París, 1957, coll. 10/18, pp. 229-230.

instrumentos y objetos mismos. El «puro» saber autosuficiente recibe aquí una determinación muy precisa: consiste en categorizaciones implícitas en sus objetos. Esta hipótesis no se presenta sólo mediante un código capaz de descifrar un determinado mensaje confuso (el espacio social, en este caso), sino por una concienzuda evacuación del «objeto».

IV

Esta reducción del contenido al continente (formal) levanta inmediatamente una objeción. Este procedimiento suprime de entrada las diferencias, cuando las descripciones dejan las diferencias externas las unas respecto a las otras, cayendo desde ese momento en el ámbito de las particularidades mal conocidas.

El reduccionismo llevado al extremo conlleva la reducción del tiempo al espacio; la reducción del valor de uso al valor de cambio, la reducción de los objetos a los signos y la de lo «real» a la semiosfera; asimismo entraña la reducción del movimiento dialéctico a una lógica, y la reducción del espacio social al espacio mental puramente formal.

¿Qué podría justificar, sin embargo, la confusión de un espacio euclidiano (geométrico), vacío, indiferente a eso que lo llena, con un espacio visual, dotado de propiedades ópticas bien definidas, siendo ambos espacios considerados indistinguibles del espacio de una práctica que comporta lugares morfológicamente privilegiados, jerarquizados, donde los actos son realizados y los objetos localizados? La tesis de un medio espacial inerte donde la gente y las cosas, las acciones y las situaciones, se limitarían a tomar asiento, corresponde a un esquema cartesiano (la cosa extensa como «objeto» de pensamiento) que en el curso del tiempo se ha convertido en «sentido común» y «cultura». El espacio mental elaborado por los filósofos y los epistemólogos se constituye en lugar transparente, en medio lógico. La reflexión, desde ese momento, cree alcanzar el espacio social, pero éste es en realidad la sede de una práctica que consiste en algo más que en la aplicación de conceptos, dado que supone también desconocimiento, ceguera y la propia experiencia vital.

En cuanto a la lógica del espacio, ¿podemos decir que existe? Sí y no. En cierta medida, la matemática constituye una lógica del espacio. Sin embargo, el espacio «puramente» concebido —como lo ilustró Leibniz— no posee elementos ni forma. Sus partes son indiscernibles, de tal manera que se asemeja a la identidad «pura», ella misma vacía puesto que «puramente formal». Para introducir ahí una determinación es preciso introducir antes un contenido, ¿pero cuál? El acto que discierne las partes y, en las partes discernidas, un orden, esto es, un tiempo. De otro modo no podría haber diferencia pensada sino sólo un pensamiento de la diferencia. ¿Puede formularse la lógica simbólica sin apelar a un antes y a un después, a una izquierda y a una derecha, a simetrías y asimetrías? De acuerdo con Lewis Carrol, la respuesta es «no».[2] Este lógico genial marca el camino que va de la pura forma a los diversos contenidos escalonados, introducidos sucesivamente a lo largo del trayecto, en pleno conocimiento de la causa y la razón de ser. Liga lo mental y lo social a través de mediaciones: las palabras, los signos, los duplos o sombras, los juegos (Alicia, el espejo, etc.). La distancia que ocupan es grande, irreductible, pero puede ser concebida (ser representada). Lejos de presidir la confusión de órdenes, dimensiones y niveles, la lógica no se concreta sino discerniendo entre ellos. Al señalarlo (o al señalizarlo), la lógica entorpece el trabajo de la metáfora. La peor y más peligrosa de las metáforas es la que compara el espacio mental a un folio en blanco sobre el cual lo psíquico y lo sociológico vendrían después a escribir (inscribir) sus variaciones y variables. Es posible reconocer esta metáfora en varios autores, no obstante altamente cualificados,[3] y eso bajo el amparo de consideraciones tomadas a la filosofía y a los filósofos.[4] Se advierte en estos autores cómo el tecnicismo, el psicologismo y la fenomenología desplazan el análisis del espacio social para sustituirlo inmediatamente por un espacio mental geométrico (neutro, vacío, blanco). ¿De qué modo define un centro Norberg-Schulz, teórico del espacio? Pues como el punto hecho con el lápiz en una hoja blanca. Desde esta perspectiva, la señalización del espacio no tiene más finalidad y sentido que la memorización, el reconocimiento (subjetivo) de los lugares. Este autor postula un *Eigenraum* cercano, si puede decirse, a la proxemia del antropólogo E.T. Hall.[5] De este modo, el espacio objetivo y la imagen subjetiva del espacio coinciden y, en consecuencia, lo mental y lo social.

---

[2] Cf. *Symbolic Logic* y *Game of Logic*, Nueva York, Doven Pub., 1955, «The Bilateral Diagram», p. 22; «The Trilateral Diagram», p. 39 y ss., junto con la tabla de las clases y la interpretación de las clases espaciales, pp. 54-55.

[3] Cf. Alexander, Ch., *Notes on the Synthesis of Form*, Cambridge, Mass. Harvard University Press, 1964; y también Chr. Norgberg-Schulz, *Existence, Space and Architecture* (Nueva York: Prager, 1971).

[4] Heidegger, Marleau-Ponty, Bachelard, Piaget.

[5] Cf. *The Hidden Dimension*, Garden City, NY, Doubleday, 1966; y también Norberg-Schulz, *Existence, Space and Architecture*, pp. 18 y 114.

De estas descripciones se deriva una mezcla donde todo es indistinguible o una disociación entre lo concebido, lo percibido y lo vivido, entre las representaciones del espacio y los espacios de representación. Sin embargo, el verdadero problema teórico es justamente relacionar estas esferas revelando las mediaciones entre ellas.

Así pues, se enfatiza la importancia de la *ilusión espacial* que no proviene ni del espacio geométrico como tal ni del espacio visual (el de las imágenes y las fotos, a partir de los planes y diseños) como tal ni del espacio social (práctico y vivido), sino de su interpenetración: oscilación de uno a otro o sustitución. De suerte que la visualidad pasa por lo geométrico y que la transparencia óptica (legibilidad) de lo visual se confunde con la inteligibilidad lógico-matemática, y viceversa.

Todo esto vuelve a incriminar de nuevo una falsa conciencia del espacio abstracto y una falsedad (objetiva) de este espacio. Para un «sentido común», lo visual que reduce los objetos a la abstracción especular y espectacular se confunde con la abstracción científica y sus procedimientos analíticos, esto es, reductores. La reducción-extrapolación opera sobre la pizarra como sobre el tablero de dibujo, con el folio en blanco como con los esquemas, con la escritura como con la abstracción sin contenido. Es una operación que tiene efectos tanto más graves cuanto que el espacio de los matemáticos, como toda abstracción, constituye un potente medio de acción: de dominación sobre la materia. En consecuencia, un medio de destrucción. Mientras que lo visual, tomado aparte, se contenta con sublimar y disolver el cuerpo y la energía natural como tales. Su combinación les confiere una capacidad inquietante, que compensa la impotencia de la mirada pura mediante la potencia de los operadores técnicos y de la abstracción científica.

Este análisis adquiere todo su sentido con una restitución de la economía política entendida como conocimiento de la actividad productiva. Pero ya no se tratará de la economía política de las cosas en el espacio, ciencia caída en desuso, sino de una nueva economía política del espacio (y de su producción).

Dejemos aquí de lado la marcha galopante de la tecnología, la expansión demográfica y la amenaza ecológica, que aportarían argumentos adicionales a este ejercicio de colocar en primer plano el espacio. ¿Cómo evocar la futura profusión de las masas humanas —ya presente en algunas partes de nuestro mundo— sin referir al mismo tiempo la problemática del espacio? Señalemos de paso que ese procedimiento se distingue fuertemente de una filosofía o de una actitud especulativa en tanto que se basa en la práctica, y una práctica que no se limita a la arquitectura o a eso que llamamos «urbanismo» sino que se extiende a la práctica social globalmente tomada, tan pronto como la reflexión da cuenta de lo económico y de lo político.

A estas alturas del análisis podemos considerar como establecidas algunas proposiciones. Para conectar lo mental y lo social conviene distinguirlos entre sí y reconstruir después las mediaciones. *El concepto de espacio no está en el espacio.* Del mismo modo que el concepto de tiempo no es un tiempo en el tiempo. Esto ya lo saben los filósofos desde hace mucho. El concepto de espacio no tiene por contenido el espacio absoluto o el espacio en sí; ni contienen un espacio en él. ¡Vamos, que el concepto de perro no ladra! El concepto de espacio denota y connota todos los espacios posibles, reales o abstractos, mentales y sociales. Y en particular contiene esos dos aspectos: el espacio de representación y la representación del espacio.

Sin embargo, se ha introducido una confusión, debida a que los filósofos —en tanto que epistemólogos— han construido espacios al modo de los matemáticos: espacios cartesianos para la clasificación de los conocimientos. Han procedido, pues, como si el concepto de espacio engendrara (o produjera) el espacio (mental). A partir de ahí, el pensamiento se debate en un dilema: o bien se establece un corte entre lo mental y lo social, o bien se mezclan y se confunden. La primera opción significa establecer un abismo entre la lógica, la matemática, la epistemología, de un lado, y la práctica, de otro. En el segundo caso, se impone una lógica implacable y sistemática de la sociedad, de la *res* social (y espacial), de la mercancía, del capital, de la burguesía, del modo de producción capitalista, etc. En fin, lógica sin residuo.

De ese modo, el «espacio de verdad» es sustituido por la «verdad del espacio», aplicada a los problemas prácticos (la burocracia, el poder, la renta y el beneficio, etc.) y disminuyendo ilusoriamente el caos reinante; el espacio social corre el riesgo de ser definido por el espacio del planificador, del político, del administrador, el *espacio arquitectónico* (socialmente construido) por el *espacio* (mental) *del arquitecto*.[6]

V

Hacia 1910 los pintores académicos continuaban pintando «bellas» figuras de un modo «expresivo»: rostros conmovedores que expresaban las emociones del pintor, desnudos deseables que expresaban los deseos del espectador y del pintor. Entretanto, la vanguardia pictórica disociaba el significado de lo expresivo sin ser del todo

---

[6] Lo que intenta Philippe Boudon en *L'espace architectural, essai d'épistémologie* (París: Dunod, 1972).

consciente. (Los conceptos les eran extraños.) Esos pintores percibían con agudeza a través de sus experiencias los inicios de la «crisis del sujeto» en el mundo moderno. En su práctica pictórica capturaban un hecho nuevo, ligado a la desaparición de todos los referentes: a saber, que sólo el significado podía comunicarse dado que sólo él se desligaba del «sujeto» —autor, artista e incluso espectador como individuo—. Esto implicaba que el objeto pictórico, el cuadro, no consistía ni en la imitación de una realidad objetiva (todas las referencias usuales —espacio y tiempo tradicionales, sentido común, percepción de lo «real» definido por analogía con la naturaleza— estaban desapareciendo) ni en una «expresividad» concerniente a las emociones y sentimientos subjetivos. Esos pintores sometieron al «objeto» de sus cuadros a las peores —y muy pronto las últimas— ofensas. Alegremente lo rompían o lo dislocaban. Una vez iniciada la disociación entre sujeto y objeto ya no había límites. Esta fisura en realidad deja surgir *otra cosa*.

De creer a los comentaristas más autorizados,[7] la innovación dataría de 1907. Picasso descubrió entonces una nueva forma de pintar, ocupando toda la superficie del cuadro, sin horizonte, sin fondo, pero descomponiendo dicha superficie entre el espacio de las figuras pintadas y el espacio que las rodeaba.[8] Mientras que en la misma época Matisse alcanzaba la perfección en el tratamiento rítmico de la superficie, Picasso la estructuraba con fuerza. En realidad fue mucho más lejos de la estructuración, como se diría más tarde, pues dialectizó la superficie siguiendo oposiciones muy poderosas provenientes más de las líneas y de los planos empleados que de los colores, ritmos y fondos. No sólo desarticuló las superficies de los lienzos, sino los objetos, ajustando el proceso paradójico por el cual simultáneamente la tercera dimensión (la profundidad) se reducía a la superficie pintada y, al mismo tiempo, era restituida en virtud de la simultaneidad de los múltiples aspectos de la cosa pintada (el cubismo analítico). Así pues, lo que tenemos es: el fin objetivado de los puntos de referencia (el espacio euclidiano, la perspectiva y la línea del horizonte, etc.); un espacio simultáneamente *homogéneo* y *roto*; un espacio *fascinante* por su estructura; un proceso dialéctico iniciado a partir de oposiciones (paradigmas)

---

[7] Cf. Wilhem Boeek y Jaime Sabarthier, *Picasso*, Nueva York / Ámsterdam: Harry N. Abrams, 1955, p. 142: «Unlike the many figured painting of 1906, Les Demoiselles shows no deep space surrounding the figures...» (A diferencia de mucha de la pintura figurativa de 1906, Las Señoritas de Avignon no muestran el espacio profundo en torno a las figuras...)

[8] «The space they occupy and the space they leave unoccupied complement each other as the positive and the negative.» (*ibid*). (El espacio que ocupan y el que dejan libre se complementan entre sí como el positivo y el negativo.)

sin llegar a romper el cuadro; y una *visualización absoluta* de las cosas que reemplaza a la incipiente dialéctica.

La disociación entre lo expresivo y lo significativo, la liberación del significante, comportó enormes consecuencias, y no sólo en el ámbito de la pintura. El análisis tiende a privilegiar la pintura en virtud de su relación privilegiada con el espacio en ese momento. Y en primer lugar, la liberación se extiende al significado mismo pues en él se separan el signo (significante) y lo que designa (el significado). El signo ya no es el «objeto» sino el objeto sobre el lienzo, es decir, el tratamiento experimentado por el objetivo: roto, desarticulado, hecho «simultáneo» al mismo tiempo y en el mismo impulso. En cuanto al «significado», está ahí presente, pero oculto. Es algo inquietante y sobre todo no aporta ni placer ni gozo ni calma, en todo caso sólo un interés intelectual y quizá angustia. ¿Angustia ante qué? Ante las figuras rotas de ese mundo hecho trizas, ante ese espacio desarticulado, ante esa «realidad» despiadada que se confunde con su propia abstracción, con su propio análisis —puesto que ella es ya una «abstracción», análisis efectivo—. ¿Y qué es lo que reemplaza a lo subjetivo, qué es lo que toma el lugar de la expresividad? La violencia que se desencadena en el mundo moderno y asola todo cuanto existe.

Volviendo al asunto Picasso, éste no tiene nada de simple y en principio debería percibirse como un «caso» en vez de unirse al patético coro de devotos. La tesis de un artista revolucionario (revolucionario en tanto que «comunista») que se impone al mundo burgués (pese a su «comunismo») alcanzando así la gloria universal, pone de manifiesto una ingenuidad grosera dado que el «mundo comunista» jamás lo reconoció. Picasso no conquistó el mundo ni tampoco fue cooptado. Inicialmente Picasso aportó la «visión» que el mundo existente implicaba y esperaba, y eso justo en el momento en que estallaba la crisis, cuando se derrumbaban los puntos de referencia e irrumpió la violencia. Era ese momento en que avanzaba el imperialismo y se desataba la Guerra mundial —la primera manifestación del establecimiento de un mercado mundial y primera figura del «mundo»—. Y también, y al mismo tiempo, avanzaba en paralelo la Bauhaus o, en otros términos, el espacio abstracto. Lo que no quiere decir que Picasso fuera la causa de este espacio, sino que él lo significó.

El espacio de Picasso anunció el espacio de la modernidad. Esto no quiere decir que uno produjera el otro. Lo que hallamos en Picasso es el espacio visualizado sin reservas, la dictadura del ojo y del falo: la virilidad agresiva, el toro, el macho mediterráneo, el *machismo*, que se alza (genialidad indiscutible dentro de la genialidad) hasta su parodia y a veces hasta su autocrítica. La crueldad de

Picasso hacia el cuerpo, en particular hacia el cuerpo femenino, torturado de mil maneras y caricaturizado sin piedad, responde al dictado del espacio dominante, del ojo y del falo, esto es, de la violencia. Este espacio no puede decirse (ni reconocerse ni admitir su carácter) sin denunciarse a sí mismo. Y así, Picasso, auténtico y enorme artista, consumando y activando el arte (todo está consumado), vislumbra y prepara la transformación dialéctica del espacio: desvelando y revelando las contradicciones del espacio fragmentado —contradicciones manifiestas o no que residen en él, en su trabajo—, el pintor confirma la emergencia de un espacio diferente, un espacio diferencial.

VI

En la misma época Frank Lloyd Wright comenzó a suprimir el muro que sellaba un espacio y separaba el dentro del afuera, el interior del exterior. El muro se redujo a una superficie y ésta, a su vez, a una membrana transparente. La luz entraba a raudales en la casa; y en cada «pieza» de la misma podía contemplarse la naturaleza. Desde ese momento, la materialidad del volumen y del peso del muro dejó de jugar un rol primordial en la arquitectura. La materia ya no sería sino una envoltura del espacio, cediendo el predominio a la luz que poblaba ese espacio. Siguiendo la tendencia de la filosofía, del arte y de la literatura, de la sociedad entera hacia la abstracción, la visualización y la espacialidad formal, «la arquitectura trató de alcanzar la inmaterialidad».[9]

Pero muy pronto intervino una dislocación que no se había manifestado en los orígenes. El muro perdió su importancia (el muro-pantalla) y el espacio interior se liberó. La fachada desapareció (aunque retornaría con una pompa y una brutalidad acrecentada, más monumental que nunca, en la época fascista), lo que implicó la dislocación de la calle. La desarticulación del espacio externo (fachada, exterior del edificio) puede ser observada con claridad en los escritos y en las construcciones de Le Corbusier. El autor pretendía «libertad»: libertad de la fachada respecto al plan interior; libertad de la estructura respecto al exterior, libertad de la disposición de plantas y apartamentos respecto a la armadura edificada. En realidad lo que sucede es la fractura del espacio, la

---

[9] Cf. Michel Ragon, *Histoire mondiale de l'architecture et de l'urbanisme modernes*, 3 vols., Tornai, Casterman, 1971-8), tomo II, p. 47.

homogeneidad del conjunto arquitectónico concebido como «máquina para habitar» y hábitat del hombre-máquina, la desarticulación de elementos disociados los unos de los otros al tiempo que disocian el conjunto urbanístico, la calle, la ciudad. Le Corbusier ideologizaba a la vez que racionalizaba, o quizá fuera lo contrario. El discurso ideológico sobre la naturaleza, el sol y el verdor ocultaba a toda la gente de su época, y en particular a Le Corbusier, el sentido y el contenido de los proyectos arquitectónicos. La naturaleza ya estaba lejana y, en consecuencia, su imagen se ensalzó.

VII

Es una ingenuidad de los historiadores del arte pensar que los artistas plásticos son en cierto modo causa o razón del espacio (arquitectónico, urbanístico o global). De ese modo ponen entre paréntesis lo social y la práctica social para considerar sólo las obras como entidades aisladas. Insistamos en este asunto pues se trata de un *punto de inflexión* no sólo en la historia del arte sino en la historia de la sociedad moderna y en la de su espacio. Es un hecho establecido que los pintores prepararon el espacio arquitectónico de la Bauhaus, ¿pero cómo lo hicieron? Aproximadamente al mismo tiempo que Picasso, otros grandes artistas como Klee y Kandinsky inventaron no sólo otra forma de pintar sino una nueva espacialidad. Es posible que incluso en este sentido fueran más lejos que el propio Picasso, sobre todo Klee. El objeto (pintado en el lienzo) fue percibido en una relación sensible —en este sentido, visible y legible— con todo cuanto le rodeaba, el espacio entero del cuadro. Tanto en Klee como en Picasso el espacio se desprendió de lo emotivo y de lo expresivo, proponiéndose como significativo. Pero mientras Picasso proyectaba simultáneamente sobre el lienzo los diferentes aspectos del objeto, analizados por el ojo y el pincel, el pensamiento de Klee, guiado por el ojo, proyectándose sobre la superficie pintada, giraba en torno al objeto con el fin de situarlo. Los contornos del objeto se hacían visibles. Así pues, el objeto en el espacio se vinculaba a una presentación del espacio.

Así, los pintores habrían revelado la transformación social y política del espacio. La arquitectura contemporánea se descubrió como un instrumento al servicio del poder y del Estado, una fuerza reformista y conformista a escala mundial. Y eso pese a que su advenimiento se saludó como una revolución, es más, ¡como la revolución arquitectónica antiburguesa! La Bauhaus, al igual que

Le Corbusier, expresó (es decir, formuló y realizó) las exigencias arquitectónicas del capitalismo de Estado, que en escasa medida diferían de los requerimientos del socialismo de Estado tal como fueron identificados en ese momento por los constructivistas rusos. Éstos mostraban más imaginación (de carácter utópico) que sus cofrades occidentales, pero curiosamente pasaban por reaccionarios en su país mientras que sus contemporáneos de la Bauhaus eran vistos como subversivos. El malentendido, que ha durado medio siglo, está muy lejos de disiparse: la utopía y la ideología, indiscerniblemente ligadas al saber y a la voluntad, se mantienen aún con vigor. En la esfera de la naturaleza redescubierta, el sol, la luz, bajo el signo de la vida, el cristal y el metal se alzan por encima de la calle, por encima de la realidad urbana. Junto con la exaltación de la rectitud (ángulos y líneas), el orden del poder, el orden masculino —en suma, el orden moral—, se naturaliza.

No obstante, es cierto que la efervescencia creadora de este periodo, que precede y sigue a la Primera Guerra Mundial, contrasta curiosamente con la esterilidad de la segunda post-guerra.

VIII

En el mismo periodo, en los denominados países «avanzados» (industrializados), comenzó a fragmentarse la reflexión sobre el espacio que se formulaba al margen y más allá de la filosofía clásica, al margen de las obras propiamente estéticas (y que buscaban conectarse con la «realidad»). Por resumirlo en pocas palabras, se vieron despuntar tesis sobre el espacio «cultural» que se oponían, al menos en apariencia, a las tesis sobre el espacio del comportamiento. El *conductismo* (y no el humanismo liberal heredado del siglo XIX) combatió la antropología culturalista, dos doctrinas que se unirían en los Estados Unidos.

Los etnólogos y antropólogos (entre los que debe citarse de nuevo a Mauss, Evans-Pritchard y Rapoport), a menudo proyectaban en el presente y el porvenir sus refinados análisis de sociedades remotas y aisladas sobre la historia, sobre las ciudades y las técnicas industriales. Se inspiraban en las descripciones de las moradas campesinas y tribales en vez de relegarlas al folclore. El éxito de esta propuesta proviene del hecho de que contornea la modernidad (en su forma capitalista) y promueve la mímesis, la propensión a razonar por analogía y a reproducir por imitación. Así, la teoría del espacio cultural se transformó en modelo cultural del espacio.

A esta concepción estática se le oponía otra concepción —igualmente estática— para la cual el espacio vivido se identificaría con una suma de condicionamientos y se definiría en términos de reflejos. Al menos, esta teoría no situaba en primer plano una abstracción agostada, la cultura. E incluso arrojó lo cultural a la categoría de los «espacios de representación», planteando así indirectamente la cuestión de la relación entre la ideología y la metafísica. Por el contrario, sufrió todos los defectos comunes al conductismo capitalista y a su competidor «socialista», la teoría pavloviana. Reduccionista en esencia, esta concepción hizo desaparecer la inventiva escamoteando la necesidad de crear un espacio nuevo para una nueva vida (lo que no quiere decir que para crear dicha vida fuera *suficiente* inventar un espacio).

IX

De las consideraciones precedentes se desprende todo lo contrario del axioma cartesiano: el espacio abstracto no puede concebirse abstractamente. Tiene un contenido, pero ese contenido es tal que la abstracción lo «toma» en una práctica que la «trata». El contenido del espacio abstracto contiene contradicciones que la forma abstracta parece resolver, aunque en realidad las hace manifiestas mediante su análisis. ¿Cómo es posible? ¿Cómo un espacio puede decirse a la vez homogéneo y fracturado? ¿O unificado y fragmentado? En principio —y esto nada tiene en común con una relación «significante-significado» inmanente al espacio— la «lógica del espacio», su coherencia y sus significaciones aparentes, recubren una violencia inherente a la abstracción. Como la violencia es inherente a los instrumentos en general (cortan, parten, violentan y brutalizan la materia natural), a los signos en general, la violencia es inmanente al espacio instrumental, pese a que parezca racional y evidente. Pero es preciso impulsar más lejos este análisis.

Hoy día resulta fácil comprender, dado que estas nociones han penetrado en la «cultura», que el valor de cambio, la mercancía, el dinero y el capital son abstracciones concretas, formas que existen socialmente (como el lenguaje —sobre el que tanto se ha discurrido— y el espacio). Pero para existir socialmente estas formas necesitan un contenido. El capital se fracciona inevitablemente, se dispersa en capitales, pero no sin dejar de guardar o constituir una unidad que es condición de su funcionamiento (el mercado de capitales). Las fracciones del capital entran en conflicto entre sí: capital comercial, capital industrial, capital bancario y capital financiero. No obstante, la unidad formal del capital subsiste en medio de la fragmentación. La forma persiste conteniendo «fracciones». Precisamente se ofrece bajo esta apariencia «socialmente» real: la unidad, el capital. La heterogeneidad, los conflictos y las contradicciones no aparecen como tales. Del mismo modo sucede con la propiedad, dividida entre la propiedad mobiliaria y la inmobiliaria, entre la propiedad del dinero y de la tierra. En cuanto al mercado, su fragmentación —de todos bien conocida— forma parte de su propio concepto: mercado de mercancías (que una interpretación unilateral del marxismo privilegia), mercado de capitales, mercado de trabajo, mercado de suelo (de la construcción, de viviendas, del espacio en definitiva), mercado de obras de arte, de signos y símbolos, de conocimiento, etc.

El espacio *abstracto* sólo puede aprehenderse *abstractamente* mediante un pensamiento que *separa* la lógica de la dialéctica, que *reduce* las contradicciones a la coherencia y que *mezcla* los residuos de esa reducción (por ejemplo, la lógica y la práctica social). El espacio abstracto, considerado como instrumento (y no sólo como apariencia social) es en principio el lugar de la naturaleza, el útil que quiere dominarla y aspira en última instancia a su destrucción. Este mismo espacio corresponde a la ampliación de la práctica (social) que engendra redes cada vez más vastas y densas por la superficie terrestre, y por debajo y por encima de ella. Pero se corresponde también con el trabajo abstracto (Marx designaba así al trabajo en general, el trabajo social medio, productor del valor de cambio, de la forma general de la mercancía). Ese trabajo abstracto no tiene nada de abstracción mental, ni de abstracción científica en sentido epistemológico (que separa los conceptos de la práctica con el fin de inventariarlos y establecerlos en saber absoluto). Tiene una existencia *social* como el valor de cambio y la forma del valor en sí mismos. Si tratáramos de enumerar las «propiedades» de este espacio tendríamos que comenzar por considerarlo un medio de intercambio (con sus implicaciones lógicas: la intercambiabilidad) tendente a absorber el uso. Esto de ninguna manera excluye el uso político; al contrario, el espacio de la dominación estatal, el de la violencia (militar), es también el espacio en que se despliegan las estrategias. Pero su racionalidad (limitada) tiene algo en común con la racionalidad empresarial (sin que sea posible asumir un paralelismo entre la división técnica y la división social del trabajo). En este espacio se despliega el mundo de la mercancía, con sus implicaciones: la acumulación y el crecimiento, el cálculo, la previsión y la programación. Es decir, que este espacio es donde actúa, por presión y represión, la tendencia a la homogeneidad, con todos sus medios: el vacío semántico que pretende abolir las significaciones anteriores (lo que no puede impedir la creciente complejidad mundial, la multiplicidad de mensajes, de códigos y de operaciones). La vasta metaforización que opera a través de la historia, así como la metonimización que tiene lugar a través del proceso acumulativo, que transportan al cuerpo fuera de sí mismo (forma paradójica de alienación), confluyen en ese mismo espacio abstracto. Ese amplio proceso va de la verdad física (la presencia del cuerpo) a la primacía de la palabra escrita, del «plano», de lo visual y de la reducción en lo visual. El espacio abstracto contiene simultáneamente el intelecto analítico hipertrofiado; el Estado y la razón de Estado burocrática; el conocimiento «puro»; y el discurso del poder. Al implicar una «lógica» que lo disimula ocultando sus contradicciones, este espacio abstracto —el de la burocracia— reúne en sí el espectáculo y la violencia (contrariamente al «puro» espectáculo). Finalmente, encontramos que este espacio se distingue con dificultad del espacio elaborado por la filosofía, desde Descartes a Hegel, al fusionar lo inteligible (*res extensa*) con lo político, el saber con el poder. Todo esto ha desembocado en una práctica espacial autoritaria y brutal, sea la de Haussmann o la posterior versión codificada por la Bauhaus y Le Corbusier; en todos los casos, la eficaz aplicación del espíritu analítico en y por la dispersión, la separación y la segregación.

El espacio de la homogeneización no tiene nada de homogéneo. A su manera, poliscópico y plural, contiene y unifica a la fuerza los fragmentos o elementos dispersos. Si históricamente afloró como medio del compromiso socio-político entre la aristocracia y la burguesía (entre la propiedad del suelo y la propiedad del dinero), el espacio abstracto ha mantenido todavía su dominio durante el conflicto entre el capital financiero —abstracción suprema— y la acción perpetrada en nombre del proletariado.

X

En esta textura (o tejido) interviene, como una ideología en acto que justifica y a la vez motiva, el espacio desarrollado por las vanguardias artísticas, que habían asumido el colapso de todos los referenciales anteriores. Esos artistas *presentaron* el objeto en el espacio de la práctica social dominante. Al mismo tiempo, los arquitectos y urbanistas aportaron —también como una ideología en acto— un espacio vacío, primordial, un continente preparado para recibir contenidos fragmentarios, un medio *neutro* listo para acoger cosas desglosadas, gentes y *hábitats*. En suma, la incoherencia bajo el signo de la coherencia, la separación y la disyunción en la cohesión, lo fluido y efímero haciéndose pasar por lo estable, las relaciones conflictivas en el seno de una lógica aparente y de la combinatoria efectiva.

Este espacio abstracto posee aún muchos otros rasgos distintivos. Es en él donde se disocian —para enlazarse después mal que bien— el deseo y las necesidades; es en él donde se instalan y distribuyen las clases medias, neutras en apariencia, dado que se sitúan social y políticamente entre los polos representados por la burguesía y la clase obrera. No es que este espacio constituya su «expresión» sino que les es asignado por las grandes estrategias: esas clases encuentran lo que buscan, un espejo de su «realidad», representaciones sedantes, la imagen de un mundo social en el que tienen su lugar, preciso, etiquetado y asegurado. En realidad, en este espacio, las clases medias son manipuladas de la misma manera que lo son sus inciertas aspiraciones y sus muy ciertas necesidades.

En el espacio abstracto, donde se despliegan las estrategias, también se propagan las agitaciones y los debates de Mímesis: la moda, el deporte, el arte, la publicidad y la sexualidad transmutada en ideología.

XI

En el espacio abstracto, donde la anaforización transfigura el cuerpo arrastrándolo fuera de sí, en el plano ideal-visual, tiene lugar también una extraña sustitución relativa al sexo. La relación sexual inicial, en tanto que natural, implica una reciprocidad; ese vínculo puede recibir luego una justificación y una legitimación abstractas, que la mudan en realidad social (erróneamente llamada «cultural»). La reciprocidad física se legaliza en reciprocidad contractual, en un «compromiso» que tiene por testigo y garante a la autoridad. Pero en el curso de ese proceso el vínculo inicial sufre una seria modificación.

El espacio de la sustitución que reemplaza la naturaleza por una abstracción fría, por la ausencia de placer, es el espacio mental de la castración (a la vez ficticia y real, simbólica y concreta). Es el espacio de la *metaforización* en el que la imagen de la mujer suplanta a la mujer, donde su cuerpo se fragmenta, donde el deseo se quiebra y la vida se deshace. En el espacio abstracto imperan la soledad fálica y la autodestrucción del deseo. La representación del sexo ha sustituido al sexo bajo el vocablo «sexualidad» y su apología envuelve su depreciación.

Habiendo perdido el estatus de naturalidad, apelando en vano a una «cultura» del cuerpo, el sexo deviene asimismo una localización, una especificación, una especialización, con sus lugares y órganos: las zonas «erógenas» asignadas por los sexólogos, los «órganos» de la reproducción. La sexualidad (ni cultura ni naturaleza) parece dominada en tanto que subsistema codificado y descodificado: mediación específica entre lo «real» y lo imaginario, entre el deseo y la angustia, entre las necesidades y la frustración. Confinado por la abstracción del espacio fragmentado en lugares especializados, el cuerpo mismo se fragmenta y se pulveriza. El cuerpo representado mediante imágenes, mediante la publicidad (las piernas por las medias, los senos por los sostenes, el rostro por el maquillaje, etc.), descompone el deseo, lo condena a la frustración ansiosa y a la satisfacción insatisfecha de las necesidades locales. En el espacio abstracto, dondequiera se sienta su influencia, la muerte del cuerpo se cumple de dos maneras: una simbólica y otra concreta. Concretamente, por efecto de las violencias; simbólicamente, mediante la fragmentación de lo vivo. Esto es particularmente cierto en el caso del cuerpo femenino, transformado en valor de cambio, signo de mercancías y en mercancía misma.

El sexo y la sexualidad, el placer y el disfrute, se identifican con los «entretenimientos» en lugares especializados para las distracciones: ciudades, pueblos de vacaciones, nieve, sol y playa. Esos espacios de ocio se erotizan: espacios nocturnos de los barrios destinados a la fiesta ilusoria. Como el juego, *Eros* deviene consumidor y consumido. ¿A través de los signos? Sí. ¿A través de los espectáculos? También. El espacio abstracto es doblemente castrador: aislando el falo, proyectándolo fuera del cuerpo, fijándolo en el espacio (verticalidad), poniéndolo bajo la supervisión del ojo. Lo visual y lo discursivo se refuerzan (se contextualizan) en el mundo de los signos. ¿Bajo la «férula del terrorismo comercial», como dice Schelsky? Sí, pero también y sobre todo por la localización en los espacios fragmentados y especializados en una forma globalmente homogénea. La abstracción final del cuerpo culmina en su fragmentación y su localización (funcionales).

Curioso espacio, pues es homogéneo y a la vez se compone de guetos. Transparente y aparente: tramposo. Falsamente verdadero y «sincero»: no es el objeto de una falsa conciencia sino, al contrario, el lugar y el medio que engendra (produce) la falsa conciencia. La apropiación, que en cualquier forma, concreta y efectiva, debería simbolizarse (dar lugar a símbolos que la *presenten*, que la hagan presente) se ve *significada* e ilusoria. Una vez admitido este dilema las implicaciones y consecuencias se descubren casi inagotables. Este espacio *contiene* mucho pero oculta (niega) el contenido en vez de indicarlo. Contiene un imaginario específico: imágenes fantásticas, símbolos que parecen responder «a otra cosa» pero que constituyen su contenido. Contiene representaciones derivadas del orden establecido: estatus, normas, jerarquías localizadas y lugares jerarquizados, roles y valores asociados a los lugares. Esas «representaciones» imponen y prescriben en y por el espacio que las soporta y otorga su eficacia. En él opera sin cesar la sustitución de las cosas, de los actos y de las situaciones por las representaciones (que en tanto que ideologías no poseen ninguna eficacia). El «mundo de los signos» no es sólo el espacio ocupado por los signos y las imágenes (por los objetos-signos y los signos-objeto), sino el espacio donde el Ego ya no está en relación con su naturaleza, con una materia, ni siquiera con la «coseidad» de las cosas (las mercancías) sino sólo con las cosas desdobladas de sus signos y de hecho suplantadas y suplidas por ellos. El «yo» porta-signos ya no guarda relación sino con otros portadores de signos.

El espacio homogeneizante y fracturado se fragmenta de una forma muy elaborada en modelos sectoriales. Esos sectores parecen provenir de análisis objetivos —denominados sistémicos— que constatan aparentemente de forma empírica conjuntos o subconjuntos, «lógicas» parciales. Citemos al azar: el sistema de transportes, el sistema urbano, el sector terciario, el sector escolar, el espacio del trabajo y el mercado correspondiente —el de la mano de obra— con sus organizaciones e instituciones, el mercado de capitales con el sistema bancario, etc. Poco a poco, la sociedad se descompone en sistemas y subsistemas sin fin, sin que importe para nada qué objeto social aparezca como unidad coherente. Los ideólogos que se creen sin ideología, los tecnócratas o especialistas, imaginan garantizar que lo construyen aislando un parámetro u otro, un grupo u otro de variables. Se postula la coherencia lógica y la cohesión práctica de tal o cual sistema sin más examen; el menor análisis disolvería el postulado (por ejemplo: ¿el «sistema urbano» se encarna en tal o cual ciudad?, ¿o representa a la ciudad en general?). De ese modo, se pretende captar los mecanismos específicos, los que remiten a un aspecto «real» de la realidad, y se descubren esos mecanismos aislándolos y por el hecho de aislar tal aspecto de lo real. Una tautología se disfraza de ciencia y una ideología de especialización. Ahora bien, la «modelización», la «simulación», el análisis «sistémico», lo logran en virtud de un postulado implícito: el espacio subyacente en el aislamiento de las variables así como en la construcción de los conjuntos. Este espacio verifica los modelos en cuestión precisamente porque los modelos sirven para efectuar este espacio. Lo que se logra *hasta cierto punto*, es decir, hasta el caos subsiguiente.

XII

Lo visual-espacial (que como he tratado de mostrar, no puede confundirse ni con el espacio geométrico ni con el espacio óptico ni con el espacio de la inmediatez natural) dispone de una enorme potencia *reductora*. Aunque heredero de la historia y de la violencia histórica, comporta la reducción del espacio anterior, el de la naturaleza y el de la historia. Lo que quiere decir la destrucción del paisaje «natural» y la del paisaje urbano. Esas afirmaciones remiten a acontecimientos, a decisiones destructivas, e indudablemente a desplazamientos y sustituciones mucho más ocultos que los sucesos y decisiones más importantes. Cuando la plaza en la ciudad, lugar de encuentro apartado de la circulación (por ejemplo, la Plaza de los Vosgos) se transforma en encrucijada (por ejemplo, La Concorde) y en tanto que lugar de encuentro es abandonada (por ejemplo, el Palacio Real), la vida urbana se degrada insensible y profundamente en beneficio del espacio abstracto, recorrido por esos átomos de circulación que son los automóviles. Se ha dicho y repetido cómo Haussmann rompió el espacio histórico de París en provecho de un espacio estratégico, previsto y recortado como tal. Las críticas quizá no han insistido demasiado sobre la calidad de un espacio herido así de muerte. Comportaba una *doble* red de pasajes y calles, rara y elevada complejidad cualitativa. ¿Puede sobrevenir un encuentro entre una visualización casi total (la «lógica visual» llevada al extremo) y una «lógica de la sociedad», es decir, una estrategia de la burocracia estatal? Tal encuentro parece improbable: demasiado bello para ser cierto. Ahora bien, este encuentro es Brasilia, la obra de Oscar Niemeyer. Y el encuentro ha sido remarcado.[10] La sociedad tecno-burocrático-estatal se proyecta con tanta fidelidad en el espacio de Brasilia que casi alcanza la comicidad en el testimonio.

La reducción se acomete en las dimensiones ya reducidas del espacio euclidiano, como sabíamos: se lo aplasta literalmente, confinándolo a la superficie, al simple plano. Los pasos de aplanamiento, unidos y desunidos, merecen una reseña: el que ve y sólo sabe ver, el que dibuja y sólo sabe trazar rasgos sobre la hoja en blanco, el que circula y sólo sabe circular en vehículo, contribuye a la mutilación del espacio recortado en láminas. Se completan: el que circula mira para dirigirse (en auto) y no ve más que aquello

---

[10] Charles Jenks, *Archi-2000: Predictions and Methods*, Nueva York, Praeger, 1971, pp. 10, 12..

que le sirve; así pues, no percibe nada sino su trayecto (materializado, maquinizado, tecnificado) y todo bajo un único ángulo, el de la utilidad funcional: rapidez, legibilidad y facilidad. Además, quien sólo sabe ver termina por mal ver. La *lectura* de un espacio fabricado en virtud de lo *legible* se aproxima a una especie de pleonasmo: la transparencia «pura» e ilusoria. No es sorprendente que a continuación uno se encuentre contemplando la obra de una actividad congruente e incluso la ocasión de un discurso persuasivo en tanto que coherente. Este efecto de transparencia, tan grato para los amantes de la buena lógica, parece constituir la perfecta situación del cazador cazado. Es lo que hemos tratado de mostrar. El espacio se define entonces por la percepción de un *sujeto abstracto*, como el conductor de vehículos a motor, equipado de un sentido común colectivo, la capacidad de leer las señales del código de circulación, y de un sólo órgano, la vista, al servicio del desplazamiento en el campo visual. Desde ese momento, el espacio no aparece sino en sus formas reducidas. El volumen se borra ante las superficies, y el conjunto ante las señales visuales situadas a lo largo de trayectos fijos, proyectados sobre el «plano». Una confusión singular y por otra parte impensable, imposible, opera en el estado naciente entre el espacio y la superficie que define la abstracción espacial y le confiere una existencia física, semi-ficticia o semi-real. Así, este espacio abstracto deviene eventualmente simulacro del espacio pleno (el que fue pleno inicialmente en la naturaleza y en la historia). El tránsito se convierte en simulación vivida, gestual —el paseo, el vagabundeo—, de lo que fue una actividad urbana de encuentro, de movimiento entre existencias concretas.

¿Cómo escapar desde ese momento a la pulverización en imágenes, en signos, en informaciones unidas y desunidas para el «sujeto» condenado a la abstracción? El espacio se ofrece como un espejo al «sujeto» reflexivo, pero al estilo de Lewis Carroll, el «sujeto» atraviesa el espejo y deviene abstracción vivida.

XIII

En el curso del establecimiento de ese mismo espacio abstracto tiene lugar una sustitución no menos importante que las mencionadas anteriormente: la sustitución del *habitar* por el *hábitat*, caracterizado éste por la abstracción funcional. Las clases dominantes se adueñan del espacio abstracto a medida que se constituye, como resultado de su acción política aunque no pueda confundirse con dicha acción; lo utilizan como un instrumento de poder sin omitir, no obstante, los otros usos posibles: la organización de la producción y de los medios de producción; el beneficio en definitiva.

El *habitar*, de evocación poética (*«El hombre habita en poeta»*, escribía Hölderlin), no podría hacer olvidar que, por los siglos de los siglos, sólo ha tenido sentido para la aristocracia. El arquitecto, al servicio de los «grandes» —nobles y príncipes de la Iglesia—, construía edificios religiosos, palacios y fortalezas. El palacete aristocrático, ya decadente pero pronto imitado por la (alta) burguesía, anhelaba suntuosos salones de gala, retirados respecto a las zonas de paso: calles, plazas y avenidas. Esas piezas daban con frecuencia al patio de honor. Ensimismado, el aristócrata no se preocupaba de ver ni de ser visto salvo en el curso de algún ceremonial. Lo esencial del palacio o de la mansión consiste en su disposición interna. Guarda en su fasto algo de orgánico, de natural, que le da su encanto. La fachada no tiene sino una importancia secundaria y derivada, y a menudo falta y es sustituida por la severidad de un pórtico monumental o por una entrada solemne al patio. En el espacio interno se desenvuelve la familia, el señor en medio de los suyos —esposa, hijos y parientes en distintos grados—, los suyos entre sus domésticos. No hay intimidad, no tiene sentido. La fachada y la intimidad son invenciones de la burguesía y del aburguesamiento de la nobleza. Sin embargo, los lugares «comunes», las cuadras y las cocinas se distinguen netamente de los ámbitos habitados por los señores, cuyo orgullo, arrogancia, necesidades y deseos se exhiben en los lugares adecuados.

El apartamento burgués no es sino una parodia de la mansión aristocrática, pero mediante la imitación se manifiesta muy pronto una ocupación muy diferente del espacio. Las salas de boato —el salón, el comedor, el fumador, la sala de billar— son el objeto de todos sus afanes: su amplitud, su decoración y el amueblamiento. Las piezas se disponen de un modo por completo diferente a la morada aristocrática: puertas, ventanas y balcones se abren a la calle. Lo visible y lo visual se imponen. La fachada, armada para ser vista y para ver, decorada de esculturas, balaustradas y molduras, se organiza alrededor de los balcones. La continuidad de la calle queda asegurada mediante la alineación y la contigüidad de las fachadas. Aunque la calle ya se ve reducida a una función de tránsito, sigue conservando una gran importancia. El diseño y ornamentación de las fachadas por parte de los arquitectos contribuyen a animar la calle y a crear el espacio urbano. La racionalidad de la perspectiva rige todavía la disposición de las calles, avenidas, plazas y parques. Ya poco orgánico, el espacio conserva no obstante cierta unidad. El inmueble burgués no es todavía una caja. En cuanto a las funciones corporales (comer y beber, dormir y hacer el amor), éstas se ocultan. Severamente juzgadas, groseras, vulgares, se relegan a las traseras de la casa: cocinas, baños y servicios, dormitorios, a menudo a lo largo o al final de un corredor oscuro, o sobre un patio menudo y sombrío. En breve, en la relación dominante «fuera-dentro», el fuera adquiere la primacía. *Eros* desaparece de una forma paradójica: en la intimidad de doble fondo de los recibidores o en los reservados. Un topo-psicoanálisis mostraría en el espacio burgués un filtro de lo erótico, un rechazo de las «libidos», que es a la vez cesura y censura. En cuanto a los sirvientes, los domésticos, éstos habitan en los desvanes. En el espacio habitado reinan la solemnidad moralizante (algo que ignora la aristocracia), la familiaridad y la vida conyugal —la genitalidad—, todo lo cual recibe el bello apelativo de «intimidad». Si el afuera domina la relación «dentro-afuera» es porque se trata de lo único que importa: lo que se ve y lo que es visto. Sin embargo, el interior, donde perece *Eros*, se valoriza de un modo mistificante y mistificado. Gruesas cortinas permiten aislar el dentro del afuera, separar el balcón del salón, preservar y significar la intimidad. Esporádicamente una cortina se abre y la fachada se ilumina: se anuncia fiesta. Por otro lado o por lo demás, algunos objetos bautizados como «artísticos» —esculturas o cuadros de desnudos— completan el conjunto confiriéndole un «sello» de naturaleza o de libertinaje, con el fin de distanciar precisamente a la una y a la otra.

La experiencia vivida del espacio no queda al margen de la teoría. Ciertamente sería demasiado trivial insistir en la experiencia cotidiana para erigirla de inmediato en teoría. Describir los «perjuicios» ocasionados por el ascensor, que ha permitido a las clases acomodadas conquistar las plantas superiores de los edificios, rompiendo del todo los contactos que aseguraban la escalera y el rellano, no es algo que nos lleve demasiado lejos. No obstante, la teoría no tiene por qué situar la experiencia vivida entre paréntesis para promulgar sus conceptos. Al contrario, lo vivido forma parte del ámbito teórico y la separación (no la distinción ni el discernimiento) entre concebir y vivir se muestra artificial. El análisis del espacio aburguesado verifica la teoría del espacio abstracto. Más aún: unificando lo vivido y lo concebido, muestra el contenido de la abstracción y reúne al mismo tiempo lo sensorial y lo teórico. Si los sentidos devienen instrumentos teóricos, la teoría revela el sentido de lo sensible.

Como es sabido, para la clase obrera, el capitalismo «ascendente» de la *belle époque* (en esa fase concurrencial, de enormes tasas de beneficio, de una acumulación ciega pero rápida) produjo en primer término los tugurios de los arrabales. Con gran rapidez destruyó el espacio tradicional de la casa de vecindad: la burguesía en los pisos de abajo, los obreros y la servidumbre en las buhardillas. Los tugurios, cuartuchos de pieza única, situados en pasillos oscuros, en traspatios y a veces en un sótano, eran deportados hacia el extrarradio, a las periferias. Es la «época dorada» de la burguesía.

Fue entonces cuando se definió el *hábitat* con sus corolarios: el volumen mínimo habitable, cuantificado en términos de módulos y trayectos; el equipamiento igualmente mínimo y el entorno programado. En realidad, lo definido así, mediante aproximaciones sucesivas, fue el *umbral inferior de tolerancia*. Más tarde, en el siglo XX, los tugurios tienden a desaparecer. En el espacio de la periferia, los chalés contrastan con los «polígonos residenciales» con la misma intensidad con que las moradas opulentas difieren de los desvanes de los pobres. La experiencia del «mínimo vital» no sirve para menos. Los chalés y las ciudades nuevas se acercan al *umbral inferior de sociabilidad* más allá del cual la supervivencia sería imposible puesto que toda vida social desaparecería. Fronteras interiores e invisibles comienzan a dividir el espacio, no obstante lo cual sigue dominado por una estrategia global y por un poder único. Esas fronteras no sólo separan los niveles —local, regional, nacional y mundial— sino que distinguen aquellas zonas en que la gente debe reducirse a «su más simple expresión», a su «mínimo denominador común» para sobrevivir; y las zonas donde es posible desplegarse confortablemente, disponer de tiempo y espacio, de lujos esenciales. El término «frontera», demasiado débil, oculta lo esencial: líneas de fractura en medio de la homogeneidad que perfilan los auténticos contornos —muy accidentados aunque invisibles a la mirada— del espacio social «real».

La imagen generalizada de una jerarquía de niveles, de una clasificación de variables y dimensiones, disimula esta realidad. Una implicación lógica, la conjunción-disyunción formal, es sustituida por una relación concreta entre lo homogéneo y lo quebrado. Se discurre sobre el espacio como si éste «organizase» de un modo más o menos armónico sus elementos: los módulos y los planos, la composición y las densidades de ocupación, lo morfológico (formal) y lo funcional, lo urbanístico y lo arquitectónico. El discurso sobre el espacio —que describe lo que ven ojos afectados por defectos congénitos más graves que la miopía o el astigmatismo— *usurpa* el sentido de la realidad, recubriéndola de ropajes ideológicos que no se dan como tales, sino bajo el aspecto de no-ideológicos (o meta-ideológicos). Hablamos de la estética y del esteticismo, de la racionalidad y del racionalismo.

Una racionalidad clásica (cartesiana) se vincula aparentemente a las distinciones y a los recortes administrativos del espacio. El *zoning*, por ejemplo, que precisamente fragmenta, rompe y separa en una unidad burocráticamente estipulada, se confunde con la capacidad racional de distinguir. La asignación de funciones, acompañada de su distribución «sobre el terreno», se confunde con la actividad analítica que toma en consideración las diferencias. Lo que recubre en realidad es un orden moral y político, una potencia que dispone esas condiciones, una pertenencia socioeconómica, que parece provenir en línea recta del Logos, es decir, de un «consenso» en lo racional. La racionalidad clásica parece exacerbarse en racionalidad tecnológica y tecnocrática. Ese es el momento en que se transforma en su contrario: la absurdidad de una realidad pulverizada. El orden burocrático-estatal, cobertura en sí del capitalismo de Estado (cuando no del socialismo de Estado) se realiza y disimula simultáneamente «sobre el terreno». Mezcla su imagen en el aire transparente de la legibilidad funcional y estructural. La unidad de la razón (la razón de Estado) cubre y envuelve los múltiples recortes administrativos yuxtapuestos y superpuestos, una especie de puzle del que cada pieza corresponde a una «operación» (citando de memoria, las ZAD, las ZAC, las ZUP, etc.).

El espacio abstracto es, pues, en esencia y por excelencia, un espacio represivo, pero lo es de un modo particularmente hábil en tanto que múltiple: la represión inmanente se manifiesta tan pronto por la reducción, por la localización (funcional), la jerarquización y la segregación como por el arte. Ver (de lejos), contemplar (lo que ha sido separado), disponer los «puntos de vista» y las «perspectivas» (en los mejores casos), cambia los efectos de una estrategia en objetos estéticos. Esos objetos de arte, en general abstractos, no figurativos en consecuencia, desempeñan el papel de figurantes: representan admirablemente el espacio «circundante» que mata al entorno. Todo lo cual no corresponde sino muy bien al urbanismo de maquetas y de plano-masa, complemento del urbanismo de colectores e infraestructuras viarias, donde la mirada del creador se fija a su voluntad y gusto sobre los «volúmenes», mirada falsamente lúcida que ignora a la vez la práctica social de los «usuarios» y la ideología que contiene en sí misma. Lo que en absoluto impide, al contrario, presidir el espectáculo y formar la unidad en la que todos los fragmentos programados se integren cueste lo que cueste.

XIV

La quiebra del espacio engendra un conflicto cuando dos contenidos disociados, cada uno desde su lado, tienden hacia una forma (organización). Consideremos la *empresa* y su espacio. En muchos casos, la empresa se rodea de una aglomeración a su servicio, como una secreción propia: el poblado minero en torno a la factoría, a veces una ciudad. En tales casos, la aglomeración cae bajo el control absoluto de la empresa, es decir, de sus dirigentes (capitalistas).

Los trabajadores tienden a perder así el estatus que hacía de ellos trabajadores libres, obreros, «proletarios» en el sentido dado por Marx: disponían de su tiempo al margen del tiempo de trabajo cedido al capitalista que compraba fuerza de trabajo (no el trabajador en tanto que ser físico y humano). En la medida en que las empresas capitalistas establecen enclaves de completa dependencia y sujeción de los trabajadores, estos enclaves se aíslan en el seno del espacio donde se despliega la libertad de los individuos y la del propio capital (industrial y comercial). Pero en la medida en que esos enclaves tienden a congregarse, establecen un tejido donde reina un capitalismo totalitario (con la fusión de lo económico y lo político).

El espacio de la gran ciudad no puede concebirse a partir de la empresa (y esto debido a que la ciudad no puede regirse por dicho modelo, incluso cuando resulta enfocada como una gran empresa). En la ciudad, el estatus del trabajador corresponde al de sujeto «libre» (con todas las reservas y limitaciones aportadas a la acepción abstractamente filosófica del término), lo que permite a los obreros cohabitar con las otras clases. La división social del trabajo domina sobre la división técnica. Y es sólo de ese modo como la ciudad habilita la reproducción de la fuerza de trabajo y la reproducción de las relaciones de producción, así como el acceso de todos a los diferentes mercados (en primer lugar, el mercado de los bienes de consumo). Esto forma parte de las funciones de la ciudad. En otros términos, la *libertad* engendra contradicciones que son igualmente contradicciones del espacio. Mientras la empresa tiende hacia una sociedad totalitaria (autoritaria, de buen grado fascista), lo urbano mantiene a pesar de la violencia o mediante ella una democracia (por supuesto, limitada).

XV

Las significaciones del espacio abstracto consisten más en prohibiciones que en peticiones y sugerencias (salvo por lo que respecta al consumo). La prohibición, en tanto que fundamento negativo —si puede decirse— del orden social, triunfa en este ámbito. Esta represión constitutiva queda bien simbolizada en ese objeto que se expone a la mirada, ajeno a todo uso, sea en un museo sea en los escaparates de una tienda. Cuántas travesías comienzan por la aceptación pasiva y generalmente «inconsciente» de una prohibición, con un momento de malestar (en el umbral de una iglesia, en una oficina, en un edificio «público», en un lugar «extraño», etc.).

La mayor parte de las prohibiciones son invisibles. Las cancelas y rejas, las barreras materiales y los fosos no son sino casos extremos de la separación. Los espacios elitistas, los *beaux quartiers*, y los sitios «selectos» están protegidos contra los intrusos por signos y significantes más abstractos. La prohibición es el reverso y la cobertura de la propiedad, de la apropiación negativa del espacio bajo el régimen de propiedad privada.

El espacio se rompe en lugares asignados (significados, especializados) y en lugares prohibidos (a tal o cual grupo de la población). Se separa en espacios destinados al trabajo y espacios de ocio, en espacios diurnos y espacios nocturnos. El cuerpo, el sexo, el placer sólo reciben una existencia (mental y social) con el fin de la jornada, una vez levantadas las interdicciones que pesan sobre ella en el curso de las actividades «normales». Esta existencia subsidiaria y derivada es recibida durante la noche, en esos territorios idóneos (en París, hacia Pigale y Montmartre en un tiempo, más tarde hacia los Campos Elíseos y Montparnasse), en el fondo reducidos al espectáculo y objeto de una explotación sutil. En esos lugares y durante esos tiempos, el sexo parece campar a sus anchas, aunque en realidad no tiene otro derecho que el de exhibirse ante el dinero contante y sonante. La ruptura del espacio se acentúa: los barrios de «fiesta» se iluminan al anochecer mientras que los barrios de «negocio» penetran en el vacío y la muerte. Durante la noche, resplandeciente, las prohibiciones diurnas dejan lugar a las pseudo-transgresiones remuneradas.

XVI

¿Cómo logra mantenerse este espacio que ha sido caracterizado como «homogéneo» y «quebrado» a la vez? ¿Cómo hace para reconciliar dos caracteres formalmente incompatibles? ¿Cómo logra asociar dos atributos no «compatibles» desde el punto de vista lógico y constituir un «todo» que no sólo no se desintegra sino que se muestra apto para el despliegue estratégico?

Planteada en términos algo diferentes, la cuestión ha recibido ya una respuesta pero es preciso regresar a ella. La respuesta no se encuentra en el espacio *como tal*, en tanto que cosa o conjunto de cosas, hechos o secuencias de hechos, «medio» o «entorno». Buscar en ese sentido es volver a la tesis del espacio neutro, anterior o exterior a la práctica social, esto es, mental y fetichizada (objetivada). Sólo un *acto* puede tener y mantener juntos los fragmentos en una totalidad homogénea. Sólo una acción puede retener lo que se dispersa, como el puño cerrado aferrando la arena.

El poder político y la acción política de sus aparatos administrativos no pueden concebirse ni como «sustancias» ni como «formas puras». Saben utilizar, sin embargo, las realidades y las formas. La transparencia ilusoria del espacio es a fin de cuentas la ilusión de transparencia del poder que se disimula tras su contenido. Es el acto del poder político, pues es él quien suscita la fragmentación para controlarla (la crea en realidad con el fin de controlarla). No obstante, la fragmentación de la realidad —dispersión, segregación, separación, localización— puede desbordar el poder, que sólo puede sostenerse reforzándose continuamente. Este círculo vicioso explica el carácter cada vez más severo de la autoridad política, allí donde se ejerza, según el ciclo «presión-represión-opresión». Así es como el poder político-estatal deviene omnipresente, como el poder divino en las religiones y teologías: con mayor o menor intensidad está por doquier, difuso en ciertos sitios, concentrado en otros. El espacio permite integrar lo económico en lo político. Las zonas «centradas» irradian y ejercen sus influencias «culturales», ideológicas y de todo tipo en todas direcciones. El poder político no es *per se* productor del espacio, pero lo reproduce en tanto que lugar y medio de la reproducción de las relaciones sociales (que le son confiadas).

En el espacio del poder, el poder no aparece como tal, sino que se disimula bajo la denominada «organización del espacio». Suprime, elude y evacua todo cuanto se le opone mediante la violencia inherente y, si ésta no fuera suficiente, mediante la violencia expresa.

XVII

Llega el momento en que debemos precisar los objetivos del debate en relación con Marx y su pensamiento, e igualmente con respecto a la economía política como ciencia y a la crítica de la economía política como ideología.

Para situar en perspectiva el pensamiento de Marx conviene retomarlo en su integridad, considerándolo como punto de partida más que como término y conclusión. En suma, tomándolo como un *momento* de la teoría y no dogmáticamente como teoría definitiva. Eso es tanto como decir (y por qué no repetirlo aquí) que en el presente hay dos errores, dos ilusiones que deberían evitarse. La primera enfoca el pensamiento marxista como un sistema y busca integrarlo en el saber establecido, y en consecuencia, trata de aplicarle los criterios epistemológicos. La otra se esfuerza en cambio en destruir el pensamiento de Marx bajo el pretexto de la crítica radical, de discusión global sobre los principios mismos del criticismo. La primera cede, pues, al prestigio del saber absoluto, admitiendo la tesis (históricamente hegeliana) de la existencia de un saber que descansa sobre una «realidad» igualmente establecida. La otra cede al vértigo de la destrucción y de la autodestrucción, creyendo destruir lo «real» socavando el conocimiento por la base. Podríamos considerar el marxismo en la actualidad del mismo modo que la física de la relatividad considera la física newtoniana: como un momento del pensamiento, no sólo en su génesis histórica y en la exposición pedagógica, sino como un momento necesario en tanto que inmanente y esencial que de hecho sigue progresando. Y esto deja abierta la cuestión de la discontinuidad (ruptura) política entre la teoría del Estado (hegeliana) y la crítica radical del Estado (marxista).

Es posible hoy reconstruir el destino de la economía política, desde su nacimiento hasta su declive, incluida la cima alcanzada con la obra de Marx. Esta breve y dramática historia no se separa de la llamada «realidad» económica, es decir, del crecimiento de las fuerzas productivas (acumulación primitiva del capital). El declive del pensamiento económico comienza con las dificultades del crecimiento y de la ideología que lo justifica y estimula: con el empirismo político y el pragmatismo de las soluciones propuestas a los problemas asociados al crecimiento.

Antes de discurrir por esta historia sería conveniente revisar algunos conceptos como, por ejemplo, el de *trabajo social* elaborado primero por los clásicos ingleses de la economía política y más tarde por otros, especialmente Hegel y Marx. El trabajo social ha recorrido un trayecto accidentado. La realidad y el concepto vieron la luz con el nacimiento de la industria moderna, y pese a los esfuerzos y efectos negativos ambos se afirmaron hasta convertirse en centrales, en la teoría y en la práctica, para la ciencia y la sociedad. El trabajo productivo (industrial) como realidad, como concepto y como ideología dio lugar a «valores» morales y artísticos. La producción y la productividad se convirtieron al final en causas sociales y en base racional de una concepción del mundo ligada a la filosofía de la historia y a una ciencia ascendente, la economía política. Muy pronto llegó la obsolescencia. Los valores y conceptos procedentes del trabajo comenzaron a emplearse. Y la economía política, como teoría del crecimiento y artífice de modelos, se desintegró.

Algo parecido sucedió hacia mediados del siglo XIX, pero entonces Marx hizo retornar la economía política de una forma a la vez imprevista e incomprensible para los economistas entendidos: añadiendo a ella su propia crítica en nombre de una concepción global (del tiempo, de la historia y de la práctica social). Es un esquema bien conocido en la actualidad, quizá demasiado. Por eso su capacidad creativa (algunos dirían «productiva» y por qué no) está afectada. La capacidad creativa se manifiesta entre el momento en que el concepto altera las tendencias dominantes y el momento en que las difunden; es decir, cuando se incorpora al saber, al dominio público, a la cultura y a la pedagogía. Así sucede con Marx y con el marxismo, pero el esquema marxista no ha perdido vigor. No hay saber sin crítica del conocimiento y sin saber crítico. La economía política no puede ser ni es una ciencia «positiva» y sólo positiva; la economía política, como ciencia, es también la crítica de la economía política (entendamos por ello de lo económico y de lo político, y de su pretendida unidad o síntesis). El conocimiento de la producción implica el análisis crítico de la producción, lo que hace salir de las sombras el concepto de *relaciones de producción*. Una vez identificadas, las relaciones de producción reaccionan sobre la totalidad confusa desde la que han emergido, sobre los conceptos de trabajo social productivo y producción. En ese momento se constituye un nuevo concepto que engloba el de las relaciones de producción sin coincidir con él: el *modo de producción*. Entre las relaciones de producción y el modo de producción existe una conexión que Marx no llega a descubrir por completo ni a elaborar correctamente. Es una laguna que sus sucesores han tratado de cubrir. Si lo han logrado es otro asunto.

En el que nos ocupa, ¿cuál es el papel desempeñado, antes y ahora, por la *tierra* como concepto y realidad? Al principio factor determinante, especialmente entre los fisiócratas, la tierra parecía destinada a perder con rapidez toda importancia. La agricultura y el trabajo agrícola estaban llamados a desaparecer ante el trabajo industrial, tanto desde el punto de vista cuantitativo (la riqueza productiva) como cualitativo (las necesidades satisfechas por los productos de la tierra); la agricultura misma podía y debía industrializarse. Además, la tierra pertenecía a una clase (la aristocracia, los propietarios del suelo, los señores feudales). La burguesía debía, al parecer, exterminar esta clase o subordinarla hasta arrancarle toda importancia. Por último, la ciudad iba a dominar al campo, preparando el final (la superación) de la oposición.

Es posible reconstruir las fluctuaciones de los economistas (incluyendo, por supuesto, a Malthus junto a Ricardo y Marx) sobre la cuestión de la tierra, del trabajo y de los productos agrícolas, de la propiedad y de las rentas del suelo, y de la naturaleza en sí.

En *El capital,* Marx abrigó la intención de analizar y exponer el modo de producción capitalista y la sociedad burguesa según un esquema binario (dialéctico), la oposición «capital-trabajo» y «burguesía-proletariado», que conllevaba a su vez la oposición «beneficio-salario». Esta polaridad permitía comprender formalmente el movimiento conflictivo y en consecuencia formularlo inteligiblemente, pero suponía a su vez la desaparición del tercer término procedente de la historia: la tierra, la clase de los terratenientes, las rentas fundiarias y la agricultura como tal. De un modo más general, el protagonismo otorgado a una oposición binaria de carácter conflictivo (dialéctico) presuponía la subordinación de lo histórico a lo económico, realidad y concepto, y en consecuencia la disolución o absorción por lo económico como tal de múltiples formaciones —la ciudad, entre otras— heredadas de la historia; por tanto, anteriores al capitalismo. En dicho esquema, el espacio de la práctica social pasa desapercibido; el tiempo sólo tiene un papel secundario; el propio esquema se sitúa en un espacio mental abstracto. El tiempo se reduce a la medida del trabajo social.

Ahora bien, Marx no pudo dejar de apreciar rápidamente las resistencias de un esquema tan reductor (que muchos «marxistas» y la totalidad de los dogmáticos han retenido y agravado en vez de aliviarlo).[11] ¿De dónde provenía esta resistencia? De varios lados y en primer lugar de la realidad considerada: la tierra. A escala mundial, no desaparecía la propiedad del suelo ni remitía la importancia política de los terratenientes ni los caracteres específicos de la producción agrícola. Y en consecuencia, al lado de los beneficios y de los salarios, seguían existiendo las rentas del suelo. Es más, las cuestiones relativas a los recursos del subsuelo y de lo que queda por encima del suelo, hasta el espacio planetario, no dejan de adquirir importancia.

De ahí las singularidades de un «plan» tan difícil de reconstruir como el de *El capital*. Al final del trabajo reaparecen con más fuerza las consideraciones relativas al suelo, a su propiedad, a la propiedad del subsuelo, de las minas, de las aguas, de los bosques; a la ganadería, a la edificación, al dominio construido. Al mismo tiempo, la teoría de las rentas retoma una importancia sorprendente aunque quede inacabada. Finalmente, y sobre todo, Marx propuso un esquema *trinitario*, según el cual en el modo de producción capitalista y en la sociedad existían *tres* elementos y no dos, *tres* aspectos o factores a considerar: la tierra (*Madame la Terre*), el Capital (*Monsieur le Capital*) y el trabajo (los Trabajadores). Dicho de otro

---

[11] El destino del marxismo —quién puede ignorarlo hoy— ha impedido toda confrontación, todo debate e incluso cualquier diálogo relativo a los puntos neurálgicos señalados en la teoría. Durante décadas, los esfuerzos llevados a cabo en Francia, en Europa y en todo el mundo para resituar la teoría de la renta del suelo fueron aniquilados en nombre de ese marxismo convertido en ideología, un instrumento político en manos del aparato.

modo, las rentas, el beneficio y el salario. Tres términos cuyas relaciones deben ser reveladas y expuestas.[12] Hay que insistir: *tres términos* y no dos (el salario y el capital, la burguesía y la clase obrera). La tierra no es sólo la agricultura, es también el subsuelo y sus recursos. Es el Estado-nación ligado a un territorio; es, pues, la política absoluta y la estrategia política.

Es en ese momento cuando se interrumpe *El capital*, obra inacabada. Comenzamos a vislumbrar las razones por las que se deja sin concluir, entre las cuales las dolencias de Marx son sólo parcialmente responsables.

¿Cómo no regresar en la actualidad hacia esa obra ejemplar e inconclusa para interrogarla en vez de imponerla? Se hace preciso hoy en la medida en que el capitalismo, y más en general el crecimiento, no se ha mantenido sino extendiéndose por el espacio entero: el *suelo* (absorbiendo la ciudad y la agricultura, como se podía prever desde el siglo XIX, y generando nuevos sectores como el ocio); el *subsuelo*, es decir, los recursos ocultos en el fondo de los mares y las tierras, energías, materias primas; y por último, lo que podría llamarse el *sobre-suelo*, esto es, los volúmenes, las construcciones en altura, el espacio de las montañas y el de los planetas. El espacio, la tierra, el suelo no han desaparecido, absorbidos por la producción industrial; todo lo contrario, una vez integrados al capitalismo se afirman como elementos o funciones específicas de la expansión capitalista. Extensión activa que supone un salto adelante de las fuerzas productivas, de las nuevas modalidades de producción, pero en el marco del modo y de las relaciones de producción capitalista. Es decir, esta extensión de la producción y de las fuerzas productivas se acompaña de una *reproducción de las relaciones de producción* en la cual la ocupación entera del espacio preexistente y la producción de un nuevo espacio no pueden ser indiferentes. No sólo el capitalismo se adueña del espacio preexistente, la Tierra, sino que tiende a producir el propio. Esto lo logra por y a través de la urbanización, bajo la presión del mercado mundial, al amparo de la ley de lo reproducible y de lo repetitivo, anulando las diferencias espacio-temporales, destruyendo la naturaleza y el tiempo natural. Habría que preguntarse si la fetichización de la esfera económica en el mercado mundial y el espacio que determina, la política llevada a lo absoluto, no supone un riesgo evidente de destrucción de su propio fundamento —la tierra, el espacio, la ciudad y el campo— y, en consecuencia, el peligro de la autodestrucción.

---

[12] *Vid. Espace et Politique*, París, Anthropos, 1977, p. 42 y ss.; y el testo de Marx en *El Capital*, vol. III, cap. 48, p. 193 y ss., Éd. Sociales.

Algunas nuevas contradicciones suscitadas por esta expansión del capitalismo en el espacio han dado lugar a *representaciones* propagadas muy pronto. Esas representaciones desvían y contornean los problemas (la problemática del espacio) enmascarando precisamente las contradicciones. Por ejemplo, la polución. Siempre ha existido, pues los agrupamientos humanos, pueblos, ciudades, siempre han derramado en la naturaleza sus residuos y desechos. Pero, sin duda, la simbiosis entre la naturaleza y la sociedad (el intercambio de energías y materias) ha sido modificada y posiblemente quebrada. Esto es lo que expresa y disimula la palabra «polución», que metamorfosea fenómenos familiares como las basuras domésticas y los humos, etc. En cuanto al entorno, se trata de la típica metonimia: se pasa de la parte —fragmento del espacio más o menos ocupado por objetos y signos, funciones y estructuras— al todo, vacío y definido como «medio» neutro y pasivo. ¿Entorno de quién y de qué? Ésas son las cuestiones pertinentes que quedan sin responder.

Nos ha parecido conveniente retomar aquí esas indicaciones que ya dimos antes en la medida en que un poco por todos lados se continúa atribuyendo a las ideologías un origen y una potencia mágicas. ¿Cómo podría la ideología burguesa, simple reflejo «especular» de la realidad, reproducir esta realidad y sus relaciones de producción? ¿Velando las contradicciones? Sí, ciertamente, pero también haciendo surgir la nación y el nacionalismo con un efecto contra-especular. Sin necesidad de evocar la historia (la génesis de los Estados-nación), la pseudo-teoría muestra su despropósito una vez se examina de cerca lo que pretende explicar. En la teoría trinitaria de Marx, la ideología y la práctica política no se separan. El poder mantiene unidos y reproduce de forma separada (conjunciones y disyunciones) la Tierra, el Trabajo y el Capital.

En Marx la crítica de la economía política poseía un alcance y un sentido que el productivismo posterior dejó de lado. Era el concepto mismo de la economía política, como saber, lo que enfocaba Marx. Esta ciencia se presentaba como conocimiento de la producción y de las fuerzas productivas, pero al expresarlo así, al hacerlo así, los economistas mistificaban a sus lectores y a sí mismos. ¿Qué es lo que describían? Las condiciones de la escasez y sus paliativos. Directa o indirectamente, con cinismo o hipocresía, predicaban el ascetismo. Mucho antes del siglo XVI, quizá en las profundidades del Medievo, quizá incluso antes, en tiempos del declive de Roma y del Judeo-cristianismo, la sociedad occidental prefirió acumular en vez de vivir, dando lugar a ese desgarro, a esa contradicción entre el disfrute y el ahorro cuyo drama atenazaría a la sociedad desde entonces. Muchos siglos después de esta opción fundamental, oculta en la noche de los tiempos, la economía política racionalizó esta elección. La economía política nació como ciencia en el momento en que lo económico pasó a un primer plano en la práctica social: la acumulación por y para el beneficio, para una acumulación ampliada.

¿Quiénes eran, pues, los economistas según Marx? Los hombres de la penuria (relativa), de la transición entre las carestías antiguas y la abundancia posible. Estudiaban las escaseces (relativas) y contribuían a la distribución injusta de los «bienes». Su pseudo-ciencia, actividad ideológica, contenía y envolvía una práctica. Indicaban la escasez como tal, pero más que su expresión ellos eran la conciencia concreta —aunque mal elaborada— de las insuficiencias de la producción. La economía política tenía ese sentido según Marx; o más bien, la economía era política en ese sentido. Permitía a los hombres de Estado, al poder político, repartir la privación. Así, las relaciones concretas de producción dieron lugar a la distribución, al consumo. Esta «distribución» se llevó a cabo bajo las máscaras de la libertad, la igualdad e incluso la fraternidad y la justicia. El derecho codificó las reglas. *Summum ius summa iniuria*. El derecho y la justicia organizaron la injusticia, y la igualdad encubrió la desigualdad, cuya realidad no era menos flagrante pero sí más difícil de combatir

Voluntariamente o no, conscientemente o no, los economistas perfeccionaron los efectos espontáneos, ciegos, de la ley del valor, a saber: la distribución en un marco espacial (nacional), según las necesidades de las diferentes ramas de la industria, de la fuerza de trabajo y de la capacidad productiva disponible en una sociedad determinada (la inglesa, la francesa), bajo el modo de producción capitalista y del Estado que controlaba la producción. Con este fin, los economistas construyeron un espacio o unos espacios abstractos en los que situaron y propusieron sus modelos de crecimiento «armónico». Lo que pretendía Bastiat, en la época de Marx, no era menos decepcionante. Nunca lograron pasar del espacio mental —de sus modelos— al espacio social. La gestión de la sociedad, a la que ellos prestaron una contribución no despreciable durante largo tiempo, tendía de ese modo al crecimiento (a la acumulación ampliada), pero lo hacía bajo el control de la burguesía, conservando las relaciones de producción en lo esencial, y sobre todo haciendo aparecer como positivos y constructivos los aspectos negativos de la situación.

Durante todo ese periodo, no se hacía alusión a los «bienes naturales», a los «elementos» (agua, aire, luz, espacio) sino para excluirlos de la economía política. Siendo abundantes, no tenían valor de cambio; su «uso» no comportaba valor; no eran fruto de un trabajo social, nadie los había producido.

Ahora bien, ¿qué sucede después de este periodo? ¿Qué ocurre en la actualidad? Bienes que antes eran escasos hoy han pasado a ser abundantes (relativamente) y viceversa. El valor de uso, largamente despreciado por el valor de cambio, ha sido trasladado pero, si se me permite decirlo, revalorizado. Antiguo símbolo del sustento en Europa, de las cosas prácticas y del trabajo («danos el pan nuestro de cada día», «ganarás tu pan con el sudor de tu frente»), el pan ha perdido esa cualidad simbólica. En los grandes países donde la agricultura se industrializa ha habido durante mucho tiempo sobreproducción permanente, a veces oculta, a veces declarada: aprovisionamientos de cereales, restricciones subvencionadas o no de superficies productivas, etc. Pero esto no ha impedido en absoluto los padecimientos de millones, de cientos de millones de seres humanos que en los llamados países subdesarrollados han sufrido las carencias alimentarias cuando no auténticas hambrunas. Otro tanto puede decirse de muchos objetos de uso corriente en los grandes países industriales. Nadie ignora hoy que su obsolescencia está programada, que el derroche tiene una función económica, que la moda juega un papel considerable, como la cultura, en el consumo funcionalizado, estructurado como tal. Este desarrollo implica el crepúsculo de la economía política, que es reemplazada por los estudios de mercado, la mercadotecnia, la publicidad, la manipulación de las necesidades, las previsiones de inversión por parte de las consultoras, etc. La práctica de la manipulación (que concuerda demasiado bien con la propaganda política) no tiene más necesidad de la ciencia que de la ideología. La manipulación de la gente requiere más información que conocimiento.

Mediante un movimiento dialéctico, la nueva abundancia (relativa) de los productos industriales en la llamada sociedad de consumo se acompaña de un fenómeno inverso, las nuevas escaseces. Este movimiento dialéctico no ha sido casi analizado ni expuesto pues cuestiones como el ruido ambiental, la polución, el «entorno», los ecosistemas, la destrucción de la naturaleza, el agotamiento de los recursos, etc. tienden a ocultarlo. Son una especie de coartada ideológica. Las «nuevas escaseces» se propagan y pueden provocar una o varias crisis de índole completamente original. Bienes que anteriormente eran abundantes en la medida en que «naturales», sin valor dado que no eran producidos, se convierten hoy en bienes escasos: a partir de ahí se valorizan y se hace preciso producirlos. Así adquieren un valor de uso junto con un valor de cambio. Son bienes «elementales» pues consisten precisamente en «elementos». En los proyectos urbanísticos más modernos, que utilizan técnicas muy perfeccionadas, todo está producido: el aire, la luz, el agua, el mismo suelo. Todo es fáctico y «sofisticado»; la naturaleza desaparece salvo por la presencia de algunos signos y símbolos, pero incluso en ellos se trata de naturaleza «reproducida». El espacio urbano se separa del espacio natural pero recrea un espacio particular a partir de las capacidades productivas. El espacio natural se convierte en un bien escaso, al menos en determinadas condiciones socioeconómicas. De manera inversa, la escasez se espacializa, se localiza. Todo cuanto se enrarece tiene una relación estrecha con la Tierra: los recursos del suelo, del subsuelo (petróleo) y de lo que está sobre él (aire, luz, volúmenes, etc.) y lo que depende de estos recursos (plantas, animales y energía, etc.).

Los «elementos» pierden sus determinaciones naturales, incluido el emplazamiento y la situación, en el seno de los «espacios cubiertos» que devienen los elementos sociales del espacio. Adquieren valor (de uso y de cambio) puesto que ya no es posible extraerlos directamente de una reserva inagotable, la naturaleza. ¿No tiene la demanda de estos procesos actuales tanta importancia como el agotamiento virtual —y por otra parte lejano— de las reservas industriales, minerales, etc.? En la producción industrial tradicional, la relación con el espacio fue durante mucho tiempo puntual: lugares de extracción o de procedencia de las materias primas, lugares de fabricación, lugares de venta. Sólo las redes de circulación de los productos tenían una realidad espacial más amplia. Cuando los «elementos» son producidos o reproducidos, la relación de la actividad productiva con el espacio se modifica; implica al espacio de otro modo, tanto en las fases iniciales de las operaciones productivas (el agua y sus recursos), en las fases intermedias, como en sus últimas fases (en el espacio urbano).

La finitud de la naturaleza y de la tierra modifica la creencia ciega (ideológica) en el poder infinito de la abstracción, del pensamiento y de la técnica, y en el poder político y del espacio que dicho poder excreta y decreta.

Desde el momento en que los «elementos» entran en los circuitos de la producción, de la repartición y distribución, vienen a formar parte de la riqueza y, en consecuencia, caen dentro de la economía política. ¿Pero se trata aún de la economía política clásica? Las nuevas penurias no son homólogas a las antiguas carestías, fundamentalmente por el hecho de que el espacio ha cambiado. Ahora se sitúan, y cada vez con más intensidad, en el espacio como conjunto. En este espacio se inserta en principio la producción industrial con un carácter puntual, pero con posterioridad, al ser ocupado enteramente por el desarrollo del capitalismo y la reproducción de las relaciones de producción, sobreviene una nueva exigencia: la producción o reproducción de las materias elementales (materias primas, energías). ¿Qué va a suceder? ¿Tendrá esta nueva exigencia un rol estimulante e integrador para el capitalismo o un papel desintegrador en un plazo más o menos lejano?

No se puede hablar de la insuficiencia del espacio si éste es tomado como espacio geométrico o geográfico. Las disponibilidades de espacio, los espacios vacantes, son inmensos; y si la falta relativa de espacio ha marcado a ciertas sociedades (en Asia, principalmente) otras sociedades, al contrario, portan las marcas inversas de la inmensidad ofrecida a su expansión demográfica y técnica (como en América). El espacio-naturaleza se abre aún por doquier; las técnicas permiten «construir» lo que se desee donde se desee, en el fondo del mar, en mitad del desierto o en la cima de las montañas y, si fuera necesario, en el espacio planetario.

La escasez de espacio tiene un carácter socioeconómico bien definido; no se observa ni manifiesta sino en áreas concretas: en la proximidad de los *centros*. Los centros se mantienen en las centralidades históricamente constituidas, las ciudades antiguas, o se establecen fuera de ellas, en las ciudades nuevas.

La cuestión de la centralidad en general y de la urbana en particular no es de las cosas más fáciles, pues atraviesa de parte a parte la problemática del espacio. No es algo que concierna sólo al espacio social sino también al espacio mental: liga ambas cuestiones de un modo tal que sobrepasa las antiguas distinciones, escisiones y separaciones filosóficas entre el sujeto y el objeto, entre lo intelectual y lo material (lo inteligible y lo sensible). Pero esto lo hace no sin introducir nuevas distinciones y diferencias. La centralidad posee un fundamento matemático, como muestra el análisis del espacio abstracto. Cualquier «punto» dado es un punto de acumulación en torno al cual existe una infinitud de puntos. De otro modo no estaría asegurada la continuidad del espacio. Simultáneamente, alrededor de cada punto es posible describir y analizar una superficie (preferiblemente un cuadrado) así como la variación de esta superficie tras un cambio infinitesimal de su distancia al punto central (ds^2). De ese modo, cada centro puede concebirse doblemente: pleno y vacío, infinito y finito.

Para plantear la cuestión e intentar resolverla se impone recurrir al método dialéctico. Este método, que no es ya ni el de Hegel ni el de Marx, se basa en un análisis del tiempo histórico y de la temporalidad. Si debemos aceptar la idea de una centralidad dialéctica o de una dialéctica del espacio es porque existe una conexión entre el espacio y la dialéctica; dicho de otro modo, hay contradicciones del espacio que implican y explican las contradicciones en el tiempo histórico, aunque no se reducen a dichas contradicciones. Inversamente, si la noción de contradicción (de conflicto actual) se distingue de la temporalidad y de la historicidad, si se extiende al espacio, significa que puede haber un movimiento dialéctico de la centralidad. Este proceso dialéctico desarrolla los caracteres lógicos de los centros (entendidos hasta ahora como puntos).

¿En qué consiste tal movimiento? En primer lugar, la centralidad (mental y social) se define por la reunión y el encuentro de lo que coexiste en un espacio. ¿Qué coexiste así? Todo lo que se puede enumerar y designar. La centralidad es, pues, una *forma*, en sí misma vacía pero que apela a un contenido: objetos, seres naturales o artificiales, cosas, productos y obras, signos y símbolos, gentes, actos, situaciones, relaciones prácticas. Esto la aproxima a la forma lógica de tal suerte que puede decirse que hay una lógica de la centralidad. La forma implica la simultaneidad y deriva de ella: simultaneidad de «todo» lo que puede reunirse —y por tanto, acumularse— en un acto de pensamiento o en un acto social, en un punto o en torno a él. El concepto general de centralidad relaciona lo puntual con lo global. En la orientación del pensamiento moderno abrazada por Nietzsche y después asumida por varios teóricos (Georges Bataille entre otros), el centro o foco es el lugar del sacrificio, el lugar donde las energías acumuladas, deseosas de ser descargadas, estallan. Cada época, cada modo de producción, cada sociedad engendra (produce) su centralidad: centro religioso, político, comercial, cultural, industrial, etc. En cada caso la relación entre la centralidad mental y la centralidad social debe ser definida. Y también deben definirse las condiciones de su final: estallido, explosión, ruptura.

La centralidad se desplaza. Se sabe desde hace mucho tiempo —y recientes trabajos como los de Jean Pierre Vernant han venido a confirmarlo y desarrollarlo— que la centralidad en las ciudades griegas se desplazó de forma constante: del área en forma de hemiciclo donde los jefes y guerreros discutían sobre las expediciones y el reparto del botín, al templo de la ciudad; del templo al ágora, lugar de reunión política (y después de comercio, flanqueado con pórticos y galerías adyacentes). Esto significa que en la Grecia antigua existía una relación compleja entre el espacio urbano y el tiempo (los ritmos) de la vida urbana. Pero lo mismo puede decirse de una gran ciudad moderna, y no habría mayor dificultad en resumir brevemente los desplazamientos de la centralidad de París en el curso de los siglos XIX y XX: los Bulevares, Montmartre, Montparnasse, los Campos Elíseos, etc.

¿Qué ha cambiado en la sociedad contemporánea a este respecto? Pues simplemente que la centralidad se pretende total. Implícitamente o no, anhela definir una racionalidad superior, político-estatal, «urbana». Lo cual tratan de justificar después los agentes de la tecno-estructura, los planificadores. Al hacerlo, muestran su desprecio por la dialéctica; la centralidad de este tipo expulsa los elementos periféricos con una violencia inherente al espacio mismo. La centralidad, o más bien la centralización, se pretende y se postula «totalizante» sin más filosofía que una estrategia —consciente o no—. Pese a las tendencias adversas, unas subversivas, otras toleradas (bajo distintos nombres: flexibilidad, liberalización), el centro condensa las riquezas, los medios de acción, los conocimientos, la información, la «cultura». Todo. A esas capacidades y poderes el centro superpone el poder supremo, la concentración de los poderes: la Decisión. El sistema decisional se dice (de forma abusiva) racional.

En el curso de la historia las centralidades siempre han desaparecido: por desplazamiento, por estallido o por subversión. Unas veces han perecido debido a su exceso, saturadas, y otras veces la causa viene de sus defectos, el principal de los cuales es su tendencia a expulsar los elementos refractarios, algo que se vuelve contra ellas. No son procesos mutuamente excluyentes: la Roma antigua conoció la saturación y el asalto de las periferias.

La relación «centralidad-periferia» es, pues, altamente compleja. Pone en juego la lógica y la dialéctica en su doble determinación. Si se parte de la lógica (formal o aplicada) se tiende a dejar de lado la dialéctica, aunque no se llegue nunca hasta el punto de eliminar las contradicciones. Si por el contrario se parte de la dialéctica, de la teoría de las contradicciones, se termina por subestimar la lógica, la coherencia y la cohesión. No es posible prescindir de ninguna de las aproximaciones. La centralidad puede dar lugar a una lógica aplicada (una estrategia), pero puede también explotar con la consiguiente pérdida de identidad.

La cuestión de la centralidad y su movimiento dialéctico viene a propósito de la escasez del espacio. Es la tendencia a constituir «centros decisionales» que reúnen sobre un territorio restringido los elementos constitutivos de la sociedad —susceptibles de ser utilizados por y para el poder— lo que mantiene la escasez del espacio sobre el área considerada, en torno al punto central. La penuria de espacio posee características muy originales y novedosas respecto a las otras escaseces, antiguas o recientes. Aunque surgida de forma espontánea de un proceso histórico, la escasez del espacio se mantiene, y a menudo se anhela y se organiza mediante decisiones centrales. Introduce una contradicción entre la abundancia pasada o posible y la escasez efectiva. Esta contradicción no es ajena a las relaciones de producción incorporadas en el espacio como conjunto, menos aún a su reproducción, puesto que los centros de decisión tienen por finalidad expresa mantenerlas. Al mismo tiempo, es una contradicción *del* espacio (y no solamente *en* el espacio, como las contradicciones clásicas generadas por la historia y el tiempo histórico). ¿Significa esto que las contradicciones y los conflictos *en* el espacio (provenientes del tiempo) habrían desaparecido? Ciertamente no; siguen presentes, junto con las implicaciones, estrategias y tácticas que suscitan, especialmente por lo que se refiere a los conflictos de clase. Sucede que las contradicciones *del* espacio envuelven las contradicciones históricas, las supone y superpone, las empuja a un grado superior, y las amplía mientras las reproduce. Tras este desplazamiento, las nuevas contradicciones atraen sobre sí la atención, hacen recaer sobre ellas el interés y aparentan desalojar e incluso absorber las antiguas contradicciones. No es más que mera apariencia. Sólo un análisis dialéctico permite descubrir las relaciones exactas entre las contradicciones *en* el espacio y las contradicciones *del* espacio, cuáles se atenúan y cuáles se acentúan. Del mismo modo, la producción de cosas en el espacio no ha desaparecido, ni las cuestiones que ella plantea (la posesión de los medios de producción, la gestión y el control de la producción) ante la producción *del* espacio. Sin embargo, esta última comprende la producción de «elementos», reviste y amplía los problemas procedentes de la producción de las cosas. La condensación y la centralidad concentran también las contradicciones anteriores, pero en este proceso las agrava y modifica.

El espacio es balizado, explorado, conocido y reconocido en una escala colosal. Crecen continuamente las posibilidades de ocuparlo, llenarlo, poblarlo y transformarlo de arriba abajo: es decir, de producir el espacio, cuya naturaleza ya no sería sino la de una materia prima gradualmente destruida por las técnicas de producción. Lo que es más, ahora es posible reunir y procesar en un punto el conjunto de conocimientos e informaciones procedentes de lugares próximos o lejanos. Las informaciones y la informática anulan las distancias, desdeñan la materialidad dispersa en el espacio y el tiempo. La teoría de la centralidad implica esta capacidad completamente novedosa de *concentración* que antes sólo poseía el cerebro, en particular el de los genios. La centralidad mental y la centralidad social tienen esta mediación que las reúne y que es sin duda su función esencial: la información (que en esta perspectiva no puede penetrar en el conocimiento sin realizar la conexión de los planos mental y social). Ahora bien, es en ese preciso momento cuando el espacio se fragmenta. Está artificialmente reducido en torno a los centros para «valer» más caro, para la venta, para la venta al por mayor o al detalle. Está literalmente pulverizado; se vende en «lotes» y en «parcelas». Es así como el espacio se convierte en el medio de las segregaciones, de la dispersión de los elementos de la sociedad rechazados hacia las periferias. Finalmente, las ciencias parcelarias lo recortan —y la economía política corriente en primer lugar— de modo que cada disciplina constituye su propio espacio: mental y abstracto, laboriosamente confrontado con la práctica social. El proceso de recorte deviene una «disciplina» a título propio y el instrumento del saber pasa por conocimiento. Se busca la unidad en el curso de laboriosos montajes disciplinares o pluridisciplinares, sin llegar nunca a sacar partido de esos pedazos. El espíritu analítico sobresale únicamente en el manejo de los instrumentos de recorte, de modo que la unidad jamás se alcanza pues las ciencias parcelarias no pueden recentrarse sino modificando por completo su metodología, su epistemología, sus programas y sus ideologías.

En esas condiciones tiene lugar un proceso «económico» que ya no responde a la economía política clásica y que altera las suposiciones de los economistas. Lo «inmobiliario» (junto con la «construcción») deja de ser un circuito secundario, una rama anexa y rezagada del capitalismo industrial y financiero para situarse en un primer plano, si bien *desigualmente* según los países, momentos y coyunturas. Lejos de marchitarse, la ley del crecimiento y desarrollo desigual se mundializa, o más bien preside la mundialización (el mercado mundial).

Durante mucho tiempo lo inmobiliario no ha tenido sino una importancia menor dentro del capitalismo. No sólo la tierra y el suelo en el que construir pertenecían a esa categoría de vestigios de una clase histórica, sino que esta rama de producción era desempeñada por empresas artesanales. La situación de dicha rama y sector ha cambiado un poco por todas partes pero en especial en los grandes países industriales. El capitalismo ha tomado posesión del suelo; lo ha *movilizado* de tal modo que el sector pasa a ser *central*. Al tratarse de un sector nuevo se ve menos sometido a las diferentes trabas, saturaciones y dificultades que frenan las industrias tradicionales. El capital, pues, se precipita en la producción del espacio, abandonando la producción de tipo clásico referida a los medios de producción (máquinas) y bienes consumo. Este proceso se acelera al menor indicio de repliegue en los sectores «clásicos». La fuga de capitales hacia este sector privilegiado de lo inmobiliario puede llegar a romper los frágiles mecanismos de auto-regulación del capitalismo. Entonces es cuando interviene el Estado. Pero esto no significa la desaparición de la producción del espacio como sector que presupone la existencia de otros circuitos, sino la tendencia a desplazar las actividades centrales del capitalismo de organización. Porque el espacio y sólo el espacio permite desplegar esta capacidad organizativa del capitalismo (limitada pero real).

Sucede en ocasiones que lo «inmobiliario» es tajantemente llamado al orden. Lo «inmobiliario», producción y especulación difícilmente discernible de la «promoción», oscila entre un papel subordinado de reactivación, reserva o apoyo, y un papel dominante. De ese modo entra a formar parte de la *desigualdad general* del crecimiento, de la *sectorialización* de la economía como realidad global. No obstante, conserva una función esencial, la lucha contra la tendencia a la disminución de la tasa de beneficio medio. La construcción privada o pública ha generado y todavía lo hace salvo casos excepcionales, beneficios superiores a la media. La inversión en el sector inmobiliario, es decir, en la producción del espacio, comporta una proporción superior de capital variable en relación al capital constante. La composición orgánica del capital es aquí débil pese a las considerables inversiones y los progresos técnicos. Abundan las pequeñas y medianas empresas. Los trabajos de excavación y las tareas más arduas ocupan a un contingente numeroso de trabajadores (extranjeros en su mayoría). De ahí la formación de una masa de plusvalía que acrecienta la masa general, de la cual una parte regresa a las empresas del construcción, a los promotores y a los especuladores. En cuanto a las dificultades provenientes de la muy lenta obsolescencia de los productos, que tiende a ralentizar la rotación del capital, se las combate mediante procedimientos muy diversos. La movilización del espacio se vuelve frenética y conduce a la propia autodestrucción de los viejos y nuevos espacios. La inversión y la especulación no pueden detenerse, ni siquiera retenerse, siguiendo un círculo vicioso.

La estrategia basada en el espacio, incluso al margen de los proyectos militares y políticos, se manifiesta llena de riesgos. Destruye el porvenir en provecho de intereses inmediatos mientras arruina el presente en nombre de un futuro programado y sin embargo incierto.

La movilización del espacio con fines de su producción tiene exigencias serias. Se sabe que comienza por el suelo, arrancándolo en primer lugar de la forma de propiedad tradicional, de la estabilidad y de la transmisión patrimonial. Por supuesto esto se logra con dificultades y siempre a cambio de concesiones a los propietarios (las rentas del suelo). La movilización se extiende a continuación a todo el espacio, al subsuelo y a los volúmenes que están en él. Todo el espacio ha de recibir *valor de cambio*. Ahora bien, el cambio implica intercambiabilidad, y la intercambiabilidad de un bien hace de éste una mercancía, similar a una cantidad dada de azúcar o de carbón; exige, pues, que sea comparable a otros bienes e incluso a todos los bienes del mismo género. El «mundo de la mercancía», con sus características, en principio limitado a las cosas y bienes producidos en el espacio, a su circulación y flujos, se extiende hasta alcanzar el espacio por completo, que adquiere así la realidad autónoma (en apariencia) de la cosa, del dinero.

El valor de cambio —como lo mostró Marx, tras los clásicos, a propósito de los productos/cosas— se expresa en dinero. Antiguamente se vendía o se alquilaba una tierra; hoy lo que se compra y vende (más que alquilar) es un volumen: apartamento, vivienda, piezas, plantas, terrazas, equipamientos diversos (piscina, pista de tenis, plaza de aparcamiento, etc.). Cada lugar intercambiable figura así en una cadena de operaciones mercantiles —la oferta y la demanda, la formación de precios—. Los precios guardan un vínculo elástico además con los «costes de producción», es decir, con el tiempo de trabajo social medio necesario para la producción. Esta relación, como otras, se ve afectada y complicada por diferentes causas, en especial por la especulación. La «verdad de los precios» se difumina; los precios son cada vez más ajenos a los valores y costes de producción; se altera por completo el juego de las leyes económicas (la ley del valor, de la oferta y demanda o, si se prefiere en términos no marxistas, las leyes de la conveniencia y de los márgenes de beneficio). El engaño se convierte en ley, una regla del juego, una táctica reconocida.

La comparabilidad indispensable ha sido lograda mediante la producción de «células» casi idénticas. Es algo perfectamente sabido, así que cada vez sorprende menos. Parece «natural» aunque esté poco y mal explicado. De hecho, su apariencia de «naturalidad» necesita precisamente una explicación. La homogeneidad triunfa. Pasando de una vivienda a otra, de una «célula» a otra, se tiene la impresión de volver siempre a «la casa de uno mismo» (en palabras de un «usuario»). La teoría y la práctica de los «módulos» han permitido repetir indefinidamente la célula tomada como «modelo». El espacio es producido y reproducido en tanto que es reproducible. La verticalidad y la independencia de los volúmenes respecto al suelo original y a sus particularidades han sido literalmente producidas: Le Corbusier erigió el volumen construido en la pura abstracción, separándolos de la tierra mediante pilotes y pilares so pretexto de exponerlos al aire libre y a la luz. Al mismo tiempo, literalmente, el volumen se trata como una superficie, como un apilamiento de «planos» sin tener en cuenta el tiempo. ¿Acaso desaparece el tiempo en esta abstracción erigida, verticalizada y visualizada? No completamente; sin embargo, las muy manidas «necesidades» deben pasar bajo el yugo —o más bien filtro— del espacio. En realidad, a decir verdad, estas necesidades son el resultado y no la causa: son subproductos del espacio. La intercambiabilidad y sus exigencias, presentadas como normas, no se limitan sólo a las superficies y a los volúmenes, sino que también alcanzan a los recorridos. Todo lo cual se justifica en los planos y diseños por una pretendida «síntesis gráfica» corporal y gestual de los proyectos arquitectónicos.[13] Familiares a los arquitectos y urbanistas, estos grafismos (planos, secciones, elevaciones, cuadros visuales animados por siluetas y figuras, etc.) intervienen como *reductores* de la realidad que pretenden representar —realidad que por otra parte no es sino una modalidad de un «modo de vida» aceptado (esto es, impuesto) en un hábitat particular (sea en las casas unifamiliares de los suburbios, sea en los grandes polígonos de vivienda colectiva)—. Un modo de vida normal, es decir, normalizado. Al mismo tiempo, la referencia al cuerpo (el Modulor), las figuras y la retórica publicitaria, literalmente «naturalizan» el espacio así producido, por artificial que sea.

A pesar de la objetividad aparente de los proyectos arquitectónicos, y a veces de la buena voluntad de los productores del espacio, los volúmenes se tratan objetivamente de una manera que reduce el espacio al suelo, a ese suelo poseído privativamente, del que *el espacio construido no se emancipa sino aparentemente*. Al mismo tiempo, este espacio es tratado como abstracción vacía, geométrica y visual a la vez. Ese vínculo (conexión real y separación aparente), auténtico nudo gordiano, es una práctica y una ideología: una ideología de la que sus practicantes no son conscientes y que concretan en cada gesto que efectúan. Así pues, las pretendidas soluciones de la ordenación urbana imponen a la vida cotidiana las obligaciones de la intercambiabilidad, presentadas como exigencias naturales (normales) y técnicas, a menudo como necesidades morales (los requerimientos de la moralidad pública). Lo económico, denunciado por Marx como la organización del ascetismo, incorpora todavía y siempre un orden moral. Propiedad «privada» implica vida privada, es decir, privatización. Lo que a su vez implica una ideología represiva en la práctica social y viceversa, disimulándose entre sí. La intercambiabilidad espacial no tiene lugar sin una cuantificación poderosa que se extiende por supuesto hacia los contornos del «hábitat» —el entorno, los espacios intermedios, los accesos y los equipamientos—. Las supuestas particularidades naturales —los sitios y los mismos cuerpos de los usuarios— desparecen en medio de este proceso de homogeneización. La cuantificación aparentemente técnica es financiera en realidad y moral en esencia.

¿Desaparece entonces el valor de uso? ¿Esta homogeneización de fragmentos dispersos en el espacio, su intercambiabilidad comercial, implica la prioridad absoluta del intercambio y del valor de cambio? ¿Se definiría el valor de cambio por los signos del prestigio

---

[13] Cf. A. de Villanova, *Espaces et Sociétés*, n° 3, p. 238.

y el *standing* —por diferencias internas al sistema, reguladas por las relaciones entre las distintas localizaciones y el centro— de tal modo que el intercambio de signos absorbiera el valor de uso y reemplazara las consideraciones técnicas derivadas de la producción y de los costes de producción?

No, en absoluto. El adquiriente de espacio continúa comprando un valor de uso. ¿Cuál? No compra sólo un volumen habitable, conmutable con otros espacios, semiológicamente marcado por el discurso publicitario y por los signos de cierta «distinción». El adquiriente es tomador de una *distancia*, la distancia que liga su vivienda con los diferentes lugares, centros comerciales, centros de trabajo, de ocio, de cultura, de decisión. Aquí el tiempo entra de nuevo en escena aunque el espacio —a la vez programado y fragmentado— tienda a eliminarlo como tal. Ciertamente puede suceder que el arquitecto, el «promotor» o incluso el usuario compensen con los signos del prestigio, de la felicidad o del «estilo de vida» las desventajas de un lugar determinado. Esos signos se compran y se venden pese a su abstracción y a su concreta *insignificancia* y *sobre-sentido* (por eso proclaman su sentido, la compensación). Su precio sencillamente se añade al valor de cambio real. Se compra un empleo de tiempo y este empleo de tiempo constituye el valor de uso de un espacio. El empleo de tiempo tiene sus pros y sus contras, pérdidas y ahorros de tiempo, algo más, pues, que signos: una práctica. El consumo del espacio adquiere rasgos específicos. Difiere del consumo de cosas en el espacio pero no es una simple diferencia de signos y de significaciones. El espacio envuelve al tiempo. Cuando el espacio se escinde, el tiempo se aleja, pero no se deja reducir. A través del espacio se produce y reproduce un tiempo social, pero este tiempo social real se reintroduce con sus características y determinaciones (repeticiones, ritmos, ciclos y actividades). La tentativa de concebir el espacio por separado traduce una contradicción suplementaria, el esfuerzo para introducir por la fuerza el tiempo en el espacio y regular el tiempo a partir del espacio, tiempo reducido a un uso prescrito y sometido a una variedad de prohibiciones.

XVIII

Para intentar establecer claramente las categorías y conceptos de la producción del espacio hay que retomar los conceptos de Marx, no sólo los de trabajo social y producción. ¿Qué es una mercancía? Una abstracción concreta. ¿Abstracción? Sí, ciertamente, y no a pesar de su carácter de cosa, sino al contrario, en tanto que «cosa» social, disociada durante su existencia de su materialidad, de su uso, de la actividad productora, de la necesidad que satisface. La mercancía, mientras que existe como tal, no se vincula sino al dinero, otra abstracción concreta. ¿Concreta? Sí, en efecto, por su potencia práctica. La mercancía es un «ser-ahí» social, un «objeto» irreductible al concepto filosófico del Objeto. Se oculta en las tiendas, en los almacenes, en los depósitos, en el inventario. Sin embargo, no posee ningún misterio parecido a los de la naturaleza. Su enigma es enteramente social: es el enigma del dinero y de la propiedad, de la necesidad específica y del circuito «demanda-dinero-satisfacción». La mercancía no demanda sino aparecer. Aparece visible-legible en los escaparates y en los estantes de las tiendas; se expone. Una vez es aparente, no es cuestión de descifrarla; no se descodifica al modo de los «seres» naturales o imaginarios. Y una vez aparecida su enigma se acrecienta. ¿Quién la ha hecho? ¿Quién va a comprarla? ¿A quién beneficiará la venta? ¿A quién y para qué servirá? ¿Adónde irá el dinero? No responde; ella está ahí, «expuesta» a las miradas, en un contexto más o menos tentador, más o menos exhibicionista, desde la humilde tienda a los grandes almacenes comerciales.

Las mercancías se encadenan a lo largo y ancho de los circuitos y redes del intercambio. Existe un lenguaje y un mundo específicos de la mercancía Así pues, una lógica y una estrategia. Marx ha mostrado la génesis y desarrollo de ese mundo, de ese discurso y de esa lógica. La mercancía emerge en la sociedad en tiempos muy tempranos, antes que la historia, pero brota con un papel limitado, coexistente con el trueque y el don. En la polis antigua y sobre todo en la ciudad medieval aumenta su importancia. Da lugar entonces al capital comercial, a la conquista de los mares y de las tierras lejanas, esto es, al primer esbozo de un mercado mundial. Sobre esta base histórica se constituye el capitalismo industrial; entonces, la mercancía da un salto adelante, conquista el mundo: el espacio. El mercado mundial se dilata, si puede decirse así. La mundialización se realiza como abstracción concreta. «Todo» (la totalidad) se vende y se compra. «Sutileza teológica», diría Marx a propósito de la mercancía y de sus características. *Sutileza* en la medida en que la abstracción se eleva hasta la más sorprendente complejidad. *Teológica* en tanto que la abstracción concreta actúa como potencia de «seres» determinados (grupos humanos, fracciones de clase). La mercancía es una *cosa en* el espacio, ocupa un lugar. Se constituyen y articulan cadenas de mercancías (redes de cambio) a una escala mundial: redes de transporte, redes de compra-venta, circuitos monetarios y de transferencia de capitales, etc. Al encadenar las mercancías en un número virtualmente infinito, el mundo de la mercancía implica proposiciones y acciones sobre el espacio, e incluso un cierto concepto de espacio. En efecto, las cadenas, circuitos y redes de mercancías, ligadas por el Oro en lo más alto, presentan una homogeneidad. La cambiabilidad implica intercambiabilidad. Sin embargo, cada lugar, cada eslabón de las cadenas, está ocupado por una cosa cuyas particularidades se afirman desde el momento en que persisten en inmovilizarse en dicho lugar: materia que se malogra, que se ensucia, cosa pesada y dependiente de lo que la amenaza, que se deteriora si el propietario (el comerciante) no asegura su protección. Homogeneidad compuesta de particularidades, así es como se define el espacio de la mercancía, la nueva paradoja. Ya no se trata de una representación del espacio, de un espacio de representación, sino de una práctica. El uso (el consumo) tiene siempre un carácter local. Si el intercambio ocupa el espacio mundial (circuitos y redes) el consumo se realiza en un lugar. Cualquier individuo, con un determinado uso del tiempo, trata de obtener su satisfacción. El valor de uso constituye la riqueza real, lo que contribuye a restituir su desatendida importancia. La oposición paradigmática (significante) entre el cambio y el uso, entre los circuitos globales y los lugares específicos de producción y consumo, se torna aquí en contradicción dialéctica y se espacializa. El espacio así definido posee un carácter *abstracto* y *concreto*: abstracto en la medida en que no tiene existencia sino por la intercambiabilidad de todas las partes que lo componen; concreto en tanto que es socialmente real y está localizado como tal. Se trata, pues, de un espacio *homogéneo* y sin embargo *fragmentado*.

La mercancía como expresión social y el mundo de las mercancías no deben enmascarar una verdad aún más concreta que su existencia social. Es sabido que hay varios mercados, en diferentes niveles (local, regional, nacional y mundial): el mercado de las mercancías (materiales), el mercado del trabajo, el mercado de capitales, el mercado de arrendamientos y usufructos (tierras, solares), el mercado de obras, signos y símbolos. Esos diferentes mercados constituyen una unidad: el mercado mundial en su más amplio sentido. Están todos conectados aunque cada uno de ellos mantiene su especificidad; se superponen sin mezclarse, interpenetrando sus espacios según una ley ya antes enunciada (la ley de la composición de los espacios no estratégicos, análoga a la ley física de superposición y composición de los pequeños movimientos). Los dos últimos mercados representan la última conquista de la mercancía y del dinero: el mercado del suelo (forma de propiedad previa al capitalismo) y el mercado de las obras (durante mucho tiempo extracapitalista en tanto que no-producidas).

La mercancía, con sus implicaciones (las redes de cambio, la moneda y el dinero) se concibe como una componente de la existencia social (práctica), como una «formante» del espacio. Tomada aparte, «en sí», ella no tiene la capacidad —ni siquiera en una escala mundial— de existir socialmente (prácticamente). Y a este respecto permanece como una *abstracción*, aunque dotada de un poder terrible, casi mortal, en tanto que cosa. El «mundo de la mercancía» no puede existir por sí mismo. Para existir necesita un *trabajo*. La mercancía resulta de una actividad productora. Toda mercancía es un *producto* (de una división del trabajo, de una técnica, de un gasto de energía, en suma, de una fuerza de producción). En este sentido, el concepto exige una espacialización para alcanzar lo concreto. La mercancía necesita también el espacio.

XIX

Destino paradójico el del marxismo, el del pensamiento marxista, el de las categorías, conceptos y teorías llamadas «marxistas». Tan pronto como se escribe «Marx está muerto» el marxismo resucita. Revisar los textos supone encontrarlos más ricos de cuanto se haya imaginado, también confusos e incluso contradictorios, pero siempre dejan ver nuevos sentidos.* No hace muchos años, algunos textos, como los *Grundisse*, o en torno a la década de 1930 los *Manuscritos de 1844*, reanimaron una corriente de pensamiento que parecía agotarse.

Cada periodo de la sociedad moderna, y quizá cada país, ha tenido «su» marxismo. Sin embargo, la corriente marxista se ha desviado en ocasiones hacia callejones sin salida como el historicismo, el filosofismo y el economicismo. En cambio, un amplio grupo de conceptos cuyo «estatus teórico» ocasionó una amplia controversia (por ejemplo, el de alienación) han tenido el recorrido glorioso de un pensamiento esclarecedor.

Hoy día, las transformaciones científicas y tecnológicas del mundo moderno hacen inevitable la reconsideración del pensamiento marxista. La tesis que presentamos aquí podría formularse en los siguientes términos: «Todos los conceptos marxistas pueden ser retomados y llevados a un nivel superior sin que ningún momento significativo de la teoría desaparezca. Por otro lado, reconsiderados en la exposición original de Marx, esos conceptos y su articulación teórica ya no tienen objeto. La renovación de los conceptos marxistas se efectuaría de forma óptima tomando plenamente en consideración el espacio».

XX

Para Marx, la *naturaleza* figuraba entre las fuerzas productivas. Hoy en día se impone una distinción —no perfilada en Marx— entre la *dominación* y la *apropiación* de la naturaleza. La dominación mediante la técnica tiende hacia la no-apropiación: la destrucción. Eso no quiere decir que esta destrucción siga inevitablemente su curso, sino que existe un conflicto entre la dominación y la apropiación. Este conflicto se despliega en el espacio. Hay espacios dominados y espacios apropiados.

Eso no es todo. La naturaleza aparece hoy como fuente y recurso: fuente de energías (indispensables, inmensas pero no ilimitadas). Con mucha más claridad que en tiempos de Marx, la naturaleza aparece como fuente del *valor de uso*. La tendencia a la destrucción de la naturaleza no proviene únicamente del uso de técnicas brutales, sino también de la voluntad económica de imponer a los lugares caracteres y criterios de intercambiabilidad. Esto lleva a reducir e incluso a suprimir las particularidades propias de dichos lugares. De un modo más amplio aún, como se sabe, los productos del trabajo devienen mercancías en el curso del intercambio. Esto significa poner en suspenso sus particularidades materiales así como las necesidades a las que corresponden. En el mismo instante en que se completa el circuito de intercambio, el momento que precede al consumo, entra en escena la materialidad del producto así como su necesidad —es decir, la reaparición de cualquier aspecto *natural* (material, inmediato) aún adherido a los productos de la industria y del trabajo social—. En tanto que fuente y recurso, la naturaleza *espacializa* los conceptos que le son asociados, entre otros el de consumo productivo —ampliamente utilizado por Marx y después abandonado—. El consumo productivo siempre hace desaparecer una realidad material o natural: una energía, una fuerza de trabajo, un dispositivo. Supone un uso y un valor de uso, pero además de usar, al mismo tiempo *produce*.

Consideremos la *máquina*. Marx fue uno de los primeros (junto con Babbage, cuyas pesquisas emplea) en mostrar la importancia de la máquina, un dispositivo por completo diferente de la herramienta o de un conjunto de herramientas en un taller en el que trabajadores y utillaje están subordinados a la división del trabajo. La máquina obtiene su energía de una fuente natural (del agua al principio, después del vapor y más tarde de la electricidad) y la utiliza para realizar una serie de operaciones productivas. El trabajador sirve a la máquina en vez de manipular una herramienta. Ahí descansa una modificación radical aunque contradictoria del proceso productivo: mientras el trabajo se divide y se fracciona progresivamente, la máquina se organiza en un conjunto cada vez más amplio, más coherente, más unitario y más productivo.

La máquina nació en el campo y no en la ciudad: el molino de agua y el telar son invenciones rurales que proporcionaron los prototipos de las máquinas. Esas primeras máquinas se perfeccionaron en función de las energías (hidráulica, etc.) y del tipo de materiales que trataban (lana, algodón, etc.). Desde el principio, la máquina contenía en potencia algo totalmente novedoso: la automatización del proceso productivo, esto es, una nueva racionalidad y, en última instancia, el fin del trabajo.

Con el auge de la industria, la extensión del mercado, el advenimiento del mundo de la mercancía, es decir, con la importancia de lo económico y del capitalismo, la ciudad histórica, asaltada por todos los flancos, es finalmente desplazada por otra cosa. Las murallas y los cercos, las corporaciones, la oligarquía local, el mercado delimitado y el territorio controlado terminan disolviéndose. La máquina se desarrolla con el crecimiento del capital invertido. La periodización generalmente admitida sobre ese proceso (paleotécnica, neotécnica, periodo pre-moderno y periodo tecnológico) no proporciona una concepción exacta ni completa de lo que ha sucedido. Si la ciudad previa al capitalismo era en el fondo pre-maquinista, ¿cómo pudo soportar tal asalto? Tendría que haber desaparecido junto con sus diferentes compartimentos. Sin embargo, en vez de sucumbir, continuó en pie, se extendió y se transformó. Porque en realidad la ciudad era en sí misma una gran máquina, una especie de autómata que captaba las energías naturales y las consumía productivamente. Con el transcurrir de los siglos se transformaron los dispositivos internos y externos de la ciudad —las funciones, las formas y las estructuras de su consumo productivo—. La historia, en un sentido bastante simple del término, ha puesto de relieve en la ciudad los crecimientos y desarrollos de esos dispositivos espaciales así como su vinculación: alcantarillado, conducciones de traída y evacuación de aguas, alumbrado público, transportes, suministro energético (flujos), canales de información, etc. La productividad urbana no deja de crecer gracias a la proximidad y a la asociación que establecen los diferentes elementos (la ciudad en este sentido se acerca más a la empresa industrial que al taller, aunque no se reduzca a ella). Así pues, la ciudad posee desde muy temprano, y ha anticipado, algunos de los rasgos de la máquina y del autómata. Es una máquina, en efecto, pero es algo más y mejor que una máquina: una máquina apropiada para cierto uso —el de un grupo social—. Como segunda naturaleza, como espacio producido, la ciudad ha conservado igualmente (en el curso de su explosión incluso) ciertos rasgos de la naturaleza, en particular la importancia atribuida al uso.

Con la expansión del capitalismo, el concepto de *capital fijo* (constante) debe ser reconsiderado puesto que ya no puede designar sólo el utillaje, los locales y las materias primas de las empresas. Según Marx, *el capital fijo mide la riqueza social*. Como es obvio, la categoría cubre las inversiones en el espacio (carreteras y aeropuertos) y todo tipo de equipamientos. ¿Cómo negar a las redes de radar que balizan el espacio aéreo el carácter de capital fijo? Se trata sin duda de instrumentos de nuevo cuño que las carreteras, canales y ferrocarriles de antes apenas lograban prefigurar. Las redes de transporte ilustran el consumo productivo porque, de un lado, sirven para el desplazamiento de personas y cosas dentro de los circuitos de intercambio y, por otro, porque suponen una inversión global de conocimiento en una realidad social.

Esta expansión del capital fijo permite a su vez la del capital variable. De forma sorprendente, sin duda, pues contrariamente a algunas predicciones, la incorporación del conocimiento y de la técnica a la producción ha movilizado un volumen considerable de mano de obra, una masa de trabajadores poco cualificados entregados a las tareas de excavación, construcción y mantenimiento. Una gran oportunidad para el capitalismo que padecía las consecuencias de que una alta composición orgánica del capital en las industrias más modernas tendía a reducir el tiempo de trabajo necesario (para la reproducción de la clase obrera en tanto que fuerza de trabajo), así como la mano de obra indispensable. Esta situación dejaba disponible un tiempo social enorme (de ahí la importancia del ocio y de las llamadas formas «culturales» y parasitarias) así como un excedente colosal y abundancia de capitales (flotantes), etc. La producción de espacio no es responsable en exclusiva de la supervivencia del capitalismo, pues no se separa nunca de la expansión del capitalismo en el espacio preexistente. Es más bien todo un conjunto de situaciones y hechos —la práctica espacial en su totalidad— lo que ha permitido la supervivencia del capitalismo.

La definición dada por Marx de la *composición orgánica* del capital agregaba un promedio socioeconómico a otras medias cuyas funciones y estructuras también fueron analizadas por él: trabajo social medio y tasa media de beneficio. Ahora bien, cuando pasa a considerar la composición orgánica media del capital, la teoría reincorpora el espacio social, abandonando el espacio abstracto. Esta media no tiene sentido sino en relación con un espacio definido: el que ocupa una rama de la industria o, mejor aún, el que ocupa una unidad económica de gran envergadura —un país o un continente—. Esta media carece de sentido a escala de empresa, salvo en lo que respecta a la posibilidad de situar la composición orgánica del capital de una empresa dada respecto a la media social. El concepto adquiere todo su alcance a escala mundial, pues hay composición orgánica global, incluyendo las medias de los países y naciones. La noción se vuelve concreta al espacializarse (y viceversa, se espacializa haciéndose concreta). Aquí puede situarse la articulación entre la economía tal como es definida por Marx y su crítica, de un lado, y de otro, una economía política del espacio (que incluiría su crítica, la de los Estados y poderes estatales que dominan un territorio nacional). La teoría de la composición orgánica permite comprender las relaciones entre unidades desiguales a este respecto así como especificar las consecuencias de dicha desigualdad. De ahí derivan las transferencias de valor, de plusvalía —así pues, de capitales— y las contradicciones en el seno del mercado de capitales, contradicciones que se manifiestan en dificultades monetarias.[14] Se agravan los obstáculos al crecimiento y desarrollo de los llamados países subdesarrollados, pues son saqueados, explotados, dominados y «protegidos» de múltiples formas (económicas, sociales, políticas, culturales, científicas). Entretanto, los países desarrollados se sirven de otros como fuente de mano de obra y como recurso de valores de uso (energías, materias primas, espacios cualitativos para el ocio, como es el caso de la España actual).

El espacio se inscribe en su totalidad en el modo de producción capitalista modernizado: se utiliza para la producción de plusvalía. La tierra, el subsuelo, el aire y la luz se incorporan a las fuerzas productivas y a los productos. El tejido urbano constituido por múltiples redes de comunicación e intercambio forma parte de los medios de producción. La ciudad y los diferentes establecimientos (oficinas postales, estaciones ferroviarias, depósitos y almacenes, transportes y servicios diversos) constituyen capital fijo. La división del trabajo penetra el espacio entero (y no sólo el «espacio del trabajo», el de las empresas). El espacio en su conjunto se consume productivamente, al igual que los edificios y locales industriales, las máquinas, las materias primas y la fuerza de trabajo misma.

Simultáneamente, la realización de la plusvalía deja de tener lugar en el interior de un área próxima a los puntos de producción, ceñida a un sistema bancario local. La plusvalía se realiza en el seno de la red bancaria mundial como parte de las relaciones abstractas (juego de escritura) entre las agencias e instituciones bancarias. La realización de la plusvalía se desterritorializa. Aunque el espacio urbano haya perdido su antiguo papel en el proceso, continúa no obstante asegurando la correspondencia entre

---

[14] Cf. *Au-delà du structuralisme*, París, Anthropos, 1971, p. 400 y ss. (artículo de 1969).

los distintos *flujos* implicados: los flujos de energía, de mano de obra, de mercancías y de capitales. La economía se define prácticamente como conexión de flujos y redes, conexión más o menos racionalmente asegurada por las instituciones y programada en el marco espacial en que dichas instituciones poseen una influencia operativa. En efecto, cada flujo se define por un punto origen, un recorrido y un punto final. Pero si bien cada flujo puede definirse por sí mismo, lo cierto es que no tiene efecto alguno si no es por su vinculación con otros flujos: así, la utilización de un flujo de energía requiere un flujo de materias primas. Los flujos se coordinan en un espacio. En cuanto a la distribución de la plusvalía, también se hace espacialmente —*territorialmente*— según las *relaciones de fuerza* de países y sectores económicos, y según las estrategias y el saber-hacer de los dirigentes.

XXI

Según Marx —y su argumento no carece de consistencia— las herramientas, las máquinas, los edificios, las materias primas, en suma, el capital constante —que en el vocabulario corriente (capitalista) se denomina inversiones—, representan trabajo muerto. La actividad pasada cristaliza y deviene condición de la nueva actividad. El trabajo actual, incluido el del conocimiento, retoma el resultado del pasado y lo vivifica. En el capitalismo, el muerto toma al vivo. Dicho de otro modo, los medios de producción pertenecen al capitalista individual y a la burguesía como clase; se sirven de ellos para retener a la clase obrera y «hacerle» trabajar. Por todas partes, la nueva sociedad no puede definirse sino por el hecho de volver el mundo del revés. ¿Cómo puede el vivo tomar al muerto? Respuesta: en la producción del espacio, el trabajo animado produce «algo» que ya no es una cosa, ni una simple herramienta ni una simple mercancía. En el espacio pueden resurgir necesidades y deseos como tales, animando la producción y sus productos. Todavía hay y puede haber en el futuro espacios de juego, espacios de ocio, arquitecturas sabias o de placer. En y por el espacio, la obra puede atravesar el producto, el valor de uso puede dominar el valor de cambio: la apropiación, invirtiendo el mundo, puede dominar la dominación, del mismo modo que lo imaginario y lo utópico integran (o se incorporan en) lo real. Lo que hemos llamado «segunda naturaleza» puede desplazar, reemplazar y superponerse a la primera sin promover su completa destrucción. Cuando el muerto continúa tomando al vivo, la destrucción y la autodestrucción se antojan una amenaza. Participando igualmente en esta incautación (que en el ámbito del conocimiento es llamada «reducción»), el capitalismo y la burguesía no logran sino abstracciones: el dinero y la mercancía, el capital mismo, y de ahí el *trabajo abstracto* (el trabajo en general, producción de valor de cambio en general) en el espacio abstracto, lugar y fuente de las abstracciones.

XXII

Así pues, retomando una por una las categorías sin quebrar la articulación teórica, el espacio social:

(a) figura entre las *fuerzas productivas*, asumiendo el rol que antes desempeñaba la naturaleza original, a la que desplaza y suplanta;

(b) aparece como un producto privilegiado, a veces simplemente consumido (desplazamientos, viajes, turismo, ocio) como una enorme mercancía, y otras veces, en las aglomeraciones urbanas, *consumido productivamente* (como lo son las máquinas) en tanto que dispositivo productor de gran envergadura;

(c) se muestra *políticamente instrumental* dado que permite el control de la sociedad, y al mismo tiempo no deja de ser un *medio de producción* en virtud de su «ordenación» (la ciudad y la aglomeración urbana ya no son sólo obras y productos, sino medios de producción, suministrando vivienda, manteniendo la fuerza de trabajo, etc.);

(d) soporta la reproducción de las relaciones de producción y de propiedad (propiedad del suelo y del espacio, jerarquización de los lugares, organización de redes en función del capitalismo, estructuras de clase, exigencias prácticas);

(e) equivale prácticamente a un conjunto de superestructuras institucionales e ideológicas que no se presentan como tales: simbolismos, sistemas de significaciones (y sobre-sentidos) o, por el contrario, neutralidad aparente, insignificancia, renuncia semiológica y vacío (ausencia);

(f) contiene virtualidades —las potencialidades de la obra y la reapropiación— existentes en la esfera artística, primero, pero ante todo según las exigencias del cuerpo «deportado» fuera de sí, cuerpo cuya resistencia impulsa el proyecto de un espacio diferente (sea el espacio de una contra-cultura, sea un contra-espacio en el sentido de una alternativa utópica en principio al espacio «real» existente).

XXIII

De aquí en adelante el espacio se reorganiza en función de la búsqueda de recursos cada vez más escasos: energías, agua, luz y algunas materias primas de origen vegetal o animal. Esto tiende a rehabilitar (potencialmente, al menos) la importancia del uso frente al cambio, en el curso de un vasto conflicto. La producción de espacio acompaña el nuevo énfasis dado a la «naturaleza» en tanto que fuente de valores de uso (la materialidad de las cosas). Durante mucho tiempo consumidora de una parte de los excedentes del intercambio (del excedente social), la producción del espacio deviene predominante coincidiendo en el tiempo con la restitución del valor de uso, restitución a gran escala que atraviesa la política sin que, no obstante, se disponga en estrategias políticas. Para Marx, *la naturaleza constituía la auténtica riqueza*, distinguiéndola de la fortuna evaluable en valor de cambio, esto es, cuantificable en dinero o moneda. Esta idea sigue siendo cierta y penetrante a condición de no separar de forma arbitraria, como centro de significaciones particulares, el espacio derivado («el espacio producido», «segundo» espacio) del espacio primario de la naturaleza, materia y matriz de la producción. El bien supremo es el tiempo-espacio; lo que asegura la supervivencia del ser es la energía que él contiene y de la cual dispone.

No es sólo apoyándose en el suelo como se consolida el capitalismo, ni únicamente integrándose en las formaciones sociales pre-capitalistas. El capitalismo se sirve de todas las abstracciones, de todas las formas, incluida la ficción jurídica y legal de la propiedad de todo cuanto parecía irreductible en principio a la apropiación privada o privativa (la naturaleza, la tierra, las energías vitales, los deseos y las necesidades). La planificación espacial, que se sirve del espacio como instrumento con fines múltiples, se muestra de una eficacia extrema. Tal uso instrumental del espacio está seguramente implícito en la «modernización conservadora» que se ha introducido con mayor o menor éxito en diferentes países.

Las indicaciones sobre la escasez, sobre la centralidad o sobre la «movilización de lo inmobiliario» proporcionan sólo los esbozos de una economía política del espacio. Si ésta no es desarrollada aquí se debe a que constituye una derivación de una teoría más potente, la de la producción del espacio. ¿Puede esta investigación, centrada en el espacio y su problemática, convertirse en un conocimiento susceptible de sustituir a la economía política clásica y sus modelos abstractos de crecimiento? Sin duda alguna, pero sería preciso especificar de antemano que los polos «positivo» y «negativo» (esto es, críticos) de dicha teoría convergen. El «mundo de la mercancía» —una abstracción— no puede concebirse sin el mercado mundial, que se define territorialmente (en términos de flujos y redes) y políticamente (en términos de centros y periferias). La noción de flujos, una noción económica erróneamente generalizada por algunos filósofos, no es todavía bien comprendida, del mismo modo que sus conexiones espaciales esquivan, dada su complejidad, el análisis y la programación informática. El fetichismo de la economía abstracta se transfigura en fetichismo del espacio económico abstracto. El espacio devenido mercancía lleva hasta el límite los rasgos de las mercancías en el espacio.

Con el fin de erigir en conocimiento teórico la experiencia de este espacio es conveniente introducir nuevas categorías, afinando los viejos temas ya conocidos. El análisis de los *espacios-envoltorio* deberá exponerse a partir de los mercados (locales, nacional, y de ahí del mercado mundial) vinculándolo a la teoría de redes y flujos. La teoría del *valor de uso*, empañada e ignorada desde Marx, será restituida y colocada en un primer plano con su complejidad.

¿Cómo y por qué el mercado mundial (una cierta unidad a escala planetaria) da lugar a un fraccionamiento del espacio por el cual se multiplican los Estados-nación, se diferencian y afirman las regiones, los Estados multinacionales y las corporaciones supranacionales (que pese a frenar este extraño fraccionamiento se aprovechan de él para situarse por encima)? ¿Hacia qué espacio y hacia qué tiempo se dirigen estas contradicciones entrelazadas?

Se tiene un conocimiento aproximado sobre dónde se forma la plusvalía en las condiciones actuales; en cambio, se sabe poco acerca de dónde se realiza y mucho menos sobre cómo se distribuye. Las redes bancarias y financieras la distribuyen lejos de los lugares de formación (empresas, países). Finalmente, el espacio está siendo reestructurado como consecuencia del desarrollo de los transportes aéreos (dimensión aéreo-política) y de industrias recientes (informática, ocio, extracción de petróleo y de diferentes recursos) y de la intervención creciente de las firmas multinacionales. De tal modo, los espacios-envoltorio se modifican y las interacciones dislocadas tratan de alcanzar posiciones de equilibrio (*feed-back*).

Al final de este estudio crítico-analítico, la relación tiempo-espacio debería escapar de la separación abstracta con que ha sido habitualmente enfocada, así como salir de la confusión igualmente abstracta entre esos dos términos tan diferentes pero tan ligados.

06
De las contradicciones del espacio al espacio diferencial

I

Recapitulemos la teoría del espacio contradictorio repasando las contradicciones en el espacio abstracto. Del mismo modo que la luz blanca, uniforme en apariencia, se analiza en el espectro, el espacio puede descomponerse analíticamente; pero este acto de conocimiento llega hasta desvelar los conflictos internos de lo que parece homogéneo y coherente, y que se presenta y actúa como si lo fuera.

La primera contradicción es la que existe entre la *cantidad* y la *calidad*. El espacio abstracto es mensurable. No sólo se cuantifica en tanto que espacio geométrico, sino que como espacio social se subordina a las manipulaciones cuantitativas: estadísticas, programaciones y previsiones tienen ahí una eficacia operativa. La tendencia predominante va, pues, hacia la desaparición de lo cualitativo, hacia su reabsorción subsecuente a los tratamientos brutales o persuasivos.

Sin embargo, lo cualitativo no se deja absorber por lo cuantitativo, como tampoco el uso por el valor de cambio. En realidad, reaparece en el espacio. La gente en general abandona en un momento dado el *espacio del consumo*, que coincide con los lugares históricos de la acumulación de capital, con el espacio de la producción y el espacio producido; se trata del espacio del mercado, el que recorren los flujos y que controla el Estado, espacio estrictamente cuantificado. En ese momento, la gente se dirige hacia el *consumo del espacio* (consumo improductivo). ¿De qué momento se trata? Del momento de partida: las vacaciones, un momento inicialmente contingente que deviene después necesidad. Entonces «la gente» exige un espacio cualitativo, y sus cualidades tienen nombres: sol, nieve, mar. Poco importa si son cualidades naturales o simuladas. Ni el espectáculo ni los signos bastan; la materialidad, la naturalidad son exigidas como tales, en su recobrada (aparente o real) inmediatez. Antiguos nombres, cualidades eternas y presuntamente naturales. La calidad y uso del espacio recuperan su ascendencia hasta cierto punto. Hablando en términos empíricos, esto quiere decir que el neocapitalismo y el neoimperialismo comparten la hegemonía sobre el espacio dominado, dividido en regiones explotadas por y para la producción (de bienes de consumo), y en regiones explotadas para y por el consumo del espacio. Turismo y ocio se convierten en grandes sectores de inversión y rentabilidad, completando la construcción, la especulación inmobiliaria, la urbanización generalizada (y, por supuesto, la integración en el capitalismo de la agricultura, la producción alimentaria, etc.). Mientras toda la costa del Mediterráneo se convierte en el espacio de ocio de la Europa industrial, la industria penetra en ella; la nostalgia de las ciudades de ocio y descanso, expuestas al sol, persigue a los urbanitas en las regiones superindustrializadas. Así se desarrollan las contradicciones: los urbanitas ansían reencontrar cierta «calidad del espacio».

En las áreas consagradas al ocio, el cuerpo recupera ciertos derechos de uso, semi-ficticios o semi-reales, que no van más allá de una ilusoria «cultura del cuerpo», de una simulación de vida natural. No obstante, incluso siendo frustrada, la restitución del cuerpo apela a una restitución del deseo y del placer. El consumo satisface las necesidades; el deseo y el ocio, incluso estando sólo falsamente unidos en un espacio de representación (los lugares donde la vida cotidiana queda en suspenso dejando su sitio a una vida diferente, más rica, simple y/o natural), son de hecho congregados; en consecuencia, deseos y necesidades se oponen. A las necesidades específicas corresponden objetos específicos. Al deseo no le corresponde ningún objeto preciso sino un espacio donde el deseo pueda desplegarse: la playa, una zona de fiesta, un lugar de ensueño.

El vínculo dialéctico (contradicción en la unidad) entre la necesidad y el deseo genera, pues, nuevas contradicciones, en particular entre la liberación y la represión. Aunque es cierto que esos movimientos dialécticos no tienen más soporte y vehículo que las clases medias y que esas clases medias ofrecen modelos de consumo a las llamadas clases inferiores, en este caso la Mímesis, sometida a la contradicción en cuestión, puede erigirse como un potente estimulador. En el arte y entre los artistas se libra una lucha ardiente cuyo carácter básico es ignorado de hecho por sus protagonistas (¡es una lucha de clases!): a saber, la lucha entre el cuerpo y el no-cuerpo, la lucha entre los signos del cuerpo y los signos del no-cuerpo.

El espacio mental —el espacio de las reducciones, de las presiones y represiones, de las manipulaciones y recuperaciones, espacio destructor de la naturaleza y del cuerpo— no logra neutralizar a su íntimo enemigo. Lejos de eso, lo suscita y lo resucita. Lo cual va más allá de las contradicciones a menudo mencionadas entre el esteticismo y el racionalismo.

II

La contradicción precedente entre «cantidad» y «calidad» no se define por una oposición (binaria) sino por un movimiento de tres términos: del espacio del consumo al consumo del espacio mediante el ocio y el espacio del ocio. O en otros términos, de la cotidianidad a la no-cotidianidad a través de la fiesta (fingida o no, simulada o «auténtica»), o del trabajo al no-trabajo mediante la suspensión y cuestionamiento (semi-ficticio o semi-real) del trabajo.

Otra oposición (binaria) parece altamente pertinente incluso cuando fija el movimiento. Se trata de la oposición entre «producción» y «consumo», la cual, aunque es transformada en estructura por la ideología, no puede oscurecer el conflicto dialéctico indicado en los términos «consumo productivo». El movimiento así aprehendido va, por un lado, del consumo en sentido corriente —que necesita la reproducción de las cosas— al *espacio de la producción*, atravesado, y por tanto usado y consumido, por los flujos; por otro lado, del espacio de producción al *espacio de la reproducción*, controlado por el poder estatal, garantizado por la reproductibilidad de las cosas en el espacio y del espacio mismo, fragmentado con ese fin. Bajo el neocapitalismo o capitalismo de organización, el espacio institucional se basa en los principios de la repetición y la reproductibilidad, principios velados mediante simulacros de creatividad. Pero este espacio burocrático entra en conflicto con sus propias condiciones y con sus propios resultados. El espacio ocupado de este modo, controlado y orientado hacia lo reproducible, se ve rodeado por lo no-reproducible: la naturaleza, el sitio, lo local, lo regional, lo nacional e incluso lo mundial.

III

¿Dónde se sitúa la principal contradicción? Entre la capacidad de concebir y tratar el espacio a escala global (mundial) y su fragmentación mediante múltiples procedimientos y procederes, también fragmentados. En un nivel más amplio se sitúan las matemáticas, la lógica y la estrategia, que permiten la representación del espacio instrumental, de carácter homogéneo o más bien homogeneizante. Este espacio fetichizado, promovido al rango de espacio mental por la epistemología, implica y contiene una ideología: la primacía de la unidad abstracta. La fragmentación no es menos «operativa». Contribuyen a esto los recortes administrativos, también los que llevan a cabo las ciencias y las técnicas, y mucho más y sobre todo la venta al detalle por lotes de espacio.

Se confirma la certeza de dicha contradicción al reflexionar sobre el carácter disociador del espacio fragmentado, vendido al por mayor o al minuto, de una parte; y por otra parte en la informática que domina un espacio de tal modo que un ordenador (acoplado necesariamente con otros dispositivos de reproducción de imágenes y documentos) puede aglutinar y procesar en un lugar determinado, casi puntual, una masa indefinida de informaciones relativas a ese espacio físico o social dado.

Se pervierte el doble carácter «homogéneo-fracturado» del espacio cuando se representa como un tipo de relación binaria (un simple contraste, una confrontación). Nunca se insistirá demasiado en la inherencia (unidad) de los dos términos así como en su contradicción. En su aspecto homogéneo, el espacio abole las distinciones y diferencias, entre otras las del fuera y el adentro, que tiende a reducir a una situación de indiferencia entre lo visible-legible. Simultáneamente, este mismo espacio está desmenuzado, fracturado según las exigencias de la división del trabajo, de las necesidades y funciones, hasta un umbral de tolerancia a menudo superado (en términos de exigüidad de volúmenes, ausencia de vinculación, etc.). Los procedimientos que fracturan el espacio se asemejan a los que dividían el cuerpo en imágenes (y en particular el cuerpo femenino, escindido en partes y sin embargo «sin órganos»).

Así pues, no hay un espacio global (espacio concebido) de un lado y de otro un espacio fragmentado (espacio vivido), como si aquí hubiera un cristal intacto y allá un cristal o un espejo roto. El espacio «es» a la vez total y quebrado, global y fracturado. Del mismo modo que es a la vez concebido, percibido y vivido.

La contradicción «centro-periferia» deriva de la contradicción entre la globalidad y lo parcelario, especificando el movimiento inherente de esta última. Toda globalidad implica el establecimiento de una centralidad. La concentración de «todo» lo que hay en el espacio subordina todos los elementos y todos los momentos del espacio al poder que detenta el centro. La compacidad y la densidad son «propiedad» del centro; alrededor de los centros, cada espacio y cada intervalo espacial se antoja vector de condiciones y portador de normas y valores.

IV

La oposición entre el valor de cambio y el valor de uso, que en principio no es sino un simple contraste o contrariedad, viene a asumir después un carácter dialéctico. Intentar mostrar que el cambio absorbe el uso es una manera incompleta de sustituir una oposición estática por una dinámica. El uso reaparece en conflicto agudo con el cambio en el espacio porque implica «apropiación» y no «propiedad». Ahora bien, la apropiación conlleva tiempo (o tiempos), ritmo (o ritmos), símbolos y una práctica. Cuanto más funcionalizado está un espacio —cuanto más se encuentra dominado por los «agentes» que lo manipulan y lo vuelven monofuncional—, menos se presta a la apropiación. ¿Por qué? Pues porque se sitúa fuera del tiempo *vivido*, tiempo diversificado y complejo experimentado por los usuarios. Sin embargo, ¿qué es lo que adquiere un individuo cuando compra un espacio? Tiempo.

La vida cotidiana no puede comprenderse sin la contradicción entre «uso» y «cambio» (entre los valores). Pero es sobre todo el uso político del espacio lo que restituye al máximo el valor de uso: recursos, situaciones espaciales y estrategias.

¿Acaso se derivará un conocimiento (una ciencia) del uso de los espacios? Quizá, pero estaría ligado al análisis de los ritmos, a la crítica eficaz de los espacios representativos y normativos. ¿Podría ser portador dicho conocimiento de un nombre como «análisis espacial»? Sin duda, ¿pero qué razón hay para añadir una especialidad más a una lista ya enorme?

V

La principal contradicción identificada antes corresponde a la que caracterizó Marx al principio de su análisis sobre el capitalismo entre las fuerzas productivas y las relaciones sociales de producción (y de propiedad). Atemperada en el plano de la producción de las cosas (en el espacio), esta contradicción se agudiza en el plano superior de la producción del espacio.

Técnica y científicamente se abren posibilidades insospechadas. Una «sociedad» distinta a la nuestra podría inventar, crear, «producir» nuevas formas del espacio. Sin embargo, las relaciones de propiedad y de producción inhiben esas posibilidades, es decir, rompen los espacios que podrían ser concebidos por el ensueño, el imaginario, la utopía y la ciencia-ficción. Las posibilidades prácticas se reducen mediante procedimientos reductores hasta desembocar en las trivialidades conocidas: unifamiliares suburbanos y grandes edificios (cajas individuales donde habitar espolvoreando ilusiones o miles de cajas-hábitat apiladas unas sobre otras).

Hay que insistir con fuerza en esos puntos fundamentales sobre los que encontramos a menudo el pensamiento de Marx debilitado y pervertido por todo tipo de actitudes políticas. Unos quieren que en los países industriales el «socialismo» continúe el proceso de crecimiento y acumulación, es decir, la producción de cosas en el espacio. Otros, en nombre de un «extremismo», del activismo revolucionario o del «izquierdismo», desean demoler el modo de producción actual con todos sus dispositivos. Unos se reclaman «objetivistas» y los otros «voluntaristas» (esto es, subjetivistas).

La burguesía desempeñó un papel revolucionario cuando impulsó el crecimiento de las fuerzas productivas. Para Marx —y si este punto se omite se desvirtúa el conjunto de su pensamiento— el advenimiento de la gran industria, junto con la ciencia y la técnica, convulsionó el mundo. Ahora bien, las fuerzas productivas han franqueado un límite, pasando de la producción de cosas en el espacio a la producción del espacio. La actividad revolucionaria debería, entre otras medidas, ir hasta las últimas consecuencias de ese *límite cualitativo* que consiste también en un *límite en la calidad*. Esto pondría en tela de juicio el proceso de crecimiento cuantitativo, no con objeto de quebrarlo, sino para identificar sus virtualidades. La producción *consciente* del espacio ha sido «casi» alcanzada. Pero el umbral no se franquea del todo: ese nuevo modo de producción es sustituido por la venta del espacio parcelado, mediante simulaciones de un espacio nuevo.

VI

La violencia inherente al espacio entra en conflicto con el saber inherente a ese mismo espacio. El poder, es decir, la violencia, desune y mantiene apartado todo cuanto ha separado; inversamente, reúne y mantiene en un estado de confusión todo cuanto le conviene. Así pues, el saber reposa sobre los efectos del poder, considerados como «reales»; los ratifica como tales. En ningún lugar hay una confrontación entre el saber y el poder, entre conocimiento y violencia, más directa que en la conexión entre el espacio intacto y el espacio fragmentado. En la dominación, violencias y coacciones se dan por doquier; y el poder es omnipresente.

El espacio dominado realiza sobre el terreno dispositivos y «modelos» militares y políticos (estratégicos). Pero hay algo más: mediante la acción del poder, el espacio práctico porta en sí normas y obligaciones. Más que expresión del poder, es la represión en nombre del poder (y a veces en nombre de nada). Suma de coacciones, estipulaciones y prescripciones, el espacio social adquiere esta eficacia normativa-represiva, ligada institucionalmente a su objetalidad, a cuyo lado la eficacia de las ideologías y de las representaciones cae en lo ridículo. Se trata de un espacio-trampa que puede ser ocupado por las simulaciones de la paz cívica, del consenso y de la no-violencia. Por otra parte, este espacio dominante-dominado puede ser impregnado por las instancias de la Ley, la Paternidad y la Genitalidad. La lógica y la logística ocultan la violencia latente, que no necesita mostrarse para actuar.

La práctica espacial no crea la vida sino que la regula. El espacio no tiene «por sí» ninguna capacidad y las contradicciones del espacio no vienen determinadas por él como tal. Son las contradicciones de la sociedad (entre una cosa y otra en la sociedad, por ejemplo, entre las fuerzas productivas y las relaciones de producción) las que vienen a irrumpir en el espacio, a nivel del espacio, dando lugar a contradicciones espaciales.

VII

Las contradicciones identificadas en los exámenes precedentes han sido formuladas en un plano teórico-conceptual, aparentemente abstracto, es decir, sin relación aparente con el conjunto de los hechos, al margen de lo empírico. Por supuesto, nada más lejos de la verdad. Esas formulaciones se corresponden con los hechos y concentran una multitud indefinida de experiencias. Las contradicciones son constatables a simple vista incluso para el más empedernido de los positivistas. Sin embargo, el empirismo rehúsa denominarlas «contradicciones» y no admite sino incoherencias, disfunciones; se resiste a dar forma teórica a sus observaciones, que dispone en grupos de datos lógicamente encadenados.

Los propietarios de automóviles privados disponen de un espacio que apenas supone gasto por su parte, pues la colectividad mantiene su alto coste. De ahí la proliferación de vehículos privados, un asunto propio del «lobby» de los fabricantes de coches, que reclaman constantemente la extensión de ese espacio, y así sucesivamente. El consumo productivo del espacio (fundamentalmente productivo de plusvalía) recibe subvenciones y créditos enormes del Estado. Una vuelta de tuerca más, un círculo vicioso al que los optimistas atribuyen un papel «regulador»; en efecto, esos «sistemas» «auto-regulan» la sociedad a condición de aceptar los efectos secundarios que conllevan. Sigamos. En lo referente a los «espacios verdes», a los árboles, a las plazas que no son cruces, a los parques urbanos, es cierto que aportan algunos placeres al conjunto de la «colectividad», ¿pero quién los costea? ¿Cómo y a quién exigir el pago? Tales espacios, que no proporcionan nada a nadie determinado sino placer a todos, están en vías de extinción. El consumo no productivo no suscita inversiones, pues sólo genera agrado. En cambio, el consumo de armamento de todo tipo, incluidos misiles y cohetes, recibe sumas colosales pese a ser el más improductivo de todos los consumos.

Hay dos modos en que el espacio urbano es degradado y finalmente destruido en este proceso contradictorio: la proliferación de vías rápidas, zonas de aparcamiento y garajes —y su corolario, la reducción de los espacios arbolados, de los parques públicos y jardines privados—. Se instaura una contradicción entre el consumo productivo (de plusvalía) del espacio y el consumo productivo de placer y encanto, es decir, improductivo. Una contradicción entre los «utilizadores» capitalistas y los «usuarios» de la colectividad.[1]

VIII

Podríamos multiplicar los casos en que la descripción empírica de determinados procesos se contiene por debajo de un umbral de conceptualización a partir del cual el movimiento dialéctico (conflictual) emergería. He aquí uno: las regiones y los países en rápido crecimiento destruyen alegremente los espacios históricos engendrados a lo largo del tiempo —casas, palacios, construcciones militares o civiles, etc.—. Si en estas obras se percibe una posible ventaja o un beneficio, entonces desaparecen. Más tarde, hacia las postrimerías de la fase de crecimiento acelerado, esos mismos países descubren las virtudes de esos espacios para el consumo cultural, para la propia «cultura», para las prometedoras industrias del turismo y del ocio. Es entonces cuando esos países se lanzan a la muy costosa reconstrucción de lo que demolieron durante la *belle époque*. Allí

---

[1] Se trata de un análisis inspirado en Alfred Sauvy en *Croissance Zero*, París, Casterman, 1973, que se abstiene sin embargo de señalar tales contradicciones.

donde las iniciativas destructoras no llegaron a completarse, se promueve la «renovación», después la imitación, la copia, o se inventa lo «neo». Todo cuanto fue aniquilado en el frenesí del crecimiento pasa a ser objeto de adoración. Los antiguos objetos de uso pasan entonces por excepcionales y preciosas obras de arte.

Consideremos un momento el espacio de la arquitectura y de los arquitectos sin atribuir una importancia excesiva al discurso sobre dicho espacio. Cabe imaginar que el arquitecto dispone ante él de un trozo o fragmento de espacio, recortado de conjuntos más grandes, que toma como un «dato» que tratará según su gusto, sus técnicas, sus ideas y preferencias. Es decir, él recibe su parte y se ocupa de ella con plena libertad.

Ahora bien, no es así como las cosas ocurren en realidad. La parte de espacio otorgada al arquitecto (por los «promotores» o por las autoridades) depende de cálculos sobre los cuales en ocasiones él puede tener ciertos indicios, si bien no conoce con certeza. Este espacio nada tiene de inocente: está al servicio de tácticas y estrategias particulares; no es sino el espacio del modo de producción dominante, el espacio del capitalismo, administrado por la burguesía. Consiste en «lotes» y se organiza represivamente en función de los puntos fuertes de los alrededores.

En lo que respecta al ojo del arquitecto, éste no es más inocente y neutro que el lote que le es asignado para construir o que el folio en blanco sobre el cual trazará su primer croquis. El espacio «subjetivo» del arquitecto se colma de significaciones muy objetivas. Es un espacio visual que se reduce al plano, a la imagen: ese «mundo de la imagen» antagónico de la imaginación. La perspectiva lineal acentúa y justifica esas reducciones. Gromort[2] se opuso hace tiempo a esas tendencias esterilizantes mostrando cómo se inclinaban a fetichizar la fachada, volumen compuesto de planos y falsamente realzado mediante motivos decorativos. La reducción a la parcela, a la imagen, a la fachada que es hecha para ver y para ser vista —es decir, todo lo que refuerza el espacio «puro» visual— es una tendencia que ocasiona la degradación del espacio. La fachada (ver y ser visto) mide el estatus y el prestigio social. La jaula con fachada —la jaula familiar— deviene tipo y forma modular del espacio aburguesado.

Del discurso arquitectónico puede decirse, pues, que imita muy a menudo el discurso del poder, pero caricaturizándolo, y que padece la desilusión del saber «objetivo» de la «realidad» por mediación de representaciones gráficas. Es un discurso sin referente

---

[2] Georges Gromort, *Architecture et sculpture en France*, vol. de *l'Histoire générale de l'art française de la Révolution à nos jours*, París, Librairie de France, 1923-5.

ni horizonte. Con mucha facilidad (como sucede con Le Corbusier) se trata de un discurso moral sobre la rectitud, el ángulo recto y las líneas rectas en general, combinando la invocación a la naturaleza (el agua, el aire, el sol) con la peor de las abstracciones (los planos geométricos, los módulos, etc.).

Dentro de la práctica espacial de la sociedad moderna, el arquitecto se instala en su propio espacio. Tiene una *representación de ese espacio* ligada al grafismo: folio en blanco, planos, elevaciones, secciones, visión perspectiva de la fachada, módulos, etc. Este espacio *concebido* es pensado por aquellos que se sirven de él como espacio *verdadero*, pese a ser —o quizá por ser— geométrico: medio de objetos, objeto en sí mismo y lugar de objetivación de los proyectos. Sus orígenes se remontan a la perspectiva lineal elaborada en el Renacimiento: un observador fijo, un campo perceptivo inmóvil, un mundo visual estable. El proyecto arquitectónico, determinado «inconscientemente» mediante ese campo perceptivo, tiene como criterio principal la realización posible: el plan se proyecta en el campo del pensamiento arquitectónico que lo abraza o lo excluye. Una gran cantidad de representaciones —que algunos dirían «ideológicas» (¿pero por qué ese término desvalorizado por tanto abuso?)— pasa por ese canal; para merecer ser evaluado, cualquier proyecto debe ser cuantificable, rentable, comunicable y «realista». A priori se encuentran excluidas o reducidas las cuestiones concernientes al orden próximo y al orden lejano, a los contornos y al «entorno», a la relación entre lo privado y lo público. Por otro lado, el campo constituido por esta práctica admite las subdivisiones (parcelaciones) y las especializaciones (localizaciones funcionales). Y mucho más: aunque parezca pasivo ante esas operaciones, se presta a ellas y les confiere su alcance operativo. La división del trabajo, la división de las necesidades y la de los objetos (cosas), todas localizadas, empujadas hasta la separación de funciones, gentes y cosas, encuentran su marco en ese campo espacial que parece neutro, objetivo, lugar del saber, sin miedo y sin tacha.

Consideremos ahora el espacio de aquellos a los que se llama malévola y torpemente «usuarios» y «habitantes». Ni siquiera existen términos bien definidos con fuertes connotaciones para designarlos. La práctica espacial los margina hasta en el lenguaje. La palabra «usuario» tiene algo de vaguedad y de sospecha. ¿Usuario de qué? Se usan vestidos, automóviles, las casas. ¿Pero qué es el valor de uso situado junto al valor de cambio y sus implicaciones? ¿Qué designa el término «habitantes»? Se refiere a todos y a nadie. Las reivindicaciones elementales de los «usuarios» (desfavorecidos) y de los «habitantes» no llegan a *expresarse* bien, mientras que los *signos* de su situación se multiplican y a veces saltan a la vista.

El espacio del usuario es *vivido*, no representado (o concebido). En comparación con el espacio abstracto de los expertos (arquitectos, urbanistas, planificadores), el espacio de las actividades cotidianas de los usuarios es un espacio concreto. Lo que quiere decir subjetivo. Espacio de los «sujetos» y no de los cálculos, espacio de representación que tiene un origen en la infancia, con sus trances, sus logros y sus carencias. El espacio vivido recibe su impronta del conflicto entre la inevitable madurez, larga y difícil, y la inmadurez que deja intactas las fuentes y reservas iniciales. En este ámbito se afirma lo «privado» —con mayor o menor vigor pero siempre de forma conflictiva— contra lo público.

Pese a ello, es posible concebir a título de mediación y transición una primacía de los espacios concretos: semi-públicos, semi-privados, lugares de encuentro, sendas y pasajes. Esto permitiría la diversificación de los espacios, mientras que desaparecería la importancia (relativa) asignada a la discriminación funcional. Los lugares apropiados se distinguirían en *fijos*, *semi-fijos*, *móviles* y *vacantes*. En efecto, entre las contradicciones figura en lugar destacado la que se implanta entre lo efímero y lo estable (entre la Morada y el Errar en la terminología de Heidegger). Si el trabajo, incluyendo una parte de la producción doméstica (la cocina), reclama lugares fijos, el sueño no tiene esas exigencias ni tampoco las tiene el juego, y a este respecto Occidente podría aprender de Oriente, con sus grandes espacios vacíos, muebles bajos y móviles.

En Occidente, la fachada no ha terminado de gobernar el espacio. Los muebles —tan pesados como los inmuebles— tenían y tienen aún una fachada orientada hacia el espacio privado con el fin de dominarlo: el armario de luna, el aparador, el arcón. La movilización del espacio «privado» acompañaría la restitución del cuerpo y alumbraría las contradicciones del espacio. En tanto que lugar de los sujetos, este espacio podría decirse «situacional» o «relacional», si bien esas definiciones o determinaciones se refieren más al contenido sociológico que a las características inherentes del espacio como tal.

La restitución del cuerpo, en primer lugar, significa la restitución del espacio sensorial-sensual, de la palabra, de la voz, del olor y de lo auditivo. Esto es, de lo no-visual. Y de lo sexual, pero no en el sentido del sexo como tal, aisladamente, sino de la energía sexuada, orientada hacia un cierto dispendio de acuerdo con ritmos determinados.

Pero esto sólo como sugerencias o pistas.

IX

Una de las paradojas más flagrantes del espacio abstracto es que éste puede *ser* a la vez el conjunto de lugares donde nacen las contradicciones, el medio en que estas contradicciones se despliegan o se desgarran y, por último, el instrumento que permite sofocarlas sustituyéndolas por una coherencia aparente. Esto confiere al espacio prácticamente (en la práctica espacial) una función que antes era asumida por la ideología y que todavía reclama una ideología.

Hacia 1961 Jane Jacobs analizó el fracaso en los Estados Unidos de las operaciones del *city planning and rebuilding* (urbanismo y renovación urbana). Jacobs mostraba principalmente cómo la destrucción de la calle y del vecindario conllevaban la desaparición de los rasgos adquiridos de la vida urbana, o al menos de los que pasaban por tales: seguridad, contactos, crianza de los niños, diversidad de relaciones, etc.[3] La autora no llegaba a incriminar abiertamente al neo-capitalismo ni a aislar las contradicciones inmanentes del espacio producido por el capitalismo (el espacio abstracto). Sin embargo, mostraba con gran vigor la potencia destructiva de este espacio, y en particular la autodestrucción de la vida urbana por los medios destinados aparentemente a crearla o recrearla.

La complejidad y la opacidad de las situaciones urbanas (aparentes o reales, poco importa ahora) inspiró en los EE.UU. una iniciativa práctica y teórica consistente en confiar en expertos responsables el esclarecimiento y explicación de la madeja de problemas, antes incluso de descubrir una eventual solución. Ésa fue la agenda inicial del *advocacy planning* que se oponía al *city planning* de las autoridades. Los usuarios o habitantes, como grupo, se asegurarían el auxilio de alguien competente, capacitado en la palabra y en la comunicación —esto es, un abogado—, con el fin de negociar con los poderes políticos y financieros.[4]

El fracaso de esta tentativa, analizado por Robert Goodman, posee varios sentidos. Cuando los interesados, los que están concernidos —los usuarios—, no pueden tomar la palabra, ¿quién habla en su nombre y en su lugar? Ciertamente ningún experto, ningún especialista del espacio o de la palabra, pues ninguna

---

[3] J. Jacobs, *The Death and Life of Great American Cities*, Nueva York, Random House, 1961. Publicado en Capitán Swing, 2010.

[4] Cf. Robert Goodman, *After the Planners*, Harmondsworth, Middx, Penguin Books, 1972. Nótense de paso las críticas pertinentes del autor contra Robert Venturi y su libro *Complexity and Contradiction in Architecture*, Nueva York, Museum of Modern Art, 1966. Venturi confunde, en efecto, en una pseudo-dialectización del espacio arquitectónico, el más leve contraste formal con una contradicción espacial (*vid. op. cit.*, p. 164 y ss.).

competencia tiene derecho salvo la de los afectados. ¿A título de qué? ¿Con qué conceptos? ¿Con qué lenguaje? ¿En qué y cómo podría diferir el discurso experto de los arquitectos o de los «promotores» o de los políticos? Admitir tal rol, una función semejante, es aceptar el fetichismo de la comunicación, la sustitución del uso por el cambio. Así pues, el silencio de los usuarios es el problema, el único problema. O bien el experto trabaja por su propia cuenta, o bien sirve a las exigencias de los poderes burocráticos, financieros o políticos. Si se enfrentara a dichas potencias en nombre de los interesados, caminaría hacia su perdición.

Uno de los más profundos conflictos inmanentes al espacio es que el espacio «vivido» prohíbe expresar los conflictos. Para decirlos, hay que percibirlos primero, sin caer en las representaciones del espacio, como generalmente se concibe. Es necesaria una *teoría* que trascienda a la vez el espacio de representación y la representación del espacio, formulando las contradicciones (y en primer lugar la contradicción entre esos dos aspectos de la representación). Las contradicciones sociopolíticas se realizan espacialmente. Dicho de otro modo, las contradicciones del espacio «expresan» los conflictos entre las fuerzas y los intereses sociopolíticos; pero es sólo *en* el espacio como esos conflictos tienen efecto y lugar, convirtiéndose así en contradicciones *del* espacio.

X

La contradicción fundamental entre la globalidad (la capacidad de concebir y tratar espacios a gran escala, incluso en una escala mundial, como en el caso de la informática y la geopolítica aérea) y la fragmentación (la parcelación del espacio para la compraventa) se intensifica en el plano estratégico. En los espacios estratégicos los recursos están siempre localizados. Se estiman en términos de unidades de producción (empresas) y de consumo (hogares). Sin embargo, en lo relativo a los objetivos y «blancos» éstos son siempre globales, incluso mundiales, cuando se trata de las grandes estrategias desplegadas por los principales Estados y por las principales corporaciones transnacionales. La dispersión y la fragmentación, llevadas hasta el punto de la segregación completa, son mantenidas y dominadas por intenciones estratégicas, por voluntades de poder de máximo nivel en términos de cantidad de medios y calidad de fines pretendidos. Lo dispersado y lo fragmentado conservan sin embargo cierta unidad en lo homogéneo:

el espacio del poder, que tiene en consideración evidentemente las conexiones y vínculos entre los elementos que retiene, paradójicamente unidos y desunidos, agregados y desagregados, separados y apretujados.

Sería errónea la representación de una escala jerárquica entre esos dos extremos o polos, la unidad voluntaria del poder político y la dispersión efectiva de sus elementos diferenciados. Todo (el «todo») recae sobre el nivel inferior o «micro», lo local y localizable: sobre lo cotidiano. Todo (el «todo») *reposa* sobre él: la explotación y la dominación, la protección y la opresión, de forma inseparable. El «todo» tiene por base y fundamento la disociación y la separación, que son mantenidas como tales por la voluntad superior; disociación y separación inevitables en tanto que resultado de una historia, la de la acumulación, y letales al mantenerse de este modo, separando los momentos y los elementos de la práctica social. Una práctica espacial destruye la práctica social; y la práctica social se autodestruye mediante la práctica espacial.

Estratégicamente, las fuerzas que se enfrentan ocupan el espacio y engendran presiones, actos y sucesos. La ley de interpenetración de los pequeños movimientos ya no desempeña ningún papel en este nivel.

La importancia del nivel «micro» no se ve afectada por esto. Aunque no proporcione el teatro de los enfrentamientos ni el medio en que se despliegan las fuerzas, contiene tanto los recursos necesarios como las aspiraciones en juego. Porque el propósito final de una estrategia es ahora y siempre la ocupación de un espacio mediante los diversos medios de la política y de la guerra.

Podríamos concebir diferentes cuadros de clasificación con el fin de descifrar un espacio complejo. El más tosco de esos cuadros tendría en cuenta las oposiciones y contrastes en el espacio: las *isotopías* (espacios análogos), las *heterotopías* (espacios que se repelen mutuamente) y, por último, las *utopías* (espacios ocupados por lo simbólico y lo imaginario: por «idealidades» tales como la naturaleza, el saber absoluto y el poder absoluto). Aunque sea algo burda, esta clasificación pone en evidencia una paradoja, es decir, una contradicción inadvertida: los espacios más apropiados son aquellos que están ocupados por símbolos. Por ejemplo, los jardines y parques que simbolizan la naturaleza absoluta; o los edificios religiosos que simbolizan el poder y el saber, es decir, lo Absoluto puro y simple.

Un cuadro más concreto y flexible clasifica los lugares en virtud de sus atribuciones: privados, públicos o mediacionales (pasajes y sendas); es decir, según sus usos y usuarios.

Un tercer cuadro de clasificación se situaría en el plano de las estrategias y revelaría la existencia de cierto orden en el caos espacial: las articulaciones entre el mercado del espacio y los espacios del mercado, entre la ordenación (planificación) espacial y las fuerzas productivas que lo ocupan, y entre los proyectos políticos y los obstáculos, es decir, las fuerzas que se oponen a dicha intención estratégica y que en ocasiones logran instaurar un contra-espacio en el seno de un espacio particular.

¿Por qué razón no continuar con esta línea de trabajo a fin de alcanzar un marco de clasificación satisfactorio? Dos observaciones a modo de respuesta. En primer lugar, no existe ninguna razón para limitar el número de marcos clasificatorios ni para considerar a alguno de ellos como privilegiado. En segundo lugar, el mismo concepto de marco (clasificatorio), como el de modelo o el de código, despierta suspicacias. Esos instrumentos de conocimiento formal tienen un objetivo preciso: eliminar las contradicciones, hacer aparecer una coherencia, reducir la dialéctica a la lógica. Se trata de una intención inherente a un saber que se pretende «puro» y «absoluto», y que ignora su propia esencia: reducir la realidad al servicio del poder.

XI

Sobre la base de un conocimiento particular —el de la producción del espacio— podemos considerar una ciencia del espacio social, esto es, urbano y rural (aunque con predominio del primero).

¿Cuál sería el término a utilizar? ¿Conocimiento, ciencia, saber? El término *saber* ha recibido antes una connotación desfavorable. No se trataba de insinuar, sin embargo, que designase una adquisición obsoleta relegada a la historia, archivada en un estante entre otras conquistas caducas. Este uso del término despierta desconfianza, pues tiene algo de arbitrario: cada cual puede decidir cómo ordenar, según le convenga o no, los estantes de ese saber caduco o establecido.

Con la connotación negativa que admitimos, el «saber» comporta connivencia con el poder, mezcla grosera o sutil con la práctica política, esto es, con las diversas representaciones y retóricas ideológicas.

En cuanto al *conocimiento*, éste encarna ahora y siempre su propia crítica (que relativiza) y la crítica de lo existente, que se acentúa por supuesto cuando las apuestas políticas (la política que está en juego) y las estrategias son sometidas a escrutinio. El conocimiento ambiciona lo global. Esta aspiración lo vincula con la filosofía, a la que prolonga, incluso cuando se liga a la práctica social en virtud de su enlace con ese concepto destacado que es el de la producción. Tenemos así definida la *metafilosofía*, establecida sobre la filosofía, pero abriendo ésta hacia lo «real» y lo posible.

El conocimiento engendra el *universal concreto* cuando llega el momento crítico. Los conceptos necesarios (entre otros, el de producción) no bastan; remiten a la práctica que exhiben. Cuando se aplican sobre esos conceptos, algunas cuestiones pierden validez: las que tienden hacia un *sujeto* particularizado (¿quién piensa?, ¿quién habla?, ¿y desde dónde?) o las que se refieren a un objeto *identificable* (¿qué lugar ocupa?, ¿qué sitio?). Esos conceptos escapan a dichas cuestiones tanto por la forma teórica aquí establecida como por el contenido —es decir, el vínculo con lo vivido, con la práctica, con la crítica radical.

La palabra *ciencia* continúa designando un proceso particular de elaboración y construcción en un campo específico, que estipula el empleo de métodos catalogados. Esto da lugar a una desconfianza hacia todo dogmatismo especializado y fundamentalmente hacia los procedimientos (conceptos operativos o pretendidos como tales) empleados por una u otra especialidad.

La ciencia del espacio sería, pues, una *ciencia del uso*, mientras que las ciencias especializadas —las conocidas como ciencias sociales (la economía política, la sociología, la semiología, la informática, etc.)— comparten el intercambio y se quieren ciencias del intercambio: esto es, de la comunicación y de lo comunicable. En este sentido, la ciencia del espacio se interesaría por la materialidad, la cualidad sensible y la naturalidad, pero enfatizando la *segunda naturaleza*: la ciudad, lo urbano, la energética social, es decir, todo cuanto ha empañado el naturalismo banal con sus equívocos conceptos (el de medio ambiente, por ejemplo). Esta tendencia invierte la tendencia dominante e igualmente dominadora por el que se concedería a la *apropiación* un estatus teórico y práctico. Apropiación y uso, contra el intercambio y la dominación.

Ya mencionamos con anterioridad que la cooptación debería ser estudiada como una práctica intermedia entre la dominación y la apropiación. Oponerla a la producción o disociarla de ella no sería sino desconocer su sentido. Esta práctica se encamina a la producción de un espacio que sabe comprensivo. Hay ejemplos en el pasado que bien lo ilustran. El cristianismo tomó la basílica romana: lo que originalmente era un edificio laico, cívico y social destinado a ser lugar de encuentro y de «comercio» en el sentido general del término recibió funciones religiosas y políticas. Esta sacralización lo transformó, sometiéndolo a las exigencias y restricciones crípticas. La superficie anexa a la cripta y a las tumbas adquirió lenta pero firmemente la forma de la cruz, de la que un día brotaría la maravillosa ascensión medieval en la luz del Verbo (el Logos resucitado). En cuanto a la estructura, ésta sufrió modificaciones sin vínculo lógico con las que experimentaron la función y la forma. Como todo el mundo sabe, el momento crucial vino con la invención de la cruz de ojiva.

La forma corresponde aproximadamente al momento comunicable, así pues, a lo *percibido*. La función se cumple, se efectúa o no; corresponde a lo *vivido* en un espacio de representación. La estructura se *concibe*, implica una representación del espacio. El conjunto se sitúa en una práctica espacial. Sería inexacto y abusivamente reduccionista definir el uso sólo por la función. Eso es lo que promulga el funcionalismo. Pero la forma, la comunicación y lo comunicable también forman parte del uso, como su estructura, que es siempre la estructura de un objeto que puede usarse y que se usa. Cada empleo exclusivo —así pues, reductor— de una de esas categorías sirve a propósito de alguna estrategia de homogeneización. El formalismo enfatiza exclusivamente la forma, esto es, la comunicabilidad y el intercambio. El funcionalismo acentúa la función, yendo hasta el punto de eliminar la multifuncionalidad al asignar a cada función un lugar concreto dentro del espacio dominado. El estructuralismo no tiene en consideración sino las estructuras, que son tratadas como objetos en última instancia tecnológicos. Ahora bien, el *uso* corresponde a la unidad y a la asociación de todos esos términos que los dogmatismos pretenden disociar.

Por supuesto, ningún proyecto podría mostrar el equilibrio exacto entre esos diversos momentos o «formantes» del espacio. Todo plan tiende a realzar bien la función, bien la forma, bien la estructura; pero el modo en que uno u otro momento o «formante» viene a aparecer para dar comienzo no ocasiona, sin embargo, la desaparición de los otros. Al contrario, considerando que lo que aparece en primer lugar deviene al final apariencia, los otros momentos se harán más reales en comparación. Sería como esa habilidad del arte en sentido clásico, un arte caduco como tal, pero que debe ser retomado y prolongado del mismo modo que el pensamiento retoma y prolonga la filosofía.

La obra musical se analiza en primera instancia según tres momentos: el ritmo, la melodía y la armonía. Esta triplicidad garantiza la posibilidad de una producción sin fin, mientras que cada momento o cada oposición binaria, si se toman de forma aislada, se agotan. Las obras musicales construidas en torno a un único momento (por ejemplo, la melodía o la percusión tomadas aparte) son más fácilmente comunicables que las otras, pero en cambio resultan monótonas y menos atractivas. La gran música clásica ha mantenido la unidad de los tres momentos; no obstante, cada músico y cada obra se concentran sobre uno y lo acentúan para valorizar tarde o temprano los otros. Esta variedad de efectos se descubre en el curso de una misma composición, sonata o sinfonía. Lejos de favorecer una homogeneización a través del aplastamiento de otros aspectos de la obra, el papel de la acentuación consiste en poner de relieve las cualidades y subrayar las diferencias. Esto da lugar al movimiento en vez de la paralización, como un momento perpetuamente referido al siguiente, que él prepara y anima. La copresencia de instrumentos e instrumental (pianos, cuerdas, metales; escalas, modos, tonos, etc.) abre las posibilidades y amplifica las diferencias, lo que invierte la tendencia al reduccionismo —que se asocia a la ideología del intercambio y la comunicación.

XII

El espacio abstracto, que sirve de instrumento a la dominación, sofoca todo cuanto tiende a nacer y salir de él. Aunque no es un rasgo que baste para definirlo, ciertamente no tiene nada de secundario ni de accidental. Espacio mortal, liquida las condiciones históricas que le permitieron brotar y sus propias diferencias (internas), y cualesquiera diferencias eventuales con el fin de imponer la homogeneidad abstracta. La negatividad que el hegelianismo no atribuía sino a la temporalidad histórica no sólo es una característica que posee el espacio abstracto, sino que dobla o redobla su fuerza contra toda diferencia en lo real y en lo posible. ¿Por qué esta capacidad mortal? ¿En razón del peligro nuclear? ¿A causa de la vorágine tecnológica? ¿Quizá por la demografía incontrolada? ¿Por un crecimiento desaconsejado por el conocimiento pero deseado por el poder? ¿Por los problemas ecológicos? O más oscuramente, ¿por las tendencias de las potencias abisales o autodestructivas de la especie y del planeta, por el despliegue de la pulsión tanática?

¿Sería importante descubrir una causa o razón? Este descubrimiento satisfaría al viejo instinto especulativo de los filósofos; los últimos representantes de esta especie podrían fijar así su atención e interés en un lugar ontológicamente privilegiado, explicativo. Podrían contemplar una Causa o Razón supremas, que ya no sería la del Ser, sino la del No-Ser.

En vez de tratar de localizar metafísicamente esta *fuente* de muerte por la cual se condena el «mundo» (judeocristiano, grecolatino, «sobredeterminado» por el capitalismo), ¿no sería más apropiado analizar el *instrumento* empleado? Ni la bomba atómica ni el saqueo de recursos ni el crecimiento demográfico, económico y productivista —en realidad, ningún «momento» de la amenaza— definen el instrumento, que es el espacio. En él convergen las causas y razones mencionadas; las abriga, las acoge y las transforma en acciones eficaces u operativas. Él y sólo él, el espacio instrumental, con sus efectos específicos y sus objetivos estratégicos: la desaparición de todo obstáculo, la aniquilación de todo cuanto difiere.

A este nivel, la teoría de la alienación manifiesta con claridad cuán necesaria es y, al mismo tiempo, cuán insuficiente resulta. El concepto de alienación muestra sus limitaciones: completamente cierto y por eso indiscutible. La situación que hemos descrito y analizado verifica integralmente la teoría de la alienación, pero también la hace aparecer como trivial. ¿Para qué poner en la picota la alienación en general y las alienaciones particulares en este grado de terror y de amenaza? La cuestión real no es el «estatus» del concepto ni el de la ideología liberal (humanista).

XIII

Respecto a la difícil e inconclusa teoría de la diferencia, bastará aquí con recordar algunos puntos.

La teoría cubre todo el ámbito del conocimiento y de la reflexión sobre el conocimiento. Ella va desde lo *concebido* hasta lo *vivido*, es decir, del concepto sin vida hasta la vida sin concepto; va de la lógica a la dialéctica, uniéndolas y situándose entre ellas como punto de articulación. Por un lado, toca la teoría de la coherencia, así pues, de la identidad (en última instancia, tautológica); por otro lado, la teoría de las contradicciones (en última instancia, antagónicas).

Se imponen dos distinciones inseparables: entre la diferencia *mínima* y la diferencia *máxima*; entre la diferencia *inducida* y la diferencia *producida*. La primera distinción pertenece a la lógica y la segunda a la teoría del movimiento dialéctico. En el seno de los conjuntos lógico-matemáticos, la diferencia entre 1 y 1 (el primero y el segundo 1) es estrictamente mínima: el segundo 1 no difiere del primero sino por la repetición que lo origina. En cambio, la diferencia entre los cardinales y los ordinales finitos, de un lado, y entre los cardinales y ordinales transfinitos, de otro, es máxima. La diferencia *inducida* permanece en el interior de un conjunto o sistema engendrado según una ley determinada. En realidad es constitutiva de dicho conjunto o sistema: por ejemplo, en los conjuntos numéricos, la diferencia entre los elementos sucesivos engendrados por iteración o recurrencia. Así, la diversidad de residencias unifamiliares en los suburbios, o la de los espacios especializados en los «equipamientos», o las variantes en una manera de vestir estipuladas por la propia moda. La diferencia *producida* supone en cambio el estallido de un sistema; nace de la explosión y surge del abismo abierto con la caída de un mundo cerrado. En gran medida, la teoría de la producción de las diferencias se funda sobre la teoría de las diferencias máximas; un conjunto determinado da lugar más allá de sus límites a otro conjunto totalmente *diferente*. Así, el conjunto de los números enteros genera el de los fraccionarios y después el conjunto de los números «inconmensurables» y trascendentales, y finalmente el de los números transfinitos. Desde el momento en que se aplican las categorías lógico-matemáticas hay producción e inducción. Las repeticiones engendran las diferencias, pero no todas estas diferencias son equivalentes. Lo cualitativo brota de lo cuantitativo y viceversa.

En el curso del tiempo histórico, las diferencias inducidas en el interior de un modo de producción coexisten en principio con las diferencias producidas que lo empujan hacia su final. La diferencia producida es además productiva. De ese modo, las diferencias que anuncian un nuevo modo de producción en el interior de la sociedad medieval se acumulan en el curso mismo del proceso general de acumulación, para precipitar una transición tumultuosa y finalmente el estallido de las sociedades y del modo de producción existente (en el Occidente europeo). En la teoría clásica del desarrollo dialéctico ese momento se denomina «salto cualitativo», preparado por los cambios graduales (cuantitativos).[5] Este análisis clásico ha puesto de manifiesto algunas deficiencias y lagunas, reclamando su reactivación y un examen más profundo.

Un asunto más: las *particularidades* desempeñan una función de naturaleza primaria, de sitios y recursos. Sobre la base de sus diferencias, ignoradas o incomprendidas, se enfrentan y se confrontan. De esta lucha —que implica y complica la lucha de clases, los conflictos de pueblos y de naciones— surgen las diferencias como tales. La distinción entre las particularidades y las diferencias permite

---

[5] Sobre la teoría de la diferencia *vid. Lógique formalle, logique dialectique*, 2ª ed., París, Anthropos, 1970, en particular el prefacio a la reedición. Respecto a la diferencia inducida y la diferencia producida, *vid. Manifeste différentialiste*, París, Gallimard, 1970.

relegar las metáforas confusas y peligrosas: la especificidad, la autenticidad, etc.

La teoría formal de la diferencia se abre sobre lo desconocido y lo incomprendido: los ritmos, lo energético, la vida del cuerpo (donde las repeticiones y las diferencias tienen lugar, donde armonizan o desentonan).

XIV

Las diferencias se mantienen o comienzan en los márgenes de la homogeneización, sea como resistencias, sea como exterioridades (lo lateral, lo heterotópico, lo heterológico). Lo diferente es en primer término lo *excluido*: las periferias, las barriadas de chabolas, los espacios de juegos prohibidos, de las guerras y de las guerrillas. Tarde o temprano, sin embargo, la centralidad existente y las potencias homogeneizantes tienden a absorber las diferencias, lo que logran si éstas permanecen a la defensiva y no pasan al contraataque. Entonces, la centralidad y la normalidad muestran los límites de su capacidad de integración, de recuperación o de eliminación de lo que haya transgredido.

Las enormes aglomeraciones de chabolas de Latinoamérica (*favelas*, barrios, ranchos, etc.) contienen una vida social mucho más intensa que las zonas aburguesadas de las ciudades. Esta vida social se traduce en la morfología urbana, pero no persiste sino defendiéndose y atacando en el curso de las formas modernas de la lucha de clases. Pese a la miseria, la disposición del espacio —casas, muros, plazas— despierta una inquieta admiración. La *apropiación* alcanza ahí un nivel muy notable. La arquitectura y el urbanismo espontáneos (salvajes, según una terminología que pasa por elegante) se revelan muy superiores a la organización del espacio propuesta por los especialistas que efectivamente realizan «sobre el terreno» el orden social, incluso cuando no ejecutan las órdenes de las autoridades económicas y políticas. El resultado, sobre el terreno, es una extraordinaria *dualidad de espacios*, que da a su vez la impresión de una dualidad de poder político: de un equilibrio inestable, de una explosión rápidamente inevitable. Impresión engañosa ya que están precisamente atestiguadas las capacidades represivas e integradoras del espacio dominante. La dualidad continuará, y si no tiene lugar una inversión de la situación, el espacio dominado se degradará. «Dualidad» quiere decir contradicción y conflicto. El conflicto se resuelve produciendo diferencias imprevistas, o bien se reabsorbe, en cuyo caso no deja sino las diferencias inducidas (las diferencias internas al espacio dominante). La dualidad conflictiva, en tanto que estado transitorio entre la oposición (diferencias inducidas) y la contradicción-trascendencia (diferencia producida), no puede durar siempre, aunque pueda mantenerse cerca de una «posición de equilibrio» que alguna ideología formula como situación óptima.

XV

Sin movimiento dialéctico, tal lógica (es decir, una vez más, tal estrategia) puede engendrar un espacio mediante la generación de una espiral o un círculo vicioso (lo que, de nuevo, cierta ideología declara igualmente «óptimo»). Esta espiral es detallada críticamente por R. Goodman.[6] El Gobierno federal de los EE.UU. recauda cierto porcentaje sobre las ventas de gasolina, por lo que obtiene sumas enormes destinadas a la construcción de carreteras y autovías urbanas e interurbanas. La construcción de carreteras favorece a la vez a las compañías petroleras y a los constructores de automóviles: cada kilómetro de carretera construida permite un incremento del número de vehículos, lo cual implica un crecimiento del consumo de gasolina y, en consecuencia, un crecimiento de los ingresos por la tasa. Y así sucesivamente. Es lo que Goodman llama *asphalt's magic circle*. Virtualmente, los coches y las carreteras ocupan el espacio entero.

Así se desmonta el mecanismo de una «lógica» o, dicho de otro modo, de una estrategia. Este encadenamiento de operaciones implica un consumo productivo: consumo de espacio, y un consumo que es doblemente productivo —de plusvalías y de otro espacio—. La producción del espacio se efectúa con la intervención del Estado, que actúa según las intenciones del capital, aunque parezca no obedecer sino a las exigencias racionales de la comunicación entre las diferentes partes de la sociedad o a los requerimientos de un crecimiento conforme a los intereses del conjunto de los usuarios. En realidad lo que se produce es un círculo vicioso cuyo desarrollo constituye una fuerza invasora que sirve a los intereses económicos dominantes.

---

[6] *After the Planners*, part. 2, p. 113 y ss.

XVI

Cada estrategia espacial apunta a varios objetivos, tantos como propiedades tiene el espacio abstracto, manipulado y manipulador. El espacio estratégico permite simultáneamente repeler a los grupos inquietantes hacia la periferia (entre otros a los trabajadores); reducir el espacio central con el fin de encarecer el precio de los volúmenes disponibles; organizar el centro como lugar de decisión, riqueza, de poder e información; encontrar aliados para la clase hegemónica entre las capas medias y entre la «élite»; planificar espacialmente la producción y los flujos, etc.

El espacio de esta práctica social se convierte en un espacio de distribución, de *clasificación* al servicio de una *clase*. La estrategia de la clasificación distribuye sobre el terreno a las diferentes capas y clases sociales (diferentes de la hegemónica), separándolas, prohibiendo los contactos entre ellas y sustituyendo los *signos* (o imágenes) de su contacto. Esto nos exige dos consideraciones críticas. En primer lugar, un determinado saber aprueba esta estrategia tomándola como objeto de ciencia. Nos referimos al estructuralismo, que aludiendo a motivos intelectuales de alto rango se interesa por esas distribuciones y clasificaciones; advierte en ellas la inteligibilidad y la relación superior del sujeto (pensante) y del objeto (construido). En este sentido, pero no sólo en él, portando el manto de un saber, esta ideología sirve al poder. En segundo lugar, las nociones «operativas» de clasificación y distribución gobiernan el espacio entero, desde el espacio privado al público, desde el mobiliario a la planificación espacial. Tales nociones sirven ostensiblemente a la homogeneidad global y, por tanto, al poder. ¿Quién clasifica? ¿Quién ordena? El Estado, la autoridad «pública», es decir, el poder político. En realidad, esta capacidad «operativa» concilia el espacio «público» con el espacio «privado» de la clase o fracción hegemónica, la cual tiene y mantiene al más alto nivel la propiedad privada del suelo y de otros medios de producción. Sólo en apariencia lo «privado» se organiza bajo el primado de lo «público». En realidad, lo que se instaura es la situación inversa (el mundo al revés, lo que debe ser revertido). El espacio entero es tratado conforme al modelo de empresa privada, de propiedad privada y de familia: según la reproducción de las relaciones de producción, bien acoplada a la reproducción biológica y a la genitalidad.

XVII

En este dominio del espacio, la Mímesis desempeña su rol y su función: la imitación con sus corolarios; la analogía y las impresiones más o menos tejidas por la analogía; las semejanzas y las disparidades; las metáforas y las metonimias (la sustitución de un término por otro, la parte por el todo). Se trata de un rol contradictorio: asignando un modelo, que ocupa un espacio, a un deseo todavía incierto, la imitación consagra dicho deseo a una violencia (o más bien a una contra-violencia) frente al ocupante. Con sus componentes y variantes, la Mímesis permite establecer la «espacialidad» abstracta como cohesión semi-ficticia o semi-real. Se imita a la naturaleza, pero no es sino una reproducción aparente: se producen signos de la naturaleza y de lo natural, un árbol o un arbusto, por ejemplo, o la imagen de un árbol o su foto. De este modo se sustituye la naturaleza por una abstracción tan potente como destructiva, sin alcanzar la producción de una «segunda naturaleza» o naturaleza apropiada, dejándola en tierra de nadie. La «segunda naturaleza», distanciada de la naturaleza original pero concreta a su nivel, se habría emancipado de la artificialidad y sin embargo ya no tendría nada de «natural». La Mímesis se establece en lo fáctico: lo visual, donde lo óptico resulta absolutamente privilegiado, simulando la naturaleza primaria, lo inmediato, la corporeidad.

Como ya sabemos, en un primer momento la práctica social (espacial) se ha aferrado intuitivamente (en una *intuitus* inicial, inmediata y cercana a la inmediatez natural) a una parte de la naturaleza, ya escindida, y de ahí a una porción del cuerpo y de sus cualidades constitutivas: bien el agujero, el abismo; bien el montículo, la colina reluciente; bien el «mundo» o el «cosmos». O bien la curva, el círculo, el anillo; o bien la línea recta ascendente-descendente. Este hábil procedimiento, que he intentado reconstruir arriba, permite, desde la ciudad antigua, integrar la femineidad y relegarla a la vez, dominarla al asignarle una escasa porción del espacio y reducirla en «feminidad» sometida al principio masculino, a la masculinidad o virilidad. La práctica ha producido espacios diversificados según una *intuitus* transmutada en *habitus* y después en *intellectus*. Estas transformaciones han surgido a partir de la inmediatez, de la impresión sensible que ya poseía una dimensión mental (*intuitus*), que ya estaba separada de la sensación «pura» y «natural», ya amplificada, crecida, elaborada, es decir, metamorfoseada. De ese modo emergió de la tierra el espacio social, erigido conforme a una «intelectualización» obstinadamente pretendida, hasta la construcción del espacio abstracto (geométrico, visual, fálico) que sobrepasó la espacialidad hasta convertirse en producción de un «medio» político «homogéneo» y patógeno, aberrante y regulado, coercitivo y racionalizado: el «medio» del Estado, del poder, de la estrategia. ¿Qué deriva de ese «medio» absolutamente político, espacio de la política absoluta? Entre metaforizaciones y metonimizaciones se llega a la tautología total: sólo se produce lo reproducible, esto es, se produce sólo reproduciendo, imitando la producción pasada. Es la contradicción última: puesto que la capacidad productiva del espacio no produce sino reproducciones, no puede generar sino lo repetitivo y la repetición. La producción de espacio muta en su contrario: reproducción de cosas en el espacio. La Mímesis (simulación, imitación) torna en reproductibilidad apoyada en el conocimiento, la técnica y el poder, porque la reproductibilidad garantiza la reconducción (reproducción) de las relaciones sociales.

XVIII

La «cuestión política», como se dice corrientemente, debe ser deslindada; al igual que el espacio, contiene varias preguntas, varias tesis y problemas: está la cuestión de *lo político*, en general, y su estatus en la práctica social; está también la cuestión de *la política* y de su papel en el modo de producción capitalista; y por último, la cuestión de *los políticos*, de los hombres de Estado o esbirros del Estado, de su formación y de su selección (por así decirlo).

Las preguntas relativas al Estado, de un lado, y al ámbito político (y a la política) de otro, quedan inevitablemente en la abstracción —así como las respuestas— en tanto se localicen en un espacio mental, es decir, mientras no se centren en la relación entre el Estado y el espacio.

Esa relación, siempre real, comienza a estrecharse: el rol espacial del Estado, en el pasado como en el presente, se hace cada vez más evidente. Los aparatos políticos y administrativos del Estado ya no se contentan (¿alguna vez lo han hecho?) con intervenir abstractamente en las inversiones de capitales (en el ámbito económico). Mientras las unidades de producción económica y de actividad social se hallaban esparcidas sobre un territorio, sólo el Estado fue capaz de ligarlas para constituir una unidad espacial, la nación. A finales de la Edad Media, en la Europa occidental, las ciudades y el sistema urbano reemplazaron el espacio absoluto (religioso) de tiempos precedentes por un espacio laico. Sobre este espacio político, que ya poseía un carácter unitario aunque estuviera compuesto de unidades todavía dispersas, se iba a constituir el espacio del poder real, el del Estado nacional en formación. Esta relación histórica entre el Estado y el espacio ha sido ya objeto de nuestro análisis.

Hoy en día, el Estado y sus aparatos burocráticos y políticos intervienen sin cesar en el espacio, y se sirven del espacio instrumental para intervenir en todos los niveles e instancias de la esfera económica. De ese modo, la práctica social (global) y la práctica política tienden a reunirse en la práctica espacial, logrando su cohesión cuando no una coherencia lógica. En Francia, las autoridades locales (los prefectos) conectan acciones puntuales con acciones globales dictadas por la llamada planificación indicativa y la ordenación del territorio. Nada de cuanto sucede en la nación queda fuera del alcance del Estado y de sus «servicios». Ellos cubren todo el espacio.

Sólo aquellos individuos que piensan y actúan en el nivel estatal están familiarizados con los dispositivos regionales y locales, con todos sus flujos y redes (por ejemplo, los que conectan los «yacimientos de mano de obra» con los lugares donde la fuerza de trabajo se consume productivamente).

La proliferación de relaciones y redes, al conectar directamente los diferentes lugares y dar fin a su aislamiento —sin que, no obstante, se destruyan las particularidades y las diferencias surgidas de dicho aislamiento—, tiende a hacer superfluo al Estado. De ahí las reclamaciones —unas veces agudas, otras vanas y otras más profundamente motivadas— de quienes desean aflojar la presión estatal, descentralizar y organizar la gestión (auto-gestión) desde la *base*, en las unidades de producción (empresas) y en las unidades territoriales (las ciudades). La tendencia estatal a establecer centros de decisión provistos de todos los instrumentos de poder y sometidos a un centro único, la capital, se encuentra contrarrestada. Los poderes locales (municipalidades, departamentos y regiones) no se dejan absorber fácilmente. Además, el Estado no puede hacer todo, ni conocer todo, ni gestionar todo, y en realidad su máxima eficacia consiste en destruir todo cuanto se escapa a su alcance. El Estado Absoluto hegeliano no logra producirse en este espacio dado que se autodestruye antes de completarse.

Cierto «pluralismo» persiste, pero sin gran relevancia en tanto que no haya conflicto abierto entre los poderes, es decir, entre los grupos, las clases y las fracciones de clase, que se afirman defensiva u ofensivamente. En cambio, los conflictos entre los poderes locales y los poderes centrales, dondequiera que sucedan, sí tienen mayor interés e importancia. Tales conflictos permiten ocasionalmente que algo diferente franquee el umbral de lo prohibido. No se trata de depositar esperanzas, al modo de los liberales americanos, en el pluralismo *per se*, sino en lo que pueda suceder…

XIX

Innumerables grupos, efímeros o perdurables, han intentado forjar una «nueva vida», generalmente comunitaria. Los ensayos, errores, éxitos y fracasos de los proyectos comunitarios han encontrado tantos detractores y tantos entusiastas que podemos hacernos una idea clara de ellos. Entre los obstáculos y las razones de los fracasos puede contarse ciertamente la ausencia de un espacio apropiado, de una invención morfológica. Las antiguas comunidades, monásticas o de otro tipo, tenían como sentido y meta la contemplación antes que el disfrute. Posiblemente nada más «bello» que un claustro, pero habría que recordar que ninguno de esos edificios fue construido por la belleza, por el arte en sí, sino con un claro propósito y sentido: el retiro del mundo, la sabiduría ascética, la contemplación. Es un hecho curioso y paradójico que haya habido espacios consagrados a la voluptuosidad, al goce, pero que hayan sido tan pocos y tan lejanos entre sí: al margen de la Alhambra y sus jardines (en Granada), de algunos palacios del valle del Loira y quizás de algunas pocas villas palladianas, apenas pueden citarse ejemplos a no ser que sean literarios o ficticios —la abadía de Thélème, los palacios de *Las mil y una noches*, las ensoñaciones de Fourier—. La arquitectura del placer y el disfrute, de la comunidad de uso de los bienes de la tierra, está aún por inventar. ¿Quién inspira la demanda y el mandato sociales? Probablemente el comercio y el intercambio, o el poder, o el trabajo productivo, o la renuncia y la muerte antes que el placer y el descanso (el no-trabajo).

Si seguimos, incluso a cierta distancia, el análisis y las vengativas descripciones (quizás inspiradas en algún resentimiento profundo) de Valerie Solanas en su *Manifeste de la libération des femmes* (*Manifiesto SCUM*), habrá que concluir que el estéril espacio de los hombres, fundado sobre la tristeza y la violencia, debe ceder su lugar al espacio de las mujeres. A ellas iría y de ellas vendría la apropiación, en contraste con unos proyectos masculinos o viriles incapaces de alcanzar algo que no sea la dominación sin júbilo o la renuncia y la muerte.

La mayor parte, si no todas, de las comunidades experimentales modernas se ha desviado de un espacio existente y ha perdido sus propósitos e impulso en una morfología espacial no apropiada: grandes casonas burguesas, castillos casi arruinados, aldeas rurales, chaletitos suburbanos, etc.

Eventualmente, la invención de un espacio de goce requiere superar una fase *elitista*. La élite aleja de sí y rechaza los modelos cuantitativos de consumo, los procedimientos de homogeneización. Sin embargo, esas élites son indistinguibles de las otras por mucho que simulen las diferencias. Mientras tanto, las «masas» difieren entre sí realmente y buscan oscura o inconscientemente las diferencias, aceptan lo cuantitativo y lo homogéneo, sin duda porque necesitan sobrevivir antes que vivir.

Las élites tienen un papel, y el primero y más importante es indicar a las masas la dificultad (la imposibilidad) de vivir de acuerdo a la «masificación», según los estrictos criterios y los imperativos de la cantidad. Ahora bien, las masas trabajadoras ya experimentan de hecho esta imposibilidad en la vida laboral, pero esta conciencia debe comprender también toda su vida «fuera del trabajo».

Pase lo que pase con las comunidades elitistas, así como con sus relaciones con las masas populares y trabajadoras, la producción de un nuevo espacio de acuerdo con las capacidades de las fuerzas productivas (tecnológicas e intelectuales) no puede proceder de un grupo social, sino de las relaciones intergrupales (clases y fracciones de clases) a escala global (es decir, mundial).

No hay motivo para sorprenderse cuando una cuestión relativa al espacio implica la concertación (generalmente censurada por los políticos) entre gente muy diversa, entre tipos «reactivos» (reaccionarios, en el vocabulario corriente), «liberales», «radicales», «progresistas», demócratas «avanzados», incluso revolucionarios. Tales coaliciones, a propósito de algún contra-proyecto o contra-plan, proponiendo un contra-espacio en oposición a las estrategias en curso de ejecución, se observan en todo el mundo, sea en Boston, Nueva York, Toronto o en las ciudades inglesas o japonesas. La oposición típica de los «reactivos» frente a algún proyecto responde a la defensa de su espacio privilegiado, de sus jardines y parques, su naturaleza, su vegetación, a veces también de sus viejas casas confortables —a veces de sus tugurios familiares—. La oposición del segundo grupo, el de los «liberales» o «radicales», a ese mismo proyecto estriba en que el plan representa la confiscación del espacio por el capitalismo en un sentido general, o por un grupo financiero particular o por promotores inmobiliarios. La ambigüedad de ciertos conceptos —por ejemplo, el de ecología, con su mezcla de ciencia e ideología— favorece las alianzas más insólitas.

Sólo un partido político puede imponer una homogeneidad para el reclutamiento o la unidad ideológica de sus miembros. Inversamente, es la diversidad de las coaliciones lo que permite explicar la desconfianza de los partidos políticos tradicionales hacia las cuestiones espaciales.

XX

Un espacio en que cada «sujeto» individual o colectivo, reconstituido sobre ese nuevo fundamento, se habituaría al uso y al disfrute, es en la actualidad un espacio en estado naciente, casi balbuciente. Los proyectos de «sociedad alternativa» o de «contra-cultura» no escapan de la ambigüedad. ¿Qué puede significar una contra-cultura dada la incertidumbre del concepto «cultura», una especie de cajón de sastre a la misma altura que el inconsciente, donde caben por igual tanto las formas ideológicas como los resultados de la historia, los modos de vida o las exigencias malinterpretadas del cuerpo? ¿Qué puede ser una «sociedad alternativa» cuando no es fácil definir a la sociedad, y dado que esas palabras pierden un sentido claro si no designan al «capitalismo», al «socialismo» o al «comunismo», términos de por sí equívocos?

Contra la sociedad basada en el intercambio existe la primacía del uso; contra la cantidad, la calidad. Ya sabemos por la práctica en qué consisten los proyectos alternativos y el contra-espacio. Cuando una población se opone a un programa de construcción de carreteras o de extensión urbana, cuando la población reclama «equipamientos» o plazas libres para el juego y el encuentro social, se advierte cómo se introduce un contra-espacio en la realidad espacial: contra el Ojo y la Mirada, contra la cantidad y lo homogéneo, contra el poder y la arrogancia, contra la expansión sin límite de lo «privado» y de la rentabilidad empresarial, contra los espacios especializados, contra las funciones estrechamente localizadas. Por supuesto, ocurre que las diferencias *inducidas* —así pues, anteriores a un conjunto y provocadas por él en tanto que sistema—, tienden a constituirse y a cerrarse (como en el mundo de los unifamiliares suburbanos), distinguiéndose con dificultad de las diferencias *producidas*, que escapan a las reglas del sistema, y de las diferencias *reducidas*, reintegradas mediante la coacción y la violencia en el seno del sistema. Y, por supuesto, también sucede que el contra-espacio y el proyecto alternativo simulan el espacio existente, parodiándolo y al mismo tiempo demostrando sus limitaciones, sin salir no obstante de él.

La única posibilidad de incomodar al Estado centralizado y de introducir (o reintroducir) cierto pluralismo ligado al cambio desde los poderes centrales a los poderes locales reside en la capacidad de acción de las fuerzas locales o regionales inmediatamente vinculadas al territorio en cuestión. Inevitablemente, esta resistencia o esta acción a la contra sostienen o hacen surgir entidades territoriales particulares dotadas de una autogestión más o menos autónoma. No menos inevitable es que el Estado tienda a robustecerse reduciendo esas autonomías locales, aprovechando su aislamiento y endeblez. De ahí un proceso dialéctico específico: por un lado, el fortalecimiento del Estado es seguido de un debilitamiento que alcanza casi la descomposición y a la corrupción; de otro lado, las potencias locales se vigorizan y después pierden nervio. Y así sucesivamente, según un ciclo y unas contradicciones que tarde o temprano se reabsorben. ¿De qué manera? Eventualmente mediante la sustitución de la maquinaria del Estado por máquinas de procesamiento de información, alimentadas y controladas por la base. Plantear, pues, la problemática del espacio en términos de fuerzas y de relación entre fuerzas sociopolíticas permite evitar dilemas estrafalarios: si la ciudad no existe o si se trata de un sistema; si el espacio es un soporte inerte o el «medio» de una realidad ecológica plena y entera; si lo urbano ocupa un nicho, etc. Si la presión económica de la base y sólo ella (sindicatos, reivindicaciones, huelgas, etc.) puede modificar la producción de plusvalía, sólo una presión fundamentada sobre la práctica espacial será capaz de variar su distribución, es decir, la distribución de la parte de excedente social destinado a los «intereses» colectivos de la sociedad y a los «servicios públicos». Para que la presión de base pueda ejercerse eficazmente en esta dirección no debe únicamente dirigirse contra el Estado en tanto que gestor de los «intereses generales». Ese Estado, nacido de la hegemonía de una clase, posee entre otras funciones, y cada vez de forma más patente, el cometido de organizar el espacio, regularizar sus flujos y controlar sus redes. A estos propósitos consagra buena parte de la plusvalía social, el excedente destinado a la gestión de la sociedad. La presión de la base debe, pues, dirigirse también contra el Estado en calidad de organizador del espacio, poder que controla la urbanización y la construcción de edificios, la planificación espacial en general. Esa presión puede y debe, en consecuencia, volverse contra el Estado —que simultáneamente administra los intereses de clase y se erige por encima de la sociedad—, mostrando su capacidad de intervención espacial mediante la proposición de un espacio alternativo, contra-planes y contra-proyectos que frustren las estrategias, los planes y los programas impuestos desde arriba.

XXI

El «contra-espacio» desborda la típica oposición establecida entre «reforma» y «revolución». Toda propuesta de contra-espacio, incluso la más insignificante en apariencia, sacude de arriba abajo el espacio existente, sus estrategias y objetivos: la imposición de la homogeneidad y la transparencia ante el poder y su orden establecido. El silencio de los usuarios al que aludíamos antes se explica de este modo: presienten que el más leve movimiento por su parte tendrá consecuencias ilimitadas, que el orden (el modo de producción) caerá con todo su peso sobre ellos en caso de moverse.

Esto nos sitúa ante consecuencias en primer término paradójicas: en algunos espacios desviados o derivados, inicialmente subordinados, puede advertirse una indiscutible capacidad productiva. Entre éstos, los espacios de ocio. Estos espacios parecerían en principio escapar a los controles del orden establecido y, en consecuencia, constituir en tanto que espacios lúdicos un enorme «contra-espacio». Es mera ilusión. No hay necesidad de una instrucción suplementaria en el proceso contra el ocio: alienado y alienante como el trabajo; agente de cooptación y al mismo tiempo cooptado; el ocio forma parte integrante e integrada del «sistema» (el modo de producción). Lo que en su día resultaron conquistas de la clase obrera (vacaciones pagadas, días festivos, fines de semana, etc.) terminaron conformando una industria, una conquista del neo-capitalismo, la extensión de la hegemonía burguesa al conjunto del espacio.

En tanto que extensión del espacio dominado, los espacios de ocio se disponen funcional y jerárquicamente. Sirven a la reproducción de las relaciones de producción. El espacio controlado y gestionado de este modo impone servidumbres específicas, tales como rituales y gestos (el bronceado, por ejemplo), formas discursivas (lo que resulta conveniente o no decir) e incluso modelos y modulaciones del espacio (el chalet, el *bungalow*, con ese énfasis en la vida privada y la genitalidad familiar). Este espacio se compone asimismo de «cajas» para habitar, de «planos» superpuestos y aplastados los unos contra los otros. Pero, *al mismo tiempo*, el cuerpo toma su revancha o al menos se reivindica: busca hacerse conocer y reconocer como *generador*. ¿De qué? De la práctica, del uso. Así pues, del espacio y correlativamente del espacio humano. Positividad negada por sus propias consecuencias y restablecida a continuación. La playa es el único lugar de recreo descubierto por la especie humana en la naturaleza. El cuerpo tiende a comportarse como *campo diferencial*, con sus órganos sensoriales, desde el olfato y el sexo hasta la vista (sin especial énfasis de lo visual). Se comporta, en definitiva, como cuerpo total. Rompe su caparazón temporal y espacial procedente del mundo del trabajo, de la división del trabajo, de la localización de los trabajos y de la especialización de los lugares. El cuerpo se afirma tendencialmente más (y mejor) como «sujeto» y «objeto» que como «subjetividad» (en el sentido clásico y filosófico) y «objetividad» (fragmentada por doquier, desfigurada por lo visual y la imagen, etc.).

En y por el espacio del ocio se esboza una pedagogía del espacio y del tiempo, ciertamente como virtualidad, negada y rechazada, pero que actúa como indicación y contra-indicación. El tiempo restituye mientras tanto su valor de uso. La crítica implícita o explícita del espacio del trabajo conlleva a su vez la crítica de los gestos rotos (especializados), del silencio, del malestar y de la contrariedad

Pese a su aspecto anacrónico, el regreso a lo inmediato, a lo orgánico (así pues, a la naturaleza), origina diferencias imprevistas. Los ritmos, a través de la música, de forma indecisa y desmañada pero eficaz, retoman sus derechos. Ya no se dejan olvidar, incluso si la simulación y la mímesis suplantan a la verdadera *apropiación* del ser y del espacio natural; e incluso si el requerimiento del cuerpo torne en su contrario: la pasividad completa en la playa ante el espectáculo del mar, del sol...

El espacio del ocio *tiende* (no se trata sino de una tendencia y de una tensión, de una transgresión del usuario que busca su senda) a superar las separaciones entre lo social y lo mental, entre lo sensible y lo intelectual, como también la separación entre lo cotidiano y lo extraordinario (de la fiesta).

Este espacio indica a su vez dónde se encuentran los puntos vulnerables y de ruptura: lo cotidiano y lo urbano, el cuerpo y las diferencias que surgen en el seno del cuerpo a partir de las repeticiones (gestos, ritmos, ciclos). En la medida en que supone una transición desde los antiguos espacios, con su monumentalidad y las localizaciones ligadas a las exigencias del mundo del trabajo, a los espacios virtuales del placer y del disfrute, el espacio del ocio *es* el espacio contradictorio por antonomasia. Es ahí donde el modo de producción existente produce lo peor y lo mejor, la excrecencia parasitaria y las ramas más exuberantes; donde prodiga las monstruosidades y las promesas (que no puede mantener).

XXII

París muestra hasta qué punto una ciudad es capaz de resistir la devastación y cuán difícil resulta exterminarla. Como en cualquier espacio urbano, siempre suceden cosas aunque no todo discurra en el mismo sentido. Si el neo-capitalismo y el Estado centralizador reorganizan según sus intereses el llamado centro histórico, no lejos de ese centro algunos sectores comienzan a popularizarse. En torno a Belleville, un barrio cuya animación se mantiene, trabajadores inmigrantes y repatriados de África se codean, no sin fricciones. Mientras tanto, una cierta «élite» (formada por intelectuales y miembros de las viejas y nuevas profesiones liberales) se instala en el Marais, y a diferencia de la vieja burguesía, sólidamente establecida en los distritos y barrios «residenciales», esta élite no desdeña los contactos con el pueblo. No es imposible que el Marais y sus aledaños queden durante largo tiempo vinculados a la producción (artesanal, de pequeña y mediana manufactura), con una población proletaria e incluso subproletaria.

París no ha roto completamente con la efervescencia y las fiestas urbanas de antaño. Como se vio en mayo del 68, la ciudad sigue siendo un crisol, un centro. Se advierte una profunda contradicción: el poder político y la clase hegemónica no tienen interés en extinguir esa llama, si desean efectivamente que la ciudad conserve su reputación mundial —debida precisamente a sus audacias, a su exploración de lo posible y de lo imposible, a su denominado desarrollo cultural, a su panoplia de acciones y actores (el pueblo, la *intelligentsia*, los estudiantes, los artistas y escritores, etc.)—. Pero al mismo tiempo, el poder político y la burguesía económicamente dominante temen esa fermentación social y desean aplastarla bajo una sofocante centralidad decisional.

En París, como en toda ciudad que merezca este apelativo, los efectos asociados de la centralidad y de la monumentalidad no han terminado de consumarse. Esas tendencias se basan en la inclusión-exclusión simultáneas provocadas espacialmente por un factor determinado: el centro no reúne sino alejando y dispersando, mientras que el monumento no ejerce su atracción sino creando distancia. De ahí la inevitable producción de diferencias a través de la reducción de las antiguas particularidades, las de las etnias, las «culturas» y las nacionalidades. Es imposible inmovilizar lo urbano. Fijarlo sería matarlo, aunque de ningún modo se deja frenar. Pese a ser dominada y masacrada, la realidad urbana tiende a reconstituirse en todo momento. Sólo en las más extremas circunstancias podría reducirse esta realidad a un estado inerte, fijada sobre el terreno, completamente dispersa y exánime. Es un extremo inquietante, no obstante lejos de esperar… La contradicción entre la pasividad y la actividad de la gente —los «habitantes», los «usuarios»— no se resuelve nunca completamente en beneficio de la pasividad.

Nada más contradictorio que la «urbanidad». De un lado, ella permite cierta desviación de la lucha de clases. La ciudad y lo urbano dispersan los «elementos» peligrosos: permiten también designar «objetivos» relativamente inofensivos, la mejora de los transportes o de los equipamientos. Al mismo tiempo, la ciudad y su periferia devienen el teatro de aquellas acciones que ya no pueden localizarse en las empresas y oficinas. Medio de luchas, la Ciudad y lo Urbano entran igualmente en la disputa. ¿Cómo aspirar al poder sin alcanzar los lugares donde reside el poder, sin ocuparlos, sin construir una nueva morfología política, crítica con la morfología antigua y, en consecuencia, con el estatus de la esfera política? Dicho sea de paso, ese compromiso bastardo alcanzado entre el campo y la ciudad —lo «rururbano»— no escapa a la dominación del espacio como algunos lo creen, en particular quienes lo habitan. Al contrario, implica tanto la degradación del espacio urbano como la del espacio rural. Lejos de superar el conflicto entre estos espacios, los empuja a un magma que sucumbiría totalmente en lo informe si no estuviera «estructurado» por el espacio estatal.

La apropiación del espacio dominado políticamente plantea una enorme cuestión política, insoluble sin una crítica radical de la Política y del Estado, sin una consunción del Estado, cualesquiera sean las vías y los procesos por los que se realice. La oposición entre apropiación y dominación se convierte, en este punto, en una contradicción dialéctica. La apropiación del espacio, el desarrollo de lo urbano, la metamorfosis de la cotidianidad y la trascendencia de la separación conflictiva entre el campo y la ciudad entran en conflicto con el Estado y la Política.

Desde esta perspectiva, el espacio dominante-dominado, impuesto por el Estado a los «sujetos» fieles o infieles, no es sino el espacio aparentemente sin violencia de la *pax estatica* (de la *pax capitalistica* en el caso de los países capitalistas) lejana reminiscencia de la *pax romana*. Aunque sustraída aparentemente a cualquier tipo de violencia, ésta es inherente al espacio abstracto. Lo mismo sucede con todos aquellos espacios que creen escapar a ese destino: los suburbios, las colonias de chalés, las residencias secundarias, las falsas campiñas y los simulacros de naturaleza. La teoría marxista de la desaparición del Estado implica una lógica de la fijación destructiva y autodestructiva.

XXIII

En este sentido resultaría interesante retomar el esquema empleado anteriormente sobre la interacción y cruce de los tres niveles espaciales: el público o global (Pu o G), el privado (Pr) y el mixto mediador o intermediario (M). En efecto, este esquema descifra y designa el espacio social de modo bien distinto al pensamiento político. Desde la perspectiva política, ningún sector del espacio puede ni debe escapar a la dominación, salvo en apariencia. El poder aspira a controlar el espacio entero y lo conserva en un estado de «unidad disociada», de fragmentación y homogeneidad según la máxima de *divide ut regnes*. El esquema aludido conlleva otra perspectiva desde el momento en que no mantiene a los elementos espaciales de forma separada en el espacio abstracto. Reintroduce diferencias inmanentes y prevé espacios «compactos» intensamente elaborados: lugares de encuentro y de transición, lugares apropiados para la meditación y la soledad. El esquema se vincula a un análisis que discierne sin desunir el nivel *micro* (arquitectura, habitar y hábitat, vecindario, etc.), el nivel *medio* (la ciudad, el urbanismo, la relación campo-ciudad) y, por último, el nivel *macro* (la planificación espacial, la ordenación del territorio, lo global y lo mundial). Sin embargo, debemos recordar que esos esquemas se limitan a clasificar fragmentos en el espacio, mientras que el conocimiento debe versar sobre su producción.

XXIV

El poder político como tal suscita una contradicción inmanente. Controla lo efímero, los flujos y los agregados. La movilidad de los elementos que componen y forman el espacio social se incrementa, fundamentalmente, en lo que concierne a la esfera económica como tal: flujos de energía, materias primas, mano de obra, etc. El control, para ser efectivo, requiere asentamientos fijos, centros de decisión y de acción (violenta o no). Además, ciertas actividades esenciales, pedagógicas o incluso lúdicas, exigen igualmente instalaciones duraderas. Mencionemos asimismo que la movilidad de los flujos y de las aglomeraciones no guarda mucha relación con los ritmos y ciclos naturales. Así pues, entre lo efímero y lo durable surge una contradicción nueva y específica, difícil de resolver por un poder centralizado. La diversidad de las formas espaciales y la flexibilidad de la práctica no pueden sino acentuarse, así como la variedad de funciones —con su multifuncionalidad y disfuncionalidad—. ¿Podrá el cuerpo, en esos intersticios, abrir la senda de su desquite? ¿Qué ocurrirá con la primera y la segunda naturaleza?

XXV

Signos e imágenes —el mundo de los signos y de las imágenes— tienden a ocupar esos intervalos. Signos de dicha y satisfacción. Signos e imágenes de la naturaleza y de Eros. Imágenes y signos de la historia, de la autenticidad y del estilo. Signos del mundo: del otro mundo y del mundo otro y diferente. La pulsión por lo neo (neo-esto y neo-aquello), consumido como novedades de lo antiguo, signos de lo venerado y de lo admirado. Imágenes y signos de futuro. Signos e imágenes de lo urbano.

Ese mundo de imágenes y de signos, ese fin del viejo mundo (*mundus est immundus*) se sitúa al borde de lo existente, entre las luces y las sombras, entre lo concebido (lo abstracto) y lo percibido (lo legible y lo visible). Entre lo real y lo irreal. Siempre en los intervalos, en los huecos. Entre la vivencia y el pensamiento. Paradoja ya familiar: entre la vida y la muerte. Se hace pasar por transparente (por pureza) un mundo tranquilizador que asegura las concordancias entre lo mental y lo social, entre el espacio y el tiempo, el fuera y el adentro, las necesidades y el deseo. También es unitario: en la (reencontrada) unidad de los discursos, del lenguaje como sistema, del pensamiento como lógica. El mundo de los signos se presenta como el verdadero mundo y quizá no le falte derecho para ello, lo que vendría a comprometer hasta cierto punto lo Verdadero (lo Absoluto). Es un mundo que gobierna mediante la transparencia. Ahora bien, también remite a la opacidad, a la naturalidad (es decir, no a la naturaleza, sino los signos de la naturaleza).

Es un mundo fraudulento: el más engañoso de los mundos, el mundo trampa. Lo que contiene se oculta en los pliegues y en los márgenes. Se habla de arte y de cultura cuando se trata en realidad de dinero, de mercancías, de intercambios, de poder. Se habla de comunicación y no hay otra cosa que soledades. Se habla de belleza cuando no se trata sino de una imagen de marca. Se habla, en fin, de urbanismo cuando en realidad no hay nada que tratar.

El mundo de las imágenes y de los signos no deja de ser fascinante, contornea y sumerge los problemas, esquiva la atención de lo real, es decir, de lo posible. Ocupa el espacio significándolo, sustituyendo un espacio mental (así pues, abstracto) por una práctica espacial, no obstante sin hacer nada por unificar los espacios ilusoriamente reunidos en la abstracción de los signos-imágenes. Las diferencias son reemplazadas por signos diferenciales y, en consecuencia, las diferencias producidas son suplantadas de antemano por las diferencias inducidas —y reducidas a signos.

Sin embargo, este espacio evanescente de imágenes y de signos no llega a alcanzar la consistencia. Tiene la necesidad de renovarse perpetuamente, lo que suscita vértigo. Hasta tal punto es así que a veces da la sensación de que ese mundo fuera a evacuarse por algún agujero, por alguna hendidura. Ilusión existencial o existencialista: si alguien dice las palabras indispensables o hace los gestos precisos, parece como si el colector fuera a ponerse en marcha. No le demos mucho crédito. En el engañoso espacio de las imágenes y de los signos, las ilusiones se cuentan entre las trampas. Para disipar el mundo ficticio-real de las imágenes y de los signos se precisa algo más que una fórmula mágica o un gesto ritual, mucho más que las palabras de un filósofo o los gestos del profeta.

En lo «real» pueden descubrirse factores y causas que impiden al mundo fascinante y ambiguo de las imágenes ejercer sus efectos a largo plazo. En conexión con la división del trabajo, aunque sin identificarse con ella, se diversifican los productos y las operaciones productivas. Las actividades auxiliares de la fabricación propiamente dicha adquieren una importancia creciente, que tiende a disminuir la del trabajo manual y la de las tareas de ejecución localizadas en las fábricas. Se ha llegado a hablar, en este sentido, de una «terciarización» de la industria. La concepción del producto desempeña un papel muy importante, y así hay que tomar en consideración las «necesidades» supuestas o suscitadas, implicadas o manipuladas y, en consecuencia, tratar las múltiples informaciones. Dada la necesidad de reconciliar las cuestiones relativas a la concepción y las consideraciones de la rentabilidad, y puesto que los ciclos recorridos por los productos se diversifican cada vez más, se precisa una organización del trabajo cada vez más compleja. Así, se multiplican los «servicios empresariales» y las subcontratas de tareas auxiliares. De ello se desprende también que las centralidades urbanas (tradicionalmente llamadas ciudades) asuman los aspectos intelectuales del proceso productivo (algo tradicionalmente conocido como el papel de la ciencia en la producción, o el conocimiento como fuerza productiva). Esto conlleva relaciones de fuerza, de poder y de prestigio entre los grupos de científicos e industriales concernidos.

Podemos asegurar sin excesivo riesgo que el proceso productivo de *cosas en el espacio* (bienes diversos de consumo) tiende a anular más que a confirmar la homogeneidad. Así pues, algunos rasgos diferenciales pueden pulirse aunque no tengan sólo una localización específica o una situación en el espacio geográficamente determinado. El llamado proceso económico se encamina hacia una diversidad,[7] lo que verifica la hipótesis según la cual la homogeneización actual procede más de la esfera política que de la económica como tal; el espacio abstracto sirve de instrumento al poder. La práctica espacial en general y el proceso de urbanización en particular (estallido de la ciudad, extensión del tejido urbano, la formación de centralidades) no pueden definirse únicamente por el crecimiento industrial definido bien por los resultados cuantitativos, bien por sus aspectos tecnológicos. La «ciudad» no puede concebirse ni como empresa y unidad productiva mayor que la fábrica ni como unidad de consumo subordinada a la producción.

De los antedichos análisis se desprende que el espacio social (la práctica espacial) conquista *virtualmente* un grado de libertad respecto al espacio abstracto de las actividades cuantificables y, en consecuencia, respecto a la imposición de los programas de la simple y pura reproducción.

XXVI

Conforme más cuidadosamente examinamos el espacio y mejor lo consideramos (no sólo con los ojos y el intelecto, sino con todos los sentidos y el cuerpo total), más y mejor aprehendemos los conflictos que lo facturan, que tienden al estallido del espacio abstracto y a la producción de un espacio *diferente*.

La práctica espacial no puede definirse ni por un sistema existente, urbano o ecológico, ni por la adaptación a un sistema económico o político. Al contrario, gracias a las energías potenciales de una variedad de grupos que utilizan el espacio homogéneo conforme a sus propósitos, el espacio se teatraliza y se dramatiza. Se erotiza, se entrega a la ambigüedad, al nacimiento común de necesidades y deseos, gracias a la música, gracias a los símbolos y a las valorizaciones diferenciales que desbordan la estricta localización de las necesidades y de los deseos en espacios especializados, sean psicológicos (la sexualidad) o sociales (los supuestos lugares para el placer). Una lucha desigual, por momentos enconada y otras veces sosegada, se desarrolla entre el Logos y el Anti-Logos, términos

---

[7] Estas consideraciones se inspiran en la obra de Radovan Richta, *La civilisation au carrefour*, París, Seuil, 1974.

éstos que se toman en su sentido más amplio, el que empleaba Nietzsche. El Logos hace inventario, clasifica, dispone, cultiva el saber y se sirve de él para el poder. El Gran Deseo nietzscheano, en cambio, ansía superar las divisiones, las separaciones entre la obra y el producto, entre lo repetitivo y lo diferencial, entre las necesidades y los deseos. Del lado del Logos se encuentra la racionalidad, que no deja de refinarse y de afirmarse: formas de organización, aspectos estructurales de la empresa industrial, sistemas y tentativas para sistematizar absolutamente todo. En esa orilla se reúnen todas las fuerzas que aspiran a dominar y controlar el espacio: la empresa, el Estado, las instituciones, la familia, el *stablishment* y el orden establecido, las corporaciones y los cuerpos de todo tipo constituidos. En la orilla de enfrente se hallan las fuerzas que intentan la apropiación del espacio: formas diversas de autogestión, unidades territoriales y productivas, comunidades, élites que desean cambiar la vida y tratan de desbordar las instituciones políticas y los partidos. La formulación psicoanalítica —el combate entre el principio de placer y el principio de realidad— no proporciona sino una expresión abstracta y una versión atenuada de esta gran lucha. La versión fuerte de la revolución debe hacer frente a una variedad de interpretaciones degradadas, las del economismo y el productivismo, o las interpretaciones realizadas desde la ética del trabajo. Esta versión máxima deriva directamente de Marx y de su proyecto de revolución total (fin del Estado, de la nación, de la familia, del trabajo, de la política, de la historia, etc.), añadiendo a la idea central de la automatización creciente del proceso productivo la noción emparentada de la producción de un espacio diferente.

La gran dialéctica Logos-Eros implica, junto con el conflicto entre «dominación» y «apropiación», la contradicción entre la técnica y la tecnicidad, de un lado, y la poesía y la música, de otro. Una contradicción dialéctica —¿es preciso recordarlo?— supone una unidad y una confrontación al mismo tiempo. No hay técnica ni tecnicidad en estado puro, absoluto, sin indicio de apropiación. Y sin embargo, la técnica y la tecnicidad tienden a promoverse como facultades autónomas, dirigiéndose más hacia la dominación que hacia la apropiación, y más hacia lo cuantitativo que hacia lo cualitativo. Es cierto que tampoco hay música ni poesía ni teatro sin técnica y sin cierta tecnicidad. No obstante, la apropiación tiende a engarzar la técnica en una esfera cualitativa.

De todo ello se desprenden múltiples distorsiones y discrepancias en el espacio, las cuales no deben confundirse con las diferencias. Las posibilidades se bloquean y el movimiento se degrada hasta alcanzar la inmovilidad. ¿Acaso el espacio suscita también una falsa conciencia? ¿Una ideología —o ideologías—? Podemos afirmar que el espacio abstracto, tomado junto con las fuerzas que operan en él, algunas de las cuales lo mantienen mientras otras lo modifican, implica efectos de falsa conciencia e ideología. Fetichizado, reductor de posibilidades, encubridor de los conflictos y las diferencias mediante la ilusión de la coherencia y la transparencia, el espacio abstracto opera ideológicamente. No deriva de una falsa conciencia o de una ideología, sino de una práctica. Él mismo engendra su propia adulteración. Sin embargo, los conflictos —especialmente entre el *espacio* y el *tiempo*— se manifiestan en el plano del conocimiento.

Respecto al tiempo, el espacio abstracto pone de manifiesto todas sus capacidades opresivas y represivas. Arroja el tiempo a una abstracción específica —salvo en lo que concierne al tiempo de trabajo, productor de cosas y de plusvalía—. El tiempo se reduciría rápidamente al empleo apremiante del espacio: senderos, trayectos, itinerarios y transportes. Pero el tiempo no se deja reducir; de hecho, reaparece como riqueza suprema, como lugar y medio de uso, así pues, del disfrute. El espacio abstracto no logra atraer el tiempo a la esfera de la exterioridad, de los signos e imágenes, de la dispersión. El tiempo resurge como intimidad, interioridad y subjetividad. Y también como ciclos estrechamente ligados a la naturaleza y al uso (sueño, hambre, etc.). En el tiempo, la inversión de la afectividad, de la energía, de la «creatividad» se opone a la simple aprehensión pasiva de los signos y los significantes. Ahora bien, como tal inversión, el deseo de «hacer» algo —es decir, de «crear»— no puede cumplirse sino en un espacio, a través de la producción de un espacio. La apropiación «real» del espacio, del todo punto incompatible con los signos abstractos de la apropiación que enmascaran la dominación, tiene sus exigencias.

XXVII

La relación dialéctica entre *necesidad* y *deseo* sólo guarda una relación parcial con la presente investigación teórica y la discusión emprendida. Oscura *per se* y oscurecida por los discursos ecologistas, esa relación exige ser clarificada. El concepto de «necesidad» implica o postula algunas determinaciones. Existen *necesidades*, que se distinguen entre sí; y aunque la noción de sistema de necesidades fue introducida en su día por Hegel, ese sistema sólo puede concebirse como una realidad momentánea, definida en una totalidad y de acuerdo a las exigencias inherentes a dicha totalidad (cultura, ideología, moral, división del trabajo, etc.). Particularizada, cada necesidad debe encontrar tarde o temprano el objeto que la satisface, pues las mismas actividades productivas que suscitan las necesidades aportan también los productos que les convienen. Consumiendo su objeto, cada necesidad se ve satisfecha, si bien sólo provisionalmente; la necesidad posee un carácter repetitivo, renace de su satisfacción cada vez con mayor fuerza y premura, hasta saturarse o extinguirse.

En cuanto al deseo, su concepto nunca abandona la ambigüedad, incluso si la retórica tiende a presentarlo como plenitud. Como realidad previa a la emergencia de las necesidades, el término *deseo* designa las disponibilidades energéticas del ser vivo que tienden a ser disipadas explosivamente, sin objeto definido, de modo violento y destructivo o autodestructivo. Toda la vida el dogmatismo teológico y metafísico ha negado la indiferencia inicial del deseo. Para los teólogos más consecuentes, el deseo *es* ya, desde el principio, deseo del deseo y de lo eterno. Para los psicoanalistas *es* deseo sexual, deseo de la madre o del padre. La dificultad consiste en que el deseo, si bien inicialmente *indiferenciado* (sin objeto, que busca y encuentra por incitación en el espacio contiguo), está también *determinado* como energía disponible (explosiva). Esta energía se precisa u objetiva en la esfera de las necesidades y en la relación compleja «trabajo productivo-carencia-satisfacción». Más allá de esta esfera de las necesidades definidas ligadas a los objetos (productos), el término deseo designa la concentración de energías todavía disponibles para un fin o una meta. Ya no se trata del instante paroxístico de la destrucción o de la autodestrucción, sino de la creación: un amor, un ser o una obra. Según esta interpretación —que porta sin disimulo alguno la marca del pensamiento nietzscheano—, la senda del Gran Deseo (Eros) se abre al deseo.

De acuerdo con esta perspectiva, mejor determinada poéticamente (así pues, cualitativamente) que conceptualmente, las cosas y productos *en el espacio* corresponden a necesidades específicas, si no a todas las necesidades: cada una busca aquí su satisfacción, encuentra y produce su objeto. Los lugares particulares definen el encuentro de una necesidad dada con un objeto dado, y se definen a su vez por dichos encuentros. El espacio se halla poblado de la masa visible de los objetos y de la masa invisible de las necesidades.

Lo que sostiene René Girard[8] a propósito de los «objetos» y de los «sujetos» puede decirse también de la mayor parte de los espacios: sacralizados por la violencia, extraen su prestigio del sacrificio o de la muerte, de la guerra o del terror.

La necesidades, todas y cada una de ellas, tienden a repetirse, y por tanto a exigir la repetición de los objetos, artificiales o reales (aunque lo real y lo artificial no se distinguen con claridad); asimismo

---

[8] René Girard, *La violence et le sacré*, París, Grasset, 1972.

se multiplican y a causa de su repetición terminan muriendo —lo que llamamos su saturación—. El deseo, que procede y va más allá de las necesidades, es el fermento de esta masa. El movimiento resultante inhibe toda posibilidad de estancamiento y no puede dejar de producir diferencias.

XXVIII

En matemáticas y en las ciencias exactas, la repetición (iteración, recurrencia) engendra la diferencia. Inducida o reducida, tal diferencia tiende hacia la identidad formal, y tan pronto es valorado qué es lo residual, esto se incorpora a un nuevo análisis, más cuidadoso. La secuencia se realiza tan cerca de la transparencia lógica como es posible. Es así como se generan las series numéricas, desde el número 1 a los números transfinitos. En las ciencias experimentales, sólo la permanencia del dispositivo y la exacta repetición de las condiciones hacen posible el estudio de las variaciones y variables (y de los restos).

En la música o en la poesía, en cambio, la diferencia da lugar a lo repetitivo, lo que las hace efectivas. El arte en general y la sensibilidad artística se encomiendan a la diferencia máxima, inicialmente virtual, intuida, anticipada, y después producida. Confían en la diferencia: es lo que llaman «inspiración» o «proyecto»; es el motivo de la obra nueva en tanto que novedad. Tras ello, el poeta, el músico o el pintor encuentran los medios, los procedimientos y las técnicas; en suma, las vías de realización de su trabajo mediante actos repetitivos. A menudo el proyecto encalla y la inspiración se revela vana: la diferencia planteada y supuesta no era sino ilusoria, apariencia incapaz de aparecer, es decir, de producirse objetivamente empleando los medios adecuados (componentes y dispositivos). La infinitud del proyecto, fácilmente (subjetivamente) confundida con la infinitud del sentido, termina malográndose. La originalidad del boceto se reduce a una redundancia y su novedad a mera impresión o presunción.

El enigma del cuerpo, su secreto superficial y profundo a la vez, más allá del «sujeto» y del «objeto» (y de su distinción filosófica), es la producción «inconsciente» de las diferencias a partir de las repeticiones, de los gestos (lineales) y de los ritmos (cíclicos). En el malinterpretado espacio del cuerpo, espacio próximo y lejano al mismo tiempo, esta paradójica unión de lo repetitivo y de lo diferencial —esta producción básica— no se detiene jamás. Secreto dramático, puesto que el tiempo engendrado así, al acarrear la novedad —la progresión que lleva de la inmadurez a la madurez—, conduce también a la terrible, trágica y última repetición de la vejez y de la muerte. Ésa es la suprema diferencia.

El espacio abstracto (o aquellos para los cuales es un instrumento) impulsa la relación entre la repetición y la diferencia hacia el antagonismo. En efecto, como se ha visto ya, este espacio se basa en lo repetitivo: lo cambiable e intercambiable, lo reproducible, lo homogéneo. Reduce las diferencias a diferencias inducidas, tolerables en el seno de un conjunto de «sistemas» previstos como tales, prefabricados como tales y completamente redundantes como tales. Ningún medio se descarta para alcanzar ese fin reductor: la corrupción, el terrorismo, la coacción y la violencia. De ahí la tentación de la contra-violencia, del contra-terror, para restituir la diferencias en y por el uso. La destrucción o la autodestrucción, sucesos accidentales, se transforman en leyes de vida.

El cuerpo carnal del ser vivo, el cuerpo espacial de la sociedad, el cuerpo social de las necesidades, difieren de un «corpus abstracto» o «cuerpo» de signos (semántico o semiológico, «textual») en lo siguiente: no pueden vivir sin engendrar, sin producir, sin crear diferencias. Prohibírselo es matarlos.

Cerca de este límite inferior del «ser» lidian algunos productores de espacio, como los arquitectos, los urbanistas y los planificadores. Otros, en cambio, se sienten muy a gusto ahí, en el espacio dominado, manipulando lo cambiable e intercambiable, lo cuantitativo y los signos: capitales, bienes inmobiliarios, residencias construidas como simples cajas, técnicas y estructuras.

El arquitecto, en particular, ocupa una posición incómoda. En tanto que hombre de ciencia y técnico, productor en un marco determinado, depende de lo repetitivo. En tanto que artista, hombre que busca la inspiración sin dejar de ser sensible a los usos y a los usuarios, ha de volcarse hacia lo diferencial. Su lugar es la contradicción dolorosa y la remisión sin fin de uno al otro polo. Al arquitecto le incumbe una tarea complicada: superar la separación entre producto y obra; su destino es vivir los conflictos y buscar desesperadamente salvar la siempre profunda separación entre el saber y la creación que tiene ante él.

El *derecho a la diferencia* designa formalmente lo que puede resultar de la acción práctica, de las luchas efectivas: las diferencias concretas. El derecho a la diferencia no comporta ningún derecho que no haya sido amargamente conquistado. La legitimidad de ese «derecho» estriba en su contenido, al contrario de lo que sucede con el derecho de propiedad, cuyo valor descansa en su forma lógica y jurídica, principio del código de relaciones en el modo de producción capitalista.

XXIX

Algunos teóricos del arte y de la arquitectura (por ejemplo, Umberto Eco) insisten amplia y enérgicamente en el papel diferencial de los elementos semiológicos, incluyendo la curva y la recta, la forma cuadricular y la circular (denominada radioconcéntrica). Esta insistencia tiene sus razones y el concepto de «diferencial semántico» tiene su utilidad. A veces, la distinción entre la diferencia mínima (inducida) y la diferencia máxima (producida) interviene y modifica las perspectivas. Introducir aquí o allá algunas curvas entre la habitual aspereza angular del cemento —construir algunos edificios vermiformes— no es un logro desdeñable pero tampoco es un alarde. Otra cosa sería concebir y realizar, a semejanza de la arquitectura andaluza, una aplicación sensual de las curvas, volutas, arabescos e inflexiones de todo tipo a fin de obtener espacios voluptuosos. Ni el mundo vegetal ni el mineral han evacuado aún todas sus enseñanzas en lo relativo al espacio y a la pedagogía del espacio. En el seno de un género o especie de plantas, la «naturaleza» *induce* diferencias. Explorando la paradójica relación entre lo idéntico y lo repetitivo, de un lado, y la disimilitud y la diferenciación, de otro, Leibniz hacía notar que no existían dos árboles ni siquiera dos hojas del mismo árbol, completamente iguales. Pero la naturaleza *produce* asimismo diferencias de otro alcance: diferentes especies; diferentes formas vegetales y animales; árboles de textura diferente, con otro aspecto, o diferentes tipos de hoja. Y todas estas diferencias están producidas dentro de la forma arborescente, circunscrita a condiciones bien delimitadas.

¿Por qué los espacios creados por el conocimiento son menos variados, como obras y productos, que los que genera la naturaleza (paisajes y seres vivos)?

XXX

De este modo podemos ver el alcance completo de la diferencia, que llega ahora hasta la contradicción entre el *espacio verdadero* y la *verdad del espacio*.

El espacio verdadero, el espacio de la filosofía y de su prolongación epistemológica, perfecto en su abstracción, cobijado en el manto de la cientificidad, toma forma y es formulado en la cabeza del pensador antes de ser proyectado en la «realidad» social e incluso física. Los esfuerzos para legitimizarlo apelan a consideraciones acerca del conocimiento y su núcleo formal. En él se erige el «hombre teórico», el ser humano reducido al saber, lo concebido pasando por lo vivido. El núcleo del saber se pretende necesario y suficiente; el centro se quiere definido y definitivo —y de ahí absoluto—. La operación estratégica no varía en ningún caso aunque el recurso provenga de la economía política, de la historia, de la lingüística o del impulso de la ecología. Tampoco varía el objetivo. El resultado es un supra-dogmatismo, incluso si a veces el dogma no es muy sólido, un tono arrogante que lleva al extremo el viejo espíritu de sistema de los filósofos. Muy pronto aparece el momento de la destrucción y de la autodestrucción. El espacio verídico. Este espacio mental asume una doble función consistente en reducir a la abstracción el espacio «real» e inducir diferencias mínimas. El dogmatismo sirve a las empresas más sospechosas del poder económico y político. La ciencia en general y cada ciencia especializada en particular se ponen inmediatamente al servicio de la administración así como de la producción en el marco del modo de producción existente. Los textos oficiales reconocen que la administración busca la asistencia de la ciencia cuando se ve enfrentada a un «entorno de creciente complejidad» con el cual habría que establecer «un nuevo sistema de relaciones». Ese «servicio público» de la filosofía y de la ciencia, instituidas y constituidas como saber oficial, se justifica mediante la identificación entre el espacio mental y el espacio político, en un «sistema» cuyo prototipo más sólido y duradero es el hegelianismo. Así pues, no sólo la idea de lo verídico, sino también la del significado y las de lo vivido y del «vivir» quedan comprometidas. El espacio de representación desaparece en la representación del espacio —es más, es devorado por ella—; y la práctica espacial, puesta entre paréntesis con la práctica social, persiste sólo como el aspecto impensado de ese pensamiento que se proclama soberano.

En cambio, al contrario que esta tendencia dominante y oficializada, la *verdad del espacio* enlaza el espacio a la práctica social, de un lado y, de otro, a los conceptos elaborados y teóricamente encadenados por la filosofía, aunque la trasciendan como tal, precisamente por su conexión con la práctica. El espacio social exige una teoría de la producción, que es en definitiva la que confirma su veracidad.

La verdad del espacio pone de manifiesto así lo que tienen en común el espacio mental y el espacio social y, en consecuencia, también sus diferencias. No hay separación entre ellos, sino una distancia. No hay confusión entre ellos, sino un momento o elemento común. La *centralidad* se descubre como el lugar común del conocimiento, de la conciencia y de la práctica social. No hay «realidad» sin una concentración de energía, sin un foco o núcleo, esto es, sin un movimiento dialéctico: «centro-periferia», «focalización-disipación», «condensación-emanación», «agregación-saturación», «concentración-erupción», «implosión-explosión». ¿El «sujeto? Un centro momentáneo. ¿El «objeto»? Lo mismo. ¿El cuerpo? Un foco de energías activas (productivas). Como la ciudad y lo urbano.

La *forma de la centralidad*, vacía en tanto que forma, reclama un contenido, atrae y reúne objetos de todo tipo. Al convertirse en *locus* de la acción, de una serie de operaciones, la forma de la centralidad asume una realidad *funcional*. Alrededor del centro se organiza una *estructura* del espacio (mental y/o social), estructura siempre momentánea, que contribuye junto con la forma y la función a una práctica.

La noción de *centralidad* sustituye a la noción de *totalidad;* la desplaza, relativiza e introduce en la dialéctica. Tras constituirse, toda centralidad se dispersa, se disuelve y estalla bajo los efectos de la saturación, la disipación, las agresiones externas, etc. Esto impide la fijación de lo «real» hasta el punto de movilizarla sin tregua. Pero también significa que se introduce una figura general (el centro y el descentramiento) que deja lugar tanto a lo repetitivo como a lo diferencial, al tiempo como a la yuxtaposición.

Es así como se prolongan, tras una ruptura (política y práctica), la filosofía tradicional y el pensamiento de Marx, incluida la crítica radical de la filosofía, sin abandonar, no obstante, el postulado hegeliano respecto al universal concreto y el alcance del concepto: de la teoría más allá del sistema.

Igualmente, a esta verdad del espacio se le une y refuerza el vigoroso aforismo nietzscheano: «Mas la voluntad de verdad signifique para vosotros esto: ¡que todo sea transformado en algo pensable para el hombre, visible para el hombre, sensible para el hombre! ¡Habéis de pensar vuestros propios sentidos hasta el final!» («*Eure eignen Sinne sollt ihr zu Ende denken*». *Así habló Zaratustra. En las Islas Afortunadas.*) En los *Manuscritos de 1844* Marx había escrito por su parte: que los sentidos se hagan teóricos. La senda revolucionaria de lo humano y la ruta heroica de lo sobrehumano se encuentran en la encrucijada del espacio. Si convergen o no, es otra historia.

07
Aperturas y conclusiones

I

Una cuestión implícita atraviesa los análisis e interpretaciones precedentes: ¿cuál es el modo de existencia de las relaciones sociales?

Desde el momento en que se constituyeron, las ciencias sociales abandonaron la descripción de «sustancias» al modo de la filosofía: el «sujeto» y el «objeto», la sociedad «en sí», el individuo y el grupo tomados por separado. Como las otras ciencias, las ciencias sociales hicieron de las relaciones su objeto de estudio. ¿Pero dónde reside una relación cuando no se actualiza en una situación bien determinada? ¿Cómo aguarda su hora? ¿En qué estado se encuentra mientras un acto no la hace efectiva? Una vaga referencia a la praxis global no respondería sino de forma incompleta a la cuestión planteada. El análisis de la relación social no puede contentarse con vincular ésta a una *forma*, pues en tanto que tal, la forma es vacía y exige un contenido para existir. Tampoco puede ser tratada como una *función* que tiene necesidad de objetos para ejercerse. Incluso la *estructura*, que organiza unidades elementales en el seno de un conjunto, exige tanto el conjunto (el todo) como las unidades que lo componen. El pensamiento analítico remite pues, en virtud de su propia dinámica, a esas entidades y «sustancialidades» que había desterrado inicialmente: el «sujeto» y el «objeto», el inconsciente, la praxis global, etc.

No hay relación social sin soporte, pero ¿cómo funciona éste? El «sustrato material» que los historiadores y sociólogos tienden a ver en la población o en los objetos usuales no responde a la cuestión planteada. ¿En qué consiste la *relación* del «soporte» con la *relación* que soporta y transporta? El hecho de complicar la pregunta y de formularla en un segundo grado no nos acerca a la respuesta pero muestra al menos la dificultad. Los teóricos del Logos y del lenguaje (Hegel y Marx) advirtieron claramente esta dificultad: no hay pensamiento, no hay reflexión sin lenguaje, y no hay lenguaje sin un soporte material —los sentidos, las bocas, las orejas, las capas de aire agitadas, las voces, las emisiones articuladas de signos—. Esto puede interpretarse de dos maneras opuestas. Para unos —Hegel y, sin duda, Marx—, esas «condiciones» se realizan porque *expresan* la racionalidad preexistente. Para otros, en cambio, los sentidos y los signos *no expresan* nada: son arbitrarios y sólo están vinculados en el interior de un conjunto de convenciones por la exigencia de diferencias inducidas. En esta dirección, la teoría de lo arbitrario va tan lejos en sus argumentos que compromete el lenguaje y requiere el restablecimiento de un soporte: el cuerpo, las pulsiones, etc.

La respuesta basada en la intervención de un Logos preexistente, sustancial y eterno no impide emerger a la cuestión de otro modo. Tanto Hegel como Marx tienden en sus análisis a identificar «cosas/no cosas», abstracciones concretas: en el caso de Hegel, el concepto; en el de Marx, la mercancía. La *cosa* (para Marx el producto de un trabajo social destinado al intercambio, dotado en este sentido de un doble valor, valor de uso y valor de cambio) contiene y disimula simultáneamente las relaciones sociales. Sería, pues, el soporte mismo. Y sin embargo, si se sigue el análisis marxista, la cosa en tanto que mercancía deja de ser cosa. Por más que permanezca como cosa, deviene «objeto ideológico» sobrecargado de significaciones. En tanto que mercancía, la cosa se resuelve en relaciones: ya no tiene sino una existencia abstracta, hasta tal punto que uno siente la tentación de no ver en ella más que signos y signos de signos (el dinero). La cuestión del soporte no queda enteramente resuelta por la permanencia de la materialidad.

Esta cuestión ha sido planteada en primer lugar a propósito del espacio social. Cosa/no-cosa, ni realidad sustancial ni realidad mental, el espacio social no se resuelve en abstracciones ni consiste en una colección de cosas en el espacio ni en una suma de lugares ocupados. Ni espacio-signo ni conjunto de signos abstractos, el espacio social tiene una actualidad distinta a la de los signos abstractos y cosas reales que incluye. La base o fundamento inicial del espacio social es la naturaleza, el espacio natural o físico. Sobre esta base, transformándola hasta suplantarla e incluso amenazar con su destrucción, se superponen capas sucesivas y enredadas de redes, siempre materializadas en su forma pero cuya existencia va más allá de su materialidad: caminos, rutas, ferrocarriles, líneas telefónicas, etc. La teoría ha mostrado cómo ningún espacio desaparece completamente o es abolido en el curso del proceso de desarrollo social, ni siquiera el lugar natural donde todo comenzó. «Algo» que no es una cosa persiste y sobrevive en él. Cada uno de los soportes materiales tiene una forma, una función, una estructura, propiedades necesarias que no bastan sin embargo para definirlo. En efecto, cada uno de ellos instaura un espacio particular, no teniendo sentido ni finalidad sino en y por dicho espacio. Cada red, cada secuencia —es decir, cada espacio— sirve al intercambio y al uso. En tanto que producido, sirve a un propósito; se usa y se consume tan pronto productiva como improductivamente. Hay un espacio de la palabra que supone, como sabemos, los labios, los oídos, las funciones articulatorias, las masas de aire, los sonidos, etc., pero estas condiciones materiales no son suficiente para definirlo: espacio de acciones y de interacciones, de apelaciones y de interpelaciones, de expresiones y de poder, y de violencia latente o de revueltas; el espacio del discurso no coincide con el discurso del y en el espacio. Este espacio de la palabra envuelve el espacio de los cuerpos y se desarrolla por el de las trazas, las escrituras, lo prescrito y lo inscrito.

En cuanto a la mercancía, ni los kilogramos de azúcar ni los paquetes de café ni los metros de tela pueden pasar por el soporte material de su existencia general. Hay que tomar en consideración las tiendas y depósitos donde esas cosas son almacenadas y esperan; los barcos, los trenes, los camiones que las transportan y, por tanto, también los itinerarios. Ni siquiera considerando todos y cada uno de esos objetos se tiene aún el soporte material del mundo de la mercancía. La noción de «canal», derivada de la teoría de la información, como la de «repertorio», tampoco permiten definir dicho conjunto de objetos. Lo mismo puede decirse de la noción de «flujo». Hay que tener presente que esos objetos constituyen redes y cadenas de intercambio relativamente determinadas en un espacio. El mundo de la mercancía no tendría ninguna «realidad» sin esos puntos de fijación e inserción, sin su conjunto. Igualmente han de considerarse los bancos y las redes financieras para el mercado de capitales, para las transferencias de dinero y, de ahí, para la comparación y balance de los beneficios y el reparto de la plusvalía.

Al final de ese proceso se desemboca en el espacio planetario, con sus múltiples «capas», redes y vínculos: el mercado mundial y la división del trabajo que envuelve y desarrolla, el espacio de la informática, el de las estrategias, etc. Este espacio planetario comprende como niveles los de la arquitectura, el urbanismo y la planificación espacial.

El «mercado mundial» nada tiene de entidad soberana ni ha de concebirse como una realidad instrumental manipulada por los imperialismos con pleno y absoluto control. Sólido en algunos aspectos, frágil en otros, se desdobla en mercado de mercancías y mercado de capitales: este desdoblamiento impide atribuirle sin precaución la lógica o la coherencia. Se sabe que la *división técnica del trabajo* introduce *complementariedades* (operaciones encadenadas racionalmente) mientras que la *división social* genera disparidades, distorsiones y conflictos de forma presuntamente «irracional». Las relaciones sociales de producción no desaparecen en el marco «mundial»; al contrario, se reproducen. A través de las interacciones, el mercado mundial perfila las configuraciones e inscribe sobre la superficie terrestre los espacios cambiantes regidos por las contradicciones y los conflictos.

Las relaciones sociales, abstracciones concretas, no poseen existencia real sino en y por el espacio. *Su soporte es espacial.* La conexión «soporte-relación» exige en cada caso particular un análisis; tal análisis comporta una implicación y una explicación: una génesis, una crítica de las instituciones, sustituciones, transferencias, metaforizaciones, anamorfismos, etc. que han transformado el espacio considerado.

II

Dichas proposiciones implican y explican un proyecto, el del conocimiento a la vez descriptivo, analítico y global. Si hubiera que etiquetarlo, se podría nombrar a este conocimiento como «espacio-análisis» o «espaciología». Esta expresión respondería y correspondería a términos ya en uso como «semio-análisis» o «socio-análisis» (dejando al margen el psicoanálisis). Esto ofrece una ventaja cierta, pero también numerosos inconvenientes. En primer lugar, la idea fundamental podría nublarse. El conocimiento no se afanaría directamente en el espacio, ni construiría modelos, tipos o prototipos de espacios, sino que expondría la *producción del espacio*. La ciencia del espacio (espacio-análisis) situaría en primer plano el *uso* del espacio, sus propiedades cualitativas. En este conocimiento, el momento crítico (crítica del saber establecido) resulta esencial: el conocimiento del espacio implica la crítica del espacio.

Finalmente, la hipótesis de un «espacio-análisis» podría perjudicar y comprometer el proyecto de un ritmo-análisis que completara la exposición sobre la producción del espacio.

El espacio entero (social) procede del cuerpo, aunque sufra tales metamorfosis que lo hagan olvidar, aunque se separe de él hasta matarlo. La génesis del orden lejano no puede exponerse sino a partir del orden más cercano a nosotros, el orden del cuerpo. En el cuerpo mismo, considerado espacialmente, las sucesivas capas de sentidos (del olfato a la vista, tratados como diferencias en un campo diferencial) prefiguran las capas del espacio social y sus conexiones. El cuerpo pasivo (los sentidos) y el cuerpo activo (el trabajo) se conjugan en el espacio. El análisis de los ritmos debe servir a la necesaria e inevitable restitución del cuerpo total. De ahí la importancia del ritmo-análisis. También revela por qué se exige más que una metodología y un encadenamiento teórico de conceptos, más y mejor que un saber satisfecho.

III

Respecto a la filosofía tradicional, la investigación y elaboración teórica pretendidas a lo largo de esta exposición podrían ser descritas como metafilosofía. La metafilosofía pone al descubierto lo que fue la filosofía, su lenguaje, sus objetos y sus implicaciones: muestra sus límites y los trasciende. Nada del examen filosófico tradicional es abolido, ni sus categorías, ni su temática, ni su problemática. Sin embargo, la filosofía como tal se detiene ante las contradicciones que suscita pero no puede resolver. Así, para los filósofos, el espacio se escinde: de un lado, hay un espacio inteligible (esencia y transparencia del absoluto espiritual), y de otro, un espacio ininteligible (la degradación del espíritu, la naturalidad absoluta fuera del espíritu). Así, los filósofos se pronuncian unas veces por el espacio-forma y otras veces por el espacio-sustancia; unas veces optan por el espacio luminoso del Cosmos y otras por el espacio tenebroso del mundo.

La filosofía *per se* no puede remontar esas escisiones y separaciones dado que son propias de la actitud filosófica como tal: especulativa, contemplativa, sistematizante, aislada de la práctica social y de la crítica política activa. La metafilosofía no prolonga las metáforas de la filosofía sino que, al contrario, las denuncia. El filósofo, «atrapado en los hilos del lenguaje», queda a la zaga desde el momento en que la meditación comienza a tratar el tiempo y el espacio en vez de ser cautiva de ellos.

La crítica de la filosofía como ideología no discurre sin dificultades dado que hay que preservar el concepto de verdad y la verdad del concepto de la degradación y la debacle que los sistemas filosóficos conllevan en su propia ruina. Es una labor que no concluiremos aquí, a la espera de retomarla en otra parte, en el contexto de la confrontación entre la más enérgica de las «síntesis» —la de Hegel— y su crítica radical; crítica confeccionada a partir de la práctica social, en el pensamiento de Marx, y a partir del arte (la música, la poesía, el teatro) en Nietzsche, y en ambos casos a partir del cuerpo (material).

La filosofía topa con un límite: la cuestión del «sujeto» y del «objeto», y la de su relación.

En lo relativo al «sujeto», concepto filosóficamente privilegiado en la tradición occidental como *Cogito*, el *Ego* pensante (empírico o trascendental) sencillamente se disuelve, y esto tanto en la práctica como en la teoría. Y sin embargo, la cuestión del «sujeto» planteada por la filosofía sigue siendo fundamental. ¿Pero qué «sujeto»? Del mismo modo, la relación con el «objeto» reclama una veracidad. ¿Pero qué «objeto»? Al igual que el sujeto, el objeto puede cargarse de ideologías (de signos y significaciones). Cuando concibió el sujeto sin objeto, el puro *Yo* pensante (la *res cogitans*) y el objeto sin sujeto (la *res extensa*), la filosofía desgarró irremediablemente lo que pretendía definir. Tras Descartes, el Logos occidental aspiró vanamente a encolar los fragmentos y componer un montaje. La unidad del sujeto y del objeto en el «hombre» o en la «conciencia» sólo añadió una ficción filosófica más a la ya larga lista de tales entidades. Hegel estuvo cerca, pero tras él la separación entre lo *concebido* y lo *vivido* retornó como confín del Logos y límite de la filosofía como tal. La teoría de lo arbitrario del signo, que se pretendía de impecable cientificidad y de un saber destilado, agravó la fractura entre lo expresivo y lo significativo, entre los significantes y los significados, entre lo mental y lo real, etc.

La filosofía occidental ha traicionado al cuerpo; ha contribuido activamente a la gran metaforización que abandona al cuerpo y ha renegado de él. El cuerpo vivo, siendo a la vez sujeto y objeto, no soporta la separación de los conceptos y, consecuentemente, los conceptos filosóficos forman parte de los «signos del no-cuerpo». Bajo el imperio del Logos-Rey y del espacio verdadero, lo mental y lo social se separan, como se separan también lo vivido y lo concebido, el sujeto y el objeto. Siempre hubo algún proyecto que apuntaba a reducir lo exterior y lo interior, lo social y lo mental, mediante una ingeniosa topología, pero era en vano. La espacialidad abstracta y la espacialidad práctica se contemplaban de lejos, bajo el dominio de lo visual. En cambio, en la razón de Estado, promovida a rango supremo por la filosofía hegeliana, el saber y el poder contrajeron una alianza sólida y legitimada. El subjetivismo del deseo y el objetivismo de las representaciones respetaron esta alianza y no osaron hurgar en el Logos...

Hoy en día el cuerpo se establece con firmeza, como base y fundamento, *más allá de la filosofía*, más allá del discurso y de la teoría del discurso. El pensamiento teórico, alejando más la reflexión sobre el sujeto y el objeto de los antiguos conceptos, recupera el cuerpo con el espacio, en el espacio, como generador (productor) del espacio. Decir que el pensamiento teórico va más allá del discurso significa que toma en consideración, para una pedagogía del cuerpo, un vasto saber informal contenido en la poesía, la música, la danza y el teatro. Ese gran saber informal contiene un conocimiento virtual, lo que de nuevo significa *más allá de la filosofía*, lugar de sustituciones y separaciones, vehículo de la metafísica y del anaforismo. Más allá de la filosofía adquiere aquí su sentido: negación de lo anafórico, proceso por el cual el filósofo sirve a la metamorfosis del cuerpo en abstracciones, en signos del no-cuerpo. En lo relativo a la metafilosofía, ésta significa conservar la amplitud de los conceptos filosóficos desplazando sus connotaciones, sustituyendo los antiguos por nuevos «objetos». En consecuencia, lo que se plantea es la liquidación de la metafísica occidental, una línea de pensamiento que va desde Descartes a nuestros días, a través de Hegel, y que se incorpora en una sociedad conformada en la razón de Estado así como en una concepción particular del espacio y en una realidad espacial particular.

El Logos-Rey es custodiado, de un lado, por el Ojo (el ojo de Dios, del Padre, el del Señor y el Amo) inscrito en el primado de lo Visual, de las imágenes, el grafismo; y de otro lado, por lo Fálico (los atributos de lo militar y lo heroico), principio que pertenece, como una de sus propiedades principales, al espacio abstracto.

En relación a este espacio, el estatus del tiempo es problemático y queda impreciso. Cuando la religión y la filosofía se atribuyeron la duración, el tiempo fue proclamado como una realidad mental. Pero la práctica espacial —la práctica de un espacio opresivo y represivo— tiende a confinar el tiempo al ámbito temporal del trabajo productivo, y además a reducir los ritmos vividos, definiéndolos mediante los gestos racionalizados y localizados del trabajo (del trabajo dividido).

Es obvio que el tiempo no puede emanciparse de golpe, en bloque. Lo que es menos evidente es que dicha liberación requiera innovaciones morfológicas o una producción del espacio. Habría que demostrarlo descubriendo que esta aproximación no puede efectuarse mediante la desviación de los espacios o de las morfologías existentes.

IV

Lo que mucha gente toma por un periodo claramente definido, el fin de esto o de aquello (del capitalismo, de la pobreza, de la historia, del arte, etc.), o bien por la instalación de algo nuevo y definitivo (equilibrio, sistema, etc.), no se concibe sino como *transición*. Aunque no exactamente en el sentido de Marx. Es cierto que podemos encontrar una teoría de la transición «a largo plazo» en Marx, para quien la historia entera —lo que a veces denomina «prehistoria»— sirve de transición entre el comunismo primitivo y el comunismo desarrollado. Esta tesis es dependiente de las nociones hegelianas de la dialéctica y de lo negativo. El análisis que presentamos aquí se apoya igualmente en un análisis del proceso global y de sus aspectos negativos, análisis ligado a la práctica. La transición examinada se caracteriza, en primer lugar, por sus contradicciones: entre el crecimiento (económico) y el desarrollo (social), entre lo social y lo político, entre el poder y el conocimiento, entre el espacio abstracto y el espacio diferencial. Esta lista abreviada contiene sólo una fracción de las contradicciones planteadas y no las jerarquiza de ningún modo; basta con poner ante los ojos este ramillete de flores emponzoñadas que adornan esta época. Para definirla apropiadamente, también hay que mostrar de dónde surge y adónde se dirige, el *terminus a quo* y el *terminus ad quem*.

Sus orígenes vienen de lejos: del no-trabajo inicial, de la naturaleza que crea sin esfuerzo, que da en vez de vender, una naturaleza donde la crueldad es difícilmente distinguible de la generosidad y donde el placer no puede separase bien del dolor. En ese sentido se dice, aunque la fórmula haya sido caricaturizada y limitada, que el arte imita a la naturaleza, salvo en que el arte trata de separar la voluptuosidad del sufrimiento y de proponer el disfrute.

La época a través de la cual avanza con dificultad la modernidad se encamina hacia el no-trabajo, meta del trabajo y sentido último de la acumulación de medios (tecnología, conocimiento, máquinas). Meta y sentido aún bastante lejanos, que no se realizarán sin riesgo de catástrofes, saboreando amargamente las últimas horas de todo lo que pudo tener valor y éxito. La amargura analítica de la finitud, que la filosofía situó en primer plano desde Hegel y que después se puso de moda con algunos «modernos» a partir de Valéry, repite sin tregua «*el mundo es finito, el tiempo se agota, la finitud ha llegado*».

El mismo movimiento dialéctico va de la naturaleza primera y primordial a la segunda naturaleza, del espacio-naturaleza al espacio que es simultáneamente producto y obra, reuniendo en él arte y ciencia. Esta segunda naturaleza madura lenta y laboriosamente, fruto de la automatización (empujada hasta ocupar el vasto dominio de la necesidad, es decir, de la producción de cosas en el espacio). Este proceso no puede completarse sino al final del interminable periodo ocupado por el trabajo (infinitamente dividido), por la acumulación (de riquezas, de materias y materiales) y por las reducciones (obstáculos al desarrollo a través del saber y el poder establecidos). Proceso colosal, lleno de riesgos y peligros, y que puede frustrarse en el momento en que las nuevas posibilidades se abran.

La gran transición que hemos caracterizado según algunas escisiones, puede definirse de múltiples modos, diferentes y convergentes. El espacio ha sido marcado y más que marcado: su forma proviene de la masculinidad dominante (guerrera, violenta, militar), valorizada por las llamadas virtudes viriles y promovida por las normas inherentes al espacio dominado-dominante. De ahí el uso y abuso de las rectas, de los ángulos rectos, de las perspectivas rigurosas (rectilíneas). Las virtudes masculinas que originaron el espacio dominador terminan desembocando en la privación generalizada: de la propiedad «privada» a la gran castración. Es inevitable en estas circunstancias que haya revueltas y revancha de la feminidad. Sí sería lamentable que tomase el aspecto de un «racismo» femenino por oposición a uno masculino. ¿Habría que consumar una última metamorfosis que invirtiera las precedentes, destruyendo el espacio fálico para sustituirlo por un espacio uterino? Esto no asegurará de ningún modo la invención del espacio apropiado y la paralela arquitectura del placer y el disfrute. Una contradicción puede resolverse, una separación puede remontarse, pero no necesariamente.

Podemos hablar, pues, de un periodo transitorio entre el modo de producción de cosas en el espacio y el modo de producción del espacio. La producción de cosas fue promovida por el capitalismo, dominada por la burguesía y por su creación política, el Estado. La producción del espacio implica otras condiciones entre las cuales se encuentran la decadencia de la propiedad privada del espacio y simultáneamente la del Estado político, dominador del espacio. Lo que implica el paso de la dominación a la apropiación y la primacía del uso sobre el cambio (la mengua del valor de cambio). Si eso no sucede, lo peor llegará, como han mostrado algunos de los «escenarios inaceptables» establecidos por la prospectiva. Sólo gracias a la noción de tránsito conflictivo de un modo de producción (de cosas) a otro (de espacio) es posible conservar la tesis marxista que atribuye una importancia crucial a las fuerzas productivas, manteniéndola al margen de la ideología del productivismo y del dogmatismo del crecimiento (cuantitativo).

V

El espacio se convierte en el reto principal de las luchas y acciones que apuntan hacia un objetivo. Nunca ha dejado de ser la reserva de los recursos, el medio en que se despliegan las estrategias, pero se ha convertido en algo más que el teatro, escenario indiferente o marco de los actos. El espacio no abole los otros elementos y recursos del juego sociopolítico, sean las materias primas o los productos más acabados, sean las empresas o la «cultura». Más bien los reúne, y entonces sustituye a cada uno de ellos tomándolos aparte y envolviéndolos. De ahí ese gran movimiento en el curso del cual el espacio ya no puede considerarse como una «esencia», un objeto distinto para y ante los «sujetos», haciendo gala de una lógica autónoma. Tampoco puede ser considerado como resultado o resultante, efecto empíricamente constatable de un pasado, de una historia, de una sociedad. ¿Es el espacio un *medium*? ¿Un entorno? ¿Un intermediario? Sin duda, pero su papel es cada vez menos neutral y cada vez más activo como instrumento y objetivo, como medio y meta. Lo que excede singularmente la categoría de *medium* en la que se le retiene.

El análisis diferencial enfatiza continuamente las *dualidades constitutivas* del espacio social, soportes de las determinaciones más complejas y, en primer lugar, triádicas. Las dualidades iniciales (simetrías-asimetrías, recta-curva, etc.) no han dejado de reaparecer en el curso de las sucesivas reactivaciones, adquiriendo nuevos sentidos en el proceso e invariablemente subordinadas a dicho movimiento. Soporte de producción y de reproducción, el espacio abstracto engendra ilusiones, y de ahí una tendencia hacia la falsa conciencia, es decir, a la conciencia de un espacio a la vez ficticio y real. Pero este espacio y la práctica correspondiente generan un conocimiento más preciso en virtud del momento crítico. Ninguna ciencia, ni la ecología ni la historia, ha dado cuenta aún de este proceso generativo. El análisis diferencial pone en evidencia las diversidades, pluralidades, multiplicidades que se introducen en las dualidades genéticamente anteriores, así como en las disparidades, desfases, desigualdades, conflictos y contradicciones que surgen de ellas. Debido a la diversidad de procesos implicados, en el curso de la exposición anterior se ha podido dar la impresión de que el espacio abstracto carece de un estatus claro. Es mera ilusión. La teoría ha restituido la verdad de este espacio: su carácter contradictorio en el marco de la tendencia dominante hacia la homogeneidad (al establecimiento de un espacio dominado).

¿Dónde se reconoce y se sitúa la lógica en este contexto? ¿En una esencia? ¿A nivel de la praxeología del espacio? ¿Quizás en un sistema (espacial, planificador, urbano)? ¿En lo empírico y en el uso del espacio como instrumento? No, en ningún caso. La lógica define un doble imperativo: la coherencia, al principio, y finalmente el reduccionismo, la estrategia homogeneizante, el fetichismo de la cohesión en y por la reducción. Determina la capacidad —ligada a la violencia— de separar lo que está unido y de fragmentar todas las unidades. Esta hipótesis inicial concerniente a la relación «lógica-dialéctica» ha sido sucesivamente verificada y consolidada por argumentos y pruebas.

VI

¿Cómo no concluir en la importancia creciente del espacio en las llamadas sociedades modernas, en su preponderancia inminente o incluso actual? Esta preponderancia no se ejerce únicamente en la escala «micro», en lo relativo a la disposición de las superficies en un supermercado o en una unidad de vecindario; ni tampoco se aplica sólo en la escala «macro», en la distribución de flujos en el seno de una nación o de una unidad continental. En realidad se observa en todos los niveles, en todas las escalas y en sus conexiones. El error teórico consistente el limitar su importancia a determinados campos —la antropología, la economía política, la sociología— ha sido tratado a lo largo de esta exposición. Lo que queda aún por hacer es extraer de esas observaciones algunas conclusiones teóricas.

Anteriormente, cada sociedad nacida históricamente en el marco de un modo de producción, con las particularidades inherentes a dicho marco, modelaba su espacio. Ya hemos visto cómo: por la violencia (guerras y revoluciones), por la astucia política y diplomática, y por el trabajo, finalmente. El espacio de una sociedad tal podía calificarse como «obra». La acepción de este término, corriente para todo objeto alumbrado de las manos del artesano, podría extenderse al resultado de la práctica en el plano de la sociedad entera. País y paisaje, ¿cómo rechazar esta cualidad? En este nivel, el producto y la obra se fusionaban.

Hoy se trata del espacio a escala mundial (e incluso más allá de la superficie terrestre, del espacio interplanetario) así como de todos los espacios implicados en cualquier escala. Ningún espacio ha desaparecido completamente y todos han sufrido metamorfosis.

¿Quién modela el espacio planetario? Nadie, ninguna fuerza ni ningún poder, pues las fuerzas y los poderes se enfrentan en él estratégicamente, de tal forma que la historia, la historicidad y las determinaciones asociadas a esas nociones temporales pierden todo sentido.

Algunas causas y razones vienen a la luz, saliendo de la penumbra histórica, en relación con esta nueva situación, que es un aspecto cada vez más importante de la «modernidad». Se dan a conocer suficientemente para que el pensamiento reflexivo pueda ofrecer la multiplicidad de sus interacciones. El mercado mundial (mercancías, capitales, mano de obra, etc.), las técnicas y las ciencias, la presión demográfica, son algunas de esas causas y razones, cada una de las cuales tiende a erigirse en potencia autónoma. Una de las paradojas —ya mencionada y señalada— es que el poder político que reina sobre «los hombres» domina el espacio que ocupan sus «sujetos», pero no las causas y razones que se entrecruzan en este espacio, donde cada uno ejerce su acción por y para sí mismo.

Tales causas y razones, más o menos independientes, coexisten en el espacio que producen junto con sus efectos, consecuencias y resultados, entre los cuales los expertos enumeran: las contaminaciones, el agotamiento potencial de los recursos y la destrucción de la naturaleza. Varias disciplinas científicas —la ecología, la demografía, la geografía y la ecología— describen esos resultados sin remontarse a las causas y razones, en tanto que sistemas parciales. Lo que hemos intentado aquí es reunir esas causas y efectos, las consecuencias y las razones, y eso de tal modo que pudieran trascenderse las separaciones entre los dominios científicos y las especializaciones, para proponer una teoría unitaria. Esta última palabra, «unitaria», no conlleva la confusión de causas y efectos, de razones y consecuencias, en su simultaneidad espacial (coexistencia más o menos apacible). Al contrario, la concepción teórica así elaborada no pretende erigirse en «totalidad» acabada, y menos aún en «sistema» o «síntesis». Implica la discriminación entre los «factores», elementos y momentos. Reiteremos una vez más como principio metodológico y teórico fundamental que esta aproximación reúne los elementos disociados y clarifica las confusiones existentes. Reúne lo que fue separado y analiza lo que fue mezclado.

Una distinción se impone entre la problemática del espacio y la práctica espacial. La primera no puede formularse sino sobre un plano teórico, mientras que la segunda es empíricamente observable. Ahora bien, una reflexión superficial que malinterprete el método y los conceptos puede llegar a mezclarlas. La «problemática» (término tomado de la filosofía) se compone de preguntas sobre el espacio mental y el espacio social, preguntas sobre sus conexiones, sobre sus vínculos con la naturaleza, de un lado, y con la lógica y las formas «puras», de otro. En cuanto a la práctica espacial, ésta se constata, se describe, se analiza en diversos planos: en la arquitectura, en el urbanismo (término tomado de los discursos oficiales), en la ordenación efectiva de recorridos y lugares (territorios), en la vida cotidiana y, por supuesto, en la realidad urbana.

El conocimiento ha tomado forma a partir de esquemas globales. Algunos de éstos son intemporales, según la metafísica clásica; otros, por contra, desde Hegel, son temporales, es decir, afirman la prioridad del devenir histórico, de la duración psíquica y del tiempo socioeconómico sobre el espacio. Esta situación teórica reclamaba una inversión, operada a veces de forma insostenible al afirmar la prioridad del espacio geográfico, o demográfico o ecológico sobre el tiempo histórico. En realidad, esas ciencias constituyen el campo de batalla de una gran confrontación entre lo temporal y lo espacial. Esta confrontación no puede provocar una crisis del conocimiento, una reconsideración de las relaciones entre el saber y el poder político, tan efectivo sobre la gente, tan impotente frente a aquellas determinaciones (tecnológicas, demográficas, etc.) que se inscriben en el espacio abstracto, produciéndolo como tal y reproduciendo las relaciones sociales en su seno.

Las lenguas, todas en general y cada una en particular (el lenguaje, incluyendo el del saber establecido), se hablan y se escriben en un tiempo-espacio mental que el saber tiende a privilegiar metafísicamente. Expresan torpemente el tiempo social, la práctica social. ¿Acaso podría ser de otro modo, si las lenguas ordinarias (en su léxico como en su sintaxis) tienen un origen campesino, mientras que los sistemas lingüísticos más elaborados nacieron en medios teológico-filosóficos? En lo que respecta a la industria, a sus técnicas y a las ciencias modernas, apenas acaban de comenzar a intervenir en el vocabulario y en la gramática. La realidad urbana tiene aún poca influencia, hasta tal punto que escasean las palabras (¿el usuario?, eso no dice gran cosa, y en inglés ni siquiera existe un término que lo designe). Así, tienen que deconstruirse y reconstruirse las lenguas y los lenguajes. Por y en la práctica social (espacial).

La salvación del conocimiento sólo puede venir de una reconsideración metodológica del «saber», en vez de fijarlo en la epistemología y de instaurar un pretendido saber absoluto, nada más que un simulacro del saber divino. El camino para lograrlo consistiría en unir el conocimiento crítico y la crítica del conocimiento. Hay que poner el acento sobre el momento crítico del conocimiento, y denunciar con vigor las colusiones entre el «saber» y el «poder», los usos burocráticos del saber especializado. Cuando el saber institucional (la Universidad) se erige por encima de lo vivido, como lo hace el Estado respecto a la vida cotidiana, la catástrofe se adivina en el horizonte. De hecho, ya está encima.

Sin una reconstrucción de este tipo, el conocimiento se colapsa ante los golpes del no-saber y los asaltos del anti-saber (de la anti-teoría) —en suma, en el nihilismo europeo que Nietzsche creía haber superado.

El mantenimiento de un saber sin crítica profunda conlleva la degeneración del conocimiento. Contemplemos, por ejemplo, las cuestiones relativas al espacio: tomadas al margen de la práctica, sobre el plano de un conocimiento que se dice «puro» y se imagina «productivo» (y que lo es, pero en verborrea), esas preguntas asumen un carácter pseudo-filosófico y degenerado. Degeneran en consideraciones generales sobre el espacio intelectual —sobre la «escritura» como espacio intelectual de un pueblo o como espacio mental de una época, etc.

Es imposible objetivar sin precauciones las representaciones y los esquemas elaborados en un espacio mental, a propósito de tal espacio, incluso y sobre todo si los filósofos lo han teorizado y los epistemólogos lo han racionalizado. Por otro lado, ¿quién puede esperar lo «real» —es decir, la práctica social y espacial— sin partir de un espacio mental, sin recorrer el trayecto que va de lo abstracto a lo concreto? Nadie.

VII

La distinción entre *infra* y *supra*, entre *cercano* (aquí) y *lejano* (allá), es tan importante como la distinción entre los niveles micro y macro. En proximidad a la esfera de la cotidianidad, en la carencia y la necesidad, viven países y pueblos que aspiran a una vida cotidiana sólidamente establecida. La crítica del ámbito cotidiano no tiene sentido sino superando la cotidianidad. Lo mismo puede decirse en lo que respecta al ámbito de la política. En *cercanía* a esta esfera política viven y piensan gentes, grupos y pueblos que discurren por la política hacia las revoluciones, o al revés, por las revoluciones hacia la política. *Más allá* de la existencia política, del Estado nacional establecido, la vida política se especifica y la actividad política se especializa; deviene una profesión y la maquinaria política (los aparatos de Estado y los partidos políticos) se institucionalizan. Esta situación da lugar a la crítica política, es decir, a la crítica radical de la existencia política y de sus aparatos; de donde, eventualmente, viene el agotamiento de la esfera política. Los dos movimientos descritos pueden coexistir en la conciencia de un individuo, de un grupo o de un pueblo entero, pero no sin conflictos y separaciones. La intensa politización se destruye a sí misma y la vida política constante entra en contradicción con sus propios fundamentos.

¿Cuál es entonces el estatus político del espacio? Apenas comienza a mostrar un carácter político cuando exige su despolitización. El espacio politizado destruye sus condiciones políticas pues la gestión y la apropiación de dicho espacio contrarían al Estado y a los partidos políticos. Ellas requieren otras formas de gestión (lo que llamaremos «autogestión» de las unidades territoriales, ciudades, comunidades urbanas, distritos, regiones, etc.). Así pues, el espacio agrava el conflicto inherente a lo político y al Estado como tal. Introduce con más fuerza la anti-política en la política, es decir, promueve la crítica política que tiende hacia la autodestrucción del momento político.

VIII

Todo lo que proviene de la historia y del tiempo histórico sufre en la actualidad una prueba. Las «culturas», las «conciencias» de los pueblos, de los grupos e incluso de los individuos no pueden evitar la pérdida de identidad, que se añade a otras angustias. Las referencias y los referenciales del pasado se disuelven. Los valores, erigidos o no en «sistemas» más o menos coherentes, se desmoronan y se enfrentan. Las élites cultivadas, tarde o temprano, vienen a encontrarse en la misma situación que los pueblos desposeídos (alienados) por las conquistas y las colonizaciones. Ya no saben dónde están. ¿Por qué? Porque nada ni nadie puede evitar la *prueba del espacio*, una ordalía moderna que sustituye el juicio de Dios y el destino clásico. Es en el espacio, a escala planetaria, donde cada idea, cada «valor» gana o pierde su peculiaridad mediante la confrontación con otros valores e ideas que lo rodean. Más y mejor: un grupo, una clase o una fracción de clase no se constituyen ni se reconocen como «sujetos» sino generando (produciendo) un espacio. Las ideas, las representaciones y los valores que no logran inscribirse en el espacio engendrando (produciendo) una morfología apropiada se marchitan en meros signos, se resuelven en narraciones abstractas y se transfiguran en quimeras. Ni siquiera bastaría con presentar un espacio a modo de espejo para que un grupo dado se reconociera. La idea de la apropiación tiene más alcance y mayores exigencias que la tesis especular (y muy especulativa) de la «conciencia-reflejada». Las morfologías persistentes (los edificios religiosos, los monumentos histórico-políticos) mantienen las ideologías y representaciones caducas, mientras que las nuevas ideas, no desprovistas de empuje (el socialismo, por ejemplo), apenas logran engendrar su propio espacio, a menudo con riesgo de aborto; para mantenerse, esas ideas se nutren de una historicidad sin vigencia y de un folclore grotesco. Desde esta perspectiva, el «mundo de los signos» resulta de un reflujo: lo que no se invierte en un espacio apropiado es descartado, y todo queda en signos y significaciones inútiles. La inversión espacial, la producción de espacio, no tiene nada de incidental, sino que es cuestión de vida o muerte.

Del mismo modo que los ríos se derraman en el mar, las formaciones históricas desembocan en el espacio mundial, unas tendiéndose en deltas cenagosos, mientras que otras imitan las turbulencias de los estuarios. Algunas, de forma democrática, confían en la fuerza de la inercia para asegurar su supervivencia, mientras otras lo hacen en el poder y en la violencia (de tipo estratégico —esto es, militar y político—).

En la prueba del espacio sobreviene siempre un momento dramático, cuando sea lo que fuere —la filosofía o la religión, la ideología o el saber, el capitalismo o el socialismo, el Estado o la comunidad— se pone radicalmente en cuestión.

Con sus confrontaciones y enfrentamientos, la prueba del espacio no se realiza del mismo modo para todas las formaciones históricas, variando según su arraigo en la naturaleza y sus particularidades naturales, según sus anclajes más o menos sólidos en lo histórico. Aunque nadie ni nada pueda eludir el momento dramático, éste no acontece de idéntica forma. Es decir, la prueba del espacio es diferente para las viejas naciones europeas, para los países de la América anglosajona y de la América latina, y para los pueblos de África o de Asia. Ninguna de esas formaciones, con sus tradiciones orales o escritas, escapa al destino, que sigue su curso en lo que respecta a las religiones y las iglesias, la filosofía y los grandes «sistemas» —incluido por supuesto el materialismo dialéctico e histórico—. De lo que persistía en el pensamiento de Marx de racionalismo clásico, de finalismo y de metafísica implícita, algo «nuevo» y esencial se desprende liberándose de las formulaciones escritas y de las influencias inmediatas. La hipótesis de un sentido último y presupuesto del devenir histórico cae ante el análisis de las estrategias desplegadas sobre la superficie del planeta. Al final, como al principio de ese devenir, se encuentra la tierra, con sus recursos y los objetivos que propone. La Tierra, antaño representada como Madre, se presenta hoy como el centro alrededor del cual varios espacios (diferenciados) se disponen. Liberada de caracteres religiosos e ingenuamente sexuales, la tierra como planeta —espacio planetario— retoma su lugar primordial en el pensamiento y la actividad práctica.

IX

Todas las confrontaciones y desafíos al orden establecido pueden atribuirse a la «lucha de clases». Sin embargo, es imposible trazar las fronteras sobre las que se libran los combates, como si ellas separasen simplemente el campo de la clase dominante, de un lado, y el de la clase explotada y oprimida, de otro. Las demarcaciones atraviesan todas las esferas, incluidas las de las ciencias, el conocimiento y todos los sectores de la sociedad, políticos y extra-políticos. Las grandes disputas teóricas tienen objetivos estratégicos que hemos intentado elucidar: la reunificación de lo que había sido separado y la discriminación de lo que había sido confundido. La separación de la cantidad y de la calidad, la atribución al espacio de la cantidad desprovista de calidad, denotan confusión respecto a la «naturaleza» de las cualidades, y viceversa. La filosofía en su declive, desprendida de la dialéctica, mantiene las separaciones abusivas y las confusiones ilegítimas. A la separación y a la dispersión se opone la unificación, como a la homogeneidad forzada se oponen la comprensión de las diferencias y su realización efectiva.

Las luchas que tienden implícita o explícitamente hacia esos objetivos se perpetran en múltiples frentes y fronteras; no tienen vínculos aparentes; pueden ser violentas o no y pueden, por último, dirigirse contra lo que separa y contra lo que confunde. La lucha se libra políticamente contra una política que separa (discriminación, dispersión del espacio) y confunde (pueblos, regiones y espacios con los Estados).

X

De principio a fin, discurre un *proyecto* a través de y entre las líneas de esta obra. Se trata del proyecto de una sociedad diferente, de otro modo de producción, donde la práctica social vendría orientada por distintas determinaciones conceptuales.

Sin duda alguna, este proyecto podría formularse explícitamente, para lo cual sería conveniente acentuar las diferencias entre «proyecto», «plan» y «programa», o entre «modelo» y «vía». Pero no es seguro que esto nos permita alcanzar previsiones o proposiciones «concretas». Así, el proyecto seguiría siendo algo abstracto. Aunque se oponga a la abstracción del espacio dominante no es capaz de superarla. Esto es debido a que el camino de la «concreción» pasa por la negación activa, teórica y práctica: por el contra-proyecto o el contra-plan. Así pues, por la intervención activa y masiva de «intereses».

A lo largo de nuestra discusión hemos discernido varias causas y razones para la ausencia de cualquier tipo de intervención, ninguna de las cuales parece definitiva. La progresión de eso que puede llamarse «revolución del espacio» (que incluye, pues, la «revolución urbana») no se concibe sino por analogía con las grandes revoluciones campesinas (agrarias) e industriales: revueltas súbitas seguidas de pausas, de lentos empujes y finalmente de nuevos arrebatos a un nivel más alto de conocimiento y de acción. Y de innovaciones creadoras.

Los obstáculos con que topan los contra-planes pueden ser detallados. El más grave es el hecho de que, de un lado, el del poder, estén los recursos y las estrategias a gran escala (en última instancia, a escala planetaria); y de otro lado, los conocimientos y los intereses limitados, ceñidos en general a áreas territoriales de tamaño medio o pequeño (en Francia, por ejemplo, la Occitania, la costa de Las Landas o la Bretaña). Y sin embargo, la capacidad de inventiva no puede surgir sino del juego entablado entre planes y contra-planes, proyectos y contra-proyectos. Sin excluir, por supuesto, las replicas a la violencia latente o manifiesta de los poderes políticos.

La capacidad de elaborar contra-proyectos, la capacidad de discutirlos con las «autoridades» y de obligarlas a considerarlos va dando la medida de la democracia «real». En cuanto a la alternativa frecuentemente evocada entre «reduccionismo» y «globalismo», entre lo puntual y lo total, es el ejemplo corriente de falso problema.

XI

Esos enunciados responden en parte a la primera y última cuestión: «¿Qué relación tiene la teoría del espacio con el movimiento revolucionario tal como existe en la actualidad?».

La respuesta implica la aprehensión completa de la teoría y de sus articulaciones esenciales. Volvamos sobre lo dicho. La teoría del espacio rechaza tomar el término «espacio» de un modo trivial, sin análisis, o confundir el espacio de la práctica social con el espacio de los geógrafos, de los economistas, etc. Tal concepción del espacio, sea en una forma original, sea en la definición de una especialidad particular, serviría de instrumento y de receptáculo pasivo para las intervenciones de los planificadores con su perorata de «crecimiento armónico», «equilibrios», «optimizaciones», etc.

El espacio deviene regulador cuando y en la medida en que las contradicciones (incluidas las del propio espacio) se resuelven.

La teoría contribuye a la disgregación de la sociedad existente, al mostrar lo que la corroe desde dentro, desde el corazón de su «prosperidad». En su expansión, esta sociedad (neocapitalista o capitalista de organización) origina un caos espacial. Aunque la burguesía ha sabido y ha podido resolver algunas contradicciones procedentes de la historia y lograr cierto dominio sobre los mercados (lo que Marx no había previsto), y, por tanto, un crecimiento relativamente rápido de las fuerzas productivas, ella no solventará las contradicciones del espacio (de *su* espacio).

Las formaciones políticas existentes ignoran o malinterpretan el espacio y las cuestiones que le conciernen. ¿Por qué? Es una pregunta de profundas implicaciones, pues define y ciñe la esencia de la política. Las formaciones políticas vienen de la historia; ellas la prolongan y mantienen ideológicamente (mediante conmemoraciones y recordatorios incesantes). No van más lejos.

¿Es posible que lo desconocido hoy sea lo conocido de mañana, el centro virtual del pensamiento y de la acción?

XII

Por lo que se refiere a sus respectivos tratamientos del espacio, se manifiesta una oposición —que va hasta la contradicción— entre el modelo soviético y la vía china.

El modelo soviético parte de una revisión del proceso capitalista de acumulación y de la buena intención de desarrollar ese proceso mediante su aceleración. Esta versión reforzada e intensificada del modelo capitalista aspira a un crecimiento rápido actuando sobre los «puntos fuertes» deliberadamente privilegiados: grandes empresas y grandes ciudades. El resto de lugares queda en situación pasiva y periférica respecto a los centros de producción, de riqueza y de decisión. El resultado es la creación de puntos de concentración o vórtices: los puntos fuertes devienen cada vez más potentes y los puntos débiles cada vez más endebles. Esos vórtices son considerados como reguladores en tanto que «funcionan» de modo automático una vez están en marcha. Las periferias, mientras tanto, abocadas al estancamiento y al retroceso (relativo), están cada vez más oprimidas, controladas y explotadas.

La ley leninista del crecimiento y desarrollo desiguales no es controlada de ningún modo ni son abolidos sus inconvenientes. Todo lo contrario.

La «vía china» al socialismo testimonia la preocupación de involucrar al pueblo y al espacio entero en la construcción de una sociedad diferente. Y esto según múltiples procesos: producción de riquezas, crecimiento económico, pero también desarrollo y enriquecimiento de relaciones sociales —esto es, producción *en el* espacio de diversos bienes, y producción *del* espacio social como conjunto, un espacio cada vez más apropiado—. La escisión entre puntos fuertes y débiles no debería tener lugar en tal proceso. El desigual desarrollo desaparecería o tendería a hacerlo. Esta estrategia implica que la acción política no erige por encima de la sociedad al Estado ni a la formación política, el partido. Este es el sentido de la «revolución cultural». Otra implicación es el papel otorgado a las agro-ciudades, a las pequeñas y medianas ciudades, a la gama de unidades de producción (agrícolas e industriales), desde las más pequeñas a las más grandes, pero velando siempre por las más pequeñas incluso al precio, si es necesario, de ralentizar el crecimiento. Esta orientación y esta estrategia del espacio garantizan (salvo imprevistos) la superación de la dicotomía «campo-ciudad» y de sus conflictos, en virtud de la transformación de los dos términos más que como resultado de su degradación o de su destrucción mutua.

Por supuesto, esta indicación no quiere decir que un país industrial pueda adoptar, sin mayor esfuerzo, la senda de un país de predominio agrario, sino que la teoría del espacio tiene en cuenta la experiencia revolucionaria a escala mundial.

Durante mucho tiempo la revolución se ha definido bien por un cambio político a nivel del Estado, bien por la propiedad colectiva (estatal) de los medios de producción como tales (instalaciones, instrumental, empresas industriales y agrícolas). Bajo cualquiera de estas definiciones, la revolución parece comportar la organización racional de la producción y la gestión igualmente racionalizada de la sociedad en su conjunto. Sin embargo, tanto esta teoría como ese proyecto han degenerado en una ideología del crecimiento muy cercana a la ideología burguesa, si no alineada con ella.

Hoy en día ya no bastan esas definiciones limitadas de la revolución. Una transformación de la sociedad supone la posesión y la gestión colectivas del espacio mediante una intervención constante de los «interesados», con sus múltiples, diversos y contradictorios intereses. Así pues, mediante la confrontación. Esto ya es patente en los denominados problemas «medio-ambientales», no sin riesgo de desvíos y alteraciones.

En cuanto a la orientación del proceso así iniciado, hemos intentado mostrarlo anteriormente. Es una orientación que tiende a superar las separaciones y disociaciones, particularmente entre la *obra* (que es única: objeto que porta el sello de un «sujeto», el creador, el artista, y la de un momento irrepetible) y el producto (repetido, resultado de gestos repetitivos, de ahí reproducible, y capaz en última instancia de provocar la reproducción automática de las relaciones sociales).

Se trataría pues, en el horizonte, en el límite de lo posible, de producir el espacio de la especie humana, como obra colectiva (genérica) de esta especie, a semejanza de lo que se decía y todavía se dice «arte», pero un arte que ya no tiene sentido referido al «objeto» aislado por y para lo individual.

Crear (producir) el espacio planetario como soporte social de una vida cotidiana metamorfoseada, abierta a las múltiples posibilidades, permitiría abrir el horizonte. Es el alba que anunciaban los grandes «utopianos» (que no fueron *utópicos*, pues mostraron las posibilidades): Fourier, Marx y Engels, cuyos sueños e imaginación siguen estimulando el pensamiento teórico tanto como sus conceptos.

Hablaba de una *orientación*, nada más y nada menos. Es lo que llamaríamos un sentido: un órgano que percibe, una dirección que se concibe, un movimiento vivido que camina hacia el horizonte. Nada que remotamente se parezca a un sistema.

Este libro se terminó de imprimir
el 31 de octubre de 2013

«*No se puede encontrar lo que funciona
para nuestras ciudades mirando
'garden cities', manipulando modelos a escala,
o inventando ciudades de ensueño.
Tienes que salir y caminar*»

JANE JACOBS